주요국 사회보장제도 6

영국의 사회보장제도

한국보건사회연구원
Korea Institute for Health and Social Affairs   나남
nanam

《주요국 사회보장제도》총서 기획진

노대명 한국보건사회연구원 선임연구위원
김근혜 한국보건사회연구원 연구원
정희선 한국보건사회연구원 연구원

주요국 사회보장제도 6

영국의 사회보장제도

2018년 12월 10일 발행
2018년 12월 10일   1쇄

지은이   최복천 · 고제이 · 김보영 · 남찬섭 · 박　준 · 성시린 · 우해봉
　　　　 원종욱 · 이성희 · 이현주 · 전용호 · 정경희 · 최영준 · 한동운
발행자   趙相浩
발행처   (주) 나남
주소   10881 경기도 파주시 회동길 193
전화   (031) 955-4601 (代)
FAX   (031) 955-4555
등록   제 1-71호(1979. 5. 12)
홈페이지 www.nanam.net
전자우편 post@nanam.net

ISBN 978-89-300-8948-7
ISBN 978-89-300-8942-5 (세트)

책값은 뒤표지에 있습니다.

주요국 사회보장제도 6

영국의 사회보장제도

최복천 · 고제이 · 김보영 · 남찬섭 · 박 준 · 성시린 · 우해봉
원종욱 · 이성희 · 이현주 · 전용호 · 정경희 · 최영준 · 한동운

한국보건사회연구원   나남
Korea Institute for Health and Social Affairs   nanam

머리말

영국의 사회보장제도는 유럽 대륙의 비스마르크 모델과 구분되는 베버리지 모델로서의 특징을 가지고 있다. 사회보험에 기반을 둔 비스마르크 모델과 달리 영국의 사회보장제도는 기본적으로 그 나라에 거주함으로써 수급자격이 주어지고, 일반적으로 소득과 관계없이 급여수준이 결정되며, 재원은 일반조세에 의해 구성되는 체계로 전 국민을 포괄적으로 보호하는 데 초점을 두고 발전되어 왔다. 한편, 베버리지 모델과 더불어 영국은 애스핑앤더슨의 복지국가체제론에서 자유주의체제의 대표적 국가로도 잘 알려져 있다. 높은 소득보장과 재분배가 이루어지는 북유럽 국가들과 달리, 영국의 사회보장제도는 낮은 수준의 소득보장을 선별적으로 제공하는 자유주의국가에 해당하며 역사적으로 최저생활보장을 통한 빈곤예방에 보다 충실하고 국가보다는 개인과 시장의 역할에 비중을 둔다는 특징이 있다.

영국 사회보장제도의 기본구조는 근로연계복지를 중심으로 소득보장-고용이 큰 한 축을 이루고 있으며, 보건의료-사회적 돌봄이 또 다른 큰 축을 형성해 왔다고 할 수 있다. 한편 영국은 유럽에서 두드러지게 중앙집권적인 특징을 보이지만 다양한 사회적 돌봄서비스의 제공은 지방정부의 권한 아래 형성되어 왔으며 이로 인한 다양한 지역적 다양성을 보이고 있다. 최근에는 사회보장제도의 효과성을 높이기 위해 기존 급여체계의 통합성을 증진시키는 한편, 서비스 전달체계의 분절성을 해소하기 위해 다양한 연계 방안을 중점적으로 꾀하고 있다.

이 책은 크게 3부로 구성되어 있다. '1부 사회보장 총괄'에서는 지난 100여 년간의 영국 사회보장 발전과정을 알아보고 사회보장제도의 기본구조 및 전달체계에 관해 살펴보았다. 또한 사회보장제도와 밀접한 관계를 맺는 경제, 고용, 소득분배, 인구구조의 변화를 살펴보고 영국 재정제도의 변화를 중심으로 사회보장지출 동향을 서술하였다. 마지막으로 최근 영국 사회보장 개혁동향에 대해 살펴봄으로써 유럽연합 탈퇴 이후 사회보장정책의 흐름을 조망하고자 하였다.

'2부 소득보장제도'에서는 영국의 주요 사회보장제도로써 공적연금제도, 고용보험제도 및 고용정책, 산재보험제도, 가족수당제도, 공공부조제도를 다루고 있다. 특히, 산재보험제도의 경우 한국과 상당한 차이가 있어 우리나라 산재보험 체계에 대입하여 설명하고자 하였다. 한편, 공공부조제도의 경우 소득보조를 중심으로 최근 새롭게 시행되고 포괄급여제도의 내용과 의미에 대하여 자세히 살펴보고자 하였다.

'3부 의료보장 및 사회서비스'에서는 영국의 전반적인 지원서비스, 즉 보건의료제도 및 의료보장제도, 장기요양보장제도, 고령자 복지서비스, 장애인 복지서비스, 아동 및 보육서비스, 주택 및 주거서비스를 살펴보고, 이를 토대로 우리나라에 시사하는 정책적 함의를 찾고자 하였다.

많은 연구자가 참여하는 전문서적의 경우, 연구자가 집필하는 시간부터 인쇄 및 발간까지 걸리는 시간까지 최소한 몇 달 정도가 소요되기도 한다. 따라서 집필 당시 최근 통계자료를 인용하였더라도 통계시차가 발생하는 경우도 있다. 이 부분에 대해서는 독자들의 양해를 구한다.

《주요국 사회보장제도》 총서를 기획하신 보건사회연구원 원장님과 영국

편의 집필과정을 지지해주신 총괄책임자 노대명 박사님, 철저한 지원업무로 연구진이 집필과정에 집중할 수 있도록 도와주신 정희선 연구원, 그리고 많은 분량의 원고를 철저하게 교정해주신 나남출판사의 여러 담당자께 감사의 마음을 전한다. 마지막으로 시간 제약에도 불구하고 영국 제도의 핵심 특성을 독자에게 쉽게 전달하기 위해 고심하신 집필진 여러분께 감사의 말씀을 드린다.

전주대학교

최 복 천

주요국 사회보장제도 6

영국의 사회보장제도

차 례

3부 의료보장 및 사회서비스

제 1 부   사회보장 총괄

01

사회보장의 역사적 전개

1. 머리말

영국 사회보장의 역사적 전개과정에 관한 서술을 하기 위해 먼저 사회보장의 개념에 대해 간략하게 살펴보자. 사회보장(社會保障, *social security*)은 각 나라 나름의 역사적 특수성을 배경으로 하여 제도화되어 나라에 따라 차이가 많다(Spicker, 2011). 이 글에서 주된 고찰의 대상이 되는 영국은 소득보장을 사회보장으로 간주하는 경향이 있다. 즉, 영국에서 복지란 주로 소득보장, 교육, 주거, 보건의료, 고용의 다섯 가지 정책영역을 의미하는 것으로 간주되고 이는 2차 세계대전 당시 베버리지(William Beveridge)가 전후 영국사회의 재건을 가로막는 5대악이라고 말한 궁핍, 무지, 불결, 질병, 나태에 각기 대응되는데, 이 중 사회보장은 궁핍의 제거를 목적으로 한 소득보장으로 간주된다. 그리고 이들 다섯 가지 정책영역을 함께 묶어 사회서비스라고도 부르는바(Hudson, Kühner, & Lowe, 2008), 따라서 영국에서 사회보장은 사회서비스의 일부를 이루며 나아가 보건의료와는 별개로 개념화되는 경향이 있다.

한편, 국제노동기구(International Labour Organization: ILO)는 ① 다양한 사회적 위험으로부터 초래되는 소득상실 및 소득감소로 사회구성원이 겪을 경제적 어려움의 경감을 위해 공적 조치를 통해 제공하는 보호, ② 의료서비스 제공, ③ 아동이 있는 가족에 대한 보조금 제공을 사회보장으로 규정한다(ILO, 1998, 원 번호는 필자). 여기서 사회구성원의 경제적 어려움에 대해 제공하는 보호와 아동이 있는 가족에 대한 보조금의 제공은 소득보장을 의미하며, 의료서비스의 제공은 건강보장을 의미한다. 이런 점에서 ILO는 소득보장과 건강보장을 아울러 사회보장으로 규정하는 셈이다. 이 글에서는 영국을 다루기는 하지만 사회보장을 소득보장으로 한정하기보다는 ILO의 개념규정을 따라 건강보장을 아우르는, 즉 더욱 넓은 개념으로 규정하여 살펴보기로 한다. 따라서 이 장에서 사회보장은 소득보장과 건강보장을 아우르는 개념으로 사용할 것이다.

그런데 앞서 논의한 사회보장의 개념규정은 실제로는 사회보장을 정의한 것이라기보다는 사회보장의 제도범위를 규정한 것이다. 사회보장에 관한 통일된 정의를 발견하기는 어렵지만 사회보장이라는 용어를 구성하는 단어에 초점을 맞추어 사회보장의 개념에 접근할 수 있다(예컨대, Miller, 2009 참조).

우선 사회(social)라는 단어는 사회구성원 모두의 참여라는 의미를 함축한다. 즉, 사회구성원 모두는 기여자, 수혜자, 납세자 혹은 시민 등 어떤 형태로든 사회보장의 일원이라는 것이다. 다음으로 보장(security)이라는 단어는 사회구성원이 시장의 힘에 지배당하게 내버려두는 것이 아니라 욕구를 충족하고 미래를 계획할 수 있게끔 자원과 기회 등을 제공한다는 의미를 갖는다. 이들을 종합하면 사회보장을 사회공동체(오늘날의 사회공동체는 경제적으로 자본주의체제이다)에서 삶을 살아가는 과정에서 위험에 처했거나 처할 가능성이 있는 사람들과 연대를 형성하기 위해 사회구성원이 공동으로 참여하는 제도의 총체라고 할 수 있을 것이다(Pieters, 2006 참조).

이처럼 사회구성원이 연대형성을 위해 공동으로 참여하는 제도의 총체로 사회보장을 정의하면 이 장에서 살펴볼 영국 사회보장 전개과정의 시간적 범위를 정하는 데 도움을 얻을 수 있다.

영국은 자본주의로의 이행을 가장 먼저 이룩한 국가이며 따라서 자본주의 시장이 초래하는 삶의 어려움과 관련해 모종의 조치가 필요하다고 가장 먼저 인식하고 그것의 제도화에 나선 국가 중 하나이다. 이런 점에서 영국 사회보장의 기원은 가까이는 1834년 〈신구빈법〉까지 거슬러 올라갈 수도 있으며 멀게는 튜더왕조 시기인 16세기 초의 〈구빈법〉(헨리 8세의 구빈법) 이나 17세기 벽두인 1601년 〈엘리자베스 구빈법〉, 심지어는 1349년 노동 자조례로까지 거슬러 갈 수도 있다(De Schweinitz, 1949 참조).

하지만 19세기 중반 이후, 즉 보통선거권이 제도화된 이후에도 〈구빈법〉 수혜자에게 선거권을 박탈했음에서 보듯 〈구빈법〉은 대단히 억압적이고 형벌적이어서 위험에 처한 자와의 연대가 아니라 위험에 처한 자를 배제하는 데 더 주안점을 둔 제도라 할 수 있다. 따라서 적어도 영국에서 사회적 위험에 처한(혹은 처할 가능성이 있는) 자와의 연대형성을 위한 시도는 일차적으로 〈구빈법〉의 틀 바깥에서 사회보장을 제도화하려는 노력으로 전개되었고 그러한 노력이 결실을 본 것은 20세기 초 자유당의 사회개혁이 처음이었다(Fraser, 2009).

이때 등장한 결실은 20세기 중반 〈베버리지 보고서〉 및 그에 기초한 제도화를 통해 복지국가 구축으로 이어졌고 이때 형성된 보편적 보장을 토대로 한 연대형성은 여러 논란에도 대체로 1970년대 중반까지 지속되었다. 하지만 그 이후 연대형성의 방법, 나아가 어떤 면에서는 연대형성의 필요성과 관련해서도 이견이 나타났고 이 이견들로 더욱 시장지향적 연대형성을 지향하게 되었으며 이러한 기조는 오늘날에도 지속된다. 이런 점들을 염두에 두어 이 장에서는 20세기 초 자유당의 사회개혁에서부터 1980년대 보수당을 거쳐 신노동당의 사회정책에 이르는, 약 100여 년의 시간에 걸쳐 영국 사회보장의 전개과정을 살펴보고자 한다. 그리고 이 기간을 자유당의 사회개혁기간과 전간(戰間) 기간, 전쟁과 〈베버리지 보고서〉, 전후 합의의 정치기간, 대처정부 시기, 신노동당 시기로 나누어 살펴볼 것이다.

2. 자유당의 사회개혁과 전간기간

1) 자유당의 사회개혁

19세기 후반을 향해가면서 영국사회에는 큰 변화가 일어났다. 19세기 초의 자유방임주의는 더 이상 통용되지 않았고, 다양한 문제는 개인이 아니라 어떤 사회적 원인에 의해 발생하는 사회문제이며 따라서 개인이 아니라 사회를 개혁해야 한다는 요구가 확산되었다. 이러한 사회개혁 요구는 다양한 형태로 표출되었는데 그 대표적인 것으로 1884년 페이비언 협회 결성, 1890년대 초 다수 노동자의 구빈지도관 선출로 노동자의 구빈행정 진출사례 등장, 1893년 독립노동당 창당, 1900년 노동자대표위원회 결성 등을 들 수 있다.

또한 이와 함께 당시의 사회개혁 요구의 정당성을 경험적으로 뒷받침하는 것으로 부스(Charles Booth)의 '런던시민의 삶과 노동에 대한 사회조사'를 들 수 있다. 부스의 사회조사는 몇 가지 결함이 있긴 했지만 런던시민의 30.7%가 빈곤상태에 있다는 충격적인 결과를 산출하였다(Jones, 2000). 부스의 조사만큼이나 영향을 미친 조사는 라운트리(Seebohm Rowntree)의 조사인데 이것은 1899년에 요크시민을 대상으로 진행되었고 그 결과는 2년 후인 1901년에 책으로 출판되었다. 라운트리의 조사에 의하면 요크시 노동계급인구의 9.91%는 신체적 효율을 유지할 수 없을 정도인 1차 빈곤에 놓였으며 17.93%는 필수품 구입 외에 약간의 여유가 있는 2차 빈곤상태에 놓인 것으로 나타났다(Jones, 2000).[1] 이러한 사회조사결과로 빈곤은 개인의 책임이라는 견해는 더 이상 유지될 수 없었으며 따라서 그 조사는 시민의 복지를 위해 정부개입이 필요하다는 주장의 증거로 널리 활용되었다(De Schweinitz, 1949).

이러한 시대적 흐름 속에서 〈구빈법〉 개혁 여론이 높아갔고 1905년에 〈구빈법〉 개혁을 위한 왕립위원회가 임명되었다. 이 왕립위원회는 자선조직협회를 중심으로 한 다수파와 페이비언 협회의 비어트리스 웹(Beatrice Webb)을 중심으로 한 소수파로 갈라져 〈구빈법〉 개혁을 놓고 대립하였는데 이는 〈구빈법〉 틀 외부에서의 연대형성 시도를 둘러싼 대립이었다.

이러한 상황 속에서 1906년 총선이 치러졌고 이 선거에서 그 이전 10년 동안 집권하지 못했던 자유당은 보수당에 압승을 거두었다. 자유당의 이러한 승리와 함께 노동당도 의회 진출에 성공하였다. 노동당은 51명의 후보를 내어 그중 29명이 당선되는 쾌거를 이루었다.[2] 이후 진행된 사회입법은 자유당보다는 당시 최초로 원내에 진출한 소수의 노동당 의원의 역할에 의해 가능했다는 해석도 있지만(Fraser, 2009), 자유당이 나름의 사회개혁 의지를 가지고 사회입법을 추진한 것 역시 분명한 사실이다(Jones, 2000). 자유당은 지방정부에 학교급식 제공권한을 규정한 〈학교급식법〉(1906)과

---

1) 부스(1840~1916)는 보수당 계열의 인사였으며 자본가로 성공하였고 성품이 훌륭하였다고 한다. 그의 사회조사는 1886년에 처음 시작되었고 그 결과는 여러 권의 책으로 출간되었는데 첫 번째 책은 1889년에 나왔고 마지막 17권은 1903년에 나왔다(De Schweinitz, 1949). 부스의 사회조사에는 비어트리스 포터가 조사원으로 참여하기도 했는데 비어트리스 포터는 결혼하기 전의 비어트리스 웹의 이름이다. 한편 라운트리(1871~1954)는 요크에서 초콜릿 사업으로 크게 성공한 사업가로서 빈곤연구 외에 노사관계 개선에도 선구적인 업적을 남겼으며 노동자주택 건립에서도 큰 공헌을 하였다. 라운트리는 1899년에 이어 1935년과 1951년에도 요크시 조사를 하였다.
2) 노동당은 실제로는 본문에서 언급한 노동자대표위원회라는 이름으로 1900년에 이미 창당되었으며 1906년에 의원을 배출하면서 노동당으로 명칭을 바꾸었다.

학생에 대한 의료검진과 학교보건소 설치를 규정한 〈교육법〉(1907), 아동학대 방지 등을 규정하고 청소년비행을 다루는 별도의 특별법원의 설치를 규정한 〈아동법〉(1908), 고용주의 재해보험 가입을 의무화한 〈근로자보상법〉(1907), 전국적인 직업알선망 구축을 규정한 〈직업알선법〉(1908) 등 일련의 사회입법을 추진하였다. 하지만 이 글의 주제인 사회보장과 관련하여 자유당이 보인 가장 중요한 성과는 노령연금제도의 도입과 〈국민보험법〉의 입법이었다.

영국에서는 이미 1870년대 후반부터 사회보험도입운동이 전개되었는데 이 사회보험운동은 성공회의 블랙클리(William L. Blackley) 신부에 의해 시작되었다(De Schweinitz, 1949). 블랙클리 신부는 질병보험과 노령보험의 도입을 주장하였으며 이 주장은 후에 전국적립연맹(National Provident League)의 결성으로 이어지기도 했다. 이와 함께 보수당 출신의 정치인인 체임벌린(Joseph Chamberlain)은 자발적 보험으로 운영되는 노령보험의 도입을 제안하였으며, 부스는 일반조세로 운영되는 무기여방식의 보편연금 도입을 제안하였다.

이러한 흐름 속에서 당시 영국사회에는 노령연금이 필요하다는 원칙에 관한 동의가 형성되었다. 하지만 구체적 수단에서는 이견이 있었다. 이견들은 가장 중요하게는 기여방식을 택할 것인가, 무기여방식을 택할 것인가를 둘러싸고 나타났다(Jones, 2000). 기여방식을 옹호한 사람들은 기여방식으로 노령연금을 도입할 경우, 자체적 재정조달이 가능하여 일반예산에 영향을 주지 않을뿐더러 기여금납부를 통해 수급권을 획득할 수 있다는 장점이 있다고 주장하였다. 반면 무기여방식을 주장한 사람들은 기여방식에 의한 수급권 획득에는 시간이 필요하여 즉각적 보호를 제공할 수 없고 또 정작 연금이 필요한 여성은 취업하지 않은 경우가 많아 처음부터 수급권을 획득할 수조차 없다고 주장하였다.

당시 자유당정부의 재무상이었던 조지(Lloyd George)는 처칠(Winston

Churchill)과 함께 기여방식 연금은 가난한 사람을 배제할 수 있으므로 무기여방식 연금이 바람직하다고 결정하고 관련자를 설득하여 〈노령연금법〉을 도입하는 데 성공하였다. 〈노령연금법〉은 1908년에 의회를 통과하여 동년 8월 국왕의 재가를 받았으며, 급여는 1909년 1월 1일부터 우체국을 통해 지급되었다.

이렇게 하여 독일이 1889년에 사회보험방식(즉, 기여방식)의 노령·유족연금제도를 도입한 것에 반해 영국은 일정 소득수준 이하의 노인을 대상으로 하는 무기여방식의 노령연금을 도입했다. 1908년의 무기여 노령연금에 대해 이는 자산조사에 의한 제도이므로 〈구빈법〉적 틀을 벗어나지 못하였다는 비판도 있고 이러한 비판에 근거가 없는 것은 아니지만,[3] 당시 우체국을 통해 연금을 받은 노인은 1912년에 100만 명을 넘을 정도로 많았다. 이렇게 연금을 받게 된 많은 노인은 〈구빈법〉의 치욕을 거치지 않고도 연금을 받는 데 감사하여 우체국에서 연금업무를 담당하는 여직원에게 선물을 사줄 정도였다는 사실(Fraser, 2009)을 고려하면 1908년 노령연금이 〈구빈법〉의 틀을 완전히 벗어난 것은 아니라 할지라도 그로부터의 명백하고도 중대한 일탈이었음도 인정해야 한다.[4] 이와 같이 자유당 시기의 〈구빈법〉으로부터의 일탈은 1918년 〈선거법〉 개정으로 〈구빈법〉 수급자로부터 선거권을 박탈하는 조항을 폐지한 것으로 이어지기도 했다(De Schweinitz, 1949).

하지만 당시 자유당은 사회보험에 더 많은 관심이 있었다. 이는 1908년 〈노령연금법〉이 국왕의 재가를 받던 날 조지가 사회보험제도를 시찰하기

---

3) 예컨대, 당시 노령연금제도는 습관적인 음주벽이 있다고 판단되거나 습관적으로 일하기를 거부한다고 판단되면 연금수급권을 박탈당하도록 하는 이른바 도덕성 조사조항을 두었다(De Schweinitz, 1949).
4) 노령연금의 운영기구를 우체국으로 정한 것도 〈구빈법〉의 틀을 벗어나고자 하는 정책목적이 반영된 것이었다.

위해 독일을 방문한 데서도 잘 드러난다. 자유당은 사회보험이 기여방식에 근거하였으므로 수급권을 획득할 수 있다는 인식을 가질 수 있고 따라서 〈구빈법〉적 잔재와 완전히 결별할 수 있고, 정치적으로도 매력적이라 생각하였으며 기여금을 별도로 납부케 하기 때문에 재정적으로도 실현가능성이 높다고 여겼다. 또한 사회보험은 1905년 〈구빈법〉 위원회의 다수파와 소수파의 견해 차이를 해결할 수 있는 대안으로 생각하였으며 나아가 웹 부부(The Webbs)[5]가 항상 주장했던 국민최저선을 보장함으로써 사회구조의 급격한 변화를 막아 사회주의적 열망을 방지할 수단이라고 생각하였다 (Fraser, 2009). 자유당은 사회보험의 이러한 점에 주목하여 도입을 추진하였으며 이는 1911년 〈국민보험법〉 도입으로 결실을 맺었다. 1911년의 〈국민보험법〉은 제1부 의료보험과 제2부 실업보험으로 구성되어 있었다.

의료보험의 도입은 대단히 험난한 과정을 거쳤다. 관련 이해당사자는 크게 공제조합과 의료전문직, 보험회사 등 세 집단이었다. 공제조합은 전통적으로 의료급여를 운영했기 때문에 정부가 자신의 의료급여와 중복되는 의료보험을 도입하는 데 강하게 반대했다. 의료전문직은 공제조합이 자신을 지나치게 통제한다고 생각해 이 통제로부터 벗어날 수 있기를 희망했지만, 그렇다고 국가의료체계에 편입되기를 바란 것도 아니었다. 민간보험회사〔그중 가장 큰 회사가 프루덴셜 사(社)였다〕는 그들이 제공하는 사망급여가 정부제도로 인해 축소되지 않을까 걱정하였으며 또 그들의 경쟁자인 공제조합이 정부가 도입하려는 의료보험의 운영권을 장악하지 않을까 걱정하였다.

이들 세 집단의 이해가 복잡하게 반영된 1911년 〈국민보험법〉의 의료보험은 결국 인정조합을 설립했고 근로자는 이들 인정조합 중 하나를 택해서

---

5) 시드니 웹(Sydney Webb, 1859~1947)과 비어트리스 웹(1858~1943)으로, 페이비언 협회의 주된 인물이었다.

의무적으로 가입토록 했으며 지방보험위원회가 선정한 의사로부터 무상의료를 받고 상병수당은 최대 26주까지 받도록 했다(Fraser, 2009; Jones, 2000). 다만 당시 의료보험은 입원진료가 보호범위에서 제외되었으며 의료서비스는 근로자 본인에게만 적용되었고 그 피부양자에게는 적용되지 않았다. 이는 당시 자유당정부가 의료보험을 근로자의 신속한 직무복귀에 중점을 두고 설계하였기 때문이다.

1911년 〈국민보험법〉의 제2부인 실업보험은 상대적으로 논란이 적었다. 실업보험은 당시 구성된 임금위원회 위원인 베버리지가 설계하였으며 이 실업보험과 대응을 이루는 〈직업안정법〉은 1909년에 별도로 입법되었다. 당시 실업보험 도입 시 가장 큰 쟁점은 본인의 귀책사유로 실직한 사람에게 급여를 줄 것인가의 문제였다. 처칠은 사회보험방식을 택하는 한 비록 본인의 귀책사유가 있다고 하더라도 급여를 주어야 한다고 주장했지만 이 주장은 거부되고 본인의 귀책사유로 실직한 경우에는 실업급여가 제공되지 않는 방향으로 제도가 설계되었다.

무기여 노령연금으로부터 〈국민보험법〉에 이르는 자유당의 사회개혁은 몇 가지 배경 아래 추진되었다(Fraser, 2009). 첫째, 당시 급부상하던 노동당을 견제하고 선거에서 승리를 거두기 위한 목적이 중요했다. 둘째로는 당시 국민적 관심사로 떠오르던 국민적 효율성(national efficiency)의 증진을 들 수 있다. 특히, 쉽게 이길 것이라고 생각했던 보어전쟁(Boer War, 1899~1902)에서 그렇지 못하자 징병된 젊은이들의 건강상태, 더 나아가 국민적 효율성 증진에 관한 관심이 고조되었고 또 국제경쟁에서 이기기 위해서는 복지제도의 발전이 필요하다는 여론이 형성되었다. 셋째, 당시 자유당이 19세기 중반 휘그 시절부터 지배적이었던 글래드스턴식의 전통적 자유주의(기회균등과 낮은 정부지출을 신봉)를 극복하고 정부개입 확대와 누진적 재정방식을 주장한 이른바 새 자유주의(New Liberalism)로의 전환을 성공적으로 이루었다는 것도 한 배경이었다.

2) 전간기간의 혼란

자유당이 〈국민보험법〉을 도입한 지 3년 후, 전 유럽은 1차 세계대전 (1914~1918)이라는 미증유의 전쟁에 휘말렸다. 1차 세계대전으로 영국을 비롯한 유럽사회는 큰 전환을 겪었는데, 그중 양극화의 심화를 큰 변화로 들 수 있다(비록 당시에 양극화라는 용어를 사용하지는 않았다). 전간기간의 양극화 및 그로 인한 혼란은 이 기간의 세계가 이전과는 다른 모습을 가졌다는 데에서 기인한다. 실제로 1차 세계대전이 끝난 이후 세계는 커뮤니케이션과 국제무역이 많이 증가하여 개별 국가가 경기순환을 통제할 수 없는 상태가 되었다(Jones, 2000). 그리고 이 기간에 소비재의 개량이 빠른 속도로 진행되어 사회의 한쪽에서는 매우 풍요로운 소비생활을 구가하는 반면 다른 한쪽에서는 오랜 기간의 실업과 그로 인한 빈곤, 굶주림에 시달린 실업자들이 기아행진(*hunger march*)을 벌일 만큼 빈부격차가 심각하였다(Fraser, 2009; Jones, 2000).

이와 같은 양극화 속에서 전간기간에는 실업률 또한 매우 높았다. 1차 세계대전 기간에 실업과 구빈신청이 감소하기도 했고 전쟁 직후에도 실업률이 낮았지만 1921년부터 실업이 급증하였고 경기는 침체에 빠져들기 시작하였다. 1921년 말 실업자는 당시 실업보험 가입자의 14%에 이를 정도로 증가하였고 실업보험기금은 소진되었다(Jones, 2000). 도움을 필요로 하는 실업자는 과거 〈구빈법〉이 다루었던 사람들과 다르고 따라서 〈구빈법〉의 여러 기관들로는 실업문제에 적절히 대처할 수 없다는 사실이 드러났다. 또한 1911년의 〈실업보험법〉도 전간기간의 심각한 실업문제에 대처하기에 적절치 못하다는 사실이 드러났다(De Schweinitz, 1949).

그리하여 실업문제를 다루기 위한 새로운 시도들이 등장하였다. 일자리를 얻으면 보험료를 납부할 것으로 가정하고 아직 보험에 가입되지 않은 실업자에게 실업급여를 지급토록 한 이른바 무계약급여(Uncovenanted

Benefit)의 도입과 실업보험 수급권을 소진하였거나 수급권을 획득하지 못한 사람을 대상으로 급여를 제공토록 하는 실업부조위원회의 설치(1934) 등이 그것이다. 실업부조의 운영이 그 이전에 이미 설치되어 있던 공공부조위원회가 아니라 실업부조위원회에 맡겨진 것은 〈구빈법〉 기관이 빈곤대책기관으로서의 적실성을 상실했음을 보여준다.

그 후에 실업부조위원회는 부조위원회(Assistance Board)로 개편되고 노인에게 보충연금을 지급할 권한까지 부여받았다. 1941년에는 〈욕구결정법〉을 제정하여 가구단위 자산조사를 폐지하였다. 이는 과거 〈구빈법〉이 가지고 있던 가족책임주의의 종식을 의미했다. 하지만 이러한 몇 가지 의미 있는 진전에도 불구하고 사회보장에 관한 더욱 체계적인 접근은 아직 나타나지 않았다.

3. 전쟁과 〈베버리지 보고서〉

1차 세계대전과 마찬가지로 2차 세계대전(1939~1945) 역시 영국을 비롯한 유럽에 큰 전환점이 된 사건이었다. 특히, 사회보장과 관련하여 2차 세계대전은 〈베버리지 보고서〉라는 사회보장에 관한 청사진을 낳게 하였다. 하지만 〈베버리지 보고서〉로 대표되는 재건계획은 전쟁 초기부터 진행되었으며 이런 점에서 그것은 반드시 전쟁이라는 경험에서 기인한 것이라기보다는 1930년대 실업문제 등으로 인한 혼란기의 경험을 되풀이하지 않으려는 의지의 발로라고 보는 것이 더욱 타당하다(Fraser, 2009; Jones, 2000).

〈베버리지 보고서〉를 낳은 범정부위원회의 구성은 어떤 면에서 상당히 우연한 계기로 이루어졌다. 영국정부는 1941년 6월에 11개 부처를 망라한 범정부위원회를 구성하고 여기에 베버리지를 위원장으로 임명하였는데,[6] 이 위원회는 원래 다른 의도로 만들어진 것이었다. 즉, 당시 장애급여와 실업급여는 7개 부처에 달하는 기관이 관련되어 제도운영이 복잡하였고 매우 불편하였는데 노동조합 대표들은 1941년 2월에 이의 시정을 전시연립 내각에 요구하였다. 이 문제의 해결을 위해 정부위원회 설치가 제안되었고 당초 정부위원회 설치를 반대하던 노동당 출신의 노동부장관은 그가 싫어하던 베버리지를 이 위원회로 보내 버리기로 하고 정부위원회 설치에 찬성하여 위원회가 구성되었다. 이로 인해 사실 정부위원회에 참여한 각 부처의 고위공무원들은 노동조합의 요구를 처리하는 의례적인 행정절차를 거친다는 태도로 위원회에 임하였다(Sullivan, 1996).

하지만 베버리지는 정부의 의도를 완전히 깨고 위원회를 자유당 사회개혁 이래 영국에 도입되었던 각종 사회정책의 경로를 대대적으로 수정하는 기회로 생각하였다. 이러한 베버리지의 생각은 당시 전시동원을 해야 했고 그래서 국민에게 전간기간과는 다른 청사진을 보여줄 필요가 있었던 정치적 상황과 맞물려 중요한 역할을 했다.

베버리지는 전후 영국사회의 재건을 가로막는 5대악을 궁핍(want), 무지(ignorance), 불결(squalor), 질병(disease), 나태(idleness)로 제시하고 자신의 사회보장계획은 이 중 궁핍, 즉 빈곤을 제거하는 계획이라고 규정하였다(Beveridge, 1942). 따라서 베버리지에게 사회보장은 소득보장을 의미하였다.

또한 베버리지는 사회보장계획이 효과적으로 작동되기 위해 세 가지 전제가 필요하다고 하였다. 첫째는 아동수당이며, 둘째는 질병의 예방 및 치료, 근로능력의 회복을 목적으로 모든 사람에게 적용되어 운영되는 종합적인 보건 및 재활서비스로서 간단히 말하면 보편적이고 종합적인 무상의 보건의료서비스이고, 셋째는 완전고용이다(Beveridge, 1942). 아동수당은 욕구에

---

6) 베버리지(1879~1963)는 앞의 본문에서 말한 것처럼 1911년 〈국민보험법〉 도입 당시 실업보험을 설계하여 실업문제의 권위자로 널리 알려졌으며 그 후에는 런던정경대학과 옥스퍼드대학에서 가르치기도 했다.

따른 지출(즉, 다시 말해서 가족규모에 따른 지출) 수요를 충족할 책임을 국가에 둠으로써 자본주의 시장경제의 작동을 인정함과 동시에 시민의 노동력 재생산을 보장하는 데 국가가 개입토록 한 것이었다. 또한 종합적인 보편적 무상의료와 완전고용은 사람들을 빈곤에 떨어뜨리는 가장 큰 요인인 가구주 및 가구원의 질병에 대처하게 하고 또 가구주의 실업을 제거하기 위함이었다.

이러한 세 가지 전제 위에 선 사회보장은 사회보험과 공공부조, 그리고 민간보험의 세 가지 방법으로 운영되도록 설계되었다(Beveridge, 1942). 베버리지는 사회보험을 일정 기간 운영하면 공공부조는 그 필요성이 다하여 사라질 것으로 생각하였다. 민간보험을 사회보장의 한 방법으로 설정한 것은 국가의 사회보장은 국민최저선(*national minimum*)의 보장을 목표로 하고 그 이상의 보장은 민간보험을 통해 자발적으로 이룰 것을 전제하였기 때문이다(베버리지는 항상 사회보장이 개인의 자발적 노력을 저해해서는 안 된다고 생각하였다. 이에 대해서는 Jones, 2000 참조). 베버리지는 사회보장은 모든 위험을 포괄할 수 있게끔 종합적인(*comprehensive*) 제도로 구성되어야 하고 또 모든 사람에게 균질적으로 적용되어 보편적인(*universal*) 제도여야 한다고 생각하였고, 이러한 보편적 제도로 운영되기 위해서는 기여금과 급여 모두가 정액(定額, *flat-rate*) 방식으로 설계되어야 한다고 생각하였다.

베버리지는 사회보장계획을 보고서로 쓰면서 케인스와 지속적으로 의견을 주고받았다. 케인스는 몇 가지 부분에서 수정을 제안하면서 보고서를 꼼꼼히 검토하였으며 전체적으로 베버리지의 구상을 지지하였다(Sullivan, 1996). 이렇게 하여 작성된 〈베버리지 보고서〉는 1942년 11월에 출판되었는데 이때는 영국이 독일을 이길 결정적 전기를 마련한 엘 알라마인(El Alamein) 전투에서 승리한 직후였다. 당시 처칠은 이 전투의 승리를 자축하기 위해 영국 전역의 교회 종을 치도록 하였는데 〈베버리지 보고서〉는 이런 분위기에서 출판됨으로써 1930년대의 혼란과 전쟁의 상처를 치유하고 미래의 희망을 실현할 청사진으로 주목받았다. 당시 언론은 베버리지의 사회보장계획을 '요람에서 무덤까지'의 사회보장이라고 지칭하였다(Jones, 2000). 하지만 당시 전시내각의 다수를 구성했던 보수당과 처칠은 베버리지 계획이 비현실적이라고 생각하여 비판적이었다. 따라서 베버리지 계획의 실현은 노동당의 손에 넘어가게 되었다.

4. 합의의 정치와 사회보장

전쟁이 끝나가던 1945년 7월에 총선거(이른바 카키선거)가 치러졌는데 이 선거결과는 처칠의 기대와 달리 노동당의 압승으로 끝났다. 이로써 노동당은 창당 이래 최초로 단독정부를 구성하였다. 애틀리(Clement Attlee)를 수상으로 한 노동당정부는 1945년에 〈가족수당법〉, 1946년 〈국민보험법〉과 〈국민건강서비스법〉, 1948년 〈국민부조법〉을 잇달아 도입하여 몇 년 전 언론이 베버리지의 사회보장계획에 붙여준, 이른바 '요람에서 무덤까지'라는 복지국가를 건설하였다.

이로부터 대체로 1970년대 초중반까지 노동당과 보수당 간에 복지국가에 관한 정치적 합의[이른바 버츠켈리즘(Butskellism)]가 지속되어 복지국가의 황금기를 구가하였다. 하지만 복지국가 황금기라고 하여 복지국가를 둘러싼 논쟁이 전혀 없었다는 의미는 아니다. 〈타임스〉는 1952년에 복지국가 위기론을 기획기사로 연재하기도 하였다(Jones, 2000; Sullivan, 1996).

또한 각 제도 도입이나 개정 시 언제나 여러 논란이 수반되었다. 예컨대, 국민건강서비스 도입과 관련해서는 제도설계의 여러 면에서 의사들의 반대가 있었으며, 〈국민건강서비스법〉이 도입된 이후에는 재정을 이유로 치과진료 등에 대해 본인부담제를 실시하는 문제를 둘러싸고 국민건강서비스 도입의 실질적 주역이라 할 수 있는 베번(Aneurin Bevan)이 장관직을 사임하는 등 많은 갈등이 있었다(Sullivan, 1996). 또한 소득보장과 관련해서는 민간의 역할을 확대하려는 보수당과 국가의 역할을 확대하려는 노동당 간의 갈등이 계속 존재하였다. 하지만 이러한 갈등과 논란에도 노동당은 당내 우파와 중도파를 중심으로, 그리고 보수당은 이른바 일국민 보수주의파(One-Nation Conservative)를 중심으로 복지국가에 관한 합의를 형성하고 이끌어갈 수 있었다.

1) 국민건강서비스

국민건강서비스(National Health Service: NHS)는 '최선의 것을 보편화한다'는 베번의 구상에 기초한 것으로, 생존수준의 보장이라는 사회보험의 목표와는 철학적 전제 자체가 달랐다. 이러한 성격 때문에 NHS는 어떤 정당도 그것을 해체할 수 없게 되었다.

하지만 NHS 출범 초기인 1950년대에 보건지출이 빠른 속도로 증가하면서 복지지출이 경제에 해롭다는 주장이 설득력을 얻었다. 당시 영국은 전쟁복구를 위해 해외자산을 대거 매각하였고 이로 인해 파운드의 가치가 떨어지는 등 경제사정이 좋지 않아 이런 주장은 더욱 힘을 얻었다(Sullivan, 1996). 하지만 보건지출에 대한 전반적 검토를 위해 1950년대 초에 구성된 길보드 위원회(Guillebaud Committee)는 1956년에 결과를 발표하면서 보건지출의 증가는 대부분 물가상승에 따른 것이라고 결론 내림으로써 복지지출 증가에 비판적인 견해를 잠재웠다. 나아가 이 위원회는 GDP에 대한 비율로 볼 때 보건지출은 오히려 감소하였다고 언급하면서 복지지출은 물가상승과 경제성장과 연관 지어야지 단순히 절대금액으로 평가해서는 안 된다고 지적하였다.

〈길보드 보고서〉는 보건지출을 둘러싼 논란을 잠재웠고 이에 따라 NHS는 1950년대 후반과 1960년대에 정치적으로 주목을 덜 받았다. 이로 인해 NHS는 별다른 제도적 변화를 겪지 않았는데 이것이 어떤 면에서는 1948년 통과된 〈국민건강서비스법〉에 내재된 타협의 장점과 단점을 그 자체로 뿌리내리게 하는 부작용도 초래하였다(Fraser, 2009). 특히, NHS의 지배구조가 개혁되지 못했으며 또 예방의료가 주목받지 못했다. 그리하여 NHS는 그 지출의 70%가 병원치료에 충당되는 등 국민건강서비스라기보다는 국민질병서비스가 되어갔다. 이러한 상황에서 일부 조치가 취해졌지만 그리 성공적이지 못하였다. 예컨대, 보수당정부의 보건부 장관이었던 파월(Enoch Powell)은 1962년에 병원계획(Hospital Plan)을 수립하여 전국적으로 병원 건립과 의료장비의 현대화를 추진하였다. 하지만 이 계획은 재정 부족 문제 등으로 성공적이지 못하였다.

보수당의 뒤를 이어 집권한 노동당의 윌슨(Harold Wilson) 정부는 병원계획을 이어받아 추진하였으며 나아가 보건지출의 증액을 추진하였다. 하지만 이 시기 노동당정부의 정책이 항상 성공적이지는 않았다(Fraser, 2009). 이는 처방전 수수료 관련 정책에서 잘 드러난다. 당초 처방전 수수료는 보수당정부에 의해 1952년에 도입되었고 이에 대한 비난이 지속되면서 노동당은 1964년 총선공약으로 처방전 수수료 폐지를 약속하였다. 총선에서 승리하여 집권한 노동당은 1948년 베번에 의해 기획된 무상의료정신으로 돌아간다는 명분하에 1965년에 처방전 수수료를 폐지하였다. 하지만 윌슨 정부는 경제성장 둔화 문제에 적절히 대처하지 못하였고 영국은 1967년에는 파운드화를 평가절하하는 상황에 처하였다. 이처럼 경제가 악화되면서 공공지출의 절감을 피하기 어려워졌고 그리하여 결국 1968년, 처방전 수수료는 부활하였다.

이로부터 노동당정부는 구조개혁에 착수하기 시작하였다. 보건과 사회보장을 단일 정부부처(보건·사회보장부)에서 다루도록 하고 그 책임을 크로스만(Richard Crossman)에게 맡겼다(1968년). 이와 함께 노동당정부는 정부행정과 지방자치 및 NHS에 대해서도 강력한 구조개혁을 추진하고자 하였다. 하지만 노동당정부의 이러한 구조개혁은 추진되지 못하였는데 노동당이 1970년 총선에서 충격적 패배를 당하였기 때문이다.

노동당에 이어 집권한 보수당의 히스(Edward Heath) 정부는 노동당정부가 계획했던 구조개혁의 상당 부분을 이어받았다. 그리하여 노동당의 윌슨 정부가 추진하려고 했던 NHS 개혁을 1974년에 실제로 추진한 인물은 보수당정부 아래서 보건·사회보장부 장관을 맡았던 조지프(Keith Joseph) 였다 (Fraser, 2009). 보수당정부는 이 1974년 NHS 개혁을 통해 지방의 보건 및 병원서비스를 더욱 직접적인 통제 아래에 두고자 하였다. 이를 위해 지역보건국(Area Health Authorities) 을 설치하여 노인·장애인 등 다양한 인구집단에 대한 보건의료서비스 전달을 담당케 하였으며, 지역보건위원회 (Community Health Council: CHC) 를 설치하여 소비자를 대신하여 보건서비스 전달을 감시토록 하였다(Allsop, 1995). 하지만 1974년 NHS 개혁을 거쳐 새로 만들어진 NHS의 거버넌스 구조는 영국의 다른 어떤 공공서비스보다 복잡하였다.

1974년 총선에서 승리하여 다시 집권한 노동당정부는 NHS 병원 내에 도입되었던 유료병상을 폐지하고자 시도하였다. NHS 도입을 둘러싼 논란이 한창이던 1940년대 당시 의사들은 노동당이 의사를 전일제의 봉급제로 고용하는 제도를 도입하여 일반의의 독립적 지위를 박탈하지 않을까 가장 두려워하였다. 베번은 일반의를 NHS에 참여시키게끔 압력을 가하기 위해 전문의(hospital consultant) 에게 많이 양보하여 유료병상의 운영을 허용한 바 있다. 이 유료병상 문제는 진료대기순서를 기다리지 않는 새치기 문제와 함께 1948년 NHS 도입 이후로도 계속 문제가 되어왔다. 노동당의 유료병상 폐지방침에 의해 격렬한 논쟁이 벌어졌고, 봉급과 유료병상을 둘러싼 2년에 걸친 논쟁 끝에 NHS 병원에서 민간병상을 단계적으로 폐지하는 타협이 이루어짐으로써 일단락되었다. 하지만 이로 인해 민간보험이 성장하였으며 NHS 외부에 새로운 민간병원이 성장하였다.

이와 같은 지난한 과정을 거친 NHS는 1970년대 후반에 이르러서도 보건의료자원의 불평등한 배분 그리고 건강의 지역·계급적 격차를 시정하는 데 있어서 당초 베번이 생각했던 것만큼의 진척을 보이지는 못했다. 하지만 그럼에도 가장 신뢰받는 복지국가제도로 여전히 NHS가 자리 잡았다는 점 또한 사실이다.

2) 소득보장

노동당과 보수당은 이른바 '요람에서 무덤까지'라는 복지국가가 구축된 직후부터 합의의 정치라는 평가에도 불구하고 실제로는 사회보장에 있어서 베버리지 원칙으로부터 조금씩 벗어나는 선택을 해나갔다(Fraser, 2009). 실제로 베버리지 원칙에 의한 사회보험급여는 1948년 당시에도 이미 적절하지 않았다. 사회보험급여가 적정 수준에 미치지 못하여 국민부조가 베버리지의 생각과 달리 계속 성장하였으며, 이는 특히 연금수급자에게서 두드러졌다. 이처럼 국민부조 대상자가 증가하는 경향은 보수당정부가 비용절감을 위해 사회보험급여보다 자산조사급여의 인상을 더 많이 추진하여 가속화되었다. 1950년대에 이르자 정액기여방식으로는 적정 수준의 연금을 지급하는 데 필요한 재정을 마련할 수 없다는 사실이 점점 더 분명해졌다.

　이러한 상황을 타개하기 위해 노동당은 사회보장에 대한 종합적인 재검토 작업을 거쳐 1957년에 소득비례연금안을 제안하였다. 물론 이 소득비례연금은 노동당의 평등주의적 정신과는 모순되었다. 경제활동기의 불평등을 퇴직 후까지 연장하는 것이었기 때문이다. 베버리지가 소득비례연금을 비판한 이유도 바로 이 이유 때문이었다. 하지만 노동자의 생활수준이 향상됨에 따라 노동당은 이제 사회보장급여를 향상된 생활수준을 반영할 수 있게끔 전환시키는 방향으로 변경하지 않을 수 없었다.

　노동당이 내놓은 소득비례연금안은 정부가 직업연금을 운영토록 하는 국가직업연금제도였는데 이에 보수당은 반대의견을 제시하였다. 대신 보수당은 소득비례기여금을 기초로 운영되는 차등연금(Graduated Pension) 제도를 1959년에 도입하여 1961년부터 시행하였다. 이 차등연금제도는 개인과 그 고용주로 하여금 민간부문과 계약할 수 있도록 허용하는 적용 제외조항을 두었는데 이로 인해 민간보험에 의한 직업연금과 개인연금이 성장하였다.

베버리지 원칙의 또 하나의 중요한 수정 사례는 노동당이 1964년 총선에서 승리하여 집권한 이후에 일어났다. 노동당정부는 1966년에 장애급여와 실업급여, 과부급여에 부가급여를 도입하였는데 이 부가급여는 급여액은 소득비례방식으로 정해졌지만 대상자는 자산조사에 의해 결정되는 방식이었다. 이보다 더 중요한 변화는 기존의 국민부조청을 대체한 기구로 보충 급여위원회를 1966년에 설립한 것이었다. 이로써 전후 도입되었던 국민부조는 보충급여(Supplementary Benefit)로 명칭이 변경되었다. 새로 도입된 보충급여는 권리로서의 급여와 일선 사회복지공무원의 재량권을 크게 강화하였다(Deacon, 1995). 이는 노령연금 생활자 가운데 상당수가 국민부조 수급권을 가졌음에도 그중 3분의 1은 낙인 때문에 국민부조를 신청하지 않는 현실을 개선하기 위함이었다. 국민부조가 보충급여로 변경되면서 노령연금 생활자 가운데 30만 명이 훨씬 넘는 사람이 보충급여를 신청하였다(Fraser, 2009).

이외에도 노동당은 몇 가지 급여를 인상하였는데 그럼에도 1960년대에 빈곤은 감소한 것이 아니라 증가하였다는 인식이 서서히 퍼졌다. 1950년대 까지만 해도 복지국가에 의해 빈곤이 사라졌다는 생각이 있었다. 하지만 1960년대에 들어와 몇몇 사회과학자의 연구를 통해 '빈곤이 재발견'되면서 영국사회는 충격을 받았다(Fraser, 2009; Jones, 2000). 이 당시 빈곤의 재 발견이라는 충격을 안겨준 대표적 연구로는 《빈민과 극빈자》라는 연구였는데 여기서 타운센드(Peter Townsend)와 아벨스미스(Brian Abel-Smith)는 상대적 빈곤개념을 사용하여 오랫동안 사용되던 라운트리의 신체적 효율성에 기초한 절대적 빈곤개념을 대신할 새로운 빈곤기준을 만들어냈다.[7] 이들의 연구에 의하면 사회보장급여를 받지만 급여수준이 충분치 못한 사람과 일하지만 임금수준이 낮은 사람 그리고 아동에게서 광범위한 빈곤이 여전히 존재했다.

이러한 학문적 연구와 함께 그리고 이러한 연구로부터 새로운 시민단체가 등장하였는데, 그중 가장 대표적인 것이 1965년에 결성된 아동빈곤행동그룹(Child Poverty Action Group: CPAG)이었다(Lowe, 2005). 이 단체는 절대적 기준으로는 빈곤하지 않을지라도 상대적 기준으로는 빈곤한 사람의 처지를 개선해야 한다고 정부를 압박하면서 사실상 노동당이 집권한 기간 동안 빈곤이 늘어났다고 주장하였다(Fraser, 2009; Lowe, 2005). 이로부터 몇 가지 급여 인상이 이루어졌지만 이는 사회보장제도의 복잡성과 단편성을 증대시켰다는 단점이 있었다. 또 이들 시민단체들이 복지국가 구축 후에도 빈곤이 오히려 늘어났다는 주장은 사실은 아직도 할 일이 많음을 주장하려는 의도였지만 현실에서는 그들의 주장이 복지국가가 빈곤 감소에 실패했다는 의미로 받아들여져 복지국가 비판론자의 주장에 힘을 실어주는 결과로 이어졌다(Jones, 2000). 특히, 빈곤이 오히려 늘어났다는 주장은 1970년 총선을 앞두고 선거운동이 한창 진행되던 기간에 제기되어 이 선거에서 노동당이 패배하는 데 일정한 영향을 미쳤다는 평가도 받는다(이러한 평가의 예로는 Fraser, 2009 참조).

1970년 총선에서 승리한 보수당의 히스정부는 기본적으로 이전의 노동당정부와 정책적 연속성을 유지하였다. 하지만 노동당과 비교했을 때 사회보장급여의 선별성을 강화했다는 점에서는 차이점도 있었다. 보수당정부(당시 장관은 조지프)는 베버리지 계획에서 제외되었던 80세 이상 노인에 대

---

[7] 이런 점에서 빈곤의 재발견은 사실상 빈곤의 재정의가 있었기에 가능한 것이라고 할 수 있다(Lowe, 2005).

한 노령연금 지급계획을 실행에 옮겼으며 과부연금의 수급연령을 하향조정하였다. 또한 장애인을 돌보는 사람에 대한 장애보호수당을 도입하였다. 보수당정부는 당시 집권기간의 대부분을 소득비례연금을 개정하는 문제를 놓고 씨름하였지만 1974년 총선에서 패배함에 따라 그 문제에서는 진척을 보지 못하였다.

보수당정부는 아동빈곤문제와 관련하여 선별주의적 정책을 추진하였는데, 대표적인 것으로 1971년에 자녀가 있는 저임금노동자를 대상으로 한 가족소득보조금(Family Income Supplement: FIS)의 도입을 들 수 있다(Fraser, 2009). 이로써 자녀가 있는 저임금노동자는 자산조사에 기초한 수당에 의해 임금을 보충받았다. 보수당정부의 FIS 도입에 대해서는 이것이 과거의 스핀햄랜드 제도처럼 임금수준을 하락시킬 것이라는 비판도 제기되었지만 스핀햄랜드 제도 시절과는 비교할 수 없을 정도로 경제체계가 복잡해졌기 때문에 그런 일은 일어나지 않았다.

그보다 더 중요한 문제는 빈곤의 덫이라는 문제였다. FIS의 급여는 수급자의 총임금과 정부가 정한 목표수준 간 차이의 2분의 1로 정해졌다. 따라서 FIS 수급자가 임금이 증가하면 그 증가분의 2분의 1은 FIS 급여의 감소로 상쇄된다(Deacon, 1995). 이로 인한 빈곤의 덫 문제는 보수당정부의 다른 정책과 맞물려 더 증폭되었다. 즉, 당시 보수당정부는 FIS 외에도 임차료수당(Rent Allowance)과 주거급여(Housing Benefit)를 도입하였는데 이 역시 자산조사방식으로 운영됨에 따라 FIS 수급자가 임금이 증가하면 FIS 급여가 삭감될 뿐만 아니라 임차료수당과 주거급여까지도 상실할 수 있었다.

이로 인해 사실상 임금증가분의 거의 85%에 이르는 금액이 상실되며 나아가 임금증가에 따라 사회보험기여금 납부액이 증가하여 사실상 최종적인 결과는 임금이 증가하지 않을 때보다 나을 것이 없게 되었다(Deacon, 1995; Fraser, 2009). 또한 보수당정부는 노인이나 만성질환자는 스스로의 노력으로 처지를 개선하기 어려운 반면 실업자와 같은 사람은 스스로의 노력으로 처지를 개선할 수 있다는 견해에 기초하여 실업자 등을 대상으로 하는 단기급여보다 노인과 만성질환자 등을 대상으로 하는 장기급여를 더욱 관대하게 개정하였는데 이로 인해 과거의 가치 있는 빈민과 가치 없는 빈민이라는 개념을 다시 불러왔다는 비판을 받았다(Fraser, 2009).

1974년 총선에서 승리한 노동당의 윌슨정부는 그해에 노동자가 임금인상을 자제하면 이를 사회보장급여의 인상 등으로 보상하는, 이른바 소득정책(incomes policy)을 뼈대로 한 사회협약을 노동조합과 맺었다. 그리고 노동당정부는 오랫동안 논란이 된 연금문제를 해결하기 위해 과거 보수당의 조지프가 제안한 안과 노동당의 크로스만이 제안한 안을 절충하여 이층구조의 연금안을 내놓았다. 이것은 국가에 의한 정액방식의 기본연금과 소득비례연금으로 구성되고, 연금급여는 물가에 따라 연동되도록 한 것이었는데, 이는 1975년에 국가소득비례연금(State Earnings-Related Pension Scheme: SERPS)이라는 이름으로 도입되었다(실제 시행은 1978년부터 이루어졌다).

하지만 SERPS 역시 노동자에게 적용 제외를 허용하여 직업연금의 수준이 국가가 지급하는 소득비례연금 이상이면 노동자는 직업연금을 통해 소득비례연금을 받을 수 있었다. 이와 함께 노동당정부는 가족수당을 첫째아동에게도 지급되는 것으로 확대하고 제도명칭도 가족수당에서 아동수당으로 바꾸고자 하였으나 영국경제가 IMF에 구제금융을 신청할 정도로 위기에 처하면서 실패하였다.

복지국가 구축 30주년인 1978년에 이르러 베버리지 계획의 상당 부분은 왜곡되거나 훼손되었다(Fraser, 2009). 그것은 네 가지 점에서 그러하였다. 첫째, 베버리지의 사회보험급여는 적정 수준에 한 번도 도달하지 못하였다. 다른 소득원이 없는 사람은 베버리지식 정액의 사회보험급여만으로는 적절한 생활수준을 유지할 수 없었다. 둘째, 사회보험급여가 적정 수준으로 지급되지 않은 탓에 베버리지의 생각과는 정반대로, 자산조사급여가 매우 빠르게 증가하였다. 그리하여 영국 복지국가에서 자산조사급여는 잔여적인 영역이 아니라 오히려 주된 영역을 차지할 정도가 되었다. 셋째, 베버리지가 생각했던 보험수리적 기초는 소득비례 기여 및 급여의 도입으로 무너졌다. 또한 현재의 기여금으로 현재의 급여 지급을 충당하는 부과방식으로 인해 노동자로부터 퇴직자로의 소득의 단순한 이전이 이루어지게 된 점도 베버리지가 생각했던 보험수리적 기초를 무너뜨리는 데 기여하였다. 넷째, 모든 위험에 대해 동일한 급여를 제공한다는 정액원칙은 장기급여와 단기급여의 급여수준을 달리함으로써 역시 무너졌다. 게다가 전후 합의가 흔들렸고 베버리지 원칙을 뒷받침하는 토대의 하나인 완전고용이 불가능하게 되었다. 1970년대 중반의 석유가격의 급상승으로 인한 경제위기로 노동당정부는 1976년에 IMF 구제금융을 받았으며 그 대가로 공공지출을 대거 삭감하지 않을 수 없었다.

5. 대처리즘과 사회보장

1970년대 말의 경제위기로 인한 실업의 급증과 1978~1979년의 '불만의 겨울'(winter of discontent)을 거치면서 노동당과 복지국가에 대한 부정적 여론이 확산되었다(Fraser, 2009; Jones, 2000; Lowe, 2005). 복지국가에 대한 비판은 하루아침에 나타난 것이 아니며 어떤 비판은 오랜 역사를 가졌다. 그 비판은 다섯 가지로 나누어 볼 수 있다.

첫째로 경제학자들의 비판으로서 복지국가가 지나치게 많은 자원을 가져가기 때문에 생산영역에 대한 경제적 투자를 구축한다는 비판이다. 이비판은 2차 세계대전 후 영국의 경제적 성과는 복지국가에 대한 과도한 몰입 때문에 훼손되었다는 결론으로 이어진다.

둘째의 비판은 복지급여가 유인을 감소시킨다는 것과 연관된 것으로 복지국가는 근로동기를 감퇴시키고 복지에 의존하고 도덕적으로 무책임한

계층을 만들어낸다는 것이다. 복지의존과 사회적 해악은 1970년대 내내 노동당과 보수당 사이에 벌어진 논쟁의 주된 주제였다.

셋째의 비판은 부정수급과 복지급여의 지나친 관대성 문제와 관련된 것으로 사람들이 일하면서도 복지급여를 받아가고 지하경제에서 수입을 벌면서 세금을 내지 않아 복지국가의 기본원칙을 훼손한다는 비판이다.

넷째의 비판은 복지국가는 그 운영을 위해 거대한 관료제를 필요로 하며 복지국가 운영에 고용된 관료는 수요자가 아니라 공급자 중심적으로 제도를 운영한다는 비판이다. 의사 등 보건의료종사자를 포함한 공공부문 종사자는 '불만의 겨울' 때 시민이 기대한 서비스를 저버린 채 파업에 나섰으며, 보충급여 담당사회복지공무원은 전화상담을 조절하기 위해 바쁜 시간에는 전화기의 스위치를 뽑아 놓았고, NHS의 예약은 환자가 아니라 계약직 전문의의 편의를 더 고려하여 짜인다는 것이다. 이와 함께 전문가들이 시민보다 문제와 필요한 서비스를 더 잘 안다는 전제도 비판의 대상이었다.

마지막 다섯째 비판은 주로 좌파의 빈곤활동가가 제기하던 것으로 복지국가가 사회변화에 적절히 대응할 만큼 유연하지 못하다는 비판이다. 즉, 이혼의 증가와 한부모가정의 증가, 여성의 사회참여 증가, 사회적 삶의 다양성 증대 등과 같은 변화로 인한 욕구의 다양화에 복지국가가 적절히 대처하지 못한다는 것이다. 전통적 가족구조에 기초한 단일한 사회라는 베버리지의 전제는 더 이상 통용되지 않는다는 지적이다.

1979년 총선 승리로 수상에 오른 대처(Margaret Thatcher)는 이와 같은 복지국가에 대한 비판을 나름의 방식으로 해석하고 활용하였다. 즉, 대처는 국가역할 억제와 공공지출 삭감, 물가상승 억제, 세금부담 완화, 유인(incentive)의 활성화, 복지국가의 폐해 제거를 자신에게 맡겨진 임무라고 여겼다. 대처가 내세운 이러한 의제는 매우 급진적이었으며 전후 합의의 정치를 뒷받침해온 것과는 확연히 다른 이데올로기에 근거한 의제였다. 그 이데올로기는 케인스주의 대신 통화주의, 집합주의 대신 개인주의, 국가 관료주의 대신 기업가정신이었다. 대처주의는 사회민주주의적 국가주의를 신우파적 자유주의로 대체한 정치이념이었다. 또한 국가정체성과 법과 질서를 강조하는 보수적 포퓰리즘과 국가에 대한 시장의 도덕적·실질적 우월성과 개인주의를 강조하는 자유주의적 정치경제이념을 결합한 정치이념이었다(Deacon, 1995). 이러한 대처주의의 특징은 "자유시장과 강한 국가"라는 슬로건으로 잘 집약된다.

하지만 실제 대처의 복지축소조치는 점진적이고 느린 속도로 진행되었으며 세 번째의 선거승리를 한 1987년 이후부터 본격화되었다. 대처정부의 특징은 물가상승을 억제하는 경제정책적 수단으로 실업을 활용했다는 점이다. 실업률은 1974년 3%에서 1978년에 무려 12%로 치솟았다(Fraser, 2009). 1930년대 이래 실업률이 이처럼 높았던 때는 없었으며 1930년대의 경험이 이런 식으로 되풀이되리라고 생각한 사람은 거의 아무도 없었다.

대처정부의 사회보장 축소조치가 1987년 이후에 본격화된 것은 사실이나 그렇다고 그 이전에 아무런 조치가 없었던 것은 아니다. 대처의 집권 초기에는 향후의 변화방향을 알리는 상징적 조치가 나타났다. 빈곤가족의 실질소득을 사실상 감소시킬 수 있는 다양한 조치와 전후 최초로 사회보장급여의 삭감을 명시한 1980년 예산에서 나타난바 있고, 이때 명시된 조치들은 1982년의 〈사회보장 및 주거급여법〉에 의해 실행에 옮겨졌다. 실업급여와 장애급여에 대한 조세부과가 도입되었으며 이들 급여에 대한 소득비례 부가급여(1965년 도입)는 폐지되었다(Fraser, 2009). 그리고 대처정부는 노령연금의 급여수준과 소득상승 간의 연결을 끊고자 시도하여 노령연금급여를 임금이 아니라 물가를 기준으로 조정토록 하였다(Deacon, 1995). 대처집권 이후 물가보다 임금이 더 빨리 상승하였기 때문에 이는 결국 연금의 가치를 떨어뜨리는 역할을 하여 1981년에 평균임금의 23%에 달하던 연금급여는 1995년에 15%로 하락하였다(Fraser, 2009). 다른 여러 사회보장급여도 동결되거나 폐지되었다.

이러한 변화에 이어 1984년에 대처정부는 사회보장에 대한 대대적인 재검토 작업에 착수하였다. 이 재검토 작업의 결과는 1986년 4권의 녹서로 발표되었고 이어 1986년 〈사회보장법〉으로 이어졌다. 1986년 〈사회보장법〉은 복잡한 자산조사급여를 단순화하고 더욱 분명한 규칙에 의해 운영되도록 하려는 것이었다(Fraser, 2009). FIS는 가족공제(Family Credit: FC)로 대체되었으며 보충급여(SB)는 소득지원(Income Support: IS)으로 대체되었다. 특히, SB를 IS로 대체한 것은 대처정부가 SB의 문제를 재량급여에 있다고 보고, 급여를 25세 이상인 자와 25세 미만인 자로 단순화함으로써 재량급여를 축소하려는 의도에서였다.

하지만 이는 빈곤가정의 저마다 다른 사정을 고려할 수 없게 하여 또다른 부작용을 낳았다(Deacon, 1995). 이런 부작용은 대처정부가 사회기금(Social Fund: SF)을 도입하게 된 주된 배경으로 작용하였다. 하지만 SF는 저소득층에 소득을 제공하는 것이 아니라 자금을 대출하는 것을 주목적으로 한 제도여서 정부 입장에서는 수혜자의 수를 줄이는 효과를 얻었지만 도움을 필요로 하는 사람의 입장에서는 어려움을 가중하는 조치였다(Deacon, 1995).

대처정부는 국가소득비례연금에도 중요한 수정을 가하였는데, 특히 민간보험과 계약하는 경우에 대한 조세혜택을 강화하였다. 이로 인해 500만 명에 가까운 사람이 민간의 소득비례연금을 택하였지만 이는 그만큼 민간보험의 부정판매를 수반하였다. 이로 인해 민간보험에 실망하여 다시 국가소득비례연금으로 되돌아오는 등의 혼란이 발생하기도 하였다(Fraser, 2009). 대처정부가 1986년 〈사회보장법〉을 매개로 추진한 조치는 빈곤을 줄이지도 못하였으며 그렇다고 사회지출을 줄인 것도 아니었다. 이는 주로 높은 실업률로 인해 공공지출 수요가 줄어들지 않았기 때문이었다.

앞서 언급한 것처럼 대처정부가 더욱 급진적인 조치에 나선 것은 집권 후 세 번째 선거인 1987년 총선에서 승리하고 난 이후였다. 이 이후 취해진 본격적인 사회보장 축소조치로 인해 공공서비스의 민영화가 더욱 가속화되었으며 소득격차는 더욱 심화되었다. 1988년 〈교육개혁법〉은 교육에 대한 지방정부의 통제력을 약화시켰으며 종국적으로는 지방정부로 하여금 교육예산을 개별 학교로 이양토록 하였다. 주택에서도 지방정부의 권한을 약화시켰다. 즉, 임차인으로 하여금 관할 지방정부의 통제를 받지 않고 주택조합의 통제를 받을 수도 있도록 허용하였다. 그리하여 점차 주택조합에 의한 공영주택의 공급이 증가하였다. 지역사회보호 분야에서도 이른바 복지의 혼합경제라 하여 개인과 가족, 민간기관, 국가의 협조관계 아래 서비스가 제공되도록 제도의 변화가 시도되었다. 이와 같은 기조는 마침내 NHS에도 영향을 미쳤다.

대처는 집권한 초기에는 NHS 축소에 대해서는 소극적이어서 NHS를 해체하는 등의 조치를 취할 의사가 없다고 몇 차례 공언하였다(원석조, 2013; Jones, 2000). 하지만 그럼에도 기업세계의 경쟁과 효율성 원리를 도입하려는 시도는 조금씩 추진되었으며 더욱 본격적인 조치는 1990년의 〈국민건강서비스 및 지역사회보호법〉(NHS and Community Care Act of 1990)에 의해 취해졌다. 이 법에 따라 공급자와 구매자를 분리함으로써 이른바 내부시장 혹은 유사시장을 NHS 내에 창출하는 시도가 진행되었다(Fraser, 2009; Jones, 2000). 그리하여 지역보건국은 정부로부터 받은 예산의 범위 내에서 관할지역 내 환자를 해당 보건청과 계약한 보건의료공급자에게 보내어 진료를 받게끔 할 수 있게 되었다(원석조, 2013). 또한 일반의에게도 연간진료비를 일괄 지급하고 이 예산의 범위 내에서 진료소를 운영토록 하는 기금운용 일반의 제도(GP Fund-Holding)를 도입하였다(1991년). 이와 같은 조치는 결국 공공서비스 민영화 기조를 바탕으로 두었으며(Jones, 2000), 복지국가의 산출을 성과지표로 측정할 수 있다는 전제에 기초했다(Fraser, 2009).

소득보장과 관련해서는 부정수급을 문제 삼고 이에 대한 대대적인 점검이 진행되는 한편 젊은 편모와 같은 특정 수급자 집단에 비난을 가하는 시도가 증가하였다. 또한 실업보험을 구직수당(Jobseeker's Allowance)으로 명칭을 변경하고 실업급여의 수급조건으로 적극적 구직활동을 의무화하였으며 실업급여 수급 6개월 후에도 재취직이 되지 않아 급여를 받아야 할 경우 그 수급자격은 자산조사에 의해 결정되도록 하였다. 이렇게 하여 복지국가의 시장의존성은 매우 커졌고 복지서비스 제공에 있어 민간과의 계약이 크게 증가하였으며, 복지급여의 선별성도 증가하였다(Fraser, 2009).

1997년 총선에서 노동당이 압도적인 표 차로 승리함으로써 보수당의 집권이 종식되었는데 1979년부터 1997년까지 18년에 이르는 기간의 보수당 집권은 사회정책을 둘러싼 영국의 정치지형을 완전히 변화시켰다. 그리하여 영국의 사회정책은 다시는 과거의 모습을 회복할 수 없게 되었다는 평가를 받기도 한다(이러한 평가로는 Glennerster, 2007 참조).

6. 신노동당과 사회보장

노동당은 높은 실업률과 심화되는 양극화 등을 배경으로 1992년 선거에서 또다시 예상치 못한 패배를 당하였다. 이로써 노동당은 1979년과 1983년, 1987년의 총선에 이어 네 번 연속으로 총선에서 패배하였다. 노동당은 그 어느 때보다 당의 정강·정책에 대한 근본적인 재검토에 돌입하였다(Fraser, 2009; Jones, 2000). 이제 노동당은 베버리지 원칙으로 돌아갈 수도 없었고 1970년대의 사회정책의 혼란기로 돌아가서도 안 되었다(Jones, 2000). 그리하여 노동당은 '새로운 베버리지'를 찾아내기 위해 사회정의위원회(Commission on Social Justice)를 당내에 설치하고 그 위원회에 어떠한 것도 배제하지 말고 모든 것을 재검토할 것을 요구하였다(Fraser, 2009).

사회정의위원회는 1994년에 보고서를 발표하였는데 여기서 위원회는 과거의 위험과 과거의 산업, 과거의 가족구조를 상정한 복지국가가 아니라 현명한(*intelligent*) 복지국가가 필요하다면서 복지국가는 사람들이 스스로를 돌볼 수 없을 때 그들을 돌볼 수 있어야 하지만 그뿐만 아니라 사람들로하여금 스스로를 개선시키고 도울 수 있도록 촉진할 수 있어야 한다고 주장하였다. 복지국가는 이제 더 이상 무언가를 나누어 주는(*hand out*) 존재가 아니라 사람들로 하여금 스스로 올라설 수 있게 해 주는(*hand up*) 존재여야 한다는 의미이다(Fraser, 2009).

이로부터 블레어(Tony Blair)는 신노동당의 복지국가가 의존으로 가는 길이 아니라 성공으로 가는 도약판이 될 것이라고 공언하였다. 노동당은 여전히 복지국가를 지지하지만 노동당이 지지하는 복지국가는 이제 과거와는 완전히 다른 성격의 복지국가였다.

1997년 총선에서 승리한 블레어의 신노동당정부는 사회주의적이지도 않고 그렇다고 자유시장을 맹목적으로 추종하는 것도 아닌, 새로운 복지국가를 선언하였다. 바로 공공과 민간의 협력에 기초한 복지국가였다. 블레어정부는 복지국가를 해체하지 않으면서 동시에 복지국가를 잔여적 안전망으로 축소시키지도 않는 21세기형 복지국가를 주창하였다. 이를 위해 복지개혁이 필요하였고 이 개혁은 국가와 시민 간의 새로운 계약에 기초해야 하였다. 새로운 계약의 내용은 제3의 길 노선에 기초하였다. 제3의 길 노선은 기본적으로 빈곤으로부터 벗어나는 최선의 길은 일(*work*)이라는 신념에 근거한다. 그리하여 신노동당이 주창한 복지국가의 핵심은 '복지에서 노동으로'(Welfare to Work)라는 슬로건에 가장 잘 표현된다(Fraser, 2009).

이 '복지에서 노동으로'라는 슬로건은 근로연계복지를 의미한다. 이를 위한 한 방안으로 신노동당정부는 뉴딜(New Deal)을 추진하였다. 뉴딜의 주된 목적은 실업을 감소시키고 노동으로의 복귀를 촉진하는 것이었다. 이에 따라 18~24세의 청년에게는 보조금을 받는 일자리에의 취업, 정규교육이나 훈련에의 참여, 환경보호 관련 업무종사, 자원봉사활동 참여라는 네 가지 선택지가 주어졌으며 이 중 하나를 택하도록 하였다. 또한 한부모와 장기실업자의 노동시장 복귀를 촉진하기 위한 상담 및 지원서비스가 집중적으로 제공되게끔 하였다.

하지만 이른바 니트(NEET: Neither in Education or Training) 족의 증가는 신노동당정부가 추진한 뉴딜의 한 부작용이었다. 니트족의 증가와 관련해 사람들이 신노동당정부가 제시한 네 가지 선택지 외에 다섯 번째 선택지를 선택함을 보여 준다는 평가도 있다(이러한 평가로는 Fraser, 2009 참조). 이전의 보수당정부와 마찬가지로 신노동당정부도 미국식 이념의 영향을 받았는데, 그중 한 가지는 근로동기의 진작을 위해 복지혜택을 철회해야 한다는 머레이(Charles Murray) 류의 이념이며 다른 한 가지는 복지의존을 줄이는 데 성공한 것처럼 보인 클린턴 행정부의 복지개혁 이념이었다.

블레어 그리고 신노동당정부에서 재무부 장관을 지내고 후에 블레어를 이어 수상을 지낸 브라운(Gordon Brown)은 모두 근로의 미덕에 대해 불변에 가까운 신념을 가졌다. 브라운의 이러한 신념은, 특히 당시 언론에 의해 대처정부의 집권 초기인 1980년대 초에 노동부 장관을 지낸바 있는 보수당 출신 정치인 테빗(Norman Tebbit)과 비교되곤 하였다. 1981년에 테빗은 실업자를 비난하면서 그의 아버지는 1930년대에 실직했을 때 일자리를 구하기 위해 자전거를 타고 돌아다녔다는 이야기를 하였는데, 이는 곧 '자전거 타고 나가라'라는 메시지로 회자되었다. 브라운은 2000년에 정부는 일자리기회와 훈련기회를 제공하는 데 책임을 다할 것이라며 그에 대해 영국시민은 시민으로서의 책임, 즉 일하여 임금을 벌 책임을 다해야 한다고 강조하였다. 브라운의 이 이야기는 언론에 의해 '자전거 타고 나가라, 제 2부'로 회자되었다(Fraser, 2009). 브라운은 수상이 된 후에도 빈곤 감소를 위한 최선의 방책은 근로라는 신념을 버리지 않았다.

보수당의 대처리즘과 신노동당 간의 정책적 유사성은 NHS에서도 나타났다. 블레어는 대처정부가 도입한 NHS 구조개혁을 그대로 유지하였는데, 특히 공급자·구매자 분리에 의한 내부시장을 그대로 두었다. 보수당정부가 도입했던 기금운용 일반의 제도는 1999년에 폐지하였지만 일반의에게 보건의료서비스 구매자로서의 역할을 하게 하는 제도는 유사한 방식으로 유지하여 1999년에 1차 의료트러스트(Primary Care Trust: PCT)로 제도화하였다. 이것은 재정책임성을 강화하는 한편 보건의료서비스의 분포와 전달에 있어서 환자의 욕구를 더 많이 반영토록 한다는 목적으로 도입한 것이었다. 또한 규모의 경제 진작을 위해 보건의료 운영기구들의 통합을 추진하였으며 지역정신보건 트러스트와 응급이송 트러스트의 통합도 상당수 추진하였다.

이와 함께 보건의료서비스 품질 향상을 위한 중앙감독기구도 설치하였다. 그 대표적인 것이 국립임상개선위원회(National Institute for Clinical Excellence: NICE)로서 이 기구는 약품 및 처치 등의 서비스를 평가하거나 승인하는 권한을 부여받았다. 이외에 질병감소와 건강향상을 목표로 하여 건강증진위원회(Commission for Health Improvement: CHI)라는 기구를 설립하였고 2004년에는 이를 보건의료평가감독위원회(Commission on Healthcare Audit and Inspection: CHAI)로 개편하였다. 또한 "최선의 서비스를 보편화한다"는 베번의 이상을 실현하기 위해 국가서비스체계를 구축하여 특정 상병을 치료하기 위한 가장 효과적이고 최선의 방법을 구체화하고자 하였다. 한편 2008년에는 일반의로 하여금 사실상 3년마다 자격증을 갱신토록 하는 안을 추진키도 하였다.

복지의 혼합경제를 계속 확대하여 보수당의 정책기조를 이어간 대표적인 예로는 연금정책을 들 수 있다(Fraser, 2009). 다른 선진국과 마찬가지로 영국 역시 기대수명의 연장과 출산율의 저하로 인해 장기적으로 기여금납부자보다 연금수급자의 수가 증가하리라고 전망되었고 이는 연금제도에 재정적 압박을 가중하였다. 이 문제에 대처하기 위해 블레어정부는 SERPS를 대체하여 국가이층연금(State Second Pension: S2P)을 도입하였다(2002년). 그리고 저임금근로자와 중산층으로 하여금 민간보험에 가입토록 장려하기 위해 세제상의 혜택도 강화하였다. 이처럼 국가연금에의 강제가입과 민간보험에의 자발적 가입의 공조가 블레어정부의 제3의 길의 핵심기조이다. 또한 블레어정부는 연금 수급연령을 2046년까지 68세로 상향조정토록 하였으며 2012년부터 연금급여를 임금에 연동시키도록 하였다.

보수당정부와의 이와 같은 정책적 연속성에도 불구하고 신노동당이 변화시킨 것도 주목할 필요가 있다(Fraser, 2009). 신노동당정부는 부의 재분배와 빈곤 감소에 지속적인 노력을 기울였다. 블레어정부는 지난 1세기에 이르는 세월 동안 논쟁만 벌여온 최저임금제도를 도입하였다(1998년). 또한 아동수당의 급여수준을 1998년과 1999년에 인상하였으며, 빈곤노인을 위한 최저보장제도를 도입하였다. 또한 블레어는 아동빈곤을 한 세대 기간 내에 없애겠다고 약속하였고 이에 따라 블레어정부는 근로가족세금공제(Working Families Tax Credit: WFTC)를 도입하였다. 일부 추정치에 의하면 이 제도를 통해 부자로부터 가난한 가족에게 연간 약 60억 파운드가 이전된 것으로 나타나기도 하였다(Fraser, 2009).

세금공제는 조세제도와 소득이전의 통합이라고 할 수 있는데 이를 통해 더욱 표적화된 소득지원이 가능하게 된 측면이 있다. WFTC는 2003년에 아동세금공제(Child Tax Credit: CTC)와 근로세금공제(Working Tax Credit: WTC)로 분리되었다. 이러한 정책을 통해 신노동당정부가 많은 저소득가족을 빈곤으로부터 벗어나게 한 것은 사실이다. 하지만 그 성과가 그리 굳건하지는 않아 2007~2008년에 인플레이션으로 생필품 가격이 급상승하자 저소득가족의 처지는 금세 악화되었다.

신노동당이 채택한 빈곤정책은, 일하는 사람에게 도움을 주는 것은 분명하며 따라서 과거 복지국가가 야기했다고 비판받은 빈곤의 덫 문제를 줄인 것 역시 분명하다는 특징이 있다. 하지만 일하는 사람에게 도움을 준다는 것은 일종의 임금보조이며 이는 보기에 따라서는 〈구빈법〉의 부활이라고도 볼 수 있다. 일부 논자는 신노동당의 빈곤정책은 〈스핀햄랜드법〉의 임금보조와 〈신구빈법〉의 근로검사제를 현대적으로 결합한 것이라고 평가하기도 한다(Fraser, 2009).

하지만 신노동당의 빈곤정책은 사회적 배제 문제에 대한 정책이라는 좀더 큰 맥락에서 바라볼 필요도 있다. 신노동당은 빈민의 소득수준 향상뿐만 아니라 주류사회로부터의 배제에 따르는 사회적 박탈의 제거에도 관심을 두었다. 이는 신노동당정부가 오늘날의 사회가 점점 그 부의 수준이 높아졌기 때문에 이런 상황에서 단순히 빈민의 소득수준을 향상시키는 것만으로는 그들로 하여금 완전한 시민으로서 사회에 참여하게 할 수 없다고 판단하였기 때문이다. 사회적 배제에 대처하기 위한 정책은 사회보장과 보건의 범위를 넘어섰고 따라서 모든 정부부처가 사회배제의 감소와 사회통합의 증진을 위한 다양한 정책을 추진하였다. 그리하여 고용특구(Employment Zones), 교육행동특구(Education Action Zones), 보건행동특구(Health Action Zones), 공동체를 위한 뉴딜(New Deal for Community) 등 다양한 정책이 제안되고 추진되었다. 그리고 부처 간 정책조율을 위해 수상실에 정책조정기구를 설치하기도 하였다.

신노동당의 복지정책에 대한 평가는 엇갈리는 듯하다. 한편에서 블레어를 '바지 입은 대처'라고 부르는 데서 알 수 있듯이 신노동당정부의 복지정책을 대처리즘의 연속으로 보는 평가가 있는가 하면 변화된 시대에 별다른 대안도 없으면서 맹목적으로 신노동당을 비판한다는 옹호론도 있다(원석조, 2013). 하지만 전반적으로는 신노동당정부의 복지정책에 대해 비판적 평가가 주류를 이루는 듯하다. 신노동당정부는 과거 1945년 총선에서 애틀리가 이룩한 승리보다 더 많은 차이로 승리한 1997년 총선결과를 받아들고도 전환점을 마련하는 데 실패하였다(Fraser, 2009). 블레어는 대처 시절에 도입된 노동조합 관련 법률들을 개정하지도 못했고 또 민영화를 되돌리지도 못했다. 오히려 블레어는 그런 것들을 토대로 NHS의 시장적 개혁과 연금에서의 민간보험 강화 등을 추진하였다.

브라운이 수상으로 취임한 지 1년이 된 2008년은 영국에서 복지국가가 구축된 지 60주년이 되는 해였다. 그런데 이 해에 언론들이 복지국가 60주년을 기념한 방식은 매우 흥미로웠다. 영국의 언론들은 실제로는 NHS 60주년을 주로 기념하면서 복지국가 60주년을 이야기했던 것이다. 이는 영국인들에게 진정한 복지국가는 NHS밖에 없다는 생각이 지배적임을 보여준다. 하지만 신노동당 집권기간에 NHS에 많은 예산이 투입되었고 대기시간을 줄이고 환자의 권리를 강화하는 등 일부 성과를 거둔 것도 사실이지만 여전히 국제적으로 볼 때 NHS의 서비스 수준은 최상이 아니며 그동안의 개혁으로 시장원리가 많이 침투한 것도 사실이다.

이로 인해 NHS야말로 아직도 진정한 의미의 복지국가라는 영국인의 판단에도 불구하고 이제 NHS마저도 과거의 것이라고 할 수 없게 되었다. 영국의 복지국가는 이제 1948년에 큰 자부심을 안고 구축되었던 전후 복지국가와는 완전히 다른 모습을 갖는다. 영국인이 지금도 베버리지의 5대악으로부터 보호를 받는 것은 사실이다. 하지만 그 보호는 베버리지가 결코 허락하지 않았을 것 같은 방식으로 이루어지고 있다(Fraser, 2009).

7. 맺음말

지금까지 20세기 초 자유당의 사회개혁에서부터 신노동당의 복지정책에 이르는, 100여 년에 이르는 기간의 영국 사회보장 전개과정에 대해 간략하게 살펴보았다. 앞에서 언급한 것처럼 영국 사회보장의 전개과정은 위험에 처했거나 처할 가능성이 있는 사람과의 연대형성을 위한 수단을 억압적이고 형벌적인 〈구빈법〉의 틀 바깥에서 찾으려는 시도의 전개과정이었다고 할 수 있다. 그러한 시도의 첫 번째 결실은 사회보험제도의 도입으로 나타났으며 두 번째 결실은 사회보험에 의한 보편주의의 실현과 무상의료의 구축으로 나타났다.

이 두 번째 결실은 〈베버리지 보고서〉와 2차 세계대전 후 집권한 노동당의 사회입법으로 전성기를 맞았고 그 이후 1970년대 중반까지 그럭저럭 유지되었다. 이 기간을 합의의 정치 기간이라 하지만 다른 한편 이 기간은 베버리지 원칙으로부터의 이탈이 조금씩 진행된 기간이기도 하다. 이러한 베버리지 원칙으로부터의 이탈은 1979년 보수당의 대처정부 집권 이후 본격화하였으며 이로부터 사회보장에 시장원리가 도입되기 시작하였다. 그리하여 앞서 본 것처럼 오늘날 영국의 사회보장은 베버리지 원칙을 구현하여 제도화되었던 1948년과는 사뭇 다른 모습을 보이며 이는 보수당을 이기고 장기집권한 신노동당정부에서도 크게 변화하지 않았다. 이러한 흐름과 관련하여 한 논자는 복지정책을 자조와 자립을 촉진하기 위해 활용하고 그 과정에서 민간부문을 활용하는 것은, 어떤 면에서 사회정책의 장기적 연속성을 보여주는 것일 수 있다고 평가했다(Fraser, 2009).

하지만 자본주의 경제는 늘 시장화와 그에 대항하는 사회화의 흐름이 길항하는 이중운동을 보인다는 사실(Polanyi, 1944)을 생각할 때 지난 100여 년간의 영국 사회보장의 전개과정은 〈구빈법〉적 틀 바깥에서의 연대형성기제를 찾고 이를 확립하려는 노력이 한 방향으로만 진행된 것이 아니며 전진과 후퇴를 반복하였다고 볼 수도 있다. 억압적인 〈구빈법〉은 자본주의 시장이 낳은 모순을 완화하기 위한 연대형성기제로서 받아들일 수 없음에 오늘날 누구나 동의할 것이다. 그렇다고 오늘날과 같은 탈산업화와 지구화 시대 그리고 저출산·고령화 시대에 사회보험이 적절한 해결책이라고 주장하기도 어렵다. 또한 시장원리가 문제를 해결하는 데 효과적이었던 것도 아니다. 이는 오늘날 극심한 양극화와 지나친 경쟁이 몰고 온 각종 폐해로부터 너무나 명확하게 알 수 있다. 여기서 그 해답을 분명히 제시하기는 어렵지만 앞으로도 자본주의 사회는 시장화와 사회화의 이중운동 속에서 끊임없는 역동성을 보일 것이며 이 과정에서 사회보장은 지속적으로 새로운 모습으로 거듭나야 한다는 것만은 분명하다. 영국의 사회보장이 끊임없는 적응과정을 거쳤듯이 한국의 사회보장도 지속적인 적응과정을 거쳐 나가야 할 것이다.

<표 1-1> 20세기 영국 총선 결과와 수상

총선	승리한 정당	수상
1906. 2	자유당	Henry Campbell-Bannerman Herbert Henry Asquith
1911. 1	자유당	Herbert Henry Asquith David Lloyd George
1918. 12	자유당(연립정부)	David Lloyd George Andrew Bonar Law(보수당)
1922. 12	보수당	Andrew Bonar Law Stanley Baldwin
1923. 12	보수당	Stanley Baldwin Ramsay MacDonald(노동당)
1924. 10	보수당	Stanley Baldwin
1929. 5	노동당	Ramsay MacDonald
1931. 10	국민노동당	Ramsay MacDonald(국민정부)
1935. 11	보수당	Stanley Baldwin(국민정부) Neville Chamberlain(국민정부) Winston Churchill(전시연립내각)
1945. 7	노동당	Clement Attlee
1950. 2	노동당	Clement Attlee
1951. 10	보수당	Winston Churchill Anthony Eden
1955. 5	보수당	Anthony Eden Harold Macmillan
1959. 10	보수당	Harold Macmillan Alec Douglas-Home
1964. 10	노동당	Harold Wilson
1966. 3	노동당	Harold Wilson
1970. 6	보수당	Edward Heath

<표 1-1> 20세기 영국 총선 결과와 수상(계속)

총선	승리한 정당	수상
1974. 2	노동당	Harold Wilson James Callaghan
1979. 5	보수당	Margaret Thatcher
1983. 6	보수당	Margaret Thatcher
1987. 6	보수당	Margaret Thatcher John Major
1992. 4	보수당	John Major
1997. 5	노동당	Tony Blair
2001. 6	노동당	Tony Blair
2005. 5	노동당	Tony Blair Gordon Brown
2010. 5	보수당	David Cameron
2015. 5	보수당	David Cameron

■ 참고문헌

국내 문헌

원석조(2013). 《사회복지발달사》, 제 2판. 고양: 도서출판 공동체.

해외 문헌

Allsop, J. (1995). Health: From seamless service to patchwork quilt. In Gladstone, D. (Ed.). *British Social Welfare: Past, Present and Future* (98~123). London: UCL Press Ltd.

Beveridge, W. H. (1942). *Social Insurance and Allied Services*. London: Her Majesty's Stationery Office (HMSO).

De Schweinitz, K. (1949). *England's Road to Social Security*. 남찬섭 역(2001). 《영국 사회복지 발달사》. 서울: 인간과 복지.

Deacon, A. (1995). Spending more to achieve less?: Social security since 1945. In Gladstone, D. (Ed.). *British Social Welfare: Past, Present and Future* (71~97). London: UCL Press Ltd.

Fraser, D. (2009). *The Evolution of the British Welfare State: A History of Social Policy Since the Industrial Revolution*, 4th edition. Basingstoke, Hampshire: Palgrave Macmillan.

Glennerster, H. (2007). *British Social Policy: 1945 to the Present*, 3rd edition. Oxford: Blackwell Publishing.

Hudson, J., Kühner, S., & Lowe, S. (2008). *Short Guide to Social Policy*. 김보영 역(2010). 《복지국가를 향한 짧은 안내서: 국제적 관점으로 쉽게 쓴 사회정책 입문》. 서울: 나눔의 집.

International Labour Organization(1998). *Social Security Principles*. Geneva: International Labour Office.

Jones, K. (2000). *The Making of Social Policy in Britain: From Poor Law to New Labour*, 3rd edition. London: The Athlone Press.

Lowe, R. (2005). *The Welfare State in Britain Since 1945*, 3rd edition. Basingstoke, Hampshire: Palgrave Macmillan.

Miller, J. (2009). Introduction: the role of social security in society. In Miller, J. (Ed.). *Understanding Social Security: Issues for Policy and Practice*, 2nd edition (1~7). Bristol: The Policy Press.

Pieters, D. (2006). *Social Security: An Introduction to the Basic Principles*. 김지혜 역 (2015). 《사회보장론 입문》. 서울: 사회평론.

Polanyi, K. (1944). *Great Transformation: The Political and Economic Origins of Our Time*. 홍기빈 역(2009). 《거대한 전환: 우리 시대의 정치 · 경제적 전환》. 서울: 도서출판 길.

Spicker, P. (2011). *How Social Security Works: An Introduction to Benefits in Britain*. Bristol: The Policy Press.

Sullivan, M. (1996). *The Development of the British Welfare State*. Hempel Hempstead, Hertfordshire: Prentice Hall/Harvester Wheatsheaf.

02

사회보장제도의 기본구조

1. 머리말

영국은 그 역사적 발전과정에서 잘 나타나듯 사회보장제도에 있어 유럽대륙과 구분되는 독특한 특징을 갖는다. 이는 보통 유럽대륙의 비스마르크 모델(Bismarkian Model)과 구분되는 베버리지 모델(Beveridgean Model)이라 불리며 사회보험을 기반으로 둔 비스마르크식과 달리 더욱 보편적 성격의 보호를 제공한다고 알려져 있다. 우선 이러한 특징은 사회보험을 중심으로 한 우리나라의 입장에서 영국의 사회보장제도를 이해하기 위해 주의 깊게 이해해야 하는 영역이라고 할 수 있다. 그리고 같은 베버리지식이라 하더라도 일반적으로 높은 수준의 사회적 보호를 제공하는 북유럽국가와 더욱 시장친화적이라고 구분되는 영미권의 제도적 특징이 다르기 때문에 이 역시 주의가 필요하다.

〈베버리지 보고서〉에 기초하여 복지국가를 완성했던 영국은 제도적 영역에 있어서도 그러한 특징이 잘 나타난다. 잘 알려지다시피 베버리지의 복지국가 청사진은 2차 세계대전 이후 영국을 재건하는 데 있어 국민의 복지를 위협할 5대악에 대응하기 위한 것이었고, 이후 영국의 사회보장 정책은 이를 중심으로 확장되고 통합되어왔다(Hudson et al., 2008). 말하자면 불충분한 수입으로 인한 궁핍(*want*)에 대응하는 소득보장, 불충분한 일할 기회로 인한 나태(*idleness*)에 대응하는 고용, 열악한 주거로 인한 불결(*squalor*)에 대응하는 주거, 부적합한 교육 기회로 인한 무지(*ignorance*)에 대응하는 교육, 불충분한 의료서비스에 의한 질병(*disease*)에 대응하는 보건의료가 5대 사회정책 영역이다. 하지만 복지국가 성립 이후 노인, 장애인, 아동 등에 대한 돌봄 문제가 별도로 대두되었고 이에 따라 이들에 대한 사회적 돌봄(*social care*)의 영역을 포함하여 6대 영역으로 지칭하기도 한다. 여기서는 주요 사회보장제도로서 소득보장, 고용, 보건의료, 주거, 사회적 돌봄 등을 중심으로 살펴보도록 하겠다.

영국 사회보장제도의 또 하나 두드러진 특징은 정부구조에 있다. 의회민주주의의 산실로 불리는 영국은 의원내각제를 채택하여 대통령제에 익숙한 우리나라 입장에서 또한 주의가 필요하다. 하지만 더욱 독특한 특징은 대영제국 구조에 있다. 영국은 대영제국(United Kingdom)이냐, 브리튼(Britain)이냐, 잉글랜드(England)냐에 따라 지칭하는 국가범위가 다르다. 대영제국은 잉글랜드, 웨일즈(Wales), 스코틀랜드(Scotland), 북아일랜드(Northern Ireland)를 모두 포함하지만 브리튼이라고 할 경우 북아일랜드가 제외된다. 잉글랜드는 말 그대로 잉글랜드 지방만을 지칭하지만 영어(English)가 그렇듯 우리나라에서 영국이라고 할 때 잉글랜드만 지칭하는 경우도 적지 않다. 각 지역마다 각 제도에 대한 권한과 구조가 달라지기 때문에 이러한 대영제국 구조는 영국의 사회보장제도의 구조를 이해하는 데에도 중요하다.

이와 더불어 지방정부 역시 영국 사회보장제도의 구조를 이해하는 하나의 축이라 할 수 있다. 물론 유럽대륙국가와 비교했을 때 영국은 강력한 중앙집권체제를 갖춘 것이 사실이다. 하지만 영국의 지방정부는 19세기 말부터 선거를 통해 구성되기 시작했으며 이를 통해 1940년대 복지국가 출현 이전부터 지역 나름의 복지제도를 발달시킨바 있다(Alcock & May, 2014). 이러한 지방정부는 현재에도 복지 공급에 중요한 역할을 담당한다. 지방정부는 행정구역이나 단위에 따라 그 책임과 권한이 다르기 때문에 먼저 그 전반적 구조를 이해할 필요가 있다.

따라서 영국의 전반적 사회보장제도의 기본구조를 이해하기 위한 이 장에서는 먼저 베버리지 모델로 알려진 영국 사회보장제도의 일반적 특징과 중앙정부 및 지방정부의 구성 및 기본구조를 살펴보도록 하겠다. 그다음 주요 사회보장정책 영역별로 기본구조와 전달체계에 관해 알아보도록 하겠다.

2. 영국 사회보장의 특징과 정부의 기본구조

1) 영국 사회보장제도의 특징

앞서 언급한 바와 같이 영국 사회보장제도는 유럽대륙의 비스마르크 모델과 구분되는 베버리지 모델로서의 특징을 갖는다. 비스마르크 모델은 기본적으로 사회보험에 기반을 두며 사회보험기여금을 납부함으로써 사회보장에 대한 수급자격을 획득하고 그 기여금은 근로자와 고용주가 소득에 따라 납부하여 사회보장 재원을 구성한다. 이에 따라 급여수준 또한 소득에 연계되어 결정되는 경우가 일반적이다. 하지만 베버리지 모델에서는 그 나라에 거주함으로써 수급자격이 주어지고 급여수준은 소득과 관계없이 정률로 결정되는 경우가 많으며 이에 따라 재원은 일반조세에 의해 구성된다. 비스마르크 모델이 주로 근로자를 중심으로 그 소득을 유지하는 데 초점을 둔다면, 베버리지 모델은 전 국민을 포괄적으로 보호하며 빈곤을 예방하는 데 초점이 있다. 이러한 차이를 정리하면 〈표 2-1〉과 같다.

<표 2-1> 비스마르크 모델과 베버리지 모델 비교

	비스마르크 모델	베버리지 모델
목적	소득 유지	빈곤 예방
급여	소득비례급여	정률급여
수급자격	기여금 납부 경력	거주 또는 필요
대상	근로자	인구 전체
재원	기여금	조세

자료: Bonoli, 1997: 357.

이와 같은 제도적 특징은 사회보장제도 성립 당시의 역사적 배경에 의해 형성되었다고 볼 수 있다. 비스마르크에 의한 사회보험제도가 도입되던 1880년대, 노동운동의 발호에 따른 정치적 안정에 대한 위협이 가장 큰 우려였으므로 근로자를 중심으로 한 보호제도가 성립되었고 결과적으로 노동시장 밖에 있는 사람은 큰 고려의 대상이 되지 못했다(Bonoli, 1997). 하지만 〈베버리지 보고서〉가 출간된 당시의 영국은 2차 세계대전으로 온 국민이 참여하는 전면전이 벌어진 상황이었기 때문에 전후 새로운 영국에 대한 청사진에는 근로자와 비근로자의 구분이 있을 수 없었다. 따라서 영국에 사는 것 이외에 기여금 납부와 같은 별도의 수급자격 획득을 필요로 하지 않는 보장제도가 탄생하게 되었다고 할 수 있다.

이러한 특징은 영국에서 가장 대표적인 사회보장제도라고 할 수 있는 NHS(National Health Service, 국민건강서비스)에서 잘 나타난다. 세금에 의해 무상공공의료서비스로 운영되는 NHS의 수급자격은 '통상적 거주' (ordinary residence)에 의해 주어진다. 통상적 거주란 '합법적으로, 영국에 주어진 시점에 일상적인 삶의 과정의 일부로서 정착된, 목적과 자발적 의사에 의해 살고 있는 것'을 말한다(Department of Health, 이하 DH, 2016: 28). 이는 영국시민권 여부나 세금납부 여부 등과는 다르다. 다시 말해 영국국민이더라도 해외에 정착하고 있다면 NHS 수급자격이 없을 수 있으며 외국인도 합법적으로 정착하고 있다면 세금납부 여부와 관계없이 NHS 수급자격을 갖는다. 물론 최근 자격조건을 더욱 엄격하게 통제하여 별도의 예외규정이 도입되기는 하였지만 일반적인 경우 6개월 이상 정착하여 거주할 이유가 있다면 '통상적 거주자'로서 인정된다.

그렇다고 해서 영국에서 사회보험적 요소가 아예 없는 것은 아니다. 일정 수준 이상의 소득이 있는 경우 국민보험기여금(National Insurance Contribution)을 납부하고 이 기여금의 납부경력은 국가연금 수급이나 구직수당 등 일부 급여에서 수급자격이나 급여수준에 영향을 미친다. 하지만 이는 다양한 급여제도의 일부에만 해당될 뿐 아니라 제도별로 별도의 기여금을 내거나 기여경력에 의해서 대부분의 수급자격이 결정되는 비스마르크식 사회보험제도와는 차이가 있다. 가령, 구직수당의 경우 국민보험 기여경력이 충족될 경우 자산조사 없이 일정 기간 수급이 가능하다는 차이가 있다. 국가연금의 경우도 국민보험 기여경력에 의해서 급여수준이 결정되기는 하지만 기여금에 의해서 별도로 운영되는 방식과는 거리가 있다.

또한 베버리지 복지 모델과 더불어 영국은 에스핑앤더슨의 복지국가체제론(Esping-Andersen, 1990)에서 자유주의체제의 대표적 국가로도 잘 알려져 있다. 베버리지 모델에는 북유럽국가처럼 높은 수준의 소득 보장과 재분배가 이루어지는 사회민주주의국가도 많이 해당되지만 영국은 낮은 수준의 소득보장을 선별적으로 제공하는 자유주의국가에 해당된다. 이 때문에 영국 사회보장제도는 역사적으로 다양한 변화를 겪기도 하였지만 최저생활보장을 통한 빈곤예방에 더욱 충실하고 국가보다는 개인과 시장의 역할에 비중을 둔다는 특징을 지속적으로 갖는다(최영준, 2011).

2) 영국정부의 구성

의원내각제를 채택하고 있는 영국정부는 이론적으로 의회 다수의 집합체라고 할 수 있다(Alcock & May, 2014: 20~21). 의회는 하원(House of Common)과 상원(House of Lord)으로 나뉘지만 일반적으로 의원(Members of Parliament: MP)은 하원을 뜻하며 직접 선거에 의해서 선출되는 하원이 실질적 권한을 갖는다. 원칙적으로 영국에서 법이 통과되려면 하원뿐 아니라 상원의 동의를 거쳐야 하지만 예외적 경우를 제외하고는 대체로 상원은 하원의 결정을 존중하는 편이다. 지난 2015년 10월 상원에서 하원에서 제출된 세금공제(Tax Credit) 삭감 법안을 거부하고 지연안을 통과하여 논란이 되었지만(BBC News, 2015. 10. 26) 잘 일어나는 일은 아니다.

의회 다수당의 의원과 상원의 정부 지지자들로 내각(Cabinet)을 구성하고 주요 정책이 내각에서 결정되면 의회의 승인을 받은 후 행정부의 공무원에 의해 집행된다. 행정부는 다양한 부처로 구성되며 이는 장관(Secretary of State)에 의해서 통제된다. 대체로 다수당 의원인 이 장관들은 내각의 구성원이다. 내각과 의회는 웨스트민스터(Westminster)라고 불리며 정책결정을 담당하고 화이트홀(Whitehall)이라고 불리는 행정부는 집행을 담당하여 정책과 집행이 분리된다. 물론 현실적으로는 정책결정에 공무원이 더 큰 영향력을 발휘하는 경우도 있다(Hill, 2009).

영국정부의 수장은 수상(Prime Minister)이며 하원 다수당 대표인 수상은 모든 정책과 결정에 책임을 지고 하원에서 정부를 대표한다. 내각은 수상이 선임한 부처 장관으로 구성되며 대부분 하원의원 중 선임되지만 일부 상원의원 중에서도 선임된다. 장관 이외에도 각 부처에는 정책영역을 담당하는 정책 차관(Minister of State)과 차차관(Parliamentary Under Secretary of State)이 있으며 역시 의원 중에서 선임된다. 가령, 노동연금부(Department for Work and Pensions)에는 노동연금부 장관 이외에 고용 차관, 복지개혁

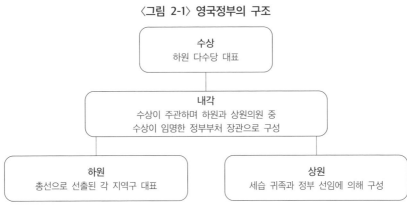

〈그림 2-1〉 영국정부의 구조

```
┌─────────────────────────────┐
│            수상             │
│       하원 다수당 대표        │
└─────────────────────────────┘
┌─────────────────────────────┐
│            내각             │
│   수상이 주관하며 하원과 상원의원 중   │
│   수상이 임명한 정부부처 장관으로 구성   │
└─────────────────────────────┘
┌──────────────────┐  ┌──────────────────┐
│       하원        │  │       상원        │
│ 총선으로 선출된 각 지역구 대표 │  │ 세습 귀족과 정부 선임에 의해 구성 │
└──────────────────┘  └──────────────────┘
```

자료: Alcock & May, 2014: 22.

차관, 연금 차관, 장애인 차차관 등이 있는 식이다. 현 정부에는 총 21명의 내각 참여 장관과 96명의 차(차) 관이 있다(GDS, 2016b). 이들은 각 정책영역에서 정책의 집행과 성공 및 실패를 책임진다.

영국정부는 현재 총 24개의 정부부처(Ministerial Department) 와 22개의 정부기관(Non-Ministerial Department) 이 있으며 그 외 300여 개의 행정기관(Executive Agency) 과 공공기구가 있다(GDS, 2016a). 24개의 정부부처는 주로 정치인이 책임지는 장차관에 의해 운영되지만 정부기관은 고위 공직자에 의해 운영되며 정책기능보다는 규제나 조사기능을 갖는 경우가 많다. 그 외 공공기관은 상대적으로 독립성을 갖는 경우가 많지만 여전히 해당 장차관이 책임을 진다. 이들은 몇 가지 유형이 있는데 특정 영역의 집행기능을 수행하는 행정기관, 독립적인 전문 조건기능을 하는 자문기관, 사법체계의 일부로서 특정 분야를 심판하는 심판기구, 독립적인 모니터링을 수행하는 감독기구 등이 있다.

이러한 행정기관과 공공기구는 대부분 해당 정부부처의 관할 아래 있는데 가령 연금노동부 산하에는 장애인 고용공단(Disabled People's Employ-ment Corporation), 보건 및 안전기구(Health and Safety Executive), 근로자

저축신탁기구(National Employment Saving Trust Corporation), 연금자문서비스(Pension Advisory Service), 연금규제기구(Pension Regulator) 등과 같은 행정기관, 산업재해 자문위원회(Industrial Injuries Advisory Council), 사회보장 자문위원회(Social Security Advisory Committee) 등과 같은 자문기구, 연금보호기금 옴부즈맨(Pension Protection Fund Ombudsman), 연금옴부즈맨(Pension Ombudsman)과 같은 심판기구, 핵규제 사무소(Office for Nuclear Regulation), 연금보호기금(Pension Protection Fund)과 같은 공사(Public Corporation), 독립사례 심사관(Independent Case Examiner)와 같은 기타 기구가 있다(GDS, 2016a).

3) 지방정부의 구조

영국 지방정부의 구조를 살펴볼 때 대영제국 구조를 먼저 주의해야 한다. 잉글랜드, 스코틀랜드, 웨일즈, 북아일랜드로 구성된 대영제국 구조는 중앙정부부처의 권한에 있어서도 차이가 나는데 가령 국방부(Ministry of Defence)는 전 대영제국을 관할하는 부처이지만 연금노동부의 경우에는 북아일랜드를 포괄하지 않는다(GDS, 2016b). 이는 각 지역마다 고유의 자치권이 있어 자치 영역에 따라 제도상 차이가 있기 때문이다. 가령 스코틀랜드의 경우 대학등록금을 폐지하고 노인 장기요양서비스를 무상으로 제공하지만 다른 지역은 그렇지 않다. 웨일즈와 북아일랜드도 별도의 북아일랜드 의회(Northern Ireland Assembly)를 가지고 웨일즈도 웨일즈 의회정부(Welsh Assembly Government)로 특정 영역에서 독자적 권한을 갖는다. 각 지역별 자치영역은 〈표 2-2〉와 같다. 중앙정부의 가장 직접적인 관할 아래에 있는 것은 잉글랜드이며 잉글랜드는 별도의 분권 정부를 가지지 않는다. 따라서 여기에서 다루는 사회보장제도의 기본구조는 대체로 잉글랜드에 해당하고 다른 지역의 경우와는 차이가 있을 수 있다.

영국의 지방정부는 앞서 언급한 바와 같이 복지국가 성립 이전부터 지역 내 문제에 대응하기 위하여 사회정책과 서비스를 발달시켰지만 1940년대 복지국가 성립과 함께 대부분 중앙정부에 그 기능이 통합되었다. 하지만 복지국가 이후에도 여전히 지역에는 노인, 아동, 장애인 등 취약계층의 문제가 나타나면서 이들에 대한 보호와 돌봄의 책임이 다시 부여되기 시작하였다(강혜규 외, 2007). 또한 중앙의 일괄적 대응보다는 더욱 지역성이 두드러지고 지역의 자치가 우선되는 교육, 주거 및 지역 계획, 환경과 같은 부분 역시 지방정부의 역할로 주어진다.

지방정부에도 다양한 단위와 서로 다른 구성이 존재한다(GDS, 2016e). 많은 지역의 경우, 지방의회(County Council)와 시(City), 군(District), 구

〈표 2-2〉 대영제국 지역별 자치영역

지역	스코틀랜드	웨일즈	북아일랜드
자치영역	• 보건의료 • 교육과 훈련 • 지방정부 • 사회서비스(social work) • 주거(housing) • 계획(planning) • 관광, 경제 개발, 산업 재정지원(tourism, economic development and financial assistance to industry) • 사법(law, the prosecution system and the court) • 치안 및 소방 • 자연환경 및 문화재 • 농림수산 • 스포츠 및 예술 • 통계, 공공등록 및 기록	• 농수산업 및 지방개발 • 고대 기념비 및 역사적 건물 • 문화 • 경제 개발 • 교육 및 훈련 • 환경 • 소방구조 및 화재안전증진 • 음식 • 보건 및 보건서비스 • 도로 및 교통 • 주거 • 지방정부 • 웨일즈 국민의회(National Assembly for Wales) • 공공행정 • 사회복지 • 체육 및 레크리에이션 • 관광 • 마을 및 지방계획 • 수자원 및 홍수 예방 • 웰시 언어(Welsh language)	• 보건 및 사회서비스 • 교육 • 고용 및 기술 • 농업 • 사회 보장 • 연금 및 아동지원 • 주거 • 경제 개발 • 지방정부 • 계획을 포함한 환경 문제 • 교통 • 문화 및 체육 • 북아일랜드 시민서비스(Northern Ireland Civil Service) • 기회 평등 • 사법 및 치안

자료: Alcock & May, 2014: 65~67에서 정리.

<표 2-3> 영국 지방정부 유형별 책임영역

	도 지역			도시 지역	런던	
	통합의회	지방의회	군의회	구	런던구	광역런던기구
교육	O	O		O	O	
도로	O	O		O	O	O
교통계획	O	O		O	O	O
대중교통	O	O				O
사회적 돌봄	O	O		O	O	
주거	O		O	O	O	
도서관	O	O		O	O	
여가 및 레크리에이션	O		O	O	O	
보건환경	O		O	O	O	
폐기물 수거	O		O	O	O	
폐기물 처리	O	O		O	O	
계획 집행	O		O	O	O	
전략 계획	O	O		O	O	O
지방세 징수	O		O	O	O	

자료: LGA, 2011: 10.

(Borough), 의회(Council)로 이층구조를 갖는다. 하지만 1층 구조를 갖는 경우도 많으며 이럴 경우 이층구조의 지방정부 역할을 모두 수행한다. 이러한 1층 구조를 갖는 경우는 지방지역(Shire Area)의 통합정부(Unitary Authority), 런던구(London Borough), 대도시구(Metropolitan Borough) 등 주로 세 가지 유형이 있다. 이 지방정부 간의 책임영역은 〈표 2-3〉과 같다.

잉글랜드 지역에는 도(Shire) 지역의 경우 총 27개의 지방의회와 201개의 군의회가 이층구조를 이루고 55개의 통합정부로 구성된다. 도시 지역의 경우에는 36개의 구의회가 있고, 런던은 32개의 구의회가 있다(Alcock & May, 2014: 75). 이 중 지방의회, 통합정부, 구의회, 런던 구의회 등 사회적 돌봄을 담당하는 지방정부를 사회서비스 책임의회(Council with Social Services Responsibility: CSSR)라고 별도로 구분하기도 한다. 이 지방정부들은 사회보장 전달체계에 있어 중추적 역할을 담당한다.

3. 주요 사회보장 영역의 기본구조

1) 영국 사회보장제도 두 개의 축

영국의 사회보장제도는 앞서 살펴보았듯 소득보장, 고용, 보건의료, 주거, 사회적 돌봄 등이 주요 영역이다. 이를 살펴보면 사회보장제도의 기본구조는 크게 '소득보장-고용'의 축과 '보건의료-사회적 돌봄'의 축으로 나누어 생각할 수 있다. 그동안 제도의 변화나 사회보장 전달체계 개혁은 '근로연계복지'(welfare to work)의 흐름이 두드러진다. 특히, 근로연령대를 대상으로 하는 소득보장급여를 고용과 통합적으로 제공하려는 노력이 계속되었다. 고용의 상실로 인해서 복지급여의 보호를 받는 사람이 급여만 받는 것이 아니라 고용서비스를 통해 다시 노동시장에 진입할 수 있도록 하는 것이다. 다른 한편으로는 병원에서 치료를 받고 나서 사회적 돌봄의 장기적 사후관리가 필요한 경우가 많고 효과적인 지역사회 돌봄을 통해서 병원치료의 필요를 줄일 수 있다는 인식이 높이지면서, 보건의료와 사회적 돌봄을 통합적으로 접근하려는 노력 또한 계속되었다.

물론 모든 소득보장이 고용과 연결되지는 않는다. 연금이나 아동급여와 같이 고용과 직접적 연관이 없는 경우도 있다. 하지만 이전에는 고용과 직접적으로 연계되지 않았던 만성질환자나 장애인에 대한 급여까지도 점차 고용프로그램 참여를 강화하는 방향으로 변화되었다. 또한 이전에는 주거에 대한 지원이 지방정부를 중심으로 공공주거를 제공하는 현물지원의 형태가 중심이었지만, 갈수록 임대비용 등에 대한 현금보조로 전환되었고 주거급여는 통합공제(Universal Credit)로 통합되어 이러한 흐름은 주거영역으로까지 확대되고 있다.

보건의료와 사회적 돌봄의 경우, 전자는 중앙정부를 정점으로 하는 NHS를 중심으로, 후자는 지방정부를 중심으로 발달했지만 점차 두 영역 간의

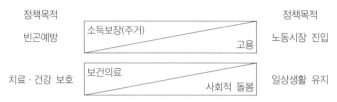

〈그림 2-2〉 영국 사회보장제도 두 개의 축

통합적 연계가 중요시되었다. 이러한 흐름은 의료질위원회(Care Quality Commission: CQC), 보건의료 및 돌봄 전문가위원회(Health and Care Professional Council), 국립임상개선위원회(National Institute for Health and Clinical Excellence: NICE) 등 관계기관을 통합시키는 한편, 지역의 보건당국과 지방정부에게 상호 협력의 의무를 부과하고 최근에는 두 기관이 함께 참여하는 보건복리위원회(Health and Wellbeing Board: HWB)를 설치하여 통합적인 성과기반 수행관리(*outcome-based performance management*)를 수행하는 등 점차 강화되고 있다(Alcock & May, 2014).

따라서 주요 사회보장 영역별 사회보장제도의 기본구조도 이 두 가지 축을 중심으로 살펴보도록 하겠다. 먼저 소득보장급여와 고용서비스, 주거정책을 중심으로 살펴본 후 이어서 보건의료와 사회적 돌봄에 대해서 알아보도록 하겠다.

2) 소득보장과 고용 및 주거

(1) 소득보장급여의 구성[1])

소득보장은 일반적으로 경험하는 사회적 위험 때문에 근로를 통하여 충분한 소득을 가지지 못하는 경우, 보통 현금급여의 형태로 보장하는 제도를 말한다(Hudson et al., 2008). 소득보장이 포괄하는 사회적 위험의 영역은 주로 실업, 노령, 질병, 장애, 산업재해, 출산 및 양육 등을 말하며 넓은 의미에서 주거에 대한 비용이나 빈곤에 대한 현금지원 등도 포함될 수 있다. 영국의 소득보장급여는 급여 조건에 따라 크게 자산조사급여와 비자산조사급여로 나눌 수 있다. 자산조사급여는 수급자격 조건에 소득과 재산에 의해 결정되는 급여를 말하며 비자산조사급여는 기본적으로 소득과 재산보다는 해당 위험이나 욕구가 인정될 때 수급자격을 얻게 되는 급여이다. 따라서 〈표 2-4〉에서 볼 수 있듯이 급여가 포괄하는 위험이나 욕구에 있어 자산조사급여는 주로 직접적 소득상실이나 빈곤과 관련된 경우가 많고, 비자산조사급여는 돌봄, 장애 등 소득상실보다는 추가적으로 발생되는 비용을 보장하기 위한 경우가 많다.

먼저 실업의 경우, 국민보험 기여경력이 2년 이상이면 자산조사 없이 기여기반 구직수당을 수급할 수 있지만 기여경력이 부족하다면 자산조사에 기초한 소득기반 구직수당을 수급한다. 기여기반 구직수당을 수급하려면 매 격주마다 구직조건을 충족해야 하며 자발적 실업이거나 실업에 귀책사유가 있거나 제공되는 고용기회를 거부하거나 구직을 중단했을 때는 제재(sanction)를 받을 수 있다. 그리고 보통 182일의 수급기간 제한이 있다.

만약 제한된 근로능력(limited capacity for work)을 가지고 있다면 근로능력 사정(Work Capability Assessment)을 통해 고용 및 지원수당을 받을 수 있다. 국민보험 기여경력이 있는 경우 기여형 고용 및 지원수당을 받을 수 있는데 신청 후 13주간의 심사단계(assessment phase) 동안에는 기본수당(Basic Allowance)만 수급하지만 그다음 핵심 단계(main phase)에서는 지원 요소(support component)와 근로연계 활동요소(work-related activity component)를 고려하여 급여수준이 결정된다. 근로연계 활동요소는 지정된 근로연계 활

---

1) 소득보장급여에 대한 기본적인 내용은 아동빈곤행동그룹(Child Poverty Action Group: CPAG)에서 매년 발간하는 《복지급여 및 세금공제 핸드북》(Welfare Benefit and Tax Credits Handbook, CPAG, 2014)을 참조하라. 이 핸드북은 영국 내에서도 급여에 대한 기본적인 안내자료로 광범위하게 쓰인다.

〈표 2-4〉 영국 소득보장급여의 분류

	자산조사급여	비자산조사급여
실업	· 소득지원/소득기반 구직수당(Income Support/Income-Based Jobseeker's Allowance) · 소득연계 고용 및 지원수당(Income-Related Employment and Support Allowance)	· 기여기반 구직수당(Contribution-Based Jobseeker's Allowance) · 기여형 고용 및 지원수당(Contributory Employment and Support Allowance)
빈곤	· 아동세금공제(Child Tax Credit) · 근로세금공제(Working Tax Credit) · 통합공제(Universal Credit) · 사회기금지불금(Social Fund Payments) · 지방세 감액(Council Tax Reduction) · 지역복지 보조제도(Local Welfare Assistance Scheme) · 무상급식(Free School Lunches) · 통학교통 및 교복(School Transport and School Clothes) 지원 · 크리스마스 보너스(Christmas Bonus)	
노령	· 연금공제(Pension Credit)	· 국가 은퇴연금(State Retirement Pension)
주거	· 주거급여(Housing Benefit)	
돌봄		· 아동급여(Child Benefit) · 후견인수당(Guardian's Allowance) · 수발자수당(Carer's Allowance)
산업재해		· 산업재해급여(Industrial Injuries Benefit)
장애		· 장애생활수당(Disability Living Allowance) · 개인자립지불금(Personal Independence Payment) · 간호수당(Attendance Allowance)
질병		· 법정 질병지불금(Statutory Sick Pay)
출산		· 모성수당(Maternity Allowance) · 법정 모성 · 부성 · 입양지불금(Statutory Maternity, Paternity, and Adoption Pay)
사망		· 유족급여(Bereavement Benefit)

자료: CPAG, 2014를 바탕으로 정리.

동의 참여조건에 따라 포함될 수 있다.

국민보험 기여경력이 부족하다면 소득연계 고용 및 지원수당을 받아야 한다. 일정 수준 이하의 저소득이면서 질병이나 장애를 가진 경우, 한부모이면서 한 명 이상의 자녀가 만 5세 미만이거나 본인이 18세 미만이면서 자녀가 있는 경우, 다른 사람을 돌보는 수발자인 경우 등에는 소득지원을 수급할 수 있다.

소득지원, 소득기반 구직수당, 소득연계 고용 및 지원수당 등 실업에 대한 자산조사급여는 보통 개인수당(Personal Allowance)과 특별 욕구에 의한 추가수당(Premium) 등으로 구성된다. 개인수당은 연령이나 배우자 또는 동반자(partner) 여부에 따라 차이가 나며 추가수당에는 자녀, 장애인 자녀, 본인의 장애, 수발자 등에 의해 결정되고 소득이 있을 경우 그만큼 감액된다. 물론 이들 자산조사급여는 2016년부터 신규신청이 중지되고 새로 통합하여 도입되는 통합공제(Universal Credit)를 신청해야 한다. 기존의 소득지원과 소득기반 구직수당 수급자는 2016년에서 2017년 사이 통합공제로 이전되며 소득연계 고용 및 지원수당의 기존 수급자는 2017년 이후 통합공제로 이전된다.

실업에 대한 급여가 주로 실업으로 인해 상실된 소득을 보호하기 위한 소득보장급여라고 한다면 빈곤을 예방하거나 저소득가정의 생활을 보호하기 위한 급여들이 있고 이러한 급여는 그 속성상 전부 자산조사급여이다. 아동이 있는 저소득가정에 지급되는 아동세금공제와 전일제 저임금근로자에게 임금에 더하여 지급되는 근로세금공제가 가장 대표적이다.

아동세금공제는 자녀 수, 자녀의 장애 여부 및 중증 여부에 의해 결정되는 최대 아동세금공제와 소득수준에 따라 그 급여수준이 결정된다. 다른 자산조사급여를 수급할 정도로 소득이 낮은 경우 최대급여를 그대로 받을 수 있지만 소득이 소득기준액(income threshold figure) 이상인 경우 초과 소득분의 41%를 최대급여에서 감액하여 수급한다.

근로세금공제는 주당 30시간 이상 일하는 전일제근로자를 대상으로 하지만 장애가 있거나, 고령(만 60세 이상)이거나, 자녀가 있는 한부모일 경우에는 주당 16시간 근로자도 수급할 수 있다. 기본요소에 장애 여부, 한부모 여부, 근로시간, 자녀양육 등이 고려된 최대 근로세금공제액과 소득에 따라 급여수준이 결정되는데 소득이 기준액 이하인 경우에는 그대로 최대급여액을 받지만 소득이 그 이상인 경우 그 초과분의 41%가 최대급여액에서 감액되어 수급한다. 원래 국세청(HM Revenue and Customs)에서 관리하던 이 세금공제들은 2016년부터 신규신청이 중지되고 기존 수급자는 2016년에서 2017년까지 통합공제로 이전된다.

주거급여는 저소득자의 주거비용을 보존하기 위한 급여이다. 고용 여부와 무관하지만 소득과 자산이 일정 수준 이하여야 수급 가능하다. 주거급여는 지방정부에 의해 운영되지만 고용노동부의 규제를 받는다. 상황에 따라 결정되는 신청가능분(applicable amount), 최대 주거급여(Maximum HB), 소득과 자산수준을 고려해 그 수준이 결정되는 주거급여는 21년까지 별도로 수급이 가능하지만 그 이상의 기간은 소득지원, 소득기반 구직수당, 소득연계 고용 및 지원수당, 연금공제와 같은 다른 자산조사급여를 통해 보조받아야 했다. 하지만 2016년부터 신규신청이 중지되면서 통합공제로 통합되고 기존 수급자는 2017년 이후 통합공제로 이전하게 된다.

이렇게 소득지원, 소득기반 구직수당, 소득연계 고용 및 지원수당, 아동세금공제, 근로세금공제, 주거급여를 대체하는 통합공제는 근로 여부와 관계없이 근로연령의 저소득자에게 지급되는 새로운 급여이고 이들을 통합하여 지급하는 대신 급여 총액에 제한(benefit cap)이 있다. 연금노동부에서 관리하게 되는 이 급여는 기준수당(Standard Allowance)과 자녀의 수, 자녀의 장애, 근로능력, 돌봄 여부, 주거비용, 아동보육비용 등을 고려한 요소를 합산하여 산출된 최대급여에서 인정소득을 감액하는 방식으로 급여수준이 결정된다. 물론 이를 수급하기 위해서는 의무 이행사항을 담은 수급자 동의

(*claimant commitment*)를 거쳐야 하며 그렇지 않을 경우 제재를 받는다.

통합공제로 통합되는 자산조사급여가 근로연령인구를 대상으로 한 것이라면 연금연령 이상의 고령자를 빈곤으로부터 보호하는 소득보장급여로는 연금공제가 있다. 연금연령은 2020년까지 66세로 단계적으로 상향 중이므로 생년월일에 따라 그 기준이 달라진다. 연금공제는 최저소득을 보장하는 보장공제(Guarantee Credit)와 노후준비를 보상하는 저축공제(Saving Credit)로 구성되어 있다. 연령 이상이면서 소득수준이 최저기준 이하일 때는 보장공제를 받는데 기준최저보장(Standard Minimum Guarantee)에서 중증장애, 수발 여부, 주거비용 등에 따른 추가분(*additional amount*)을 더한 금액에서 현 소득을 감액한 것이 급여액이 된다.

그런데 저축공제 기준(Saving Credit Threshold)을 넘는 소득이 있는 경우 저축공제를 수급할 수 있다. 자신의 노후를 위해 준비를 한 사람을 보상하기 위한 저축공제는 현 소득이 보장공제 수급액 이하일 경우 저축공제 기준 이상의 소득의 60%를 저축공제로 추가로 지급한다. 하지만 소득이 보장공제 수급액 이상일 경우 보장공제 이상 소득의 40%에서 저축공제 기준 이상 소득의 60%를 제한 것이 저축공제 급여액이 된다.

기여 기반의 비자산조사 노령급여로는 국가 은퇴연금(State Retirement Pension)이 있다. 이 연금에는 본인의 국가연금 기여경력으로 연금을 받는 카테고리 A, 배우자나 동반자의 기여경력으로 수급받는 카테고리 B, 기여경력 없이 받는 카테고리 D가 있다. 2016년 4월부터 새로운 국가연금(State Pension)이 도입되어 신규신청자는 단일 시스템으로 기여경력에 따라 급여가 결정되고 배우자나 동반자의 기여경력으로 받을 경우 감액되어 연금이 지급된다(GDS, 2016d). 물론 이러한 국가연금 이외에 직장별로 조세혜택을 받아 구성되는 연금이 있으며 개별적으로 역시 조세혜택을 받아 가입하는 개인연금도 있지만 모두 민간에서 운영하는 연금이다(Alcock & May, 2014: 115).

국민보험 기여경력이 충분한 배우자 또는 민사상 동반자(*civil partner*)가 사망하거나 산업재해로 사망했을 때 남은 배우자나 동반자가 연금연령 이하인 경우, 연금이 아닌 사별급여를 받게 된다. 이는 근로 여부와 무관하며 유족지불금(Bereavement Payment), 자녀가 있거나 임신한 여성을 위한 한부모수당(Widowed Parent's Allowance), 45세 이상을 위한 사별수당(Bereavement Allowance)으로 구분된다. 2016년부터는 세 가지 급여를 통합하여 배우자 또는 동반자 사망 시 1년간 월별로 지원하는 사별지원지불금(Bereavement Support Payment)으로 통합 중이다.

통합공제로 통합되는 저소득 대상 자산조사급여와 연금공제 수급자일 경우, 더불어 수급자격을 획득하게 되는 사회기금급여나 지방정부 등의 보조제도가 있다. 먼저 사회기금급여에는 생활비 대출(Budgeting Loan), 슈어스타트 모성보조금(Sure Start Maternity Grant), 장례비지불금(Funeral Expenses Payments), 한파지불금(Cold Weather Payments), 겨울 난방비지불금(Winter Fuel Payments) 등이 있다. 생활비 대출은 가구, 의복, 육아, 장례, 주거안정을 위한 이사 및 수리, 교통비, 취업경비 등 특정 목적을 위해 돈이 필요할 때 받을 수 있는 무이자 대출로 급여에서 일정비율을 감액하여 상환한다. 슈어스타트 모성보조금은 자산조사급여 수급자나 동반자가 임신을 하거나, 3개월 이내 출산을 하였거나, 본인이 12개월 미만 아동양육 책임을 가진 경우 받을 수 있다. 장례비지불금은 본인이나 동반자가 가까운 가족이나 친구의 장례를 책임지는 경우 받을 수 있는 돈이다. 한파지불금과 겨울 난방비지불금은 저소득 자산조사급여 수급자라면 자동으로 지급받는 추가급여인데 한파지불금은 수급자가 주거하는 지역의 온도가 7일 연속으로 0도(℃) 이하로 떨어질 경우 주당 지급받고 겨울 난방비지불금은 연금연령 이상인 경우 매 겨울에 지급받는다.

지방정부에서는 저소득 자산조사급여 수급자를 대상으로 지방세 감액, 지역복지 보조제도, 무상급식, 통학교통 및 교복비용 지원 등을 운영한다.

지방세 감액은 지역주민이 지방정부에 납부해야 하는 지방세를 감액해주는 급여로 연금연령 미만의 수급자의 경우에는 지방정부 재량으로 지방정부마다 다르게 운영되지만 연금연령 이상 수급자에게는 최소조건(*minimum requirement*)이 적용된다. 지역복지 보조제도는 화재나 홍수 등 피해나 기타 응급상황으로 인한 위기에 단기간의 도움이 필요한 경우, 시설보호 퇴소 후 지역사회 정착이 필요한 경우 등 지방정부 자체적으로 지원하는 제도로 역시 지방정부마다 차이가 있다. 또한 영국의 지방정부는 교육도 담당하여 저소득 자산조사급여 수급가정의 자녀를 대상으로 무상급식을 제공하며 통학을 위한 무상교통을 제공할 의무를 갖는다. 무상 교통은 특수교육 욕구(*special educational needs*)를 가진 학생도 해당되며 지방정부에 따라서는 교복 등 통학에 필요한 의복을 위한 보조금을 제공하기도 한다.

실업이나 노령의 경우 소득수준과 국민보험 기여경력에 따라 자산조사급여와 비자산조사급여가 나뉘고 빈곤으로 보호하는 급여는 모두 자산조사급여로 이루어지지만 그 외에 장애, 돌봄, 산업재해, 출산, 질병 등에 대한 소득보장급여는 대부분 비자산조사급여이며 국민보험 기여경력과 무관하게 수급받을 수 있다. 먼저 장애의 경우, 연령대별로 급여제도가 나뉘는데 타인의 보조나 보호가 필요한 장애인으로 16세 미만일 경우 장애생활수당, 만으로 16세 이상 65세 미만인 경우에는 개인자립지불금, 65세 이상의 경우에는 간호수당을 수급받을 수 있다. 이 급여는 장애로 인하여 일상생활이나 이동에 추가적으로 발생되는 비용을 보조하기 위한 것이다. 장애생활수당은 돌봄 요소(*care component*)와 이동 요소(*mobility component*)로 구분되어 각각 고율(*higher rate*)과 저율(*lower rate*)로 나뉘어 급여수준이 결정된다. 개인자립지불금은 일상생활 요소(*daily living component*)와 이동 요소(*mobility component*)가 있고 각 요소별로 기준율(*standard rate*)과 강화율(*enhanced rate*), 두 가지 급여율에 따라 정액으로 지급된다. 간호수당은 별도의 요소 없이 고율급여와 저율급여 중 하나의 정액급여를 수급받는다.

아동양육과 같은 돌봄 비용을 보조하기 위한 수당으로 아동급여와 후견 인수당이 있다. 아동급여는 아동양육을 담당하는 사람에게 지급되는 비자 산조사급여이지만 소득이 연간 5만 파운드 정도 이상의 경우 아동급여는 과세대상이 되어 이를 초과하는 매 100파운드마다 1%의 과세(high-income child benefit charge)가 붙어 연간 소득 6만 파운드 정도 이상이면 수당이 소 멸된다. 후견인수당은 부모가 사망한 아동의 후견인에게 지급되는 비자산 조사급여로 법적 후견인 여부와 관계없이 해당 아동에 대한 아동급여 수급 자격이 있는 경우 수급이 가능하다. 성인 중증 장애인을 돌보는 수발자는 가족이나 동거 여부와 무관하게 주당 35시간 이상 돌봄을 제공하는 경우 수 발자수당을 받을 수 있다. 이는 자산조사급여는 아니지만 월간 100파운드 정도 소득 제한이 있다.

고용된 소득자(employed earner)가 산업재해로 인한 부상이나 질병으로 인 한 기능 상실(loss of faculty)에 의해 장애가 발생한 경우에는 산업재해급여 를 받을 수 있다. 산업재해급여에는 장애급여(Disablement Benefit), 소득 손실수당(Reduced Earnings Allowance), 은퇴수당(Retirement Allowance) 등이 있는데 장애급여는 장애 정도에 따라서, 소득손실수당은 장애로 인하 여 기존의 직장을 유지할 수 없거나 유사한 수준의 고용을 유지할 수 없을 때 그 이전 소득에 따라서 지급되며 은퇴수당은 연금연령 이상으로 기존 고 용을 유지할 수 없을 때 수급받을 수 있다.

영국에서는 피고용자가 질병이나 출산, 입양으로 인해 일을 할 수 없을 때 고용주가 해당 급여를 책임져야 한다. 법정 질병지불금은 고용주가 일을 할 수 없는 국민보험 기여의 최저소득한계(lower earnings limit) 이상 소득의 피 고용자에게 28주간 지급해야 하는 급여로서 고용주는 피고용자가 아플 경우 최소금액 이상의 질병지불금을 지급해야 한다. 법정 모성·부성·입양지불 금은 고용주가 본인 또는 동반자가 출산이나 입양을 하는 경우 피고용인에 게 지급해야 하는 급여인데 2015년 4월부터 법정 공동부모지불금(Statutory

Shared Parental Pay: ShPP), 공동육아휴직(Shared Parental Leave: SPL)으로 대체되고 부모급여는 39주간 기준 금액과 주당 평균소득의 90% 중 낮은 금액을 수급한다(GDS, 2016c). 하지만 기존에 고용되어 있거나 자영업을 하는데 임신하거나 출산한 여성이면서 법정 모성지불금을 받지 못하는 경우에는 국가로부터 모성수당을 14주에서 39주 수급받을 수 있다.

(2) 소득보장 및 주거 전달체계와 고용서비스

지금까지 사회적 위험별로 다양한 영국의 사회보장급여를 알아보았다. 이러한 사회보장급여의 주관 기관과 부처는 〈그림 2-3〉과 같다. 여기에서 보이는 것처럼 크게 사회보장급여를 지방정부, 연금노동부, 국세청 등이 주관하며 대부분 고용센터플러스, 연금서비스(Pension Service), 장애 및 수발자서비스(Disability and Carer Service) 등 별도의 관리기구를 둔다. 해당 사회보장급여 신청은 보통 이 관리기구로 하는데 이는 대체로 해당 급여가 대응하는 사회적 위험별로 배치된다. 가령 노령에 대응하는 연금급여를 관장하는 것은 연금노동부 산하의 연금서비스이며 별도의 지역 연금센터를 두기도 한다.

장애의 경우 연령에 따라 3가지 다른 급여가 있지만 모두 장애 및 수발자서비스에서 이를 관리하며 별도의 장애급여센터(Disability Benefits Centre)를 운영한다. 그 외의 연금노동부 산하에 배우자나 동반자 사망에 대한 사별지원급여를 관리하는 유족서비스(Bereavement Service), 성인돌봄에 대한 수발자수당을 관리하는 수발자수당부(Carer's Allowance Unit), 산업재해급여를 담당하는 지역 산업재해 장애급여 전달센터(Regional Industrial Injuries Disablement Benefit Delivery Centre) 등이 있다. 또한 아동 돌봄에 대한 급여는 국세청 산하의 아동급여사무소(Child Benefit Office)에서 관리한다.

이렇게 사회적 위험별로 관리기구가 배치되므로 해당 위험이 발생했을 때 해당 기관만 접촉하면 그에 해당하는 급여 수급을 위한 절차를 밟을 수

〈그림 2-3〉영국의 사회적 위험별 사회보장급여와 전달체계

사회적 위험	사회보장급여	관리기구	주관 부처
빈곤	지방세 감액	지방정부	
	지역복지 보조제도		
	무상급식		
	통학교통 및 교복지원		
	통합공제	고용센터플러스	
	사회기금급여		
실업	기여기반 구직수당		
	기여형 고용 및 지원수당		
노령	연금공제	연금서비스 (지역 연금 센터)	연금노동부
	국가연금		
사망	사별 지원급여	사별서비스	
장애	간호수당	장애 및 수발자서비스 (장애급여센터)	
	개인자립지불금		
	장애생활수당		
돌봄(성인)	수발자수당	수발자수당부	
산업재해	산업재해급여	지역 산업재해 장애급여 전달센터	
출산	모성수당	고용센터플러스	
	법정 공동부모지불금	고용주	산업혁신기술부
질병	법정 질병지불금		
돌봄(아동)	후견인수당	아동급여사무소	국세청
	아동급여		

있다. 물론 수급자의 입장에서는 미리 위험별 신청기관을 알아야 하지만 하나의 필요가 발생했을 때 최소한 여러 기관을 전전하지 않아도 된다. 물론 하나로 통합되어 있는 영국정부 사이트(https://www.gov.uk)에서 모든 급여를 신청할 수 있다.

빈곤의 경우에는 지방정부와 연금노동부 산하의 고용센터플러스로 구분된다. 가장 핵심적인 통합공제는 고용센터플러스가 관리하지만 지방세 감액을 비롯한 다양한 지원은 또한 지방정부에서 관리하는 경우가 많다. 물론 지방정부나 고용센터플러스에서 서로의 급여에 관한 안내를 제공하지만 수급자 입장에서는 경우에 따라 지방정부에 또는 고용센터플러스에 신청해야 하는 급여가 다르므로 대표적인 전달체계상의 문제가 있다. 수급자의 상황이나 필요에 따라 구분된 것이 아니라 중앙정부의 급여이냐, 지방정부가 운영하는 급여이냐에 따른 구분이기 때문에 더욱 그렇다. 물론 출산의 경우에도 고용주가 관리하고 산업혁신기술부(Department for Business, Innovation & Skills)가 주관하는 법정 공동부모지불금과 고용센터플러스가 관리하고 연금노동부가 주관하는 모성수당이 다르지만 이는 수급자가 법정 급여를 고용주로부터 받을 수 있느냐 없느냐에 따라 달라지는 경우이다.

전반적으로 소득보장과 고용은 점차 통합되는 추세이며 전달체계상 그 핵심에는 고용센터플러스가 있다. 원래 소득보장급여를 담당하는 급여사무소(Benefit Agency)와 고용서비스를 제공하던 고용센터(Jobcentre)가 분리되어 있었지만 2002년 두 기관이 통합되어 고용센터플러스(Jobcentre Plus)가 설립되었고 그 이후 이 기관은 근로연계복지(*welfare to work*)의 핵심 전달체계로 자리매김했다(Wiggan, 2007). 소득보장급여에 있어서도 최근 도입된 통합공제는 국세청이 담당하던 아동세금공제와 근로세금공제, 그리고 지방정부가 담당하던 주거급여를 통합하여 고용센터플러스에서 담당하도록 함으로써 소득보장급여에 있어 고용센터플러스를 중심으로 한 통합성이 더 강화되었다.

고용서비스 측면에서는 여전히 고용센터플러스가 그 중심이지만 항상 통합이 강화되는 방향으로만 진행되지는 않았다. 이전 정부의 뉴딜(New Deal)과 같은 고용프로그램은 고용센터플러스를 중심으로 공급되었지만 현 정부의 근로프로그램(Work Programme)은 별도로 18개의 핵심 공급자(*prime provider*)를 중심으로 공급이 이루어지기 때문이다(Department for Work and Pensions, 2012).

2011년 6월부터 이전에 연령 등에 따른 집단별로 분리되어 있던 고용지원 프로그램을 하나의 단일 프로그램을 통합한 이 근로프로그램은 북아일랜드를 제외한 영국 18개 지역별로 18개의 핵심 공급자가 40건의 계약을 맺고 공급한다. 각 지역별로 두 개, 큰 도시 지역의 경우에는 세 개의 핵심 공급자가 계약을 맺고 경쟁적으로 서비스를 제공하도록 하는 것이다. 구직자에 따라 실업 관련 소득보장급여 수급 후 3개월, 9개월 또는 12개월 이후에는 의무적 또는 자발적으로 이 근로프로그램에 참여하게 된다. 이에 참여하는 공급자는 영리, 비영리, 공공기관을 포괄하며 각 참가자마다 소액의 착수금에 이어서 취업 3개월 후부터는 직업성과지불금(Job Outcome Payment), 6개월 이후부터는 매 4주마다 참가자의 미취업기간에 따라 최대 1년에서 2년까지 고용유지지불금(Sustainment Payment)을 받는다. 2년 계약 후에는 공급자의 성과에 따라 5%의 참가자를 저성과 공급자에서 고성과 공급자로 이동시켜 더욱 성과가 많은 공급자일수록 더 많은 참가자를 가질 수 있도록 한다. 하지만 여전히 고용센터플러스가 초기 수급자를 담당하여 구직을 지원하며 이곳의 상담사와의 동의에 따라 근로프로그램에 배치되기 때문에 고용서비스 전달체계의 중심에는 고용센터플러스가 있다고 할 수 있다.

주거의 경우 통합공제로 통합되는 주거급여 이외에는 지역공동체 지방정부(Department of Communities and Local Government: DCLG)가 정책을 관장하고 주거 및 지역사회기구(Homes and Community Agency: HCA)가 주택조합(Housing Association)과 런던 이외 지역에서의 주거 관련 정책을 감독하며 런던은 런던 시장이 주거에 대한 투자와 전략적 계획을 담당한다 (Alcock & May, 2014: 153). 2차 세계대전 이후 지방정부를 중심으로 공공의 주거공급이 활발했지만 1980년대 이후 주거비용 지원으로 정책이 전환되어 결국 통합공제로 통합되었으며 이렇게 지방정부의 역할이 줄어들면서 저렴한 임대주택을 공급하는 주택조합의 역할이 커지고 있다.

3) 보건의료와 사회적 돌봄

(1) 보건의료제도와 전달체계의 구성

영국의 보건의료제도는 이미 언급한 바대로 국가중심의 무상의료서비스인 NHS를 중심으로 구성된다. 조세를 기초로 운영되고 '통상적 거주민'이면 수급자격이 주어지는 이 제도는 영국국민의 일상에서 가장 친숙하고 중요하게 인식되는 사회보장제도라고 할 수 있다. 주변에서 가장 쉽게 찾을 수 있는 사회보장기관은 바로 1차 의료를 담당하는 지역의원인 일반의(General Practitioner : GP)이며 이사를 갈 때 공적 기관 중 가장 먼저 확인하고 등록을 하는 곳이기도 하다. 그만큼 NHS는 영국국민에게 중요하며 그래서 자주 비판의 대상에 오르기도 한다. 다른 한편으로 관심이 높음을 반증하는 셈이다.

NHS 역시 잉글랜드, 스코틀랜드, 웨일즈, 북아일랜드마다 서로 다른 체계를 가지므로 그 구성을 각기 따로 살펴보기는 어렵고, 잉글랜드 지역 NHS 체계를 큰 폭으로 변화시켰던 2012년 〈보건 및 사회복지법〉(Health and Social Care Act) 개정에 따라 NHS 종사자의 이해를 위해 발간되었던 교육자료(NHS England, 2014)를 중심으로 살펴보도록 하겠다.

전체적인 보건의료 전달체계의 구조는 〈그림 2-4〉와 같다. 보건의료서비스 전체에 대한 책임은 보건부 장관(Secretary of State for Health)이 지는데 보건부는 잉글랜드 지역의 NHS, 공공보건, 사회적 돌봄에 대한 전략적 지도력(strategic leadership)을 제공하고 공공보건을 비롯해 향후 살펴볼

〈그림 2-4〉 영국 보건의료 전달체계의 구성

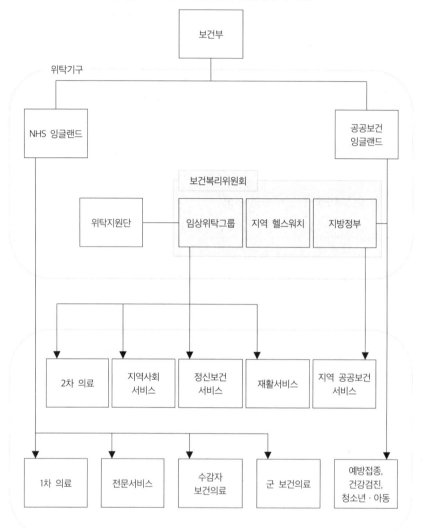

자료: NHS England, 2014: 9.

감독(*monitor*) 및 규제기구, 데이터와 연구개발, 훈련과 교육기구 등을 관할한다. 그 이하의 전달체계는 크게 환자에게 제공하는 서비스를 위탁하는 기구와 실제 서비스를 제공하는 부분으로 구분할 수 있다. 위탁기구에서 가장 포괄적인 책임은 NHS 잉글랜드가 가지며 여기에서 전국적 범위의 위탁을 담당한다. 대체적으로 일반의(GP)가 담당하는 1차 의료를 비롯하여 각종 전문화된 서비스, 수감자에 대한 보건의료서비스, 군에 대한 보건의료서비스는 모두 이곳에서 직접 위탁을 책임진다.

하지만 지역범위에서의 서비스는 지역의 일반의를 중심으로 구성된 임상위탁그룹(Clinical Commissioning Group: CCG)이 담당한다. 이 임상위탁그룹은 2차 의료전문가, 등록 간호사, 재정담당자 등을 포함하여 6명 이상으로 구성된 위원회가 운영한다. 여기에서는 주로 병원에서 제공되는 2차 의료서비스를 비롯하여 각종 지역사회서비스, 정신보건서비스, 재활서비스에 대한 위탁을 담당한다. 이렇게 지역의 주요 보건의료서비스를 관할하는 임상위탁그룹은 NHS 잉글랜드와 같은 중앙기구의 직접적 관리를 받지는 않지만 어떻게 운영할 것인가를 규정한 정관(*constitution*)을 갖추어야 하며 이 정관은 NHS와 합의를 거쳐 공개해야 한다.

과거의 1차 의료트러스트(Primary Care Trust: PCT)를 대체하는 이 임상위탁그룹은 중위값 기준 인구 25만 명 규모의 지역단위로 구성되어(최소 6만 1천여 명에서 최대 86만여 명) 잉글랜드 전역에 211개가 산재하며 보건의료예산의 60%를 집행하는 NHS의 중추기관이다. 주로 보건의료서비스를 위탁받는 주체는 NHS 트러스트(NHS Trust)라고 불리는 운영체이다. 이 운영체는 병원 운영이나 서비스 제공을 직접 담당하는데 재정적 자율권에 따라 NHS 재단 트러스트(NHS Foundation Trust)와 일반 NHS 트러스트를 구분하기도 한다. 재단 트러스트의 경우 운영에 더욱 많은 자율권을 가질 뿐만 아니라 잔여 예산을 재투자할 수 있는 등 재정적으로도 더 많은 권한을 자체적으로 갖는다.

그 외 공공보건 분야는 크게 지방정부와 공공보건 잉글랜드가 담당한다. 더욱 일상적인 공공보건서비스는 이전에는 NHS에서 담당해왔으나 이제는 지방정부가 책임지는데 예방접종과 건강검진 등과 같은 특수한 분야는 중앙의 공공보건 잉글랜드가 직접 담당한다.

그 외 보건부는 다양한 규제기관과 통계 및 정보기구, 교육·훈련기구를 관할한다. 먼저 규제기구를 보면 트러스트 개발기구(Trust Development Authority), 헬스워치 잉글랜드(Healthwatch England), 모니터(Monitor), 의료질위원회(Care Quality Commission) 등을 들 수 있다. 트러스트 개발기구는 보건의료서비스 기관의 운영주체인 NHS 트러스트가 더욱 자율권을 가진 재단 트러스트의 지위를 얻을 수 있도록 지원하면서 이 트러스트의 수행에 대한 감독, 임상에 대한 질적 관리를 하고 이 트러스트 운영권자에 대한 인사권을 행사한다. NHS 트러스트가 재단 트러스트가 되면 재정 규제기구인 모니터의 감독을 받는다. 헬스워치는 독립적인 보건의료 및 사회적 돌봄 이용자 대변기구이다. 헬스워치는 지역과 전국적 범위에서 보건의료와 사회적 돌봄에 대한 의견을 수집하고 연구 등을 통해 지역의 서비스 간극을 진단하며 위탁과정에 이를 반영하도록 한다. 각 지방정부 단위마다 지역 헬스워치가 조직되어 있다. 의료질위원회 역시 독립 규제기구로 보건의료와 사회적 돌봄 제공자에 대한 감독기구로 이들에 대한 등록, 허가, 질적 평가, 제재 등을 수행한다.

통계 및 정보기구로서는 국가보건의료 및 돌봄우수원과 보건의료 및 사회적 돌봄 정보센터(Health and Social Care Information Centre)를 꼽을 수 있다. 국가보건의료 및 돌봄우수원은 보건의료와 사회적 돌봄서비스를 발전시키기 위해 근거기반 지침(evidence-based guidance)과 자문을 제공하고 법적 구속력이 있는 질적 기준을 개발하고 다양한 정보를 공급하는 역할을 담당한다. 보건의료 및 사회적 돌봄 정보센터 역시 다양한 데이터와 통계를 생산하며 IT시스템에 대한 지원을 제공한다. 교육·훈련 기관인 보건

교육 잉글랜드(Health Education England: HEE)는 NHS 종사인력이 우수한 보건의료서비스를 제공하기 위해 올바른 기술, 가치, 훈련을 보장하는 책임을 지며 이러한 역할은 13개 지역별로 구성된 지역 교육 및 훈련위원회(Local Education and Training Boards: LETB)에 의해 뒷받침된다.

(2) 사회적 돌봄의 공급구조와 보건의료와의 통합적 접근

사회적 돌봄은 취약하거나 질환이나 장애가 있어 스스로를 완전히 돌보기 어려운 사람에게 제공되는 비의료적 개별 지원을 지칭하는 포괄적 용어로 그들의 자립을 유지하도록 돕는 목적을 가지며 영국에서는 크게 성인 사회적 돌봄과 아동 사회적 돌봄으로 나뉜다(Alcock & May, 2014: 165). 이러한 사회적 돌봄은 사회서비스(social service)라고 지칭되기도 하며 지방정부의 책임 아래 제공된다. 성인 사회적 돌봄은 우리나라의 노인에 대한 장기요양보호나 장애인에 대한 활동보조에 해당되며 아동 사회적 돌봄은 요보호 상태에 있거나 학대나 방임의 위험이 있는 아동에 대한 전문적인 아동보호를 말한다.

중앙정부의 차원에서 성인돌봄은 보건부가 관할하고 아동돌봄은 교육부(Department for Education)가 담당하지만 지방정부의 책임 아래 있기 때문에 그 전달체계는 지역마다 다양하게 나타난다. 대체로 성인돌봄과 아동돌봄부서는 별도로 운영되고 각각 성인사회서비스국장(Director of Adult Social Services)과 아동서비스국장(Director of Children's Service)이 전반적인 책임을 진다. 성인사회서비스국장이 주거, 평생교육, 여가(leisure)도 같이 담당하거나 아동서비스 국장이 교육과 보육까지 담당하는 경우도 많다. 아동 사회적 돌봄은 아동보호라는 다소 특수한 영역이므로 더욱 보편적인 성인사회서비스를 중심으로 살펴보도록 하겠다.

각 지방정부(사회서비스 책임의회)는 법적으로 신체나 감각, 학습이나 인지 등의 장애나 정신보건 욕구를 가진 성인에 대해 돌봄을 제공할 책임을 진다. 돌봄의 제공방식은 지방정부마다 차이는 있지만 의뢰, 접수, 실사, 계획, 공급, 점검으로 이어지는 일반적인 공급구조를 갖는다(강혜규 외, 2011). 의뢰는 다양한 경로를 통하여 접수된다. 다른 공공기관으로부터 의뢰받기도 하고 대상자가 직접 신청하기도 한다. 접수단계에서 부적합한 사례로 판단되는 경우, 단순한 상담이나 정보제공으로 끝날 수도 있지만 사회적 돌봄을 필요로 하는 경우라고 판단되면 욕구에 대한 실사가 진행된다.

예전에는 이러한 실사를 통해 이용자에게 필요한 서비스가 정해졌지만 최근에 전면화된 개인예산제(Personal Budget)로 인하여 욕구에 해당하는 예산이 먼저 부여되고 이를 바탕으로 이용자의 의견을 반영한 서비스 계획이 수립된다. 서비스는 이용자의 희망에 따라 예산범위 내에서 본인이 직접 서비스를 구매하여 이용할 수도 있고 지방정부와 계약된 민간기관에서 제공할 수도 있다. 이러한 서비스 계획이 확정되면 계획에 따라 서비스가 공급되고 수개월 내에 점검을 하여 서비스가 정상적으로 제공됨이 확인되면 연간 1회 이상 정기점검을 통해 서비스의 지속 여부나 변경 여부를 확인한다.

전달체계에 있어서 사회적 돌봄의 오랜 쟁점은 보건의료와의 통합이었다. 이를 위한 개혁은 지속적으로 이루어졌다. 영국에서 사회적 돌봄이 출연하게 된 역사적 배경으로 2차 세계대전 후 설립된 NHS에서 점증하는 장기병상점유 문제가 있었다. 만성질환 환자를 지역사회에 내보내면서 이에 대한 돌봄의 책임을 지방정부에 법적으로 부여하기 시작했다(강혜규 외, 2007: 184~190). 이렇듯 사회서비스는 보건의료서비스 이후 지속적인 관리나 돌봄이 필요한 환자를 보호하기 위한 체계로서 발달하기 시작했다. 최근에 들어서는 사회서비스의 능동적 역할에 따라 고비용의 보건의료서비스에 대한 부담을 줄이면서 이용자의 삶의 질을 높일 수 있다는 논의가 활발해지면서 보건의료와 사회서비스의 통합적 접근이 더욱 중요한 정책적 과제가 되었다. 특히, 이러한 정책적 방향은 이전 신노동당에서도 중요한 의제였으며 보건의료와 지방정부 간 파트너십에 대한 법적 책임 부여, 통합 예산제, 통합 투자계획, 노인 파트너십 프로젝트(Partnership for Older People

Project: POPP) 등 다양한 시도가 이루어졌다(김보영, 2009). 현 보수당정부에서도 이러한 정책 방향은 승계되고 있다.

그중 보건복리위원회가 가장 대표적이다. 보건복리위원회는 2012년 〈보건 및 사회복지법〉을 통해 도입되었고 NHS 중심의 보건의료와 지방정부 중심의 사회적 돌봄의 핵심 관리자가 통합적 접근을 통해 지역주민의 건강과 복리를 증진하려는 새로운 거버넌스 구조다(Humphries & Galea, 2013).

이 위원회는 〈그림 2-4〉에서 보듯 지역의 보건의료를 책임지는 임상위탁그룹과 지역 헬스워치, 지방정부가 참여하며 지방의회 의원을 비롯한, 각 임상위탁그룹의 관계자와 성인사회서비스국장, 아동서비스국장, 공공보건국장(Director of Public Health) 그리고 기타 관련 전문가로 구성된다 (NHS England, 2014). 이 위원회는 합동전략욕구실사(Joint Strategic Needs Assessment: JSNA)를 통하여 지역주민의 욕구를 파악하고 합동보건복리전략(Joint Health and Wellbeing Strategy)을 수립하여 임상위탁그룹, 지방정부, NHS 잉글랜드가 이러한 욕구에 대응하여 위탁결정을 할 수 있도록 전략적 틀을 제공하고, 합동위탁, 통합제공, 공유예산(*pooled budget*) 등을 통하여 통합과 파트너십을 증진할 책임을 갖는다(DH, 2011, 2012).

4. 맺음말

지금까지 영국 사회보장제도의 기본구조에 대해서 살펴보았다. 우리나라에 더욱 익숙한 사회보험 중심의 비스마르크 모델과 다른 베버리지 모델의 대표적 국가이자 에스핑앤더슨의 복지국가체제론에서 자유주의체제의 대표적 국가인 영국은 의원내각제의 정치체제를 갖는다. 또한 유럽에서는 두드러지게 중앙집권적이라는 특징이 있지만 지방정부 역시 적지 않은 역할을 수행함을 확인할 수 있다.

사회보장제도의 기본구조는 주로 근로연계복지를 중심으로 소득보장과 고용이 한 축을 이뤘고 또한 중앙정부 중심의 보건의료와 지방정부 중심의 사회적 돌봄이 다른 축을 형성하였다. 소득보장은 크게 자산조사급여와 비자산조사급여로 구분할 수 있으며 실업, 빈곤, 노령, 주거, 돌봄, 산업재해, 장애, 질병, 출산, 사망 등의 위험에 대응하는 다양한 급여제도가 있었다. 이러한 급여는 지방정부와 고용센터플러스를 비롯하여 연금노동부 산하의 연금서비스, 사별서비스, 장애 및 수발자서비스, 수발자수당부, 지역 산업재해 장애급여 전달센터, 국세청 산하의 아동급여사무소 등의 기관과 부서가 담당하였다.

이 중 고용센터플러스는 빈곤과 실업에 대응하는 주요 급여를 관리하면서 전국적으로 18개 핵심 공급자에 의해서 제공되는 고용서비스인 근로프로그램을 이어주는 핵심기관으로 자리한다. 보건의료제도의 경우 보건부를 정점으로 하여 전국적으로 위탁되는 1차 의료 등은 중앙의 NHS(NHS잉글랜드)에서 관할하고 지역단위에서 위탁이 이루어지는 2차 의료서비스 등은 일반의를 중심으로 구성된 임상위탁그룹이 담당하면서 지역의 공공서비스는 지방정부와 중앙의 보건기구가 분담한다.

지방정부가 법적 책임을 가진 사회적 돌봄은 지역마다 다양하다. 최근 지역마다 설치된 보건복리위원회는 보건의료와 사회적 돌봄 욕구에 대한 합동실사(JSNA)를 통해 합동전략을 수립하는 등 통합적 접근을 위한 거버넌스 구조를 이루었다.

영국 사회보장제도에 있어서의 핵심적 쟁점 역시 이러한 소득보장과 고용, 보건의료와 사회적 돌봄의 통합적 제공이라고 할 수 있다. 소득보장은 자본주의 시장경제체제하에서 소득에 대한 시장의존성을 낮추면서 사회권적 기본권을 보장하는 '탈상품화'(decommodification)의 핵심기제(Esping-Andersen, 1990)이고, 고용은 이러한 복지제도와 경제의 관계를 결정짓는 핵심 제도영역이라고 할 수 있다(Hudson et al., 2008). 1970~1980년대 복지국가 조정기 이후, 소득에 대한 사회권적 보장보다 근로의무가 더 강조되는 근로국가(workfare state)로의 체제적 전환이 오래전부터 이야기되었지만(Jessop, 1993) 21세기에도 소득보장은 여전히 복지국가의 핵심 정책영역으로 남아 있기도 하다. 따라서 영국에서도 지속적으로 소득보장급여수급자의 효과적 근로유인이 강조되었지만 지난 신노동당정부에서 아동빈곤 철폐를 실질적 정책목표로 제시했듯 빈곤의 위험으로부터 시민을 보호하는 소득보장 정책의 과제 역시 여전히 존재한다.

보건의료와 사회적 돌봄의 통합적 접근은 수명의 증가와 의료기술의 발전으로 지속적으로 의료비용은 증가하는데 고령화로 인하여 돌봄에 대한수요까지 증가하면서 그 중요성이 더욱 높아지고 있다. 효과적인 사회적돌봄을 통하여 더욱 고비용일 수밖에 없는 보건의료에 대한 필요를 억제할뿐만 아니라 의료적 개입 이후에도 불필요한 입원일수를 감축할 수 있다.

또한 그동안 의료적 치료에만 국한되었던 보건의료 모델 역시 생심리사회 모델(biopsychosocial model)로 확대되면서 그만큼 사회적 돌봄을 통한 사회적 맥락의 고려 역시 중요한 변화가 되었다. 하지만 영국의 경우 보건의료는 중앙정부 중심으로 보편적 무상제공을 중심으로 발달된 반면, 사회적돌봄은 지방정부 중심으로 자산조사를 전제로 하여 이 두 영역 간의 효과적인 통합적 제공은 쉽지 않은 과제로 남아 있다. 이렇게 서로 다른 구조를 갖는 보건의료와 사회적 돌봄의 조직적 통합은 높은 비용에 비해 효과가 제한적으로 배제되지만 위에서 살펴보았듯이 통합적 접근을 위한 공동의 거버넌스 구조를 구축하는 단계에 이르렀다. 이러한 통합이 어떠한 효과가 있을지, 앞으로 어떻게 발전할 것인지는 지속적으로 지켜보아야 할 부분이다.

이러한 두 축의 통합적 접근은 제도 간 분절성이 높은 우리나라에도 유용한 함의를 제공한다. 고용보험과 관련된 실업급여와 고용서비스는 노동부와 고용센터를 중심으로 전달되지만 빈곤에 대응하는 기초생활보장제도는 복지부와 지방정부를 중심으로 운영된다. 최근 고용복지플러스센터와 같이 이를 통합적으로 제공하려는 시도가 없었던 것은 아니지만 여전히 제한적인 지역에서만 시행되는 실정이며 서비스나 급여 자체가 매우 제한적이기 때문에 근본적으로 제도적 효과성을 따지기는 사실상 어렵다.

보건의료와 사회적 돌봄의 경우에도 우리나라에서는 건강보험관리공단을 중심으로 보건의료제도의 핵심인 건강보험제도와 사회적 돌봄의 핵심 중 하나인 장기요양보험이 운영되지만 이에 대한 통합적 제공은 그 논의조차 찾아보기 어렵다. 사실 보건의료 공급은 민간에 의해 지배적으로 이루어지며 지역이나 사회적 수준에서 보건의료의 효과성을 따질 수 있는 조건조차 마련되지 않은 것이 현실이다. 사회적 돌봄의 경우에도 장기요양보험이 있지만 지방정부의 책임 아래 있는 노인돌봄종합서비스, 노인돌봄기본서비스, 노인재가서비스, 장애인 활동보조인제도 등이 모두 제각기 분절적으로 제공되니 전반적인 돌봄정책에 대한 효과성 역시 따지기 어렵다.

물론 영국에서도 제도의 분절성에 대한 지적이 없는 것은 아니다. 대표적으로 저소득 대상 지원은 고용센터플러스와 지방정부가 서로 나뉘어져 있고 지방정부마다 지원 내용이 차이가 있어 혼란이 있다. 하지만 고용센터플러스가 담당하는 급여의 내용에 대해서는 일선에서 잘 인식하기 때문에 지방정부를 통한다고 하더라도 고용센터플러스에 대한 정보가 아예 배제되는 정도라고는 보기 어렵다. 지방정부의 지원제도 역시 주요한 제도는 대체적인 유사성이 있어 확인하는 것이 그렇게 어렵지만은 않다. 또한 이미 살펴보았듯이 그 밖의 급여제도는 해당되는 사회적 위험별로 관리기구가 배치되어 있으므로 유사한 위험에 대응하는 제도가 여러 부서와 부처로 분산된 우리나라의 경우와는 차이가 있다.

특히, 서비스 분야의 경우에는 지방정부가 분명한 법적 책임을 가지며 의료의 경우 지방의원은 영국 주민에게 가장 접근성이 높은 기관 중 하나이다. 영국에서 통합적 접근이 강조되는 것은 분절로 인해 대상자가 배제되는 문제가 있어서라기보다는 제도의 효과성을 증진시키고자 하는 목적이 더욱 크다. 우리나라에서도 어떤 분야의 중요성이 떠오르면 각 부처와 부서마다 자신의 영역을 확장하기 위한 각자의 사업을 쏟아내는 정책독점 현상(강신욱 외, 2011)을 극복하고 분절을 최소화하면서 제도적 효과성을 증진시키기 위한 통합적 접근을 모색해야 할 것이다.

■ 참고문헌

국내 문헌

강신욱·이현주·손병돈·금현섭·김성한·김용득·민소영·정희선·이경진(2011). 《복지정책의 효율적 관리방안 연구》. 서울: 보건복지부 한국보건사회연구원.

강혜규·김보영·안혜영·엄태영·이기연·김은정·박경희·이정은(2011). 《지역복지 활성화를 위한 공공부문의 역할과 전략 연구》. 서울: 한국보건사회연구원.

강혜규·김형용·박세경·최현수·김은지·최은영·황덕순·김보영·박수지(2007). 《사회서비스 공급의 역할분담 모형개발과 정책과제: 국가·시장·비영리민간의 재정 분담 및 공급참여 방식》. 서울: 한국보건사회연구원.

김보영(2009). "영국 신노동당 정부의 사회서비스 개혁 방향과 전략 연구". 〈사회복지정책〉, 36권 3호, 127~152.

최영준(2011). "영국의 베버리지언적 연금발전: 노인빈곤으로서의 함의". 〈사회보장연구〉, 27권 2호, 107~134.

해외 문헌

Alcock, P., & May, M. (2014). *Social Policy in Britain*. Hampshire: Macmillan Publisher Limited.

Bonoli, G. (1997). Classifying welfare states: A two-dimension approach. *Journal of Social Policy*, 26, 351~372.

Department of Health(2011). *Joint Strategic Needs Assessment and Joint Health and Wellbeing Strategies Explained: Commissioning for Population*. London: Department of Health.

_____ (2012). *JSNAs and Joint Health and Wellbeing Strategies: Draft Guidance*.

London: Department of Health.

_____(2016). *Guidance on Implementing the Overseas Visitor Hospital Charging Regulations 2015.* London: Department of Health.

Department for Work and Pensions(2012). *The Work Programme.* London: Department for Work & Pensions.

Esping-Andersen, G. (1990). *The Three Worlds of Welfare Capitalism.* New York: Polity Press.

Hill, M. (2009). *Implementing Public Policy: An Introduction to the Study of Operational Governance.* London: SAGE.

Hudson, J., Lowe, S., & Kühner, S. (2008). *The Short Guide to Social Policy.* Bristol: Policy Press.

Humphries, R., & Galea, A. (2013). *Health and Wellbeing Boards: One Year on.* London: King's Fund.

Jessop, B. (1993). Towards a Schumpeterian workfare state?: Preliminary remarks on post-Fordist political economy. *Political Economy, 40,* 7∼39.

NHS England(2014). *Understanding the New NHS.* London: BMJ.

Wiggan, J. (2007). Reforming the United Kingdom's public employment and social security agencies. *International Review of Administrative Sciences, 73*(3), 409∼424.

기타 자료

BBC News(2015. 10. 26). Tax credits: Lords vote to delay controversial cuts. http://www.bbc.co.uk/news/uk-politics-34631156.

GDS(2016a). Departments, agencies and public bodies: GOV.UK. https://www.gov.uk/government/organisations. 2016. 4. 29. 인출.

_____(2016b). How government works: GOV.UK. https://www.gov.uk/government/how-government-works. 2016. 4. 29. 인출.

_____(2016c). Shared parental leave and pay: GOV.UK. https://www.gov.uk/shared-parental-leave-and-pay/overview. 2016. 5. 24. 인출.

_____(2016d). The new state pension: GOV.UK. https://www.gov.uk/browse/working/state-pension. 2016. 5. 24. 인출.

_____(2016e). Understand how your council works: GOV.UK. https://www.gov.uk/understand-how-your-council-works/types-of-council. 2016. 4. 29. 인출.

03

경제여건과 소득분배구조

1. 머리말[1]

이 장에서는 사회보장제도의 중요한 맥락적 요인 중 세 가지인 경제상황, 고용 그리고 소득분배의 변화를 검토하고자 한다. 이미 다양한 거시경제 연구를 통해서 사회보장제도에 미치는 경제, 고용, 소득분배의 중요성은 충분히 검증된바 있다. 또한 사회보장의 성과는 반대로 경제, 고용, 소득분배에 긍정적 혹은 부정적 영향을 미치기도 한다. 그런 점에서 이 장에서 다루는 세 요인은 사회보장에 영향을 미치는 독립변수이자 사회보장이 영향을 미치는 중요한 종속변수이기도 하다.

영국경제는 지난 30~40년 동안 꾸준히 성장했다. 1970년대 후반, 1990년대 초반, 2000년대 후반에 경제위기가 있었지만 다시 회복하면서 성장을 지속했다. 가장 최근인 2007~2008년 경제위기는 영국의 경제-고용-

---

[1] 이 연구에서 별도로 참고문헌이 제시되지 않은 수치나 정보는 영국통계청(Office for National Statistics, 2016)의 다양한 자료를 취합·정리하여 사용한 것임을 밝힌다.

소득분배에 상당한 영향을 주었지만 최근까지 점진적으로 회복 중이다. 다만 최근 회복하는 도구로 사용된 낮은 이자율과 감세 그리고 건설경기 활용 등이 갖는 부정적 효과에 관한 우려도 꾸준히 증가하는 추세다.

고용상황 역시 경제상황과 유사한 모습을 보인다. 전체적으로는 탈산업화가 이루어지면서 서비스업이 빠르게 팽창했다. 고용률은 꾸준히 증가하는 반면 비경제활동인구 비중은 줄어드는 추세이다. 특히, 여성의 경제활동 참여가 지속적으로 증가하고 있고 노인의 경제활동 역시 증가하는 것으로 보인다. 다만 여전히 낮은 임금과 성별 임금격차 그리고 근로빈곤의 이슈는 개선되지 않고 있는 상황이다.

소득분배 차원의 개괄적 변화는 다음과 같다. 1980년대에 불평등이나 빈곤이 상당히 악화되었지만 1990년 중반 이래로 다소 완화되었으며 불평등도는 개선되는 모습도 일부 발견되었다. 아동빈곤은 정부의 중요한 정책목표로 제시되면서 최근 줄어들기는 하였지만 여전히 상대적으로 높다. 근로빈곤 역시 꾸준히 문제점으로 제기되었지만 그다지 줄어들지 않은 것으로 보고되었다. 조세와 급여를 통한 불평등 개선은 일어나고 있지만 조세의 불평등 완화 효과가 아주 높지는 않은 것으로 나타났다.

2007년 경제위기 이후에 다소 호전되던 영국의 상황은 2016년 6월 '브렉시트'(Brexit) 투표로 급격한 불확실성하에 놓였다. 영국이 곧 유럽연합(EU)을 탈퇴할 것이 거의 확실해지자 영국의 통화인 파운드의 가치가 급격히 떨어졌으며 영국 주식시장 등으로 나타나는 경제상황도 급격히 악화되었다. 이 원고가 작성되고 있는 2017년 7월은 아직 브렉시트의 결과를 보여주기에 시간이 충분히 흐르지 않았지만 이러한 변화에 따라 경제-고용-소득분배 모두 급격한 변화에 놓일 가능성이 있다. 이 연구는 브렉시트가 일어나기 전까지를 대상으로 설명하고자 한다.

2. 경제

여기서는 영국 경제상황의 변화를 살펴보고자 한다. 먼저 영국경제는 지난 30~40년간 꾸준히 성장을 이어왔다. 〈그림 3-1〉에서 보이는 바와 같이 1990년대 초반과 2007~2008년 경제위기를 제외하고는 전체적으로 성장의 기조를 유지했다. 1980년 이래로 영국의 경제성장률은 인구증가율을 앞질렀으며 1980년과 2014년을 비교하면 1인당 GDP가 약 87% 상승한 것으로 나타났다.

하지만 2007~2008년 세계 금융위기로 촉발된 경제위기는 영국경제에 상당한 타격을 주었으며 2014년이 되어서도 2007년의 경제수준을 회복하지 못하였다. 최근에는 낮은 유가의 영향 등으로 성장과 함께 내수가 강화되고 있지만 그리스와 중국 증권시장 등 여러 불확실성 요인이 영국경제에 변수가 되고 있다(Hawksworth et al., 2015).

영국의 실질 GDP는 1980년 이래 세 차례 감소한 경우가 있으나 지속적으

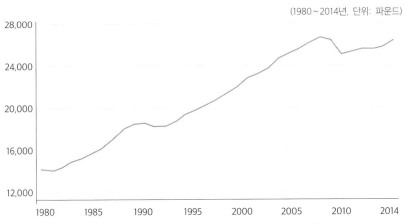

〈그림 3-1〉 영국 1인당 실질 GDP

(1980~2014년, 단위: 파운드)

자료: Office for National Statistics(http://www.ons.gov.uk), 2016. 4. 13. 인출.

로 증가했다. 1990년대 초반 하락 이후 2008년과 2009년을 제외하고 16년 간 지속적으로 '성장'하는 모습이 〈그림 3-2〉에 나타난다. 하지만 성장률 의 차원에서는 대체로 감소하였으며 1980년부터 2014년까지 연간 평균 2.2%의 성장률을 보였다.

영국은 수입과 수출 모두 증가해왔으나 1990년대 후반부터는 수출보다

〈그림 3-2〉 영국의 실질 GDP 성장률

(1980~2014년, 단위: %)

자료: Office for National Statistics(http://www.ons.gov.uk), 2016. 4. 13. 인출.

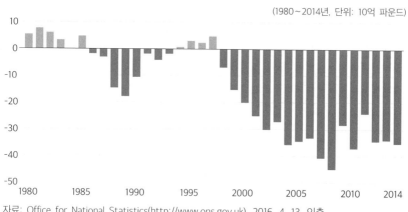

〈그림 3-3〉 영국의 수입, 수출 그리고 무역수지

(1980~2014년, 단위: 10억 파운드)

자료: Office for National Statistics(http://www.ons.gov.uk), 2016. 4. 13. 인출.

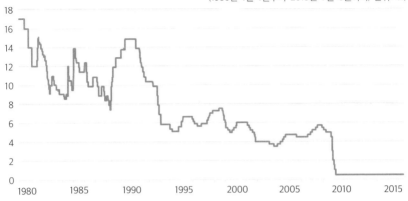

〈그림 3-4〉 영국은행 이자율

(1980년 1월 1일부터 2015년 7월 6일까지, 단위: %)

자료: Office for National Statistics(http://www.ons.gov.uk), 2016. 4. 13. 인출.

수입이 많은 무역적자 상태를 기록했다. 〈그림 3-3〉에 나타나는 바와 같이 마지막으로 무역흑자가 있었던 해는 1997년이었으며 이후부터는 적자의 폭이 증가했다. 경제위기 이후, 적자의 폭 증가가 다소 주춤한 모습을 보였다. 무역수지를 더욱 세밀하게 보면, 제조업 등 상품교역에 있어 지속적인 적자를 보이는 것이 주된 적자폭 확대의 원인이 되었다. 반면 서비스무역의 경우에는 흑자를 기록하는 것을 알 수 있다. 이러한 무역적자는 영국경제 성장에 마이너스 요소가 되었다고 평가된다(Hawksworth et al., 2015).

영국은행(Bank of England)은 이자율 조정을 통해 물가안정을 도모한다. 〈그림 3-4〉에서 보이는 바와 같이 2007년 경제위기 전까지는 3% 이상의 이자율을 유지했지만 2009년 3월 이래로 공식 이자율을 0.5%로 유지하였다. 낮은 이자율 정책으로 대출을 용이하게 하며 저축보다는 투자와 소비를 유도하여 긍정적 경제효과를 가능하게 할 것이라 기대하고 있다. 또한 보수당정부는 정부지출의 적극적 감축과 함께 감세를 통한 적극적 소비와 투자 활성화 정책을 지속적으로 추진했다. 이러한 영국의 경제전략을 정부가 아닌 민간이 주도하는 정책이라는 차원에서 민영화된 케인스주의

(Privatised Keynesianism)라고 명명하기도 하며, 낮은 이자율을 통해 부채를 증가시켜 경기를 부양하는 부채주도성장(debt-driven growth)이라 칭하기도 한다(Crouch, 2009).

영국정부의 이러한 경제정책은 경제회복이라는 긍정적 측면과 함께 부채증가라는 부정적 측면을 동반했다. 앞서 확인한 바와 같이 경제가 2007년 경제위기 이후 회복기조를 보이고 있는 것은 사실이다. 다만 제조업이나 지식기반산업이 주도하는 성장이 아닌, 부채를 통한 주택가격 상승이나 건설경기가 주도하는 것에 대한 우려는 존재한다. 2007년 경제위기 전의 성장패턴과 유사한 모습을 보이는 부분에 대한 부정적 시선이 증가하고 있는 것이다.

영국정부는 1981년 이래 대부분 재정적자를 보였고 이에 따라 전체 부채수준도 매년 증가했다. 경제위기 이전인 2008년에는 부채수준이 5,580억 파운드였으나 2014년에는 1조 4,020억 파운드까지 늘어났다. 이를 GDP 대비로 환산하면 부채수준은 1981년에서 2008년까지 GDP의 24.2%에서 45.6% 사이였으나 2014년 회계연도 말에는 GDP의 79.1%까지 증가했다.

지난 10여 년간 25~34세 주택 임대비율이 자가 소유비율을 넘어선 것은 중요한 경제변화 중 하나이다. 〈그림 3-5〉에서 보여주듯 1996년 25세에서 29세 사이 자가 소유비율이 55%에서 2015년에는 30%로, 30~34세는 68%에서 46%로 감소하였다. 2015년에는 20~24세 중 9%만이 주택담보대출 혹은 순수한 소유든 자기 소유의 주택을 가졌는데, 이는 1996년 30%와 비교하면 크게 감소한 것이라 할 수 있다. 1980년에서 2002년 사이 각 연도마다 큰 차이가 있기는 하나 평균적으로 처음 주택을 구입하며 주택담보대출을 얻은 것은 매년 약 48만 6천 건이다. 하지만 2002년 이후부터 첫 주택담보대출이 확연히 감소하였으며 2012년부터는 다소 회복되었으나 여전히 2003년 이전 수준에 머무른다.

이전까지는 사회에 진출하면서 저이율의 모기지(mortgage)로 집을 마련

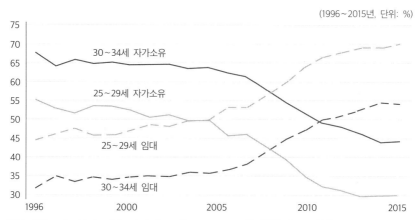

〈그림 3-5〉 25세 이상 34세 이하 주거소유 비율

(1996~2015년, 단위: %)

자료: Office for National Statistics(http://www.ons.gov.uk), 2016. 4. 13. 인출.

하고 근로생애에 걸쳐 이자와 원금을 갚아나가는 것이 일반적이었다. 하지만 2000년 이래로 임대가 확연히 증가하고 있다. 이는 주택 구매비용의 증가와 주택 투자자의 증가로 주택 임대사업이 크게 늘어난 데에 기인한다. 2007~2008년 경제위기로 집값이 일시적으로 주춤했지만 이후 다시 급속히 상승했다. 이러한 상승 기조는 (브렉시트가 결정되기 전까지는) 집값이 매년 5%씩 2020년까지 상승할 것으로 예상되었으며 월세(rent) 가격은 2025년까지 현재 대비 25%까지 상승할 것으로 예상되었다(Hawksworth et al., 2015).

이러한 결과로 청년과 부모와의 동거비율 증가 현상이 파생되었다. 1996년 이래 영국 20세에서 34세 사이 청년의 부모 동거비율은 증가하였다. 1996년에는 270만 명이 부모와 동거했지만 2015년에는 330만 명으로 약 61만 8천 명의 부모 동거가 늘어났다.

3. 고용

고용률(16~64세 인구 중 취업자 비율로, 주당 1시간 이상 유급 근로를 하는 경우)은 경제가 활황이었던 1990년대 초반부터 2007년 경제위기 이전까지 꾸준히 상승했다. 고용률은 1980년대 초, 1990년대 초, 2000년대 후반 등 세 차례의 경제침체 기간 동안 감소하였다. 특히, 1983년 3~5월 사이에는 65.5%까지 떨어졌다. 2008~2009년 경제위기 시작 후 가장 낮은 고용률은 2011년의 70.1%였다. 경제위기의 여파로 고용은 다소 줄었지만 다시 이전 수준으로 회복하고 있다. 2014년 10~12월 16~64세 인구 고용률은 73.2%를 기록했고 이는 1971년 기록된 이후 거의 최고치이다. 2004년 12월에서 2005년 2월 사이와 유사한 수준을 기록한 경우가 있으나 2008~2009년 경제침체 이전보다 높은 수준이라고 할 수 있다.

 25세 이상 고용률을 살펴보면 1992년보다 2014년이 증가했음을 알 수 있다. 특히, 25~34세와 50~64세의 고용률은 지난 20여 년간 증가했다. 최근 50~64세의 고용률 증가는 여성의 연금수령 가능연령이 2010년부터

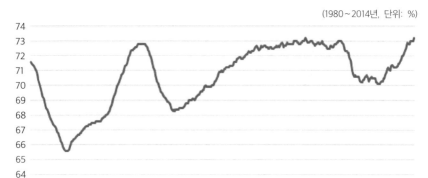

〈그림 3-6〉 16~64세 고용률

(1980~2014년, 단위: %)

자료: Office for National Statistics(http://www.ons.gov.uk), 2016. 4. 14. 인출.

60세에서 65세로 점차 올라간 원인도 있다고 판단된다.

　비경제활동인구(16~64세 인구 중 지난 4주 동안 구직활동을 하지 않고, 혹은 않거나 2주 이내에 일을 시작할 수 없는 사람의 비율)는 1980년에서 2014년 사이 세 차례의 경제위기 기간 동안 단기적으로 증가했지만 전체적으로는 꾸준히 줄어드는 추세이다. 특히, 여성의 비경제활동인구 비중이 상당히 감소한 것을 〈그림 3-8〉을 통해서 볼 수 있다. 1980년대 여성의 비경제활동

〈그림 3-7〉 25세 이상 고용률

(1992~2014년, 단위: %)

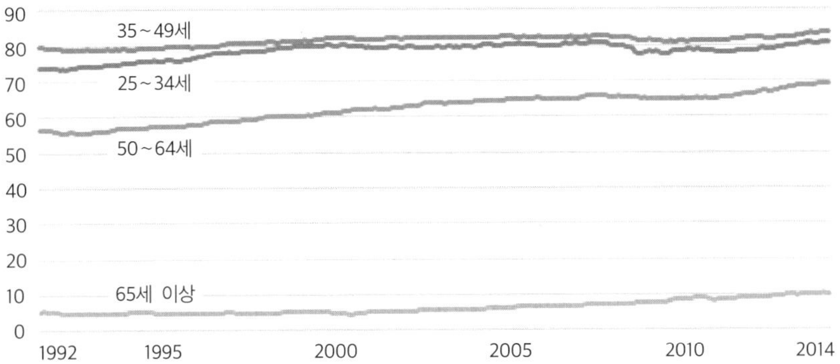

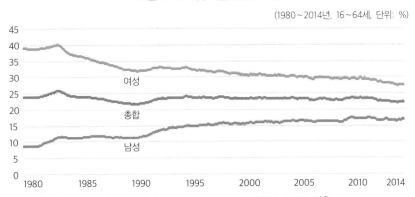

자료: Office for National Statistics(http://www.ons.gov.uk), 2016. 4. 14. 인출.

〈그림 3-8〉 비경제활동인구 비율

(1980~2014년, 16~64세, 단위: %)

자료: Office for National Statistics(http://www.ons.gov.uk), 2016. 4. 14. 인출.

〈그림 3-9〉 16세 이상 실업률

(1980~2014년, 단위: %)

자료: Office for National Statistics(http://www.ons.gov.uk), 2016. 4. 13. 인출.

인구 비중은 40%에 육박하였지만 이후 급격히 줄어들어 30% 밑까지 떨어졌다. 2014년 10~12월 비경제활동인구 비율은 22.3%로 최저기록인 1989~1990년의 21.7%에 근접한 기록이다.

지난 10여 년간 비경제활동 증가에 영향을 미친 주된 원인은 학업이었으며, 반면 장기질병으로 인한 비경제활동인구는 상당히 감소하였다. 특히, 남녀 간의 감소 이유가 뚜렷하다. 2010년 이후 여성 비경제활동인구는 줄어들었는데 이는 연금수령연령이 높아진 것으로 알 수 있다. 육아와 가사로 인해서 경제활동에 참여하지 않는 여성의 비중은 1993년 15.9%에서 2014년 10.1%로 줄어들었다. 하지만 육아와 가사에 참여하는 남성이 비슷하게 증가한 것으로 보고되고 있다.

1984년 3~5월, 즉 경제침체기를 겪었던 1980년대 초반은 가장 실업률이 높았던 시기로 11.9%를 기록했다. 실업률은 노동당정부 시기에 상당히 낮게 유지되었다가 2007년 경제위기로 급속히 증가하였다. 비경제활동인구 비율과 함께 실업률도 경제위기 이후에 다시 낮아지는 형상을 보였다(UKCES, 2014). 2014년 10~12월 16세 이상 실업률은 5.7%로 2011년 10~12월 약 8%에서 이후 지속적으로 감소추세임을 〈그림 3-9〉를 통해

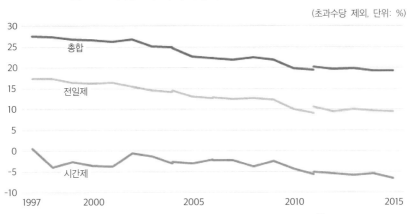

〈그림 3-10〉 남성소득 기준, 남성이 여성보다 얼마나 더 버는가?

(초과수당 제외, 단위: %)

자료: Office for National Statistics(http://www.ons.gov.uk), 2016. 4. 13. 인출.

볼 수 있다. 하지만 경제위기 이전인 2007년 후반, 2008년 초반의 5.2%
보다는 여전히 높은 수치이다.

2014년 10~12월 전체 실업자 중 34.3%는 '장기 실업자'(12개월 이상 구
직하였으나 일을 하지 않는 경우)로 분류되었다. 이 그룹은 1994년 2~4월 기
간에 44.7%로 가장 높았으며 2004년 6~8월 19.4%로 가장 낮았다. 하지
만 이후 점차 증가하였는데 2000년대 후반 경기침체가 원인으로 지목된다.

한국이 가장 좋지 않은 지표인 성별 임금격차는 영국에서 꾸준히 줄어들
고 있으며(〈그림 3-10〉 참조), 현재는 약 20%를 밑돌고 있다. 똑같이 전일
제근로를 하는 경우 성별 임금격차가 10% 정도 차이를 보이며 시간제근로
의 경우만 보면 오히려 남성이 6.5% 덜 받는 것으로 나타난다. 하지만 전
일제·시간제를 합하면 오히려 격차가 증가한다. 여성이 시간제 일자리에
더 많이 참여하기 때문이다. 여성의 41%가 시간제근로를 하는 반면 남성
은 11%가 시간제근로에 참여하고 있다. 또한 여성이든 남성이든 시간제
근로를 하는 경우 평균적으로 시간당 수당이 전일제보다 적기 때문에 전체
차이가 더욱 크게 나타난다.

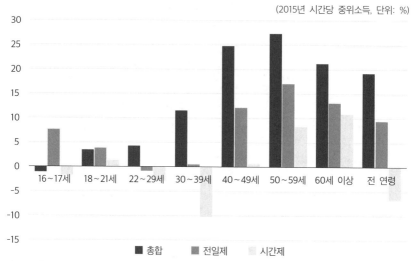

〈그림 3-11〉 남성소득 기준, 남성과 여성의 소득 연령별 차이

(2015년 시간당 중위소득, 단위: %)

■ 총합　■ 전일제　　시간제

자료: Office for National Statistics(http://www.ons.gov.uk), 2016. 4. 13. 인출.

　16~17세를 제외하고 39세까지는 연령별 남녀 임금 차이가 상대적으로 적다. 22~29세의 경우, 전일제 여성의 임금이 평균적으로 오히려 남성보다 약간 높은 것으로 나타난다. 하지만 40세 이상부터는 그 차이가 커지는데 이러한 것은 한국과 유사하게 여성이 출산, 육아 등으로 겪는 경력단절에서 기인하는 것으로 보인다.

　전일제와 시간제근로를 합쳐서 보면 22~29세 단위부터 그 차이는 전일제근로만 비교하는 것보다 훨씬 더 커진다. 이 연령대에서 여성이 주로 저임금의 시간제근로를 하는 경우가 많기 때문인 것으로 분석된다.

　1997년 평균 전일제근로자의 시간당 임금은 7. 92파운드에서 2015년 13. 36파운드로 증가하였다. 21세 이상 성인의 시간당 임금 추세를 살펴보면 1997년에는 평균 4~5파운드를 받는 비율이 가장 높고 시간당 임금이 증가할수록 점점 줄어드는 모습을 보였다. 하지만 임금상승률은 둔화되고 있는 것으로 보고된다. 2002년에는 70%의 전일제근로자가 실질적 임금상

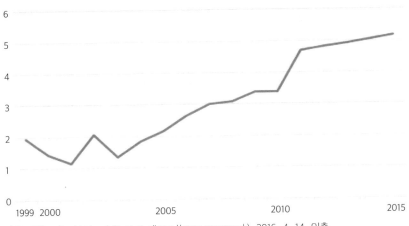

〈그림 3-12〉 최저임금과의 차이가 2% 이내의 임금을 받는 전일제근로자 비율

(1999~2015년, 단위: %)

자료: Office for National Statistics(http://www.ons.gov.uk), 2016. 4. 14. 인출.

승을 경험하였지만 경제위기 이후로 임금상승이 둔화되고 있으며 2011년에는 임금상승을 경험하는 전일제근로자 비중이 35%로 줄어들었다.

최저임금제는 유럽연합(EU)의 권고에 따라 1999년 4월에 도입되어 22세 이상 성인은 시간당 3.60파운드를 받았으며 이후 꾸준히 상승하여 2015년 10월 21세 이상 성인의 최저임금은 6.70파운드로 증가하였다. 현재 보수당정부의 경우 복지의 삭감 대신 최저임금을 상승시켜 일하는 이들의 안정된 생활을 도모하고자 한다. 하지만 최저임금의 상승은 인플레이션 상승에도 미치지 못하는 것으로 판명되었고(Fawcett, 2014) 여전히 저임금근로자의 비중도 상승하고 있는 것으로 보인다. 〈그림 3-12〉에 나타나는 바와 같이 1999년에는 일자리 중 약 2%가 최저임금과의 차이가 2% 이내인 임금을 받았는데 그 비중이 지속적으로 증가하여 2015년에는 5%를 초과하였다. 이는 다시 말해, 점점 더 많은 고용주가 최저임금에 가깝게만 급여를 지급함을 의미한다. 또한, 최저임금보다 적게 받는 이들의 문제도 지적된다. 2014년 최저임금보다 적은 임금을 받는 직업은 런던이 19%, 그 외 지

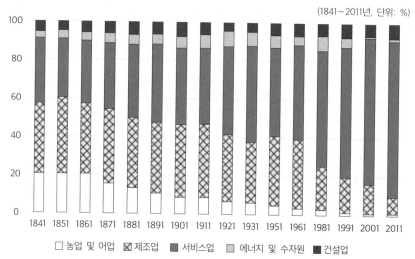

〈그림 3-13〉잉글랜드와 웨일즈의 노동인구 구성비

(1841~2011년, 단위: %)

□ 농업 및 어업　☒ 제조업　■ 서비스업　□ 에너지 및 수자원　■ 건설업

자료: Office for National Statistics(http://www.ons.gov.uk), 2016. 4. 13. 인출.

역은 23%였다. 2008~2009년 경제위기 이후 일반적으로 임금 정체현상 때문에 증가한 것으로 보인다.

　영국경제는 다른 선진국과 마찬가지로 지난 100년 동안 제조업 중심에서 서비스업으로 확연히 전환되었다. 1841년에는 대부분의 사람이 제조업에 종사하였으나 1881년에 이르러 서비스업 종사자가 제조업 종사자 비율을 넘어섰다. 1961년부터 그 차이는 점점 커지고 속도도 빨라져 2011년에는 서비스업에 종사하는 인구는 근로자의 80%, 제조업 종사인구는 10%에 불과하였다. 1841년에는 근로자의 20%가 농업과 어업에 종사하였으나 매년 줄어들어 2011년에는 1% 미만으로 줄어들었다. 지난 10여 년간의 변화도 주목할 만하다. 제조업이 급속하게 줄어들었으며 반대로 서비스업 고용 비중이 빠르게 증가하였다.

4. 소득분배

자유주의 복지국가체제로 분류되는 영국의 소득분배는 대처로 대표되는 보수당 시기(1980년대)에 상당히 악화되었다. 악화되던 소득재분배는 1990년대 중반부터 상대적으로 개선되는 모습을 보였다(Jenkins, 2015). 하지만 경제와 고용 상황과 마찬가지로 2007~2008년 경제위기는 소득재분배에 상당한 영향을 미쳤다. 다만, 결과적으로 오히려 경제위기 이후에 불평등이 완화된 모습을 보였으며 경제위기가 소득분배에 심각한 악영향을 주지는 않은 것으로 파악된다는 점은 흥미롭다(House of Commons, 2016).

경제위기에 가장 소득이 줄어든 계층은 가장 부유한 5분위 계층이었다. 이들이 경제위기로 고용에 부정적 영향을 받으면서 소득은 약 3,900파운드(6.2%) 정도 떨어졌으며 이후 일부 회복이 되었지만 2013/14년에도 경제위기 전과 비교해서 5분위 소득이 약 400파운드 정도 낮은 것으로 나타났다. 반대로 가장 가난한 1분위의 경우, 경제위기 때와 비교해 2013/14년도에는 3.1%가량 소득이 상승하였다(약 350파운드). 이것은 고용을 통한

〈그림 3-14〉 불평등의 변화

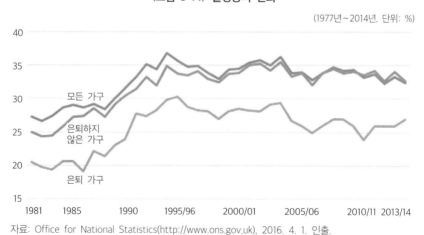

(1977년~2014년. 단위: %)

자료: Office for National Statistics(http://www.ons.gov.uk), 2016. 4. 1. 인출.

〈그림 3-15〉 상대빈곤율 변화

(1961~2013년)

자료: Institute for Fiscal Studies, 2014.

급여와 구직수당 등의 영향을 받은 것으로 보고되고 있다. 연금생활자의 불평등도 다소 떨어졌지만 경제위기 이후 다소 상승했다.

〈그림 3-15〉는 중위소득 50%로 대표되는 상대빈곤율의 변화(주거비용 감안)를 보여준다. 불평등과 마찬가지로 1980년대에 급속한 빈곤의 악화를 보였지만 이후에 다소 감소하는 모습을 보인다. 하지만 최근 보수당정부의 급여삭감정책과 함께 2012/13년보다 2014/15년의 빈곤율이 높다고 보고되었다(Hills, 2015).

아동은 빈곤에서 가장 열악한 위치이며 2000년대 이래로 아동빈곤은 사회정책에서 가장 중요한 정책적 목표가 되었다. 특히, 1980년대 보수당정부를 거치면서 아동의 경제적 위치는 악화되었으며 근로빈곤층의 증가도 아동빈곤에 영향을 주었다. 이후 1997년에 들어선 블레어의 신노동당정부에서 아동빈곤 완전제거를 목표로 정책적 노력을 기울여 일부 줄어들었다. 하지만 여전히 다른 집단보다 가장 높은 빈곤율을 보인다.

자녀가 있는 성인가구 역시 비슷하게 열악한 경제적 위치에 있으며 자녀가 없는 성인가구 역시 급속히 빈곤율이 높아지고 있다는 점이 주목된다.

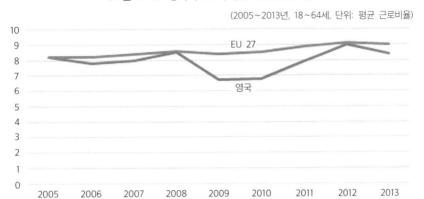

〈그림 3-16〉 영국과 EU의 평균 근로빈곤비율

(2005~2013년, 18~64세, 단위: 평균 근로비율)

자료: Office for National Statistics(http://www.ons.gov.uk), 2016. 4. 16. 인출.

1990년대 초반 약 10%에서 15%까지 증가하였다. 현재는 자녀가 있는 가구의 빈곤과 큰 차이를 보이지 않는다. 이는 아동빈곤을 줄이려는 정책적 노력의 반작용일 수 있으며 또한 근로빈곤의 광범위한 현상을 보여주는 일면이기도 하다.

노인빈곤은 가장 역동적인 변화를 보였다. 연금의 발전과 함께 1960년대에 30%에 육박했던 노인빈곤율은 급속히 감소하여 1980년대 중반에는 5% 이하로 떨어졌다. 하지만 대처정부의 연금축소개혁과 경제위기가 겹치면서 1990년대 초반, 급속도로 악화되었다. 이후 신노동당정부의 기초보장강화개혁과 함께 서서히 노인빈곤이 줄어드는 모습을 보였다. 노인빈곤은 경제위기에도 큰 영향을 받지 않았다는 점도 특징적이다.

앞서 언급한 바와 같이 근로빈곤 이슈는 여전히 중요한 소득분배의 이슈이다. 〈그림 3-16〉을 보면 2013년 영국에서 100명 중 8명은 여전히 근로 중이지만 빈곤층이며 이는 약 300만 명에 이르는 수치이다. 근로빈곤의 비중이 유럽과 비교했을 때 큰 차이를 보이는 것은 아니다. 2009년과 2010년 다소 떨어졌으나 대체로 8% 정도를 유지하는 것으로 나타난다. 2007~2012년에는 18~59세 중 70%가 취업으로 인해 빈곤을 탈피하였으나 여전

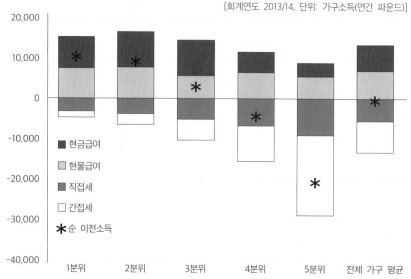

<그림 3-17> 균등화된 소득 5분위 모든 가구의 조세와 급여 영향

[회계연도 2013/14, 단위: 가구소득(연간 파운드)]

■ 현금급여
□ 현물급여
■ 직접세
□ 간접세
＊ 순 이전소득

1분위　2분위　3분위　4분위　5분위　전체 가구 평균

자료: Office for National Statistics(http://www.ons.gov.uk), 2016. 4. 16. 인출.

히 30%는 빈곤에 남은 것으로 보고되었다. 전일제 고용을 통해 76%, 시간제 고용의 경우 62%가 빈곤에서 탈출하였다(Institute for Fiscal Studies, 2014). 빈곤층 중에서는 비근로빈곤층보다 근로빈곤층 가구 비중이 더 높게 나타나고 있다(Fawcett, 2014). 비근로빈곤층은 다양한 사회보장급여를 통해서 빈곤을 모면하지만 근로빈곤층은 그렇지 못한 것으로 보인다.

〈그림 3-17〉은 조세와 급여가 각 소득분위별로 어떻게 배분되어 있는지를 보여준다. 조세지출과 급여 수급을 통해서 소득분배가 어떻게 구체적으로 이루어지는지를 볼 수 있다. 예상대로 세제혜택, 주거급여, 고용수당 등은 고소득층보다 저소득층이 더 높게 받고 있었다. 가장 많은 현금급여를 받은 그룹은 소득 5분위 중 밑에서 두 번째 층으로, 연간 8,400파운드로 최하위층의 7,400파운드보다 많은 것으로 나타났다. 대개 은퇴가구가 2분위에 속한 경우가 많아 국가연금이 현금급여로 분류되기 때문으로 보인다.

평균적으로 고소득층일수록 직접세를 더 많이 내며 이는 소득불평등 완화에 효과적이다. 대부분 소득 최상위층은 직접세인 소득세(income tax)를 평균 19,700파운드 지불하고 이는 순 소득의 24%에 해당하며 전년도와 같은 수준이다. 소득 최하위층의 경우는 평균적으로 1,300파운드를 직접세로 지불하는데 이는 대부분 거주하는 집의 가치에 비례해서 부과되는 주민세(council tax/rates)이고 순 소득의 약 10%에 해당한다. 최하위층의 소득세는 2012/13년 2.9%에서 2013/14년 2.5%로 약간 줄었다.

부가가치세, 주류와 유류세 등 간접세는 가구의 소비량에 따라 결정된다. 소득 최상층(연간 9,500파운드)은 최하층(3,600파운드)보다 약 2.5배 이상 더 지불한다. 고소득층일수록 더 많은 간접세를 지불하지만 여전히 소득 대비 비율은 저소득보다 낮다. 즉, 간접세는 소득불평등을 높인다는 의미로 해석할 수 있다. 2013/14년 소득 최상층은 가처분 소득의 15%를 간접세로 지불한 반면, 소득 최하층은 31%를 지불하였다. 간접세와 직접세를 종합하여 분석하면 대체로 소득 최하위층 가구는 38%를 세금으로 지출하였고 최상층은 35%를 지출하여 큰 차이가 없었다. 가장 적은 층위는 하위 2분위로 순 소득의 30%를 세금으로 지불하였다.

현물급여는 의료나 교육과 같이 정부에서 무상 혹은 비용을 보조해 주는 형식으로 지원된다. 소득 최하층의 경우 현물급여 형태로 연간 7,500파운드를 받는 것으로 나타나고 최상층은 5,500파운드를 받았다. 이는 대체로 저소득층으로 갈수록 공립교육을 받는 자녀가 많고 돌봄과 같은 혜택을 더 받기 때문으로 보인다.

〈그림 3-18〉은 조세와 급여를 감안했을 때 원소득과 최종소득이 얼마나 차이 나는지를 보여준다. 2013/14년 급여 수급과 조세 이전 소득 최상위층(5층)의 평균은 80,800파운드로 최하위층(1층)의 5,500파운드보다 15배가량 많다. 이러한 차이는 세금과 공적급여를 통해서 줄어든다. 즉, 세금과 급여는 가구 간 소득분배에 분명히 효과가 있다고 할 수 있다. 세금과 급

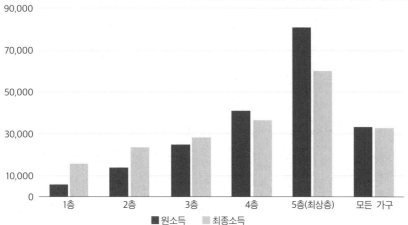

〈그림 3-18〉 소득 분위별 원소득과 최종소득의 차이

[회계연도 2013/14, 단위: 가구당 평균소득(연간 파운드)]

자료: Office for National Statistics(http://www.ons.gov.uk), 2016. 4. 16. 인출.

여 수령 이후 최상층의 평균 연간 소득은 6만 파운드가 되고 최하층 평균은
1만 5,500파운드로 네 배 정도로 줄어들게 된다.

  여전히 빈곤 및 불평등이 남부유럽을 제외한 유럽대륙국가보다 높은 수
치를 보이지만 조세제도와 사회보장급여제도를 통해서 소득분위 간의 차
이가 상당 부분 줄어드는 것을 확인할 수 있다.

■ 참고문헌

해외 문헌

Crouch, C. (2009). Privatised Keynesianism: An unacknowledged policy regime.
    The British Journal of Politics & International Relations, 11(3), 382~399.
Fawcett(2014). The Changing Labour Market 2: Women, Low Pay and Gender Equality
    in the Emerging Recovery. London: Fawcett Society.

Hawksworth, J., Sentance, A., Snook, R., Fisher, T., McDonald, R., Lambe, C., & Singhal, V. (2015). *UK Economic Outlook July 2015*. London: PwC UK.

Institute for Fiscal Studies(2014). *Living Standards, Poverty and Inequality in the UK: 2014*. London: Joseph Rowntree Foundation.

Jenkins, S. P. (2015). *The Income Distribution in the UK: A Picture of Advantage and Disadvantage*. London: Centre for Analysis of Social Exclusion.

기타 자료

Hills, J. (2015). The coalition's record on cash transfers, poverty and inequality 2010~2015. Social Policy in a Cold Climate Working Paper, 11. London: Centre for Analysis of Social Exclusion.

House of Commons(2016). Social care: Recent funding announcements and the state of the care home market (England). London.

UKCES(2014). Labour market story: The UK following recession. Briefing paper July 2014. UK Commission for Employment and Skills.

http://www.ifs.org.uk/tools_and_resources/incomes_in_uk.

Office for National Statistics(2016). https://www.ons.gov.uk. 2016년 3~4월 인출.

04

인구구조의 변화와 전망

1. 머리말

이 장에서는 영국 사회보장제도를 둘러싼 환경 진단 측면에서 인구문제를 살펴보기로 한다. 주지하다시피 사회보장제도의 운영과 관련하여 여러 선진 복지국가가 지난 20세기 후반부터 공통적으로 직면한 인구문제는 출산율 감소와 기대여명 증가로 인한 인구고령화 현상이다. 인구고령화는 노후소득보장제도나 건강보험제도처럼 인구고령화 현상과 밀접히 연관된 사회보장제도의 재정적 지속 가능성을 위협하는 중요한 위험요인으로 인식된다. 이에 따라 선진 복지국가들은 지난 20세기 후반부터 인구고령화에 따른 사회보장제도의 재정적 지속 가능성을 제고하기 위해 다양한 개혁조치를 추진하였다.

이 장에서는 지난 20세기 중반 이후 영국사회가 경험한 인구변동의 추이와 현황을 살펴보고 이러한 인구변동이 사회보장제도 운영에 어떠한 함의를 가지는가를 살펴보고자 한다. 머리말에 이어 2에서는 영국의 인구 현황과 함께 최근까지 진행된 인구변동을 개괄적으로 살핀다. 3에서는 더욱 세

부적으로 출생, 사망, 인구이동과 같은 인구 변동요인이 어떠한 변화를 보였는가를 살펴보는 한편, 그 특징을 정리한다. 4에서는 인구문제의 핵심인 인구고령화의 현황과 향후 전망을 더욱 자세히 검토하는 한편, 이러한 인구고령화에 대응한 정책적 대응에 대해서 간략히 검토하기로 한다. 1)

2. 인구변동의 추이와 특징

1) 인구의 현황과 변동

영국인구의 현황과 관련하여 여기서는 현재까지 활용 가능한 가장 최근 자료인 2014년 추계인구(Mid-2014 UK Population Estimates) 자료(ONS, 2015a)를 기초로 두어 인구의 전반적 현황과 최근까지의 변동상황을 살펴보기로 한다.

2014년 6월 30일 기준으로 영국의 전체 인구는 6,459만 6,800명으로 전년 대비 49만 1,100명(0.77%)이 증가한 것으로 분석된다. 전년 대비 인구증가분에는 22만 6,200명의 자연증가(출생 77만 7,400명 - 사망 55만 1,200명 = 22만 6,200명), 25만 9,700명의 순 인구이동(유입 58만 2,600명 - 유출 32만 2,900명), 기타 요인으로 인한 변동(5,200명)이 포함된다. 2013년 대비 2014년 인구증가분의 53%가 순 인구이동(net migration), 46%가 자연증가(natural increase)에 의해 설명되는데 2014년의 순 인구이동은 2013년의 18만 3,400명보다 7만 6,300명 증가한 것으로 2011년 이후 최고치에 해당한다. 〈그림 4-1〉에서 볼 수 있듯이 전반적으로 1990년대 후반부터 인구증가에

---

1) 별도의 언급이 없는 한 이 장에서 검토하는 모든 자료는 영국통계청(Office for National Statistics: ONS)이 발간한 자료에 기초한다.

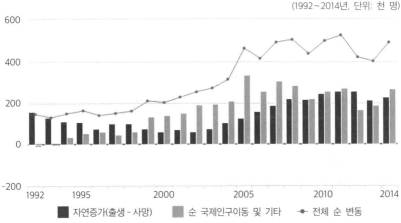

<그림 4-1> 연간 인구변동의 주된 요인

(1992~2014년, 단위: 천 명)

자연증가(출생 - 사망)　　■ 순 국제인구이동 및 기타　　● 전체 순 변동

자료: Office for National Statistics(http://www.ons.gov.uk), 2015a, 2016. 4. 14. 인출.

서 순 인구이동의 영향력이 더 큼을 살펴볼 수 있지만 2012~2013년 기간의 경우 자연증가의 기여도가 더 큰 모습을 보였다.

2014년을 기준으로 영국인구를 성별로 나눠보면 남성 3,179만 4천 명(49.2%), 여성 3,280만 3천 명(50.8%)으로 구성된다. 2004년 대비 85세 이상 초고령자는 남성이 61.8% 그리고 여성이 25.9% 증가함으로써 남성의 초고령기 사망률 감소가 지난 10년간 급격히 이루어졌음을 살펴볼 수 있다. 지역별로는 잉글랜드의 인구가 5,431만 7천 명으로 전체 영국인구의 84%를 차지한다. 다음으로 스코틀랜드가 534만 8천 명으로 전체 인구의 8%, 웨일즈가 309만 2천 명으로 5%, 북아일랜드가 184만 1천 명으로 3%를 차지한다. 전년 대비 인구증가율에서 볼 때 잉글랜드의 인구증가율이 0.84%로 가장 높은 모습을 보였다.

<그림 4-2>를 통해 2004년과 2014년의 인구 피라미드를 비교하면 지난 10년에 걸친 인구변동을 살펴볼 수 있다. 영국의 인구 피라미드에서는 1960년대의 베이비붐 세대와 이 세대의 자녀 세대(베이비붐 에코 세대)가

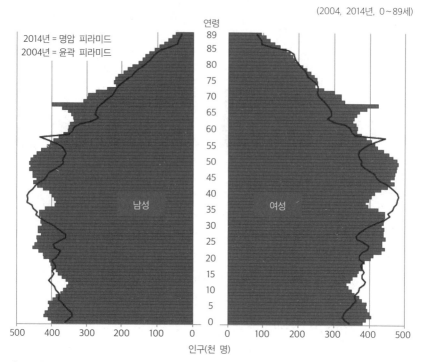

〈그림 4-2〉 영국의 인구 피라미드

(2004, 2014년, 0~89세)

2014년 = 명암 피라미드
2004년 = 윤곽 피라미드

연령

남성   여성

인구(천 명)

자료: Office for National Statistics(http://www.ons.gov.uk), 2015a, 2016. 4. 14. 인출.

상대적으로 큰 규모를 차지함을 살펴볼 수 있다. 비록 10년의 시간적 간격
을 보이지만 2004년과 2014년 인구 피라미드는 상당히 유사한 패턴을 보
여준다. 그러나 2004년과 달리 2014년 인구 피라미드에서는 20~35세 연
령 구간에 속한 개인의 규모가 상당히 큼을 살펴볼 수 있는데 이는 국제 인
구이동에 의한 인구유입을 그 원인으로 추정할 수 있다. 인구구조 또한 지
속적으로 고령화되었는데 2014년 추계인구 자료에 의하면 1974년에서
2014년 기간 동안 중위연령은 33.9세에서 40.0세로 6년 이상 증가했다.

2) 인구성장 및 기여요인

영국인구는 지난 50여 년 동안 1천만 명 이상 크게 증가했다(〈그림 4-3〉 참조). 1964년 5,400만 명이었던 인구는 2014년 6,460만 명으로 증가하였다 (19.63%). 과거 50여 년 동안 이루어진 이러한 인구증가의 대략 절반은 2000년대 이후에 이루어짐으로써 상대적으로 최근의 인구증가 현상이 두드러진 모습을 보인다. 영국의 인구는 베이비붐 현상으로 1960년대 동안 크게 증가한 후 그 증가 속도가 둔화된 모습을 보였다. 그러나 2000년대에 들어와서 또다시 가파른 상승 패턴을 보였는데 〈그림 4-3〉에서 살펴볼 수 있듯 2000년대의 연평균 인구증가율은 1990년대(0.28%)의 2배 이상인 0.64%를 기록하였다.

영국통계청 자료(ONS, 2016b)에 의하면 2010년 이후의 인구증가율은 2000년대와 유사한데 장기적으로 연간 인구증가율은 대략 0.3% 수준에서 안정될 것으로 전망된다. 2014년 현재 영국인구는 6,460만 명 수준으로 EU 국가 중 독일과 프랑스에 이어 인구규모가 세 번째로 큰 국가에 해당한다. 독일보다는 1,640만 명, 프랑스보다는 150만 명 정도 작은 규모이다. 2013~2014년 기간 중 영국의 인구증가율(0.7%)은 EU 28개국 평균 (0.35%)의 두 배 정도이며 국가별로는 룩셈부르크, 이탈리아, 몰타, 스웨덴에 이어 다섯 번째로 높은 인구증가율을 보였다.

인구증가의 세부적인 내용을 이해하기 위해 출생, 사망, 인구이동과 같이 인구변동 요인에서 나타난 변화를 살펴볼 필요가 있다. 영국은 18세기 중반부터 20세기 중반까지 대략 2백 년의 기간에 걸쳐 인구변천이론(*demographic transition theory*)이 상정하는 고출산-고사망에서 저출산-저사망까지의 4단계 변천을 경험한 것으로 알려진다(Jefferies, 2005: 4).

1953~2014년 기간 동안 인구의 자연증가 수준을 살펴보면 1976년을 제외한 모든 기간에 걸쳐 출생 건수가 사망 건수를 초과하여 인구증가로

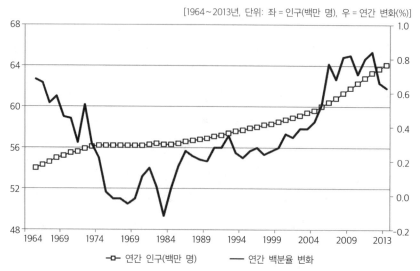

〈그림 4-3〉 인구규모와 인구성장률

[1964~2013년, 단위: 좌 = 인구(백만 명), 우 = 연간 변화(%)]

－□－ 연간 인구(백만 명)　　── 연간 백분율 변화

자료: Office for National Statistics(http://www.ons.gov.uk), 2016b, 2016. 4. 14. 인출.

이어졌다. 1950년대 중반부터 1970년대 초반까지 연간 출생아 수는 대략 85만 명 이상으로 매우 높은 모습을 보였지만 1960년대 베이비붐 세대가 자녀를 출산하기 이전 기간인 1970년대에는 출생아 수가 크게 감소한 모습을 보였다. 이후 베이비붐 세대가 본격적으로 출산을 한 1980년대와 1990년대 초반 그리고 최근 10여 년의 기간 동안 출생아 수는 또다시 상승하는 모습을 보였다. 최근 10여 년은 EU 확대로 인해 가임기(15~49세) 이민 여성의 유입이 크게 증가하는 동시에 영국출생 여성의 출산율 또한 상승하는 모습을 보인 시기에 해당한다(ONS, 2014).

2012년에는 최근 40여 년의 기간 동안 최고치인 81만 3천 명 수준을 기록하였다. 출생 건수에서 사망 건수를 제한 자연증가 규모는 지난 10여 년 동안 대략 20만 명 수준을 보였다. 1950년대 이후, 출생보다 사망이 상대적으로 더욱 안정적인 모습을 보였는데 〈그림 4-4〉에서 볼 수 있듯이 사망 건수는 1976년에 68만 1천 명으로 정점을 기록한 후 감소하는 패턴을 보였

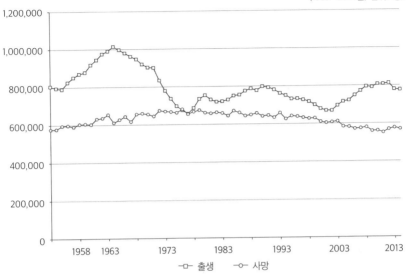

〈그림 4-4〉 출생 건수와 사망 건수 추이

(1953~2014년, 단위: 명)

자료: Office for National Statistics(http://www.ons.gov.uk), 2016b, 2016. 4. 12. 인출.

다. 특히, 2000년대에 들어 사망 건수가 상대적으로 크게 감소하였는데 2004년 이후 사망 건수는 1950년대 중반 수준인 60만 명 이하로 떨어지는 모습을 보였다(ONS, 2016b).

자연증가가 인구증가의 주된 원인으로 작용했던 과거와 달리 1990년대 후반 이후 영국인구의 증가에는 국제 인구이동(이민)이 중요한 요인으로 등장하였다.[2] 특히, 1998년부터 자연증가보다 순 인구이동이 인구증가에

---

[2] 1970년대 중반부터 1990년대 초반까지는 순 유출이 발생하거나 유입인구와 유출인구의 규모가 비슷한 모습을 보였지만, 1990년대 초반 이후에는 유입인구가 유출인구를 초과하는 순 유입 현상이 지속되는 모습을 보인다. 다만, 영국의 경우 국제이주(이민) 관련 조사정보(International Passenger Survey: IPS)가 전체 이민자를 포괄하지 않는 관계로 1991년부터 새로운 이민자 통계체계(Total International Migration: TIM)가 구축되었는데 새로운 이민자 통계 구축방법의 적용으로 인해 인구의 유입과 유출 규모가 증가한 것으로 추정된다(Horsfield, 2005: 16~17).

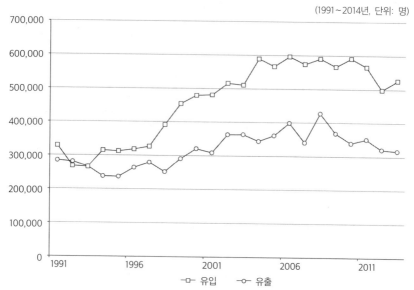

자료: Office for National Statistics(http://www.ons.gov.uk), 2016b, 2016. 4. 12. 인출.

더 큰 기여를 한 것으로 분석된다(Jefferies, 2005: 7). 1990년대 초반 이후 인구유입이 유출을 지속적으로 초과하는 모습을 보였는데, 2004~2014년 기간 동안 순 인구이동은 자연증가보다 4만 명 정도가 많은 연간 24만 명 이상을 기록하였다. 1998년의 순 인구이동 증가는 부분적으로 아프리카, 동유럽, 중동 지역 국가에서 나타난 정치사회적 불안정과도 연관되는 것으로 추정된다. 학생 인구유입은 2000년대 이후 증가하여 2009~2011년 기간 동안 정점을 보였다.

특히, 2000년대 중반 이후 나타난 순 인구이동 증가의 배경에는 2004년과 2007년에 있었던 EU 확대가 상당히 큰 역할을 한 것으로 추정된다. 인구증가에서 인구이동의 영향은 또한 이민자의 출산율을 통한 간접적 방식으로 이루어지기도 한다. 예컨대, 2013년 전체 출생 건수의 대략 25%가 이민여성의 출산에 해당하는 것으로 추정된다(ONS, 2016b).

3. 인구변동 요인별 추이와 특징

여기서는 인구변동 요인(출생, 사망, 인구이동)별로 구분하여 최근까지의 변동 추이와 특징을 더욱 세부적으로 살펴보기로 한다. 영국의 경우 인구 변동 요인과 관련된 세부적인 통계는 영국 전체 인구의 대략 90%를 차지하는 잉글랜드와 웨일즈 지역을 중심으로 제공되기에 이 연구에서도 이들 지역을 중심으로 관련 자료를 검토하기로 한다.

1) 출생

출생과 관련해서는 영국통계청(ONS, 2015b)이 제공하는 2014년도 출생 통계를 중심으로 살펴보기로 한다. 잉글랜드와 웨일즈의 2014년 출생아 수는 69만 5,233명으로 2013년의 69만 8,512명과 비교했을 때 0.5% 감소하였다. 2차 세계대전 이후의 기간 동안 출생아 수는 1964년에 정점(87만 5,972명)을 찍은 후 대체로 55만~75만 명 수준에서 변동하는 양상을 보였는데 전후 출생아 수가 가장 낮았던 시기는 1977년으로 출생아 수는 56만 9,259명에 그쳤다(〈그림 4-6〉 참조).

기본적으로 출생아 수는 출산율과 가임여성의 규모 및 이들의 연령구조에 의해 결정되는 경향이 있다. 이러한 측면에서 출산율의 전반적 변화를 우선적으로 살펴볼 필요가 있다. 잉글랜드와 웨일즈의 2014년 합계출산율(TFR)은 1.83으로 2013년의 1.85보다 다소 감소하였다. 2차 세계대전 기간부터 최근까지의 출산율 변동을 살펴보면 전반적으로 등락을 반복하는 모습을 보였다. 특히, 합계출산율은 1960년대 중반에서 1970년대 중반까지 급격히 감소한 후 대체로 안정화되는 모습을 보였다. 상대적으로 최근에 나타난 출산율 변동을 보면, 1990년대 합계출산율이 감소하기 시작하여 2001년에는 최저 수준인 1.63까지 하락하였지만 이후 2008년 1.92까지

〈그림 4-6〉 합계출산율과 출생아 수의 추이

[1944~2014년, 단위: 좌 = 출생(천 명), 우 = 합계출산율(%)]

자료: Office for National Statistics(http://www.ons.gov.uk), 2015b, 2016. 4. 13. 인출.

상승하는 모습을 보였다.

합계출산율이 대체출산율(*replacement fertility*)보다 낮아 영국의 인구구조 또한 고령화되었지만 출산력 변천을 완료한 국가의 출산율과 비교할 때 영국의 출산율이 낮은 수준은 아니다. 이는 독일, 스위스, 오스트리아 등 독일어권 유럽대륙국가와 비교할 때 더욱 뚜렷하게 관측되는 현상이다.

연령별 출산율 추이와 관련하여 영국 또한 다른 선진국과 마찬가지로 30세 미만 연령대에서는 출산율이 하락한 반면 30세 이상 연령대에서는 상승하는 모습을 보인다. 특히, 20세 미만 연령대의 출산율이 가장 크게 감소했는데 20세 미만의 출산율은 1999년 이후 지속적으로 감소하는 양상을 보였다. 20~24세와 25~29세 연령대의 출산율 또한 감소했지만 20세 미만 연령대보다 감소폭이 상대적으로 크지 않다. 반면 35~39세 연령대의 출산율은 가장 큰 상승폭을 보였으며 40세 이상 연령대의 출산율 또한 전반적으로 상승 추세를 나타냈다. 평균 출산연령 또한 1975년 이후 지속적으로 상승하는 모습을 보였는데 2014년의 평균 출산연령은 2013년 (30.0세) 보다 0.2년 증가한 30.2세였다. 혼인 외 출산의 비중 또한 지속적으로 상승하는 모습을 보인다. 2014년 혼인 외 출산의 비중은 2004년 (42.2%) 보다 5.3%p 증가한 47.5%였다. 앞서 이미 언급한 내용이지만, 전체 출생 중 이민여성의 출생이 차지하는 비중 또한 1990년(11.6%) 이후 지속적으로 상승하는 모습을 보이는데 2004년의 19.5%과 비교했을 때 2014년에는 27%로 상승하였다.

2) 사망

인구변동 요인 중 사망은 영국통계청이 발표한 사망통계(ONS, 2015c) 를 중심으로 살피도록 한다. 잉글랜드와 웨일즈의 2014년 신고 사망자 수는 50만 1,424명으로 2013년 50만 6,790명보다 다소 감소했다(2004년 51만 4,250명). 사망자 수와 마찬가지로 사망률 또한 지속적으로 감소하는 양상을 보였다. 2013년 유럽표준인구(European standard population) 로 산출된 2014년 연령 표준화 사망률(ASMRs) 은 인구 백만 명당 남성 1만 1,213명, 여성 8,219명으로 2001년 대비 남성은 26%, 여성은 21% 감소하였다.

잉글랜드와 웨일즈의 1세 미만 영아사망자 수는 2014년 2,689명으로 2013년의 2,767명에 비해 감소하였다. 영아사망률(infant mortality rate) 도 2013년 출생아 1천 명당 4.0명에서 2014년 3.9명으로 감소하였다. 2014년의 출생전후기사망률(perinatal mortality rate: 태아 사망 및 7일 미만 신생아 사망), 신생아사망률(neonatal mortality rate: 출생 후 28일 이내 사망), 후기신생아사망률(postneonatal mortality rate: 출생 후 28일에서 1년 사이 사망) 은 2013년과 동일하게 유지되었다. 1984년에서 2014년 기간 동안 영아사망률은 59%, 신생아사망률은 52%, 후기신생아사망률은 69% 감소하였는데, 특히 1980년대 중반에서 1990년대 중반까지의 사망률 감소폭이 상당히 큰 것

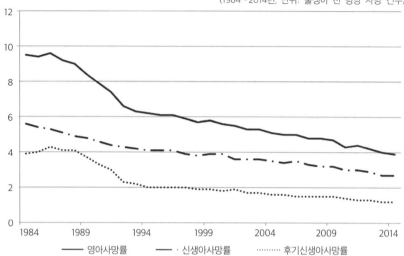

〈그림 4-7〉 영아사망률, 신생아사망률, 후기신생아사망률

(1984~2014년, 단위: 출생아 천 명당 사망 건수)

—— 영아사망률　　—·— 신생아사망률　　········ 후기신생아사망률

자료: Office for National Statistics(http://www.ons.gov.uk), 2015c, 2016. 4. 13. 인출.

으로 분석된다.

　사망원인별 사망률을 살펴보면 2014년 기준으로 암이 전체 사망 건수의 대략 3분의 1(29%)을 차지하는 것으로 나타났다. 암은 남녀 모두 공통으로 빈도가 가장 높은 사망원인으로 나타났는데 남성은 전체 사망 건수의 32%, 여성은 전체 사망 건수의 27%가 암으로 인한 사망이었다. 2004년 이후 암으로 인한 사망률은 감소 추세를 보이는데 남성은 11%p 그리고 여성은 8%p 감소하였다. 심장질환이나 뇌졸중과 같은 순환기질환 또한 2014년 전체 사망 건수의 4분의 1 이상(27%)을 차지하였다. 2004년에서 2014년 기간 동안 순환기질환으로 인한 사망률은 남성 40%p, 여성은 42%p 감소하였다. 전반적으로 지난 20세기 동안 암, 순환기질환, 호흡기질환으로 인한 사망률은 상당히 일관되게 감소하는 모습을 보였다.

　사망률 감소는 기대수명(출생 시 기대여명) 증가로 이어진다. 잉글랜드와 웨일즈 지역 모두에서 기대수명은 지속적으로 증가했지만 웨일즈보다 잉

〈그림 4-8〉 잉글랜드·웨일즈 기대수명 추이

[1991~2013년, 단위: 기대수명(세)]

자료: Office for National Statistics(http://www.ons.gov.uk), 2015d, 2016. 4. 13. 인출.

글랜드의 기대수명 증가 폭이 더욱 큰 것으로 나타난다. 더 구체적으로 잉글랜드에서 1991~1993년부터 2012~2014년까지의 기간 동안 기대수명은 남성이 73.7년에서 79.5년으로 5.9년, 여성은 79.1년에서 83.2년으로 4.1년 증가하였다. 반면 동일한 기간 동안 웨일즈에서는 남성의 기대수명이 73.3년에서 78.5년으로 5.3년 증가했으며 여성의 기대수명은 78.8년에서 82.3년으로 3.5년 증가하였다.

〈그림 4-8〉에서 볼 수 있듯이 과거 20년 동안 웨일즈보다 잉글랜드에서 기대수명이 더욱 크게 상승함으로써 지역별 격차가 확대된 모습을 보여준 반면, 두 지역 모두 성별 기대수명 격차는 축소된 것으로 나타난다. 별도의 자료가 제시되지는 않았지만 65세 기준 기대여명 또한 기대수명과 전반적으로 동일한 패턴을 보여준다.

3) 인구이동

인구변동 요인과 관련하여 마지막으로, 영국통계청(ONS, 2013)이 1951년 부터 2011년까지의 인구를 분석한 자료에 기초하여 국제 인구이동 부문에 서 나타난 변동과 특징을 살펴보기로 한다. 1951년 잉글랜드와 웨일즈 지역 거주자의 4.3%인 190만 명이 이민자였지만 2011년에는 이민자의 비중이 13%(750만 명)로 크게 증가하였다. 잉글랜드와 웨일즈 지역 총인구가 1951~2011년 기간 동안 28% 증가했음에 비해 이민자의 비중은 대략 4배 증가한 것이다. 결과적으로 국제 인구이동이 지난 60년에 걸친 잉글랜드 와 웨일즈 지역 전체 인구증가에서 약 45%를 기여했다고 볼 수 있다.

지난 60년 동안 잉글랜드와 웨일즈의 인구구성 또한 더욱 다양화되었는데, 2011년 기준으로 상위 10개 이민 송출국 출신자의 비중이 전체 이민자 (750만 명)의 45%(340만 명)를 차지하고 있다. 반면 1951년에는 상위 10개 국 이민자가 전체 이민자(190만 명)의 60%(110만 명)를 차지하였다. 특정

〈그림 4-9〉 잉글랜드·웨일즈 전체 인구 대비 이민자의 비중

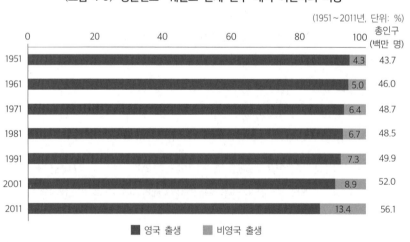

자료: Office for National Statistics(http://www.ons.gov.uk), 2013, 2016. 4. 13. 인출.

국가 출신 이민자의 비중은 시기별로 상이한 모습을 보였다. 1961∼1971년 기간에는 인도 출신 이민자가 대략 2배 정도 증가했으며 1981∼1991년 기간에는 방글라데시 출신 이민자가 2배 이상 증가하는 모습을 보였다.

2011년 기준 상위 5개 이민 송출국(인도, 폴란드, 파키스탄, 아일랜드, 독일) 출신 이민자의 유입 시기는 상이한 모습을 보인다. 아일랜드는 영국으로의 이민 초기단계에서 다수 집단을 구성했는데, 2011년 기준 아일랜드 출신 이민자의 38%는 1961년 이전에 영국에 입국한 것으로 분석된다. 이와 대조적으로 폴란드 출신 이민자의 경우 폴란드의 EU 가입을 따라 2004년 및 그 이후에 입국한 이민자의 비중이 86%에 달하는 모습을 보인다.

4. 인구고령화와 정책적 대응

여기서는 영국이 직면한 인구문제를 살펴보고 이에 대한 영국정부의 정책적 대응에 대해서 살펴보기로 한다. 비록 1970년대 초반 이후 합계출산율이 대체출산율 아래로 떨어졌지만, 영국의 경우 상대적으로 최근까지도 합계출산율이 1.8 전후 수준에서 안정화됨으로써 저출산과 관련된 심각한 우려가 제기되는 국가는 아니다. 비록 영국이 우리나라처럼 급격한 인구구조 변동을 경험하는 국가는 아니지만, 대체출산율 미만 수준에서 출산율이 장기 지속되는 동시에 기대수명 또한 지속적으로 증가함으로써 영국 또한 다른 선진 복지국가와 마찬가지로 인구고령화 현상에 직면했다.

1) 인구고령화의 현황 및 전망

인구구조가 어떻게 변하고 있는가를 보여주는 대표적인 단일지표인 중위 연령은 1974년 33.87세에서 2014년 39.98세로 6세 이상 증가하였다. 향

<표 4-1> 연령대별 분포의 추이와 전망

(1974~2039년, 단위: %)

구분	0~15세	16~64세	65세 이상
1974	25.2	61.0	13.8
1984	21.0	64.1	14.9
1994	20.7	63.4	15.8
2004	19.5	64.5	15.9
2014	18.8	63.5	17.7
2024	19.0	61.1	19.9
2034	18.1	58.5	23.3
2039	17.8	57.9	24.3

주: 2024~2039년 자료는 인구추계 자료에 기초하여 산출.
자료: Office for National Statistics(http://www.ons.gov.uk), 2016b, 2016. 4. 12. 인출.

후 중위연령은 지속적으로 증가할 것으로 전망되는데 영국통계청(ONS, 2012)은 중위연령이 2035년에 42.2세까지 증가할 것으로 전망했다.

〈표 4-1〉에서 살펴볼 수 있듯 생산가능인구 범주에 속한 16~64세 인구의 비중은 지난 40년에 걸쳐 61~65% 수준에서 안정적으로 유지되었지만 향후 지속적으로 감소하여 2039년에는 57.9%까지 감소할 것으로 전망된다. 15세 이하 유소년인구는 1974년 전체 인구의 4분의 1 수준이었지만(25.2%) 2014년 현재 18.8%로 낮아졌으며 향후에도 지속적으로 감소할 것으로 전망된다.

생산가능인구와 유소년인구에 비해 노인인구는 지속적으로 증가할 전망이다. 더욱 구체적으로, 65세 이상 노인인구는 1974년 13.8% 수준이었지만 지속적으로 증가하여 2014년 현재 영국인구의 17.7%를 차지하며 향후에도 지속적으로 증가하여 2039년에는 전체 인구의 24.3%에 이를 것으로 전망된다.

1980년대 중반까지 영국은 EU 국가 중 상대적으로 인구고령화 수준이 높은 국가로 분류되었다. 1985년에 영국은 EU 27개 국가 중 65세 이상 인구의 비중이 15%로, 그 비중이 두 번째로 높은 국가였다. 스웨덴이 17%

로 최고 수준이었으며 몰타가 9%로 전체 인구 대비 65세 이상 인구의 비중이 가장 낮았다. 그러나 이후 영국의 인구고령화 속도는 크게 둔화되었는데 영국의 1990년 중위연령은 EU 27개국 평균과 대체로 유사한 수준에 도달했으며 후속적으로 1990~2010년 기간에는 EU 27개국 평균보다 낮아지는 상황에 이르렀다.

2010년 기준 EU 27개국의 평균 중위연령은 40.9세로 영국(39.7세)보다 1.2년 더 높다. 지속적으로 출산율이 높았던 아일랜드가 중위연령 34.3세로 연령구조가 가장 젊은 국가에 해당하며, 장기 저출산 현상에 직면했던 독일의 중위연령이 44.2세로 EU 회원국 중 고령화 수준이 가장 높은 모습을 보인다. 이렇게 1980년대 중반 이후 사반세기 동안 다른 EU 회원국보다 영국의 인구고령화 속도가 크게 둔화된 것과 관련하여 영국통계청(ONS, 2012)은 영국이 해당 기간 동안 중부, 남부, 동부유럽국가보다 상대적으로 높은 수준의 출산율을 기록한 것이 일정 정도 영향을 미친 것으로 분석했다.

1985~2010년의 기간 동안 EU 27개 국가 전체에서 노인인구 비중이 증가했는데 영국의 65세 이상 노인인구 비중은 1985년 15%에서 2010년 17%로 상승하였다. 그러나 영국의 노인인구 비중 증가는 다른 EU 회원국과 비교했을 때 높은 수준은 아니었다. 2010년 기준으로 영국의 65세 이상 노인인구의 비중은 전체 EU 27개 국가 중 15위 수준이다. 2010년 기준으로 독일의 노인인구 비중이 21%로 가장 높은 반면 아일랜드가 11%로 가장 낮은 모습을 보인다. 전체 인구에서 노인인구의 비중이 증가함에 따라 모든 EU 국가에서 인구고령화 현상이 진전될 전망이고 2035년 영국의 65세 이상 인구의 비중은 23%에 도달할 것으로 전망된다. 그러나 인구고령화 측면에서 영국은 EU 국가 중 2035년 기준 인구고령화 수준이 아일랜드, 키프로스, 룩셈부르크, 슬로바키아에 이어 다섯 번째로 낮은 국가일 것으로 전망된다. 참고로 2035년에도 독일의 65세 이상 인구의 비중이 31%로 가장 높고 아일랜드가 19%로 가장 낮을 전망이다.

2) 인구고령화와 인구정책

선진국 인구정책이 당면한 현안으로는 저출산, 고령화, 이민이 지적된다. 출산이나 이민과 같은 인구변동 요인의 상호작용으로 인구구조가 결정된다는 의미에서 인구고령화 문제는 저출산과 이민을 포괄하는 측면이 있다. 이러한 측면에서 여기서는 영국의 인구문제를 인구고령화 현상을 중심으로 간략히 살펴보기로 한다. 우선, 영국의 인구정책 전반에 대해서 살펴볼 필요가 있는데, 서구국가의 일반적 경향과 마찬가지로 영국정부 또한 명확한 장기적 전망에 기초하여 인구정책을 수립하지는 않는다.

1984년 멕시코시티 그리고 1994년 카이로에서 열린 UN 인구회의를 통해 영국정부는 인구에 관한 입장을 밝혔으며 이는 현재까지도 영국의 공식적 인구정책기조로 남아있다. 더욱 구체적으로, 영국정부는 인구규모, 인구의 연령구조 그리고 인구변동 요인(이민 제외)에 적극적으로 영향을 미치는 인구정책을 추구하지 않음을 밝히고 있다. 또한 영국정부는 국가 차원에서 바람직한 인구규모와 연령구조에 관해서도 공식 입장을 표명하지 않는다. 또한 영국의 인구학적 변화와 발전상황을 지속적으로 주시하지만, 영국정부의 주된 관심은 전체 인구의 복지(well-being)에 있음을 명확히 하며 출산과 자녀양육에 관한 의사결정은 관련 당사자가 행하되 정부는 개인이 효과적인 의사결정을 할 수 있도록 관련 정보와 필요한 수단을 제공하는 것이 바람직함을 밝혔다(Dunnell, 2001: 51).

인구정책과 관련하여 명확한 정책기조를 가지고 있는 것은 아니지만 영국정부 또한 인구고령화의 진전 및 이로 인해 초래될 문제를 인식하며 이에 대한 일련의 정책적 대응방안을 검토 중이다. 영국정부가 인구고령화에 대응하기 위한 정책방안을 마련하기 위해 구성한 대표적인 패널로 1993년에 출범한 미래예측 프로그램(Foresight Programme)이 있다. 미래예측 프로그램은 향후 10년 혹은 20년 기간에 걸쳐 도래할 위험과 기회를 파악하기 위해 정부와 기업을 포함한 다양한 분야로부터의 의견을 도출한다. 이러한 미래예측 프로그램의 핵심 패널 중의 하나가 인구고령화 패널(Ageing Population Panel)이다. 인구고령화 패널은 인구학적 상황을 진단하는 한편, 근로・여가・학습, 재무, 보건의료, 생활설계, 정보통신기술(ICT)과 같은 5개 핵심분야에서 등장할 주요 이슈와 향후 정책과제를 탐색하는 역할을 담당한다. 인구고령화에 대응한 이러한 정책적 방향에 기초하여 노동시장, 보건의료, 연금제도 등의 분야에서 일련의 정책과제가 추진되고 있다(Dunnell, 2001：49~51).

인구고령화에 대한 정책적 대응과 관련하여 마지막으로 언급될 필요가 있는 것이 국제 인구이동(이민)의 역할이다. UN의 대체이민(replacement migration) 프로젝트(2001)가 보여주는 것처럼 순전히 이민에 기초하여 인구고령화 문제를 근본적으로 해결할 수는 없지만 이를 통해 인구고령화가 가져올 부정적 영향을 부분적으로 완화하는 것은 가능할 수 있다. 이러한 점에서 최근 들어 영국에서도 국제 인구이동이 영국사회에 초래할 수 있는 파급효과에 대한 검토를 진행하는 동시에 인구고령화의 진전에 대응한 이민의 역할에 대해서 추가적 검토가 이루어지고 있다(예컨대, 고령인구에 대한 요양 혹은 돌봄서비스 제공 분야 등). 특히, 인구정책과 관련된 영국정부의 입장에서 살펴볼 수 있듯 국제 인구이동이 정책적 개입의 대상임을 명시적으로 표명한다는 점에서 향후 인구고령화에 대한 대응방안으로서 국제 인구이동의 역할이 확대될 잠재력을 갖는다.

5. 맺음말

이 장에서는 영국의 인구변동의 전개 과정과 최근 현황을 살펴보았다. 인구변천 과정을 압축적으로 경험한 우리나라와 달리 영국은 18세기 중반부터 20세기 중반까지 대략 2백 년의 기간에 걸쳐 점진적인 인구변화를 경험하였다. 영국의 경우도 저출산 현상을 경험하고 있지만 합계출산율은 우리나라와 비교했을 때 상당히 높은 수준에서 안정적인 양상을 보인다는 점 또한 우리나라와는 큰 차이가 있다. 과거 다른 EU 국가보다 인구고령화 수준은 상당히 높았지만 앞서 살펴보았듯 가장 최근의 전망치는 영국의 인구고령화가 중장기적으로 다른 EU 국가보다 상대적으로 심각하지 않음을 시사한다.

영국의 경우 또한 출산율 감소와 기대여명 증가로 인한 인구고령화 현상을 경험하고 있지만 다른 국가보다 인구고령화 현상이 상당히 점진적으로 진행되고 있다는 점에서 인구고령화 위험요소는 상대적으로 낮다. 영국은 다른 국가보다 인구고령화 위험요소가 낮은 동시에 사회보장제도의 재정적 지속 가능성 측면에서도 비교우위에 있는 국가로 알려져 있다. 그러나 다른 한편으로 연금제도와 같은 사회보장제도의 역할이 충분하지 못하다는 부정적 측면 또한 있다.

■ 참고문헌

해외 문헌

Dunnell, K. (2001). Policy responses to population ageing and population decline in the United Kingdom. *Population Trends*, *103*, 47~52.

Horsfield, G. (2005). International migration. In Chappell, R. (Ed.). *Focus on*

People and Migration (115~129). New York: Palgrave Macmillan.

Jefferies, J. (2005). The UK population: Past, present and future. In Chappell, R. (Ed.). *Focus on People and Migration* (1~17). New York: Palgrave Macmillan.

기타 자료

United Nations(2001). Replacement migration: Is it a solution to declining and ageing populations?. Population division, Department of Economic and Social Affairs, United Nations Secretariat.

Office for National Statistics(2012). Population aging in the United Kingdom, its constituent countries and the European Union. http://www.ons.gov.uk. 2016. 4. 13. 인출.

_____(2013). 2011 Census analysis: Immigration patterns of non-UK born populations in England and Wales in 2011. http://www.ons.gov.uk. 2016. 4. 13. 인출.

_____(2014). Changes in UK population over the last 50 years. http://www.ons.gov.uk. 2016. 4. 14. 인출.

_____(2015a). Annual mid-year population estimates: 2014. http://www.ons.gov.uk. 2016. 4. 14. 인출.

_____(2015b). Birth summary tables, England and Wales: 2014. http://www.ons.gov.uk. 2016. 4. 13. 인출.

_____(2015c). Deaths registered in England and Wales: 2014. http://www.ons.gov.uk. 2016. 4. 13. 인출.

_____(2015d). Life expectancy at birth and at age 65 by local areas in England and Wales: 2012 to 2014. http://www.ons.gov.uk. 2016. 4. 13. 인출.

_____(2016a). Migration statistics quarterly report: February 2016. http://www.ons.gov.uk. 2016. 4. 13. 인출.

_____(2016b). Overview of the UK population: February 2016. http://www.ons.gov.uk. 2016. 4. 12. 인출.

05

정부재정과 사회보장재정

1. 영국정부의 재정구조

정부재정이란, 가계·기업과 함께 국민경제를 구성하는 경제주체로서의 정부가 행하는 소비·생산활동의 화폐적 흐름이라고 포괄적으로 정의할 수 있으며 일반적으로 정부지출과 이를 뒷받침하는 수입으로 측정한다. 재정은 운용주체나 수단 또는 재정활동의 성격이나 유형에 따라 다양한 구분이 가능하다. 이러한 재정이 포괄하는 범위 역시 달라질 수 있는데, 영국의 재정은 중앙정부와 지방정부 그리고 공기업으로 구성된 공공부문(*public sector*)을 중심으로 운용·관리된다. 이에 이 장에서는 이러한 공공부문의 수입과 지출활동을 재정의 범위로 정의하고, 2009년 금융위기 전후 재정제도의 변화를 중심으로 지난 30여 년에 걸친 영국의 재정흐름과 사회보장지출 동향을 살펴보기로 한다.

1) 재정관리 조직과 주요 제도 현황

의원내각제에 기반을 둔 영국에서 공공재정의 관리는 국왕을 대리하는 정부와 국민을 대변하는 의회와의 유기적 관계 속에서 이루어진다. 정부의 각 부처는 정책의 설계와 공공서비스의 집행을 담당하는데, 이를 뒷받침하는 재원의 조달과 배분은 의회가 승인한 방식과 범위로 제한된다. 정부정책의 수립과 이행을 위한 재원의 조성이나 지출에 대한 법안의 제출 권한은 각 부처장관에게 있고, 의회는 이러한 정책수행을 위한 조세와 지출법안을 심사하고 승인한다. 그리고 재무부(HM Treasury)는 정부와 의회 양측의 이해에 부합하도록 승인된 한도 내에서 각 정부부처가 사용목적에 맞게 재정을 집행하도록 관리한다.

재무부는 현재 NS & I(National Savings and Investment), [1] 정부내부감사원(Government Internal Audit Agency), UK DMO(UK Debt Management Office), 예산책임처(Office of Budget Responsibility: OBR) 등 12개 관계기관을 통해 공공부문 재정관리와 경제·통화정책의 설계와 집행 전반을 담당한다(GOV. UK, 2016. 4. 15. 인출). 이 중에서 특히 OBR은 재정의 효율적 관리를 위해 지난 2010년 설립된 비부처 공공기관이다. 경제 및 재정 전문가 여럿으로 구성된 OBR은 중장기 재정전망·분석을 통해 재정의 지속가능성을 지속적으로 진단하고, 정부부처가 제출한 연간관리지출(Annually Managed Expenditure: AME) 계획에 관련된 법안비용추계의 타당성 검토, 재정성과 평가, 재정위험 분석 등을 수행함으로써 최근 영국정부의 재정합리화 추진과정에서 핵심적인 역할을 담당한다.

현재 영국재정은 1998년 제정된 〈재정법〉(*Finance Act 1998*)과 〈2011년 예산책임 및 국가감사법〉(*Budget Responsibility and National Audit Act 2011*)을

---

1) 비내각부처로 국채발행 및 투자를 담당하는 국가소유은행이다.

근간으로 하여 다양한 법률과 지침 또는 시행령 등을 통해 관리된다. 이 중에서 〈2011년 예산 책임 및 국가감사법〉은 2009년 금융위기 이후 영국정부가 강력하게 추진하고 있는 재정합리화 계획의 준거 틀을 구성한다. 이와 관련해서는 3에서 자세히 살펴보겠다.

영국정부의 경제・재정계획은 보통 예산(budget)과 가을성명서(autumn statement)를 통해 매 회계연도의 봄과 가을 2회에 걸쳐 수정・발표된다. 영국에서 회계기간은 매해 4월 1일부터 다음 해 3월 31일까지이다. 즉, 2016 회계연도는 2016년 4월 1일 시작하여 2017년 3월 31일까지 1년의 기간을 의미하며, 일반적으로 2016/17로 표시한다. 통상적으로 정부는 11월 또는 12월에 가을성명서를 발표하고 다음 회계연도가 시작하기 직전인 3월에 예산을 발표한다. 영국에서 예산은 예산법률주의에 따라 세입예산과 세출예산으로 구분되어 각각의 일정에 따라 법률로서 제정・집행된다(국회예산정책처, 2016: 82).

예산과정을 보면, 먼저 새로운 회계연도가 시작되기 전 3월 중 수요일에 재무장관이 하원에서 세입예산 제안연설을 한다. 제안연설 전반부에서는 관례적으로 국가의 경제전망과 재정상황을 설명하고 이어서 세입과 세출계획을 제시한다. 이에 대한 야당대표의 반대연설이 끝나면 세입예산안(budget)이 상정되고 4일간의 토론을 거쳐 세입결의안(resolution)과 세입법안(financial bill)으로 채택되어 법률적 효력이 부여되며 이후 의회 독회를 거쳐 7월 중에 〈재정법〉(Finance Act)으로 시행된다(국회예산정책처, 2016: 86). 세출예산의 경우, 의회는 7월 세출예산일(estimates day)로부터 3일간 5월에 제출된 본세출예산안(main supply estimate)을 심의하고 표결을 통해 세출예산결의안과 세출예산법안으로 채택한 후, 의회 독회를 거쳐 〈세출예산법〉으로 제정된다(국회예산정책처, 2016: 86).

이외 중요한 재정관리제도로 지출검토(Spending Review: SR)가 있다. 지출검토는 우리나라의 중기재정계획과 유사한 개념으로 전 정부부처의 중기예산계획을 모두 포괄한다. 이 제도는 1998년 당시 재무장관 브라운에 의해 이전까지 1년 단위로 편성되어 집행되던 정부지출을 더욱 장기적 관점에서 계획하고 관리하고자 하는 목적에서 처음 도입되었는데, 여기서 향후 5개 회계연도에 대한 정부수입의 지출 방향과 총량이 결정된다(HM Treasury, 2010a).[2] 그 중요성에도 불구하고 지출검토는 정부의 필요에 따라 비정기적으로 이루어진다는 특징이 있는데, 가장 최근의 지출검토는 2015년 11월 25일 수요일에 가을성명서와 함께 발표되었고, 그 이전에는 2013년 7월과 2010년 10월에 있었다.

비정기적인 지출검토와는 달리, 가을성명서는 매년 재무장관이 의회연설을 통해 OBR의 경제전망에 기초한 정부의 조세·재정정책에 대한 변동사항을 보고하는 절차이다. 전통적으로 3월 예산을 통해 정부가 세입계획을 발표하는 것이 암묵적인 관례였으나 현재는 가을성명서를 통해서도 이루어진다. 한편, 가을성명서는 일반적으로 개별 부처의 정책변화 등 주요 예산변경사항을 중심으로 다룬다는 점에서 전 부처 지출을 포괄적으로 검토하는 지출검토와는 다소 차별성을 갖는다. 하지만 지출검토나 가을성명서나 실제 그 내용의 구성 측면에서 보면 봄에 발표되는 예산과 큰 차이가 없다.

2) 재정규모와 집행구조

〈그림 5-1〉은 2016년 예산에 제시된 2016/17 회계연도의 공공부문 총수입(Public Sector Current Receipts: PSCR)과 총지출(Total Managed Expenditure: TME)의 구성현황을 보여준다. 공공부문 총수입은 7,160억 파운드, 총지출은 7,720억 파운드로 560억 파운드의 재정적자가 계획되어있다. 공

---

2) 기본적으로 지출검토기간을 포함한 3개 기준선 회계연도 지출전망과 그 이후 3개 회계연도 지출계획으로 구성된다.

〈그림 5-1〉 2016/17 회계연도 공공부문 수입 및 지출 현황

(단위: 10억 파운드)

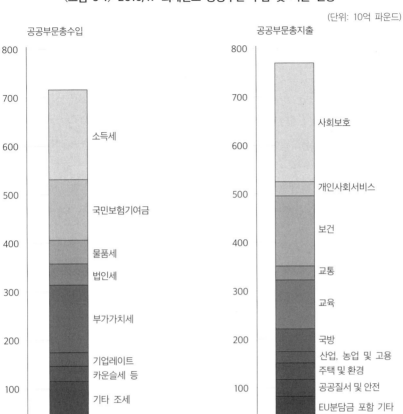

공공부문총수입

공공부문총지출

주: OBR 2016/17 재정전망에 근거하여 영국 재무부가 자체적으로 구분한 분류이며 정수표기에 따른
　　오차가 있어 총합계와 차이가 있음에 유의.
자료: HM Treasury, 2016b, Budget 2016, 2016. 3. 16. 인출: 5~6. Chart 1 & 2.

정부지출 또는 공공지출로도 사용되는 공공부문 총지출은 쉽게 이야기해서 정부가 쓰는 돈의 규모를 말하는데, 중앙정부나 지방정부에서부터 공공부문 연금이나 복지까지 다양한 주체와 집행영역을 포괄한다. 이러한 점에서 정부지출 또는 공공부문 지출은 다양한 방식으로 구분할 수 있는데, 영국정부의 재정지출 규모나 예산구조에 관한 이해를 위해 몇 가지 구별되는 용어의 개념과 정의를 명확히 파악할 필요가 있다.

공공부문 총지출 규모는 국민계정을 기반으로 집계한 재정총량으로 매 회계연도 예산에 총관리지출(Total Managed Expenditure: TME)로서 제시된다. 총관리지출은 중앙정부, 지방자치단체 및 공공기관으로 구성된 공공부문 전체 지출로 우리가 잘 알고 있는 일반정부지출보다 큰 범위라 하겠다.[4]

총관리지출은 공공부문의 경상지출과 자본지출로 구분되며, 따라서 자본지출의 정의에 의해 공공부문 경상지출과 순 투자 그리고 감가상각의 합산규모와 같다. 총관리지출은 또한 정부의 예산이나 기타 지출계획상 부처지출한도(Department Expenditure Limits: DEL)와 연간관리지출(Annually Managed Expenditure: AME)로 구분된다.

부처지출한도(DEL)는 정부부처가 직접적 통제권을 갖는 지출로 교사급여나 기타 정책프로그램 운용에 소요되는 고정비용과 같이 예측 가능한 항목으로 구성된다. 정부가 지출규모와 구성을 통제할 수 있다고 여기는 지출이라 할 수 있으며, 구체적으로 보면 대부분의 NHS 지출과 교통 및 교육분야 지출이 이 유형에 속한다. DEL은 지출검토(SR)에서 부처별로 보통 3개년도 회계기간에 대한 지출총량을 설정하는 부처별 지출총량제이다. 다만, 이러한 부처별 예산한도는 정부가 조정할 수 있고 실제로도 빈번한 조정이 이루어진다.

반면, 연간관리지출(AME)은 매년 할당되는 지출로서 복지급여, 이자지출, 그

---

3) HM Treasury(2013a, 2016a, 2016b)에 기초하여 작성하였다.

4) 즉, TME는 DEL + AME로 구성되며, 국민계정상 공공부문 경상지출과 공공부문 총투자의 합계이다. 일반정부는 사회보험을 포함한 중앙정부와 지방정부로서 TME의 공기업 지출이 제외된 것이라 하겠다.

리고 지방정부지출이 대부분을 구성한다. 지방세 수입규모에 따라 지방정부지출 규모가 달라지고 정부의 차입규모와 그에 대한 이자율에 따라 이자지출규모가 결정되는 등 재무부가 사전에 지출계획을 세우기 어렵다는 특성이 있다. 물론, 복지급여의 경우 신청 및 수급조건이나 급여수준 등의 변경을 통해 정부가 지출규모를 계획하고 관리할 수 있으나, 제도변경과 관련한 사회적 합의도출과 시행준비 등 즉각적 지출통제가 사실상 불가능한 항목이다. 다만, 현재에는 복지지출 총량제(Welfare Cap)가 적용되는 범위에 속하는 모든 지출항목은 AME로 분류된다.

더 나아가 DEL과 AME은 각각 자원지출(resource spending)과 자본지출(capital spending)로 구분된다. 자원지출은 프로그램사업비와 행정경비와 같은 경상지출이고 자본지출은 미래 성장동력 확보를 위한 투자지출의 성격을 갖는다. 이에 따라 종종 자원 DEL, 자본 DEL, 자원 AME, 자본 AME로 구분하여 살피기도 하는데, 이를 일컬어 자원회계예산(Resource Accounting Budget: RAB)이라 한다.

공부문 총수입은 공공부문 전체의 경상수입을 의미하며 크게 조세수입과 이자 등 기타 운용수입으로 구분된다. 조세수입은 행정주체에 따라 국세와 지방세로 구분된다. 국세에는 개인소득세와 국민보험기여금(National Insurance Contributions: NIC), 법인세, 자본이득세와 같은 소득과세와 부가가치세(VAT)를 포함한 소비과세, 상속·증여세 등 유증과세, 관세 및 기후변화세 등 기타 조세로 구성된다. 이 중 국민보험기여금은 본래 사회보험기여금의 성격을 갖지만 조세로서 부과된다는 점에서 차별성을 갖는다.

지방세는 대부분 자산과세로서 카운슬세(*council tax*),[5] 상업용 부동산에 부과되는 기업레이트(*business rates*) 그리고 주거레이트(*domestic rates*)가 대표적이다. 총수입의 구성을 보면, 소득세와 부가가치세, 국민보험기여금(NIC), 법인세 등 중앙정부 수입이 총수입의 약 90%를 차지하는 반

---

5) 일종의 주민세로 볼 수 있는 카운슬세는 거주하고 있는 주택의 자산가치에 대한 요소와 인적 구성요소를 모두 반영하여 부과된다는 점에서 자산과세의 성격을 갖는다.

〈표 5-1〉 행정주체별 총관리지출 집행구조

(단위: 백만 파운드)

	2011/12	2012/13	2013/14	2014/15	2015/16	2016/17 (계획)
중앙정부						
부처지출한도(DEL)	262,267	260,131	269,507	275,538	274,057	281,162
부처별 연간관리지출(AME)	223,345	233,881	241,317	221,535	372,557	302,486
지방세입 재원을 통한 북아일랜드 부 연간관리지출	588	621	632	661	652	585
EU 순 부담금	9,978	11,529	11,879	11,658	11,253	12,401
중앙정부 이자지출	49,704	48,856	48,668	45,241	44,942	47,805
회계조정	-12,780	-706	-13,194	12,782	-129,510	-47,976
중앙정부 자체지출 계	533,102	554,312	558,809	567,415	573,951	596,463
지방정부						
중앙정부 보조(DEL)	101,715	95,773	88,848	86,299	80,895	77,666
중앙정부 보조(부처별 AME)	29,702	30,255	36,685	37,641	37,794	36,760
스코틀랜드 자체 세입 재원지출	2,182	2,263	2,435	2,650	2,789	2,769
웨일즈 자체 세입 재원지출	0	0	0	0	956	977
지방정부 자체 세입 재원지출	35,465	26,515	27,099	29,290	32,859	32,864
회계조정	5,151	17,101	17,461	16,685	15,387	18,699
지방정부 자체지출 계	174,215	171,907	172,528	172,565	170,680	169,735
공기업						
DEL	72	124	-252	-816	182	150
부처별 AME	106	-457	-992	150	-159	-154
공기업 자체 자본지출	13,129	13,519	14,951	16,503	16,850	14,668
회계 등 조정	3,208	3,433	3,405	3,146	3,179	3,444
공기업 자체지출 계	16,515	16,619	17,112	18,983	20,052	18,108
영국은행	-8,728	-12,018	-12,537	-12,355	-11,661	-12,362
총관리지출(TME)	715,104	730,820	735,912	746,608	753,022	771,900

자료: HM Treasury, 2016a, PESA 2016: 34. Table 1. 15.

EU 정부의 행정경비 대부분은 회원국이 매년 납부하는 부담금에 의존한다. 역내 불법적 기업활동에 대한 과징금과 외부로부터의 이전수입이 있으나 매우 미미한 비중이다. 재원의 조성은 EU 전체 예산규모가 먼저 설정되고 사전에 협의된 분담방식에 따라 각 회원국으로부터 재원을 조달하는 구조이다. 나라별 분담액은 국가 간 형평성을 고려하여 조정기준이 달리 적용되지만 기본적으로는 다음의 세 가지 경제활동요소에 기초하여 계산된다.

1) 관습적 자체 자원
관습적 자체 자원(Traditional Own Resource: TOR)은 관세, 농작물, 설탕 및 이소글루코스에 대한 세금으로 구성된다. EU 회원국은 관련 세수의 75%를 EU에 납부하고 나머지 25%는 국고로 귀속시킨다.

2) VAT 기반 자체 자원
통합 VAT 과세기반(최대 GNI의 50%)에 일명 call rate으로 불리는 0.3%를 부과한 금액을 EU에 납부한다. EU 회원국 중 오스트리아(0.225%), 독일(0.15%), 스웨덴(0.10%)과 네덜란드(0.10%)의 경우 예외적으로 낮은 부담률이 적용된다.

3) GNI 기반 자원
EU 회원국은 자국 GNI의 일부를 EU에 납부하는데 상한율은 GNI의 1.24%로 설정되어 있다. 영국을 비롯하여 EU 회원국이 납부하는 EU 분담금 중 GNI 기반 자원이 차지하는 비중이 가장 크다.

4) 추가 조정
네덜란드, 스웨덴 그리고 영국에 대해서는 특수한 예외조항이 적용된다. 2007~2013년까지 기간 동안 네덜란드와 스웨덴에 대해 매년 6억 5백만 유로와 1억

---

6) ONS(2015)의 "GDP, GNI and the UK's EU Budget contributions: an explanatory note: 1~2"의 주요설명을 번역하여 정리하였다.

면, 주요 지방재원인 기업레이트와 카운슬세 등의 비중은 약 9% 수준에 불과하다. 공공부문 총지출 중 사회보호와 보건 영역(NHS)에 대한 지출이 각각 32%와 20%로 영국정부지출의 절반 이상이 사회보장지출이다.

〈표 5-1〉은 공공부문 행정주체별 지출 구조를 정리하여 보여준다(HM Treasury, 2016a). 중앙정부 자체지출은 지방정부에 대한 보조금 지출, 공기업에 대한 융자나 자본보조 지출이 제외된 규모이다. 하지만 공기업에 대한 보조금 지급은 포함된다. 중앙정부 자체지출은 DEL과 부처별 AME 그리고 지방세입 재원으로 지출한 북아일랜드 부의 AME와 EU 순 부담금을 포함한다. 얼마 전 결정된 브렉시트 논의과정에서 쟁점이 되었던 EU 순 부담금은 2016/17 회계연도에 공공부문 총지출 대비 1.6%에 이르는 124억 파운드가 계상되었다.

지방정부 자체지출은 재원을 기준으로 중앙정부로부터의 보조금, 스코틀랜드의 자체세입 재원을 통한 지출(스코틀랜드 권한이양 정부가 징수하고 지방정부로 이전한 재원), 웨일즈의 자체세입 재원을 통한 지출, 그리고 지방세입 재원을 통한 자체지출로 구분된다. 공기업 지출은 DEL과 AME로 구분되며, DEL은 중앙정부로부터의 경상 및 자본보조, 이자 및 배당수입 그리고 공공배당 자본 투·융자로 구성된다.

행정주체별 총관리지출 구조를 보면 지난 5년간 공기업의 총관리지출 사용액 비중은 1% 수준에서 안정적으로 유지되었다. 한편, 중앙정부의 사용액 비중은 2010/11 회계연도에 74%에서 점차 증가하여 2015/16 회계연도 현재에는 76%를 차지한다. 반면에 지방정부의 재정사용액 비중은 계속 하락하고 있는데 그 주요 원인은 중앙정부로부터의 보조금 감소로 파악된다. 수입구조와 마찬가지로 재정사용액을 기준으로 두어도 중앙정부의 비중이 절대적으로 나타난다. 이러한 점에서 영국의 재정은 중앙정부에 집중된 운영체계를 갖는다고 할 수 있다.

3) 최근까지의 재정흐름

〈그림 5-2〉와 〈그림 5-3〉은 공공부문 총수입과 총지출 그리고 공공부문 순 부채 규모의 장기 추이를 GDP 대비 비율로 보여준다.

1980년대 중반까지 영국경제는 4% 이상 건실한 성장을 지속하였고 이를 바탕으로 안정적 재정을 유지하면서 GDP 대비 공공부문 순 부채비율은 1990/91 회계연도에 23.6%까지 하락하였다. 1980년대 말 경기침체 이후 1990년대 들어 경제는 빠르게 회복되었으나 재정적자는 지속되었고 그 결과 GDP 대비 순 부채 비율은 1996/97 회계연도에 39.7%까지 급격히 상승하였다. 1997년 들어선 노동당정부는 일련의 재정개혁을 추진하였고 그

〈그림 5-2〉 공공부문 총수입과 총지출

(단위: GDP 대비 %)

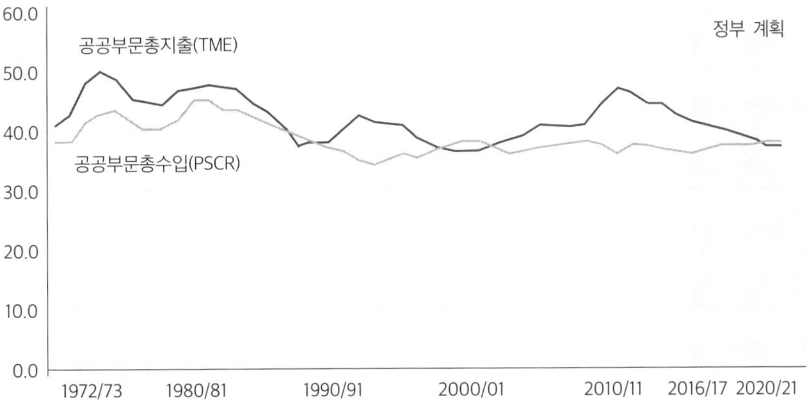

자료: OBR. Public Finances Databank(www.budgetresponsibility.org.uk/data), 2016. 4. 29. 인출.

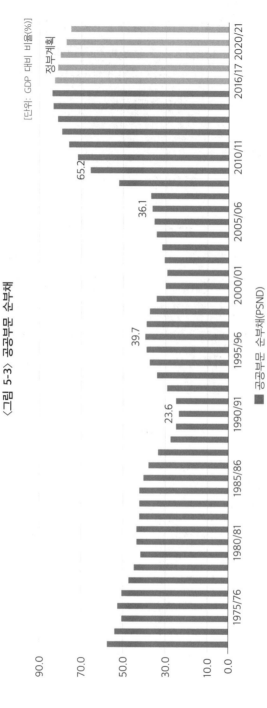

〈그림 5-3〉 공공부문 순부채

[단위: GDP 대비 비율(%)]

■ 공공부문 순부채(PSND)

자료: OBR, Public Finances Databank(www.budgetresponsibility.org.uk/data), 2016. 4. 29. 인출.

과정에서 1998년 〈재정법〉 제정을 통해 부채관리에 대한 재정안정화준칙, 재정총량의 관리범위와 관리체계 정비, 지출검토와 같은 중장기 재정관리제도나 의회 사전예산보고 등 현재 영국의 재정관리체계의 골격을 형성하는 각종 제도와 절차가 도입되었다. 그 결과, 재정수지가 개선되고 1990년대 후반부터 2000년 초반까지 재정수지는 흑자를 기록하기에 이르렀다.

이후 노동당정부의 정책기조는 저소득 연금수급자에 대한 소득지원, 자녀양육가구 지원, 교육과 보건 지출을 중심으로 공공지출을 확대하는 방향으로 선회하였고 이러한 재정팽창은 2000년대 중반까지 이어졌다. 이에 반해 공공부문 수입은 지출증가보다 낮게 신장되었는데, 당시 정부의 확장적 재정정책이 가장 큰 원인이라 할 수 있다. 이러한 정책기조는 2000년 예산을 통해 확인할 수 있는데, 이에 따르면 2000/01 회계연도에 재정수지는 GDP의 0.5% 흑자를 기록하지만 2004/05 회계연도에는 GDP의 1.1%에 이르는 재정적자가 계획되었다(HM Treasury, 2000a). 2007/08 회계연도까지 공공부문 총지출은 GDP의 40.2%였고 총수입은 GDP의 37.5%, 순차입 규모는 GDP 대비 3.1% 수준으로 재정적으로 큰 부담이 되지 않는 범위에서 사회보장지출을 중심으로 한 재정확장이 지속되었다.

하지만 2009년 금융위기를 맞으면서 영국재정은 심각한 부채문제에 직면하였다. 경기침체가 이어지면서 세입이 크게 줄어들었고 그 결과 공공부문 부채 비율은 급격히 증가하였다. 공공부문 순 부채는 2006/07 회계연도에 GDP의 36.1%에서 2009/10 회계연도에는 65.2%까지 치솟았다. 이처럼 재난과 같은 재정위기 상황에서 보수나 진보 가릴 것 없이 모든 정당은 정부 부채문제 해결을 최우선 과제로 삼았고 기본적으로 지출삭감을 통해 이를 해결할 수밖에 없다는 점에 인식을 같이하였다.

이러한 배경에서 2010년 들어선 연립정부는 강력한 재정긴축 정책을 추진하였다. 지속적인 조세·재정 개혁 결과 재정수지 적자폭이 점차 개선되고 있다. GDP 대비 공공부문 순 부채 비율은 꾸준히 증가하여 2015/16 회계연도에 83.3%까지 상승했지만 순 부채 비율의 증가속도는 재정수지 적자 감소로 인해 줄어들고 있다. 영국정부의 재정계획에 따르면 2016/17 회계연도 이후부터 공공부문 순 부채 비율이 점진적으로 하락할 것으로 예상된다(HM Treasury, 2016b).

2. 공공부문 총수입 구성의 변화와 조세체계

1) 공공부문 총수입 추이

실적을 기준으로 했을 때 공공부문 총수입은 2015/16년 현재 6,818억 파운드, GDP 대비 36.3%에 이른다(OBR, 2016). 총수입 구성비를 보면 국민보험기여금을 포함한 조세수입이 가장 중요한 재원으로서 2015/16 회계연도 총수입의 92.5%를 차지한다(〈그림 5-4〉 우측 하단 참조). 가계와 개인의 소득에 대한 과세인 개인소득세와 국민보험기여금이 총수입의 41.8%로 가장 큰 비중을 차지하며 VAT가 17%로 다음으로 중요한 정부수입 재원으로 확인된다. 반면에 법인세는 총수입의 6.5%로 상대적으로 낮은 비중을 차지한다. 한편, 지방세인 기업레이트와 카운슬세 등의 비중은 약 9%이다.

〈그림 5-4〉는 공공부문 총수입의 장기 추이와 구성비를 보여준다. 2009년 금융위기 이후 세입구조의 변화를 보면 개인소득세와 법인세를 위시한 생산과세 비중이 크게 하락하였다. 반면 VAT와 기타 간접세 비중 확대가 두드러진다. 이러한 세수입구조의 변화는 일시적 경기변동이 가장 큰 원인일 것이나 2012년 4월부터 VAT 세율이 20%로 상향 적용되는 등 경제위기 이후 재정합리화 일환으로 추진 중인 소비세 강화-소득세부담 인하 정책에도 크게 기인한다. 이와 관련하여 주요 세목에 대한 조세제도의 변화를 살펴보자.

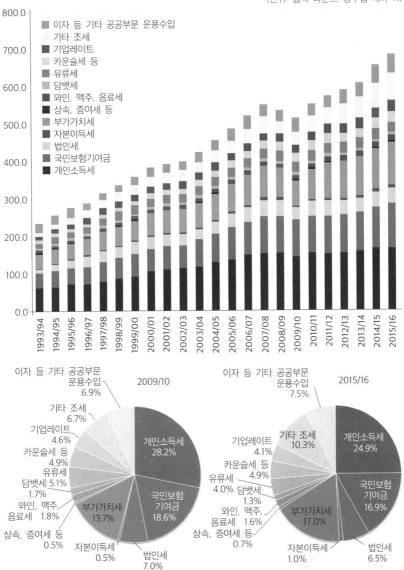

〈그림 5-4〉 공공부문 총수입 구조의 변화기여금 음영 구분

(단위: 십억 파운드, 총수입 대비 %)

이자 등 기타 공공부문 운용수입
기타 조세
기업레이트
카운슬세 등
유류세
담뱃세
와인, 맥주, 음료세
상속, 증여세 등
부가가치세
자본이득세
법인세
국민보험기여금
개인소득세

2009/10

이자 등 기타 공공부문 운용수입 6.9%
기타 조세 6.7%
기업레이트 4.6%
카운슬세 등 4.9%
유류세
담뱃세 5.1%
와인, 맥주, 음료세 1.8%
상속, 증여세 등 0.5%
자본이득세 0.5%
법인세 7.0%
부가가치세 13.7%
국민보험기여금 18.6%
개인소득세 28.2%

2015/16

이자 등 기타 공공부문 운용수입 7.5%
기타 조세 10.3%
기업레이트 4.1%
카운슬세 등 4.9%
유류세 4.0%
담뱃세 1.3%
와인, 맥주, 음료세 1.6%
상속, 증여세 등 0.7%
자본이득세 1.0%
법인세 6.5%
부가가치세 17.0%
국민보험기여금 16.9%
개인소득세 24.9%

주: 2013/14 회계연도 이후는 OBR 자료에 기초하여 작성.
자료: IFS revenue composition spreadsheet(http://www.ifs.org.uk/uploads/publications/ff/revenue_composition%20June%202014.xls), 2016. 4. 30. 인출; OBR, 2016, Economic and fiscal outlook, Table 4.6: 111.

2) 조세체계의 변화

(1) 소득세[7]

2015/16 회계연도의 소득세수는 1,698억 파운드에 이른다. 영국의 소득세는 과세소득 총액에서 공제금액을 차감하여 계산된 과세소득금액에 구간별 초과한계세율을 적용하여 세액을 산출하는 일반적 형태의 누진과세

〈표 5-2〉 사회복지급여 소득세 과세 여부

과세대상 복지급여	· 국가연금(State Pension) · 구직수당(Jobseeker's Allowance) · 수발자수당(Carer's Allowance) · 고용 및 지원수당(Employment and Support Allowance, 기여연계형) · 장애급여(Incapacity Benefit, 29주째 수급 이후) · 유족수당(Bereavement Allowance) · 산재사망보험제도 연금수급액(Pensions Paid by the Industrial Death Benefit Scheme) · 유족부모수당(Widowed Parent's Allowance) · 유족배우자연금(Widow's Pension, 여성)
비과세 복지급여	· 주거급여(Housing Benefit) · 고용 및 지원수당(Employment and Support Allowance, 소득연계형) · 소득지원(Income Support, 단, 파업 참여 시 수급한 경우 납세의무 부과) · 근로세금공제(Working Tax Credit) · 장애생활수당(Disability Living Allowance) · 아동급여(Child Benefit, 소득연계형) · 후견인수당(Guardian's Allowance) · 간호수당(Attendance Allowance) · 연금공제(Pension Credit) · 겨울 난방비지불금 및 크리스마스 보너스(Winter Fuel Payments and Christmas Bonus) · TV 수신료 무료혜택(Free TV Licence, 75세 이상) · 일시불 유족지불금(Lump-sum Bereavement Payments) · 모성수당(Maternity Allowance) · 산재급여(Industrial Injuries Benefit) · 중증장애수당(Severe Disablement Allowance) · 통합공제(Universal Credit) · 전사자배우자연금(War Widow's Pension, 여성) · 청(소)년지원수당(Young Person's Bridging Allowance)

자료: GOV.UK(http://www.gov.uk/income-tax/taxfree-and-taxable-state-benefits), 2016. 5. 29. 인출.

체계로 운영된다. 과세연도는 매년 4월 6일부터 다음 해 4월 5일까지이며, 비과세 소득을 제외하고 이 기간 동안 국내외에서 발생한 모든 거주자의 소득이 과세대상이다. 대부분의 소득세는 Pay-As-You-Earn(PAYE)을 통해 고용주에 의해 원천징수된다.

과세대상 소득의 범위에는 근로소득과 직장 복지혜택, 사업소득, 부동산 임대소득, 공·사적 연금소득, 신탁이자소득 및 주식배당소득은 물론 구직수당을 비롯한 일부 사회복지급여가 포함된다. 반면에 개인저축계좌(ISA) 또는 국민저축증서(National Savings Certificates) 등의 특정 저축상품 이자소득, 최초 5천 파운드까지의 자사주 배당소득, 국민로또 당첨금을 비롯하여 〈표 5-2〉 하단과 같은 소득조사(means-test) 기반 복지급여는 과세대상에서 제외된다.

영국의 소득세 체계에서 두드러지는 특징은 물가연동에 기준한 인적공제 중심의 공제제도와 기본-고율-추가세율 3단계의 세율구조를 갖춘 단순한 체계로 운용된다는 점이다(〈표 5-3〉~〈표 5-4〉 참조).

소득공제는 기본적으로 거주자의 연령과 혼인상태를 고려한 인적공제제도를 유지해왔지만 점차 고령자 혜택을 축소하면서 단순한 구조로 개편되었다. 구체적으로 보면 2012/13 과세연도까지는 고령자에 대해 65~74세와 75세 이상으로 구분하여 추가적 공제를 적용하였으나,[8] 2014/15 과세연도부터 출생연도를 기준으로 변경함으로써 결과적으로 고령층에 대한 공제규모가 이전에 비해 상당 부분 축소되었다. 그리고 2015/16 과세연도부터는 1938년 4월 5일 이후 출생자에 대해서는 모두 동일한 개인공제금액(현재 1만 1천 파운드)을 적용하고 동시에 기존 부부공제의 적용 대신 혼인

---

7) 재무부 예산에서 각 연도와 영국정부의 소득세 제도소개를 참조하여 작성했다(http://www.gov.uk/browse/tax/income-tax, 2016. 7. 10. 인출).

8) 《주요국의 사회보장제도: 영국》(한국보건사회연구원, 2012)의 108쪽 〈표 1-4-13〉을 참조하라.

공제를 적용하는 것으로 제한하였다.

혼인공제는 2016/17 과세연도를 기준했을 때, 배우자(또는 동거인)가 있는 거주자의 연간 소득이 1만 1천 파운드 미만이고 그의 배우자 소득이 1만 1천 파운드 초과 4만 3천 파운드 이하일 때, 소득이 더 높은 배우자에게 최대 1만 1천 파운드를 추가로 공제할 수 있도록 공제권리의 이전을 허용하는 제도이다. 한편, 과세표준 10만 파운드를 초과하는 경우 초과금액 2파운드당 개인공제액은 1파운드씩 줄어드는 구조로 고소득자에 대한 개인공제의 적용 배제를 인정함으로써 조세체계의 누진성을 강화하였다.

〈표 5-3〉 소득공제

(단위: 파운드)

공제 항목	2013/14 과세연도	2014/13 과세연도	2015/16 과세연도	2016/17 과세연도
개인수당(Personal Allowance)				
1948년 4월 5일 이후 출생자	9,440	10,000	10,600	11,000
개인소득공제 적용 제한 소득수준	100,000	100,000	100,000	100,000
1938년 4월 6일~1948년 4월 5일까지 출생자	10,500	10,500	10,600	11,000
1938년 4월 6일 이전 출생자	10,660	10,660	10,660	11,000
개인소득공제 적용 제한 소득수준 (1938년 4월 6일 이전 출생자)	26,100	27,000	27,700	27,700
혼인공제(Marriage Allowance)				
공제금액	-	-	1,060	1,100
부부공제(Married Couple's Allowance, 1935년 4월 6일 이전 출생자 적용)				
공제금액 상한	7,915	8,165	8,355	8,355
공제금액 하한	3,040	3,140	3,220	3,220
맹인공제(Blind Person's Allowance)				
공제금액	2,160	2,230	2,290	2,290
배당소득공제(Dividend Allowance)				
공제금액	-	-	-	5,000
개인저축공제(Personal Savings Allowance)				
개인저축 기본세율 납세자	-	-	-	1,000
개인저축 고율세율 납세자	-	-	-	500

자료: HMT, 2016b, Budget 2016.

<표 5-4> 과세구간별 소득세율

(단위: 파운드, %)

과세연도	최저세율	기본세율	고율세율	추가세율
1999/00	0~1,500(10%)	1,501~28,000(23%)	28,000 초과(40%)	
2000/01	0~1,520(10%)	1,521~28,400(22%)	28,400 초과(40%)	
*저축이자소득에 대해서만 최저세율 유지				
2008/09	0~2,320(10%)	0~34,800(20%)	34,800 초과(40%)	
2009/10	0~2,440(10%)	0~37,400(20%)	37,400 초과(40%)	신설
2010/11	0~2,440(10%)	0~37,400(20%)	37,401~150,000(40%)	150,000 초과(50%)
2011/12	0~2,560(10%)	0~35,000(20%)	35,001~150,000(40%)	150,000 초과(50%)
2012/13	0~2,710(10%)	0~34,370(20%)	34,370~150,000(40%)	150,000 초과(50%)
2013/14	0~2,790(10%)	0~32,010(20%)	32,011~150,000(40%)	150,000 초과(45%)
2014/15	0~2,880(10%)	0~31,865(20%)	31,866~150,000(40%)	150,000 초과(45%)
2015/16	0~5,000(0%)	0~31,785(20%)	31,786~150,000(40%)	150,000 초과(45%)
2016/17	0~5,000(0%)	0~32,000(20%)	32,001~150,000(40%)	150,000 초과(45%)

자료: HM Revenue & Customs. Tax structure and parameters statistics. TA.2(Rates of Income tax: 1990/91 to 2016/17).
HM Treasury, 2016b, Budget 2016.

이상의 인적공제 이외 소득세 경감 조치로 등록 자선단체에 대한 기부금 소득공제, 이혼자의 생계부양비 지출 소득공제, 선원(seafarer) 소득공제, 개인연금 본인 및 고용주 기여금 소득공제가 있다. 여기서 한 가지 주목할 점은 국민보험기여금 본인부담금의 경우 일종의 소득세와 같은 성격으로 별도 징수되는 것으로서 우리나라 소득세제와 달리 공제되지 않는다. 그 밖에 자영업자의 사업운영과 관련된 지출 역시 과세소득에서 비용으로 차감할 수 있으며, 피고용인인 경우 개인적 목적이 아닌 근로수행을 위해 지출한 교통비나 물품 구입에 대해서도 소득공제를 적용한다.

이러한 소득공제를 차감하여 계산된 과세소득금액에 구간별 소득세율을 적용하여 소득세를 산출하는데, 과세구간 또한 물가수준에 연동되어 매년 조정된다. <표 5-4>는 1999/00 과세연도 이후 과세소득 구간별 세율 변화를 보여준다.

세율구조의 변화를 보면 2008/09 과세연도에는 기본세율을 20%로

2%p 인하함과 동시에 저축이자소득을 제외한 나머지 소득에 대하여 지난 10여 년간 유지되었던 10% 최저세율 구간을 폐지하고 기본세율구간으로 통합하였다. 이와 같은 2단계 세율구조는 금융위기 이후 재정확충과 세부담 형평성 제고 목적에 따라 2010/11 과세연도부터 15만 파운드 초과 구간에 대해 50%의 세율을 적용하는 추가세율 구간이 신설됨으로써 현행 3단계 세율구조로 변경되었다. 최근에는 재정합리화의 성과가 나타나면서 2013/14 과세연도부터 추가세율은 5%p 인하된 45%가 적용되고 있다.

한편, 노동당정부(1997~2010)에서는 재정지출을 통해 제공하던 복지급여와 유사한 성격의 세액공제가 도입되었고 2003년 4월부터 아동세금공제(Child Tax Credit: CTC)와 근로세금공제(Working Tax Credit: WTC)로 통합되어 현재까지 운영되고 있다.

(2) 국민보험기여금[9]

2015/16 회계연도의 국민보험기여금 수입은 1,149억 파운드에 이른다 (OBR, 2016). 국민보험기여금은 소득에 대한 과세와 같지만 가입자의 급여 청구권이 부여된다는 점에서 일반적인 사회보험기여금의 성격을 갖는다. 그러나 실제 납부자의 기여 수준과 급여 간의 관계는 그리 강하지 않으며 근래에 올수록 더욱 약화되는 추세이다. 현재 납부 보험료의 약 20%는 국민건강서비스(NHS)에 이전되고 나머지가 국민보험기금(National Insurance Fund: NIF)에 수납된다(GDA, 2016).

국민보험기여금은 납부대상과 형태에 따라 Class 1~Class 4로 구분되는데, Class 1 기여금이 보험료수입의 대부분을 구성한다. Class 1은 국가연금(State Pension) 수급연령 미만의 임금근로자 부담금(*primary contribution*)과 고용주 부담금(*secondary contribution*)으로 구성되며 일정소득 이상에 대

---

9) 영국정부의 국민보험기여금 제도소개를 참조하여 작성했다(http://www.gov.uk/nationalinsurance, 2016. 7. 10. 인출).

<표 5-5> Class 1 국민보험기여금 소득기준과 보험료율

(2015/16년, 단위: 파운드, %)

근로자			고용주		
소득구간 (1주)	기준보험료율 (%)	SERPS 미가입 적용 보험료율(%)	소득구간 (1주)	기준보험료율 (%)	SERPS 미가입 적용 보험료율(%)
0~111	0	0	0~111	0	0
112~154	0	-1.4	112~155	0	-3.4
155~769	12	10.6	156~769	13.8	10.4
770~815	12	12	770~815	13.8	13.8
815 초과	2	2	815 초과	13.8	13.8

자료: HM Revenue and Customs, 2016, Main Features of National Insurance contributions. TA.4.
(tax year 1999 to 2000, to tax year 2016 to 2017).

해 부과된다(GOV. UK).

2015/16년 현재 근로자에 대한 보험료율은 주당 임금소득이 155파운드 이상 815파운드 이하인 경우 12%, 815파운드 초과 소득에 대해서는 2%를 적용한다. 고용주 부담금은 156파운드 이상의 주당 임금에 대해 13.8%의 정률로 부과되는데, 2015년 4월부터 21세 미만 근로자에 대한 부담금은 주당 임금 상한(815파운드) 초과 소득에 대해서만 적용된다.

한편, 기존 국가소득비례연금(State Earnings-Related Pension Scheme: SERPS)에 가입하는 대신 확정급여형 개인연금에 가입한 경우 기준보험료율보다 낮은 보험료율이 적용된다(<표 5-5> 참조). 다만, 2014년 연금법에 의해 2016년 4월 이후 공적 연금 수급연령에 도달하는 모든 사람에게 정액으로 연금지급이 이루어지고 기존의 2단계 연금체계가 완전히 해체됨에 따라 연금선택권은 더 이상 허용되지 않는다.

자영업자는 연간 영업이익 규모에 따라 Class 2과 Class 4를 납부해야 한다. Class 2는 연간 영업이익 5,965파운드 이상에 대해 정액의 기여금을 납부하는 것으로 2015/16년 현재 주당 2.8파운드가 부과된다. Class 4는 연간 영업이익 8,060파운드 이상 42,385파운드 구간에 대해서는 9%,

42,386파운드 이상에 대해서는 2%가 적용된다. 마지막으로 Class 3은 자격을 유지하기 위해 임의로 가입한 사람이 납부하는 기여금으로 현재 보험료는 주당 14.1파운드이다.

(3) 법인세[10]

2015/16 회계연도 법인세 수입은 441억 파운드를 기록할 것으로 예상된다 (OBR, 2016). 단일 세목으로는 소득세, 부가가치세와 국민보험기여금 다음으로 중요한 세목이지만 공공부문 총수입에서 차지하는 비중은 6.5%에 불과하다.

법인세는 유한회사, 영국 내 지사 또는 오피스를 설치한 외국회사, 민간주식회사 및 기타 회원제 클럽 등의 기업이익에 대한 과세이다. 과세대상 기업이익에는 영업이익, 투자, 자산매각이득이 포함되며 영국 법인의 경우 국내외 기업이익을 모두 포괄하고 해외 법인의 경우 영국에서 발생한 기업이익에 대해서만 과세한다. 법인세는 총매출에서 각종 영업활동에 소요되는 비용과 기타 조세감면 혜택을 공제한 순익에 대해 법인세율을 적용해서 산출한다. 2015년 4월 1일 이전에 발생한 기업이익에 대해서는 규모에 따라 2단계의 차등세율을 적용하였으나 현재는 20%의 단일세율이 적용되고 있다(〈표 5-6〉 참조).

최근 영국정부의 조세정책을 보면 지속적인 법인세율 인하를 추진하고 있으며 2016년 예산을 통해 2020년 4월 1일 이후 발생한 기업이익에 대한 법인세율을 17%까지 낮출 계획을 공표하였다. 그리고 이러한 법인세 인하 계획은 얼마 전 국민투표를 통해 브렉시트가 결정됨에 따라 당초보다 급진적으로 추진될 전망이다. 실제로도 지난 7월 3일 영국 재무장관은 시

---

10) 영국정부 홈페이지 법인세 제도소개를 참조하여 작성했다(https://www.gov.uk/government/publications/rates-and-allowances-corporation-tax/rates-and-allowances-corporation-tax, 2016. 7. 10. 인출).

<표 5-6> 법인세율

기업이익	2013년 4월 1일 이후	2014년 4월 1일 이후	2015년 4월 1일 이후
30만 파운드 이하	20%	20%	20%
30만 파운드 초과	23%	21%	20%

자료: HM Revenue & Customs(https://www.gov.uk/government/publications/rates-and-allowances-corporation-tax), 2016. 7. 15. 인출.

장충격을 완화하기 위하여 법인세율을 15%로 낮추겠다고 밝혔다.

(4) 부가가치세[11]

2015/16 회계연도의 부가가치세 수입은 1,158억 파운드에 이를 전망이다 (OBR, 2016). 부가가치세는 소득세 다음으로 수입규모가 큰 단일세목으로, 특히 경제위기 이후 그 중요도가 더욱 커지고 있다. 부가가치세는 모든 재화와 서비스의 생산과 소비단계에 대하여 일정률로 부과되는 조세로서 재화와 서비스에 따라 표준세율, 저감세율 또는 영세율(0%)이 적용된다. 대부분의 재화와 서비스에 적용하는 표준세율은 지난 2011년 1월 4일 17.5%에서 2.5%p 인상되어 현재 20%이다. 가정용 연료나 에너지, 여성용품, 아동용 차량시트, 금연상품, 에너지 절감제품 등에는 5% 저감세율이 적용되며, 식료품, 교통서비스, 서적·신문·잡지, 아동의류, 상하수도 서비스, 의약품, 특수 선박 및 항공, 장애인용 차량 및 기타 보조장치 등은 영세율이 적용된다. 한편, 최종 소비에서 부가가치세가 면세되는 항목에는 주거임대료, 상업부동산 공급, 교육서비스, 의료나 우편서비스, 도박·게임 및 복권, 장례서비스 및 용품 등이 포함된다.

---

11) 영국정부 홈페이지 VAT 소개자료를 참조하여 작성했다(https://www.gov.uk/guidance/rates-of-vat-on-different-goods-and-services, 2016. 7. 10. 인출).

3. 공공부문 총지출 구성과 재정제도의 변화

1) 총관리지출의 장기추이

2015/16 회계연도 총관리지출 규모는 7,530억 파운드로 GDP의 40.1% 수준이다(HM Treasury, 2016a: 18, Table 1.1). 총관리지출의 장기 추이를 보면, 지난 45년간 GDP 대비 36%에서 49% 범위에서 사회경제적 여건에 따라 오르내리고 있다. 1980년대부터 20세기 후반까지 총관리지출의 연평균 실질증가율은 1.4%로 점진적으로 증가해왔다(1980/81~1999/00).[12] 2000년대 노동당정부 기간 동안에는 집권 초기 안정적인 경제성장을 바탕으로 사회보장지출이 확대되었고 집권 말기 금융위기와 경기침체로 인하여 총관리지출은 급격히 증가하여 1999/00~2009/10년 기간 동안의 연평균 실질증가율은 4.3%에 이른다. 경제위기가 가장 심각했던 2009/10년 당

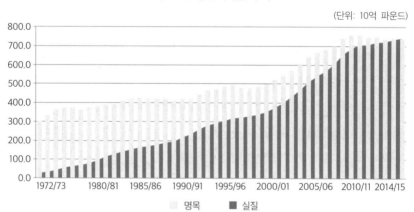

〈그림 5-5〉 총관리지출 추이

(단위: 10억 파운드)

자료: HM Treasury, 2015a, PESA 2015. Table 4.1.

---

12) OBR의 Public Finances Databank를 참고했다(www.budgetresponsibility.org.uk/data, 2016. 4. 29. 인출).

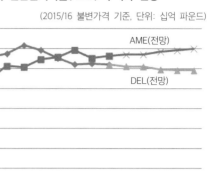

〈그림 5-6〉 부처지출한도(DEL)와 연간관리지출(AME) 추이와 전망

(2015/16 불변가격 기준, 단위: 십억 파운드)

자료: HM Treasury, 2015a, PESA 2015.

시 총관리지출은 GDP 대비 45.2%를 기록하였다(HM Treasury, 2016a).

2010년 들어선 연립정부의 강력한 재정개혁 추진으로 총관리지출 증가 속도가 현저히 둔화되면서 GDP 대비 총관리지출 비중 역시 점진적으로 하락하여 2015/16 회계연도에는 실적을 기준으로 40.1%에 머물렀다.

총관리지출을 유형별로 보면, 과거에는 전체 공공부문 지출에서 부처지출한도(DEL)가 차지하는 비중이 연간관리지출(AME)보다 컸지만 최근으로 올수록 상대적으로 연간관리지출이 더 빠르게 증가하면서 2015/16 회계연도 현재 총관리지출의 53%를 차지한다.

한편, 영국의 총관리지출 구성은 인구구조 변화나 경기변동 또는 정부의 정책 우선순위에 따라 변화해왔다. UN COFOG 기준으로 분류한 총관리지출의 구성을 보면 2015/16 회계연도 현재 사회보호분야의 지출이 가장 큰 비중을 차지한다(총정부지출 대비 35.1%, GDP 대비 14.1%). 다음으로 NHS가 18.4%, 교육분야 지출이 11.2%로 높게 나타난다. 이들 세 분야에 대한 공공부문 지출은 2000년대 노동당정부를 거치면서 크게 확대되었다. 특히, NHS 지출은 1997/98 회계연도에 총지출 대비 13%에서

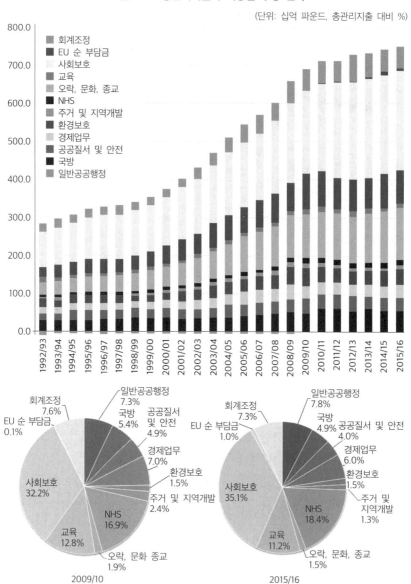

〈그림 5-7〉 총관리지출의 기능별 구성 변화

(단위: 십억 파운드, 총관리지출 대비 %)

회계조정
EU 순 부담금
사회보호
교육
오락, 문화, 종교
NHS
주거 및 지역개발
환경보호
경제업무
공공질서 및 안전
국방
일반공공행정

2009/10

회계조정 7.6%
EU 순 부담금 0.1%
일반공공행정 7.3%
국방 5.4%
공공질서 및 안전 4.9%
경제업무 7.0%
환경보호 1.5%
주거 및 지역개발 2.4%
오락, 문화 종교 1.9%
NHS 16.9%
교육 12.8%
사회보호 32.2%

2015/16

회계조정 7.3%
EU 순 부담금 1.0%
일반공공행정 7.8%
국방 4.9%
공공질서 및 안전 4.0%
경제업무 6.0%
환경보호 1.5%
주거 및 지역개발 1.3%
오락, 문화, 종교 1.5%
NHS 18.4%
교육 11.2%
사회보호 35.1%

자료: HM Treasury, 2016a, PESA 2016. Table 4.2.

2004/05년에 16%로 급증하였고 금융위기 이후로도 현재까지 진행 중인 지출삭감에서 제외되어 총지출에서 차지하는 비중은 지속적으로 커질 전망이다.

2) 재정제도의 변화

현행 공공재정의 부처지출한도(DEL)와 연간관리지출(AME)의 구분 및 계획·관리체계는 1998년 노동당정부에 의해 처음 시행되어 지금까지 유지되고 있다. 당시 정부는 공공지출의 성격을 다년간에 걸친 지출총량으로 추정할 수 있다고 보고 따라서 그 한도를 설정할 수 있는 지출(DEL)과 해마다 필요에 따라 재량적으로 관리할 수밖에 없는 지출(AME)로 구분함으로써 부처 간 예산배분의 효율성을 제고하고자 하였다.

1992년 이전까지 영국의 공공부문 지출은 현재 우리나라의 예산 편성과정과 마찬가지로 매년 각 소관부처와 재무부 간 1:1 협상을 통해 다음 해에 대한 지출을 계획하고 집행하는 구조였는데, 이러한 구조에서는 다음과 같은 재정관리의 문제가 존재한다(Crawford, Emmerson, & Tetlow, 2009: 8~9). 우선 공공지출 총량 수준의 적정성을 가늠하기 힘들 뿐만 아니라, 주어진 지출총량을 기준으로 어떤 영역이나 분야에 우선순위를 두고 예산을 배분해야 하는가에 대한 전략적 결정이 어렵다. 또한 경기변동에 따른 순환성 지출과 비순환성 지출을 구분하지 않기 때문에 경기변동에 따른 재정총량의 증감 원인을 파악하기 힘들고 따라서 합리적 재정운용이 저해될 수 있다. 예컨대, 경기침체 시 순환성 지출은 증가하고 정부투자와 같이 미래 생산성 향상에 필요한 지출이 억제되는 상황임에도 재정당국은 정작 재정총량의 증감 원인을 제대로 파악하지 못함으로써 합리적 대응이 어렵다.

이러한 한계를 인식하여 1992년 영국정부는 'Top-down' 형태로 공공지출 총량에 대한 통제력을 강화하고 순환성 지출과 비순환성 지출을 더욱 명료하게 구분하여 관리할 수 있도록 재정관리체계를 개편하였다. 이를 통해 정부는 매해 여름 향후 3개 회계연도에 대한 전 부처의 지출총량 계획, 즉 관리총량(control total)을 설정하였다. 당시 관리총량 규모는 전체 공공지출의 85%로, 여기에 실업과 관련된 사회복지지출이나 정부 이자지출과 같은 경기 순환성 지출은 제외되었다(Dilnot & Giles, 1996: 56).

1990년대 초중반 경기침체를 배경으로 1997년 집권한 노동당정부는 기존 공공지출 관리제도가 과소투자를 야기하고 재정의 경기대응력을 약화시키는 구조적 문제가 있다고 지적하였다(HM Treasury, 2000b). 이에 따르면 우선 기존 체계에서 비록 3년이라는 중기기간에 대한 관리총량이 주어져 운용되었지만 연도별 설정된 지출한도에 대한 불용액의 이월을 허용하지 않고 2년차와 3년차에 대한 지출한도는 사실상 명목상 설정된 상태로 실제 빈번하게 조정됨에 따라 부처들이 장기적 관점에서 지출계획을 수립하고 집행하도록 하는 유인체계를 갖추지 못했다는 것이다. 즉, 여전히 연단위 지출체계로 재정운용 틀이 구성되기 때문에 중기적인 투자가 필요한 영역에 대해 합리적으로 재원을 배분하지 못한다는 것이다. 또한 기존 체계에서는 재정의 경제적 효과가 상이한 경상지출과 자본지출을 구분하지 않는데, 이것이 경기침체나 재정긴축 시 단기적 경상 재정수요를 충당하기 위하여 자본지출을 줄이는 기제로 작용함으로써 장기적으로 재정에 부정적인 영향을 준다는 지적이었다.

이에 대응하여 노동당정부는 새로운 재정운용 틀을 도입하였다. 그 주요내용을 보면 먼저 자본(capital) 예산과 자원(resource) 예산을 구분하였고 지출검토(SR)에서 지출총량을 확정하여 관리하도록 함으로써 현행의 부처지출한도(DEL)와 연간관리지출(AME)의 구분체계가 성립하였다(HM Treasury, 2000b). 또한 1998년에는 부처가 당해 불용액을 다음 회계연도로 이월하여 사용할 수 있도록 하는 연말 융통제(end-of-year flexibility)가 도입되었다.

금융위기 이후 2010년에 들어선 연립정부는 지출삭감과 세입확충을 통해 매년 정부부채의 신규발행을 억제하여 2019/20 회계연도에 재정수지 흑자 달성을 목표로 하는 강력한 재정긴축정책을 추진하였다. 이러한 재정개혁의 제도적 준거는 〈2011년 예산 책임 및 국가감사법〉을 통해 마련되었고 이를 구체화한 예산책임헌장(Charter for Budget Responsibility)에 의해 구현되었다.

〈2011년 예산 책임 및 국가감사법〉 Section 1 (1) 과 (2) 는 재정정책 방향과 목표, 부채관리 목표, 재정운용 규정 등을 포괄하는 예산책임헌장의 작성의무와 이에 준거하여 재정을 운용할 책임을 명시한다. 또한 예산책임처의 책임기능을 예산책임헌장에 명시하고〔동법 Section 6 (1)〕, 정부가 작성한 예산책임헌장에 대한 의회제출 의무를 명문화하는 등 세부적인 재정관리 책임을 강조하고 있다〔동법 Section 1 (4)〕.

이처럼 예산책임헌장은 영국의 장기 이익에 부합하도록 공공재정의 지속가능성 관리와 투명한 재정정책 운영에 관한 정부 계획을 담으며, 실제 정부의 재정운용에 대한 구체적 지침서로서 기능한다. 2015년 10월 15일 일부 개정된 예산책임헌장에서는 정부재정정책 준거 틀의 투명성 확보를 동 헌장의 목적으로 밝히면서 명료하게 설정된 재정권한과 재정목표에 기초하여 재정정책을 운용할 정부의 책임을 세부적으로 명시하고 있다. 예산책임헌장의 내용은 크게 정부의 재정정책 목표와 재정정책의 권한에 대한 정부재정정책 준거 틀(제3장)과 OBR의 기능과 역할(제4장)로 구분된다. 제3장의 정부재정정책의 준거 틀에는 재무부의 재정정책 목표와 재정정책 권한, 재무부의 연간 예산보고서의 내용에 대한 요구사항, 재무부의 국가부채 관리목표와 연간 부채관리보고서에 포함될 내용에 관한 구체적 규정이 담겼다.

현재 예산책임헌장에 명시된 영국재정정책의 목표는 첫째, 경제안정성 확보와 세대 간 형평성 제고 및 제반 정부정책의 효과성을 담보하기 위한 공공재정의 지속가능성 확보와 둘째, 경기변동에 대응한 통화정책의 효과성 제고를 도모하는 것에 있다. 이러한 목적을 달성하기 위한 재정운용에 관한 규정에 따라 재무부는 OBR의 경제·재정전망을 기초로 설정된 정부 재정정책 방향에 대한 설명을 포함하여 다음 해의 조세정책 및 중기 지출 규모와 배분 내역을 예산서에 명시하여 공개하고 있다.

예산서에 포함될 내용에 대한 예산책임헌장의 규정에 따르면 예산서에는 정부의 경제·재정정책 방향과 함께 다음 해의 조세정책과 중기 공공지출 방향이 반드시 명시되어야 한다. 더불어 정부재정정책의 목적, OBR에 의해 타당성 평가가 이루어지게 되는 재정목표, 안정과 성장 협약(Stability and Growth Pact) 규정준수 책임, 부채관리 등 공공재정 운영방향에 일치하여 재정이 운용되고 있는가에 대한 검토를 위해, 최근의 예산보고서가 발표된 이후 정부가 시행하는 모든 주요 재정정책 조치에 대한 영향·비용 분석 결과와 이에 대한 자세한 분석방법론에 대한 설명을 포함할 것을 명문화하고 있다.

한편, 현재 예산책임헌장에 명시된 영국정부의 부채관리 목표는 통화정책과의 일관성을 유지하면서 장기간에 걸친 위험요인을 고려한 정부재정 소요를 충당하는 비용을 최소화하는 것에 있다. 이와 관련하여 재무부는 회계연도별 차입재정프로그램의 총량 규모를 포함한 부채관리 계획을 수립하고 이를 예산에 포함하는 형태로 공개적으로 정부부채를 관리한다.

3) 금융위기 이후 재정합리화 추진 과정과 사회보장지출

(1) 재정합리화 추진과정

2010년 이후 영국의 재정합리화 추진 과정을 보면 재정긴축 규모나 구성이 많이 변화했다. 2010년 당시 재정긴축 계획을 수립했을 때의 예상보다 경제상황이 좋지 않아 처음 계획보다 긴축규모가 더 커지고 추진기간 역시 연장되었다.

<표 5-7> 재정긴축 계획

(2010년 6월 예산 기준, 단위: 십억 파운드, %)

	2010/11	2011/12	2012/13	2013/14	2014/15	2015/16
재량적 긴축규모(a)	8.9	41	66	90	113	128
지출삭감(b)	5.2	23	42	63	83	99
조세확충	3.6	18	24	27	29	29
지출삭감비중(b/a × 100)	59	57	64	70	74	77

자료: HM Treasury, 2010b, Budget 2010. Table 1.1(하단): 15.

경제위기가 최고조에 이르렀던 2010년 6월 예산에 따르면 당시 영국의 GDP 대비 공공부문 순 차입규모는 직전 회계연도보다 5.1%p 증가한 11.8%로 예상되었다(HM Treasury, 2010b). 이에 정부는 2015/16년까지 1,280억 파운드에 이르는 재정긴축을 통해 GDP 대비 순 차입비율을 1.1%까지 축소시킨다는 계획을 밝혔다. 그리고 이러한 재정긴축은 <표 5-7>과 같이 2015/16 회계연도까지 재정절감 규모의 23%는 세입증가를 통해 달성하도록 계획되었다. 하지만 2016년 3월 현재 영국정부의 실제 순 차입규모는 GDP 대비 3.8%로 당초 예상보다 더 크게 나타났다. 이에 따라 재정합리화 추진기간 역시 연장되어 2015/16 회계연도 말까지 3분의 2가 완료되고 나머지는 2016/17 회계연도부터 2020/21 회계연도까지 진행하는 것으로 수정되었다(HM Treasury, 2016b).

재정긴축 규모와 구성 또한 2010년 계획 대비 차이가 확인된다. IFS 분석결과에 따르면 2008년 예산 이후 2016년 3월까지 세입증가와 지출삭감을 통해 확보된 재정절약 규모는 GDP의 10.6%로 현재가치로 약 2,010억 파운드에 이르며 이 중 14%가 세입증가였고 나머지 86%는 지출삭감을 통해 이루어진 것으로 확인된다(IFS 홈페이지). [13]

---

13) IFS의 Fiscal response to the crisis를 참고했다(http://www.ifs.org.uk/tools_and_re-sources/fiscal_facts/fiscal-response-crisis. 2016. 6. 29. 인출).

이처럼 2010년 이후 영국정부가 추진한 재정합리화 과정의 최우선 과제는 공공부문에 대한 강력한 지출 통제였다. 그리고 이를 위한 핵심적 조치로 재정지출에 대한 관리규율을 강화하였는데, 이전 노동당정부와 대비되는 큰 차이는 다음과 같다. 첫 번째는 2011년 도입된 새로운 예산교환 (*budget exchange*) 제도로 회계연도 간 이월금의 규모에 대해 한도가 설정된 것이다. 두 번째는 2013년 가구급여한도(Benefit Cap: BC)의 시행이다. 가구급여한도는 연립정부 초기 복지개혁의 일환으로 〈2012년 복지개혁법〉을 통해 제도화되었지만 사실 금융위기 이후 영국정부가 추진하는 지출삭감을 통한 재정적자 감축을 골자로 하는 재정합리화 과정으로 이해해야 한다. 그리고 세 번째 차이는 2014년 예산을 통해 현재 연간관리지출의 상당 부분을 차지하고 있는 대다수 사회복지지출에 대한 한도를 설정하는 복지지출 총량제(Welfare Cap)의 도입이다.

(2) 가구급여한도와 복지지출

영국정부는 2010년 지출검토에서 근로연령 계층에 대한 복지개혁의 일환으로 16~64세의 경제활동연령에 해당하는 사람이 받을 수 있는 복지급여액의 한도를 설정하여 적용하는 가구급여한도(BC)의 시행계획을 발표하였다(HM Treasury, 2010c).

노동연금부(DWP)에 따르면, 2009/10 회계연도에 근로연령계층에 대한 복지급여 지출은 교육분야 전체 지출규모와 비슷한 900억 파운드에 이르렀다. 이는 당시 국방 전체 지출 380억 파운드의 두 배를 훨씬 상회하는 규모였다. 2011/12 회계연도까지 과거 10년간 동 계층에 대한 복지급여와 조세혜택은 실질가격을 기준으로 거의 50%가량 크게 증가했다(DWP, 2014).

이처럼 막대한 재정이 소요되는 반면에 종종 일상적 경제활동을 하는 사람보다 더 많은 돈을 복지급여로 받는 상황이 목격되면서 복지개혁에 대한 필요성이 증폭되었다. 이에 따라 정부는 한 가구가 받을 수 있는 복지급여

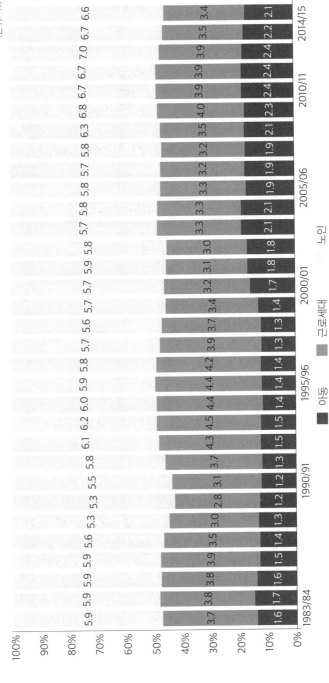

〈그림 5-8〉 생애주기별 지출구조

(단위: %)

주: 그림 안의 숫자는 GDP 대비 지출비율임.
자료: OBR, 2014, Welfare trends 2014. chart and tables.

<표 5-8> 가구급여한도 적용항목과 면제범위

적용항목	면제범위
· 유족급여(Bereavement Benefits) · 수발자수당(Carer's Allowance, 2016년 가을 이후 적용) · 아동급여(Child Benefit) · 아동세금공제(Child Tax Credit) · 고용 및 지원수당(Employment and Support Allowance) · 후견인수당(Guardian's Allowance, 2016년 가을 이후 적용) · 주거급여(Housing Benefit) · 장애급여(Incapacity Benefit) · 소득지원(Income Support) · 구직수당(Jobseeker's Allowance) · 모성수당(Maternity Allowance) · 중증장애수당(Severe Disablement Allowance) · 유족부모수당[Widowed Parent's Allowance, 또는 유족배우자(여성 및 남성)연금을 2001년 4월 9일 이전부터 수급한 경우] · 통합공제(Universal Credit, 근로능력평가를 받고 일을 하지 않는 경우)	· 가구원 중 근로세금공제(Working Tax Credit) 수급자격이 있거나, 다음의 급여를 받는 경우 · 군인보상제도(Armed Forces Compensation Scheme) · 군인자립지불금(Armed Forces Independent Payment) · 간호수당(Attendance Allowance) · 장애생활수당(Disability Living Allowance) · 산재급여(Industrial Injuries Benefits) · 개인자립지불금(Personal Independence Payment) · 근로 또는 근로와 관계된 활동능력이 제한된 경우 지급되는 통합공제(Universal Credit) · 전쟁연금(War Pensions) · 전사자배우자연금(War Widow's/Widower's Pension)

자료: GOV.UK(www.gov.uk/benefit-cap/benefits-included-in-the-cap), 2016. 7. 3. 인출.

총액을 일반적 근로가구의 평균소득수준 이하로 제한함으로써 사람들의 근로의욕을 저하시키지 않고 복지시스템의 형평성을 확보하면서도 근로능력이 없는 취약계층에 대해서는 지속적 보호를 제공할 수 있는 정책적 대안을 모색하였다.

이러한 과정에서 영국 복지제도 역사상 가장 큰 입법적 변화로 평가되는 〈2012년 복지개혁법〉(The Welfare Reform Act 2012)이 성립하였다. 이에 따라 통합공제(Universal Credit)와 함께 핵심적 개혁조치로 성인이나 아동 또는 주거와 관련한 조세혜택에 대해 2013년부터 가구급여한도가 적용된다. 14)

---

14) 통합공제(Universal credit) 제도에 대해서는 제 11장에서 자세히 다루고 있다.

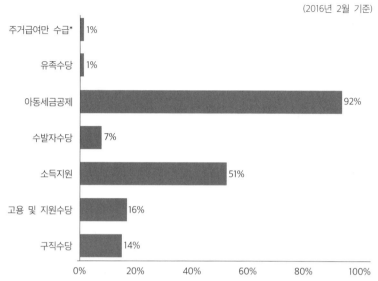

〈그림 5-9〉 가구급여한도 적용 가구의 복지급여 수급 비중

(2016년 2월 기준)

자료: DWP, 2016a, Benefit cap quarterly statistics: GB households capped to February 2016. p. 6 재작성.

2016년 현재 자녀가 있는 부부나 한부모가정의 경우 주당 500파운드(연간 26,000파운드), 무자녀 1인가구는 주당 350파운드(연간 18,200파운드) 까지 급여를 받을 수 있다. 한편, 경제활동연령의 근로유인 제공이라는 제도의 도입취지에 따라 공적 연금이나 연금공제, 근로세금공제의 경우 한도적용대상에서 제외하며 장애인의 생계부담을 고려하여 장애와 관련된 주요 급여에 대해서도 예외로 한다(〈표 5-8〉 참조).

DWP(2016)에 따르면 2013년 4월 15일 제도 시행 이후 가구급여한도 적용을 받은 가구 수는 꾸준히 증가하여 2016년 2월 현재 중복을 제외한 누적 가구 수는 7만 3천에 이른다. 2016년 2월 현재 총 2만 2백 가구가 가구급여한도 적용을 받으며 이 중 자녀가 있는 가구가 94%를 차지한다. 자녀를 양육하는 한부모가정은 1만 3,300가구로 전체의 66%를 차지하며 이들 대부분이 만 6세 미만의 영유아 자녀를 키운다(1만 400가구).

한편, 가구급여한도 적용을 받는 가구가 받는 급여 유형을 보면 20,200가구 중 92%가 아동세금공제를 받은 것으로 나타나 가장 높았고, 이어서 소득지원(Income Support) 51%, 고용 및 지원수당(Employment and Support Allowance) 16%, 구직수당(Jobseeker's Allowance) 14%, 수발자수당(Carer's Allowance) 7%, 그리고 주거급여(Housing Benefit)만 수급하는 가구는 1% 순으로 나타났다(〈그림 5-9〉 참조).

가구급여 제한 폭을 보면 전체 가구의 84%가 주당 100파운드 이하로 나타났고 300파운드 이상은 100가구로 1% 미만에 불과한 것으로 확인된다(DWP, 2016: 7).

(3) 복지지출 총량제와 복지지출

영국정부는 2013년 6월 지출검토(SR)를 통해 공적 연금을 제외한 특정 복지지출 총량에 대한 상한을 설정하겠다는 계획을 발표하였다(HM Treasury, 2013c). 복지지출 총량제(Welfare Cap: WC)의 도입취지는 경기순환성 복지지출에 대한 장기적이고 계획적인 관리를 통해 자동 안정화장치(*automatic stabilizer*)로서 기능하도록 한다는 것이었다. 그리고 2014년 예산에서는 2015/16 회계연도부터 2018/19 회계연도까지 적용될 공식적인 지출한도와 연도별 2%까지 초과지출이 허용되는 조정마진이 설정되어 시행되었다(HM Treasury, 2014). 복지지출 총량제의 운용에 대한 지침을 명문화하는 예산책임헌장에 따라 재무부는 복지지출 총량제의 수준과 적용대상 급여항목의 범위에 대해 명목가격을 기준으로 5년의 기간에 대하여 해마다 새롭게 설정하는데, 이와 더불어 일시적인 경기변동 대응을 위해 필요한 복지지출 총량제 초과지출 조정범위도 같이 제시한다.

2016년 3월 예산에 나타난 회계연도별 복지지출 총량제 수준과 조정범위는 〈표 5-9〉와 같다.

복지지출 총량제 적용대상 급여항목의 범위는 OBR의 사회보장 또는 개

<표 5-9> 복지지출 총량제 수준과 조정범위

(2016년 예산, 단위: 십억 파운드)

	2016/17	2017/18	2018/19	2019/20	2020/21
복지지출 총량	115.2	114.6	114.0	113.5	114.9
조정범위(2%)	2.3	2.3	2.3	2.3	2.3

자료: HM Treasury, 2016b, Budget 2016.

인세금공제(Personal Tax Credits) 지출전망에 포함되거나 공공부문 경상지출에 영향을 미치는 모든 지출은 일단 적용대상으로 간주된다. 한편, 복지지출 총량제 적용 대상범위의 지출목록에 대한 변경이나 그 수준과 조정범위에 대한 수정은 반드시 하원의 승인을 필요로 한다. 특히, 지출규모와 관련해서 보면 연간관리지출(AME)에서 지출규모가 고정된 부처지출한도(DEL)로 단순히 지출계정을 변경하는 것과 같은 재정중립적인 재정분류상의 변경에 있어서는 새로운 분류에 따라 자동 조정되기 때문에 하원의 승인은 요구하지 않는다.

이와 같은 재정중립적인 지출 분류상의 변경 이외에는 복지지출 총량제 초과지출이 발생하거나 가능성이 존재하는 경우 정부는 예산책임헌장에 따라 반드시 이 문제를 하원 의결을 거치는 안건으로 제출해야만 한다. 이때, 고용연금부는 사회보장지출을 지출한도 미만으로 줄이기 위한 정책대안을 마련하여 제시하거나, 정당한 사유에 근거하여 지출한도를 상향조정하는 것에 대한 하원의 승인을 요청하거나, 지출한도를 초과하여 지출해야하는 합리적 이유를 설명해야 한다. 만일 복지지출 총량제에 해당하는 급여 지출의 총량이 복지지출 총량제를 초과하지만 조정 마진을 넘지 않는 수준이고 그 이유가 재량적 정책 활동의 결과가 아니라 단순히 경제재정 전망치가 달라졌기 때문이라면 지출한도가 초과된 것으로 보지 않고, 정부는 이러한 사항에 대하여 가을성명서를 통해 지출증가의 이유와 내용을 기록하고 하원에 이를 보고해야 한다.

이상과 같이 관리되는 WC 적용대상 급여의 범위는 2016년 현재 <표

5-10〉의 좌측과 같으며 그 규모는 연간 사회복지지출 총액의 약 56%에 해당한다.

2014년 복지지출 총량제의 도입을 통해 영국정부는 이미 본격적으로 시행 중인 가구급여한도(BC)와 함께 복지급여 지출에 대한 강력한 통제권한을 확보하였다. 정부는 이로써 대부분 복지지출로 구성되어 이전까지 사실상 증가속도를 통제하기 어려웠던 연간관리지출(AME)을 적절한 범위 안

〈표 5-10〉 복지지출 총량제의 적용범위에 해당하는 급여와 조세혜택 항목

(2015년 여름예산 기준)

적용항목	제외항목
• 간호수당(Attendance Allowance) • 유족급여(Bereavement Benefits) • 수발자수당(Carer's Allowance) • 아동급여(Child Benefit, 후견인수당 포함) • 크리스마스 보너스(Christmas Bonus) • 장애생활수당(Disability Living Allowance) • 고용 및 지원수당(Employment and Support Allowance) • 재정지원제도(Financial Assistance Scheme) • 주거급여(Housing Benefit, 구직수당 중 주거급여는 제외) • 장애급여(Incapacity Benefit) • 소득지원(Income Support) • 직장복지공제(In Work Credit) • 모성수당(Maternity Allowance) • 연금공제(Pension Credit) • 개인자립지불금(Personal Independence Payment) • 개인세금공제(Personal Tax Credit) • 복직공제(Return to Work Credit) • 중증장애수당(Severe Disablement Allowance) • 사회기금-한파지불금(Social Fund-Cold Weather Payments) • 법정 입양지불금(Statutory Adoption Pay) • 법정 모성지불금(Statutory Maternity Pay) • 법정 부성지불금(Statutory Paternity Pay) • 비과세 보육료지원(Tax Free Childcare) • 통합공제(Universal Credit, 구직자는 제외) • 겨울 난방비지불금(Winter Fuel Payments)	• 부처지출한도를 통한 급여 지출 • 구직수당(Jobseeker's) • 국가연금(State Pension, 기초 및 추가) • 무소득자 또는 완전 수급자격에 해당하는 사람에게 지급하는 통합공제(Universal Credit)

자료: HM Treasury, 2015b, Summer Budget 2015. Table B1: 103.

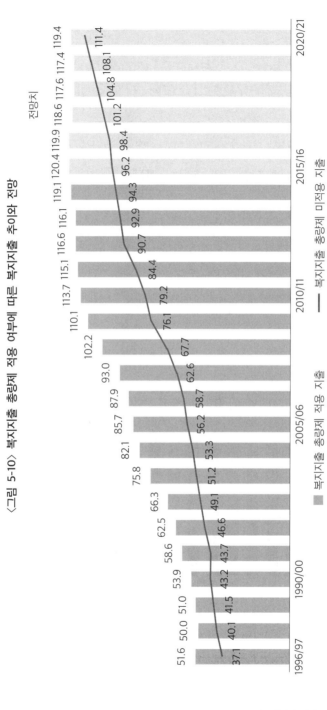

〈그림 5-10〉 복지지출 총량제 적용 여부에 따른 복지지출 추이와 전망

전망치

복지지출 총량제 적용 지출
복지지출 총량제 미적용 지출

자료: DWP. Benefit expenditure and caseload tables 2016-Outturn and forecast: March Budget 2016.

에서 관리할 수 있을 것으로 기대한다(〈그림 5-10〉 참조). 한편, 이전 캐머런정부가 재정합리화 계획을 추진함에 있어 NHS, 교육 및 해외 원조에 대해서는 지출삭감에서 보호하겠다는 공식입장을 천명한 바와 같이, 이들 부문에 대해서는 WC가 적용되지 않는다. 그에 따라 전체 사회보장지출에서 NHS가 차지하는 비중은 앞으로 더욱 커질 것으로 예상된다.

4) 국제비교를 통해 본 영국의 사회보장재정

〈그림 5-11〉은 유럽 주요국가의 사회보장지출 재원 구성비를 비교하여 보여준다. EU 전체를 기준으로 보았을 때 2012년 사회보장지출의 약 55%는 사회보험기여금에 의존하는 것으로 나타난다. 특히, 프랑스(61.9%)나 독일(63.6%)과 같이 사회보험 역사가 오래된 국가에서 사회보험기여금비중이 높게 나타나고 있다. 반면, 영국의 경우 일반 조세수입 비중이 53.2%로 덴마크(77.7%)와 아일랜드(69.4%)에 다음으로 높다. 국제통

〈그림 5-11〉 영국과 유럽 주요국의 사회보장지출 재원 구성 비교

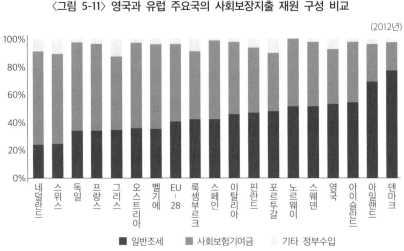

(2012년)

■ 일반조세   사회보험기여금   기타 정부수입

자료: Eurostat. gov_10a, 재작성(http://ec.europa.eu/eurostat/web/government-finance-statistics/data/database), 2016. 3. 20. 인출.

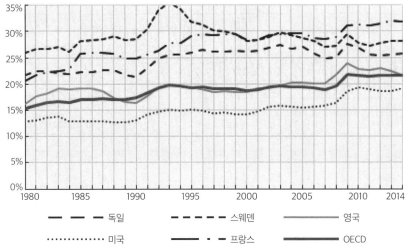

〈그림 5-12〉 주요국의 공공사회지출 비교

자료: OECD(http://stats.oecd.org/Index.aspx?DataSetCode=SOCX_DET), 2016. 4. 30. 인출.

계에서 사회보험기여금으로 구분되는 영국의 국민보험기여금이 앞서 살펴
본 바와 같이 납부형태나 수입의 지출기능에서 생산과세와 유사한 특징을
갖는다는 점을 고려하면, 실제 영국 사회보장재원의 조세의존도는 이보다
훨씬 크다고 보아야 할 것이다.

〈그림 5-12〉의 OECD 공공사회지출(SOCX) 자료를 통해 1980년대 이
래 최근까지 영국의 사회보장지출 추이를 보면, 1980년대 후반 일련의 개
혁을 통해 사회보장지출에 대한 더욱 엄격한 통제가 이루어지면서 2000년
대 초반까지 영국의 GDP 대비 공공사회지출 비중은 전반적으로 OECD
평균보다 다소 낮은 수준에서 유지되었음을 알 수 있다.

2000년대 중반 이후부터 사회보장지출 규모가 빠르게 증가하여 2009년
에는 OECD 평균(GDP의 21.9%)보다 2%p 높은 23.9%에 이르렀으나,
이후 앞에서 살펴본 바와 같은 강력한 재정긴축이 이루어지면서 GDP 대
비 공공사회지출 비중이 급격히 하락하였다. 2014년 영국의 공공사회지출
규모는 GDP의 21.7%로 OECD 평균 21.6%보다 약간 높게 나타난다.

〈표 5-11〉 기능별 공공사회지출 추이

(1980~2011년, 단위: GDP 대비 %)

	계	노령	유족	근로 무능력	보건	가족	ALMP	주거	실업	기타
영국										
1980	16.3	4.2	1.7	1.0	4.6	2.3	0.5	0.1	1.2	0.6
1981	17.7	4.5	1.7	1.1	4.8	2.4	0.6	0.2	1.7	0.7
1982	18.2	4.7	1.6	1.1	4.6	2.4	0.6	0.4	2.0	0.9
1983	19.1	4.6	1.6	1.4	4.8	2.3	0.7	0.8	2.0	0.8
1984	19.0	4.5	1.6	1.4	4.7	2.3	0.7	0.9	2.1	0.9
1985	19.2	4.4	1.5	1.5	4.6	2.3	0.7	1.3	2.0	0.9
1986	19.2	4.4	1.5	1.6	4.5	2.2	0.8	1.3	1.9	1.0
1987	18.5	4.2	1.4	1.6	4.6	2.1	0.8	1.2	1.5	1.0
1988	17.3	3.9	1.3	1.6	4.5	2.1	0.7	1.1	1.1	1.0
1989	16.6	3.8	1.2	1.7	4.5	2.0	0.6	1.1	0.8	1.0
1990	16.3	4.8	0.3	2.1	4.5	1.9	0.5	1.2	0.7	0.2
1991	17.7	5.2	0.4	2.3	4.9	2.0	0.5	1.2	1.1	0.2
1992	19.3	5.5	0.3	2.5	5.2	2.2	0.5	1.5	1.2	0.2
1993	19.9	5.6	0.3	2.8	5.3	2.3	0.5	1.7	1.2	0.2
1994	19.4	5.4	0.3	2.8	5.3	2.3	0.5	1.7	1.0	0.2
1995	19.2	5.4	0.3	2.9	5.2	2.3	0.4	1.8	0.8	0.2
1996	19.0	5.4	0.3	2.8	5.3	2.3	0.4	1.7	0.7	0.2
1997	18.3	5.4	0.3	2.7	5.1	2.2	0.3	1.6	0.5	0.2
1998	18.6	5.4	0.3	2.6	5.2	2.7	0.2	1.5	0.4	0.3
1999	18.3	5.3	0.3	2.4	5.4	2.5	0.2	1.5	0.4	0.2
2000	18.4	5.4	0.3	2.4	5.4	2.7	0.2	1.4	0.3	0.2
2001	19.1	5.6	0.3	2.4	5.7	2.7	0.3	1.4	0.5	0.2
2002	19.2	5.7	0.2	2.4	5.9	2.8	0.3	1.4	0.3	0.2
2003	19.6	5.7	0.2	2.4	6.1	3.0	0.4	1.4	0.3	0.2
2004	20.2	5.8	0.2	2.4	6.4	3.1	0.4	1.4	0.2	0.2
2005	20.2	5.8	0.2	2.3	6.5	3.1	0.4	1.4	0.2	0.2
2006	20.0	5.6	0.1	2.4	6.7	3.1	0.3	1.4	0.2	0.2
2007	20.1	5.6	0.2	2.5	6.7	3.3	0.3	1.1	0.2	0.2
2008	21.6	6.1	0.1	2.7	7.2	3.5	0.3	1.2	0.3	0.2
2009	23.9	6.4	0.1	2.8	8.0	4.0	0.4	1.4	0.5	0.2
2010	22.8	6.1	0.1	2.4	7.8	4.0	0.4	1.5	0.4	0.2
2011	22.7	6.1	0.1	2.5	7.7	4.0	0.4	1.5	0.4	0.2

<표 5-11> 기능별 공공사회지출 추이(계속)

(단위: GDP 대비 %)

	계	노령	유족	근로무능력	보건	가족	ALMP	주거	실업	기타
OECD 평균										
1980	15.4	5.1	1.0	2.2	4.3	1.6	-	-	-	-
1990	17.5	5.9	0.9	2.3	4.5	1.6	0.5	-	1.1	0.4
2000	18.6	6.4	0.9	2.2	5.0	1.9	0.6	0.3	0.9	0.4
2011	21.4	7.4	1.0	2.2	6.2	2.2	0.5	0.4	1.0	0.5

자료: OECD(http://stats.oecd.org/Index.aspx?DataSetCode=SOCX_DET), 2016. 4. 30. 인출.

하지만 핀란드(31%)나 스웨덴(28.1%) 등 북유럽이나 프랑스(31.9%), 독일(25.8%)을 포함한 유럽대륙 국가보다는 상당히 낮은 수준이며, G7 국가 중 일본(23.1%)에 이어 5번째로 캐나다(17%)와 미국(19.2%)에 다소 앞서고 있다.

<표 5-11>의 공공사회지출의 기능별 구성을 보면 보건과 가족, 주거 및 근로무능력의 경우 OECD 평균보다 높은 지출 수준을 보이는 반면에 연금이나 적극적 노동시장정책(Active Labour Market Programmes: ALMP), 실업 및 기타 지출은 낮게 유지되고 있다. 특히, 1980년 GDP 대비 1% 수준으로 OECD 평균의 절반에 불과했던 근로무능력에 대한 지출은 지난 25년간 다소 부침을 겪으면서도 점진적으로 증가하여 2011년 현재 OECD 평균보다 다소 높은 수준에서 유지된다. 한편, 같은 기간 동안 유족이나 실업, ALMP 및 기타 분야에 대한 지출은 감소하여 대조를 보이는데, 이 중 실업이나 ALMP 관련 지출은 경제순환에 따라 상대적으로 큰 변동성을 보이면서 GDP 대비 비중을 기준으로 각각 0.8%p와 0.5%p 낮아졌다. 반면에 보건이나 가족, 주거와 같이 전통적으로 지출비중이 큰 영역의 경우 전반적으로 빠르게 증가하여 OECD 평균과의 격차는 점차 확대되었다.

국가 간 비교가 가능한 2012년을 기준으로 공공사회지출의 유형구조를 보면, OECD 34개국을 기준으로는 현금급여가 현물급여보다 다소 높게

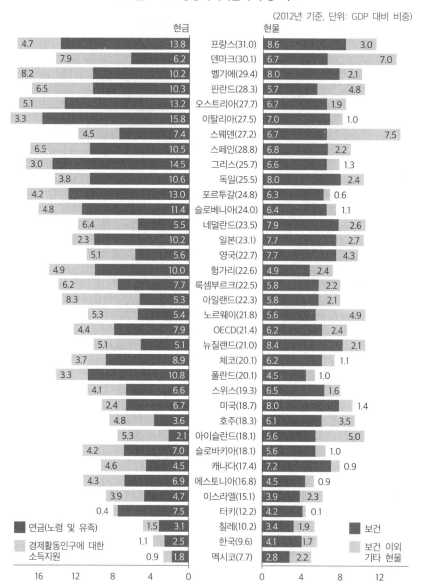

〈그림 5-13〉 공공사회지출의 구성 비교

(2012년 기준, 단위: GDP 대비 비중)

현금		국가	현물	
4.7	13.8	프랑스(31.0)	8.6	3.0
7.9	6.2	덴마크(30.1)	6.7	7.0
8.2	10.2	벨기에(29.4)	8.0	2.1
6.5	10.3	핀란드(28.3)	5.7	4.8
5.1	13.2	오스트리아(27.7)	6.7	1.9
3.3	15.8	이탈리아(27.5)	7.0	1.0
4.5	7.4	스웨덴(27.2)	6.7	7.5
6.5	10.5	스페인(28.8)	6.8	2.2
3.0	14.5	그리스(25.7)	6.6	1.3
3.8	10.6	독일(25.5)	8.0	2.4
4.2	13.0	포르투갈(24.8)	6.3	0.6
4.8	11.4	슬로베니아(24.0)	6.4	1.1
6.4	5.5	네덜란드(23.5)	7.9	2.6
2.3	10.2	일본(23.1)	7.7	2.7
5.1	5.6	영국(22.7)	7.7	4.3
4.9	10.0	헝가리(22.6)	4.9	2.4
6.2	7.7	룩셈부르크(22.5)	5.8	2.2
8.3	5.3	아일랜드(22.3)	5.8	2.1
5.3	5.4	노르웨이(21.8)	5.6	4.9
4.4	7.9	OECD(21.4)	6.2	2.4
5.1	5.1	뉴질랜드(21.0)	8.4	2.1
3.7	8.9	체코(20.1)	6.2	1.1
3.3	10.8	폴란드(20.1)	4.5	1.0
4.1	6.6	스위스(19.3)	6.5	1.6
2.4	6.7	미국(18.7)	8.0	1.4
4.8	3.6	호주(18.3)	6.1	3.5
5.3	2.1	아이슬란드(18.1)	5.6	5.0
4.2	7.0	슬로바키아(18.1)	5.6	1.0
4.6	4.5	캐나다(17.4)	7.2	0.9
4.3	6.9	에스토니아(16.8)	4.5	0.9
3.9	4.7	이스라엘(15.1)	3.9	2.3
0.4	7.5	터키(12.2)	4.2	0.1
1.5	3.1	칠레(10.2)	3.4	1.9
1.1	2.5	한국(9.6)	4.1	1.7
0.9	1.8	멕시코(7.7)	2.8	2.2

■ 연금(노령 및 유족)
경제활동인구에 대한 소득지원

■ 보건
보건 이외 기타 현물

16 12 8 4 0   0 4 8 12

자료: OECD(http://www.oecd.org/social/expenditure.htm), 2016. 4. 30. 인출.

나타난다(각각 GDP 대비 12.3%와 8.6%). 영국의 경우 현금과 현물이 각각 GDP 대비 10.7%와 11.6%로 거의 비슷한 비중을 보이는데 이러한 양상은 스웨덴과 핀란드와 같은 북유럽국가를 비롯하여 캐나다에서도 비슷하게 나타난다(〈그림 5-13〉 참조).

현물급여의 구성을 보면, 보건서비스와 기타 현물서비스의 OECD 평균 지출 수준은 각각 6.2%와 2.4%로 보건서비스의 비중이 압도적으로 나타난다. 이러한 양상은 영국을 비롯한 영미권 국가와 유럽대륙 국가에 두드러지게 나타나는 반면, 스웨덴이나 덴마크와 같은 북유럽국가에서는 보육과 같은 기타 서비스 지출비중이 높아 보건서비스 지출이 상대적으로 낮게 나타난다.

현금급여의 구성을 살펴보았을 때, OECD 전체적으로는 연금 수급연령에 대한 지출이 GDP의 7.9%로 경제활동연령에 대한 소득지원(GDP의 4.4%) 보다 훨씬 높게 나타난다. 이러한 현상은 대부분의 선진국에서 동일하게 확인된다. 반면에 영국의 경우 연금 수급연령에 대한 지출이 GDP의 5.6%로 그 밖의 연령층에 대한 지출보다 약간 높은 수준에 머물렀다. 이 것은 다른 국가보다 사적 연금제도가 발달한 영국 연금체계의 특성에 기인하는 결과라고 해석된다.

4. 맺음말

지금까지 금융위기 전후 영국의 재정제도 개혁을 중심으로 정부재정구조와 사회보장지출 구성의 변화를 살펴보았다. 지난 30여 년의 기간 동안 영국은 사회경제적 환경변화 속에서 사회보장지출을 중심으로 한 재정팽창과 긴축의 과정을 되풀이하였다. 재정적 부침을 겪으면서 발전된 재정관리의 제도적 틀 속에 재정관리 주체의 책임과 권한 그리고 효율적 재정관리를 위한 규율이 명료하게 규정되어 실천하고 있는 영국의 사례는 사회보장 지출을 중심으로 재정규모가 커지고 있는 우리나라에 시사하는 바가 크다.

물론 의원내각제와 예산법률주의에 기반을 둔 재정관리 체계라는 점에서 탄력적인 재정운용이 가능한 것이 사실이지만 재정규율이 적절한 구속력을 갖추어 실제로 작동하고 있다는 점은 1990년대 이래 지속되었던 일련의 재정제도 개혁의 긍정적 성과라고 평가할 수 있다. 그리고 이의 연속과정으로 지난 2010년 이래 추진되어온 재정합리화 노력은 영국의 재정 수입과 지출구조를 크게 바꾸고 있다. 재정합리화의 방향은 당초 예상보다 경기회복이 더디게 진행됨에 따라 조세개혁을 통한 세입확보보다는 경기에 덜 민감하여 통제하기 쉬운 지출삭감을 통해 재정적자를 해소하는 쪽에 더욱 집중되었다.

조세개혁의 전체적인 내용을 보면, 경기변동에 민감한 소득세나 법인세와 같은 생산과세보다는 부가가치세와 기타 소비세와 같은 간접세에 대한 세수의존도를 높이는 방향으로 추진되고 있다. 소득세는 총수입에서 차지하는 비중이 다소 감소하고 있지만 그럼에도 여전히 공공부문 총수입의 4분의 1을 차지하는 중요한 재원이다. 이에 대한 일련의 조세개혁 과정은 고소득자에 대한 세부담 강화와 면세점 인상으로 요약된다. 즉, 조세집중도가 높아지면서 조세체계의 누진성은 강화되리라는 결과를 예상할 수 있는데 여기서의 문제는 소수의 고소득자에 대한 의존도가 높아질수록 정부 수입의 경기변동에 대한 민감도 또한 확대된다는 것이다. 경기침체와 회복에 따른 수입규모의 변동성이 커짐에 따라 지출계획과 관리가 어려워지고 더욱이 저성장이 상당 기간 지속될 경우 정부재정운용에 상당히 부정적인 영향을 초래할 수 있다. 이러한 사정은 지난 6월 결정된 영국의 EU 탈퇴가 본격적으로 진행됨에 따라 예상가능한 경기악화와 그에 따른 재정적 위험의 가능성을 부가한다.

한편, 지출 측면에서의 재정합리화는 사실상 복지지출 삭감이 주요내용이다. 합리적 복지체계로의 전환이라는 정책목표 아래 근로하지 않는 사람이 받을 수 있는 급여수준에 대하여 상한을 적용하고(가구급여한도) 2014년부터는 특정 복지급여의 연간 지출 총량 수준을 통제하는 복지지출 총량제의 시행을 통해 사실상 거의 모든 복지급여에 대한 지출삭감이 이루어졌다. 이들 두 제도는 개별적으로 보았을 때 서로 적용하는 급여의 대상이나 방식에 제도적 차이는 존재하지만, 이들이 동시에 작용함으로써 사실상 급여 수급자 대부분이 급여 삭감의 위험에 노출되었다.

이러한 사정은 경기침체로 일자리가 줄어드는 상황에 처한 취약계층의 삶을 더욱 궁핍하게 몰아가는 결과를 초래할 수 있다. 그리고 실제로 그러하다면, 이제까지 성공적인 재정개혁의 사례로 평가되었던 캐머런정부의 재정합리화 정책이 지난 브렉시트 국민투표 과정에서 확인된 소외된 계층의 정치적 행동을 추동하는 한 원인을 제공한 것으로 볼 수 있다. 어찌되었든 브렉시트 결정으로 경제적 불확실성이 증폭됨에 따라 영국정부의 재정운용 계획은 수정이 불가피해 보인다. 다만, 그 내용과 수준은 지난 7월 들어선 메이 신임 총리 정부가 앞으로 영국의 EU 탈퇴과정을 진행하는 과정에서 결정될 것이다.

■ 참고문헌

국내 문헌
국회예산정책처(2016). 《주요국의 재정제도》. 서울: 국회예산정책처.
한국보건사회연구원(2012). 《주요국의 사회보장제도: 영국》. 서울: 한국보건사회연구원.

기타 자료
Budget Responsibility and National Audit Act 2011(2011). http://www.legislation.

gov. uk/ukpga/2011/4/pdfs/ukpga_20110004_en. pdf. 2016. 5. 20. 인출.

Charter for Budget Responsibility(2015). Autumn 2015 update. http://budgetres-
ponsibility. org. uk/docs/dlm_uploads/OBR_charter_final_web_Oct_2015. pdf.
2016. 5. 21. 인출.

Crawford, R., Emmerson, C., & Tetlow, G. (2009). A survey of public spending
in the UK. IFS briefing note BN43, IFS. http://www. ifs. org. uk/bns/bn4-
3. pdf. 2016. 6. 20. 인출.

Dilnot, A., & Giles, C. (Eds.) (1996). Options for 1997: The green budget. IFS
commentary, 56. UK: London.

Department of Work and Pension(2014). The benefit cap: A review of the first
year. Department of Work and Pension. https://www. gov. uk/government/
uploads/system/uploads/attachment_data/file/386911/benefit-cap-review-of-t
he-first-year. pdf. 2016. 7. 1. 인출.

_____(2016a). Benefit cap quarterly statistics: GB households capped to february
2016. Department of Work and Pension. https://www. gov. uk/government/
uploads/system/uploads/attachment_data/file/520801/benefit-cap-statistics-to-
feb-2016. pdf. benefit cap 2016. 7. 19. 인출.

_____(2016b). Benefit expenditure and caseload tables 2016-outturn and forecast:
March budget 2016. https://www. gov. uk/government/statistics/benefit-ex-
penditure-and-caseload-tables-2016. 2016. 7. 10. 인출.

Eurostat. Gov_10a. http://ec. europa. eu/eurostat/web/government-finance-statis-
tics/data/database. 2016. 3. 20. 인출.

GDA(2016). Report by the government actuary on: The draft social security
benefits up-rating order 2016; and the draft social security(contributions)
(Limits and thresholds amendments and national insurance funds pay-
ments). Regulations 2016, GAD: Government Actuary's Department.
https://www. gov. uk/government/uploads/system/uploads/attachment_data/
file/494930/53430_GA_UpRating_Report_2016_Accessible. pdf. 2016. 7. 15.
인출.

GOV. UK. http://www. gov. uk/browse/tax/income-tax. 2016. 7. 10. 인출.

_____. http://www. gov. uk/income-tax/taxfree-and-taxable-state-benefits. 2016. 5.
29. 인출.

_____. http://www. gov. uk/national-insurance. 2016. 7. 10. 인출.

_____. https://www.gov.uk/government/organisations. 2016. 4. 15. 인출.

_____. https://www.gov.uk/government/publications/rates-and-allowances-corpo-ration-tax. 2016. 4. 23. 인출.

_____. https://www.gov.uk/government/publications/rates-and-allowances-corpo-ration-tax/rates-and-allowances-corporation-tax. 2016. 7. 10. 인출.

_____. https://www.gov.uk/guidance/rates-of-vat-on-different-goods-and-service. 2016. 7. 10. 인출.

_____. www.gov,uk/benefit-cap/benefits-included-in-the-cap. 2016. 7. 3. 인출.

HM Revenue & Customs. https://www.gov.uk/government/publications/rates-and-allowances-corporation-tax. 2016. 7. 15. 인출.

_____. Main features of national insurance contributions. TA 4 (Tax year 1999 to 2000, to tax year 2016 to 2017). https://www.gov.uk/government/uploads/system/uploads/attachment_data/file/516787/Table-a4.pdf.

_____. Tax structure and parameters statistics. TA 2 (Rates of income tax: 1990/91 to 2016/17). https://www.gov.uk/government/uploads/system/up-loads/attachment_data/file/516773/Table-a2.pdf.

HM Treasury (2000a). Budget: March 2000.

_____(2000b). Planning sustainable public spending: Lessons from previous policy experience. http://webarchive.nationalarchives.gov.uk/20081013113741/http://www.hm-treasury.gov.uk/d/86.pdf. 2016. 6. 13. 인출.

_____(2010a). The spending review framework. https://www.gov.uk/government/uploads/system/uploads/attachment_data/file/238427/7872.pdf. 2016. 4. 5. 인출.

_____(2010b). Budget 2010: June. 2010.

_____(2010c). Spending review 2010.

_____(2013a). How to understand public sector spending. https://www.gov.uk/government/publications/how-to-understand-public-sector-spending/how-to-understand-public-sector-spending. 2016. 4. 1. 인출.

_____(2013b). Budget 2013.

_____(2013c). Spending round 2013.

_____(2014). Budget 2014.

_____(2015a). PSEA 2015.

_____(2015b). Summer budget 2015.

_____(2016a). PSEA 2016.

_____(2016b). Budget 2016.

IFS revenue composition spreadsheet. http://www.ifs.org.uk/uploads/publications/ff/revenue_composition%20June%202014.xls. 2016. 4. 30. 인출.

IFS. Fiscal response to the crisis. http://www.ifs.org.uk/tools_and_resources/fiscal_facts/fiscal-response-crisis. 2016. 6. 29. 인출.

OBR(2014). Welfare trend report 2014. www.gov.uk/government/publications. 2016. 3. 20. 인출.

_____(2016). Economic and fiscal outlook 2016. http://cdn.budgetresponsibility.org.uk/March2016EFO.pdf. 2016. 4. 29. 인출.

_____. Public finances databank. www.budgetresponsibility.org.uk/data. 2016. 4. 29. 인출.

OECD. http://stats.oecd.org/Index.aspx?DataSetCode=SOCX_DET. 2016. 4. 30. 인출.

_____. http://www.oecd.org/social/expenditure.htm. 2016. 4. 30. 인출.

ONS(2015). GDP, GNI and the UK's EU Budget contributions: An explanatory note. http://www.ons.gov.uk/ons/guide-method/method-quality/specific/economy/national-accounts/changes-to-national-accounts/blue-book-and-pink-book-2015-changes/gdp-gni-and-the-uk-s-contribution-to-the-eu-budget.pdf. 2016. 7. 11. 인출.

06

최근 사회보장 개혁동향

1. 머리말

역사적 발전과정에서 살펴보았듯이 영국은 세계 사회보장제도의 발전 내에서 상당히 독보적인 위치를 갖는다. "요람에서 무덤까지"로 잘 알려진 영국의 〈베버리지 보고서〉가 전후 세계 복지국가 성립에 매우 중요한 기반이 되었다는 사실은 부인할 수 없다. 하지만 이것은 시작에 불과하였다. 1970년대 이후 복지국가 위기에서도 영국의 대처정부와 "대처리즘"(Thatcherism)은 역시 그 중심에 있었다. 그다음 1990년대 중후반에 등장한 "제3의 길" 역시 영국의 신노동당정부가 중심에 있었다.

다시 말해 영국의 정치와 정책변화는 복지국가 성립뿐만 아니라 그 이후 나타난 주요한 개혁 흐름에도 항상 중심에 위치했다고 할 수 있다. 이렇듯 영국은 그동안 복지국가의 역사에서 시기마다 직면하게 되는 사회적 과제에 대응하여 새로운 비전과 방향을 제시하고 집권을 통해 이를 정책적으로 실현함으로써 일정 정도의 역사적 단절과 함께 새로운 복지체제로의 도약을 이루는 선도성을 보여왔다(김보영, 2015).

이러한 선도성은 새로운 비전과 정치사상을 제시하는 정치세력의 등장으로 정권이 교체되고 이러한 집권이 — 또는 그 정책방향에 대한 주요정당 간 합의가 —10여 년 이상 이어지면서 현실에서의 정책적 변화로 실현되어 왔다. 1940년대 전후 노동당 집권과 그 이후 보수당 집권에서도 합의의 정치(*politics of consensus*)가 실현되어 복지국가의 기틀이 다져졌고 1979년 대처의 보수당 집권과 이후 1997년까지 보수당이 집권하면서 신자유주의가 전면화되었다. 1997년 신노동당으로 정권교체가 이루어진 후 집권은 2010년까지 이어져 제3의 길로의 전환이 이루어졌다.

하지만 모든 정권교체가 시대적 전환으로 이어진 것은 아니었다. 복지국가 성립 이후 1960년대까지는 합의의 정치 시대로 정권교체와 상관없이 정책방향이 유지되었다. 1970년에 집권 보수당을 꺾고 정권교체를 이룬 보수당의 히스(Edward Heath) 정부는 노동조합의 영향력을 억제하고 규제완화를 추진하는 등 방향전환을 시도했지만 거센 저항을 극복하지 못하고 1974년에 치러진 조기 선거에서 임기도 채우지 못하고 실각하면서 실패하였다. 다시 말해, 영국의 현대사에서 충분한 집권기간을 확보하지 못한 정부는 방향 전환을 꾀하더라도 실현시키지 못함으로써 선도적 사례로서 자리매김할 수 없었던 것이다.

그렇다면 2010년부터 자유당과의 연정으로 집권하여 2015년 단독정부로 재집권에 성공한 캐머런(David Cameron) 정부는 또다시 새로운 선도성을 나타내는가? 일단 재집권의 성공으로 단명에 그쳤던 히스정부의 운명은 피했지만 지난 선거에서 승리를 위한 공약 중 하나였던 EU 탈퇴 국민투표에서 패함으로써 결국 조기 사퇴를 하고 말았다. 하지만 그 이후 국무장관(Secretary of State for the Home Department) 이었던 메이(Theresa May)가 새로운 당수이자 수상으로 선출되면서 어느 정도의 연속성은 보일 것으로 여전히 기대된다.

그렇다면 이 시점에서 전 캐머런정부가 선도성을 보일 만큼 새로운 방향을 제시하고 이를 정책적으로 실현시켜왔는가를 검증해보고 이를 바탕으로 이러한 정책방향이 새로운 메이정부에서 승계될 수 있는가를 전망해볼 수 있을 것이다. 만약 새로운 선도적 정책방향이 실현되어왔고 그 방향의 지속적 계승이 전망된다면 영국은 또 한 번 새로운 선도적 사례로서 세계 복지국가의 방향적 전환을 이끌어가는 사례가 될 수 있다는 점에서 이러한 검증과 전망은 단지 영국 복지국가의 운명뿐 아니라 세계 복지국가의 방향을 가늠하는 데 중요한 함의를 갖는다.

이 때문에 우리나라에서도 신노동당의 시대를 종식하고 등장한 캐머런 정부의 정치사상과 정책방향에 관한 학술적 논의가 있어왔다. 이는 주로 캐머런이 당수 초기부터 내세웠던 '큰 사회론'(Big Society)을 중심으로 다루어지기도 하고(유범상, 2012; 황기식, 2015; 홍석민, 2014), 지역 및 주거 정책(김순은, 2011; 오도영·박준·김혜승, 2015), 고용정책 및 서비스(김수영, 2012; 홍석민, 2015), 사회서비스 정책(공선희, 2015) 등 특정 영역을 중심으로 이루어지기도 하였다.

여기에서는 더욱 종합적으로 먼저 큰 사회론과 지역중심주의(localism)를 중심으로 하는 캐머런정부의 정책 어젠다를 영국 보수당 정치의 맥락에서 고찰하고 복지개혁, 국민건강서비스(NHS) 개혁, 주거정책 개혁 등 캐머런 정부가 집권 1기에서 개혁을 추진하였던 주요 정책영역을 중심으로 어떻게 이러한 어젠다가 정책 개혁으로 투영되었는지를 평가하고자 한다. 이를 통하여 과연 캐머런정부가 그동안 영국이 보여주었던 선도성처럼 새로운 사회보장정책 개혁의 방향을 제시하였는지를 평가해 볼 수 있을 것이다. 그리고 맺음말에서는 부가적으로 최근 등장한 메이정부의 정책방향에 대해서도 간략히 전망해 보고자 한다.

2. 영국 보수당과 캐머런정부의 개혁 어젠다

1) 영국의 보수당과 보수주의

영국의 보수당은 말 그대로 무언가를 보존하고 고수하는 정당이다. 전통적으로 국가체제(Establishment), 영연방(Union), 대영제국(Empire)의 세 기둥이 핵심을 이뤘다(Charmley, 1996). 하지만 1880년대 이후 보통선거권이 확대되면서 보수당은 변화하는 정치 환경에서 살아남기 위해 새로운 원칙을 필요로 하였고(Ball & Holliday, 2002), 영국 현대 보수당의 보수주의는 이러한 변화 속에서 형성되었다고 할 수 있다.

이때 영국 보수당 정치의 새로운 방향을 먼저 제시했던 것은 디스레일리(Benjamin Disraeli)였다. 1872년, 맨체스터 자유무역홀과 크리스털궁에서 디스레일리는 '또 다른 보수당의 위대한 목적, 다시 말해 대영제국을 유지하고 우리 국가체제를 받드는 것에 뒤지지 않는 이 목적은 우리 민중(*people*)의 삶을 개선시키는 것'(Evans & Taylor, 1996: 8; Willetts, 1992)이라고 선언했다. 이것은 그 당시 부상했던 노동계급의 삶을 증진시키기 위해서는 불가피한 국가의 규제와 사적인 이해에 대한 개입도 받아들이겠다는 것을 의미했다(Evans & Taylor, 1996). 이러한 디스레일리의 철학은 그의 소설 《시빌》(*Sybil*)에서 부유한 사람과 가난한 사람이 마치 다른 행성에 살듯 서로의 존재를 무시하고 생각과 감정을 공유하지 않는 채 사는 두 국가로 묘사한 것에서 잘 나타난다(Willetts, 1992: 11). 그래서 이러한 상징성에 의해서 명명하게 된 '한 나라'(One Nation) 보수주의는 디스레일리 철학에 기반을 둔 영국 보수주의의 현대적 재해석으로 정립되었다(Charmley, 1996). 부자와 빈자로 나누어진 두 개의 나라가 아닌 하나의 나라로 통합을 지향한다는 표현이었던 것이다.

반면 솔즈베리(3rd Marquess of Salisbury)는 영국의 보수주의 전통에서 디스레일리와는 반대되는 입장이다. 엄청난 사회변화에 직면한 보수당의 지도자로서 그는 개입주의적 자유주의와 사회주의의 부상에 반대하여 자유, 사적 이해, 사적 재산 그리고 사회적 안정의 수호자로서 자신의 정치적 입장을 정립하였다. 비록 솔즈베리가 대중 민주주의로의 이전이 불가피함을 받아들였을지라도 그는 귀족계급의 질서를 유지하고 그들의 이해를 옹호하기 위해 전환의 속도를 늦추는 것이 보수주의의 역할이라고 생각했다(Evans & Taylor, 1996).

이렇듯 디스레일리와 솔즈베리는 영국 보수정치의 역사 안에서 두 가지 다른 노선을 보여준다. 영국의 전통 보수주의의 세 가지 특성을 자유에 대한 헌신, 경제관리에서의 자유원칙, 그리고 복지국가에 대한 인정 정도로 요약한다면(Willetts, 1992) 사회의 책임에서부터 개인의 자유까지 보수주의의 스펙트럼 안에 들어갈 수 있으며, 디스레일리는 전자의 가치(더 공동체적인 가치)를 대표하고 솔즈베리는 보수주의 안에서 더 개인적인 가치를 대표한다고 할 수 있다. 그러한 가운데에서도 디스레일리와 솔즈베리는 엄청난 사회적 변화를 통한 사회질서의 붕괴를 막으려 했다는 점을 공유한다(Evans & Taylor, 1996).

둘 사이의 차이점은 그들의 지향하는 방향이라기보다는 수단, 예를 들어 채찍이냐, 당근이냐의 문제일 뿐이다. 더욱이 이들에게 사회질서는 재산권과 재산권에 의해 확보된 개인적 자유의 기반에 대한 방어수단을 의미했다(Wilson, 1992). 그렇기 때문에 영국 보수주의는 여전히 이러한 사회질서를 어떻게 더욱 효과적으로 보호할 것이냐는 공통의 과제를 가지며, 단지 그 방법에서 차이가 있었을 뿐이다.

2차 세계대전 이래로 현대 영국정치의 역사 내 보수당에서는 서로 다른 두 전통 사이의 순환주기가 있었다. 보수당 내에서는 흔히 이 두 분파를 두고 디스레일리의 '한 나라' 보수주의 후손은 '습파'(Wets)라고, 그리고 솔즈베리 정책의 후예로서 자유시장을 옹호하는 자는 보통 '건파'(Dries)라고 불렀다(Evans & Taylor, 1996; Green, 2002; Kavanagh, 1990; Willetts, 1992). 습파는 더욱 집합주의적 입장을 가지며 계획이나 개입과 같이 정부의 더욱 큰 역할을 옹호하는 반면, 건파는 더욱 신자유주의에 가깝고 안정된 물가를 위한 통화관리 정도의 역할을 제외하고는 되도록 정부의 개입이 축소되는 것을 옹호하는 입장이다(Kavanagh, 1990; Willetts, 1992).

1950년대 보수당은 '건파'의 주도가 두드러졌다. 1950년에서 1951년에 보수정당의 선거운동은 '사람들을 자유롭게 하라'(Set the People Free)라는 선전구호와 함께 당시에 사회복지체계가 부적절한 복지수당과 과세수준으로 인해 자유시장경제에 대한 인센티브를 줄인다고 비판하였다(Green, 2002). 보수당의 습파는 맥밀런(Harold Macmillan)이 수상이 된 1957년부터 경제 침체가 시작된 1958년 사이에 주도권을 확보했다. 이때는 경제위기 타계를 위한 임금동결과 함께, 고용주, 노동조합정부로 구성된 국민경제발전심의회(National Economic Development Council)가 설립되고 산업에 대한 보조금이 증액되는 등 경제에 대한 국가개입이 강화되었던 시기이다(Willetts, 1992). 그리하여 건파-습파 순환의 첫 번째 주기는 보수당이 실각한 1964년에 완료되었다.

그다음 1964년과 1966년, 노동당에 대한 연이은 선거 패배로 보수당은 맥밀런정부의 정책에서 등을 돌렸으며, 2차 세계대전 이래로 복지국가 건설과 함께 존재하였던 복지확대에 대한 합의의 정치(*politics of consensus*)가 무너지고 건파가 다시 득세하였다(Evans & Taylor, 1996; Gamble, 1983). 1970년에는 셀스던공원 전당대회(Selsdon Park Conference)에 이어 선거강령에서 감세, 공공지출의 축소, 그리고 물가와 소득 통제 축소와 같은 대규모의 자유시장개혁을 주장하는 성명서를 발표하기에 이르렀다(Green, 2002; Willetts, 1992).

하지만 건파 주도의 히스정부가 집권에 성공한 이후 갑자기 실업률 증가와 노동자 계급의 저항에 직면하여 극적인 '선회'(*U-turn*)를 맞았고 결국 물가와 소득 통제, 그리고 공공지출의 증가로 돌아서 버렸다(Gamble, 1983). 히스정부의 정책선회 결과 오히려 급진적인 복지지출 증가, 정책 과정에 노동조합의 참여, 국유화의 확대 그리고 경제에 대한 국가 통제, 케인스의 완전고용정책, 에너지 위기 동안의 배급카드 발행, 포괄적 소득정책 등이 추진되었다. 이들 정책은 반시장적 조치라는 측면에서 과거의 노동당정부보다 훨씬 더 자유시장에 반대되는 간섭주의로 나타났다고 지적되기도 한다(Holmes, 1989).

　　1989년 대처정부의 집권과 함께 대두된 대처리즘은 분명히 습파의 '한 나라' 정책을 정면으로 거부한, 이전의 어떠한 건파보다도 더 강한 경제적 자유주의로 간주되었다(Holmes, 1989; Jessop, Bonnett, Bromley, & Ling, 1988; Lynch, 1999; Willetts, 1992). 대처리즘은 하이에크(Friedrich Hayek)와 같은 대륙 철학자나 프리드먼(Milton Friedman)과 같은 미국의 경제학자에게 더 직접적으로 영향을 받았기 때문에 고전 보수주의의 기준에서도 더욱 자유주의가 강했다(Willetts, 1992). 이러한 대처리즘의 등장 이후 대처정부는 3번의 총선을 연속으로 승리하였고 대처의 사퇴 이후 등장한 메이저(John Major) 정부까지 18년간 영국 현대정치 역사상 최장기 집권을 기록하였다.

2) 캐머런의 등장과 보수당의 혁신

대처와 메이저정부에 걸친 최장기 집권 후, 보수당에게 찾아온 것은 장기간의 침체였다. 대처 이후 보수당의 몰락은 뒤를 이은 메이저 수상이 예상을 깨고 첫 선거를 승리로 거두었던 1992년에 시작되었다. 그해 9월, 유럽 단일통화 구축을 위한 준비단계로 유럽 각국 통화가 독일 마르크화와 일정 환율을 유지하도록 만든 유럽환율체제(ERM)는 독일 통일 이후 동독에 대대적 투자를 하면서 인플레이션을 막기 위해 초고금리 전략을 취했고 이로 인해 마르크화 가치가 폭등하자 위기를 맞았다. 환율을 맞추기로 한 다른 국가들 역시 이를 위해 금리를 올려야 했고 그 결과 자국경제가 얼어붙자 하나둘씩 환율체제를 탈퇴하였다.

하지만 영국은 끝까지 환율체제를 고수했고 이 약점을 파고든 소로스의 공매도 공세에 파운드는 폭락했다. 무리하게 환율을 방어하던 영국 중앙은행은 파산위기에 몰리면서 영국정부는 결국 일개 투자자에게 굴복하고 치욕적인 환율체제 탈퇴를 선언할 수밖에 없었다. 그 후 1994년 노동당에서 블레어가 신노동당의 기치를 들고 당수로 당선된 이후 모든 관심은 노동당에 쏠리자 지지율은 완전히 역전되었다. 장장 14년 동안 이어진 장기침체의 시작이었다.

결국 보수당은 1997년 선거에서 사상 최대의 의석차를 노동당에 내어주며 치욕적인 대패를 경험하였다. 그 후 메이저는 즉각 사임하고 보수당 역사상 가장 젊은 헤이그(William Hague)가 당수로 나섰지만 정치적 중도를 장악한 노동당과 달리 조세감축과 같은 대처주의 공약에 매달린 결과 2001년 선거에서도 1997년 참패 때보다 의석 수를 고작 1석 더 늘리는 데 그쳐 또다시 사임을 피할 수 없었다. 2003년 노동당정부가 이라크 전쟁에 참전한 이후 노동당에 대한 지지는 떨어지기 시작했지만 보수당은 여전히 수권 가능한 정당으로 보이기는커녕 고리타분하고 폐쇄적이고 공격적이며 여성이나 소수인종과 같은 약자는 배제하는 '포악한 정당'(nasty party)의 이미지를 굳혔다. 초선 의원들조차도 백인남성 일변도였으며 여성은 단 1명뿐이고 소수인종은 전무하였다(The Guardian, 2002. 2. 9).

2005년 선거에서는 당수가 된 지 18개월밖에 안 된 하워드(Michael Howard)가 선전하였지만 그것은 보수당이 잘해서라기보다는 노동당의 인기하락에 대한 어부지리에 가까웠다. 노동당의 득표율은 역대 집권정부에서 가장 낮았지만 여전히 큰 의석 수 차이를 유지하였고 보수당 역시 득표율에서는 1% 정도 회복하는 데 그쳤다. 여전히 보수당은 이민통제와 치안 강화, 학교규율과 같이 지엽적인 보수적 쟁점만 제기할 뿐 집권정당으로서의 비전이나 철학이 있어 보이진 않았던 것이다.

하지만 그해 12월, 혜성과 같이 등장한 캐머런이 새 당수로 선출되면서 보수당은 비로소 침체의 늪에서 빠져나오기 시작했다. 젊고 세련된 캐머런은 노동당을 침체에서 살려냈던 1990년대 블레어와 직접적으로 비교되면서 블레어가 노동당에서 경직된 좌파 이미지를 벗겼듯 포악한 우파정당 이미지를 벗겨내기 시작했다. 여성과 소수자에게 적극적으로 후보기회를 부여하기 시작했고 전통적 경제쟁점을 넘어 삶의 질과 사회적 쟁점을 제기하기 시작했다. 당시 영국이 '부서진 사회'가 되었다고 지적하면서 탈중심적이고 지역중심적인 대안을 내놓는 등 정책논쟁에서 주도권을 발휘하기 시작한 것이다.

캐머런의 등장 배경은 2001년으로 거슬러 올라간다. 보수당이 노동당에게 두 번째 참패를 당하고 나서 헤이그가 당수에서 사퇴한 이후 실시된 당수 선거에서 당시 예비 재무장관(Shadow Chancellor)으로 신노동당정부의 정책이라도 옳다면 지지할 줄 알았던 포틸로(Michael Portillo)는 보수당 개혁파의 희망으로 간주되었다. 하지만 포틸로는 결선투표에도 진출하지 못하고 떨어지고 결국 대처의 공개적 지지를 받은 던컨스미스(Ian Duncan-Smith)가 당수로 당선되었다.

예비 외무장관(Shadow Foreign Secretary) 이었던 모드(Francis Maude)와 그의 친구이자 예비 환경교통지역부 장관(Shadow State of Secretary for Environment, Transport, and the Regions) 이었던 노먼(Archie Norman)은 예비 내각에서 나와 "고집이 있는 싱크탱크"(*think tank with attitude*)를 설립하겠다고 선언했다. 여기에 〈타임스〉(*The Times*) 칼럼리스트 출신의 고브(Michael Gove)가 결합하면서 2002년, 정책교환소가 설립되었다(김보영, 2015). 그리고 이를 중심으로 보수당 개혁파들이 당 밖으로 모이기 시작했다.

이들의 문제의식은 분명했다. 영국의 보수가 대처 시대를 넘어서지 못하고 경제에만 갇혀 있으면서 정치의 중심으로 떠오른 사회적 쟁점에 대한 논의에서는 존재감조차 희미하다는 것이었다. 그래서 경제적 자유주의 일변도의 한계를 넘어 중도우파로서 사회적 대안을 찾고자 했다. 하지만 2005년 캐머런이 정책교환소에서 당수 선거에 도전장을 내었을 때 그의 당선 가능성을 점친 사람은 거의 없었다. 이는 내부적으로 보수 개혁파의 운명을 건 도전으로 받아들여졌다(*The Guardian*, 2008. 9. 26). 기실 캐머런은 의원이 된 지 4년밖에 안 된 초선 의원이었으며 1년 동안 예비 교육장관(Shadow Education Secretary)이었던 것이 유일한 당직 경험이었다. 그래서 당시 메이저정부 외무장관(Foreign Secretary) 출신으로 선두 주자였던 데이비스(David Davis)에 비하면 당내 지지나 인지도에서 한참 떨어지는 존재였다.

고리타분한 보수와 구분되는 젊고 세련된 보수의 새로운 지도자로서 캐머런이 두각된 것은 바로 당수 선거운동을 정책교환소에서 출범시켰던 바로 그때부터였다. 카페나 바와 같은 분위기에서 캐머런은 기자들에게 과일 스무디를 나누어 주었고 이는 신선한 아이디어와 새로운 비전을 가진 후보로 비춰졌다. 이는 같은 날 발족식을 한 데이비스와 대조되었다(BBC News, 2005. 12. 6). 그다음 주에 열린 당 전당대회에서 열린 후보별 연설에서 무대를 장악하고 메모도 없이 보수당의 새로운 세대를 역설하며 열정적인 연설을 보인 캐머런은 단연 두각을 보이며 선두로 치고 올라가기 시작했다. 그리고 그해 12월, 당원 우편투표에서 데이비스의 두 배 이상을 득표하면서 새 당수로 선출되었다.

3) 캐머런정부의 개혁 어젠다: 큰 사회론과 지역중심주의

새로운 야당 당수로 선출된 캐머런에게 주어진 가장 핵심적 과제는 이러한 보수당의 혁신이 단지 이미지나 수사적인 것에 그치지 않고 '부서진 사회'라는 분석에서 보이듯 새로운 정책 어젠다를 보수주의 이데올로기 틀에 맞게 제시하는 것이었다(Williams, 2015). 캐머런은 장기적 빈곤문제, 열악한 생활환경의 문제, 분절되는 가족문제, 사회적 이동성 제한문제, 증가하는 범죄문제 등으로 영국이 '부서진 사회'가 되었다고 지적하면서 사회정의를 주장하기 시작했다. 이는 신노동당으로부터 실용적 측면을 흡수하면서 보수당의 '한 나라' 보수주의 전통을 일면 계승하는 것으로 비추어졌다. 이에 따르면 보수당에서 현대 영국정치에서 건파의 시대를 다시 마치고 습파의 주도가 시작되었다고 해석할 수 있다. 위에서 살펴보았던 두 번의 습파와 건파의 순환 이후 습파의 주도로 또 다른 순환주기가 시작되었다고 할 수 있다.

이러한 사회정의에 대한 어젠다가 대처 시절 강경파로 분류되어 대처의 지지로 당수까지 지냈던 던컨스미스(Ian Duncan-Smith)와 그가 설립한 사회정의센터(Centre for Social Justice)에서부터 시작되었다는 점은 흥미롭다(Slaster, 2012). 던컨스미스는 보수당 당수를 지내던 중 2002년 스코틀랜드의 공업도시였던 글래스고(Glasgow)의 이스터하우스(Easterhouse)를 방문한 이후 실업과 빈곤의 문제에 관심을 가지기 시작한 것으로 알려져 있다. 그는 이곳에서 지역사회, 특히 열악한 환경에서 기회가 부족한 가족과 청년에게 열망을 일깨우고 삶을 개선시키고 지역에 만연된 폭력에 대응하는 로저필드-이스터하우스 가족행동(Family Action in Rogerfield and Easterhouse: FARE)이라는 종교기반 자선단체의 활동을 보고 깊은 인상을 받았다.

당수 사임 이후 던컨스미스는 사회정의센터를 설립하고 실업과 빈곤에 대한 원인분석을 통해 복지개혁의 대안을 모색한다는 기치 아래 2006년에는 〈무너진 영국〉(Breakdown Britain)이라는 보고서를 발간하여 다가오는 보수당정부의 사회문제 대응방안을 제시하였다. 던컨스미스는 이어서 가족 붕괴, 교육 실패, 경제적 의존, 부재, 중독 등 5개의 빈곤 경로에 대한 5개의 워킹 그룹(working group)을 만들어 그 요인을 분석했다. 그리고 6번째 워킹 그룹을 통해 취약한 사람이 빈곤을 탈출하는 데 제3섹터가 어떻게 지원할 수 있을지를 탐색하여 부서진 사회에 대응하기 위해서는 복지사회(welfare society)가 필요함을 제시하였다. 즉, 이러한 문제를 대처하는 데에 복지국가는 수명을 다하였고, 영국 시민은 취약계층 사람들이 스스로 인생을 바꿀 수 있도록 자원봉사와 후원 등에 참여할 의무가 있다는 것이다.

캐머런은 앞서 살펴보았던 것처럼 대처 이후 경제에만 초점을 맞추었던 보수당의 모습과는 달리 사회적 쟁점에 더욱 초점을 맞추기 시작하였고 이러한 관심은 던컨스미스의 사회정의센터의 주장으로 이어졌다. 2009년 휴고 영 기념 강연(Hugo Young Memorial Lecture)은 캐머런이 자신의 정치적 비전을 제시한 대표적 연설로 꼽히는데, 여기에서 그는 그동안 빈곤과 불평등의 문제에 대응했던 중앙화되고 관료화된 국가가 사회적 연대가 아니라 이기심과 개인주의를 증진시켰다고 비판했다. 하여 더욱더 많은 자율성을 가진 지역화된 공동체를 창출하고 이를 통해 핵심적 사회서비스와 복지정책을 공급하는 등 공적 활동을 조직해야 하며 국가는 이렇게 사회를 재구성하기 위한 새로운 역할을 담당해야 한다고 주장하였다(Williams, 2015).

즉, 더욱 많은 시민참여와 이들의 역량강화를 통해 협동조합, 자원봉사단체 등을 비롯한 민간 공급자가 더욱 큰 역할을 담당하면서 사회정책에 대한 밑으로부터의 접근을 통해 획일적인 국가보다 더욱 효과적이고 효율적으로 사회문제에 대응할 수 있다는 것이다. 이전의 노동당정부는 '큰 정부'(Big Government)를 만들어 사회적으로 정당한 사회를 만드는 데 실패하였을 뿐 아니라 모두를 무책임하게 만들었고 부서진 영국을 만들었기 때문에 이제는 큰 정부가 아닌 '큰 사회'(Big Society)를 통해 이에 대응하고 새롭게 사회정의를 구축해야 함을 주창하였다(Slaster, 2012). 이것이 이른 바 '큰 사회'론의 핵심이다.

이러한 큰 사회론이 지향하는 정책적 대안은 지역공동체 권한 부여, 사회행동 증진, 공공서비스 민간 개방 등 크게 세 가지 방향으로 요약할 수 있다(유범상, 2012). 첫 번째, 지역공동체 권한 부여는 부서진 영국에 대응하기 위해 재정적으로 국가 중심의 과도한 지출에 의존하기보다는 이타성과 관대함 그리고 정치적으로 책임감을 느끼는 지역사회에 더 큰 권한과 정보를 주어 스스로 더욱 유연하고 자신에게 맞는 해법을 모색하고 책임을 질 수 있도록 하는 것이다.

두 번째, 사회행동 증진은 자원봉사주의(volunteerism)와 자선 등 새로운 문화를 촉진하고 협동조합, 자선단체, 사회적 기업 등 제3섹터의 시장을 전략적으로 육성하는 것을 말한다. 이를 위해 2012년 4월에 큰 사회 은행(Big Society Bank)을 설립하여 사회적 기업 등에 초기 자본을 제공하는 등 정책적 지원을 제공하기도 하였다.

세 번째는 공공서비스를 민간에 개방하여 이러한 지역의 단체들과 사회적 기업이 직접 공공서비스에 참여하여 실질적 역할을 담당할 수 있도록 하는 것이다. 이를 통해 이러한 민간조직은 더욱 유연하고 효과적인 대안을 제시할 뿐만 아니라 그 성과에 의한 재정적 대가를 받음으로써 더욱 절감된 대응을 가능케 할 수 있다는 논리이다.

큰 사회론이 지역사회 범위에서 사회적 자본을 발전시켜 정책 결정과정에서 시민사회의 참여를 늘리려는 시도라면, 지역중심주의(localism)는 참여민주주의를 통해 권력을 분권화하려는 것이라고 할 수 있으며 큰 사회론보다 더욱 오랜 역사를 갖는다(Jacobs & Manzi, 2013). 지역중심주의의 뿌리는 1970년대 대규모 철거나 슬럼가 제거 프로그램과 같은 관료주의적 지역개발정책에 반대하여 더욱 소규모의 지역사회 중심의 도시재생 프로그램을 추진했던 노동당정부에게서도 발견되지만, 정부 개입 자체를 문제의 원인이라고 여기고 더욱 시장주도적이고 개인주의적인 접근을 선호했던 1980년대 보수당정부에서도 발견된다. 또한 신노동당정부에서 나타났던 지역사회 참여와 역량강화에 대한 강조 역시 이러한 흐름을 반영한다. 요약하자면 지역중심주의는 중앙정부 중심의 획일적이고 일방적인 개입이 아니라 지역의 자체적인, 스스로의 자원과 권한을 가지고 참여를 통해 지역의 문제에 대응하고자 하는 접근을 의미한다고 할 수 있다.

특히, 이러한 지역중심주의는 2011년 〈지역중심주의법〉(Localism Act)으로 구체화되었다. 지방정부에게 다른 법에 의해서 금지되지 않는 한 어떠한 것이나 할 수 있는 권한을 부여하고 그와 동시에 지역주민과 공동체 역시 근린(neighbourhood) 단위로 지역계획 수립을 가능하게 하고 지방정부의 재산을 구매할 수 있는 권한, 지방정부의 서비스에 입찰을 요구할 수 있는 권한 등을 부여하는 한편, 지역의 쟁점을 주민투표에 붙일 수 있도록 하였다(Alcock & May, 2014: 80~81). 지방정부뿐 아니라 지역공동체의 지방정부에 대한 권한 역시 대폭 강화한 것이다.

이렇게 캐머런과 함께 등장한 개혁 어젠다로서 큰 사회론과 지역중심주의는 양면적 특성을 갖는다. 캐머런은 대처 이후 자유주의적 경제에 집중하여 '포악한 정당'의 이미지를 가지고 있었던 보수당의 장기침체를 끝내고 새롭게 사회적 이슈에 대한 대안을 들고 나왔다는 점에서 이전 '건파'의 주도에서 '한 나라' 보수주의 전통을 이어받은 '습파'의 귀환으로도 볼 수 있지만 또 다른 측면에서 대처의 자유시장주의로 볼 여지 역시 적지 않다. 사회정의에 대한 쟁점에 관해 캐머런은 던컨스미스의 작업을 기반으로 두고 그를 초기 노동연금부 장관으로 임명했는데 사회구조적 원인보다는 가족붕괴와 같은 당사자 자체의 문제와 도덕의 필요성을 강조하는 그의 사회정의는 '습파'의 전통보다는 대처의 영향을 반영하는 듯 보이기 때문이다. 다시 말해 이전의 대처주의가 빈곤과 불평등의 문제에 대해 국가의 책임보다는 개인의 책임에 초점을 맞춤으로써 경제적 문제에서 개인의 책임을 강조하고 국가의 역할을 부정하였듯, 캐머런은 사회적 문제에 관해 개인의 책임을 강조한다는 차이만 있을 뿐 결국 국가의 역할을 최소화하고자 하는 점에서는 일맥상통한다고 할 수 있다(유범상, 2012). 그렇다면 실질적으로 캐머런의 보수당을 습파의 귀환으로 볼 수 있을 것인지 또 다른 모습의 건파로 해석할 수 있을 것인지는 캐머런정부의 정책 개혁을 평가하면서 판단해 볼 수 있을 것이다.

3. 캐머런정부의 사회보장 개혁

1) 통합공제와 복지개혁

2010년 캐머런정부는 자유당과의 연정으로 출범한 이후 "21세기 복지"(*21st century welfare*)라는 제목의 정책백서(*white paper*)를 통해 기존 영국 복지제도의 문제점을 지적하고 복지개혁의 방향을 제시하였다(강욱모, 2012). 이 백서는 기존의 영국의 복지제도가 빠르게 전개되는 영국의 경제·사회의 변화를 따라잡는 데 실패하였고 복지급여의 수급자에게는 근로로 유인할 수 있는 재정적 인센티브가 너무 미약한 데다가 너무 많은 종류의 복지급여제도와 조세급여제도가 복잡하게 얽힌 채 비효율적으로 운영되어 수급자의 근로동기를 저해하고 수급 대상자의 선정오류와 부정수급 등의 문제를 해결하지 못한다고 지적하였다.

이에 따라 연립정부는 몇 가지 복지개혁 방향을 제시하였다. 첫 번째는 그 이전까지 다양한 종류의 급여와 대상자별로 분리되었던 고용프로그램을 단일한 근로연계정책으로 통합하는 것이었다. 가장 대표적인 것이 바로 통합공제로 이는 이어서 더 자세히 살펴보기로 하겠다. 그다음 두 번째는 급여 수급자의 근로참여를 촉진시키기 위해 급여 수급을 위한 조건을 강화하여 일자리를 구할 수 있거나 일할 준비가 된 사람이 급여를 받기 위해 이행해야 할 조건을 제시하고, 그렇지 않을 경우 급여 삭감 등의 제재를 강화하는 것이다. 세 번째로는 실업과 관련된 복지급여를 신청하는 즉시 재취업 훈련과 같은 노동연계복지 참여를 의무화하는 것이다. 마지막으로 이러한 프로그램들의 전달체계를 개선하기 위해 제3섹터의 시장을 육성하여 적극적으로 이 시장의 다양한 공급자와의 계약을 통해 사회서비스를 제공하는 것이다. 민간 공급자를 중심으로 핵심 공급자를 구성하여 제공하는 근로프로그램(Work Programme)이 그 대표적인 예라고 할 수 있다.

이어서 연립정부는 던컨스미스 장관의 주도로 복지개혁 정책백서인 "통합공제: 작동하는 복지"(Universal Credit: Welfare that Works)를 발표하고 더욱 공평하고 재정적으로 부담 가능하며 빈곤뿐 아니라 무직과 복지의존에 더욱 잘 대응하기 위한 개혁안으로서 근로와 개인적 책임을 증진시키도록 급여 시스템을 대대적으로 개편할 것임을 선언하였다(Department for Work and Pensions, 2010). 이 개혁안의 특징은 다음과 같은 세 가지로 요약할 수 있다(Slaster, 2012).

첫 번째, 매우 복잡하다고 대체적으로 지적하는 현행 복지급여 시스템에서 근로연령을 대상으로 하는 급여를 하나의 통합된 급여로 대체하면서 이전에 격주로 지급되던 주기를 매월 지급하는 것으로 변경하여 개인적 책임성을 증진시킬 수 있도록 하는 것이다. 월 급여를 통해 더욱 장기적으로 가계를 운영할 수 있도록 한다는 의미이다.

두 번째는 근로를 통한 수입의 보장을 강화하여 수급자가 복지급여에만 의존하는 것보다 취업을 하면 더 많은 소득을 거둘 수 있도록 하는 것이다. 이전의 세금급여제도에서는 1파운드당 70펜스였던 소득에 따른 '감액 비율'(taper rate)을 65펜스로 줄이도록 하였다. 즉, 벌어들이는 소득 대비 65%를 급여에서 감액하기 때문에 수급자는 일을 통하여 소득이 증가할수록 복지급여 감액으로 상쇄되는 것을 제외하면 최종적으로 35%씩 총소득이 증가하는 것을 경험한다.

세 번째로 이 개혁안에서는 이전의 노동당정부가 복지의존이나 부정수급 문제에 제대로 대처하지 못했으며 결과적으로 복지국가가 빈곤에 대응하기보다는 거대한 관료제를 팽창시키는 결과만을 빚었다고 비판하면서 급여 프로그램에서 처벌적 요소를 확대시켰다.

이러한 통합공제를 중심으로 한 캐머런 연립정부의 개혁안은 35만 명의 아동과 50만 명의 근로연령에 있는 성인이 빈곤을 탈출할 수 있을 것이라는 전망을 내놓았지만 경제적 상황이 어려운 상황에서 일자리가 부족하고 더 많은 일자리 창출은 어려워졌으며 이미 연립정부에서 100억 파운드에 달하는 급여 예산이 삭감되었다는 사실은 외면하면서 더욱 가혹한 조처들을 포함하였다(Slaster, 2012). 예전에는 근로능력이 부족한 장애인의 경우 보호를 받을 수 있었지만 개혁에 따라 모든 장애인에게 '근로 준비'(work preparation) 프로그램 참여가 의무화되었고 그 후에는 구직활동을 할 것을 전제했다. 또한 자녀가 5세 미만인 한부모의 경우에도 지속적으로 면담에 참여하고 취업을 준비하고 있음을 입증해야 하는 의무가 부여되었다. 근로능력이 있는 수급자의 경우, 제안을 받으면 어떠한 직업도 받아들어야 하며 적합한 직업이 없을 경우에도 의무적으로 '의무근로활동'(mandatory work activity) 프로그램에 참여하도록 했다. 이는 보통 자원봉사 활동으로 이루어졌지만 실질적으로는 급여 삭감을 피하기 위해서는 어쩔 수 없이 해야 하는 일이다.

그렇다면 이렇게 취약계층에게 더욱 가혹하게 강화된 조처 대신에 개혁안이 표방하는 것처럼 더욱 공정하고 근로를 효과적으로 유인하여 일을 통해 빈곤을 탈출할 수 있도록 설계되어 있는가? 통합공제의 핵심은 더욱 단순하고 유연한 시스템을 만들어 급여에 의존할 때보다 일을 할 때 수급자의 경제적 사정이 더 나아지도록 한다는 것이다. 다시 말해 이러한 단순화된 급여제도를 통해 일하는 시간이 증가할수록 수입이 증가하는 비율을 더욱 높이고 이러한 소득증가가 더욱 분명하게 인식되도록 함으로써 보다 근로의욕을 높일 수 있다는 것이다.

하지만 시민권익보호단체인 시민상담소(Citizens Advice Bureau)의 분석에 따르면 통합공제는 이러한 목표에 실패한 것으로 나타났다(CAB, 2014). 통합공제는 기본적으로 근로소득이 '근로 허용액'(Work Allowance)을 넘는 경우 그 이상의 소득에 의해 복지급여에 소득 이하의 감액률(65%)을 적용하여 결과적으로 총소득이 증가하도록 함으로써 근로의욕을 높인다지만 수급자의 조건에 따라 오히려 관련 지출이 더 증가하여 일을 할수록 실질적으로는 손해를 보는 경향이 발생한다는 것이다. 가령 수급자 중 근로능력이 없거나 다른 소득이 없는 경우 대부분 현재 급여수준과 큰 차이가 없다. 또한 독신자의 경우 일을 할수록 총소득이 증가하여 근로에 대한 유인효과가 있는 것으로 보이지만 한부모가정이나 일부 저임금 맞벌이가족의 경우에는 근로 유인효과가 적거나 오히려 소득증가보다 지출증가가 더욱 큰 부정적 결과가 나타난다.

이렇게 통합공제가 특정 수급자에게 근로유인과 관련해 오히려 부정적 결과가 나타나는 이유는 한편으로 소득증가에 따라 부수적으로 상실하게 되는 지원제도를 고려하지 않았기 때문이기도 하며 또 다른 한편으로는 늘어나는 근로시간으로 인해 증가하는 비용을 제대로 보상하지 않기 때문이기도 하다(CAB, 2014). 가령 소득이 증가함에 따라 국민건강서비스(NHS)의 무상처방료, 모기지(mortgage)에 대한 이자지원 등의 급여를 상실하며 자녀가 있는 가족의 경우 학교 무료급식 자격도 상실한다. 또한 근로로 인하여 추가로 발생하는 비용도 있는데 출퇴근을 위한 교통비용과 특히 자녀가 있는 가족의 경우 아동보육비용이다. 분석에 따르면 근로로 인하여 증가하는 소득은 아동보육비용에 비해 85% 정도밖에 되지 않기 때문에 결국 손해를 보는 결과가 나타난다. 특히, 맞벌이의 경우 두 번째 소득자에 대해서는 급여가 삭감되지 않는, 소득 허용범위인 근로 허용액이 적용되지 않기 때문에 아동보육비용 증가로 인한 손해만 경험하여 근로요인이 더욱 떨어진다. 사실 한부모가정이나 저임금 맞벌이가정이 본래 근로유인에 가장 민감하게 반응하는 집단이다. 특히, 한부모의 경우 많은 연구에서 근로의욕이 있음에도 근로에 장애를 느꼈음을 보였다. 이 때문에 이들에게 부정적 영향이 가장 두드러지게 나타나는 통합공제제도는 근로유인 강화라는 원래 목적을 크게 놓쳤다고 볼 수 있다.

사실 최근 보도에 의하면 애초에 통합공제제도는 2015년 5월에 전면 실행할 계획이었지만 지속적으로 연기되어 현재 2020년까지로 늦춰졌고 완전 실행 시 8백만 명이 수급할 것으로 예상되었지만 2015년 10월 현재 14만 1천 명 수준에 불과한 것으로 나타났다(*The Guardian*, 2015. 11. 18).

2) 국민건강서비스의 자유화

영국 복지국가의 역사에서 국민건강서비스(NHS)는 매우 중요한 위치를 차지하며 영국국민의 일상생활에서도 가장 밀접한 관계를 가진 제도도 NHS인 만큼, NHS가 정치적으로 갖는 의미도 매우 클 수밖에 없다. 그러한 측면에서 NHS 자체가 직면한 과제는 어떠한 정부든지 심각한 정치적 도전이 되며, 특히 보수당에게는 어려운 과제를 던져주는 정책영역이라 할 수 있다.

보수당과 NHS의 어려운 관계는 NHS 설립 때부터 시작되었다(Williams, 2015). NHS는 지불능력에 관계없이 필요에 따라 질 높은 보건의료서비스를 요람에서 무덤까지 제공한다는 목적 아래 1948년에 설립되었고 지금까지도 그 정신은 사회적 공감 아래 유지되나 보수당은 처음부터 납세자에게 큰 부담이 되고 사회주의적 정부의 상징이 된다는 이유로 설립에 반대표를 던졌다. 그 이후로 보수당에게 NHS는 신뢰를 얻기 어려운 정책영역이 되었다(Timmins, 2012).

어쨌든 NHS는 성공적으로 도입되었고 영국 사회보장제도의 중심적이고 상징적인 존재가 되었으며 NHS의 효과적 운영은 정부의 핵심 책임으로 인식된다. 이러한 맥락에서 NHS는 태생적으로 독점적이고 관료적 속성을 갖는데, 개인과 시장을 강조하는 보수당과는 상극으로 보인다.

이 때문에 NHS는 노동당의 전유물처럼 여겨졌고 이는 보수당의 장기침체 원인 중 하나로 작용했기 때문에 보수당의 혁신을 추진한 캐머런에게 있어서는 피할 수 없는 정책과제였다(Williams, 2015). 실제 1990년대 중반 이후에 보건의료는 선거에서 유권자가 관심을 두는 주요쟁점 중 하나였고 그 이후 노동당의 연속적인 세 번 선거 승리에도 NHS는 중요한 요인이 아닐 수 없었다. 노동당은 지속적으로 NHS를 보수당의 손에 맡길 수 없다고 주장했고 이 주장은 유권자에게 설득력이 있었다.

사실 대처정부 시절부터 보수당정부가 NHS를 민영화하려 한다는 비판은 많았다. 이전의 가장 NHS의 급격한 개혁은 1989년에 발간된 정책백서 "환자를 위해 일하기"(*Working for Patients*)에 의해 1991년에 시행되었던 것으로 '내부 시장'(*internal market*)이 도입되고 공급과 구매를 분리하여 결과적으로 병원이 환자를 두고 더욱 경쟁하게 만들었다. 이는 영국의료협회(British Medical Association: BMA) 등에 의해 민영화를 향한 조치로 여겨졌고 결국 NHS는 정치의 핵심적 쟁점이 되었다(Timmins, 2012).

이 개혁에서 NHS의 병원은 제한적으로나마 운영의 자율성이 주어지는 NHS 트러스트(NHS Trust)에 의해 운영되도록 하고 NHS의 서비스는 이들과의 계약을 통하여 제공되도록 하였다. 또한 주로 민간에 의해 운영되는 일반의(General Practitioner: GP)가 기금 보유자(*fund holder*)가 되어 등록된 환자에 대한 예산을 보유하여 제한된 범위 내에서 서비스를 구매할 수 있도록 하였다. 이를 통하여 NHS뿐만 아니라 민간이나 자원봉사단체 등 원하는 누구나 서비스를 제공할 수 있게 되었을 뿐만 아니라 자체적으로 서비스를 구성하는 것도 가능해졌다.

이러한 개혁으로 인해서 노동당이 다시 집권하는 1997년까지 모든 병원이 NHS 트러스트에 의해서 운영되었고 절반 정도의 일반의가 기금 보유자가 되었지만 이것이 NHS의 근본적 변화로까지는 이어지진 않았다. 시간이 지나면서 NHS 트러스트 역시 보건기구의 감독 아래 통제를 받고 전반적으로 NHS를 더욱더 시장화하는 것에 대해서는 비판하는 여론이 높아졌던 것이다.

하지만 보수당은 야당이 된 이후에도 여전히 선거강령(election manifesto)에서 민간 보건의료에 대한 정부보조금제도인 '환자 여권'(The Parent's Passport)과 같은 시장화를 지향하는 정책을 제시했고 이는 노동당이 NHS를 구하기 위해 노동당을 뽑아 달라는 주장을 정당화시키는 꼴이었다 (Williams, 2015). 이 때문에 캐머런은 당수 선출 첫 달에 이와 같은 정책을 공식적으로 폐기하고 그의 첫 번째 전당대회 연설에서, 블레어가 자신의 세 가지 우선순위가 바로 교육, 교육, 그리고 교육이라고 강조했던 것을 차용하여 자신의 우선순위는 세 글자로 말할 수 있다면서 그것은 바로 N, H, S라고 선언했다.

이후 보수당은 NHS와 관련해 여론에서 노동당을 앞지르기 시작했다. 2006년 영국 유력 일간지인 〈타임스〉의 여론조사에서 NHS의 원칙을 믿고 발전시키는 정치인으로서 캐머런(50%)은 노동당의 블레어(42%)나 브라운(45%)보다도 더 많은 긍정적 응답을 받았다(Timmins, 2012). 2010년 총선을 준비하면서도 캐머런은 선거강령에 보건의료 지출만은 매년 증액하겠다고 약속하였고 자유당과 연립정부를 구성할 때 이를 연정합의(coalition agreement)에도 반영하였다. 당시 급격한 공공지출 감축이 전면화된 상황에서 보건의료 지출에 대한 증액 약속은 그만큼 두드러졌다.

사실 NHS는 이전의 노동당정부에서부터 개혁논의가 진행되고 있었다. 2007년 당시 보건정책차관(health minister)이었던 다지 경(Lord Darzi)은 다음 단계 검토(Next Stage Review)를 시작하였고 2008년 최종 보고서에서 서비스의 양보다 질에 초점을 맞춘 새로운 5개년 전략을 발표했던 것이다 (Department of Health, 2008). 이 개혁안은 더욱 사람 중심의 NHS를 만들어 환자의 선택권을 더 향상시키고 질적 향상을 촉진하기 위해서 환자의 만족과 병원의 수입을 단계적으로 연계시켜서 더 우수한 병원과 의원이 확대될 수 있도록 하고 일반의에 등록하는 환자의 지리적 경계를 폐지하고 환자가 자신에게 배당된 예산 범위 내에서 자유로운 선택을 할 수 있도록 하는 개인건강예산제(*personal health budget*)를 도입하는 등의 내용을 담았다.

2010년 집권한 연립정부는 이러한 제안의 일부를 계승하기도 했지만 더욱 근본적 재구조화를 추진하였다. 이 때문에 초기부터 상당한 비판에 직면하여 결국 시행을 늦추면서 '청문 휴지기'(*listening pause*)를 가지고 'NHS 미래 포럼'(NHS Future Forum)의 논의를 통해 상당한 수정을 거쳐야 했다 (Alcock & May, 2014). 사실 이러한 개혁을 담은 정책백서인 "NHS 자유화"(*Liberating the NHS*)는 연정이 결정되어 집권한 지 60일 만에 발표되었지만 NHS 63년 역사상 가장 큰 규모의 재조직화 계획이 담겨 있어 최종적으로 입법화된 2012년까지 2년 동안 연립정부의 가장 큰 골칫거리가 되고 말았다(Timmins, 2012).

연립정부는 이 개혁을 통해 NHS의 상명하복구조를 바꾸어 권한과 책임 구조를 근본적으로 변화시키겠다고 선언하고 일반의에게 보건의료서비스에 대한 위탁을 담당하도록 하면서 그동안 NHS 운영구조의 중심축을 담당하였던 10개의 지역별 보건국(Health Authority)과 지역의료 운영을 책임지던 152개의 1차 의료트러스트(Primary Care Trust: PCT)를 폐지하기로 하였다. 그리고 새로운 규제기구는 주로 선택과 경쟁이 합당하게 이루어지도록 감독하고 이를 확대시키는 데 더욱 초점을 맞추기로 하였으며 민간과 자원봉사부문에서 NHS에서 합의된 가격으로 NHS를 공급할 수 있도록 하였다. 이는 NHS의 공급시장을 전면적으로 개방하는 것을 의미했다. 또한 NHS의 전반적 운영에 대한 책임을 새롭게 설치하는 위탁위원회(*commis-*

sioning board)에 이관하도록 하여 NHS의 일상적 운영에서 정부가 손을 떼고 장관 역시 세부운영에 관여하거나 개입하는 것을 제한하도록 하였다. 이는 NHS 운영을 정부가 책임진다는 대전제를 크게 무너뜨리는 것이었다. 연립정부의 개혁안의 주요내용은 〈표 6-1〉과 같다.

지역의 NHS 운영은 일반의가 담당하고 전반적인 운영에 대한 정부의 책임은 제한하는 이러한 개혁은 1974년 기존의 보건의료와 관련된 지방정부 기능을 모두 NHS 쪽으로 이전했던 NHS 재조직화 이후 가장 큰 규모로 인식되었다. 그러나 이러한 대대적 변화가 어떠한 위기 속에서 나타난 것이 아니라, 신노동당정부 아래 NHS 역사상 가장 오랜 기간 지속적 지출증가가 있었고 NHS의 가장 고질적 문제라고 지적되었던 대기기간은 역사상 가

〈표 6-1〉 캐머런 연립정부의 보건의료 개혁안과 수정안의 주요내용

'NHS 자유화' (Department of Health, 2010) 개혁안 주요내용	· 모든 NHS 병원을 재단 트러스트(Foundation Trust)로 전환하고 1차 의료 러스트(Primary Care Trust: PCT)로부터 공급을 분리 · 모든 일반의는 위탁 컨소시엄(Commissioning Consortium)에 참여하고 보건국(Health Authority)은 2012년에, 1차 의료트러스트는 2013년에 폐지 · 자율적인 위탁위원회(Commissioning Board) 설립 · 새로운 경제 규제기구를 설립하고 경쟁을 증진시키는 임무를 부여 · 언제나 환자가 '어떠한 제공 의사가 있는 제공자'를 선택 가능하도록 규제 완화 · 일상적 NHS 운영에 대한 정책차관(minister)의 권한 제한 · NHS 예산의 45%를 차지하는 운영비용 감축 · 헬스워치(Healthwatch)라는 새로운 환자 조직 설립 · 공공보건을 지방정부에 이관 · 일반의의 위탁 컨소시엄과 함께 사회적 돌봄과 공공보건 증진을 위탁할 새로운 보건복리위원회(Health and Wellbeing Board) 설립 · 국립임상개선위원회(National Institute for Health and Clinical Excellence: NICE)가 특정 치료의 NHS 도입 여부 결정역할을 제한하고 개별 의사와 컨소시엄에 결정 이관
2012년 〈보건 및 사회복지법〉의 주요 수정내용	· 일반의 위탁 컨소시엄은 일반의뿐 아니라 병원의 의사 및 간호사도 참여하는 임상위탁그룹(Clinical Commissioning Group: CCG)으로 변경 · NHS에 대한 장관의 궁극적 책임 유지 · 규제기구는 경쟁 증진보다는 반경쟁적 행위에 대응하고 통합적 의료 제공을 촉진 · 보건의료와 사회적 돌봄의 통합적 접근을 위한 보건복리위원회의 역할을 확대하고 지방정부의 역할을 강화

장 낮은 수준이었고 NHS에 대한 영국국민의 만족도도 1983년에 시작되었던 영국사회태도조사(British Social Attitude Survey) 역사상 가장 높게 나타나는 가운데 등장하여 대중이나 보건의료 관계자에게 당황스럽게 다가왔다. 하여 그만큼 상당한 저항과 진통을 겪게 되었다(Timmins, 2012).

영국 최대 공공부문 노조인 유니슨(Unison)은 물론 NHS 고문의사협의회(NHS Consultants Association), 영국의료협회(BMA) 모두 이 개혁안에 대해 NHS 민영화 조치라며 반발하였으며 왕립간호협회(Royal College of Nursing)는 개혁안을 추진하는 보건정책차관에 대한 불신임안을 압도적 찬성으로 의결했다. 결국, 개혁안을 담은 법안이 하원 상임위원회(select committee)를 통과한 이후 연립정부의 두 집권당의 지도부가 모여서 개혁안 유보를 전격적으로 결정하고 대신 NHS 미래포럼을 결성하여 여기에서 개혁안을 재검토하기로 하였다.

검토 결과, 결국 일반의에게 지역의 보건의료서비스에 대한 위탁을 담당하게 한 컨소시엄은 병원의 의사와 간호사도 참여하는 임상위탁그룹(Clinical Commissioning Group: CCG)으로 변경되었고 장관은 NHS에 대한 궁극적 책임을 유지하게 되었다. 또한 자유당은 지역 참여를 확대할 것을 주장한 결과 보건복리위원회의 역할이 확대되어 지방정부의 역할이 강화되었으며 지방정부는 또한 병원서비스 변경에 대해서 이의를 제기할 수 있는 권한을 유지하게 되었다. 모니터(Monitor)와 같은 규제기구 역시 경쟁을 촉진시키는 역할보다는 반경쟁적 행위에 대응하고 통합적 돌봄을 증진시키는 역할을 강화하는 방향으로 변경되었다.

그렇게 최종적으로 통과된 〈2012년 보건 및 사회복지법〉에서는 결국 최초의 개혁안에 대해 2천여 건의 수정이 이루어졌다. 그럼에도 여전히 영국의료협회는 끝까지 법안 철회를 요구했고 여론조사에서는 노동당이 2002년 이후 최대 격차로 보건의료정책에 있어 보수당을 앞서나가기 시작하였다(Williams, 2015).

사실 고령화 등 인구학적 변화로 수요는 계속 늘어나는 반면 지속적 경제위기로 지출은 제한되는 가운데 어떻게 효과적으로 NHS를 운영할 것인가는 오랜 과제였다. 캐머런은 초기부터 NHS를 자신의 우선순위로서 강조했던 만큼 자신이 지향하는 분권화를 통해 어떻게 더 효율적이고 효과적인 NHS를 만들 것이냐의 과제를 가졌다. 하지만 실제 개혁안으로 나타난 모습은 그의 큰 사회론의 영향보다는 대처 시절부터 추진되었던 민영화와 더 큰 연관이 있는 듯 보였다. 또 한편으로는 국가의 역할을 줄이고자 했다지만 국가의 책임성을 약화시키면서 이를 보완하기 위해 결과적으로 더 큰 구조적인 관료제를 창출해 버렸고 개개인의 자기 건강에 대한 책임을 높인다는 이유로 가부장적 성향까지 보였다(Williams, 2015).

가령, 기존의 NHS가 보건부를 정점으로 10개의 지역별 전략적 보건국과 그 아래 152개의 1차 의료트러스트(PCT)를 중심으로 이루어진 다소 단순한 구조였다면, 캐머런정부는 보건국과 1차 의료트러스트를 폐지하였지만 전반적 위탁을 관리하는 국가위탁위원회(National Commissioning Board), 공공보건 잉글랜드(Public Health England), 보건의료인력 교육·훈련을 담당하는 보건교육 잉글랜드(Health Education England), 환자참여 조직인 헬스워치 잉글랜드(Healthwatch England) 등 더 많은 기관이 새로 설치하여 훨씬 복잡한 구조가 되었다. 또한 개인에게 더 많은 책임을 부여하기 위해 결국 사람들이 자신의 삶을 증진시킬 수 있는 바람직한 방향으로 선택을 유도해야 하는데 이를 위해서 정부가 바람직하다고 생각하는 사회적 기준에 대한 메시지를 반복적으로 전달하여 행동을 바꾸고자 하는 자유주의적 가부장주의(*libertarian paternalism*)에 빠져버렸다. 게다가 선거강령에서 매년 NHS 예산 증액을 약속했지만 전반적 공공예산감축 아래 그 비율은 0.1%로 제한되어 사실상 실질적으로는 예산감축을 경험하는 상황으로 이러한 개혁들이 본래 취지대로 더욱 효과적 결과를 가져올지는 더욱 불확실해진 상황이다(Alcock & May, 2014; Williams, 2015).

3) 〈지역중심주의법〉과 주거정책

캐머런의 보수당이 초기에 정치적으로 가장 많은 비판을 받았던 부분 중 하나는 정책적 모호성에 있었다. 앞서 살펴본 대로 캐머런은 큰 사회론과 지역중심주의를 핵심적인 정책 어젠다로 들고 나왔지만 대중이든 언론이든 정치 평론가든 어떤 의미인지 혼란스럽다는 지적이 많았다. 이러한 맥락에서 〈2011년 지역중심주의법〉은 이를 구체화시킨 법안으로 주목을 받았다. 또한 이 〈지역중심주의법〉은 지역 및 주거정책의 핵심정책을 담기도 했다.

이를 통해 나타난 이들 정책의 특징은 크게 지방정부의 강화, 지역주민과 민간의 권한 강화, 그리고 주거지원에 대한 제한 및 축소를 들 수가 있다. 우선 첫 번째 지방정부의 강화와 관련해서는 이미 살펴본 바와 같이 이법에서는 다른 법에서 금지하지 않은 범위에서 지방정부가 무엇이든 할 수 있는 폭넓은 권한을 부여한다. 또한 이전까지 중앙이 담당하던 사회주거(social housing) 공급과 토지 관련 업무 및 예산, 중앙정부기구였던 주거 및 지역사회기구(Home and Communities Agency: HCA)의 관련 기능과 예산을 런던광역시(The Greater London)로 이관하는 등 일부 중앙정부의 기능과 관련 예산을 지방정부에 이관하였다(오도영 외, 2015).

그에 못지않게 지역 주민과 민간 부문의 권한 역시 대폭 강화하였다. 지역공동체가 지방정부의 재산을 구매할 수 있고 지역사회 제3섹터 조직 등에서 서비스를 더 나은 방식으로 제공할 수 있다고 생각할 경우, 지방정부에 이의제기를 하고 입찰을 요구할 수 있도록 하고 지역의 쟁점을 주민투표에 붙일 수 있도록 한 것이다(Alcock & May, 2014: 80~81).

하지만 이러한 권한의 강화와 더불어 기존의 주거에 대한 지원을 대폭 제한하는 것을 추진하였다. 〈지역중심주의법〉이 시행된 2012년 4월부터는 사회주거의 유지관리를 위해 중앙정부로부터 지원되던 주거사업 회계 보조금(Housing Revenue Account Subsidy System)이 종료되어 지방정부는 사회주거의 임대수익을 활용해서 자체적으로 사회주거를 유지하고 관리하게 되었다. 사회주거 입주기간도 이전에는 제한이 없었지만 이 법으로 2~5년 사이의 기간제한 임대(time-limited tenancy)를 도입하여 이 기간이 지나면 심사를 통해 연장하거나 퇴거조치를 할 수 있도록 하였다. 노숙인의 경우도 사회주거가 가능해질 때까지 임시숙소에서 거주할 수 있었지만 이 법으로 인해 12개월의 민간임대만 제공하면 지방정부의 노숙인 보호의무가 갈음되는 것으로 만들었다(오도영 외, 2015). 결국, 노숙인은 상대적으로 높은 민간임대료를 부담하거나 아니면 지방정부의 보호를 아예 받지 못하는 상황에 몰리게 되었다.

사실 영국의 주거정책은 2차 세계대전 이후 부족한 주거물량을 공공주도로 공급하는 것으로 출발하였으나 점차 공공주거 공급 비중은 줄어들었다. 특히, 대처정부 이후에는 민간의 역할을 증대하는 신자유주의 기조로 정책이 전환되어 신노동당까지 그 방향에 큰 변화가 없었지만 2010년 연립정부부터는 아예 그 권한과 책임마저 지역으로 전가시키는 새로운 단계에 접어들었다고 평가된다(오도영 외, 2015). 다시 말해, 그 이전에 대처정부에서 주거정책이 대물보조에서 대안보조로 전환되어 주거급여가 본격적으로 시행되든 그와 동시에 민간임대시장의 성장이 촉진되든, 그 정책을 주도하는 것은 중앙정부였지만 캐머런정부부터는 그 정책에 대한 주도권과 함께 권한과 책임마저도 지역으로 넘겨버렸다는 것이다.

이러한 변화는 캐머런정부가 큰 사회론이나 지역중심주의에서 말하는 것처럼 지역 스스로 자기 문제를 해결하도록 하는 결과를 빚기보다는 오히려 민간 부동산개발자나 유지와 같은 지역사회 권력의 이해관계에 노출되거나 오히려 지역 내의 갈등과 긴장을 심화시키는 결과를 가져올 것이라는 우려를 불러일으켰다(Jacobs & Manzi, 2013). 가령 근린지역을 단위로 지역계획을 가능하게 하고 지역주민이 지방정부의 정책과 서비스를 개방하도록 요구할 수 있게 하였다지만 민간 개발업자가 자신의 이해관계에 따라 지방정부의 서비스를 폄하하는 캠페인을 지원하거나 특정 지역계획에 대해 반대를 조장하여 자신의 사업적 이익을 추구할 수도 있는 일이다.

사실 지역의 권한을 강화한다는 것은 지역사회가 보편적 이해관계와 정체성을 가진다는 것을 전제로 두지만 실제로는 다양한 이해관계의 갈등이 존재할 수 있고, 특히 지역이라는 공간 안에서 토지 사용과 같은 이해관계는 절충적으로 해결되기 어려운 속성을 가진다. 그러나 이를 중재하고 조정하여 합리적으로 개입할 수 있는, 민주주의적 대표성을 가진 지방정부의 권한을 오히려 약화시키고 있는 것이다. 다시 말해 〈지역중심주의법〉과 그 개혁은 지역의 권한을 강화시킨다는 미명으로 추진되었지만 이를 통해 그동안 지역의 이해관계와 갈등을 조정하기 위하여 발달되었던 지역의 민주주의체제로서의 지방정부를 약화시켜 오히려 문제를 더욱 악화시키며 이 가운데 약자나 소수의 권리가 무시될 수 있는 상황을 만들고 있다.

4. 맺음말

지금까지 영국의 최근 사회보장 개혁동향에 대하여 캐머런정부의 개혁 어젠다와 주요 정책 개혁을 중심으로 살펴보았다. 머리말에서 밝혔듯 영국은 현대 복지국가의 역사에서 일정한 방향을 제시하고 이를 집권당의 정책을 통해 실현하면서 세계적으로 선도적 영향력을 행사해왔기 때문에 단순히 정책별 변화를 살피기보다는 캐머런정부가 대처정부의 신자유주의와 신노동당의 제3의 길 이후 새로운 방향을 제시하고 이를 정책적으로 실현하고 있는가를 비판적으로 평가하였다.

특히, 영국의 보수당은 산업사회 등장과 함께 대중의 삶 개선을 위한 국가의 개입을 받아들이는 '한 나라' 보수주의의 전통과 경제적 자유와 사적 재산과 이해의 보호를 더욱 우선시하는 고전 자유주의적 전통이 동시에 존재한다. 전자는 습파로 불리고 후자는 건파로 불리면서 습파는 합의의 정치 시대에 국가개입을 강화하기도 하였고 건파는 대처정부를 거치면서 대처리즘으로 불리는 새로운 신자유주의의 시대를 열기도 하였다.

10여 년간 신노동당정부의 집권 기간 동안 장기침체에 빠졌던 보수당을 구하면서 등장한 캐머런은 그전의 '포악한 정당'의 이미지를 씻어내, '부서진 사회'가 되어버린 영국에서 사회정의를 다시 세우기 위한 방향으로 '큰 사회론'과 '지역중심주의'를 주창하였다. 이러한 캐머런정부의 개혁 어젠다는 그간 경제적 문제에 매몰되었던 대처주의 건파에 비하여 사회적 쟁점에 집중한다는 측면에서 습파로의 귀환으로도 볼 수 있으며 다른 한편으로는 분권화를 통하여 오히려 국가의 책임보다 개인의 책임을 강조한다는 측면에서 또 다른 건파로 해석될 수 있는 여지가 있었기 때문에 집권 이후의 주요 개혁을 통하여 살펴보고자 하였다.

캐머런정부의 주요 개혁 프로그램으로는 통합공제를 중심으로 한 복지개혁, 캐머런이 당수 선출 이후부터 우선순위로 강조했던 NHS 개혁, 그리고 〈지역중심주의법〉을 중심으로 한 주거정책 개혁을 꼽을 수 있다.

우선 통합공제를 중심으로 한 복지개혁은 그 이전의 복지급여제도가 너무 종류가 많고 복잡한 데다가 근로유인이 취약하여 부정수급이나 복지의존 문제에 효과적으로 대처하지 못했다고 비판하면서 다양한 복지급여를 하나로 통합하여 단순화하면서 근로유인을 강화하기 위한 것이었다. 하지만 이러한 개혁은 급격한 복지급여 예산삭감과 함께 진행되었고 어려운 경제로 인하여 일자리 창출이 어려워진 상황에서 오히려 근로가 어려운 취약계층에게 근로에 대한 의무와 제재를 강화시키면서도 근로유인은 특히 한부모가정이나 저소득 맞벌이가정에서 약화되는 결과를 빚었다. 이들 가정에서 근로시간 증가로 인해 오히려 증가하는 아동보육 등의 비용을 제대로 고려하지 않아 일할수록 오히려 손해를 보는 결과가 나타났다.

NHS 개혁의 경우, 집권 두 달이 채 안 되어 정책백서가 발표되는 등 매우 신속하게 추진되는 듯하였으나 지역의 보건의료에 대한 운영을 민간 중심의 일반의에 맡기고 NHS 운영에 대한 국가 책임을 약화시키는 급진적인 내용 때문에 상당한 저항에 직면하여 2년간 재검토를 거쳐 수 천여 건의 수정이 이루어졌다. 그럼에도 결과적으로는 국가의 책임은 약화시키면서 더욱 관료적인 구조가 확대되었고 매년 증가하겠다는 예산은 그 증가폭이 매우 미미하여 실질적으로는 오히려 감축되는 결과를 보이는 것으로 나타났다.

〈지역중심주의법〉은 캐머런정부가 주창한 지역중심주의를 구체적으로 제도화한 것으로 주목받았으나 이 역시 주거정책에 대한 중앙정부의 지원은 대폭 감축하면서 그 책임마저도 지역사회로 넘겨 오히려 지역의 이해관계를 중재하고 조정해야 하는 지방정부를 약화시켰다. 또한 지역의 개발업자 등 지역 기득권의 영향력이 강화되고 그에 반해 지역의 약자나 취약계층은 소외될 수 있는 상황을 만들었다.

종합해 보면 캐머런은 큰 사회론과 지역중심주의를 통해 지역의 권한을 강화시키고 새로운 방식으로 사회문제에 대응하고자 하였으나 구체적 개혁에 관해서는 지나치게 정부의 책임을 약화하는 데 집중한 나머지 원하는 효과를 기대하기 어렵게 되거나 오히려 그 반대의 결과가 빚어지는가 하면 정부의 필수적인 공적 역할마저도 약화되는 모습도 나타났다. 이러한 결과는 캐머런정부가 지역을 강화시키기 위해 지역 자체의 역량을 확대하기보다 지역의 권한과 책임은 증대시키면서 이를 성공적으로 수행하기 위한 지원은 따라가지 못함으로써 나타나는 것으로 보인다. 사실 캐머런정부에서 지배적으로 추진되는 것은 사회적 개혁이라기보다는 급격한 공공지출 감축이었는데 이것이 큰 사회론에 필요한 기본적 구조를 손상시켰고 결과적으로 정책 개혁 어젠다로서도 빛이 바랬다.

실제로 큰 사회론을 위해서는 지역의 공익단체(charity)들이 육성되어야 하지만 공공 지출 감축으로 인해 이들 단체에 대한 지원도 줄어들어 2011~2012년 기간 동안 약 7천여 개의 조직이 문을 닫았으며 이와 더불어 2011년 보수당 전당대회에서 큰 사회론은 공식 어젠다로도 채택되지 않았다. 뿐만 아니라 2012년에서는 캐머런의 연설에서조차 런던 올림픽에서 나타난 자원봉사자의 정신을 묘사하는 데 한 번 언급되는 것에 그쳤을 뿐이다(Williams, 2015).

결국 캐머런은 지난 6월 23일 영국의 EU 탈퇴 국민투표에서 결국 탈퇴로 나온 결과에 책임지고 지난 7월 13일 사임하고 말았다. 그렇다면 그의 큰 사회론과 지역중심주의는 재정 감축과 국가책임 약화로 귀결되고 역사의 뒤안길로 사라질 것인가? 아직 그렇게 결론을 짓기에는 성급한 측면이 있다. 사실 캐머런이 지난 2015년 총선에서 승리를 거두고 연정을 탈피한 이후 당시 공약으로 내건 EU 탈퇴 국민투표는 너무나 큰 당면 과제였기 때문에 이 국민투표 이후 본격적 개혁 어젠다를 추진할 것이라는 전망이 많았다. 지난 5월, 영국정부에서 공식적으로 연간 입법계획을 밝히는 여왕의 의회 개원연설에서 제시된 20개의 법안 중 핵심적인 것은 '삶의 기회' 증진이었고 국민투표에서 EU 탈퇴가 부결되면 본격적으로 이를 추진할 것이라 전망되었던 것이다(The guardian, 2016. 5. 18).

하지만 예상을 뒤엎고 EU 탈퇴라는 결과가 나왔고 캐머런은 사퇴하였다. 하지만 이러한 결과는 대처 시절부터 심화된 사회 양극화로 나타나게 된 주류 정치에 대한 반감이 가져온 결과라는 해석 또한 제기된다(〈프레시안〉, 2016. 6. 25). 이 때문인지 차기 보수당 당수로 선출되어 캐머런의 뒤를 이어 보수당정부를 이끌게 된 메이 수상은 취임 일성으로 "소수 특권층의 이해가 아닌"(not by the interests of the privileged few) 영국국민 대중의 이해를 위해 일할 것임을 천명하였다(The Independent, 2016. 7. 13). 신자유주의적 우파가 아닌 중도우파의 길을 갈 것임을 선언한 것이다.

물론 결과적으로 그러한 개혁이 이전의 큰 사회론과 같이 수사적 표현과는 다른 모습으로 나타날 수도 있겠지만 캐머런정부 당시 국무장관으로서 내각의 핵심 중 한 명이었던 메이 수상이 캐머런정부에서 추진하고자 했었던 본격적 사회개혁 어젠다를 이어받을 것임은 예상해 볼 수 있다. 현 보수당정부가 '한 나라' 보수주의를 본격화할지 아니면 이전의 개혁처럼 결국 또 다른 모습의 신자유주의로 정부를 마감할지는 아직 마무리되지 않은 결론이다.

■ 참고문헌

국내 문헌

강욱모(2012). "영국의 복지개혁 과정: 새로운 '길'의 모색?". 〈민족연구〉, 51권, 51~76.

공선희(2015). "영국 캐머런 연립정부의 '큰 사회'(big society) 정책과 사회 서비스의 변화: 노인 돌봄을 중심으로". 〈유럽연구〉, 33권 3호, 25~56.

김보영(2015). "베버리지 복지국가에서 캐머런 정부까지: 복지국가 패러다임의 변화에 있어 싱크탱크의 역할과 전략에 대한 영국 사례연구". 〈한국사회복지학〉, 67권 2호, 259~284.

김수영(2012). "영국 보수-자민 연정의 민관협력 고용서비스에 대한 비판". 〈한국사회복지행정학〉, 14권 4호, 81~114.

김순은(2011). "영국과 일본의 지방분권 개혁 비교분석: 거대사회론과 지역주권론을 중심으로". 〈지방정부연구〉, 15권 2호, 73~96.

오도영·박 준·김혜승(2015). "영국 주거복지정책의 변화: 2010년 이후 심화된 신자유주의적 변화를 중심으로". 〈공간과사회〉, 25권 2호, 227~266.

유범상(2012). "제3의 길과 큰 사회론의 이념과 공동체 구상: 샴쌍둥이의 차별화 전략과 복지정치". 〈공간과사회〉, 22권 1호, 43~80.

홍석민(2014). "D. 캐머런의 '큰 사회론'(Big Society)과 영국 보수주의 전통". 〈영국연구〉, 31호, 261~295.

_____(2015). "영국 보수당의 근로연계복지정책: 고용프로그램(Work Programme)의 구조와 특성". 〈영국연구〉, 34호, 273~319.

황기식(2015). "영국 빅 소사이어티 정책에 대한 이론적 고찰과 실천적 평가". 〈EU연구〉, 39호, 283~312.

해외 문헌

Ball, S., & Holliday, I. (2002). *Mass Conservatism: The Conservatives and The Public Since the 1880s*. London: Frank Cass.

Charmley, J. (1996). *A History of Conservative Politics in Britain, 1900-1996: The Quest for Power*. London: Macmillan.

Department for Work and Pensions (2010). *Universal Credit: Welfare That Works*. London: Department for Work and Pensions.

Department of Health (2008). *High Quality Care for All: NHS Next Stage Review Final Report*. Norwich: The Stationery Office.

_____ (2010). *Equity and Excellence: Liberating the NHS*. Norwich: The Stationery Office.

Evans, B., & Taylor, A. (1996). *From Salisbury to Major: Continuity and Change in Conservative Politics*. Manchester: Manchester University Press.

Gamble, A. (1983). Thatcherism and Conservative politics. In Hall, S., & Jacques, M. (Eds.). *The Politics of Thatcherism*. London: Lawrence and Wishart.

Green, E. H. H. (2002). Thatcherism: A historical perspective. In *Ideologies of Conservatism: Conservative Political Ideas in the Twentieth Century*. Oxford: Oxford University Press.

Holmes, M. (1989). *Thatcherism: Scope and Limits, 1983-87*. London: Macmillan.

Jacobs, K., & Manzi, T. (2013). New localism, old retrenchment: The "Big Society", housing policy and the politics of welfare reform, housing. *Theory and Society, 30*(1), 29~45.

Jessop, B., Bonnett, K., Bromley, S., & Ling, T. (1988). *Thatcherism: Tale of Two Nations*. Cambridge: Polity Press.

Kavanagh, D. (1990). *A New Right? in Thatcherism and British Politics: The End of Consensus?*, 2nd edition. Oxford: Oxford University Press.

Lynch, P. (1999). *The Politics of Nationhood: Sovereignty, Britishness and Conservative Politics*. London: Macmillan Press LTD.

Slaster, T. (2012). The myth of "Broken Britain": Welfare reform and the production of ignorance. *Antipode, 46*(4), 948~969.

Timmins, N. (2012). *Never Again? The Story of the Health and Social Care Act 2012: A Study in Coalition Government and Policy Making*. London: The King's Fund.

Willetts, D. (1992). *Modern Conservatism*. London: Penguin Books.

Williams, B. (2015). *The Evolution of Conservative Party Social Policy*. London: Palgrave Macmillan.

Wilson, E. (1992). *A Very British Miracle: The Failure of Thatcherism*. London: Pluto Press.

기타 자료

프레시안(2016. 6. 25). 영국 국민은 왜 '브렉시트'를 택했나?.

BBC News(2005. 12. 6). How Cameron won Tory crown.

The Guardian (2002. 2. 9). 'Nasty party' warning to Tories.

_____(2008. 9. 26). What can they be thinking?.

_____(2015. 11. 18). Flaws in universal credit system leaving vulnerable people penniless, says study.

_____(2016. 5. 18). David Cameron places social reform at centre of Queen's speech.

The Independent (2014. 10. 28). UK child poverty soaring due to government's austerity measures, Unicef says.

_____(2016. 7. 13). Theresa May makes pitch for the centre ground in first speech as Prime Minister.

CAB(2014). Pop goes the payslip: Making universal credit work for families – Detailed analysis and recommendations. Citizens Advice Bureau.

제 **2** 부 소득보장제도

07

공적연금제도*

1. 머리말

연금제도는 독일을 시작으로 발전하였던 사회보험형 제도가 유럽에서도 일
반적이다. 영국의 공적 연금제도의 경우 다른 유럽국가와 마찬가지로 20세
기 초반부터 빠르게 성장하였지만 독일의 소득비례형 사회보험과 확연히
구분되는 기초보장형으로 발전하였다. 학술적 문헌에서 영국은 자유주의
복지국가체제로 분류되곤 하지만 자유주의 복지국가체제에서의 연금제도
는 동질하지 않다. 대표적 자유주의국가로 언급되는 미국의 경우 독일형 소
득비례 사회보험연금이 중심이고 호주, 캐나다 그리고 뉴질랜드의 경우 조
세를 기반으로 두는 기초연금과 함께 민간연금 등의 혼합 형태를 가진다는
차이가 있다.

영국은 이들 두 유형의 국가와 또 다른 차이점을 보인다. 기초연금을 운

---

* 이 글은 2012년 《주요국의 사회보장제도: 영국》(한국보건사회연구원, 2012)에서 필자가
  작성한 "제2부 제2장 연금제도"를 수정 보완한 것이다.

영한다는 점에서는 캐나다나 뉴질랜드와 유사점을 갖는다. 하지만 기초연금이 조세방식을 취하는 이들 국가와 달리 영국은 기여방식을 가진다는 차이점이 있다. 또한 기여방식이지만 소득비례형이 아닌 정액방식을 택한다. 기초연금에 더하여 영국의 핵심적 연금제도는 직역연금(Occupational Pension)이다. 직역연금은 18세기부터 꾸준히 확대되면서 실질적 소득보장의 역할을 감당해왔다고 할 수 있다.

정액형 기초연금을 중심으로 한다는 점에서 영국의 연금제도는 기초보장의 성격을 가지며, 민간의 직역연금을 활성화시키고 유지해왔다는 점에서는 자유주의적 성격을 동시에 갖는다. 영국 국민보험을 설계하였던 베버리지의 아이디어처럼 국가는 기초보장을 제공하는 역할을 하고 그 이상으로 개인의 노력과 민간의 역할을 적극적으로 열어둔다. 이러한 점에서 영국의 베버리지안적 특성과 자유주의적 특성은 일맥상통한다고 할 수 있다(최영준, 2011).

다른 국가와 마찬가지로 영국의 연금제도 역시 20세기 후반에는 끊임없는 변화를 겪었으며 이러한 변화는 최근 21세기에도 이어지고 있다. 1970년대까지가 연금의 확대기였다면 1970년대 후반부터 대처정부를 거치면서 축소 및 민간의 역할을 확대하는 추세를 보였다. 노동당정부가 1997년에 다시 들어서면서 기초보장에서 정부의 역할을 확대하는 방안이 강조되었다. 보수당 정부에서도 다양한 개혁이 시도되었지만 전체적으로 기초보장에서 정부의 역할이 강조되고 이층연금에서는 민간의 역할이 강조되는 골격에는 큰 변화가 없었다.

이 장에서는 영국의 공사연금제도의 간략한 발전사를 개괄하고 어떠한 특성이 있었는지를 논의하며 현재 영국의 연금제도 현황과 이슈를 소개하는 것을 목표로 한다.

2. 영국 공적 연금제도의 발전과 변화

여기서는 영국 연금제도의 전체적 발전과정과 이후 개혁과정을 네 단계로 구분하여 검토하고자 한다. 네 단계 중 첫 번째 단계는 영국 연금제도의 원형이 형성된 시기로 1970년대까지이다. 두 번째 단계는 1980년대와 신노동당이 집권하기 직전인 1990년대 중반까지로서 보수당 집권시기이며 공적 연금이 축소되고 사적 연금 활성화를 도모하는 개혁이 일어났던 시기이다. 세 번째 단계는 1990년대 후반 신노동당이 집권하면서 기초보장이 강화됨과 동시에 공사연금의 구조개혁을 시도했던 시기이다. 마지막으로는 2010년에 집권한 캐머런 수상(초기에는 보수당 - 자유당 연정)의 보수당정부 시기의 연금개혁이다. 이 장에서는 연금발전과정을 이렇듯 네 단계로 나누어 개괄적으로 설명하면서 영국 연금제도 특성의 역사적 배경을 추적하고자 한다.

1) 연금제도의 형성기

영국의 공적 연금의 시초는 1908년 〈노령연금법〉으로, 빈곤한 70세 이상의 노인에게 조세를 재원으로 무기여연금을 제공하는 것이었다. 하지만 직역연금의 기원은 1743년으로 거슬러 올라가며 20세기 초에는 이미 공공·민간부문 사업장에서 상당 부분 보편화되어 있었다. 18~19세기에 직역연금은 자선이라기보다는 사업에 중요한 한 부분으로 간주되었으며 사무직 노동자는 일반적으로 소득비례형 연금을, 그리고 육체노동자는 정액형 직역연금을 일반적으로 가졌다(Blake, 2003a). 이후 직역연금은 1921년의 재정법과 1927년의 〈연금 및 기타 신탁기금에 관한 법〉(*Superannuation and Other Trust Fund Act*)을 통해 세제혜택을 받게 되고 이후 더욱 급속히 발전하였다.

〈노령연금법〉으로 시작된 공적 기초보장은 높은 급여수준을 가진 포괄적 사회보장제도라기보다는 개인의 저축이나 민간급여에 추가되는 사회안전망의 성격이 짙었다. 1946년 〈국민보험법〉(National Insurance Act) 내에 정액방식의 기초연금제도를 확립한 것이 영국 공적 연금제도의 근간을 형성하는 데 크게 기여하였다. 베버리지는 국가가 최저선을 보장하고 이상으로는 개인이나 가족의 자발적 노력을 통하여 성취될 수 있는 여지를 남겨야 한다고 주장하였다(Beveridge, 1942). 다시 말해, 기존의 직역연금을 공적 연금이 대체하는 방식이 아닌 직역연금과 별도로 기초보장을 하는 역할을 부여한 것이다.

이러한 베버리지의 자유주의 방식은 과거에 대한 계승이자 현재까지도 이어지는 영국 연금제도의 중요한 사상이라고 할 수 있다. 한 예로 1960년도 재무부에 따르면 "사적 연금의 성장은 장려되어야 하며 이는 사회적 안정을 가져온다. 더욱이 장기적으로는 정부에 대한 개인의 의존을 줄이고 보편성이라는 값비싼 원칙으로부터 정부를 철수시킬 수 있다"라고 제시한 바 있다(Whiteside, 2003). 전후 시기의 영국 보수당은 이러한 정책을 추진하였으며 보수당정부는 더 나아가 궁극적으로는 민간부분이 국가부분을 대체할 것이라는 것이라 생각하였다. 특이한 사항은 영국의 공무원연금제도로, 독일 등의 유럽대륙국가가 공무원만을 위해 안정되고 관대한 사회보험제도를 운영하는 것과 달리 민간 직역연금과 함께 직역연금의 한 부분으로 발전했다는 특징을 갖는다. 1)

---

1) 독일이나 일본 혹은 우리나라처럼 신분제 공무원이 유지 및 발전한 나라와는 달리 영국은 고용제 공무원 성격이 발전한 국가이다. 이의 성격에 맞게 영국의 공무원 연금제도는 다른 국가에서 보이는 특혜적 위상을 가졌다기보다는 직역연금의 한 종류로 발전하였다. 1834년 〈연금법〉(Superannuation Act)의 제정을 통하여 공무원을 위한 연금제도가 처음으로 도입되었으며 이후에 1864년에는 해군, 1884년 육군과 공군, 1918년 교사 그리고 1921~1925년은 경찰관·소방관, 또한 1937년 지방정부 공무원 등 직역연금제도가 순차적으로 도입되었다(권혁주·박영원·곽효경, 2005). 공무원은 일반 민간 피고용인과 같

직역연금은 그 기금이 1950년대와 1960년대 영국경제 부흥과 증권시장의 활황에 결정적 역할을 하면서 더욱 강화되었다. 직역연금이 가지는 금융시장에서의 중요성으로 인해서 노동당마저 직역연금을 지지하지 않을 수 없었다. 직역연금 가입자는 더욱 증가하여 1953년 620만 명에서 1963년에 1,120만 명으로 급격히 증가하였다(Government Actuary, 1986). 하지만 직역연금 중요성의 증가에도 낮은 수준의 기초연금과 직역연금의 높은 불평등성은 사회적 불평등과 일부 노인의 소득보장 문제를 노출하였다.

이에 따라 노동당은 1957년부터 소득의 50%를 보존하는 보편적 국가소득비례연금을 주요정책으로 채택하였고 국가 역할의 확대 및 민간부분 역할의 축소를 우려한 보수당정부는 1958년, 인플레이션에 연동하지 않고 민간시장에 충격이 적은 이층국가연금을 제안하였다. 양당은 한편으로는 직역연금의 중요성을 인지하되 증가하는 소득보장의 문제를 동시에 받아들였다.

집권당인 보수당은 1959년 〈국민보험법〉 개정 때에 소득비례연금 안을 제정하고 이를 1960년에 국가등급 은퇴연금제도(State Graduated Retirement Pension Schemes: SGRPS)로 개정하였다. 노동당 안에 대응하면서 집권당이었던 보수당도 공적 이층연금을 제안하면서 첫째, 국민보험의 재정건전성 확보, 둘째, 직역연금의 혜택을 받지 못하는 피고용인에게 급여 제공, 셋째, 직역연금의 발달 촉진이라는 세 가지 목표를 제시하였다. 이는 재분배와 사회보장에 초점을 둔 노동당의 안과는 많은 차이를 보였다(Blake, 2003a). 국가등급퇴직연금제도는 소득을 세 등급으로 나누어 최하 및 최상등급은 정액제로 그리고 중간등급만 고용인과 피고용인이 소득의 8.5%를 분담하여 기여하는 제도로 이루어졌다.

이 기초연금에 가입하였으며 이층체제에서 공무원연금은 다른 직역연금과 같이 적용 제외의 방식으로 선택되었고 직역연금에 해당하는 법적 규제를 받았다.

1970년대 노동당정부가 들어서면서 공적 연금제도는 대폭 강화하였다. 첫째, 노동당정부는 1974년의 〈국민보험법〉의 개정에 따라 급여의 상승을 물가나 임금 중 높은 쪽으로 연동하게 하는 안을 통과시켰다. 이로써 기초연금급여가 현실화되었다. 둘째, 1975년에는 〈사회보장연금법〉을 도입함으로서 기존의 국가등급퇴직연금제도를 국가소득비례연금(SERPS)으로 대체하였고 이를 1978년에 실시하였다. SERPS는 기존의 등급제였던 반소득비례연금제에서 급여수준이 높은 완전소득비례연금제로의 전환을 가져왔다. 직역연금으로 적용 제외를 가능하게 하였으나 SERPS에서 제공하는 최저 수준 급여에 준하는 보장최저연금(Guaranteed Minimum Pensions: GMP)을 지급하게 하였다. 이로써 직역연금 가입자에 대한 보장 수준을 유지하는 동시에 직역연금에 대한 국가의 역할을 증대시켰다.

2) 연금제도의 축소기

1970년대 개혁을 통해 기초연금의 급여수준은 실질화되었고 SERPS를 통해 대부분의 노동자는 이층연금을 가질 수 있었다. SERPS는 1950년대부터 시작된 소득비례연금 개혁에 대한 논의의 결정체로 도입되었으며 이 제도로 인해 1950년대부터 문제되었던 노인소득보장의 측면이 상당 부분 개선될 것으로 예상되었다(Marschallek, 2005).

하지만 1970년대 후반의 경제위기와 뒤이은 보수당정부의 출현은 연금제도 논의에 완전히 새로운 장을 제공하였다. 1974년부터 시작한 마이너스 성장률은 잠시 2%를 넘어섰지만 다시 1980년을 전후로 악화되면서 사회 전반적으로 경제성장에 대한 우려가 높아지는 계기가 되었다. 이와 함께 실업률도 1980년 6.9%에서 1981년 10%를 넘어섰으며 이러한 고실업률은 1990년대 중반이 될 때까지 계속되었다(World Bank, 2002). 1979년 새롭게 등장한 대처의 보수당정부에게 이러한 고비용 연금구조는 수용되기 어려웠다.

새로운 연금개혁을 주창하는 보수당정부의 주된 배경에는 연금제도의 '재정안정성'과 연금 '이동성'에 관한 이슈가 있었다. 인구의 노령화와 함께 SERPS가 완전연금을 지급하면 급격한 연금지출이 시작될 것이고 이에 따라 국가경제에 부담이 있을 것으로 우려되었다(Fogarty, 1980). 당시 사회서비스 장관이었던 파울러(Norman Fowler)는 이에 대하여 '만일 우리가 당면한 이 문제(노령화와 관대한 SERPS에 따른 연금지출의 급증)를 지금 다루지 않는다면 후세대에게 원성을 듣게 될 것'이라고 주장하기도 하였다(Bonoli, 2000).

이와 함께 확정급여방식의 직역연금제도가 갖는 '이동성'의 약점이 이슈가 되었다. 확정급여방식의 직역연금은 고용주의 측면에서 그 특성상 노동시장의 유연성을 촉진하는 데 방해된다고 지적되었으며 이는 곧 경제성장을 저해하는 요인으로 지목되었다(Araki, 2000). 반면 피고용인 입장에서 보면 현 직역연금은, 장기가 아닌 단기로 고용이 이루어지고 자주 일자리를 바꾸는 사람에게 실질적으로 좋은 선택권을 제공하지 못했다.

이러한 중요한 두 가지 이유를 배경으로 1980년대부터 보수당정부에게는 확정급여형 공적 연금인 SERPS와 확정급여형 직역연금의 의존도를 줄이는 것이 주된 정책목표가 되었으며 이는 자연스럽게 확정기여방식 연금의 도입 및 확대라는 논리를 가져왔다.

SERPS의 축소개혁에 관해 위에서 언급된 사회경제적 배경 이외에 블레이크(Blake, 2003b: 339)는 다음과 같은 정치·제도적 배경을 설명하였다. 첫째, SERPS가 도입된 지 몇 년밖에 지나지 않은 상황이기 때문에 이 제도에 관한 국민의 관심이나 애착이 낮았다. '정책적 유산'으로 작용하기에 매우 짧은 시간이었기 때문에 변화가 가능했다는 것이다. 둘째, SERPS는 제도가 너무 복잡해서 일반인이 이해하기에는 매우 어려웠다는 점이다. SERPS와 직역연금의 관계에 있어서도 불분명한 점이 많았고 어느 것이 더 자신에게 유리한지 이해하는 것도 쉽지 않은 체제였다. 셋째, 대부분의 제도개혁의 결과를 15년에서 20년 후로 명시함으로써 국민의 관심에서 더 벗어날 수 있었다는 점이다. 마지막으로, 대부분의 중산층은 이미 직역연금에 소속되어 있었고 이에 소속되지 못한 사람이 SERPS의 혜택대상인 경우가 많았기 때문에 정치적 측면에서 큰 저항이 이루어지지 못했다는 것도 또 다른 중요한 요인이었다.

다음은 보수당정부가 위에 언급한 압력에 대응하여 집권시기인 1979년부터 1997년까지 이룬 주요한 연금개혁 사항이다. 공적 연금의 역할은 줄이며 사적 연금을 활성화시켜서 공적 연금의 지속가능성을 확보하고 유연화된 노동시장에 대처하는 연금으로 구성하는 것이 핵심적 내용이다.

1. 1980년의 〈사회보장법〉에 따라 국가기초연금의 연동이 물가로만 이루어지게 되었으며 이로 인하여 임금에 연동할 때보다 매년 약 2% 정도 낮게 연동될 것으로 예상됨.

2. 1995년 〈연금법〉에 따라 국가기초연금의 수급연령을 여성 60세에서 65세로 2010년부터 10년에 걸쳐서 이루어지도록 함. 이로 인하여 매년 약 30억 파운드[2]의 절약이 이루어질 것으로 예상됨.

3. SERPS의 급여는 다음의 개혁을 통하여 삭감됨.

   a) 1986년 〈사회보장법〉에 따라 1999년부터 약 10년의 과도기간을 거쳐서 연금급여 산식이 생애 최고 20년 소득기간 동안의 25%에서 전 근로생애 중 20%로 전환.

   b) 1986년 〈사회보장법〉에 따라 가입자의 유족연금이 100%에서 50%로 삭감.

   c) 1995년 〈연금법〉에 따라 소득구간을 재측정하는 요소를 매년 약 2%

---

2) 1파운드는 일반적으로 1,800원 정도였지만 브렉시트 이후에는 약 1,500원대를 기록 중이다.

씩 삭감.

→ 이러한 개혁을 통하여 SERPS 급여의 가치가 1970년대의 약 3분의 2까지 삭감되었다고 평가됨.

4. 1986년 〈사회보장법〉에 따라 적용 제외의 한 형태로 사용될 수 있는 적격개인연금(Appropriate Personal Pension, 이후 개인연금)과 확정기여형 직역연금이 도입되었음. 이와 함께 1987/88년부터 1992/93년까지의 개인연금의 가입자에게는 국민보험기여율을 추가로 2% 삭감〔이른바 리베이트(rebate)〕을 해줌. 3) 1995년 〈연금법〉에 따라 연령에 비례하는 리베이트로 전환됨.

5. 1995년 〈재정법〉에 따라 개인연금의 지급을 퇴직 때가 아닌 추후로 늦추어서 받을 수 있도록 함.

6. 1995년 〈연금법〉에 따라 보장최저연금(GMP)을 폐지함으로써 SERPS에서 적용 제외될 수 있는 직역연금에 대한 규제 및 절차를 간소화.

7. 1995년 〈연금법〉에 따라 국가가 직역연금에 대해 제공했던 인플레이션 연동에 관한 책임을 폐지함. 그전까지는 직역연금이 3% 연동에 대해서까지 책임을 졌고 그 후는 국가의 책임이었음. 이후 직역연금은 5%까지 연동에 대해 책임을 지고 나머지는 책임이 주어지지 않음.

8. 1995년 〈연금법〉에 따라 직역연금규제 및 급여의 보호를 위한 직역연금규제청(Occupational Pensions Regulatory Authority)과 연금보상위원회(Pensions Compensation Board)가 신설됨.

9. 1986년의 법 개정을 통해 직역연금의 모든 가입자가 자발적 추가기여(Additional Voluntary Contributions: AVCs)를 할 수 있게 제도화. 또한

---

3) 개인연금을 진흥하기 위하여 추가로 주어진 2%의 국민보험기여금 삭감은 반드시 연금기여로 사용되도록 규정하였다. 이로써 1988~1993년까지는 피고용인에게 2%의 리베이트(세제혜택 합산 시 약 2.67%), 고용주에게 3.8%의 리베이트, 그리고 특별 리베이트 2%까지 총소득의 7.8%(세제혜택 합산 시 8.47%)의 리베이트가 주어졌다.

1987년 법 개정을 통해서는 AVCs와는 달리 완전한 이동성을 가지고 있는 독립적 추가기여제도(Free-Standing AVCs: FSAVCs)를 도입하였음.

보수당정부의 개혁은 기존의 SERPS를 사적 연금으로 대체하는 전면적 민영화는 아니었다. 비록 1980년대 초반 보수당의 급진적 개혁안에 SERPS의 폐지가 있었지만 이러한 개혁안은 노동당과 노동조합 그리고 비영리 시민단체 등의 반대에 부딪혔고 심지어 보수당 내부, 재무부 그리고 고용주연합의 반대에도 부딪혔다(Marschallek, 2005). 이 배경에는 저소득층 근로자를 받아들여야 하는 민간금융시장의 반대가 있었으며 결과적으로 이러한 보수당의 계획은 좌절되었다(Ditch, 1999).

3) 연금제도의 기초보장 강화기

위와 같은 보수당정부가 실시한 일련의 연금개혁은 SERPS의 도입으로 형성되었던 공사연금 파트너십 관계에 급진적 변화를 불러일으켰으며 이층체계에서 사적 연금의 공적 연금에 대한 우위를 공고히 하는 계기를 마련하였다. 이러한 개혁을 통해 중요한 이슈 중 하나였던 공적 연금의 재정안정성은 상당 수준 확보된 것으로 평가된다. 한 예로 1990년에 펴낸 정부 추계보고서는 개혁 효과로 피고용인의 국민보험기여금율은 물가연동을 기본으로 했을 경우 1995년의 18.1%가 2010년에 17.8%로, 이어 2030년 18.4%로 정점이 이르렀다가 다시 2050년은 오히려 14.1%로 떨어질 것으로 보고한다(Government Actuary, 1986: 9). 또 다른 연금개혁의 압력으로 작용하였던 직역연금의 이동성 문제 역시 확정기여형 연금제도 활성화를 통하여 상당 부분 해소되었다고 평가되었다.

〈그림 7-1〉에서 보는 바와 같이 개혁 이전인 1980년대 중반까지는 SERPS와 확정급여방식의 직역연금이 이층연금 전체를 차지하였지만 개

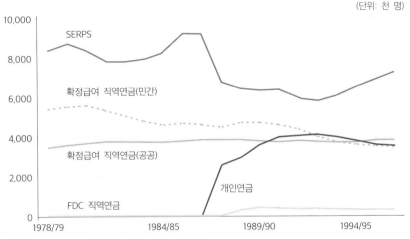

〈그림 7-1〉 보수당정부 시기의 이층연금 가입자의 변화

(단위: 천 명)

자료: Department of Work and Pensions, 2006.

혁 직후 SERPS와 확정급여형 직역연금이 급속히 줄어들면서 개인연금의 가입자의 수가 급속히 증가하였다. 개인연금은 시작과 동시에 약 3백만 명에 가까운 가입자를 기록했고 1991/92년에 이르러서는 4백만 명을 넘어서면서 실질적인 부분적 민영화 과정을 겪었다.

하지만 1990년대 초반을 지나면서 또 다시 흐름이 바뀌어 SERPS 가입자가 다시 증가하고 개인연금이나 확정기여형 직역연금의 가입자가 서서히 줄어드는 것이 발견된다. 사적 연금의 확대가 가져온 긍정적 측면에도 불구하고 많은 문제점 역시 파생되었기 때문이다. 직역연금에서 개인연금으로 옮기는 과정에서 정부의 규제가 충분히 작동하지 않아 이른바 '잘못된 판매 이슈'(mis-selling scandal)가 발생한 것이 대표적이다. 블레이크(Blake, 2003b)에 따르면 1988년부터 1993년까지 약 50만 명이 직역연금에서 개인연금으로 옮겼는데 이 중 약 90% 정도가 개인연금 회사의 잘못되거나 적절치 못한 '조언'을 통해 개인연금에 가입하였다.

한 예로 1989년에 개인연금에 가입하여 1994년에 60세로 은퇴한 광부의 경우, 개인연금으로 일시금 2,759파운드에 연금 734파운드를 받지만 실제로 그가 확정급여형 직역연금에 남았을 경우 5,125파운드의 일시금에 1,791파운드의 연금을 받을 수 있었다. 이러한 문제가 영국사회의 화두가 되면서 개인연금 회사는 총 135억 파운드에 이르는 보상을 해야 했다. 여전히 복잡한 수수료 구조와 수수료 구조의 잦은 변동[4] 그리고 숨어있는 비용 등 개인연금은 많은 문제점을 낳았다(Blake, 2000: 235). 이러한 배경에서 개인연금이 과연 신뢰할 수 있는 하나의 소득보장체계로 자리 잡을 수 있을 것인지에 대한 의문이 제기되었다.

여기에 두 가지 이슈가 추가적으로 제기되었는데 첫째는 확정급여형 직역연금의 기금에 관한 문제였다. 기금이 심각하게 부족하고 이러한 기금이 오·남용되는 경우가 사회적 문제로 대두되었다. 민간의 직역연금 기금이 파산하면서 연금을 받지 못하는 이들의 문제가 나타나기 시작했다. 또 다른 이슈는 노인빈곤과 불평등의 문제로, 보수당 개혁이 노인 사이의 불평등과 빈곤을 양산하고 있다는 연구결과들이 발표되었다(Pension Provision Group, 1998). 결과적으로 새롭게 들어선 신노동당정부는 노인빈곤의 퇴치와 안정된 직역 및 개인연금 설립을 목표로 개혁에 착수하였다.

사적 연금의 안정화, 노인빈곤 이슈, 연금제도에 대한 신뢰회복 등 산적한 이슈를 가지고 출범한 신노동당 블레어정부의 핵심적 연금개혁은 다음과 같다.

1. 1999년 최저소득보장(*minimum income guarantee*)을 도입, 자산조사를 통해 빈곤선 이하의 노인에게 실질적 최저소득보장급여를 제공함. 최저소득보장급여는 임금에 따라 연동. 이는 2003년 〈연금공제법〉에 따라 연금공

---

[4] 실제로 개인연금회사의 수수료에 대한 규제적 장치는 거의 존재하지 않았고 시장의 원리에 의해 결정되도록 했었다(Blake, 2003b).

제의 일부인 보장공제(Guaranteed Credit)로 전환됨. 연금공제는 보장공제와 함께 저축공제제도가 포함되었음.

2. 2000년 〈아동지원, 연금 및 사회보장법〉에 따라 SERPS가 국가이층연금 (State Second Pension)으로 대체됨. 이 제도는 저소득층 이상에게는 적용 제외의 강력한 인센티브를 주고 최저소득층에게는 SERPS보다 더 이익을 주기 위해 고안됨.

3. 1999년 복지개혁과 〈연금법〉에 따라 스텍홀더연금(Stakeholder Pensions) 이 도입됨. 수수료 구조를 기금 전체규모의 1%로 제약하고 최소 20파운드의 기여도 받아야 하며 개인연금을 바꿀 경우 이전(*transfer*)에 대해서 유연성을 증대시킴(일시적으로 기여를 하지 않아도 5년 내에는 이에 대한 수수료를 별도로 부과할 수 없음). 이는 직역연금규제청의 규제를 받으며 기금투자에 대해서는 2000년 새로 신설된 금융서비스청의 규제를 받도록 함.

4. 2004년 〈재정법〉을 통해 연금체제에 따라서 8종류의 세제부과 형태를 가졌던 기존의 세법을 단순화함. 피고용인의 사적 연금에 대한 기여가 평생 150만 파운드를 넘지 않을 경우 세제혜택을 받게 됨.

5. 2004년 〈연금법〉에 따라 직역연금규제청을 연금규제청(Pension Regulator)으로 전환하고 규제의 역할을 명확하고 단순하게 함. 연금규제청은 직역연금의 감독, 기금운영 전반에 대한 조언, 직역연금가입자에게 문제가 발생하여 연금보호기금에서 받아야 하는 경우를 사전에 방지하기 위한 감독활동 등을 맡음.

6. 2007년 〈연금법〉 개정을 통해 완전 기초연금의 기여연수를 30년으로 단축하고 피고용인에게 1인 1이층연금제도를 도입.

4) 연금구조 개혁기

블레어정부의 연금개혁은 기초보장이라는 성과에도 불구하고 기초수준을 넘는 소득보장이라는 목적은 그다지 성공적이지 못했다. 그 결과, 연금개혁은 이후 브라운정부와 새로운 보수당-자유민주당 연립정부에서도 계속되었다. 2006년에는 연금개혁위원회의 다양한 논의를 거쳐 연금백서를 펴냈으며 이에 따라 2007년과 2008년에 〈연금법〉을 개정하였다. 2007년 개혁에서는 완전기초연금을 위한 기여기간을 남성 44년, 여성 39년에서 모두 30년으로 통일하였으며 연동을 물가가 아닌 소득으로 전환하여 급여를 실질화하려고 하였다. 연금 수급연령은 여성의 경우 2020년까지 65세로 증가시키고 이후에 2024년부터 2046년까지 기초연금 수급연령을 점진적으로 상승시켜 68세로 조정할 것을 명시화하였다.

최근에 있었던 직역연금의 핵심적 개혁은 강제저축제도의 도입이다. 2008년 〈연금법〉 개정으로 근로자저축신탁제도(National Employment Saving Trust: NEST)가 도입되었다. 이 제도는 모든 피고용인이 직역연금 혹은 NEST를 갖게 하여 연금 수준을 높이고자 한 것이었다. NEST는 2012년부터 대규모 사업장부터 적용되기 시작해서 2018년에 모든 피고용인이 적용될 예정이다.

기존에는 피고용인일 경우 국가이층연금에 기본적으로 가입되며 민간직역연금으로 적용을 제외(*opt-out*)하는 형식이었다. 하지만 이 제도를 도입하면서 해당되는 피고용인은 자동적으로 NEST에 가입되며 기존의 민간직역연금으로 적용 제외를 가능하게 하였다. 2012년에는 고용주가 소득의 1%, 피고용인이 0.8%, 세제혜택이 0.2%를 주게 되어있지만 2018년에는 고용주가 3%, 피고용인이 4%, 세제혜택을 통해서 1%를 최소 기여하게 하였다. 이를 통해서 이층연금을 현실화하는 것을 목표로 한다.

보수당-자유민주당 연정 시기인 2011년에는 《21세기를 위한 국가연금》(*A state pension for the 21st Century*)을 발간하고 이를 통해 국가연금의 개혁을 제안하였다. 이를 바탕으로 한 최종법안이 2014년 5월에 통과하면서 또 다른 연금의 변화가 실행되었다.

여기에서의 핵심은 2016년 4월 6일부터 기초연금과 국가이층연금을 통합하여 명료한 정액국가연금(State Pension)으로 재편하며 급여수준을 자산조사급여보다 높게 상향조정하였다는 점이다. 기존의 기초 및 이층연금이 상당히 복잡한 공식으로 인해서 이해가 어렵다는 지적에 따라 기초연금과 이층연금을 통합하여 이해하기 쉬운 연금으로 정리하였으며 완전국가연금을 받기 위해서는 35년 기여를 하는 것으로 통일하였다. 최소 기여기간은 10년으로 정하였다. 또한 국가연금에도 자신이 자발적으로 더 기여해서 더 높은 연금을 받을 수 있게 하였으며 대신연금 수급연령은 기존의 법보다 더 빠르게 높여나갈 것으로 조정하였다(DWP, 2014).

이미 상당히 많은 연금수급자가 자산조사 급여를 받고 있었고 향후 이 비중이 더욱 올라갈 것이라 예상되므로, 국가연금이 전보다 더욱 포괄적이고 급여수준도 올라가지만 2060년이 되면 오히려 과거의 연금제도보다 연금지출이 국가소득(*national income*) 대비 약 0.4% 적게 들어갈 것이라 예상된다(Institute for Fiscal Studies, 2013).

가장 최근 보수당정부에 의해서 도입된 핵심적 개혁안 중 하나는 연금소득인출제(Income Drawdown)이다. 2014년 예산안에 따라 도입되었으며 2015년 4월 6일부터 시행되었다. 연금소득인출제에 따르면 55세 이상이 될 경우 확정기여방식의 연금을 가진 이들이 자신 연금저축의 25%까지는 면세로 자유롭게 인출하여 사용할 수 있게 한 제도이다. 기존에는 연금에 대한 인출 및 사용을 강하게 규제하였으나 2006년에 75세 이상 노인에 대해서 부분적으로 도입하고 2011년에 인출제를 도입하였다. 이는 2014년 개혁을 통해서 본격적으로 확대되었다. 예상 연금액이 연 2만 파운드(약 3천4백만 원)가 넘어야 허가하던 것은 1만 2천 파운드로 낮추었으며 일시금으로 받아

<그림 7-2> 영국 연금체계

3층	부가적 개인연금(AVCs 혹은 FSAVCs), 저축·보험 등		
2층	국가이층연금(2016년 폐지) 혹은 근로자저축신탁제도 (NEST, 2012년~)	기업·개인연금 (적용 제외 방식) 공무원연금은 기업연금 방식 중 하나임	자발적 개인연금
1층	국가기초연금(BSP) + 연금공제(최저생계보장)		
대상	근로자	자영자	비경제활동인구

자료: 권혁진, 2014: 192를 저자 재수정.

갈 수 있는 양도 1만 8천 파운드에서 3만 파운드로 상승시켰다(HM Treasury, 2014a). 2015년 4월부터는 이러한 기준을 폐지하였다. 〈그림 7-2〉는 현재 영국 연금체계를 보여준다.

3. 영국의 연금제도 현황[5)]

여기에서는 영국의 연금제도 현황을 설명하고자 한다. 영국의 연금제도는 〈그림 7-2〉와 같이 3층으로 구성되었으며 1층은 국가기초연금과 각종 자산조사 급여로 구성된 공적급여가 핵심을 이룬다. 공적 연금은 모든 이에게 기초보장을 할 수 있도록 재분배적 기능을 가지며 최근 개혁으로 새로운 국가연금이 중추적 역할을 할 것으로 예상된다. 2층에서는 곧 국가연금에 흡수될 국가이층연금을 제외하면 직역연금과 근로자저축신탁제도가 중심을 이루는 사적 연금으로 구성된다. 마지막으로 3층에는 자발적 성격의 사적 연금으로 구성된다. 여기서는 1층의 핵심인 공적 연금과 2층의 사적 연금을 구체적으로 설명하고자 한다.

---

5) 이하는 가장 최근 정보를 작성하기 위해 특별한 인용이 없는 한 Pension Policy Institute(2016)와 www.gov.uk(5~7월까지 참조)를 바탕으로 작성되었음을 밝힌다.

1) 공적 연금

(1) 국가연금

국가연금은 국가기초연금과 이층공적 연금(기초연금, 국가이층연금, 국가연금)에 통합적으로 대처하기 위해 시작되었다. 새로운 국가연금은 2016년 4월에 도입된 기여형 기초연금제도이다. 기존의 국가기초연금과 같이 국민보험의 가입기간에 따라 급여가 제공되지만 기존의 국가기초연금과 국가이층연금을 통합하는 성격을 갖는다. 소득비례적 성격을 갖지 않으며 기여의 연수가 같으면 같은 급여를 제공하는 정액형 제도이다.

독신인 연금생활자가 35년 동안의 국민보험 기여기록을 가질 경우 완전 국가연금을 받을 수 있으며 2016년 기준 주당 155.65파운드이다. 이 급여는 2011년부터 '삼중장치'를 통해서 연동되었다. 삼중장치란 매년 2.5%, 임금상승률 혹은 소비자물가상승률 중 높은 것으로 연동되게 한 장치로서 연금급여의 실질가치를 보장하는 역할을 한다. 만일 수급연령이 지나서도 연금을 받지 않고 연장할 경우 급여가 증가한다. 9주 늦출수록 급여의 1%가 증가되며 이는 1년 기준 약 5.8%에 해당한다.

국가연금은 기여에 기반을 둔 제도지만 19가지 경우에는 기여를 하지 않아도 인정되는 '크레딧'(Credit: 공제)을 받을 수 있다. 예를 들어, 모성수당이나 상병수당을 받을 경우, 구직수당이나 고용 및 지원수당을 받을 경우 혹은 수발자수당을 받는 경우 등이 이에 해당한다. 국민보험의 기여 역시 별도의 공제제도를 운영하며 자영업의 경우 피고용인과 달리 추후에 추가로 기여함으로써 기여기록을 늘릴 수 있도록 허용한다. 2016년 4월 6일 퇴직한 이들 이후로는 35년이 완전국가연금을 받을 수 있는 기여기간이며 최소 10년을 기여해야 국가연금을 받을 수 있는 최소자격이 주어진다.

국가연금 수급연령은 2010년부터 2016년 현재까지는 남성 65세이며 여성은 63세이다. 수급연령은 2011년 〈연금법〉 개정에 따라서 2018년 11월

<표 7-1> 국가기초연금과 국가연금 비교

	국가기초연금	국가연금
완전 연금급여	2016/17년 기준 주당 119.35파운드	2016/17년 기준 주당 155.65파운드
기여연수	2010년 4월부터 2016년 4월 사이에 은퇴한 이들은 30년을 기여해야 완전 연금급여 가능. 최소 기여연수 없음.	35년의 기여연수가 있어야 완전연금 수령 가능. 최소 10년 기여연수가 필요함.
연금공제	2016년 4월에 연금 수급연령에 도달한 이들은 보장공제와 저축공제를 받을 수 있음.	2016년 4월 이후 연금 수급연령에 도달한 이들에 대해서는 저축공제 폐지. 자산조사에 기반을 둔 보충급여인 보장공제는 여전히 유효.
추가적 국가연금과 적용 제외	2016년 4월 이전까지 이층연금에 대해서는 사적 연금으로 적용 제외가 가능하였음.	국가연금의 도입과 함께 이층국가연금이 폐지되었으며 국가연금에서는 적용 제외 불가능. 적용 제외자는 전보다 높은 국민 보험료를 지불해야 함.
연기연금	연금 수급연령이 지나 연금을 수급할 경우 5주에 1%씩 증가하였으며 이는 1년 기준 약 10.4%에 해당.	9주에 1%씩 연금급여가 상승. 이는 1년 기준 5.8%에 해당.
연동	2.5%, 임금상승율, 소비자물가상승률 중 높은 수치를 적용하는 삼중장치 적용	삼중장치 적용

이 되면 남녀 모두 65세가 될 예정이다. 이후 남성과 여성의 수급연령은 2020년 10월까지 모두 66세로 올라갈 계획이다. 이후 2034년부터 2036년 사이에 67세로 올리기로 계획되었지만 2014년 〈연금법〉 개정을 통해서 2026년부터 2028년 사이로 앞당겼다. 2016년 3월부터 68세로 올리는 방안이 본격적으로 연구 중이며 2017년 5월 정도에 구체적 방안이 제시될 예정이다. 〈표 7-1〉은 국가기초연금과 국가연금을 비교한 것이다.

(2) 자산조사급여

기초보장을 위해 국가연금에 더하여 중요한 몇 가지 자산조사급여가 존재한다. 신노동당정부에 의해서 도입된 연금공제는 보장공제와 저축공제로 구성되었다. 보장공제는 자산조사에 따라서 기준에 미치지 못하면 제공하며 2016/17년의 경우 보장공제를 받기 위한 최저소득은 독신생활자의 경우 155.60파운드 그리고 부부의 경우 237.55파운드가 책정되었다. 이 기준은 장애인이나 모기지가 있는 돌봄 제공자의 경우 더욱 높다. 보장공제는 최소 임금상승률에 연동되며 2016년의 경우 임금상승률인 2.9%에 맞추어 증가되었다. 보장공제는 63세부터 지급이 가능하며 이 지급연령은 여성의 연금 수급연령과 함께 증가할 예정이다. 이에 따라 2020년이 되면 66세부터 받을 수 있다.

저축공제는 노후에 대비해 국민이 더 많은 저축이나 사적 연금을 가질 수 있도록 권장하기 위해서 만들어졌다. 저축을 더 많이 한 빈곤 노인이 저축을 덜 한 노인보다 보충급여인 보장공제를 적용받았을 때 좀더 많은 연금을 받을 수 있도록 한 제도이다. 최대 저축공제는 2016년 기준 독신생활자 13.07파운드, 부부의 경우 14.75파운드이다. 하지만 저축공제는 국가연금의 도입과 함께 폐지되었으며 2016년 4월 이후에 퇴직하는 경우부터는 더 이상 적용을 받을 수 없다.

이와 함께 주거급여나 지방세 경감과 같은 제도가 자산조사를 통해서 주어지며 겨울 난방비지불금이나 75세 이상의 노인에게는 TV 수신료 무료혜택 등이 주어진다. 겨울 난방비지불금의 경우, 가구에 한 명이라도 기초연금을 수급하는 이가 있다면 12월에 200파운드가 주어지며 80세가 넘는 노인이 있을 경우 300파운드가 일시로 주어진다.

(3) 이층공적 연금

이층공적 연금은 앞서 설명한 바와 같이 폐지된 상태이다. 1961년부터는 국가등급퇴직연금제도에 의해 적용받았으며 1978년부터는 국가소득비례연금(SERPS) 제도로 변화되었고 2002년부터는 국가이층연금(State Second Pension)에 의해 적용받게 되었다.

이는 2016년 4월을 기점으로 폐지되고 국가연금으로 통합되었다. 다만 과거 제도에 의해서 적용받고 기여한 이들은 과거제도의 규칙에 따라 연금을 받을 수 있다.

2) 근로자저축신탁제도 및 직역연금

(1) 기존의 직역연금

앞서 언급한 바와 같이 사적 연금은 영국 이층연금제도에서 중추적 역할을 담당한다. 비록 최근 가입자는 줄어들었지만 2009년 OECD 통계에 따르면 공적지출이 6. 2%이고 사적 연금지출이 1. 4%의 세제혜택 · 감면을 포함하여 6. 2%이다. 다시 말해서 공사연금이 최소한 지출의 측면에서는 거의 5 : 5까지 이르렀다는 것이다.

실제 영국 이층연금 중 사적 연금의 종류는 매우 다양하며 일일이 설명하기가 쉽지 않다. 다만 이 글에서는 직역연금과 개인연금으로 나누어 단순화하여 설명하고자 한다. 지출의 가장 큰 비중을 차지하는 직역연금은 전통적 확정급여방식과 1980년대 이래로 주된 방식으로 사용되는 확정기여방식으로 나누어 설명이 가능하다. 확정급여방식의 경우 연금급여가 전통적으로는 퇴직 직전의 최종소득에 근거하고 근속연수가 감안되어 산정되는 것이 일반적이었다. 최근에는 최종소득으로 하는 경우가 줄어들었으며 전 생애 근로소득평균이 사용되는 경우가 많다. 일부의 경우에서는 일시금과 혼합된 형태로 급여가 제공되기도 한다. 전통적으로는 일 년 근무에 마지막 소득의 60분의 1이나 80분의 1 승급률을 적용한다. 예를 들어 60분의 1 승급률을 적용받는 경우, 30년의 근속연수가 있다면 최종소득이나 평생소득평균의 60분의 30(2분의 1)을 직역연금으로 받을 수 있다. 물론 기초연금은 별도로 받는다. 급여는 일반적으로 60세에서 65세 사이에 받지만 조기에 수령하는 경우도 있다.

하지만 최근 확정급여의 높은 비용과 노동시장의 유연화로 인해 신규직원에서 확정급여를 연금으로 제공하는 민간기업은 매우 드물고 대체로 공공부문에서 주로 적용된다. 공무원 연금이 대표적인 예이다. 공공부문에서 종사하는 피고용인의 수는 2010년 기준으로 약 600만 명에 해당하고 여기에는 군인, 보건부문 근로자, 소방관, 학교 교직원이 다 포함된다(권병희, 2011). 이 중에서 한국의 개념으로 '공무원'에 가까운 이들(civil service)은 60만 명에 미치지 못한다.

이들을 위한 직역연금이 공무원연금이며 이는 많은 직역연금 중 하나이다. 공무원연금이 하나의 직역연금이지만 이 직역연금도 최근 꾸준히 변화와 개혁이 이루어졌다. 〈표 7-2〉는 영국의 국가 공무원연금 특성을 보여 준다. 표에서 보는 바와 같이 기여율, 승급률이나 연금 수급연령이 변화되고 있으며 기준소득도 생애소득이 새로운 표준이 되었다. 확정기여방식도 사용되며 표에서는 보이지 않지만 연동방식도 낮은 방식으로 변경시키면서 재정적 안정화를 도모하고 있다.

〈표 7-2〉 영국 국가 공무원연금 세 유형의 특성 비교

	Classic	프리미엄 (2002년 10월부터 2007년 7월 29일까지 신규 가입자)	파트너십	Nuvos (2007년 7월 30일부터 신규 가입자)
자격	신규가입 없음	신규가입 없음	진행 중	진행 중
본인 기여금	2012년 4월 이전까지는 연금산정 기초급여의 1.5%, 이후에는 소득층에 따른 차등기여 도입	2012년 4월 이전까지는 연금산정 기초급여의 3.5%, 이후에는 소득층에 따른 차등기여 도입	비기여제. 연금산정보 수의 3%까지 정부가 보험료를 제공 (근로자 연령에 따라 보험료 차등)	2012년 4월 이전까지는 3.5%, 이후에는 소득층에 따른 차등기여 도입
고용주 기여금	회계연도 중 증가하는 연금현가상당액에서 본인기여분 제외금액 급여수준에 따라 차등 (2007년 기준 17.1~22.5%)			
연금 수급 연령	60세	60세	50세(2010년 4월부터는 55세)에서 75세 사이	65세
연금 급여	최종 보수와 근속기간 × 1/80 승급률(1.25%)	최종 보수와 근속기간 × 1/60 승급률(1.67%)	확정기여방식	생애소득 대비 2.3% 승급률
사망 이후 유족 연금	혼인관계 시 연금지급, 재혼 시 연금지급 중지	연금지급, 재혼 시도 연금지급, 비혼인관계 동거인의 경우 타당한 신고서 작성	퇴직 이전에 사망한 경우, 유족은 연금 일시금, 퇴직 시에는 연금 가능	연금지급, 비혼인관계 동거인의 경우 타당한 신고서 작성
일시금	일부 일시금 가능	일부 일시금 가능	일부 일시금 가능	일부 일시금 가능

자료: 배준호, 2008; Thurley, 2014.

확정기여형 직역연금은 사용자의 기여분이 있다는 점을 제외하면 개인연금과 상당히 유사하다. 기여율은 다양하게 결정될 수 있지만 일반적으로 노사가 반반을 부담하는 것이 일반적이다. 또한 나이나 근속연수에 따라 변화하기도 한다. 일반 확정기여방식과 같이 급여는 기여가 쌓인 기금과 투자수익을 합하여 결정된다. 시장상황에 매우 민감한 방식이므로 경제위기 시 퇴직을 시키려는 회사와 투자수익이 떨어진 상태에서 연금을 받지 않으려고 퇴직을 늦추려는 피고용인 간의 보이지 않는 이해가 충돌하기도 한다. 2007년 경제위기나 최근 브렉시트에서 이러한 논의가 발견되었다.

적용 제외를 선택하여 사적 연금에 가입한 이들에게는 정부에서 국민보험에 대한 적용 제외 리베이트(Contracted Out Rebate)를 제공한다. 리베이트 수준은 시장상황 등 여러 요건을 고려하여 조정된다. 또한 대부분의 사적 연금은 국가가 허가하는 한 세제혜택을 받을 수 있는 추가기여(Additional Voluntary Contributions)가 가능하다. 이는 직역연금과 개인연금 모두 해당된다.

개인연금은 일반적 확정기여방식 연금부터 개인연금의 다양한 문제점을 극복하기 위해 1990년대 신노동당정부가 도입한 새로운 형태의 개인연금인 스텍홀더연금까지 매우 다양한 상품이 시장에서 판매 중이다. 스텍홀더연금의 경우 저소득층도 가입이 가능하며 관리비용으로 민간금융회사가 너무 많이 가져가지 못하도록 한 것이 핵심 내용이다. 이외에도 1980년대와 1990년대에 제기되었던 사적 연금의 부정적 효과를 차단하기 위해 다양한 규제를 발전시키고 있다. 이러한 규제는 대체로 블레어정부 시기에 발전하였다. 2000년에는 금융서비스청(Financial Services Authority)을 설립하였다. 연금과 함께 다양한 금융상품이 건강하고 효율적으로 거래될 수 있도록 규제하는 역할을 담당한다. 개인연금의 경우 직접적 역할을 하며 직역연금에 대해서도 기금투자 등 광범위한 감독 및 규제 역할을 한다(Marschallek, 2005).

연금보호기금(Pensions Protection Fund)의 경우, 2005년에 연금수급자의 연금급여를 보호하기 위해 설립되었다. 독립적 기관으로 운영되면서 확정급여방식의 직역연금에서 행정비용 등의 명목으로 기금을 설립하여 회사가 부도가 나거나 문제가 발생했을 때 연금수급자의 연금수급권을 보호한다. 또한 2004년에 기업연금규제위원회를 연금규제기구(Pension Regulator)로 변환하면서 직역연금에 대한 감독기능을 명료하고 효율적으로 하려고 한다. 이러한 규제의 영향으로 1990년대 초반까지에 비해 2000년대에는 직역연금이나 개인연금에 관한 부정적 이슈가 크게 논란이 되지는 않는다.

(2) 근로자저축신탁제도

2008년 연금개혁을 통해서 도입된 근로자저축신탁제도(NEST)는 이층공적연금이 기본이 되던 체계를 근본적으로 변화시켰다. 피고용인의 경우 자동으로 NEST에 가입되며 이를 기본으로 하여 기존의 직역연금 등으로 적용 제외를 할 수 있게 하였다. NEST의 실행은 2012년 10월부터 단계적으로 적용되었다. 2016/17년 기준으로 연소득이 1만 파운드 이상일 경우 자동적으로 제도에 가입되며 기여할 수 있는 급여는 5,824파운드 이상의 급여에 대해서 기여가 이루어지고 최대 4만 3천 파운드 이상에 대해서는 더 이상 기여를 하지 않아도 된다. NEST의 단계적 확대는 다음과 같이 실행될 계획이다. 단계적 실시는 영국 제도개혁의 중요한 특징 중 하나이다.

1. 250인 이상 대기업: 2012년 10월과 2014년 4월 사이에 대상 피고용인을 가입시켜야 함.
2. 50~249인 중기업: 2014년 4월부터 2015년 4월 사이에 대상 피고용인을 가입시켜야 함.
3. 50인 미만 소기업: 2015년 6월부터 2017년 4월 사이에 해당 피고용인을 가입시켜야 함.

4. 2012년 4월부터 2017년 9월까지 새로 창업한 경우는 2017년 5월부터 2018년 2월까지 가입시켜야 함.

5. 전체 피고용인: 2018년 2월까지는 전체가 가입되어야 함.

기여율은 2012년부터 시작해서 2019년까지 최소 8%에 도달해야 한다. 8%는 고용주 최소 3%, 피고용인 4%, 그리고 정부의 세제혜택을 통한 1%가 더해져 이루어진다. 이 최소기준보다 더 기여할지에 대해서는 고용주가 결정한다. 만일 고용주가 4%를 기여할 경우 피고용인은 3%만 기여할 수도 있다.

NEST가 도입되면서 정부는 기존의 고용주가 제공하는 연금제도가 NEST 기준보다 더 높아서 NEST에 가입하지 않아도 되는지를 평가하는 '자동 가입테스트'(automatic enrolment test)를 도입하였다. 이 테스트에 통과하기 위해서는 첫째, 고용주가 제도에 기여해야 하며, 둘째, 2004년 재정법 기준으로 정부에 등록되어 세제혜택을 받을 수 있는 제도이어야 하고, 셋째, 확정기여방식의 경우 고용주의 최소 기여가 3%이며 전체가 8% 이상의 기여를 가져야 하며, 넷째, 확정급여방식의 경우 승급률이나 기금운영 등에 대한 평가를 통과해야 한다.

정부는 2015년 직역연금제도규제(Occupational Pension Schemes Regulations 2015)를 도입하면서 NEST의 기금에 부과되는 행정비용을 제한했다. 전체 기금운영 및 행정비용으로 전체 기금의 0.75%를 넘지 못하게 함으로써 안정적으로 기금이 쌓임과 동시에 제도의 신뢰를 확보할 수 있다.

사적 연금에 대한 세제혜택은 기본적으로 EET(Exempt-Exempt-Taxable) 구조를 갖는다. 첫 번째 E는 기여에 대한 면세이다. 고용주의 기여는 법인세로부터 기여에 해당하는 비용을 면세받는다. 개인의 경우도 연 기준 소득 4만 파운드(Annual Allowance)까지에 해당하는 기여에 대해서는 100% 면세를 받을 수 있다. 평생 기준 면세혜택은 2016년 현재 1백만 파운드까지 가능하다. 두 번째 E는 기금에 대한 것으로 대부분 기금축적으로 얻은 이자 등에 대해 면세가 이루어지고 있다. 마지막으로 급여에 대해서는 대체로 세금 (T)을 내야 한다. 55세 이상부터는 확정기여방식의 25%까지를 면세 일시금으로 가져갈 수 있다. 2016년 4월 현재 제도가 변화 중이므로 확실한 급여에 대한 세제 기준이 분명히 마련되어 있지 못하다. 하지만 면세 기준을 넘어갈 경우 일시금은 최대 50%까지, 연금형태는 최대 25%까지 세금 부과가 가능하다.

(3) 연금소득인출제

국가연금과 확정급여방식의 직역연금은 어느 정도 미래 연금급여의 확실성이 있다. 하지만 확정기여방식의 경우 미리 예측하기가 어렵다. 급여수준은 시장상황 등에 따라 상당히 변화할 수 있다. 그렇기 때문에 기금의 소유자(연금가입자)가 더욱 유연하게 기금을 운영하며 사용하게 해야 한다는 의견이 지속적으로 논의되었으며 제도도 변화해왔다. 2010년 이전에는 확정기여 연금 대상자가 25% 면세 일시금을 인출할 수 있는 것을 제외하면 75세까지 남은 기금은 연금화해야만 했다. 하지만 보수당정부는 더 유연한 운영을 촉진하기 위해 연금소득인출제를 새롭게 도입하면서 유연성과 자율성을 더욱 강화하였다. 이 제도에 의하면 55세가 되면 다음과 같은 다양한 옵션을 선택할 수 있다.

1. 25% 면세가 되는 일시금을 포함하여 전체를 인출할 수 있음.
2. 자신의 연금기금을 남겨두되 자유롭게 인출해서 사용할 수 있음. 2015년 이전에는 최소소득 등에 대한 기준이 있었지만 이러한 기준도 2015년 4월부터 폐지함.
3. 다양한 노령 관련 보험을 살 수 있음.
4. 이들 연령대에 특화된 새로운 연금을 살 수 있음. 새로운 연금의 종류로는

첫째, 여생 동안 같은 수준의 급여를 지속적으로 제공하는 균등(level) 연금, 둘째, 물가에 연동하여 급여를 지급하는 연동형(escalating) 연금, 셋째, 건강 등의 이유로 평균수명이 짧을 것으로 예상되는 이에게 더 높은 급여를 제공하는 형태의 연금(Impaired Life, Enhanced Annuity), 넷째, 급여수혜자가 죽고 난 이후에도 남겨진 피부양자가 일정한 소득을 받을 수 있도록 설계된 연금(Joint Annuity) 등이 있음.

4. 맺음말

영국의 연금제도는 다른 국가와 마찬가지로 지속적으로 변화했다. 특히, 1970년대 이래로는 확대-축소-재편을 다양하게 경험하였다. 1970년대 국가소득비례연금으로 대표되는 공적 연금의 강화에 이어 대처정부의 확정기여방식을 핵심으로 하는 확정기여방식의 강화, 이후 블레어정부부터 현재까지 이어지는 기초보장 강화 등은 이러한 변화를 잘 보여 준다. 하지만 이러한 변화 속에서도 일관되게 발견되는 영국 연금체계의 속성이 있다. 공적연금은 기초보장의 성격을 가지며 소득비례 연금은 사적 연금이 담당한다는 것이다. 이층체계에서도 직역연금과 사적 연금은 적용 제외 방식으로 항상 중추적 역할을 했으며 그 형태만이 변화했을 뿐이다. 기초보장을 사적 연금으로 대체하려는 의도가 없었던 것은 아니지만 항상 국민보험을 기본으로 하는 기초연금과 자산조사급여는 기초보장의 역할을 꾸준히 담당한다.

영국의 연금제도는 이 글에서 충분히 다루지 못할 만큼 상당히 복잡하며 그 복잡성에 비해 효과가 있는지 역시 의구심이 들 수 있다. 이러한 비판점은 영국의 연금학자나 언론이 다루는 주제였다. 예를 들어 기초보장에 관련된 제도가 많지만 노인빈곤율은 여전하였으며 사적 연금을 활성화하려는 노력이 보수당이나 노동당정부에서도 꾸준히 지속되었지만 성공적이지 못했다. 블레어정부에서도 공사연금의 비중을 6 : 4에서 4 : 6으로 전환하자는 목표를 걸고 정책적으로 노력하였지만 성공적이지 못했다.

하지만 지난 10년 동안의 연금개혁은 이러한 문제를 일부 극복하는 듯하다. 일단 매우 복잡한 국가이층연금과 기초연금을 통합하여 단순한 국가연금으로 전환시켰다. 국가연금은 급여를 높이고 기여연수는 35년으로 함으로써 상당히 많은 이가 기초연금으로 빈곤선 이상의 생활을 하도록 했다.

대신 이층연금 체계의 기본연금을 국가이층연금이 아닌 사적 연금인 NEST로 변경함으로써 모든 피고용인은 최소한 1인 1사적 연금을 가질 수 있게 하였다. 연금기금 운용비용 등에 대한 규제는 반대로 강화함으로써 사적 연금이지만 공적 역할을 하는 연금을 운영할 수 있도록 하였다. 영국의 경우 재정적 지속가능성에 대한 우려는 여타 유럽국가보다 낮았기 때문에 이러한 우려는 매우 낮다. 결과적으로 당분간 큰 구조적 변화가 없이 지속할 수 있는 체계를 설계한 것이라는 평가를 받는다.

그렇기 때문에 지난 30년을 뒤돌아볼 때 현재는 연금에 대한 이슈가 가장 적게 제기되는 시기이다. 오히려 2007년 경제위기 이후 보수당정부가 과도하게 노인층에 대해서만 관대한 정책을 유지한다는 비판이 제기되었다. 경제위기 이후 국가 재정이 급속히 축소되고 대부분의 정책과 서비스가 상당한 감축을 겪은 데 반해 연금에서는 공무원연금을 제외하면 명백한 감축은 보이지 않는다.

한 가지 논란이 되고 있는 것은 연금소득인출제이다. 보수당정부는 개인의 자유를 증진시키고 개인이 스스로 개인의 노후에 대한 금융을 대처할 수 있도록 하기 위해서 연금소득인출제를 도입했다고 밝혔다(HM Treasury, 2014b). 이를 통해 다양한 새로운 연금상품이 파생되고 개인의 기금에 대한 자율성이 증대한 것은 사실이다. 실제 2015년에 연금가입자들은 연금인출제를 통해서 연금저축의 약 60억 파운드를 사용하였으며 이 제도를 활용하기 위해서 안정적인 확정급여 가입자가 확정기여 연금으로 이동하는 경우가 발생하였다(*The Guardian*, 2016. 3. 28). 하지만 현실적으로 이러한 제도가 과연 안정된 노후를 해치는 것은 아닐지에 관한 의구심 역시 증대하고 있다. 여전히 제도 초기단계이기 때문에 판단하기 쉽지 않지만 이 부분은 추후에 면밀히 검토될 필요가 있다.

■ 참고문헌

국내 문헌

권병희(2011). "영국 공무원연금제도의 개편 동향". 〈국제노동브리프〉, 9권 4호, 69~77.

권혁주·박영원·곽효경(2005). 〈공무원연금제도의 특수성에 관한 연구〉(연구보고서 05-01). 서울: 공무원연금관리공단.

배준호(2008). "2008년 영국 국가공무원 연금 동향". 〈국제사회보장동향〉, 2008 봄호, 48~60.

최영준(2011). "영국의 베버리지언적 연금발전: 노인빈곤으로의 함의". 〈사회보장연구〉, 27권 2호, 107~134.

한국보건사회연구원(2012). 《주요국의 사회보장제도: 영국》. 서울: 한국보건사회연구원.

해외 문헌

Araki, H. (2000). Ideas and welfare: The conservative transformation of the British pension regime. *Journal of Social Policy*, *29*(4), 599~621.

Beveridge, W. H. (1942). *Social Insurance and Allied Services* (*Usually Known as the Beverage Report*). London: HMSO.

Blake, D. (2000). Two decades of pension reform in the UK: What are the implications for occupational pensions schemes?. *Employee Relations*, *22*(3), 223~245.

_____(2003a). *Pension Schemes and Pension Funds in the United Kingdom*, 2nd edition. New York: Oxford University Press.

_____(2003b). The UK pensions system: Key issues. *Pensions*, *8*(4), 330~375.

Bonoli, G. (2000). *The Politics of Pension Reform*. Cambridge: Cambridge University Press.

Ditch, J. (Ed.) (1999). *Introduction to Social Security: Policies, Benefits, and Poverty*. London: Psychology Press.

Marschallek, C. (2005). *Pensions 'Privatisation' in Britain: Two Decades Reviewed*. University of Bielefeld.

Pension Provision Group (1998). *We All Need Pensions: The Prospects for Pension Provision*. London: HMSO.

Whiteside, N. (2003). Historial perspectives and the politics of pension reform. In Clark, G. L., & Whiteside, N. (Eds.). *Pension Security in the 21st Century*. New York: Oxford University Press.

World Bank (2002). *World Development Indicator*. Washington: World Bank.

기타 자료

Department of Work and Pensions (2006). Second tier private pension 1978/79 to 2003/04. Department and Work and Pensions.

_____ (2007). Pension credit estimates of take-up in 2005/06. National Statistics.

_____ (2010). Households below average income: An analysis of the income distribution 1994/95-2008/09. Department of Work and Pensions.

_____ (2011). A state pension for the 21st century. Department of Work and Pensions.

_____ (2014). Proposed benefit and pension rates 2015 to 2016. Department of Work and Pensions.

Fogarty, M. P. (1980). Retirement age and retirement costs. Policy studies institute.

Government Actuary (1986). Occupational pensions schemes. London: HMSO.

HM Treasury (2014a). Budget 2014: Greater choice in pension explained. HM Treasury.

_____ (2014b). Freedom and choice in pensions. HM Treasury.

Institute for Fiscal Studies (2013). A single-tier pension: What does it really mean. IFS Report R82. Institute for Fiscal Studies.

Pension Policy Institution (2005). Towards a citizen's pension. PPI.

_____ (2016). The pensions primer: A guide to the UK pensions system. PPI.

Thurley, D. (2014). Civil service pensions: Current reforms. House of Commons Library.

The Guardian (2016. 3. 28). Savers withdraw £6bn from retirement funds after pension reforms. http://www.theguardian.com/money/2016/mar/28/savers-withdraw-6bn-retirement-funds-pension-reforms. 2016. 4. 26. 인출.

Pension Policy Institution (2006). www.pensionpolicyinsisutute.org.uk. PPI. 2006년 8~10월 인출.

08

고용보험제도 및 고용정책*

1. 머리말

영국사회에서 실업이 '사회적 문제'로 인식된 것은 상당한 역사를 갖는데 이는 1834년 〈신구빈법〉의 예에서와 같이 빈곤의 이슈와 밀접한 연관이 있다. 이러한 전통은 20세기에 들어서도 여전히 영국 복지국가의 특징으로 나타난다. 실업에 대한 사회보장은 연금이나 다른 사회보장제도와 유사하게 빈곤을 방지하는 차원, 즉 '기초보장'(basic security)으로서의 실업정책에 가깝다. 다시 말해, 실업자가 이전 소득과 유사한 수준으로 생활할 수 있도록 하는 '소득보장'(income security)은 영국 실업정책의 핵심이 아니다. 그렇기 때문에 소득비례 사회보험제도에 바탕을 두기보다는 정액형 기초보장을 중점으로 한다. 즉, 이는 비스마르크(Bismarckian) 사회모델보다 베버리지(Beveridgean) 사회모델과 더 가깝다(최영준, 2011). 실업급여가

* 이 글은 2012년 《주요국의 사회보장제도: 영국》(한국보건사회연구원, 2012)에서 필자가 작성한 "제2부 제1장 고용보험과 고용정책"을 수정 보완한 것이다.

국민보험 내에 기반을 둔다는 것이 대표적 특징이라 할 수 있으며 이 실업급여는 20세기 중반 이후 영국의 고용정책에서 중추적 역할을 담당해왔다.

하지만 이러한 실업정책은 20세기 후반에 이르러 급속한 변화를 경험했다. 국민보험이 설립된 이후 20세기 중반은 대체로 고용안정이 유지되었지만 후반에 접어들면서 경제위기와 함께 실업을 넘어 고용 자체가 중요한 정책목표로 변화하였다. 영국의 사회정책 전반적 변화에서 가장 핵심 정책목표를 차지하는 것 중 하나가 고용이라고 할 수 있다. 사회경제적인 맥락 차원에서는 증가하는 복지국가비용과 일부 계층의 복지의존현상 등이 발견되었으며 이를 위한 사회정책적 대안은 고용에 대한 강조로 이어졌다.

1990년대 후반 신노동당정부가 들어서면서 거시적인 패러다임 자체는 급여를 중심으로 하는 수동적 복지(passive welfare)에서 적극적 복지(positive welfare)로 전환되었고, 신노동당의 이론적 배경을 제시해 준 '제3의 길'(The Third Way)에서는 건강한 남성뿐 아니라 여성과 장애인을 포함하는 포괄적 고용을 중시하는 사회투자전략이 정책의 기조가 되었다 (Giddens, 1998). 실업에 대한 급여는 큰 변화를 보이지 않았지만 근로연계복지 혹은 적극적 노동시장정책은 상당한 변화를 보였다. 하지만 고용에 대한 강조와 구체적 정책은 노동당, 그리고 이후 집권한 보수당과는 차이를 보였다.

고용에 대한 강조는 정책적 변화로 이어졌고 다양한 사회보장급여의 개편과 함께 근로연계복지(welfare to work)가 도입되었다. 1996년 보수당정부의 구직수당 도입부터 시작된 개혁의 시작은 신노동당정부에 의해서 도입된 뉴딜(New Deal) 정책으로 이어졌다. 장려세제 등과 같은 다양한 급여와 세제혜택을 근로와 더욱 강하게 연계함으로써 고용과 복지의 간극을 좁히려 하였다. 아동 혹은 근로장려세제나 보육정책이나 슈어스타트(Sure Start) 등과 같은 가족지원정책을 확대함으로써 아동에 대한 사회투자효과와 동시에 부모의 고용촉진을 장려하였다.

2010년에 새로 들어선 보수당-자유민주당 연립정부는 이러한 신노동당의 정책기조를 이어받았지만 민간을 적극적으로 활용한, 더욱 강력한 근로연계복지를 실행하고 있다. 2007~2008년 이후 경제위기의 영향으로 증가한 정부부채와 매년 재정적자의 누적으로 인하여 정부재정적자가 GDP의 10%를 넘어서면서 복지와 공공부문 지출이 강하게 삭감되고 있다. 복지지출의 삭감은 빈곤과 여러 복지지표의 악화로 나타나기 때문에 고용촉진은 더욱 중요한 목표가 되었다. 이와 함께 최저임금을 높이는 등의 개혁을 통해서 '고용을 통한 복지'를 제공하고자 하였다.

이 글에서는 영국 고용보험과 고용정책의 역사적 변화와 발전을 살펴보고 현재 고용보험과 고용정책이 어떻게 운영되는지를 설명하고자 한다. 그리고 마지막으로 영국의 고용 관련 제도가 갖는 이슈와 쟁점에 대해서 논의할 것이다.

2. 고용보험 및 고용정책의 발전과 변화

1) 영국 신노동당 이전의 발전과 변화: ~1997년

현재 영국의 고용정책을 축약하는 근로연계복지나 근로유인정책(Make Work Pay)은 최근에 새롭게 고안된 것이라기보다는 역사적 유산에서 발견할 수 있다. 실업에 대한 대책과 고용정책의 뿌리는 16세기 빈민구제에 관한 다양한 조치까지 거슬러 올라갈 수 있지만 근로에 대한 강조와 빈곤에 대한 개인 책임을 보여주는 1834년 〈신구빈법〉(New Poor Law)은 근대 이전에 존재했던 빈곤대책뿐 아니라 실업 및 고용에 대한 시각과 정책을 잘 보여준다(Sainsbury, 1999). 20세기 초반까지도 지속되었던 〈신구빈법〉의 핵심적 특징은 열등처우의 원칙(principle of less eligibility)이다. 열등처우의 원칙은 최저임금 노동자의 생활수준보다 〈신구빈법〉 대상 작업장의 환경이 더욱 열악해야 함을 의미하며 실업과 빈곤은 개인 책임에서 비롯되며 문제해결도 가능한 한 시장에서 해야 함을 의미한다.

19세기에 이르러 일부 우애조합이나 노동조합을 중심으로 자발적인 실업보험이 시도되었으나 독일의 사회보험형식은 도입되지 않았다. 법적으로 실업을 보호하기 위한 정부의 노력은 20세기 초반에 이르러 본격적으로 시도되었는데 중요한 기반이 되는 법이 두 가지 입안된다. 그중 하나는 1905년의 〈실업노동자법〉(Unemployed Workmen Act)이다. 이 법은 지방정부를 통한 실업자 구제를 시도했다. 다른 하나는 1909년의 〈직업소개소법〉(Labour Exchange Act)으로, 구인정보 등을 통해 고용을 촉진하려고 했던 시도이다. 수동적 보호와 적극적 고용정책이 결합된 출발이라고 평가할 수 있다.

이후 1911년에 도입된 〈국민보험법〉을 통해 국가에 의한 전면적 실업보험이 이루어졌다. 국가, 고용주 그리고 피고용인의 기여가 각각 2 : 3 : 4 비율이었으며 실업급여는 기여에 기반을 두어 노동자가 실업에 처할 경우 1년간 최대 15주까지 주당 7실링(35펜스) 수준의 급여가 보장되었다. 급여에 대한 행정은 직업소개소를 통해서 이루어졌다. 최초의 실업보험은 보편적 실업급여라기보다는 실업발생 가능성이 높은 산업부문만을 대상으로 하였고 일부 소득 이하에 있는 이만을 대상으로 하였기 때문에 제한적 실업급여의 성격을 가졌다.

1920년 〈실업자보험법〉이 도입되면서 포괄범위가 급속히 확장되었으며 1929년 대공황(Great Depression) 이후 실업보험은 더욱 확장되었다. 대공황과 함께 세계대전을 겪으면서 대량실업이 발생하자 개인에게 책임을 돌리며 나태를 탓하던 과거와 달리 실업에 대한 인식에 많은 변화가 있었다. 이러한 배경에서 1932년에는 〈실업부조법〉(Unemployment Assistance Act)이 제정되면서 자산조사형급여도 제공되기 시작하였다. 이러한 변화는

1942년 〈베버리지 보고서〉의 중요한 배경으로 작용하였으며 1946년 〈국민보험법〉을 통해서 더욱 체계적인 틀로 거듭나게 되었다.

베버리지는 그가 제시한 5대악(five giant evils)에 실업 자체를 넣지는 않았지만 이를 결핍(want)과 나태(idleness)를 초래하는 원인으로 파악했다. 베버리지는 최소 기초보장에 충실한 사회보장제도를 계획하면서 동시에 개인의 독립을 활성화하는 것에도 관심을 두었다. 베버리지는 결핍을 막기 위해 실업급여가 '생존에 적합한 것'이어야 한다는 원칙을 제시하였으며 자산조사보다는 기여에 의해서 주어지는 원칙을 선호하였다. 보험 방식이지만 소득비례보다는 정액갹출-정액급여를 선호하였고 나태를 막기 위해 직업소개나 훈련의 중요성을 강조하였다.

결과적으로 영국 근대 복지국가의 근간이 된 1946년 국민보험에는 실업에 관한 강제 사회보험이 보편적으로 설립되었다. 자영업자는 포함되지 않았으며 소득비례급여가 아닌 정액급여 원칙이 도입되었다. 자산조사를 통한 급여가 가능하였는데 이는 충분한 기여가 이루어지지 않았을 경우에 지급되었다.

실업, 상병, 기초연금 등이 포함된 국민보험에 대한 기여로 각 사람이 주당 약 20~25실링(당시 평균 노동자 임금의 약 5%)을 기여하게 하였으며 급여는 일 년에 180일로 제한하되 기여를 충분히 한 이는 130일까지 추가로 급여 연장을 받을 수 있었다. 1948년 급여는 주당 28실링이었으며 기여에 의한 급여나 자산조사에 의한 급여가 큰 차이를 보이지 않았다는 특징이 있다. 추가적으로 부양가족에 따라 추가급여가 주어졌다. 실업급여는 근로능력이 있는 사람에게만 지급되었으며 '합당한 사유'가 없는 자발적 실업에 대해서는 6주간 급여가 보류되거나 특정한 경우에는 급여자격을 박탈하기도 하였다. 행정은 국민보험부(Ministry of National Insurance)에서 담당하였으며 급여에 대한 행정업무는 직업소개소에서 계속 담당하였다.

이후부터 1997년 신노동당정부 전까지는 기본구조에 큰 변화는 일어나지 않았지만 세부적으로 분류해보면 1979년 대처의 보수당정부가 집권하기 전까지는 실업급여 확대의 시기 그리고 그 이후에는 축소의 시기에 가깝다고 할 수 있다.

대처정부 이전의 핵심적인 변화로 1966년 〈국민보험법〉 개정을 통해 첫째, 실업급여기간이 최대 12개월까지로 증가하였으며, 둘째, 실업급여에 소득연계 보충급여가 제공되기 시작하였다. 이와 함께 1973년에는 국민보험 정액기여의 원칙이 소득 상한선 내의 소득비례 기여원칙으로 부분적으로 변화하였다. 또한 1973년부터 고용서비스는 고용센터(Jobcentre)에서 전담하고 급여서비스는 여기에서 분리되었다.

연금제도 발전에서도 발견되는 바와 같이 1960년대와 1970년대 중반까지는 영국경제의 활황과 국민의 소득보장에 대한 요구가 증가하면서 사회보험이 베버리지형 정액기여 - 급여 방식의 기초보장에서 보편적이고 공공의 역할이 강조되는 소득비례형 소득보장 형식으로 변화하려는 움직임이 감지되었다(Alcock, 1999). 하지만 이러한 변화들은 1970년대 후반 경제위기와 대처정부의 시작과 함께 급속한 변화를 겪었다.

1979년에 들어선 대처정부는 경제위기라는 배경과 자유주의적 경제관이 혼합되면서 실업 부분에서 개인의 책임을 강조하고 비용을 절감하기 위한 다양한 조치를 취하였다. 1980년대에 들어서 경제위기와 구조조정의 여파로 실업이 10%대로 접어들고 1986년에는 11.8%까지 증가하자 보수당정부는 더욱 개혁에 박차를 가하였다(김영순, 1997). 1990년대 중반 메이저정부가 집권하는 1970년대까지 확대되었던 실업급여는 다양한 개혁을 통해 축소되었다. 다음은 이 시기에 일어난 주요 실업급여의 개혁내용이다(더 자세한 사항은 Jones, 2004: 부록 1 참조).

- 1980년: 실업급여에 대한 소득연계 추가급여 폐지.
- 1982년: 실업급여가 과세대상이 됨.

- 1984년: 실업급여 중 아동양육수당 폐지.
- 1986년: 실업급여 지급정지기간을 6주에서 13주로 연장(1988년에는 16주로 추가 연장).
- 1988년: 실업보험 기여조건 강화 및 16~17세 급여 신청자 실업급여 수급자격 박탈.
- 1989년: 실업자에 대한 소득지원 및 실업급여 신청자가 적극적으로 구직을 위해 노력하고 있다는 증거를 주별로 제출하도록 함.
- 1990년: 풀타임 학생의 경우 실업급여 수급자격을 완전히 박탈.
- 1996년: 실업급여를 구직수당(Jobseeker's Allowance)으로 대체. 구직수당 내에 기여기초형과 자산조사를 기반으로 두는 소득기초형으로 나누어짐. 최대 수급기간을 12개월에서 6개월로 축소. 실업급여에서 피부양성인에 대한 추가급여를 폐지. 구직합의서 동의 조건 도입. 소득기초형 구직수당 수급자의 배우자가 일할 수 있는 시간이 16시간에서 24시간으로 증가.

이러한 변화에 따라 실업급여 관대성은 상당히 축소되었으며 반면 근로연계복지(workfare 혹은 welfare-to-work)가 더욱 명확하게 그 특성을 나타냈다. 이와 함께 1970년대에 분리되었던 급여와 고용서비스가 1987년에 다시 통합되었다. 급여에 관해서는 기여에 기초한 급여보다는 자산조사에 기초한 급여가 더욱 핵심적 위치를 차지하였다. 1996년 구직수당이 도입되면서 기존에 분리되어 운영되던 실업보험급여와 실업부조형식의 급여가 통일되어 운영되고 실업보험기반급여가 축소되면서 자산조사에 기초한 급여가 더욱 늘어났다. 또한 이 시기에 구직수당 신청 시 부부가 함께 신청하게 하는 등 기존의 남성부양자 모델을 넘어서 적극적인 맞벌이 모델을 촉진하려는 시도가 나타난 것도 이와 함께 주목할 만한 변화이다.

2) 영국 신노동당 시기 이후의 발전과 변화: 1998~2010년

1997년 신노동당정부가 들어서면서 일부에서는 근로에 대한 강조를 하는 보수당의 정책방향이 바뀔 것이라 예상하였지만 실제로는 그렇지 않았다. 신노동당정부는 사회투자론과 고용에 대한 강조와 함께 오히려 보수당의 근로연계복지를 체계화하고 발전시키는 전략을 선택하였다. 실제로 보수당이 구직수당 등을 도입할 때 노동당은 이에 반대한바 있다(Jones, 2004). 하지만 이와는 반대로 블레어정부는 이전의 정책기조를 이어서 근로연계복지를 더욱 강하게 추진하였다.

노동당은 이미 1987년과 1992년 선거에서 연속 패배하면서 전통적인 완전고용전략을 폐기한바 있었다. 1995년에 블레어정부 시기 동안 재정부 장관을 지내고 향후 수상이 되는 브라운은 케인스 경제학에 따른 직접 일자리 창출정책을 반대하고 조심스러운 재정운용(financial prudence)을 주장하였다. 이러한 조심스러운 재정운용은 노동당 집권 시기 내내 이어진 핵심적 전략이 되었다. 이후 고용 자체보다는 고용가능성이나 고용기회를 더욱 중요한 노동당의 목표로 삼게 된다(Finn, 2000).

신노동당은 사회투자전략이라는 슬로건 아래 다양한 세제혜택과 장애급여 등에 대한 개혁을 진행하였고 뉴딜(New Deal)정책은 신노동당 정부의 핵심적 고용전략이 되었다. 뉴딜은 초기 도입 당시 첫 번째 단계인 진입(gateway)을 거쳐 보조금이 지급되는 직장이나 환경 태스크포스, 자원봉사 부문, 교육 및 훈련 등을 통해서 일자리를 갖도록 설계되었다(문진영, 1998).

또한 뉴딜은 인구집단에 따라 다양한 프로그램으로 구성되었는데 한부모를 위한 뉴딜, 50세 이상 급여 수급자에게 적용되는 노령자를 위한 뉴딜(New Deal 50+) 그리고 장애인을 위한 뉴딜과 같은 자발적 프로그램과 6개월 이상 실업상태가 지속되는 25세 이하 청년에게 적용되는 청년을 위한 뉴딜, 25~49세 사이 구직수당 수급기간이 18개월 이상인 장기실업자를 위한 뉴딜과 같이 강제적 성격을 가진 뉴딜로 구성되었다. 전체적 구성을 재정적 측면에서 살펴보면 뉴딜의 70% 정도가 청년뉴딜에 사용되었고 나머지 중 15%가 장기실업자를 위한 뉴딜로 사용되었다(Finn, 2000).

뉴딜정책은 2001년 노동연금부(Department of Work and Pensions)와 고용센터플러스(Jobcentre Plus)가 창설되면서 더욱 가속화됐다. 2002년 4월 본격화된 고용센터플러스는 현대적 시설을 갖추고 전국 800개 이상 설치되어 일자리 연결 및 구직 그리고 급여지급 행정까지 총괄하였다. 고용센터플러스 내에는 개별 전문상담사가 각 사례에 대한 전문적 상담 및 관리를 하며 진입 시기 동안 최대 6개월까지 상담이 가능하도록 하였다.

하지만 이러한 뉴딜정책에 대한 성과는 여전히 논란의 대상이다. 핀 (Finn, 2009)은 일부 연구에서 뉴딜이 수급에 대한 의존을 줄이고 고용률은 높였다는 결과를 보여주기도 하지만 다른 연구에서는 이러한 결과가 단순히 2000년대 초중반의 경제성장을 반영하는 것이라는 의견을 제시했다. 또한 성공이라고 할 수 있는 유의미한 결과를 얻어내지 못했다고 주장하기도 하였다.

2008년 10월부터는 기존의 뉴딜이 유연한 뉴딜(Flexible New Deal)로 전환되었다. 유연한 뉴딜정책 아래에서는 모든 구직수당 신청자가 강한 구직활동 등의 조건을 요구받았다. 구체적 내용으로는 1단계(0~3개월)에 자가 구직활동을 하면서 2주에 1회씩 근로세미나(Work First)에 참여해야 했다. 2단계에서는 신청자 일부에 한하여 개별 전문상담사의 구직지도(3~6개월)가 있었고 3단계(6~12개월)에서는 전 신청자가 개별 전문상담가의 지도 아래 재취업 진입과정을 보냈다. 마지막으로 12개월부터 24개월까지는 계약 기반 공급업체가 유연한 뉴딜을 통해 구직자의 다양한 상황과 필요에 맞추어 도움을 제공하였다.

유연한 뉴딜과 맞물린 중요한 개혁은 고용서비스 전달체계의 준-민영화

(*quasi-privatisation*)이다. 더욱 적극적으로 구직을 돕기 위해 직업알선서비스를 민영화하였으며 민간구직업체는 얼마나 많은 이에게 일자리를 알선했는지와 이들이 얼마나 오랜 기간 고용을 하는지에 따라 정부로부터 보상을 받았다. 이는 현재의 근로프로그램(Work Programme)에 상당한 영향을 준 프로그램으로, 구직프로그램이 개시되면 정부지원의 20%를 구직업체가 지급받고 해당 구직자가 13주간 취업하면 50%, 26주간 고용이 지속될 경우 30%를 지급받았다. 2008년 10월에는 이들 기관이 더 높은 보상을 위해서 파업하기도 하였지만 신노동당정부는 계획대로 준민영화를 추진하였고 새로운 보수당정부에서는 이를 대폭 확대하였다.

신노동당의 또 다른 중요한 고용정책은 장애인 혹은 장애급여자에 대한 활성화 전략이었다. 건강하고 젊은 청년처럼 장애인이 고용을 요구받는 것은 아니지만 급증하는 장애급여(Incapacity Benefit) 수급자에 대한 대책이 필요했다. 실제로 1979년 70만 명에 지나지 않았던 장애급여 수급자 수는 1997년 말에 260만 명으로 급증하였다(Daguerre, 2010).

이러한 배경에는 1980년대 보수당 시절 급증하는 실업률을 낮추기 위해 실업급여는 축소하였지만 장애 관련 급여를 관대하게 하여 일부 근로가능자를 실업자로 분류하지 않고 비경제활동인구로 전환하였다는 주장이 있다. 실제로 근로가능연령대에서 수급자가 증가하였으며, 특히 여성 수급자가 빠르게 증가하였다(Brewer & Joyce, 2010). 그렇기 때문에 과연 장애급여를 수급하는 이가 일을 할 수 없는가라는 데에 초점이 있었고 어떻게 하면 이들이 다시 노동시장에 복귀할 수 있을까가 정책적 관심이었다.

결과적으로 신노동당은 집권 시기부터 장애 관련 급여를 받는 이에 대한 심사를 엄격히 하며 수급자를 줄여 나갔다. 또한 2008년에 '근로로 가는 길'(Pathways to Work)이라는 개혁을 통해서 기존의 장애급여를 고용 및 지원수당(Employment and Support Allowances)으로 대체하고 장기 근로무능력자와 일시적 근로무능력자를 구분하여 가능한 고용을 장려하고자 하였다. 신청자는 새로운 급여를 받기 위해 심한 장애가 있는 이들을 제외하고는 근로집중인터뷰(Work Focused Interview)를 받았으며 이들이 근로할 수 있도록 다양한 활동에 참여하게 하였다.

이를 위해서 첫 13주 동안에는 수당의 급여수준을 구직수당과 같게 하였고 그 이후 건강 수준에 따라서 급여를 높였다. 근로와 관련된 요구에 순응하지 않을 경우 급여를 삭감할 수 있게 하였으며 궁극적으로는 구직수당 수준으로 낮추게 하였다. 수급자는 매 2년마다 근로능력을 측정하게 하였다. 기존에 장애급여를 받았던 이들은 2014년까지 고용 및 지원수당 수급 대상자로 전환되었으며 새로운 보수당정부는 이 기한을 2012년으로 앞당겼다(Daguerre, 2010).

또 다른 중요한 고용정책 대상은 한부모였다. 영국에서는 약 23%의 아이가 한부모와 살며 대체로 한부모는 낮은 교육 수준과 저소득근로를 할 가능성이 높다고 보고되었다(Brewer & Joyce, 2010). 낮은 교육 수준과 고용 수준은 빈곤으로 이어지고 높은 아동빈곤과도 연관성을 갖는다.

신노동당 초기에는 한부모에 대해 대체로 관대한 고용정책을 가졌다. 뉴딜 프로그램이 있었지만 자발적이었고 아동의 나이가 16세가 되기 전까지는 일을 찾지 않아도 되었다. 반면 근로에 따른 세제혜택 제도를 통한 인센티브로 고용을 촉진하였고 보육의 확대와 최저임금 도입도 이들의 고용을 장려하는 데 기여할 것으로 기대되었다. 하지만 2008년 개혁 이후, 모든 한부모는 아이의 연령이 7세가 넘으면 일을 찾아야만 했다. 한부모는 소득지원(공공부조)의 대상에서 제외되었으며 고용 및 지원수당이나 구직수당을 신청하게 하여 한부모도 공식적으로 고용정책의 대상으로 편입되었다.

2008~2009년 경제위기 이후에는 증가하는 고용불안을 해소하기 위해서 일시적 고용정책을 시행하였는데 대표적으로 미래직업기금(Future Jobs Fund)과 청년보장(Young Person's Guarantee)과 같은 제도가 있었다. 미래직업기금은 12만 명의 청년에게 새로운 직업을 제공하기 위해서 만들어졌

으며 또한 높은 실업지역에 거주하는 5만 명의 장기실업자에게 새로운 일
자리를 찾아주기 위해서 시행되었다. 청년보장 프로그램은 2010년 1월부
터 시행되었으며 25세 미만이고 6개월 동안 실업 중인 청년이 직업훈련이
나 일의 경험을 쌓게 하기 위해서 마련되었다. 이와 유사한 프로그램은 이
후 꾸준히 발전하였다.

　이러한 직접적 고용정책과는 별도로 주목할 만한 변화는 1999년 최저임
금제도의 도입과 2011년 도입된 정년연령의 폐지이다. 최저임금제도는 보
수당과 재계의 지속적 반대에도 불구하고 노동당정부에 의해서 도입되었
으며(BBC, On this day, 1999. 4. 1) 여기에는 최저임금제도 도입을 권고
하는 EU의 정책이 상당한 영향을 미쳤다. 정부는 고용주, 노동자, 학자
등으로 구성된 저임금위원회(Low Pay Commission)를 통해 최저임금을 설
정하였고 1999년에 시간당 3.6파운드 그리고 21세 미만은 3파운드의 최저
임금을 도입하였다(Low Pay Commission, 2000). 최저소득은 최저생활에
필요한 물품을 구성하는 방식(*baskets*)으로 이루어지며 매년 물가나 주거비
용의 변화를 종합하여 위원회에서 결정한다(Hirsch, 2011). 이후 최저임금
은 꾸준히 상승했다. 2011년을 기준으로 할 때 최저임금을 주 단위로 환산
하면 185파운드이며 일 년에는 1만 5천 파운드가 된다. 이는 영국에서 일
반적으로 빈곤선으로 잡는 중위소득 60%보다 다소 높은 수준이다
(Hirsch, 2011).

　또한 정년제도 폐지를 통해 65세 이상의 노인이 강제 퇴직되는 것을 막
고 지속적으로 경제활동을 할 수 있도록 하였다. 이를 통해 더 많은 노인이
고용을 통한 안정된 삶을 도모하고 국가는 고령사회의 재정부담을 덜 수
있도록 하였다(최영준, 2010).

3) 보수당정부 아래에서의 발전과 변화: 2010년부터 현재까지

이러한 다양한 고용정책은 일부 성과를 도출하였다고 평가받지만 경제위기 이후 실업은 여전히 중요한 사회적 이슈이다. 2010년 청년 실업이 18%, 그리고 전체 실업률이 8%에 이르면서 공공지출을 줄이려고 하는 보수당-자유당 연립정부는 더 강력한 근로연계복지를 실시하였다(Daguerre, 2010).

연립정부는 2010년 "영국을 다시 일하게 하라"(Get Britain Working Again)라는 문서에서 빈곤과 불평등을 줄이는 전략으로서 청년실업을 줄이고 일하지 않는 부모의 수를 줄이는 것을 목표로 제시한바 있다(McKnight, 2015). 연립정부는 첫째, 노동시장의 유연성을 높여 수요 측 전략이 아닌 공급 측 전략을 중요한 정책목표로 간주하였으며, 둘째, 최저임금을 높여서 근로 인센티브를 올리는 전략을 취하고, 마지막으로 셋째, 일할 수 있는 사람이 일하지 않는 것을 최대한 줄이는 것으로 목표를 설정하였다. 이 문서에서는 '근로의지가 있는 이들에 한하여 조건부로 급여'한다는 것을 더욱 강조한바 있다. 반면에 직접 일자리창출과 같은 수요 측 프로그램을 가능한 지양하는 방향이었다.

연립정부의 적극적 노동시장정책의 핵심은 근로프로그램이다. 기존의 다양한 고용프로그램이 근로프로그램(Work Program)으로 통합되었다. 기존에는 12개월이 지나야 집중적 구직프로그램에 의뢰되었지만 청년의 경우 6개월로 단축하는 등 집중적 구직프로그램을 적극적으로 활성화할 것을 천명하였다. 또한 근로프로그램 운영에도 결과와 성과에 따른 재정지원을 명확히 함으로써 더욱 강력한 감시(monitoring)를 통해 근로연계복지를 실시할 것이라고 밝혔다. 급여 체계도 자산조사 구직수당이나 다양한 세제 관련 급여를 통합공제(Universal Credit, 2014년 현재 1만 3천 명 수급)라는 새로운 제도로 통합하려고 하였다(McKnight, 2015). 하지만 실업에 대한 부분은 여전히 구직수당이 중추적 역할을 한다.

"영국을 다시 일하게 하라"의 다양한 사전 근로프로그램(Pre-Work Programme)을 통해서 실업의 기간을 줄이고 다시 고용에 참여하도록 돕는다. 2010~2011년에 도입된 이 프로그램은 각 프로그램 내 담당자의 재량에 따라서 다양한 선택이 가능하였다. 사전 근로프로그램의 대표적 프로그램은 근로클럽(Work Clubs), 함께하는 근로(Work Together), 창업클럽(Enterprise Clubs), 근로경험(Work Experience), 신창업수당(New Enterprise Allowance) 등이 있다. 이 프로그램에 대해서는 뒤에서 설명할 것이다. 이러한 사전 프로그램을 통해서도 취업이 되지 않는 이는 근로프로그램으로 연계된다.

근로프로그램에서는 구직수당을 받는 이가 일정 기간 이상 취업되지 않을 경우(25세 이상 기준으로는 12개월) 사전 프로그램에서 근로프로그램 대상으로 전환된다. 이전의 뉴딜 프로그램과는 달리, 이 프로그램은 민간 및 비영리단체의 개입이 대폭 증가되었다. 이 프로그램에 대해서는 뒤에서 상술할 것이다.

또한 창업에 대한 권장과 중소기업에 대한 지원은 연립정부의 중요한 정책이었다. 앞에 언급한 바와 같이 실직자에게 신창업수당이나 창업클럽 등을 통해서 자영업을 권장할 뿐 아니라 중소기업에게 세제혜택을 증가시켜주고 정부조달에 우선권을 주는 등 '당신을 위해 일하라'(Work for Yourself) 프로그램이 다양하게 제시되었다.

구직수당에는 큰 변화가 없었다. 실업한 이는 여전히 구직수당을 신청할 수 있었다. 국민보험 기여가 충분한 이는 기여에 따른 구직수당 급여를 6개월 동안 수급할 수 있고 만일 기여에 기반을 둔 수당급여 기한이 끝나거나 국민보험 기여가 충분하지 않은 이는 자산조사형 구직수당을 받는다. 구직수당을 받는 이는 처음에 구직수당 인터뷰에 참가하여 구직절차가 들어가 있는 구직자협약서(Jobseekers' Agreement)에 서명을 해야 한다. 이 후부터는 구직과정검토(Jobsearch Review)에 매 2주마다 참여하여 본인이 적극적으로 일자리를 찾고 있다는 사실을 증명할 필요가 있다.

2008년에 도입된 고용 및 지원수당도 연립정부 아래서 큰 변화는 없었다. 이 급여를 받기 위해서는 근로능력사정(Work Capability Assessment)에 참여해야 한다. 이를 통해서 수급자가 구직수당을 받는 것이 합당한지, 근로에 관련된 프로그램에 참여하는 것이 합당한지, 어떠한 지원 프로그램이 필요한지를 사정할 수 있다. 2015년 현재는 다양한 장애 관련 급여를 고용 및 지원수당으로 통합하려 한다.

최저임금은 연립정부하에서도 지속적으로 상승했다. 2015년 현재 시간당 25세 이상일 경우 7.2파운드가 최저임금으로 제공되며 21~24세는 6.7파운드, 18~20세는 5.3파운드, 18세 미만은 3.87파운드, 마지막으로 견습생은 3.3파운드를 받는다(GOV.UK, 2016. 4. 28. 인출). 연립정부는 처음에는 최저임금 도입을 반대하였지만 앞서 간략히 언급한 바와 같이 근로의욕을 고취하고 복지급여를 줄이면서 국민의 최저생계를 유지시키기 위해 최저임금을 적극적으로 활용하기 시작하였다. 이와 함께 성별 차이 혹은 인종에 따른 불평등을 노동시장에서 적극적으로 줄여 나간다는 내용이 연립정부의 정책 곳곳에서 발견된다.

3. 고용급여 및 고용정책 현황[1]

1) 고용급여 현황

고용급여는 국민보험 기여를 기초로 제공되는 구직수당과 자산조사를 기반으로 제공되는 소득기초형 구직수당으로 구분된다. 구직수당을 받기 위

---

[1] 이하의 내용에 별도의 인용표기가 없을 경우 영국정부 웹사이트(https://www.gov.uk. 2016년 4~7월 인출)와 맥나이트의 연구(McKnight, 2015)를 바탕으로 하였음을 밝힌다.

한 조건은 첫째, 18세 이상이어야 하며, 둘째, 기초연금 수급연령 미만이어야 하며, 셋째, 전일제 학생이면 안 되고, 넷째, 영국 내에 거주하며 일을 기꺼이 하려고 하는 자이어야 하고, 마지막으로 다섯째, 주당 16시간 미만으로 일하여야 한다. 자격조건이 되면 지역의 고용센터플러스에 가서 인터뷰를 한 후, 구직활동을 지속적으로 할 것이라는 협약서를 작성하면 수당을 받을 수 있다. 하지만 구직활동 중에 정기적으로 고용센터에서 상담을 받지 않거나 참석이 요구되는 구직프로그램에 참석하지 않거나 관련 프로그램에 불성실하게 참가하면 급여가 삭감되거나 중지될 수 있다. 급여 삭감이나 중지는 4주에서 13주까지 가능하다.

구직수당은 연령, 소득, 저축 등에 따라서 다른 급여액을 받을 수 있다. 2016/17년 기준 최대 급여액은 18~24세의 경우 주당 57.90파운드이며 25세 이상은 73.10파운드이다. 부부가 동시에 신청하는 경우 주당 114.85파운드를 받는다. 급여는 2주 단위로 받는다. 국민보험에 기여한 기록을 바탕으로 받는 구직수당은 급여를 받기 전 2년 동안 기여기록을 가지고 있어야 한다. <표 8-1>은 국민보험기여금 부담 수준을 보여 준다. 국민보험은 기초연금, 상병수당, 모성수당 등을 모두 포괄하고 이 중 일부가 구직수당을 위해 사용된다. 자산조사에 기반을 두어 받는 구직수당의 경우 저축이 1만 6천 파운드보다 적어야 하고 배우자가 주당 24시간보다 적게 일해야 하며 본인은 주당 16시간보다 적게 일해야 한다.

건강상의 이유로 고용될 수 없는 이는 고용 및 지원수당을 신청할 수 있다. 고용 및 지원수당을 받기 위해서는 근로능력사정을 거쳐야 하며 13주가 지난 후 수급할 수 있다. 일단 고용 및 지원수당을 신청하고 13주 동안의 사정기간에는 2016년 기준 25세 미만일 경우 주당 최대 57.90파운드, 25세 이상일 경우에는 73.10파운드를 받을 수 있다. 13주가 지나 수당을 받을 경우에는 두 그룹으로 나누어 분류하는데, 고용이 가능한 그룹과 지원만을 받는 그룹으로 나뉜다. 고용 관련된 그룹에 포함될 경우 최대 주당 102.15파운드

<표 8-1> 국민보험기여금 부담 수준

기여 유형	소득수준	부담 수준	
		피용자	사용자
제1유형(피용자)	주 0~77파운드	-	-
	주 77~89파운드	-	-
	주 89~595파운드	11%(적용 제외 시 9.4%)	12.8%(적용 제외 시 9.3%)
	주 595파운드 초과	1%(적용 제외 시 1%)	12.8%(적용 제외 시 12.8%)
제2유형(자영자)	연 4,095~4,614파운드	주 2.0파운드	
제3유형[1) (임의가입자)	-	주 6.95파운드	
제4유형 (고소득자영자)	연 4,614~30,940파운드	이윤의 8%	
	연 30,940파운드 초과	이윤의 1%	

주: 1) 단, 4유형은 2유형에 추가하여 징수.
자료: 권혁진, 2014: 197.

를 받고 지원 그룹에 속하면 다소 높은 109. 30파운드를 받는다. 고용 및 지원수당 역시 구직수당처럼 기여에 기반을 두고 받는 경우 지난 2~3년 동안 기여 기록이 있어야 하며 자산조사를 통해 받는 경우 소득과 자산에 기초해서 차등지급을 받는다.

반면 장애가 심각할 경우 주당 15. 75파운드를 추가로 받을 수 있으며 매우 심각할 경우는 추가로 주당 61. 85파운드를 더 수령할 수 있다. 자산조사 급여기준은 저축이 6천 파운드보다 적을 경우 그리고 주당 16시간보다 적게 일하고 주당 수입이 115. 50파운드보다 낮을 경우이다.

2) 고용정책 현황

이러한 고용 관련 급여는 이후에 설명할 고용정책과 밀접한 관련을 맺고 운영된다. 〈그림 8-1〉은 고용 관련 급여와 고용정책이 어떻게 순차적으로 작동하는지를 보여준다. 먼저 급여를 신청하면 구직수당 대상인지 고용 및 지원수당 대상인지를 판별한다. 이후 사정 단계를 거쳐 구직 노력 및 구직 관련 인터뷰 그리고 사전 근로프로그램(Pre-Work Programme)에 참여하고 이러한 과정을 거쳐도 구직에 성공하지 못하면 근로프로그램에 참여한다.

근로프로그램(Work Programme)은 2011년 영국에서 시작된 새로운 성과관리형 근로연계복지 프로그램으로 통합공제(Universal Credit) 개혁과 함께 연립정부의 복지개혁 중 핵심적 내용을 차지한다. 근로프로그램은 실직자가 장기실직자로 전락하는 것을 막기 위해 고안된 민관 협력 프로그램으로서 이전의 뉴딜, 고용존(Employment Zone), 유연한 뉴딜 등의 프로그램을 대체하여 도입되었다. 기존 프로그램은 분절되고 과도하게 구체화된 정부의 개입, 적절한 근로유인 부재 등의 문제점이 지적되었고 근로프로그램은 이러한 약점을 보완하기 위해 전달체계 시스템을 단순화하고 성과계

〈그림 8-1〉 근로연계복지의 작동구조

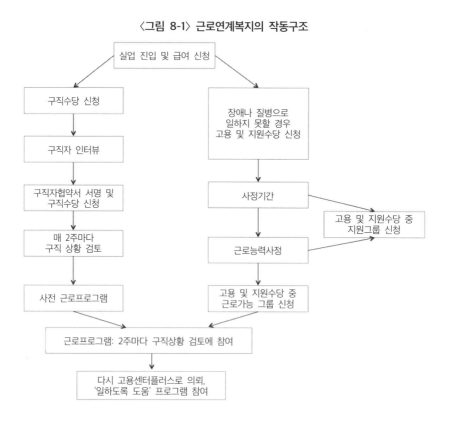

약 방식을 도입함으로써 이러한 문제점을 극복하고자 하였다. 근로프로그램에 참가하기 전, 먼저 다음의 사전 근로프로그램에 참여할 수 있다.

1. 근로클럽: 실업을 했거나 비경제활동 중인 사람들이 서로 만나 기술이나 고용의 기회 혹은 경험을 나누고 논의하는 장소.

2. 함께하는 근로: 구직자의 고용가능성을 높이기 위해 지역에서 자원봉사 활동을 하는 프로그램. 이 과정 중 다양한 고용기회를 찾고 알 수 있도록 지원.

3. 창업클럽: 자영업에 관심이 있는 실직자를 위한 프로그램. 지역에 기반을 둔 네트워크 발전을 지원. 같은 관심이 있는 이들이 함께 만나 다양한 경험과 기회를 나눌 수 있는 장을 마련.

4. 근로경험: 18~24세 청년을 위해 특화된 프로그램. 구직수당을 받는 첫 3개월 동안 단기인턴 등의 활동을 통해서 일에 대한 경험을 얻고 고용기회를 높이는 것을 목표로 함. 2011년 1월에 도입되었으며 2012년 4월부터는 청년계약(Youth Contract) 이라고 불림.

5. 신창업수당: 구직수당을 6개월 이상 받으며 창업을 원하는 이가 창업할 수 있도록 일부 급여 및 자금을 대여.

6. 이외에도 부분별 근로 아카데미 프로그램이나 의무근로활동 프로그램 등을 통해서 직업훈련과 경험을 쌓을 수 있음.

이러한 프로그램은 근로프로그램 참여 전에 시작되며 그래도 구직을 하지 못할 경우 근로프로그램에 의뢰된다. 근로프로그램을 의뢰하는 기간은 대체로 12개월 이후이지만 청년의 경우 9개월, 빠른 도움이 필요한 이는 3개월 만에도 의뢰가 가능하다. 근로프로그램은 일반적으로 2년 정도의 기간에 걸쳐서 제공되며 이 기간에 취업이 되지 않는 경우 다시 고용센터플러스로 의뢰된다. 이때에는 '일하도록 도움'(Help to Work) 프로그램에 가

<표 8-2> 근로프로그램으로의 의뢰기간

	수급권	참가자 그룹	참여가능 시점	방문
1	구직수당	18~24세	9개월	필수
2		25세 이상	12개월	
3		노동시장에서 심각한 취업장애를 가진 그룹	3개월	필수/선택
4	고용 및 지원수당	근로 연계 활동그룹의 일부 참가자	구직 적합시기	필수
5		기타	수시	선택
6	소득지원이나 장애급여 등 기타수당	모든 사람	수시	선택

자료: McKnight, 2015.

입되며 다시 고용될 때까지 한국의 공공근로와 유사한 프로그램이나 지역을 위한 비영리 활동에 참여하거나 수학이나 읽기 등 기초능력을 위한 훈련에 참여하기도 한다.

근로프로그램의 특징은 다음과 같다. 먼저, 서비스 공급자에게 강한 장기 인센티브를 제공하기 위해 고안된 성과관리 방식을 도입하고 있다. 서비스 공급자는 자신이 획득한 성과에 기반을 두고 보상을 받으며 미리 지원금을 확정하지 않는다. 서비스 공급자는 소정의 착수금(start fee)을 지원받으며 이 착수금은 해마다 감소하여 3년 안에 소멸하도록 설계되었다. 이전의 프로그램은 프로그램에 참가하는 참여자에 따라 지원금이 달라지는 것이 아니라 정부와 서비스 계약을 체결하고 해당 지원금을 한꺼번에 지원받는 형식으로 운영되었다. 반면, 근로프로그램에서는 착수금만으로 사업이 유지될 수 없는 구조를 가지며 서비스 대상자가 구직활동을 얼마만큼 안정적으로 유지하느냐에 따라 서비스 공급자가 받는 보상의 정도가 달라진다.

<그림 8-2>와 같이 서비스 공급자는 대상자가 구직 후 3개월 혹은 6개월이 지난 시점에서 직업성과지불금(Job Outcome Payment)을 정부에 청구할 수 있다. 또한 고용성과금을 지급받은 후 대상자의 구직 후 매 4주마다 고용유지지불금(Sustainment Payment)을 정부에 청구할 수 있다. 이러한

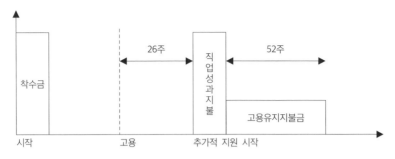

〈그림 8-2〉 근로프로그램의 구조

착수금

26주

직업성과지불

52주

고용유지지불금

시작   고용   추가적 지원 시작

지원금은 최대 1년까지 청구할 수 있으며 구직자가 노동시장에 참가하지 못했던 기간이 길어 취업 장애가 심각하다고 판단되는 경우 지원기간을 최대 18개월 또는 2년까지 연장할 수 있다.

둘째, 서비스 공급자는 사업 운영에 높은 자율성과 재량을 가진다. 공급자는 대상자가 구직 및 직업 유지를 돕기 위한 효과적 방안을 지역 내에서 조직할 수 있다. 공급자에 대한 제한요건 및 규제는 최소화되며 서비스 공급자는 재량 내에서 자원을 최적화할 수 있다. 이전의 프로그램이 구체적 개입과정까지 자세한 규정을 만들어 지시되었던 반면, 근로프로그램의 경우 프로그램의 수행을 위해 더욱 높은 유연성을 제공한다. 서비스 공급자는 다양한 대상자에게 한 가지 서비스를 제공하기보다는 다양한 서비스를 제공할 수 있도록 돕는다. 근로프로그램에 참가하는 참가자는 자신이 받을 서비스에 관한 설명을 듣고 서비스 제공자는 계약서에 기본적으로 제공되는 서비스에 관해 상술해야 한다. 이러한 서비스는 계약기간 동안 평가되며 프로그램에 관한 성과관리의 한 부분으로 포함된다.

또한 고객이 자신의 문제를 더욱 효과적으로 해결할 수 있도록 강화된 문제제기 과정이 도입된다. 만약 공급자가 참가자의 문제제기를 해결하지 못할 경우 참가자는 자신의 문제제기를 독립사례 심사관(Independent Case Examiner)에게 보고할 수 있다. 만약 해결되지 않고 이러한 문제가

서비스 공급자의 과실로 판명나면 벌금이 징수될 수 있다.

셋째, 지역 내 다양한 주체와 장기적인 파트너십 형성을 위해 5년간 계약이 체결된다. 확장된 기간 동안 관련 인프라와 자원을 형성하는 유인을 제공한다. 개별 참가자는 프로그램을 통해 최대 2년까지 지원받을 수 있으며 구직 후에도 서비스 공급자로부터 지속적으로 지원을 받는다. 이러한 장기적 관점은 지역 내 핵심 공급자(prime provider)가 다양한 주체와 장기적 파트너십을 형성하도록 돕는 역할을 한다. 개별 공급자는 2016년 3월까지 5년 단위의 계약을 체결하며 2년까지 추가 계약을 맺을 수 있다. 몇몇 근로프로그램 참가자는 직업을 유지하는 과정에서 직면하는 다양한 어려움에 관한 지원을 필요로 한다. 프로그램의 장기적 관점은 구직 후 경험하는 참가자의 장애를 극복하도록 돕는다는 관점에서 매우 유용하며 공급자에게 인센티브와 지원을 가능하게 하는 기반을 제공한다.

넷째, 서비스 관리 및 운영에 유연성과 경쟁을 도입한다. 계약영역은 최소한 두 개의 사업체가 참여하여 경쟁적 계약관계가 형성되도록 하며 대도시 지역의 경우 세 개 이상의 사업체가 참여해야 한다. 참가자는 무작위로 사업체에 편성되는데 각 사업체는 동일한 수의 대상자가 배정되어 공정한 평가가 되도록 한다. 최초 계약체결 후 2년부터 매년 5%의 배정인원을 낮은 성과를 내는 사업체에서 높은 성과를 내는 사업체로 이동시킨다. 이는 성과가 높은 사업체에 대한 보상인 동시에 대상자가 더욱 높은 성과를 내는 사업체의 서비스를 받도록 하기 위해서이다. 서비스 공급자는 최소한의 성과 수준을 만족시킬 것이 요구된다. 공급자는 '비개입 수준'보다 10% 이상 높을 것이 요구되며 이를 만족시키지 못할 경우 계약이 파기될 수 있다.

그렇다면 이러한 근로프로그램은 어느 정도의 성과를 도출했을까? 공식 통계에 따르면 근로프로그램에 참여한 10명 중 한 명 정도가 7개월이 지나서 3~6개월의 고용(고용 및 지원수당 대상자는 3개월)에 성공하였다. 1년 기준으로는 약 14%의 성공률을 보였으며 18~24세의 청년의 경우 21%로 가장 높은 수치를 기록하였다(2013년 9월 기준). 가장 낮은 성공률을 보인 집단은 고용 및 지원수당을 받는 집단으로 같은 시기 약 10%의 성공률을 보였다. 1년이 아닌 2년을 기준으로 했을 때 고용 성공률은 2011년 6월의 경우 22%에서 2012년 9월의 경우 27%로 다소 상승한다. 정부가 상정한 기준치인 26~27%에 대략 도달한 수치이지만 전체적으로 만족스러운 성과라고 하기에는 어렵다는 평가가 있다(McKnight, 2015). 2014년 9월까지 근로프로그램을 다 마친 이를 100으로 할 때 기준 공급자와 구직자에게 제공하는 인센티브를 중심으로 보면 13.7%의 근로프로그램 참여자가 고용유지지불금을 모두 수령할 수 있는 대상자가 되었으며 9.5%의 참여자는 고용유지지불금을 여전히 공급자가 수령하는 중이었고 67.9%의 대상자는 다시 고용센터플러스로 의뢰되었다.

이와 함께 신창업수당의 경우, 2014년 9월까지 이 프로그램에 참여한 약 11만 명 중 6만 명이 새로운 사업을 시작한 것으로 보고되었다. 또한 창업을 시작한 이후에 약 78%가 지속적으로 구직수당 등의 급여를 받지 않는 것으로 나타났다. 하지만 신창업수당의 경우 표본의 선택편의(selection bias)가 있기 때문에 성과를 정확히 보여주기는 쉽지 않다.

4. 맺음말

지난 20년 동안 영국의 고용 관련 정책은 상당한 변화가 있었고 구직수당과 근로연계복지 강화라는 두 가지 축이 그 중심이었다. 수동적으로 실업이나 장애에 대해 급여로 대처하던 패러다임에서 고용을 통해 생계를 유지하도록 하는 방향으로의 전환은 신노동당정부나 연립정부 모두에서 발견된다. 이러한 패러다임 아래 노동시장의 최저임금을 높이려는 시도, 급여를 엄격하게 제한하면서 고용서비스를 활성화하는 노력이 동시에 시도되었다. 이러한 정책조합은 자유주의 복지국가체제의 전형적인 '시장연계형' 적극적 노동시장정책 성격으로 이해되며 장기간의 직업훈련이나 직접 일자리창출 등으로 대표되는 대륙·북유럽국가와는 명확한 차이를 보인다.

이러한 정책의 결과 고용 관련 지출은 상당히 줄어들었다. OECD 공식 사회지출 통계(OECD, 2016. 7. 20. 인출)[2]에 따르면 구직수당으로 대표되는 실업급여는 1985년 GDP 대비 2%를 기록한 이후 꾸준히 줄어 2011년에는 0.4%로 낮아졌으며 적극적 노동시장정책의 지출 역시 신노동당정부나 연립정부 때 거의 꾸준히 0.4%대를 기록하였다. 맥나이트(McKnight, 2015)에 따르면 이 지출은 2013년에는 0.2%대로 더욱 하락하였다. 장애급여 지출은 1995년 2.9%에서 2005년 2.3%까지 줄었다가 경제위기 이후 다시 소폭 증가하여 2.5%를 기록하였다. 앞선 정책기조와 같이 대체로 관련 지출이 줄어들었으며 큰 급여가 지출되지 않는 시장연계형 활성화 정책이 적극적 노동시장정책의 지출을 낮추는 것으로 평가할 수 있다.

이러한 시도가 얼마나 성공적인가의 질문을 던질 수 있다. 현재 핵심 적극적 노동시장정책인 근로프로그램의 효과성은 위에서 제시된바 있다. 근로프로그램 자체는 대체로 1년 이상 고용을 찾지 못하는 장기실업자를 대상으로 하기 때문에 성공률 자체는 한계가 있다. 하지만 전체적으로 최저임금-근로연계복지를 판단할 필요가 있다.

일단 고용촉진 차원에서는 상당한 성과가 있다고 평가된다. 앞서 다룬 바와 같이 2014년 73.2%의 고용률을 기록하며 영국 고용률 통계기록 역사상 높은 수치를 기록하였다는 점에서 지금까지의 노력이 성과를 보였다고 할 수 있다. 중고령자의 고용률 상승과 25세부터 34세까지의 고용률도 상승한 것이 중요한 기여점이다. 주된 정책대상 인구집단에서 고용률이 상승하고 있다는 점은 고무적이라고 할 수 있다. 급여와 구직 노력을 긴밀하

---

2) 2011년 데이터까지만 공개되었다.

게 연결하는 근로연계복지와 엄격한 근로능력사정 그리고 연금 수급연령의 증가 등이 전체적으로 영향을 미쳤다고 판단된다.

하지만 이러한 고용이 얼마나 일하는 이들의 삶을 양질로 변화시켰는지에 대해서는 여전히 논란이 많다. 최저임금을 올리기는 하였지만 최저임금과의 차이가 2% 이내인 임금을 받고 있는 전일제근로자 비율은 1999년 2%에서 2015년 5% 이상으로 급격히 높아지고 있다(3장 참조). 또한 노인빈곤은 줄어들었지만 아동빈곤이나 아동 유무를 떠나 근로계층빈곤이 1980년대 급격히 증가한 이후로 크게 줄어들지 않았다는 것은 여전히 문제이다. 취업을 해도 10명 중 3명은 빈곤 상태에 놓였다는 보고(3장 참조)는 근로빈곤의 문제를 여실히 보여 준다. 그러한 점에서 최저임금을 통한 안정적 생계보장은 그다지 정책목표가 달성되지 않은 것으로 판단된다.

또한 최저임금이 공공지원의 삭감과 결합되면서 사회서비스 분야는 상당한 어려움을 겪는 것으로 보인다. 예를 들어, 돌봄서비스와 같은 사회서비스 부문에서 시설에 대한 지원은 줄이면서 최저임금은 높아졌기 때문에 운영에 어려움을 겪고 있다는 보고들이 언론을 통해 제기되었다.

고용 및 지원수당의 경우 근로능력사정에 대한 문제점이 지속적으로 보고되고 있다. 근로능력사정은 2011년에 아토스(Atos)라는 민간기업이 수주하여 운영하는데 개인과 관련 기관의 다양한 비판에 직면하여 2014년에 계약이 상호합의하에 완료되었다. 맥나이트(McKnight, 2015: 17)에 따르면 절차의 비효율성, 결정에 대한 많은 어필, 과정 중에 수급자가 느끼는 스트레스 등 다양한 문제점이 노출되었다. 새로 계약자를 찾아서 시작하였지만 이러한 민간사업자의 효과성은 상당한 이슈로 대두되고 있다. 연립정부의 신공공관리론적 접근의 한계가 나타나는 부분으로 평가된다.

■ 참고문헌

국내 문헌

김영순(1997). "1980년대 영국의 고용위기와 노동시장정책". 〈한국정치학회보〉, 31권 1호, 211~230.

문진영(1998). "영국의 신고용협정(New Deal): 복지와 근로의 연계 프로그램". 〈월간 복지동향〉, 1호, 55~59, 참여연대사회복지위원회.

최영준(2010). "영국 정년제도의 변화: 배경과 함의". 〈국제노동브리프〉, 8권 10호, 4~12.

_____(2011). "영국의 베버리지언적 연금발전: 노인빈곤으로의 함의". 〈사회보장연구〉, 27권 2호, 107~134.

해외 문헌

Alcock, P. (1999). Development of social security. In Ditch, J. (Ed.). *Introduction to Social Security* (48~77). London and New York: Routledge.

Finn, D. (2009). "영국의 활성화 정책". 〈국제노동브리프〉, 7권 10호, 38~54, 한국노동연구원.

_____(2000). From full employment to employability: A new deal for Britain's unemployed?. *International Journals of Manpower, 21*(5), 384~399.

Giddens, A. (1998). The third way: The renewal of social democracy. *Fit for International Journals of Manpower, 21*(5), 384~399, Cambridge: Polity Press.

Hirsch, D. (2011). *A Minimum Income Standard for the UK in 2011.* York, England: Joseph Rowntree Foundation.

Jones, K. (2004). 이소정 역, 황덕순 감수(2004). 〈영국의 실업급여 연구〉(KLI 연구보고서 2004-04). 서울: 한국노동연구원.

Sainsbury, R. (1999). The aims of social security. In Ditch, J. (Ed.). *Introduction to Social Security* (34~47). London and New York: Routledge.

기타 자료

Brewer, M., & Joyce, R. (2010). Welfare reform and the minimum wage: IFS election briefing note 2010. Nuffield Foundation, Institute for Fiscal Studies.

Daguerre, A. (2010). Welfare to work policies in the UK: The workfare consensus. Sciences Po, CERI.

Department for Work and Pensions (2010). Universal credit: Welfare that works. Department of Work and Pensions.

_____ (2011). The work programme. Department of Work and Pensions.

_____ (2014). Fit for work. Department for Work and Pensions.

Low Pay Commission (2000). The national minimum wage: The story so far. Low Pay Commission.

McKnight, A. (2015). The coalition's record on employment: Policy, spending and outcomes 2010-2015. Social Policy in a Cold Climate Working Paper 15.

BBC. On this day: 1950-2005. 1999: Britain gets first minimum wage. http://news.bbc.co.uk/onthisday/hi/dates/stories/april/1/newsid_2465000/2465397.stm. 2012. 2. 26. 인출.

GOV.UK. National minimum wage and national living wage rates. https://www.gov.uk/national-minimum-wage-rates 2016. 4. 28. 인출.

OECD. Social expenditure: Aggregated data. http://stats.oecd.org/Index.aspx?-datasetcode=SOCX_AGG. 2016. 7. 20. 인출.

09

산재보험제도

1. 머리말

영국의 산업재해 보상방식은 우리나라와 독일을 비롯한 다른 유럽국가와는 다르다. 독일이 독립된 재원을 가진 산재보험을 통한 보상방식이라면 영국은 국가 사회보험에 통합된 방식을 취한다. 우리나라는 독일과 같이 산재보험의 재원을 사업주가 전적으로 부담하지만 영국은 국가 사회보험 체제에 편입되어 있기 때문에 사실상 산재보험의 재원을 사업주와 근로자가 공동으로 부담한다고 할 수 있다.

보상금 또한 우리나라는 정률 방식을 채택하는 반면, 영국은 급여를 반영하지만 모두 동일한 금액을 지급한다. 뿐만 아니라 산재 관련 급여가 모두 일반 사회보험과 연계되어 순수한 산재보험의 영역을 파악하기 어렵고 영국의 전반적인 사회보장제도를 이해해야 산재보험을 이해할 수 있다.

독일을 비롯한 다수의 유럽국가가 산재보험에 가입한 사업주에 대해서 산재보상에 대한 민사소송을 면책한다는 점은 또 다른 큰 차이점이다. 우리나라의 경우도 산재보험을 우선 청구하고 사업주의 과실이 있는 경우 선택적으로 민사소송을 제기할 수 있다. 반면에 영국은 산재근로자가 산재보험에 대한 보상청구와 사업주를 상대로 한 소송 중 하나를 선택할 수 있으며 사업주는 이런 산재소송에 따른 보상을 대비하여 보험에 가입하는 것이 의무사항이다.

이와 같이 영국의 산재보상제도는 우리나라와 상당히 다르기 때문에 제도 자체를 이해하는 것이 쉽지 않다. 따라서 이번 장에서는 영국의 산재보험 및 산재보상제도를 고유한 사회보장제도 속에서 설명하기보다는 우리나라의 산재보험체계에 대입하여 설명하고자 한다.

2. 산업재해 보상제도의 발전과 변화

1) 산재보상제도의 발달과정

영국에서 산업혁명이 진행되면서 인클로저 운동 등을 통해 많은 농민이 공장이 있는 도시로 몰려들었다. 노동력의 공급이 수요를 크게 초과하면서 노동환경은 열악해질 수밖에 없었고, 열악한 노동환경의 결과로 산업재해가 크게 증가하였다.

이 당시에 산업재해가 발생하면 산재근로자는 〈보통법〉(Common Law)에 따라 사업주를 상대로 한 소송을 통해 보상받을 수 있었다. 그러나 소송을 통해 보상받는 것은 근로자에게 매우 어려운 일이었다. 근로자는 사업주보다 산업재해나 직업병에 대한 지식이 부족했고 변호사 선임 등 경제적 문제도 있었다. 특히, 노동력의 수요보다 공급이 크게 넘치는 상황에서 동료 근로자의 증언을 확보하기는 매우 어려웠다.

또한 이 당시의 법정에서는 사업주에게 유리한 세 가지 방어논리가 수용되었다(Hood, Hardy, & Lewis, 2011). 첫째, 위험인수(assumption of risk)

이다. 이것은 근로자가 사업장에서 통상적으로 발생할 수 있는 위험에 대해 알고 있었으며 근로자가 위험에 관한 지식을 갖고 있었는지 여부와 관계없이 사업주와 근로계약을 할 때 이미 사업장의 위험을 인지하였기 때문에 사업주에게 책임이 없다는 논리이다.

둘째, 기여과실(contributory negligence)이다. 근로자는 자신의 안전을 위해 주의해야 할 의무가 있고 주의를 소홀히 하거나 자신의 과실로 발생한 사고에 대해서는 사업주에게 책임이 없다는 논리이다.

셋째, 동료과실원칙(fellow servant doctrine)이다. 근로자가 주의의무를 게을리하거나 과실을 범하여 다른 동료 근로자가 손상을 당하였을 때 사업주는 이 손상에 대한 배상책임이 없다는 논리이다.

이와 같은 세 가지 방어논리가 법정에서 수용되었기 때문에 근로자가 산업재해로 인한 손상에 대해 보상받을 가능성은 더욱더 낮았다.

19세기에 산업재해가 증가한 반면 〈보통법〉에 따른 근로자에 대한 보상은 제대로 이루어지지 못했다. 이에 대한 대응으로 〈고용주책임법〉(Employer's Liability Act)이 1880년에 제정되었다. 이 법으로 사업주의 주의의무에 대한 책임은 강화되었지만 여전히 동료 근로자 과실에 의한 사고는 책임이 면제되는 등 적절한 보상이 이루어지지 못했다.

1897년에 〈노동자보상법〉(British Workmen's Compensation Act)이 제정되었으며 이때 비로소 사업주의 방어논리를 사용하지 못하게 되었고 '고용 중 고용에 기인한'(arising out of and in the course of employment)이라는 산업재해의 기본개념이 도입되어 사업주 무과실책임의 논리가 시작되었다. 그러나 이 〈노동자보상법〉은 대상범위가 위험한 업종으로 제한되었고 보상방법으로 보험이 도입되지 않아서 사업주가 보상금 전액을 책임져야 했다. 따라서 소송에서 이긴다고 해도 제대로 보상받지 못하는 경우가 많았다.

영국에서 실질적인 보상은 1942년 〈베버리지 보고서〉 이후에 이루어졌다고 보아야 한다. 즉, 1945년에 〈국민보험법〉(National Insurance Act)이 시행된 이후에는 보상의 주체가 사업주가 아니라 국가가 되었으므로 재정 문제로 인해 보상을 받지 못하는 경우가 없어졌다(Sheila Pantry Associates Ltd., History of occupational safety and health).

2) 산재보험과 고용주책임보험

1945년에 시행된 〈국민보험법〉을 산재보험의 관점에서 보면 우리나라를 비롯한 독일 등 대다수 국가의 제도와는 사뭇 다르다. 우리나라를 비롯한 독일의 제도는 별도로 독립된 재원을 통해서 직장을 가진 사람들에게 개인 별로 수입과 연계한 보상을 제공하는 반면, 영국은 모든 국민에게 포괄적 으로 적용하면서 일률적 보장을 제공한다. 즉, 영국에서 산재가 발생하면 산재근로자는 국민건강보험(National Health Insurance)을 통해 의학적 치료를 제공받고, 의학적 장애 정도에 따라 국가연금(State Pension)을 통해 수입 손실에 대해서 동일한 금액을 보상받는다. 수입에 대한 손실보상이 이전 수입과 연계되지 않고 모든 국민이 의학적 장애상태에 따라 동일한 금액을 보상받기 때문에 산재보험에 따른 보상은 산재근로자의 경제적 손실을 충분히 보상하지 못한다.

그러나 영국근로자는 작업 중 재해를 당했을 때 산재보험에 보상을 신청하는 것과 더불어 사업주에게 소송을 제기하여 직접 보상을 받을 수 있다. 이는 산재보험으로 보상받는 경우 사업주를 상대로 민사소송을 할 수 없는 독일이나 프랑스 등 다른 유럽국가와 다르며 우리나라나 일본과 유사하다.

소송과 산재보험 신청의 가장 큰 차이는 사업주의 주의의무에 따른 과실을 입증해야 하는지의 여부와 보상 정도이다. 먼저 소송할 경우 사업주의 과실을 근로자가 입증해야 하며 이 소송 과정은 상당한 시간을 필요로 한다. 더욱이 승소해서 보상받을 때는 근로자의 과실을 상계한다. 반면에 산재보험에 보상신청을 할 경우 사업주의 과실을 입증할 필요가 없으며 근로자의 과실과도 상계되지 않는다.

다음은 보상의 차이이다. 산재보상을 신청하면 산업재해장애급여(Industrial Injuries Disablement Benefit)와 사회보장제도에서 제공하는 다른 급여를 받을 수 있지만 보상금이 작아서 소득 손실을 충분히 보상받지는 못한다. 반면에 사업주를 상대로 한 소송에서 승소할 경우 수입 손실에 대한 전적인 보상을 받을 수 있다. 따라서 산재보험에서 받는 보상보다 더 많은 보상을 받을 수 있다.

1972년 〈고용주책임법〉 제정으로 도입된 고용주 책임보험(Employer's Liability Insurance)은 법적인 강제보험으로 영국에서 사업하는 대부분의 사업주가 의무적으로 가입하여야 한다. 이 법이 제정되기 전에는 산재근로자가 소송을 통해서 승소하더라도 사업주의 보상에 대한 담보가 부족하여 실질적으로 보상받기가 쉽지 않았다. 그러나 이 법이 제정된 이후에는 소송의 결과를 보험에서 담보하기 때문에 승소한 산재근로자가 원활하게 보상받을 수 있게 되었다.

〈고용주책임법〉에 따라 영국에서 사업하는 모든 사업주는 이 보험을 담보할 수 있는 자격이 있는 보험회사에 최소한 5백만 파운드 이상으로 보상할 수 있는 보험에 가입해야 한다. 또한 보험가입 사실을 게시하여 모든 근로자에게 알려야 한다. 고용주책임보험에 가입하지 않았을 경우 1일 당 최고 2천 5백 파운드의 벌금이 부과되며 가입 내용을 게시하지 않았을 경우 최고 1천 파운드의 벌금이 부과된다.

사업장에서 산업재해나 직업병이 발생했을 때 모든 근로자가 소송을 하는 것은 아니다. 사업주의 책임이 명백할 때는 소송을 할 수 있지만 이런 경우 산재 발생장소, 시간, 사업주 책임의 여부, 그 이유 등 사실을 기록한 서류를 사업주에게 보낸다(pre-action). 사업주는 21일 이내에 이 내용을 보험회사에 알리고 보험회사는 90일 이내에 보상 여부를 결정하여 통보하여야 한다. 보험회사가 청구를 기각하면 이 사실을 근로자 또는 그의 법정 대리인에게 통보하여야 한다. 기각 처리되면 산재근로자는 필요에 따라 소송을 제기할 수 있다(Philipsen, 2009).

3) 산재보험과 산재소송의 관계

독일을 비롯한 유럽의 여러 국가는 사업주가 산재보험에 가입하는 대신 산업재해와 관련한 민사 소송에 대해서는 사업주를 면책한다. 반면에 우리나라는 근로자가 산업재해에 대해서 사업주를 상대로 민사소송을 제기할 수 있지만 근로자가 승소할 경우 사업주는 산재보험급여를 제외한 차액만 배상하면 된다. 사업주를 상대로 한 소송은 사업주의 과실에 따라 배상하기 때문에 사업주의 과실이 중대할 때 소송을 제기한다. 따라서 산재보상을 위해 사업주를 상대로 하는 소송은 제한적이다.

　반면 영국에서는 근로자가 사회보장 시스템을 통해 산업재해 보상급여를 받았더라도 사업주를 상대로 한 소송이 가능하다. 20세기에 들어 사업장의 힘이 사업주에서 근로자로 이동하고 1948년에 사업주가 사용하던 법정 방어논리가 배제되면서 근로자는 소송에서 더 많이 이길 수 있었다. 산재소송은 지속적으로 증가하여 1978년에는 전체 개인손상과 관련된 소송 중 산재가 차지하는 비중이 거의 절반을 차지하였다. 이후 교통사고로 인한 손상이 지속적으로 증가한 반면 산재소송은 감소 추세지만 아직도 1년에 약 10만 건 정도의 산재소송이 있다.

　앞에서도 언급한 바와 같이 영국은 모든 국민에게 포괄적이고 동일한 사회보험급여를 지급하며 산재근로자에 대해서도 예외는 아니다. 산재근로자가 소송에서 승소할 경우 모든 통증과 치료비, 경제적 손실에 대해서 보상받는데 이 경우 의료비와 휴업수당 등 일부 사회보험급여가 중복될 수 있다. 이런 문제 때문에 1997년에 〈사회보장(급여 회수) 법〉〔*Social Security (Recovery of Benefits) Act 1997*〕에서 사회보험과 중복되어 지급된 보상금을 회수하도록 하고 노동연금부(Department for Work & Pension: DWP)에 보상회수국(Compensation Recovery Unit: CRU)을 신설하였다.

사회보장급여 회수는 산재소송뿐 아니라 자동자사고 및 의료사고 등 모든 개인적 사고에 의한 손상에 해당된다. 보상 주체(개인 또는 보험회사)는 CRU에 개인 보상 사실을 보고하여야 한다. CRU에서는 개인이 수급한 사회보장급여를 확인하여 보상 주체로부터 이 금액을 회수한다. 보상 주체는 이미 지급된 사회보장급여와 건강보험급여를 제외한 금액을 당사자에게 지급한다(DWP, 2013).

3. 산업재해 보상제도

1) 산업재해 보상제도 개요

우리나라를 포함한 대부분의 국가에서 산업재해에 대한 보상은 산재보험을 통해 이루어진다. 일반적으로 산재보험의 재정은 사업주가 부담하는 보험금이 다른 사회보험과 분리되어 독립적으로 운영되며 급여 또한 다른 사회보험과 중복되지 않는 것이 보통이다. 대표적 산재보험급여는 요양급여, 휴업급여, 장해급여 및 유족급여이다. 이런 급여들은 대체로 재해자의 재해 이전의 급여에 비례해서 지급된다.

그러나 영국에서는 산재보험이 국민보험(National Insurance)에 완전히 통합되어 일반적 개념으로 산재보험을 파악하기 어렵다. 국민보험 자체가 사업주와 자영업자, 근로자의 기여금과 정부 출연금 등으로 구성되고 산재보험 재정이 별도로 독립되어 있지 않다. 산재보험이라는 단일 사회보험 시스템이 아니라 산업재해 보상제도(Industrial Injuries Scheme) 아래 산재근로자에게 지급되는 여러 가지 급여가 제도의 근간을 이루며 이를 산재보험의 형태로 볼 수 있다.

일반적으로 산재보험에서 기본이 되는 요양급여는 국민건강보험(National Health Insurance)에서 담당한다. 즉, 모든 산재 환자의 치료는 국민건강보험체계에서 다른 일반 손상이나 질병과 동일하게 치료받는다. 산재환자에 대한 우대 방침은 없다.

영국에서 산재보상급여의 대표는 산업재해 장애급여(Industrial Injuries Disablement Benefit: IIDB)인데 이 산업재해 장애급여는 휴업급여 및 장해급여의 성격을 동시에 갖는다. 산업재해 장애급여는 일할 수 있는 정도에 따라 급여가 달라지는데 장애평가 시점에서 장애가 영구적인지, 일시적인지를 판단해 일시적이라면 다시 판정한다(조보영, 2012; Kloss, 2005).

일시적으로 전혀 일을 할 수 없는 상태라면 장애 100%로 최고금액이 지급되는데 이는 우리나라를 포함한 다른 국가의 휴업급여의 성격이 강하다. 이 근로자는 장애가 개선될 수 있는 시점에서 재평가를 받아야 한다.

반면에 장애평가 시점(최초 장애평가이든 재평가이든 상관없이)에서 영구장애로 최종 판정되면 장애율에 따라 연금을 지급받는데 이를 일반적으로 생각하는 장해급여로 볼 수 있다.

산업재해 보상제도에는 다음과 같은 급여가 포함된다.

- 산업재해 장애급여(Industrial Injuries Disablement Benefit)
- 상시 간호수당(Constant Attendance Allowance)
- 예외적 중증장애수당(Exceptionally Severe Disablement Allowance)
- 소득손실수당(Reduced Earnings Allowance)
- 은퇴수당(Retirement Allowance)

2) 산재보상 재정

영국의 산재보험은 국가 사회보험에 통합되므로 사업주가 단독으로 부담하는 것이 아니라 사업주와 근로자가 공동으로 부담한다.

먼저 근로자의 경우, 2016년을 기준으로 주급 155파운드 이상의 수입이 있는 근로자는 수입의 12%를 급여에서 공제하여 국민보험료로 지불한다. 주급이 827파운드를 초과하는 경우에는 추가로 2%를 더 공제한다. 반면에 주급이 155파운드 이하인 경우 보험료를 내지 않는다.

결혼한 여성과 편모는 보험료 감면 대상이고 연금 개시연령을 초과한 근로자는 보험료를 내지 않는다. 다른 직장에서 보험료를 내는 경우는 2%를 지불한다.

사업주의 경우, 근로자의 수입이 주급 155파운드 이하라면 보험료를 내지 않지만 155파운드를 초과하는 경우 급여의 13.8%를 보험료로 지불한다. 사업자는 결혼한 여성이나 편모, 연금 개시연령을 초과한 근로자에 대해서도 동일한 보험료를 부담한다. 다만 주급 827파운드를 초과하는 경우에도 동일한 보험료를 부담한다.

25세 미만의 견습공이나 21세 미만의 근로자를 고용한 경우 주급이 827파운드 이하라면 보험료를 부담하지 않지만 827파운드를 초과하는 경우에는 역시 급여의 13.8%의 보험료를 부담한다(National Insurance Rates and Categories, 2016).

대부분의 국가에서 산재보험료는 산재발생 위험에 기초하여 업종별로 차이가 있고 경험률을 적용하여 동일한 업종이라도 재해율에 따라 보험료가 달라진다. 그러나 영국은 사업주가 부담하는 보험료에 산재보험뿐 아니라 질병지불금, 국가연금, 건강보험 등이 모두 포함되기 때문에 업종별로 차별을 두지 않는다. 즉, 모든 사업장이 동일한 보험료율을 적용받는다.

3) 산재보상 급여 적용대상과 적용대상 사고와 질병[1]

영국의 산재보상은 사업장에서 사고로 손상을 입었거나 직업병의 발생 위험이 있는 사업장에서 70여 가지 이상의 직업병 가운데 하나에 걸렸을 때 연금 기여와 관계없이 그리고 과실 여부와 무관하게 제공된다. 예를 들어 국가연금은 적어도 10년 이상 연금에 기여해야 받을 수 있지만 산재보상은 이런 연금 기여 없이 받을 수 있다.

(1) 적용대상

모든 임금근로자는 업무상 사고를 당하였거나 업무와 관련되어 질병이 발생했을 때 산업재해 장애급여(IIDB)를 받을 수 있다. 또한 이러한 질병이나 손상을 유발한 사고가 잉글랜드, 스코틀랜드 또는 웨일즈에서 발생했을 때 산업재해 장애급여를 받을 수 있다.

여기서 임금근로자란 영국 내에서 근로계약을 맺은 임금근로자이거나 대표이사 또는 중역(company director)으로 급여를 받는 사람을 말한다. 자영업자는 이에 해당되지 않는다.

다만 다음과 같은 경우는 임금근로자가 아니지만 산재보험 장애급여의 대상이 된다.

① 임시경찰관

임시경찰관(special constables)은 임금이 지불되지 않고 보상을 목적으로 일한다고 말할 수 없지만 업무 중 사고를 당하면 산업재해 장애급여를 받을 수 있다.

---

1) 이 내용은 Department for Work & Pensions(2015)의 Industrial injuries disablement benefits: Technical guidance에 기술된 것을 요약·정리한 것이다.

② 용역직원

용역직원(*agency staff*)은 고용계약을 한 프리랜서라고 할 수 있으며 이들은 자신의 수입에 대해서 국민보험에 기여해야 할 책임이 있다. 이들도 산재 장애급여의 대상이 된다.

③ 직업연수생

승인된 고용훈련 기관이나 제도 아래서 훈련을 받는 사람이 그 기간 중에 사고를 당할 경우가 이에 해당된다.

(2) 업무상 사고

산재 장애급여의 대상이 되는 사고란 의도적이지 않게 고용 중에 고용으로부터 발생한 사고를 의미한다. 이 사고는 임금근로자의 고용 중에 또는 직업연수생의 훈련 중에 발생해야 한다. 또한 사고가 사람에게 손상을 유발한 경우만 보상대상이 된다. 사고의 결과, 손상이 즉시 나타나거나(예: 대퇴골 골절 등) 지연되어 나타나는 경우(예: 무릎에 타박상을 당하고 시간이 경과된 후에 운동장애가 발생하는 경우)에 모두 해당된다.

일반적으로 사고가 업무수행 중에 발생했을 때, 업무와 관련이 없다는 증거가 없는 한 업무의 결과로 발생한 것으로 인정된다. 특별한 시점에서 근로자가 업무수행 중이었는지 여부에 대한 판단은 각각의 사안에 따라 판단한다.

영국에서 통근재해는 일반적으로 인정되지 않는다. 근로자가 대중교통을 이용하여 출퇴근하는 경우에도 산업재해로 인정되지 않는다. 다만 우리나라와 같이, 사업주가 제공한 교통수단을 이용해서 출퇴근하는 도중에 발생한 사고는 산재로 인정된다(박찬임 등, 2004).

일반적으로 다음과 같은 상황에서 산업재해가 발생했다면 업무수행 중에 업무에 의해서 발생한 것으로 간주한다.

- 고용계약상 수행하기로 한 업무를 수행 중이었을 때
- 근로자가 업무를 수행하는 중 특별한 위험에 노출될 때
- 응급상황에서 누군가를 돕는 일을 할 때, 예를 들어 회사와 관련되었거나 회사의 사업상 도움되는 구조 활동을 하였을 때

만일 근로자가 사업주의 업무지시나 취업규칙에서 정해지지 않은 일을 수행한 경우, 그 일이 사업주의 경영 목적에 부합하거나 넓게 볼 때 근로자의 업무범위 안에 있을 때는 업무상 사고로 볼 수 있다. 또한 동료 근로자의 이상 행동으로 발생하는 아주 특별한 경우의 사고는 산재근로자가 업무 수행 중에 있었다면 업무상 사고로 본다.

(3) 업무상 질병

근로자가 어떤 특별한 업종에 고용되었거나 직업훈련을 받는 과정에서 특정한 질병에 걸렸을 때 산업재해 장애급여를 지급한다. 이를 업무상 질병 (*prescribed diseases*) 이라 하고 이 질병은 사전에 정의되어 법에 열거되어 있다. 어떤 질병의 발생 위험이 일반인에게는 높지 않지만 어떤 직업에서 높을 때 업무상 질병으로 정의된다. 산업재해 자문위원회(Industrial Injuries Advisory Council) 에서는 산업재해 보상제도에서 부담해야 할 업무상 질병을 장관에게 권고한다.

어떤 직업의 특성상 질병이 발생할 위험이 있음이 발견되면 산업재해 자문위원회는 업무상 질병 목록에 이 질병을 추가할 것을 권고할 수 있다. 만일 어떤 질병이 이 목록에 열거되지 않았거나 그 근로자의 직업이 해당 질병에 관해서 열거되지 않았다면 산업재해급여의 자격이 주어지지 않는다. 그러나 어떤 질병이 산재 사고와 관련되어 발생된 것이라면 업무상 질병 목록에 열거되지 않았다고 하더라도 급여를 받을 수 있다.

어떤 질병을 가진 근로자가 산재급여의 자격이 없다는 것은 그 질병이

없다는 것이 아니라 해당 업무상 질병의 인정 기준에 합당하지 않아서 급여를 받지 못한다는 것을 의미한다. 즉, 근로자의 직업력이 법에서 정한 기준을 만족하지 못할 경우 산업재해급여를 받을 수 없다. 예를 들어 만성 폐쇄성 폐질환을 가진 탄광의 광부가 산업재해급여를 받지 못할 수 있다. 특히, 일반인에게서도 흔히 발생할 수 있는 질병인 경우 판단이 중요하다.

규정에 열거된 70가지 이상의 업무상 질병은 질병과 그 질병을 유발할 수 있는 직업과 작업, 작업환경에 관한 설명으로 구성된다. 업무상 질병에는 직업성 천식, 만성 폐쇄성 폐질환(COPD), 소음성 난청, 진폐증(규폐증과 석면폐증 포함), 광부 또는 지붕이나 카펫 설치업의 근로자로서 무릎의 골관절염, 수지진동 증후군, 미만성 중피종(diffuse mesothelioma)을 포함한 석면 관련 질병(석면폐증을 동반한 원발성 폐암, 석면에 심하게 노출되었지만 석면폐증이 없는 원발성 폐암, 흉막 비후 등) 등이 포함된다.

업무상 질병은 원인에 따라 4가지 그룹으로 분류되며 각 그룹은 다음과 같이 영어 알파벳과 숫자로 구분한다.

A: 물리적 인자, 총 14종
B: 생물학적 인자, 총 15종(이상)
C: 화학적 인자, 총 32종(이상)
D: 기타 원인, 총 13종(이상)

업무상 질병이 산업재해 장애급여에 해당하는지 여부를 판단하기 위해서는 다음과 같은 질문이 유효하다.

- 근로자의 질병이 규정에 열거된 업무상 질병에 해당하는가?
- 근로자의 직업력과 근무경력에 비추어 볼 때 규정된 업무상 질병에 해당하는가? 즉, 근로자가 고용 중에 해당 질병에 유발될 수 있는지 여부와 근로

자의 고용이 임금근로자였는지 또는 승인된 고용훈련 과정이었는지 여부

- 근로자가 현재 해당 질병에 걸린 상태인지 또는 이전부터 걸렸던 질병인지 여부
- 해당 질병이 고용 또는 승인된 고용훈련의 특성 때문에 발생했는지 여부
- 질병의 발생 시기에 관한 것
- 근로자가 해당 질병 때문에 질병과 관련된 신체적 기능의 손실이 있는지 여부

4) 산업재해 장애급여[2]

(1) 급여 신청

산업재해 장애급여는 근무 중 발생한 사고로 인한 부상이나 직업에 의해 발생한 업무상 질병 때문에 일을 할 수 없게 된 근로자에게 주급 형태로 지급되는 급여이다. 이 급여의 적용대상은 앞서 언급한 산업재해급여의 적용대상과 같다. 또한 산업재해 장애급여는 비기여(*non-contributory*) 급여이기 때문에 국가사회보험을 납입하지 않았어도 수급할 자격을 갖는다. 다만 자영업이나 임금근로자가 아닌 경우에는 이 급여를 받을 수 없다.

근로자가 업무 중 사고를 당했을 경우 사고 시점에서 2개월이 경과한 후에 산업재해 장애급여를 신청할 수 있다. 2개월까지는 정상적으로 의학적 검진을 받을 수 없고 첫 15주(일요일을 포함하지 않은 90일) 동안은 급여를 받을 수 없기 때문이다. 또한 청구 시점에서 3개월 이전의 기간 동안에는 급여를 받을 수 없다. 만일 다른 산재 사고나 직업병으로 산재 장애급여를 받고 있다면 새로운 급여 청구일 이전 1개월 동안은 급여를 받을 수 없다. 업무상 질병이 발생했을 경우에는 진단 즉시 급여를 신청할 수 있으며 급

---

2) 이 내용은 Department for Work & Pensions(2015)의 Industrial injuries disablement benefits: Technical guidance에 기술된 것을 요약·정리한 것이다.

여 신청 전 기간에 대해서는 급여를 받을 수 없다. 따라서 산재 장애급여를 청구할 요건이 발생하면 급여 청구를 늦추어서는 안 된다.

산재근로자는 아래와 같은 내용이 모두 포함된 급여 신청서를 노동연금부(DWP) 사무소에 제출하여야 하며 모든 서류와 내용이 제출되었을 때를 급여 신청일로 간주한다.

- 사고발생 시간, 날짜 및 장소
- 사고가 고용 중에 고용에 기인해서 발생하였거나 승인된 고용훈련 과정에서 발생하였는지 여부
- 재해자가 고용된 임금근로자였는지 또는 승인된 고용훈련 과정에 있었는지 여부
- 고용 관계가 영국 내에서 이루어졌거나 특별 규정으로 허가된 고용인지 여부

업무상 질병으로 급여를 신청한 경우는 업무 관련성 평가를 위해 노동연금부 사무소에서는 사업주에게 연락하여 다음과 같은 사항을 확인한다.

- 재해자의 근무기간
- 고용 관계, 즉 임금 노동자로서 고용되었는지 또는 승인된 고용훈련 과정에 있었는지 여부
- 급여 청구한 질병과 관련하여 업무수행 중 규정에 명시된 도구를 사용하였거나 규정에 명시된 근무 환경에서 일하였는지 여부

(2) 의학적 검진

노동연금부에서 산업재해로 승인되고 난 후 재해자는 의학적 검진(*medical examination*)을 받으러 출석하도록 통보받는다. 이때 합당한 사유 없이 의학적 검진에 출석하지 않으면 급여 청구가 취소된다. 여기서 의학적 검진

은 사고와 신체장애의 관련성과 장애의 정도를 평가하는 것으로 업무 관련성 평가와 장애 평가를 동시에 수행한다고 볼 수 있다.

의학적 검진은 산업재해 장애 문제에 대해 특별히 훈련받은 한 명 또는 두 명의 경험 있는 의사가 진행한다. 재해자는 의학적 검진을 받기 위해서 지정한 시간과 장소에 출석해야 하며 규정에 따른 비용을 청구할 수 있다. 혼자 갈 수 없는 경우는 다른 사람을 동반할 수 있으며 건강상 문제로 출석이 불가능한 경우에는 집에서 검사를 받을 수 있지만 출석할 수 없는 정당한 사유를 자세히 보고해야 한다. 업무상 질병 중 D3(중피종)과 다른 질병 중에서 말기 환자인 경우에는 신속 검사를 시행한다. 이런 환자는 급여 수급과 관련된 다른 모든 단계에서 우선권을 갖는다.

의학적 검진은 개인적으로 진행되고 사적으로 보호되지만 의사가 허락하면 동반자가 같이 참여할 수 있다. 또한 경우에 따라 참관인이 참여할 수도 있다. 재해자는 의사가 자신의 장애상태에 관한 결정을 하는 데 도움이 될 수 있다고 판단되면 급여 청구서에 포함되지 않은 어떤 자료(증거)라도 추가로 제출할 수 있다. 또한 의사는 재해자의 산업재해와 관련된 의무기록을 요청할 수 있으며 재해자의 일반의(General Practitioner: GP)에게 자료나 보고서를 요청할 수 있다.

검진 의사는 검진 결과와 다른 의학적 증거를 토대로 업무능력의 손실(loss of faculty)이 산업재해와 관련이 있는지 여부와 관련이 있다면 장애 정도가 어느 정도이고 언제까지 지속될 것인지 대한 보고서를 의사결정권자에게 제출한다. 한편, 업무상 질병 중 다음과 같은 질병은 의학적 검진을 시행하기 전에 특별한 검사를 받을 필요가 있다.

① 직업성 난청
직업성 난청(occupational deafness)의 경우 의학적 검진을 받기 전에 청력 검사를 받아야 한다. 청력 검사상 신경감각성 난청으로 양측 귀의 청력이 최

소한 50dB 이하이어야 하며 적어도 한 귀의 청력이 작업장 소음에 의한 것이어야 한다. 이것이 충족될 경우 의학적 검진을 받을 수 있으며 그렇지 않은 경우에는 급여 청구를 각하할 수 있다.

② 만성 폐쇄성 폐질환
만성 폐쇄성 폐질환(Chronic Obstructive Pulmonary Disease : COPD)에 대해 급여를 청구할 경우 폐 기능 검사를 받아야 한다. 폐 기능 검사 결과, 기준에 합당하면 의학적 검진을 받을 수 있으며 그렇지 않은 경우에는 급여 청구를 각하할 수 있다.

③ 진폐증
진폐증(pneumoconiosis)에 대한 급여를 청구하면 흉부 방사선 검사(X-ray)를 받아야 한다. 흉부 방사선 검사와 다른 검사를 통해 진폐증이 있다고 판단되면 의학적 검진을 받는다. 만일 흉부 방사선 검사에서 진폐증이 없으면 급여 청구를 각하할 수 있다.

(3) 장애평가와 급여
장애는 백분율로 평가하며 최대 100%이다. 장애유형에 따른 장애 정도가 규정에 정의되어 있다. 예를 들어 양쪽 손이나 그 이상 부위에서 손실, 한쪽 손과 한쪽 발의 손실, 양쪽 다리의 절단, 시력의 완전 손실, 매우 심한 얼굴의 외모장애, 완전 청력 손실 등은 모두 장애 100%이다. 한쪽 어깨 부위 절단은 90%, 수부 절단은 60%, 엄지손가락 손실은 30%, 한쪽 손의 4개 손가락 손실은 50%, 한쪽 손의 2개 손가락 손실은 20%의 장애이다. 손가락별로 장애 정도가 다른데 2번째 손가락의 전체 손실은 14%, 두 마디 손실은 11%, 한 마디 손실은 9%, 뼈의 손실이 없는 끝 부분 절단은 5%이다.
　특정한 업무상 질병에는 장애기준이 별도로 정해져 있다. 예를 들어 진

〈표 9-1〉 산업재해 장애평가와 급여

(2016년 기준)

평가 장애율	급여 장애율	주급(파운드)
14~24%	20%	33.60
25~34%	30%	50.40
35~44%	40%	67.20
45~54%	50%	84.00
55~64%	60%	100.80
65~74%	70%	117.60
75~84%	80%	134.40
85~94%	90%	151.20
95~100%	100%	168.00

폐증과 면폐증은 정도에 따라 최소한 1% 이상의 장애를 받을 수 있다. 미만성 중피종과 석면 관련 폐암은 장애 100%로 평가한다. 직업성 난청의 경우 장애급여를 받기 위해서는 적어도 20% 이상의 장애가 있어야 한다. 만일 직업성 난청으로 인한 장애가 20% 미만이면 다른 장애와 합산할 수 없다. 만성 폐쇄성 폐질환으로 급여를 받기 위해서는 진폐증 등 다른 동반 질환으로 급여를 받지 않아야 한다. 진폐증 등 다른 질병으로 급여를 받는 경우 두 가지 장애를 합산하지 않는다.

앞선 장애평가 예에서 알 수 있듯 영국 산업재해 장애평가 기준의 특징은 신체장애를 기준으로 하며 규정에 정의된 기준은 사지 절단과 청력 및 시력 손실로 구성된다는 점이다. 장애기준에 열거되지 않은 장애는 열거된 장애에 준하여 평가한다. 두 가지 이상의 장애가 있을 경우에는 합산하는데 그런 경우에도 100%를 초과하지 못한다.

산업재해 장애급여는 산재근로자가 원하는 대로 매주, 매 4주 또는 매 13주마다 받도록 신청할 수 있으며 주급으로는 최소 33.60파운드(장애 20%)부터 최대 168.00파운드(장애 100%)를 받을 수 있다(2016년 기준).

장애상태가 호전되었거나 결혼 또는 재혼, 이름 또는 주소 변경, 외국에서 거주하게 될 때, 교도에 수감되는 등의 변화가 있으면 노동연금부에 즉시 신고해야 한다.

(4) 이의제기 및 권리구제

의학검진 후 장애결정에 대해 이의를 제기할 수 있다. 이의를 제기하기 위해서는 결정을 통보받은 후 1개월 이내에 재심사를 청구해야 한다. 재해자가 서면으로 요청하면 이의 신청기간을 14일 연장할 수 있고 만일 타당한 이유가 있다면 12개월까지 연장이 가능하다. 재심사의 결정은 결정 즉시 효력을 갖는다. 재심사는 의무적 재검토(*mandatory reconsideration*) 라고도 하는데 이는 행정소송을 제기할 경우, 반드시 이전에 재심사를 거쳐야 하기 때문이다.

재심사의 결정에도 불만이 있을 경우, 독립적인 일심행정재판소(First-Tier Tribunal)에 소송을 제기할 수 있다. 이 소송 또한 재심 결정을 통보받은 후 1개월 이내에 소송을 제기해야 한다. 재해자가 서면으로 요청하면 이 기간을 14일 연장할 수 있고 만일 타당한 이유가 있다면 12개월까지 연장 가능하다. 일심행정재판소의 판결은 한 명의 법관(*qualified layer*)이 결정하는데 업무능력 평가에 관한 것은 법관과 의사 한 명씩 두 명으로 진행된다.

산업재해 장애급여를 받기 위해서는 장애가 적어도 14% 이상이어야 한다. 장애가 14%부터 19%까지인 경우에는 20%에 해당하는 급여를 받을 수 있으며 20% 이상의 장애는 반올림하여 10% 단위로 급여를 정한다.

(5) 청구 가능한 다른 수당

① 상시 간호수당

상시 간호수당은 산업재해 장애급여 수급자 가운데 의학적 검진 결과 장애 100%이면서 가정간호와 같이 일상생활에서 도움이 필요한 사람에게 지급된다. 상시 간호수당에 해당하는 산재근로자가 별도로 청구하지 않고 의학

<표 9-2> 상시 간호수당

수당 지급	주급(파운드)
예외 등급(exceptional rate)	132.80
중간 등급(intermediate rate)	99.60
종일 등급(full day rate)	66.40
반일 등급(part day rate)	33.20

적 검진 결과 100% 장애로 평가되면 자동적으로 신청된다. 상시 간호수당은 도움이 필요한 정도에 따라 4가지 등급으로 구분하여 지급하는데 주급으로 최고 132.80파운드에서 최저 33.20파운드(2016년 기준)이다.

② 예외적 중증장애수당
예외적 중증장애수당은 상시 간호수당에 추가하여 청구할 수 있다. 상시 간호수당에서 상위 두 등급 중 하나이고 영구적으로 상시 간호가 필요한 산재 장애자에게 67.20파운드를 추가로 지급한다.

③ 소득손실수당
산업재해로 직장으로 복귀하지 못하거나 비슷한 수준의 급여를 받는 다른 직장에 취업하지 못하는 경우, 주급 66.40파운드의 소득손실수당을 청구할 수 있다. 이 소득손실수당은 1990년 10월 1일 이전에 발생한 산재에 대해서만 급여를 지급하고 이후 중지되었다.

(6) 다른 급여에 미치는 영향

영국의 사회보장체계는 소득과 연금 기여에 따라 여러 급여를 중복하여 보장한다. 즉, 장애나 질병을 사유로 수급이 가능한 급여가 여럿 존재하고 이 급여들을 동시에 수급할 수도 있다. 이에 따라 소득이나 국민보험 기여 또는 수급하는 보장급여에 따라 서로 영향을 줄 수 있다. 따라서 산업재해 장애급여를 받는 재해자의 경우에도 다른 사회보장급여를 수급할 수 있으며 급여의 종류에 따라 산업재해 장애급여에 영향을 받는 것과 그렇지 않은 것으로 나뉜다.

산업재해를 예로 들면 산업재해 장애급여와 고용 및 지원수당(Employment and Support Allowance)을 동시에 수급할 수 있다. 국민보험기여금 경력이 있는 경우 초기 6개월까지는 고용 및 지원수당 급여액에 산업재해 장애급여의 영향이 없지만 그 이후에는 자산조사에 의해 고용 및 지원수당 수급 여부가 결정되며 이때 산업재해 장애급여는 소득으로 간주된다.

산업재해 장애급여는 다음과 같은 국민보험급여의 수급에는 영향을 주지 않는다.

- 장애급여(Incapacity Benefit)
- 기여기반 고용 및 지원수당(Contribution-Based Employment and Support Allowance)
- 기여기반 구직수당(Contribution-Based Jobseeker's Allowance)
- 은퇴연금(Retirement Pension)

그러나 다음과 같이 수입과 연계된 급여에는 영향을 줄 수 있다.

- 소득지원(Income Support)
- 소득기반 고용 및 지원수당(Income-Based Employment and Support Allowance)
- 소득기반 구직수당(Income-Based Jobseeker's Allowance)
- 연금공제(Pension Credit)
- 주거급여(Housing Benefit)
- 근로세금공제(Working Tax Credit)

- 아동세금공제(Child Tax Credit)
- 통합공제(Universal Credit)

5) 산업재해 보상제도와 관련된 다른 급여

(1) 〈진폐증 기타(근로자보상) 법 1979〉

〈진폐증 기타(근로자보상) 법 1979〉[*Pneumoconiosis Etc.* (*Workers' Compensation*) *Act 1979*]는 근무 중 노출된 분진에 의해 발생된 업무상 질병에 걸린 근로자나 그 부양가족에 대해서 지급하는 부가급여이다. 다음 열거된 업무상 질병에 걸린 근로자로서 사업주로부터 손해배상금을 받을 수 없는 근로자가 청구할 수 있으며 일시금 형태로 지급된다.

- 진폐증(석면폐증, 규폐증, 카올린 진폐증을 포함)
- 미만성 중피종
- 미만성 흉막 비후
- 석면폐증 또는 미만성 흉막비후를 동반한 원발성 폐암
- 면폐증

이 보상금을 받기 위해서는 아래와 같은 조건을 모두 충족해야 한다.

- 근로자의 분진 관련 질병이 고용과 관련되어야 한다.
- 해당 근로자가 법에 열거된 업무상 질병 중 하나로 산업재해 장애급여를 받아야 한다.
- 산업재해 장애급여 수급 결정이 있은 지 12개월 이내에 청구해야 한다.
- 근로자의 이전의 사업주가 더 이상 사업을 하지 않기 때문에 민사소송을 제기할 수 없다.

• 신청한 업무상 질병과 관련하여 사업주로부터 보상을 받았거나 소송을 제기하지 않았다.

만일 자영업자로 석면에 노출되어 질병이 발생하였지만 〈진폐증 기타(근로자보상) 법〉에서 보상을 받지 못하는 경우 2008 중피종 보상제도(2008 Mesothelioma Scheme)에 따라 보상을 받을 수 있는데 이는 〈근로자보상법〉과는 다른 보상체계이다(DWP, 2011).

(2) 법정 질병지불금

법정 질병지불금(Statutory Sick Pay)은 산업재해급여로 볼 수 없다. 이 질병지불금은 산재근로자뿐 아니라 개인적 원인의 일반질병이나 손상에 의해 일할 수 없는 모든 근로자에게 적용되는 일종의 장애급여이다.

법정 질병지불금은 질병이나 손상으로 4일 이상(공휴일 포함) 일할 수 없는 모든 근로자에게 사업주가 지불하는 것으로 1주당 88.4파운드(2016년 현재)를 최대 28주까지 지불해야 한다. 고용계약이나 회사의 규정에 따라 이보다 많은 금액을 지불할 수는 있지만 이보다 적은 금액을 지불할 수는 없다.

최근에 취업해서 주급을 8주 이상 받지 않았다고 하더라도 질병지불금을 받을 수 있다. 그러나 질병지불금의 최대 지급기간인 28주를 초과하였거나 법정 모성지불금(Statutory Maternity Pay)을 수급하는 경우는 질병지불금 수급자격이 없다. 또한 소득이 하위소득한계(lower earning limit)인 주당 112파운드(2016년 현재) 이하의 근로자도 질병지불금 수급자격에서 제외된다. 법정 질병지불금을 받기 위해서는 회사에서 정한 기한 내에 사업주에게 보고해야 한다. 회사에 규정이 없다면 7일 이내에 보고하고 신청해야 한다.

만일 법정 질병지불금 지급기간(28주)이 초과하였거나 수급자격이 되지 않는 경우에는 고용 및 지원수당을 신청할 수 있으며 고용주는 이를 신청할 수 있도록 관련 서류를 작성해야 한다. 수급자격이 되지 않거나 예상하지 못하게 갑자기 질병지불금을 받을 수 없는 상태가 되면 7일 이내에 고용 및 지원수당을 신청해야 한다. 법정 질병지불금 수급기간이 끝날 때까지 상병 상태가 지속되어 연장해야 한다면 23주째가 시작하기 전이나 23주째에 고용 및 지원수당을 신청해야 한다.

법정 질병지불금을 받지 못하거나 금액이나 수급에 문제가 있을 때는 이를 관리하는 국세청(HM Revenue and Customs)에 이의신청을 제기할 수 있다. 사업주가 지불불능 상태일 경우 국세청이 대신하여 지불한다 [GOV. UK, Statutory Sick Pay(SSP) : Employer guide].

대표적인 산재보험급여인 산업재해 장애급여는 사고를 당한 지 2개월 후에 신청할 수 있고 사고를 당하고 첫 15주(일요일을 포함하지 않은 90일) 동안은 산업재해 장애급여를 받을 수 없다. 따라서 이 기간 동안에는 법정 질병지불금이 수입을 대체하는 역할을 하기 때문에 산재를 당한 근로자도 질병지불금을 신청해야 한다.

(3) 고용 및 지원수당

고용 및 지원수당은 과거의 장애수당, 소득지원, 중증장애수당을 대체해서 지급된다.

(4) 연금과 조기은퇴

산업재해 장애급여는 국가연금(State Pension)에는 영향을 주지 않는다. 즉, 산업재해 장애급여와 국가연금을 동시에 수령할 수 있다. 따라서 산업 재해로 인하여 심한 영구장애가 있어서 더 이상 일을 할 수 없을 경우 조기 은퇴를 신청할 수 있으며 조기은퇴가 승인되면 국가연금을 받을 수 있다. 이에 해당하는 산재근로자는 산업재해 장애급여와 국가연금을 동시에 수령할 수 있다. 만일 회사에서 사업장연금(Workplace Pension)에 가입하고 있다면 이를 더 수령할 수도 있다.

4. 산업재해 통계를 통해 본 산재보상제도[3)

영국의 산업재해 통계는 다양한 통로를 통해서 산출된다. 대표적인 것으로 노동력 조사(Labor Force Survey)가 있다. 영국통계청에서 매 분기마다 4만 1천 가구를 조사한다. 이 조사 가운데 자기 보고 업무상 질병(self-reported work-related illness)과 자기 보고 업무상 손상(self-reported injuries)이 있다. 이 조사는 잘 고안된 전국 단위의 조사로 가장 넓은 의미의 업무상 질병과 손상에 대한 조사이며 포괄적 모습을 보여준다. 또한 외부의 압력이나 이해와 관계없이 개인적인 자기 보고이기 때문에 산재은폐나 보고 누락의 가능성이 적다는 강점이 있어 다른 조사나 보고의 보완적 역할을 한다. 그러나 노동력 조사 자료는 표본조사이기 때문에 실제 발생규모를 추정하는 데는 불확실성이 있고 자기 보고 형식이기 때문에 진단이 명확하지 않다. 또한 조사의 절반 정도는 본인이 아닌 배우자가 응답하며 질병이나 손상의 원인에 대한 정보가 제한적이라는 단점이 있다.

노동력 조사에서 나타난 산재가 가장 포괄적이기 때문에 보고 건수가 가장 많다. 2014/15년의 사망을 제외한 산재발생은 모두 61만 1천 건이며 이 중 3일 이상 휴업을 한 산재는 19만 8천 건, 7일 이상 휴업을 한 산재는 15만 2천 건이었다. 물론 이 산재 건수는 개인이 보고한 것이기 때문에 이중 실제 산재가 얼마나 되는지는 확실하지 않다.

다른 산재 통계는 질병, 손상 및 위험상황 발생 보고에 관한 규정(Reporting of Injuries, Diseases and Dangerous Occurrences Regulations : RIDDOR)을 통해서 알 수 있는데 이것은 사업주의 법적 의무사항이다. RIDDOR에 보고해야 할 사항은 사망, 비사망 손상, 업무상 질병, 위험상황의 발생, 가스

---

3) 이 내용은 Health and Safety Executive(2015)의 Health and safety statistics를 요약·정리한 것이다.

사고 등이다. 2012년까지는 3일 이상 휴업을 필요로 하는 손상을 보고하였는데 2012년 4월부터는 7일 이상 휴업을 필요로 하는 손상으로 변경되었다.

RIDDOR는 행정자료로서 항상 준비된 자료이며 서베이가 아니어서 별도의 비용을 필요로 하지 않는다. 또한 자료 자체가 이해하기 쉽고 장기간 비교가 가능하며 국제 간 비교도 용이하다. 뿐만 아니라 기본조사 자료뿐 아니라 개인 수준까지 상세한 자료로서 사고개요를 서술한 것까지 있어 연구나 정책 수립에 도움을 줄 수 있다는 장점을 갖는다.

반면에 사망 보고를 제외하면 축소보고(under-reporting)의 문제가 있으며 최근의 개정으로 추세 분석에 어려움이 있다. 또한 실제 근로손실 일수

〈표 9-3〉 노동력 조사에 따른 자기 보고 비사망 산재

연도	비사망재해 건수(천 명)								
	총손상			3일 초과 휴업			7일 초과 휴업		
	중앙값	95% 신뢰구간		중앙값	95% 신뢰구간		중앙값	95% 신뢰구간	
		하한값	상한값		하한값	상한값		하한값	상한값
2009/10	726	681	775	232	207	258	165	144	186
2010/11	605	561	649	201	176	225	151	129	175
2011/12	597	551	636	214	189	240	158	135	180
2012/13	647	601	693	232	204	259	176	152	200
2013/14	631	584	677	203	177	228	148	127	169
2014/15	611	566	656	198	173	223	152	130	173

자료: 노동력 조사.

〈표 9-4〉 RIDDOR에 따른 사업주 보고 비사망 산재

연도	중대/특정 손상건수	3일 초과/7일 초과 손상건수	총비사망 산재건수	비사망 재해율 (근로자 10만 명당)
2010/11	24,944	91,742	116,686	464.6
2011/12	22,094	89,205	111,299	442.6
2012/13	20,214	60,154	80,368	318.4
2013/14r	19,118	59,553	78,671	307.4
2014/15p	18,084	57,970	76,054	292.9

에 대한 자료가 없다는 단점이 있다.

RIDDOR에 따르면 2014/15년 기간 중 7일 이상 휴업을 해야 하는 비사망 산재는 76,054건이었다. 이 수치는 노동력 조사에서 나타난 15만 2천 건의 약 2분의 1에 해당하는 수치이다. 즉, 근로자 개인이 느끼는 산재 건수보다 약 2분의 1이 적은 수치로, 나머지는 규정상 산재의 범주에 속하지 않거나 축소 보고되었을 가능성이 있다.

세 번째 산재 통계는 산업재해 장애급여 지급 건수를 통해서 알 수 있을 것이다. 산업재해 장애급여는 노동연금부에서 운영하는 것으로 열거된 업무상 질병(Prescribed Occupational Diseases)이 발생하거나 업무상 손상을 받은 임금근로자에 대한 보상제도로 의사가 진단한, 명확한 업무상 질병에 관한 정보를 얻을 수 있다(GOV. UK, 2016).

산업재해 장애급여에서 근로자는 손상이 발생하고 90일이 경과한 후에 급여를 청구할 수 있다. 따라서 90일 이전에 요양이 종결될 수 있는 가벼운 산재는 청구할 수 없기 때문에 가벼운 산재에 대해서는 정보를 얻을 수 없다. 반면에 업무상 질병에 대해서는 진단 즉시 청구할 수 있기 때문에 이 청구자료에서는 주로 업무상 질병에 대한 정보를 얻을 수 있다.

산업재해 장애급여 청구자료는 의사가 확진한 업무상 질병에 대한 자료라는 장점 외에도 열거된 특정한 희귀질병에 대한 발생률을 추정하는 것이 가능하며 1940년대 말부터 계속 유지되어 중요한 정보원이 된다.

그러나 명확한 정의를 갖고 있는 열거된 업무상 질병에 대한 제한적 자료이며 근로자 개인이 청구를 하지 않거나 업무상 질병인지 몰라서 청구를 못하는 경우가 있어 과소 추정될 수 있는 가능성이 있다. 또한 언론을 통한 캠페인을 벌이거나 새로 지정된 업무상 질병 등에는 관심이 높아져 일시적으로 과도하게 청구될 수 있다는 문제가 있다. 작업환경 측면에서는 업무상 질병 발생이 현재의 작업환경이 아니라 과거의 작업환경을 반영한다는 문제가 있다.

〈표 9-5〉에서 보는 것처럼 2014년의 신규 청구 건수는 25,030건으로 노동력 조사의 15만 건은 물론이고 사업주가 보고한 7만 6천 건에 비하면 매우 적은 수치이다. 이는 산재근로자의 32.9%만이 산업재해 장애급여를 받는다는 것을 의미한다. 다시 말하면 산재근로자 중 67.1%는 90일 이내에 요양이 종결되었거나 장애가 15% 미만인 경우라고 생각할 수 있다.

마지막으로 보상회수국(Compensation Recovery Unit)의 자료를 생각해 볼 수 있다. 보상회수는 개인 상해, 자동차 사고 등에 의한 손상으로 손해배상을 받거나 진폐증 등 〈근로자보상법〉과 〈중피종법〉에 의한 일시금 보

〈표 9-5〉 새로 청구한 산재보험장애급여 분기별 청구 건수

	분기	총신규청구	업무상 질병	업무상 사고	신규 소득손실 수당
2010	1/4	14,000	9,140	3,690	330
	2/4	12,060	7,400	3,510	370
	3/4	10,740	6,150	3,550	310
	4/4	9,230	5,090	3,210	320
2011	1/4	9,330	4,920	3,270	350
	2/4	8,420	4,390	3,050	300
	3/4	8,150	4,090	3,190	270
	4/4	7,470	3,630	3,070	210
2012	1/4	8,250	4,000	3,340	250
	2/4	7,100	3,530	2,890	180
	3/4	6,860	3,330	2,860	170
	4/4	7,320	3,530	3,070	230
2013	1/4	6,720	3,390	3,160	170
	2/4	6,350	3,250	2,950	160
	3/4	6,010	3,000	2,840	170
	4/4	5,900	3,120	2,560	220
2014	1/4	6,280	3,240	2,840	200
	2/4	5,820	3,000	2,630	190
	3/4	6,590	3,530	2,790	270
	4/4	6,340	3,440	2,630	270

자료: Industrial Injuries Disablement Benefit: Quarterly statistics. https://www.gov.uk/government/collections/industrial-injuries-disablement-benefit-quarterly-statistics.

〈표 9-6〉 보상회수국의 보상회수 건수

	의료과실	사업주	자동차 사고	기타	공적 책임	책임소재 불명	총계
2015/16	19,620	99,329	732,788	11,625	100,085	324	963,771
2014/15	17,299	97,097	751,437	12,996	111,555	436	990,820
2013/14	15,052	96,320	808,016	14,141	115,044	444	1,049,017
2012/13	12,955	90,189	786,587	9,584	109,906	496	1,009,717

상을 받은 사람이 개별적 배상이나 보상받은 내용과 동일한 내용으로 사회보장급여를 받거나 국민건강보험에서 의료급여를 받은 경우, 중복 보상을 피하기 위하여 사회보장급여나 건강보험급여를 회수하는 것을 말한다. 보상회수는 노동연금부의 보상회수국에서 담당한다(DWP, 2016).

규정에 열거된 업무상 질병은 산업재해 장애급여 청구자료에서 파악할 수 있지만 업무상 손상은 90일이 경과한 후에 청구할 수 있기 때문에 대부분은 파악하기 어렵다. 영국의 사회보장제도에서 산재근로자는 산업재해 장애급여를 받는 것 외에도 추가로 여러 급여를 받을 수 있지만 다른 국가보다 보상규모가 작아서 경제적 손실에 대한 충분한 보상이 되지 못한다. 따라서 영국의 산재근로자는 사업주를 상대로 소송하거나 합의를 통해서 추가 보상을 받는다.[4] 사업주를 상대로 소송하여 보상받는 것을 직접 확인하기는 어렵지만 사업주가 보상할 때 사회보장급여를 차감하고 지급하고 이 차감한 금액을 보상회수국에 납부하기 때문에 이를 통하여 간접적으로 추정할 수 있다.

〈표 9-6〉에서 보는 것처럼 2014/15년에 97,097건이 사업주에 의해서 보상회수되었다. 이는 이 기간 중 사업주가 97,097명에 대해서 보상을 시행했다는 것을 의미한다. 물론 이 수치가 모두 산업재해에 의한 것은 아니겠지만 합리적으로 생각했을 때 상당수가 산업재해와 관련이 있을 것이다.

---

4) 실제로는 사업주가 〈고용주 책임법〉에 따라 의무적으로 가입한 고용주책임보험의 보험회사에 청구하고 사업주의 책임 여부에 따라 지급한다.

이렇게 볼 때 영국에서 대다수의 산재근로자는 사회보장급여를 받는 것 외에 소송이나 합의를 통해서 사업주를 통해서 직접 보상을 받는다는 사실을 알 수 있다.

영국 노동조합의 조사에 따르면 2011년에 사업주에게서 받은 보상금은 70%가 1만 파운드 미만이었다(Trade Union Congress, 2014).

5. 맺음말

영국은 사회보장제도가 잘 발달되어 있고 산재보험이 사회보험으로 통합 운영되어 산재보험의 재정은 사업주와 근로자가 모두 부담한다. 산재나 직업병으로 요양이 필요할 경우 국민건강서비스(NHS)에서 일반환자와 동일하게 치료받기 때문에 별도의 요양급여는 없다. 대표적 산재보험급여인 산업재해 장애급여는 사고 발생 후 90일이 경과되어야 청구할 수 있기 때문에 이때까지는 법정 질병지불금을 받을 수 있으며 이것이 휴업급여의 역할을 한다.

영국의 경우 산업재해 장애급여가 대표적 산재보험급여이기는 하지만 산업재해 장애급여를 수급하면서 동시에 다른 사회보장급여를 중복해서 받을 수 있다는 것이 특징이다. 산업재해 장애급여는 사회보장 연금에 기여하지 않았더라도 직장에 근무하였고 업무상 재해임이 확인되면 누구나 받을 수 있다. 그러나 그 외에 다른 사회보장급여는 연금 기여 여부와 재산 상태에 따라 수급자격이나 수급 금액에 차이가 있다.

영국에서 산재가 발생했을 때 산업재해 장애급여와 다른 사회보장급여를 중복해서 수급한다고 하더라도 급여수준이 낮기 때문에 소득 손실에 대한 충분한 보상은 되지 않는다. 그러나 이런 산업재해 장애급여와 다른 사회보장급여는 사업주나 근로자의 과실 여부를 따지지 않고 보장한다는 장점이 있다.

앞서 산업재해 통계에서 살펴본 바와 같이 산재 사고 중 3분의 1 정도만 산업재해 장애급여를 받는다. 물론 산업재해 장애급여를 받지 못하는 산재근로자의 대부분이 경미한 손상을 입은 사람이겠지만 그렇다고 하더라도 3분의 2가 적절한 산재보상을 받지 못한다고 생각할 수 있다.

영국 산재보상의 또 다른 특징은 산업재해 장애급여를 포함한 사회보장급여를 받는다고 하더라도 사업주를 상대로 손해배상을 청구할 수 있다는 점이다. 앞선 통계에서 본 바와 같이 매년 약 9만 내지 10만 정도의 근로자가 사업주로부터 배상을 받으며 이 수치는 사업주가 보고한 산재발생 건수와 유사하다. 즉, 대부분의 산재 사고 근로자가 소송이나 합의를 통해서 사업주로부터 배상을 받는다. 그러나 사업주로부터 배상을 받기 위해서는 사업주의 과실이나 주의의무 태만 등을 입증해야 한다. 또한 소송에서 이기는 경우도 근로자의 실제 경제적 손실에 대해서만 보상한다. 사업주로부터 배상을 받는 근로자의 70%가 1만 파운드 미만을 배상받는다.

이와 같이 산재가 발생했을 때 산재근로자는 사업주나 근로자의 과실 여부와 관계없이 사회보장제도를 통해서 치료를 보장받고 최소한의 경제적 보호를 받는다. 그러나 산재근로자는 경제적 손실에 대한 충분한 보상을 받지는 못한다. 이를 보완하는 방법으로 산재근로자가 사업주를 상대로 소송을 하거나 합의를 통해서 추가적 보상을 받는다. 물론 이 추가적 보상을 위해서는 사업주의 과실을 입증해야 한다는 부담이 있다.

영국의 업무상 재해나 질병에 대한 인정기준이나 산업재해 장애급여에 대한 보상은 사회보장제도와 사업주를 상대로 한 산재소송제도가 복잡하게 얽혀 영국만의 독특한 제도를 이루었다. 따라서 영국의 산재보상제도를 이해하기 위해서는 영국의 전반적 사회보장 방식에 대한 이해가 필요하다.

■ 참고문헌

국내 문헌

박찬임·이인재·최기춘·정연택(2004). 〈주요국의 통근재해 보상제도 연구〉(연구보고서 2004-10). 세종: 한국노동연구원.

조보영(2012). "재해보험". 한국보건사회연구원(편). 《주요국의 사회보장제도: 영국》(240~270). 서울: 한국보건사회연구원.

해외 문헌

Hood, J., Hardy, B., & Lewis, H. (2011). *Workers' Compensation and Employee Protection Laws in a Nutshell*. St. Paul: West publishing Co.

Kloss, D. M. (2005). *Occupational Health Law*, 4th edition. Oxford: Blackwell Publishing.

Lewis, R. (2012). *Employer's Liability and Workers' Compensation: England and Wales*. Berlin: De Gruyter.

Oliphant, K., & Wagner, G. (Eds.) (2012). Employers' liability and workers' compensation. *Tort and Insurance Law, 31*. Berlin: De Gruyter.

Philipsen, N. J. (2009). Compensation for industrial accidents and incentives for prevention: A theoretical and empirical perspective. *European Journal of Law and Economy, 28*(2), 163~183.

Spicker, P. (2011). *How Social Security Works: An Introduction to Benefits in Britain*. Bristol: Policy Press.

기타 자료

Department for Work & Pension(2015). Industrial injuries disablement benefits: Technical guidance. https://www.gov.uk/government/publications/industrial-injuries-disablement-benefits-technical-guidance/industrial-injuries-disablement-benefits-technical-guidance. 2016. 7. 19. 인출.

_____(2013). Compensation recovery unit. https://www.gov.uk/government/collections/cru. 2016. 7. 19. 인출.

_____(2011). Pneumoconiosis etc. (Workers' compensation) act 1979 and 2008

Mesothelioma Scheme. https://www.gov.uk/government/statistics/pneumo-coniosis-etc-workers-compensation-act-1979-and-2008-mesothelioma-scheme.

GOV. UK (2016). Industrial Injuries Disablement Benefit: Quarterly statistics. https://www.gov.uk/government/collections/industrial-injuries-disablement-benefit-quarterly-statistics. 2016. 7. 19. 인출.

_____. Statutory Sick Pay (SSP): Employer guide. https://www.gov.uk/employers-sick-pay. 2016. 7. 19. 인출.

Health and Safety Executive (2015). Health and safety statistics. Annual report for Great Britain. 2014/15. http://www.hse.gov.uk/statistics/overall/hssh14-15.pdf. 2016. 7. 19. 인출.

Industrial Injuries Disablement Benefit: Quarterly statistics. https://www.gov.uk/government/collections/industrial-injuries-disablement-benefit-quarterly-statistics.

List of diseases covered by Industrial injuries disablement benefit. http://www.pkc.gov.uk/CHttpHandler.ashx?id=19670&p=0. 2016. 7. 19. 인출.

National Insurance Rates and Categories (2016). https://www.gov.uk/national-in-surancerates-letters/contribution-rates. 2016. 7. 19. 인출.

Sheila Pantry Associates Ltd. History of occupational safety and health. http://www.historyofosh.org.uk/themes/legislation.html. 2016. 7. 19. 인출.

Trade Union Congress (2014). The compensation myth: Seven myths about the "compensation culture". https://www.apil.org.uk/files/campaigns/the-com-pensation-myth-2014.pdf. 2016. 7. 18. 인출.

UK employer's liability: A guide. http://www.willis.com/Documents/publications/Services/International/2011/UK_Intl_Alert_0911_v3.pdf. 2016. 7. 5. 인출.

10

가족수당제도

1. 머리말[1]

앞서 논의된 연금과 고용보험 그리고 산재보험이 노동시장에서의 고용 여부에 따른 소득보장이라면, 이 장에서는 노동시장의 고용 여부와 관계없이 아동을 부양하는 가구에 대해 현금을 지원하는 영국에서의 가족수당〔오늘날 아동급여(Child Benefit)〕을 소개하고자 한다.

논의에 들어가기에 앞서 용어 사용을 먼저 정리하자. 가족수당(Family Allowance)은 이미 70년 전, 1945년 〈가족수당법〉(*Family Allowance Act*) 입법과 함께 그다음 해 1946년 8월에 실시되었다. 이는 근로자의 임금에서 세금을 면제하는 방식의 소득지원으로 소득수준에 관계없이 아동이 있는 모든 가구에 지급된 보편적 소득지원으로서의 성격을 가졌다. 나중에 가족수당은 1977년 아동급여(Child Benefit)로 대체되었고 2003년 아동세금공

---

1) 이 장에 기술된 정보와 내용은 저자 별도의 부연설명이 없는 한 해당 자료에서 번역한 내용을 토대로 기술되었음을 먼저 밝힌다.

제(Child Tax Credit)가 추가로 도입되면서 오늘날 아동급여는 아동이 있는 가구에 대한 현금지원의 성격을 여전히 지니게 되었다.

이러한 제도 명칭의 변화에도 불구하고 오늘날 많은 영국 부모는 여전히 아동급여를 가족수당이라고 부르기도 한다. 따라서 이 장에서는 가족수당과 아동급여를 아동부양가구에 대한 소득지원이라는 점에서 동일하게 바라보며, 단지 제도의 역사적 변천 과정에 따라 그 명칭이 달리 사용되었음을 서두에서 먼저 밝히고자 한다.

초기 가족수당에서 오늘날 아동급여가 있기까지 지난 반세기 동안 영국에서는 아동이 있는 가구에 대한 소득지원에 관해 많은 논의가 있었다. 흔히 그 시작을 1942년 당시 공무원으로 일하던 베버리지(William Beveridge, 1879~1963)가 발표한 백서에서 소개된 가족수당으로 알지만, 실상 영국에서의 아동부양가구에 대한 소득지원은 이미 1909년 아동세제수당(Child Tax Allowances)에서부터 기원을 찾을 수 있다. 하지만 아동세제수당은 부모의 노동시장에서의 고용 여부를 기반으로 두고 급여가 지급되었고 무엇보다 그 당시 노동시장에서의 상당수가 남성근로자였다는 점을 감안했을 때, 결국 그 급여는 대다수 아동의 아버지에게 돌아갔다는 점이 문제로 지적되기 시작했다(Bennett & Dornan, 2006).

사실 아동급여 발달 논의과정에서 아동의 부모 중 누구에게 해당 급여를 지급하느냐의 문제는 영국 가족수당의 발달과정에서 중요한 쟁점이 되어 왔는데 이 부분은 이후 더 자세히 서술하고자 한다. 더욱이 아동세제수당은 아동이 있는 경우 가구부양자(대다수가 아동의 부)의 소득에서 세금이 면제되는 방식으로 수당이 지급되었기 때문에 저소득가정보다 고소득가정에 더 유리하게 급여가 지급된다는 비판을 피해갈 수 없었다.

따라서 1974년 노동당정부 집권 이후 이전의 보수당정부에서 제안된 가족수당과 아동세제수당은 1977년과 1979년 사이에 많은 정책변화를 겪었으며 그 가운데 가장 큰 변화는 가족수당이 보편적인 아동급여(Child

Benefit) 로 이름이 바뀌었다는 점이다. 이는 다시 1977년에서 2010년에 이르기까지 보수당과 노동당정부를 차례로 겪으며 아동급여를 둘러싼 다양한 찬반 논의가 있었다. 특히, 노동당정부(블레어와 브라운 집권 시기) 하에서 아동에 대한 사회투자의 중요성과 함께 아동의 건강과 교육기회 제공 등 그 급여가 더욱 확대되었다. 그러나 2010년 보수당과 자유민주당의 연립정부(Coalition Government) 이후 오늘날 보수당정부(캐머런 집권)에 이르면서 사회복지지출에 대한 전반적 축소와 함께 아동급여 역시 급여수준과 대상 선정의 범위가 상당히 축소되고 있다. 이상의 개괄적 서론을 바탕으로 다음과 같이 그 내용을 전개하고자 한다.

먼저 이 장의 2에서는 오늘날 아동급여가 도입되기 이전, 본래 가족수당의 초기 역사적 발달배경을 소개하고자 한다. 2차 세계대전 이후 그 당시 집권당이었던 영국 보수당정부가 빈곤가정의 아동에 대한 소득보전을 위해 어떠한 명목으로 가족수당을 의제화했는지 그리고 그 급여수준과 제도 내용, 목적을 살펴보고자 한다. 더불어 그 당시 영국사회의 아동빈곤에 대한 사회적 이슈를 정치적으로 의제화하는 데 기여한 아동빈곤행동그룹(Child Poverty Action Group)의 역할 또한 살펴보고자 한다. 이 단체는 영국의 아동빈곤과 아동급여의 제도 발달과정에서 중요한 정치적 행위자로서 오늘날까지도 아동급여의 발달변화에 큰 영향을 끼친다. 따라서 2에서는 가족수당의 초기 역사적 발달과정을 소개하면서 그 당시의 영국 사회경제적 변화, 특히 아동빈곤과 관련하여 가족수당이 어떻게 정치적으로 의제화될 수 있었는지 그 제도의 초기 발달과정에 중점을 두고자 한다.

이 장의 3에서는 가족수당에서 아동급여로 제도가 변천되는 과정을 소개하고자 한다. 1975년 아동급여법안(Child Benefit Bill)이 통과되면서 가족수당이 1977년 아동급여로 이름이 바뀐 과정과 아동급여에 대한 이해, 그 범위를 둘러싼 정치적 논의를 다루고자 한다. 특히, 보수당정부(1979~1997)와 노동당정부(1997~2010)로 정권이 교체되면서 아동급여를 둘러싼 제도

<표 10-1> 아동부양가구에 대한 소득지원 관련 제도의 연도별 변화

연도	아동부양가구에 대한 소득지원 관련 제도
1909	아동세제수당(Child Tax Allowances)
1946	가족수당(Family Allowance)[1]
1971	아동급여(Child Benefit)[2] 도입
1972	가족소득보조금(Family Income Supplement)[2]
1975	아동급여법안(Child Benefit Bill) 통과
1977	아동급여 시행
1988	소득지원(Income Support)과 가족공제(Family Credit)[3]
2003	세금공제 도입: 아동세금공제(Child Tax Credit)와 근로세금공제(Working Tax Credit)

주: 1) 〈베버리지 보고서〉에 가족수당이 처음 도입되었을 당시 첫째아동에게는 그 수당이 지급되지 않
　　고 둘째아동부터 지급되는 것을 원칙으로 함. 이에 대한 자세한 논의는 2에 소개.
　2) 아동세제수당과 가족수당이 합쳐지면서 아동급여로 도입됨. 이에 대한 자세한 논의는 3에서
　　소개.
　3) 자산조사에 기반을 둔 급여로 1988년 소득지원과 가족공제로 이름이 바뀌고 2013년 통합공제
　　로 그 이름이 바뀜.

변화의 내용에 초점을 두고자 한다. 또한 노동당정부에서 그 급여가 확대
되는 가운데 핵심적인 사회경제적 배경 논의는 무엇이었는지를 살펴보고
자 한다. 아동급여의 확대와 더불어 그러한 확대를 가져올 수 있었던 사회
적 합의 내용은 무엇이었으며(가령 사회투자와 아동에 대한 교육의 중요성, 한
부모 등에 대한 이해), 그러한 확대 이면에 거는 사회경제적 기대효과는 무
엇이었는지 살펴보고자 한다. 이로써 3에서는 노동당정부 아래 추진된 당
시 아동급여의 내용과 급여범위 그리고 그 기능과 목적에 관해 중점적으로
살펴보고자 한다. 이는 결국 오늘날 보수당정부의 아동급여에 대한 이해와
정치적 접근이 이전의 노동당정부와 어떻게 다른지, 그 차이점 또한 보여
줄 것으로 기대한다.

　마지막으로 4에서는 지난 2010년 자유민주당과 보수당정부의 연립정부
에 이어 2015년 보수당정부의 재선과 함께 연금, 의료사회서비스 등에 이
어 아동급여에 대한 급여대상 범위와 급여수준이 어떻게 논의되었는지 최
근의 개혁변화를 살펴보고자 한다. 더불어 가족수당을 시작으로 지난 70

년간 영국에서 아동이 있는 가족에 대한 현금지원의 일환으로 아동급여의 정책 변화과정에서 핵심적 정책 사안을 정리하고 이를 통해 한국 사회정책의 발달, 특히 아동부양가구의 소득지원에 대한 정책적 함의를 제시하고자 한다.

본론에 들어가기에 앞서 사용될 용어에 관한 이해를 돕기 위해 아동부양가구에 대한 소득지원의 일환으로 아동급여와 함께 논의되었던 관련 제도와 법안의 변화과정을 시대별로 정리하였다(〈표 10-1〉 참조).

2. 가족 내 아동에 대한 현금지원의 시작: 1945∼1978년

1) 1945년 〈가족수당법〉과 가족수당

오늘날 영국의 가족 내 아동에 대한 현금지원은 1946년의 가족수당에서 그 기원을 찾아볼 수 있다. 영국에서 가족수당은 〈가족수당법〉이 1945년에 제정되고 바로 그다음 해인 1946년 8월에 곧바로 시행되기 시작하였다. 실상 이러한 〈가족수당법〉에 근거한 아동이 있는 가구에 대한 소득지원(아동부양자의 고용조건에 관계없이)은 영국 역사상 거의 처음으로 볼 수 있다.

물론 서두에 밝힌 바와 같이 가족수당 이전에 1909년부터 아동세제수당이 지급되었지만 이는 부모의 고용 여부에 따라 임금소득에서 세금이 면제되는 방식으로 이루어졌기 때문에 부모가 고용되어 있지 않은 경우 별도의 소득지원을 받는 게 쉽지 않았다. 더욱이 당시 가족수당이 행정상의 편의를 위해 소득세에 대항하는 수당으로서 세제와 함께 통합되다 보니 대다수의 세금납부자는 주로 아버지였고 이는 결국 가족수당이 아동을 부양한다는 본래의 목적에 기여하지 못하며 기능을 제대로 발휘하지 못한다는 지적을 받았다. 특히, 소득이 없는 부모의 경우 이러한 아동세제수당의 혜택을 받을 수 없다는 한계점이 지적되기 시작하였다. 따라서 이런 문제와 함께 세제에 부합되는 가족수당보다는 복지급여의 형태인 아동급여로 지급되는 것이 옳다는 지적이 나오기 시작하였다(Greener, 1998; Castle, 2013).

따라서 1945년 〈가족수당법〉에 따른 가족수당 도입은 부모의 노동 유무에 관계없이 급여가 지원되었고 별도의 자산조사 없이 아동이 있는 모든 가구에게 보편적으로 지급되는 성격을 가졌기 때문에 실상 오늘날 아동급여의 기원으로 볼 수 있다(Kennedy, 2012). 이러한 보편적 개념으로서의 가족수당의 시작은 1942년 〈베버리지 보고서〉(Beveridge Report)에서 제안된바 있다. 그 당시 자유경제학자이면서 정부 관료이기도 했던 베버리지가 중심으로 작성한 이 보고서에서는 완전고용과 전국적 의료서비스와 함께 모든 아동에 대한 보편적 수당을 제안하였다. 무엇보다 이 보고서에서는 2차 세계대전 이후 영국사회에 급격히 늘어난 빈곤아동[2]의 문제를 제시하면서 이를 개선하기 위한 대책으로서 가족수당을 지급할 것을 제시하였다.

베버리지는 이 보고서에서 보편적인 가족수당이야말로 소득수준이 낮은 대가족을 돕는 데 필수적이라고 생각했고 "아동수당은 부모의 아동에 대한 책임을 돕는 것은 물론 지역사회의 책임을 확인시키는 것이기도 하다"고 제도의 취지를 덧붙였다. 〈베버리지 보고서〉는 가족수당이 아동에 대한 모든 것을 충족해야 함을 기본적으로 제안했지만 얼마만큼의 가족수당을 지급할 것인지에 대해서는 노동당과 보수당정부 간의 의견대립이 있었다.

가령 〈베버리지 보고서〉에서는 모든 아동에게 연령에 따라 주당 8실링을 줄 것(단, 부모 중 한 명이 일을 할 경우 첫째아동은 제외)과 급여는 기본적으로 조세에서 지급할 것을 주장하였다. 하지만 결국 보수당과 노동당정부

---

2) 영국 빈곤아동의 실태에 대해서는 이 책 제 17장 아동 및 보육서비스에 자세히 기술되어 있다.

간의 논쟁을 거쳐 가족수당법안(Family Allowances Bill)이 1945년 6월에 제정되었고 이 법안에서는 가족수당을 조세에서 고정된 급여로 지급하는 데에는 합의하였다. 하지만 기존의 〈베버리지 보고서〉가 주장하던 급여수준과는 좀더 낮은 수준에서 첫째아동을 제외하고 주당 한 아동에게 5실링을 지급하는 것으로 결정하였으며 본격적으로 1946년부터 처음으로 지급되기 시작하였다(The Cabinet Papers 1915~1988, The National Archives).

한편 1944년 사회보험 백서(White Paper on Social Insurance)는 본래 〈베버리지 보고서〉에서 제안된 가족수당 원칙을 지키면서도 "아동이 있는 가족에 대한 기본적인 급여 지급"(general contribution to the needs of families with children)을 원칙으로 하면서 둘째아동부터 급여를 지급하는 것으로 제한하였다. 더불어 이 백서에서는 가족수당과 관련하여 "부모의 자녀에 대한 책임은 부모에게 그대로 남겨둬야 한다"(nothing should be done to remove from parents the responsibility of maintaining their children)는 원칙을 고수하였다.

한편 원래 가족수당을 누구에게 지급할 것인지에 대한 부분은 본래 아동의 아버지에게 지급되는 것을 원칙으로 하였지만 그 당시 여성정치 운동가였던 라스본(Eleanor Rathbone, 1872~1946)에 의해 수정된 〈가족수당법〉에 따라 아동의 어머니에게 지급되는 것으로 바뀌었다(Kennedy, 2012: 7).

하지만 당시 아동세제수당과 가족수당은 몇 가지 한계점을 보였다. 먼저 아동세제수당의 경우 세금을 더 많이 내는 고소득 부모는 그렇지 않은 부모보다 훨씬 더 많은 세제혜택을 받았고 과연 아동세제수당이 아동이 있는 저소득가정에게 상대적으로 공평한 것인지에 대해 문제를 낳았다. 특히, 과세소득선 미만에 머물러 있는 가족의 경우에는 가족수당을 받는다 할지라도 아무런 아동세제수당 혜택을 받지 못한다는 문제를 야기했다. 더불어 자녀가 한 명이고 세금을 내지 않는 가구의 경우에는 아무런 소득지원을 받지 못한다는 제도의 한계가 지적되기도 하였다(Kennedy, 2012).

2) 1966년 아동급여법안 발의와 아동부양가구에 대한 적극적 소득지원 촉구

앞서 논의된 바와 같이 가족수당에 관한 한계가 지적되면서 1966년 아동 빈곤행동그룹을 중심으로 아동 관련 단체들은 가족수당에 대한 논의에 좀 더 박차를 가했다. 내각은 가족수당을 늘려갈 것인지 혹은 새로운 자산조 사에 기반을 둔 가족수당, 특히 당시 재무부 장관이었던 캘러헌(James Callaghan, 1912~2005)이 낸 안을 가져갈 것인지에 관해 논의하기 시작하 였다. 1967년 내각은 넷째아동에 대해 명목적 수당을 증가하는 것과 더불 어 그 당시 사회보장부 장관인 허비슨(Margaret Herbison, 1907~1996)의 사임을 촉구했다. 1968년에 가족수당에 대한 전반적 증가에는 합의가 이 루어졌지만 그것은 가족세제수당(Family Tax Allowance)으로 충당되었고 고소득자에게 그다지 큰 정치적 인기를 얻지 못했다(The Cabinet Papers 1915~1988, The National Archives).

1972년 보수당정부의 승리에 이어 조지프(Keith Joseph, 1918~1994)는 가족소득보조금(Family Income Supplement)을 도입하였다. 이는 최저 빈 민가구에 대한 자산조사와 함께 추가적 급여를 지급하는 것이었으며 이전 의 노동당정부하에서 캘러헌이 제안한 것과 유사했다. 하지만 당시 교육부 장관이었던 대처(Margaret Thatcher, 1925~2013)의 우유보조금 삭감(흔히 '우유날치기'라 불림)과 함께 법안이 제안되면서 비난을 받았다. 당시 가족소 득보조금에 반대하던 노동당의 캐슬(Barbara Castle, 1910~2002)은 아동급 여법안을 제안하였지만 1970년대 중반까지 경제위기 영향으로 인해 입법 화되지 않다가 1975년에 아동급여법안을 통과시키는 데 성공하였다(The Cabinet Papers 1915~1988, The National Archives). 결과적으로 1945년 가 족수당에서 시작한 가족 내 아동에 대한 소득지원은 1997년 노동당정부에 이르기까지 보편적 아동급여로 확대되면서 1990년대 후반 그리고 2000년 대 초 노동당정부에 들어오면서 점차 확대되기 시작했다.

3. 가족수당에서 보편적 아동급여로 전환: 1974∼2009년

기존의 가족수당과 아동수당세제가 아동부양가구에 대한 소득지원으로서의 한계점을 보이면서 1975년 노동당정부는 아동급여법안(Child Benefit Bill)을 만장일치로 통과시키면서 보편적 아동급여를 도입하였다. 이로써 기존의 가족수당은 보편적 아동급여로 그 제도의 성격과 내용이 바뀌었는데 당시 노동당정부의 사회서비스 장관(Secretary of State for Social Services)이었던 캐슬은 아동급여 도입의 취지를 다음과 같이 설명했다.

오늘 우리가 도입하고자 하는 아동급여는 아동세제수당과 가족수당이 하나가된, 보편적이고 자산조사를 하지 않으며 세금이 부과되지 않는, 그리고 무엇보다 아동의 어머니에게 지급되는 현금급여이다. 이는 가족에 대해 국가지원이 필요한 가장 빈곤한 가정에게 돌아가게 될 것이다. 그리고 급여는 아동을돌보는 당사자에게 지급될 것이며 이 급여는 아동의 음식, 의복, 그리고 아동의 여타 필요한 물품을 구매하는 데 사용되어야 할 것이다.

그렇다면 과연 아동급여가 아동의 '아버지'가 아닌 '어머니'에게 지급되는 것은 어떤 의미가 있을까? 사실 이에 대해서는 서로 다른 많은 의견이 있었는데 아동빈곤행동그룹의 자체 연구 보고서나 정부 보고서를 봤을 때 아동급여가 아동의 아버지에게 지급되었을 때와 아동의 어머니에게 지급되었을 때 소비 내용에 현저한 차이를 보인다는 연구결과들이 있다(Goode, Callender, & Lister, 1998). 그 보고서를 보면 한 예로 "지갑(wallet)으로 들어온 돈보다 주머니(purse)로 들어온 돈이 아동을 위해 더 많이 쓰인다"(money coming into the family via the 'purse' rather than the 'wallet' is more likely to be spent on children)는 표현이 있다(Bennett & Dornan, 2006: 18). 이는 영어에서 'wallet'이 남성이 사용하는 지갑이라면 'purse'는 흔히 여성이 사용하는 돈주머니를 일컫는 데에서 나온 표현으로, 여성에게 급여가 지급되어야 아동급여의 본래 목적대로 아동부양에 돈이 사용됨을 뜻한다.

실제 아동빈곤행동그룹은 아동급여가 아동의 어머니와 아버지 사이에서 어떻게 다르게 사용되는지에 대해 질적 연구를 시행한바 있다. 이 연구결과에 따르면 아동급여가 대다수의 아동 어머니에게 있어서 "독립적인 소득"의 의미를 가짐을 알 수 있다. 아동세금공제와 비교해 보면, 아동세금공제는 한 배우자의 소득이 늘어날 경우 줄어들지만 아동급여의 경우 양쪽 배우자의 소득에 관계없이 항상 동일하게 규칙적으로 지급되므로 가장 신뢰할 수 있는 아동부양에 대한 소득지원으로서의 의미를 갖는다고 덧붙였다. 또한 배우자와의 관계가 와해되었을 경우에도 아동을 부양하는 쪽에 아동급여가 여전히 지급되기 때문에 아동급여는 아동부양을 위한 가장 안정적인 소득지원 방식이다(Bennett & Dornan, 2006).

따라서 이러한 보편적 아동급여는 세 가지 점에서 의의를 갖는다. 첫째, 아동급여를 통해 종전에 아동세제수당에서 이득을 볼 수 없었던 저소득층의 가구가 이점을 볼 수 있게 되었다. 두 번째로, 첫째아동을 포함한 모든 아동에게 급여가 확대되면서 이전에 가족수당으로 포괄하던 아동의 수보다 두 배 이상의 아동을 지원할 수 있었다는 점이다. 세 번째로, 아동급여는 실상 영국 최초의 단일 보편적인 아동부양가구에 대한 소득지원이었다는 점이다(Kennedy, 2010).

1) 보수당정부의 아동급여 논의 발달과정: 1979~1997년

이러한 아동급여는 1979년 보수당정부가 들어선 이후에도 제도의 큰 변화 없이 이전의 노동당정부가 제안한 대로 보편적 급여로서, 세제수당이나 세금 감면의 형태가 아닌 현금급여로서 본래의 취지를 잘 유지하였다. 그럼에도 1980년대 중반 아동급여는 다시 재정적 압박을 받았다. 정부 내 사회보장지출에 대한 연구는 실제 아동급여가 아동이 있는 가구에 대해 어느 정도 재정적 지원을 하는지에 대한 연구를 통해 다양한 대안, 가령 자산조사에 기반을 둔 아동급여(Means-testing Child Benefit)를 지급하는 방안 혹은 세금을 부과하는 아동급여(Taxing Child Benefit)를 지급하는 방안 또는 기존의 아동급여 구조를 바꾸는 등의 방안을 검토하였지만 거절되었다. 1985년에 발표된 녹서 '사회보장개혁'(Reform of social security: Programme for change)은 다음과 같이 덧붙였다.

아동급여에 대한 정부 자체 연구의 결론으로 아동급여는 두 가지의 목적을 갖고 아동이 있는 가구를 지원하는데 이 둘은 다음과 같이 구분된다. 첫째는 일반 가구에 대해 기본적인 재정적 지원을 제공하는 것이고 둘째는 저소득가정에 대해 기본적인 것 이외에 부가적인 여타의 필요비용을 부가적으로 돕는 것이다. 이 두 가지의 기능을 혼돈하거나 서로 다른 두 목적을 상충시키기 위해 기존의 아동급여를 재구조화하는 것은 심각한 실수이다. (…) 따라서 그 기본구조를 바꾸거나 대체시키는 일은 없을 것이다.

한편 그 당시 보수당정부는 기존의 아동급여를 그대로 이어갈 것을 받아들이면서 다음과 같이 덧붙였다(Kennedy, 2012).

아동이 있는 가족과 없는 가족 간에 아동양육에 대한 책임을 세제나 급여혜택으로 공유하고 모든 가족에게 아동양육에 대해 부가적 비용을 지급하는 것은 당연하다. (…) 일반 가구소득의 한 부분으로 그 가치가 간과된다 할지라도 급여는 어머니에게 지급되어야 한다. 따라서 아동급여는 현재의 보편적 급여로서 그 상태를 유지할 것이며 어머니에게 그대로 지급하고 각 아동에게 정률적으로 지급할 것이다.

2) 노동당정부의 아동급여 논의 발달과정: 1997~2009년

1997년 블레어(Tony Blair, 1953~)와 브라운(Gordon Brown, 1951~)이 각각 영국총리와 재무장관으로 정권을 잡기 시작할 무렵, 영국 내에서 빈곤과 실업은 가장 심각한 사회문제 중 하나로 떠올랐고 노동당정부는 노동시장과 복지정책에서 상당한 개혁을 시도하였다(Gregg, Walfogel, & Washbrook, 2005). 그중 취업모를 포함한 여성의 노동시장에서의 지위와 아동빈곤에 관한 논의가 핵심적 사안으로 등장하였다. 가령 1999년 최저임금에 관한 논의 확대와 더불어 아동과 근로가구에 대한 세금공제(Child and Working Families Tax Credit)가 1999년에 도입된 이후 점차 확대되는 한편, 같은 해 아동보육에 대한 보조금 확대(National Childcare Strategy), 육아휴직 확대, 한부모와 실업자에 관한 근로연계 프로그램 등 상당한 제도개혁이 이뤄졌다.

그 가운데 아동빈곤과 관련한 제도개혁에서 눈여겨볼 부분은 이전의 아동빈곤 부분이 기존의 사회보험제도에 기반을 두고 아동의 부양자, 특히 부모의 고용과 소득상태에 따라 급여 여부가 결정되었다면 이제는 아동 자체에 대한 지원을 확대하였다는 점이다. 리지(Ridge, 2003)는 노동당정부의 가족과 아동에 대한 복지개혁 가운데 아동세금공제(Child Tax Credit: CTC), 교육수당(Education Maintenance Allowances), 아동지원(Child Support)의 확대를 아동 중심의 제도개혁변화로 뽑는다.

먼저 아동세금공제는 빈곤가구의 아동이 낙인찍히지 않도록 부모의 고용 여부에 관계없이 그 급여가 아동의 부양자에게 직접 지급되도록 함으로써 아동빈곤 방지는 물론 부양자의 노동시장 유인을 돕기 위한 제도다. 이는 이 장의 후반부에서 아동급여와 함께 더 자세히 논의될 것이다.

두 번째로 2004년에 처음으로 도입된 교육수당은, 특히 저소득층 가구의 아동이 교육과 본인의 직업기술 향상을 위해 사용하도록 아동 본인에게 지급되는 급여를 의미한다. 주당 20파운드에서 최고 40파운드 정도가 아동에게 바로 지급되었다. 급여를 받는 아동은 정규코스를 등록하고 출석을 확인해야 하며 구체적 학습목표를 분명히 가져야 한다. 그렇지 않을 경우 급여를 중지한다. 하여 이 급여는 반드시 아동의 교육훈련에 사용되어야 함을 분명히 했다.

교육수당과 관련하여 이를 청소년기의 아동과 부양자 중 누구에게 지급할 것인지에 관해 논쟁이 있었다. 리가드와 동료 연구자(Legard, Woodfield, & White, 2001)에 따르면 아동기에서 청소년기로 넘어가는 아동에게 급여를 지급할 경우 아동의 재정적 독립에 긍정적으로 작용하며 반대로 부모에게 급여를 지급하는 경우 오히려 아동의 학습에 부정적 방향으로 이끌 수 있었다. 이는 교육수당 수령자를 결정하는 데 뒷받침되었다.

마지막으로 아동지원은 아동을 부양하는 부양자에게 아동보육비 명목(Childcare)으로 지급되는 소득지원이다. 실업급여를 받는 부모에게 주당 10파운드 정도의 급여를 지급한다. 이에 대한 자세한 논의는 '제 17장 아동보육서비스'에서 더 자세히 논의될 것이다.

지금까지 노동당정부에서의 아동에 대한 전반적 제도 지원확대를 개괄적으로 살펴보았다면 다시 이 장의 주제인 아동급여로 돌아와 아동급여의 대상, 기능 그리고 아동급여수준에 관해 더 자세히 살펴보자.[3]

(1) 아동급여의 대상

아동급여는 아동부양 책임을 가진 사람에게 지급되는, 세금이 부과되지 않는 현금급여이다. 부모 가운데 주로 아동의 어머니에게 급여가 지급되며 부양하는 각 아동에게 급여가 지급된다. 아동 연령별 급여대상은 다음과 같다(Kennedy, 2012).

---

3) 이 부분은 케네디(Kennedy, 2012)의 보고서에서 그대로 번역하여 옮긴 것이다.

- 보통 16세 이하의 아동에게 지급된다.
- 16세에서 20세 이하 아동의 경우 아동급여 수급자격을 얻을 수 있는 비고등 교육과정(Non-advanced Education)에 있거나 훈련 프로그램 과정에 있어 야 한다.
- 16세 혹은 17세 아동이 아동급여 수급자격을 얻기 위한 교육과정이나 여타 의 훈련 프로그램 과정을 그만두고 일을 찾는 경우 혹은 허가된 기관에서 교육이나 훈련을 받는 경우 아동급여를 신청할 수 있다.

(2) 아동급여의 기능

아동급여의 기능은 가장 초기의 가족수당에서 몇 차례 제도의 변화를 겪 으면서 시대에 따라 다르게 정의되었다. 1999년 사회보장위원회(Social Security Committee)는 "아동급여의 다목적 기능"(*multi-purpose role of Child Benefit*)을 다음과 같이 설명했다(Kennedy, 2012).

- 소득수준이 비슷한 가구 가운데 아동이 있는 가구와 없는 가구 간의 "수평 적" 형평성을 증진할 수 있다.
- 사회 전체가 한 집합체로서 다음 세대에 대한 기여를 제공할 수 있다.
- 부양자의 소득에 대해 보조를 함으로써 그들이 실직했을 때와 빈곤상태에 빠졌을 때 도울 수 있다.
- 부양자의 불안정한 고용이나 가족의 와해로 소득이 불안정할 때 아동급여 를 받음으로써 나름의 안정적인 부분을 채워줄 수 있다.
- 여성부양자에게 독립적 소득을 제공할 수 있다.

이와 더불어 2006년 8월 아동빈곤행동그룹은 아동급여와 여타 비슷한 급여의 제공을 지지하기 위해 다음과 같이 아동급여의 기능을 설명했다.

① 수평적 재분배

아동이 있는 가구의 경우 아동부양에 대한 비용이 상당히 들기 때문에 아동이 있는 가구와 없는 가구 간의 세제 기여를 균등하게 하기 위해서 소득수준에 관계없이 부가적 지원을 해야 한다.

② 생애주기적 재분배

대부분의 사람이 생애주기의 어느 순간에는 자녀를 가지며 자녀를 부양하는 동안에는 어떤 이유에서든지 누구나 재정적 어려움이 있기 마련이다. 따라서 아동급여는 생애주기 전체를 통틀어 모두에게 자원을 재분배하는 것을 도와야 한다.

③ 세대 간 재분배

아동이 없는 사람이나 있는 사람이나 아동이 성장하여 내놓을 생산적 자원은 모두 혜택을 보기 때문에 다음 세대에 대한 우리 모두의 투자자원이 될 수 있다.

④ 아동에 대한 가치 우선

모든 아동에 대한 지불은 사회에 의한 아동과 아동양육에 우선 가치를 둬야 한다. 1999년, 재무부 장관은 현재 아동은 전체 인구의 20%이지만 우리 미래를 보면 그들은 전체 100%라며 아동급여의 중요성을 이와 같이 설명했다.

한편 아동빈곤행동그룹은 지난 30년 동안 아동급여가 가져온 기능을 자산조사에 기반을 둔 아동지원과 비교하면서 다음과 같이 설명한다.

모든 아동에게 수평적으로 지급되는 비용은 당연히 많이 들기 마련이다. 하지만 모든 아동에게 지급하는 아동급여는 '실질적이고 폭넓은 지원'을 가지며 자산조사에 기반을 둔 급여와 달리 보편적으로 지급되므로 제도가 쉽게 폐지되지 않는다. 빈곤가구의 아동에게만 급여를 지급하는 것은 단기적으로 비용은 저렴하겠지만 제도가 언제 폐지될지 모르는 위기에 처하게 마련이다.

(3) 아동급여의 수준

아동급여 수급액은 가구 내 아동의 수에 달려 있으며 첫째아동의 경우 상대적으로 높은 급여율이 적용된다. 2012년 파딩(Rys Farthing)이 아동빈곤행동그룹 보고서로 발표한 자료에 따르면, 평균적으로 첫째아동에게 주당 20.30파운드가 지급되고 둘째아동부터는 주당 13.40파운드를 받는 것으로 나타났다.[4] 영국 전체 가구 가운데 780만 가구가 아동급여를 받는 것으로 나타났으며 이는 영국 전체 아동 가운데 1,360만 명의 아동이 급여를 받는 것이었다.

더불어 이 보고서에는 18세 이하의 아동을 둔 부모가 실제 아동급여를 어떻게 사용하고 있는지 알기 위해 642명의 부모를 대상으로 설문조사를 했는데 부모 중 절반 이상이 아동의 의복(51%)을 구매하는 데 주로 사용한다고 답변했고 26%의 부모는 아동의 음식을 구매하는 데 사용한다고 응답했다. 그 밖에 16%의 부모는 아동의 교육과 관련 서적을 구매하는 데 아동급여를 사용한다고 대답했다. 자세한 응답 결과는 다음의 〈표 10-2〉와 같다(Farthing, 2012).

그렇다면 과연 이러한 아동급여는 실제 영국에서 아동을 부양하는 비용에 어느 정도 기여할까? 같은 해 2012년 영국 대표 시사 일간신문인 〈가디언〉(The Guardian)에 따르면 아동이 태어나서 21세가 될 때까지 드는 비용은 21만 파운드이며 이를 주 단위로 계산했을 때 192파운드에 해당한다(The Guardian, 2012. 1. 26). 이러한 연구 결과는 리버풀 빅토리아(Liverpool

---

4) 이러한 아동급여 관리는 국세청(HM Revenue and Custom)에서 관리한다.

<표 10-2> 아동급여 지출 항목

아동급여를 어디에 사용하는가(중복 응답 가능)	응답비율(%)
의복	51
음식	26
교육/관련 서적 구매/학습 여해	16
기저귀/분유/육아용품	9
학습 외 여가 활동	7
아동이 원하는 대로(구체적이지 않음)	5
연료비/전기세 등	4
생일선물이나 크리스마스 선물 등	3
학교 급식	3
교통비	3
생활비(구체적이지 않음)	2
장난감	2
보육	1
휴가	1
아동 용돈	1
기타, 잘 모름	22

자료: Farthing, 2012: 10.

Victoria, 2012)에서 조사된 '아동부양비용'이라는 연구결과를 뒷받침하여 발표되었는데, 이 연구에서는 그 비용 산정을 크게 1년간 갖는 육아휴직기간을 포함해 아동이 6개월이 되는 때부터 5세가 되기 전까지에 들어가는 보육시설 이용비용과 5세에서 18세가 될 때까지의 국공립학교 비용 그리고 3년간 대학에 들어가는 비용을 토대로 계산되었다. 이런 점에서 보면 현재 주당 지급되는 아동급여의 수준(주당 첫째아동 20.30파운드, 둘째아동 13.40파운드)은 전체 아동부양비용(주당 192파운드)과 비교했을 때 지극히 낮은 금액에 불과함을 알 수 있다.

그럼에도 <그림 10-1>에서 보이는 바와 같이 지난 1977년부터 2012년까지의 아동급여 가치를 평균소득 대비 명목가치와 실제가치로 구분하면, 평균소득 비율이 상대적으로 줄어드는 반면 아동급여의 실제가치는 꾸준히 증가한 것을 알 수 있다. 물론 다음 마지막 장에서 논의될 최근의 아동급

〈그림 10-1〉 아동급여의 평균소득 대비 명목가치와 실체가치 변화

(1977~2012년, 단위: 주당 파운드, 평균소득 대비 %)

주: 이 그림은 첫째아동에 대한 아동급여율만을 포함하며 자세한 사항은 https://www.gov.uk/govern-
  ment/publications/abstract-of-statistics-2012를 참조하기 바람. 2016. 6. 27. 인출.
자료: Rutherford, 2013: 6.

여 개혁의 축소를 둘러싸고 앞으로 그 가치가 계속 늘어날지는 의문이다.

한편 〈표 10-3〉은 가구부양자의 직업군5) 에 따른 아동급여의 지출 내역
을 보여주는데 직업군에 관계없이 대략 절반의 가구가 아동의 의복이나 신
발을 구매하는 데 아동급여를 사용하는 것으로 나타났다. 한편 관리자급의
전문직 계층을 제외하고 나머지 가구에서 약 30%가 아동의 음식을 구매하

---

5) 영국통계청(Office National Statistics: ONS) 은 사회계층(*social class*) 을 직업 코드에 따
라 고용형태, 자격 유무, 계약 형태, 근로 여부에 따라 크게 네 개의 직업군으로 구분한다.
고위직 혹은 중간 관리자급의 전문직 종사자(AB, higher & intermediate managerial,
administrative, professional occupations), 관리자급의 전문직 종사자(C1, supervi-
sory, clerical & junior managerial, administrative, professional occupations), 숙련
노동자(C2, skilled manual occupations), 비숙련 혹은 숙련되지 않는 노동자, 실직 혹은
저임금 종사자(DE, semi-skilled & unskilled manual occupations, unemployed and
lowest grade occupations) 이다(http://www. ukgeographics. co. uk/blog/social-grade-
a-b-c1-c2-d-e. 2016. 6. 27. 인출).

<표 10-3> 직업계층에 따른 아동급여 지출 양상

	고위직 혹은 중간 관리자급의 전문직 종사자(AB)	관리자급의 전문직 종사자(C1)	숙련 노동자(C2)	비숙련 혹은 숙련되지 않는 노동자, 실직 혹은 저임금 종사자(DE)
의복이나 신발	46%	57%	48%	53%
음식	19%	27%	27%	30%
교육	16%	16%	17%	16%
여가 활동	8%	9%	8%	3%
저축	9%	6%	1%	1%
가계 관리비	2%	3%	4%	6%

자료: Farthing, 2012: 11.

는 데 사용하는 것으로 나타났다. 더불어 가구부양자가 고위직이나 관리자급에 종사하는 경우 아동급여를 저축하는 경우도 적지 않은 것으로 나타났다. 이는 결국 아동급여가 가구부양자의 직업계층에 따라 세부적인 지출 내역에는 차이가 있으나 전반적으로 아동의 의료나 신발, 음식을 구매하는 데 중요한 재정적 자원임을 알 수 있다(Farthing, 2012).

하지만 아동급여 외에 아동부양가구에 대한 소득지원은 아동부양자의 근로에 따라 아동세금공제(Child Tax Credit: CTC)와 근로세금공제(Working Tax Credit: WTC)도 있다. 이 두 제도는 '제11장 공공부조'에서 자세히 설명한다. 이 장에서는 아동급여와의 차이점을 논하는 측면에서 간단히 소개하고자 한다.

먼저 아동세금공제는 2003년 4월에 도입되어 가구 내 아동 관련 세제혜택 등을 포함한다. 보통 근로세금공제와 함께 그 급여가 지급된다. 이는 기존의 아동세금공제(Children's Tax Credit)와 근로가족세금공제를 대체하기 위한 것이다. 더불어 아동이 있는 가구에 한해 지급되던 소득지원(Income Support)과 소득기반 구직수당(Income-Based Jobseeker's Allowance)을 대체한다.

아동급여와 함께 아동세금공제를 지급하는 것은 빈곤한 가구의 아동이

<표 10-4> 아동세금공제 지급 구성요인

- 가족이 있는 경우(한 가족당 한 명)
- 아동이 있는 경우(각 아동에게 지급)
- 장애아동이 있는 경우(앞선 요소에 더불어 별도 지급)
- 장애가 심한 아동이 있는 경우(앞선 아동이 있는 경우와 장애아동이 있는 경우에 추가로 급여 지급)

자료: Castle, 2013.

<표 10-5> 근로세금공제 지급 구성요인

- 부양아동의 연령과 부양아동 수, 그리고 장애아동이 있는 경우
- 부양자의 근로시간과 부양자의 장애 여부
- 아동보육을 위한 보육비용이 필요한 경우
- 해당 가족의 소득과 여타 소득 자원들

낙인찍히지 않도록 아동이 있는 가구의 부양자를 유급노동으로 유인 ('Welfare-to-Work' Project)하는 데에 목적이 있다(Ridge, 2003). 급여는 주로 주당 혹은 월별로 지급되는데 아동급여와 마찬가지로 세금이 부과되지 않는 소득지원이다. <표 10-4>에서 보이듯 아동세금공제는 부양아동에 대한 요소뿐만 아니라 부양아동의 장애 정도에 따라 급여를 지급한다.

한편 근로세금공제는 부양아동이 없는 저임금근로자를 포함하여 그들의 아동보육을 돕기 위해 지급되는 금액이다. 이러한 부양아동에 대한 급여는 개인 단위가 아니라 가족 단위를 기반으로 지급되고 두 부양자(부부 혹은 커플) 양쪽 모두의 소득과 근로상태가 급여 수급 결정에 요인이 된다. 따라서 얼마만큼의 세금공제를 받을 수 있는지는 <표 10-5>의 요소 중 몇 가지에 해당하느냐에 따라 다르다. <표 10-6>은 2012/13년도 회계연도에서 부양아동의 수와 가구소득에 따라 근로세금공제 급여를 나타내는데 표에서 보는 바와 같이 부양아동이 한 명이고 가구소득이 2만 6천 파운드 이상이거나, 아동이 두 명이고 가구소득이 3만 2천2백 파운드 이상인 경우 근로세금공제 대상에서 제외된다.

결과적으로 아동급여, 아동세금공제 그리고 근로세금공제를 종합하여

정리하면 〈그림 10-2〉와 같다. 이 그림은 부양아동이 2명이고 가구부양자는 1명인 경우를 나타내는데 보이는 바와 같이 아동급여는 가족소득에 관계없이 균일하게 지급되고 여타의 소득지원, 근로세금공제, 아동세금공제는 해당 가족의 소득에 따라 다르다. 세금공제는 자산조사를 기반으로 두

〈표 10-6〉 가구소득과 부양아동 수에 따른 근로세금공제 지급액

(단위: 파운드)

연간소득	아동이 한 명인 경우	아동이 두 명인 경우	아동이 세 명인 경우
소득이 없는 경우	3,240	5,930	8,620
5,000	3,240	5,930	8,620
8,000	3,240	5,930	8,620
10,000	3,240	5,930	8,620
15,000	3,240	5,930	8,620
20,000	1,545	4,235	6,925
25,000	0	2,185	4,875
30,000	0	135	2,875
35,000	0	0	775
40,000	0	0	0
45,000	0	0	0

자료: Castle, 2013: 2.

〈그림 10-2〉 아동부양가구에 대한 소득지원: 2인 아동, 1인 생계부양자의 경우

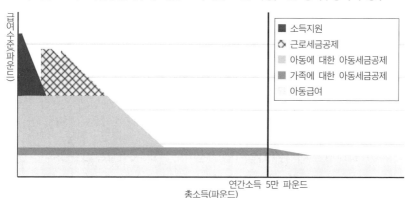

자료: Kennedy, 2012: 5.

므로 가령 가족소득이 올라갈수록 받는 세금공제는 줄어듦을 알 수 있다. 한편 아동세금공제의 경우 '아동요소'와 '가족요소' 두 가지로 나뉘며, 특히 연간 소득 5만 파운드 가구의 경우 대략 545파운드의 금액을 받는다. 한편 아동급여는 가족소득에 관계없이 정률로 모든 가족에게 동일하게 지급됨을 알 수 있다.

4. 최근의 개혁변화와 정책적 함의: 2010년~현재

2012년 기준으로 아동급여를 받는 가구 수는 대략 790만에 이르며 그 비용은 연간 120억 파운드에 이른다. 위에서 살펴본 바와 같이 그간 아동급여는 영국의 소득지원제도 가운데 세금이 부과되지 않는 현금급여로 아동부양가정에 대한 가장 보편적이고 안정적인 소득지원의 형태였다. 하지만 2010년 10월 보수당정부의 전당 대회에서 재무부 장관 오즈본(George Osborne, 1971~)은 향후 3년간 정부 예산안에서 아동급여 지급률을 동결할 것과 2013년부터는 세금납부율이 높은 가구(families from higher rate taxpayer)에 대해서는 아동급여를 지원하지 않겠다고 발표했다. 이 발표에서 그는 다음과 같이 이유를 설명했다(Kennedy, 2012).

우리는 현재 고소득자(higher rate taxpayer)에게 1년에 10억 파운드 이상을 아동급여 명목으로 지급한다. 나는 이들이 결코 모두 최상의 부자는 아니라는 것을 잘 알고 있다. 하지만 그들의 아동급여를 지급하기 위해 그보다 소득이 더 낮은 가구로부터 돈을 걷는 것을 정당화하기는 어렵다. 물론 이렇게 결정하는 것이 결코 쉽지는 않았지만 그럼에도 우리는 엄정하고 공정해야 한다. 이것이 바로 고소득자의 아동급여를 없애려는 이유이다.

사실 이러한 그의 제안이 발표되자마자 상당한 논쟁과 의문이 제기되었다. 첫째, 무엇보다도 보수당정부가 의미하는 '세금납부율이 높은 가구'란 과연 어느 정도 수준의 세금납부율을 의미하는가이다. 기존의 아동급여가 아동부양자의 근로소득수준에 관계없이 지급되었던 반면, 최근 개혁안에 따르면 이제는 소득수준이 상대적으로 높은 층에는 아동급여를 제한하겠다는 것인데 결국 기존의 보편적 아동급여의 성격이 그대로 유지될 수 있을지 의문이다. 더불어 종전의 보편적 아동급여가 세급납부수준에 따라 선별적으로 바뀔 경우 제도가 얼마나 안정적으로 오래갈지에 대해서도 의문을 던져야 할 것이다.

둘째, 지난 반세기 동안 가족수당을 거쳐 아동급여로 발달하기까지 오늘날 아동급여는 아동부양자에게 가장 안정적이고 독립적인 소득원천으로 자리 잡았다. 특히, 대다수 여성부양자는 아동급여를 통해 나름의 독립적인 소득지원을 제공받았다. 이런 점에서 최근 보수당정부가 제안한 아동급여 축소방안이 과연 종전 아동급여의 가장 큰 이점이었던 아동부양자(대다수 여성)의 재정적 독립성을 그대로 유지할 수 있느냐의 문제를 던진다. 종전의 아동급여는 상대 파트너(근로소득자)의 소득수준에 관계없이 아동을 부양하는 부양자에게 무조건적으로 지급되었다. 그러나 근로소득자의 세금납부율에 따라 해당 가구의 아동급여를 제한할 경우, 아동부양자가 아동부양에 대해 과연 어느 정도의 재정적 독립성을 가질 수 있을지 의문이다.

셋째, 또한 과연 이러한 제도개혁이 맞벌이 부부에게 과연 이득인지 의문이다. 특히, 해당 소득수준에 바로 걸친 부부나 커플에게는 둘 다 유급노동을 할 것인지 말 것인지에 대한 결정에 상당한 영향을 미칠 것이며 결국 임금수준이 낮은 한쪽(대다수 여성)의 근로동기를 저하시킬 것이 분명하다. 더불어 한부모 아동부양자가 장기적으로 세금공제를 상대적으로 많이 받는 파트너와 함께 살 경우 기존에 받던 급여를 지급받지 못하는 등의 문제 또한 제기될 수 있다.

이상 영국의 아동부양가구에 대한 소득지원으로 제공되는 가족수당과 아동급여의 제도적 발달과정, 더불어 최근 보수당정부가 내놓은 아동급여 축소를 둘러싼 다양한 견해를 정리하였다. 실상 최근 보수당정부에 들어와 서는 아동급여만 아니라 사회복지지출에 대한 전반적 축소가 지배적이다.

이에 관한 여러 사회경제적 배경이 머리말 부분에 충분히 논의되었다. 그 가운데 한 가지 덧붙이자면 최근 대국민투표(2016년 6월 23일)를 통해 유럽연합(European Union)으로부터의 탈퇴가 결정되면서 현 보수당 수상 인 캐머런(David Cameron, 1966~)이 사임을 발표하였고 동시에 상대 진 영인 노동당 역시 현 대표인 코빈(Jeremy Corbyn, 1949~)의 지도력 부재 를 불만으로 상당수 의원이 사임을 발표하였다. 이러한 정치적 변수가 영 국의 사회복지지출 전반에 어떤 식으로 영향을 미칠지는 현 상황에서는 예 측이 불가능하다. 특히, 사회보장제도의 전반적 발달과정에서 여성과 아 동에 대한 지원을 중심으로 논의하기보다 흔히 '부가적' 지원으로 논의되는 경향(Ridge, 2003)을 봤을 때 이미 아동급여에 대한 축소논의가 발표되었 고 이런 상황에서 EU 탈퇴에 따른 여파가 전반적 사회보장에 어떻게 미칠 지, 특히 여성과 아동에 대한 소득지원에 어떻게 영향을 줄지 현시점에서 그 방향을 예상하기란 쉽지 않다.

그럼에도 이 장에서는 최근의 아동급여를 둘러싼 축소에 대한 논의보다 지난 반세기에 걸쳐 영국사회 안에서 아동부양가구에 대한 소득지원 논의 가 발달되는 과정을 통해 보편적 성격으로서의 아동급여가 어떻게 유지되 었는지, 더불어 그러한 논의 가운데 아동부양자, 특히 여성에게 어떠한 고 려가 있었는지를 강조하고자 한다. 오늘날 다시 아동급여를 보편적으로 지 급할지, 선별적으로 할지에 관해서는 현재의 논의를 더 지켜봐야 하겠지만 지난 영국사회에서 보편적 의미로서의 아동급여가 아동빈곤 문제와 아동 부양자의 독립적 소득지원으로서 어떻게 자리매김하였는지에 대해서는 시 사하는 바가 크다고 하겠다.

■ 참고문헌

해외 문헌

Goode, J., Callender, C., & Lister, R. (1998). *Purse or Wallet: Gender Inequalities and Income Distribution within Families on Benefits*. London: Policy Studies Institute.

Legard, R., Woodfield, K., & White, C. (2001). *'Staying Away or Staying on'?: A Qualitative Evaluation of the Education Maintenance Allowance*. London: DfEE, RR 256.

Ridge, T. (2003). Labour's reforms of social security provision for families: The implications for children. *Benefits, 11*(2), 87~92.

기타 자료

The Guardian (2012. 1. 26). How much does it cost to raise a child?. http://www.theguardian.com/news/datablog/2012/jan/26/cost-raising-children#data. 2016. 6. 27. 인출.

Bennett, F., & Dornan, P. (2006). Child benefit fir for the future: 60 years of support for children. http://cpag.org.uk/sites/default/files/CPAG-Child-Benefit-Fit-Future-0806.pdf. 2016. 6. 27. 인출.

Castle, A. (2013). Child tax & welfare benefits and their possible effect on population growth. Population matters. http://www.populationmatters.org/documents/child_tax.pdf. 2016. 6. 27. 인출.

Farthing, R. (2012). Save child benefit. London: Child Poverty Action Group. http://www.cpag.org.uk/sites/default/files/SaveChildBenefit.pdf. 2017. 11. 17. 인출.

Greener, K. (1998). Child benefit, house of common research paper 98/79. http://researchbriefings.parliament.uk/ResearchBriefing/Summary/RP98-79#fullreport. 2016. 6. 27. 인출.

Gregg, P., Waldfogel, J., & Washbrook, E. (2005). Expenditure patterns post-welfare reforms in the UK: Are low-income families starting to catch up?, Centre for Analysis of Social Exclusion.

Kennedy, S. (2010). Child Benefit for higher rate taxpayers(하원 의회 보고서), http://researchbriefings. files. parliament. uk/documents/SN06299/SN06299. pdf. 2016. 6. 27. 인출.

_____(2012). Child Benefit for higher income families(하원 의회 보고서), http://researchbriefings. files. parliament. uk/documents/SN06299/SN06299. pdf. 2016. 6. 27. 인출.

Liverpool Victoria(2012). Cost of a child 2012. http://www. lv. com/about-us/press/article/cost-of-raising-a-child. 2016. 6. 27. 인출.

Rutherford, T. (2013). Historical rates of social security benefits(하원 의회 보고서), http://researchbriefings. files. parliament. uk/documents/SN06762/SN06762. pdf. 2016. 6. 27. 인출.

The National Archives. The Beveridge report and child benefit. http://www. nationalarchives. gov. uk/cabinetpapers/themes/beveridge-report-child-benefit. htm. 2016. 7. 25. 인출.

11

공공부조제도

1. 공공부조제도의 제도적 구성과 역사

1) 공공부조제도의 개념정의와 구성

공공부조제도는 빈곤한 사람·가구를 대상으로 지원하는 제도로 정의할수 있다. 따라서 공공부조제도는 빈곤한지를 검증하는 자산조사(*means test*)를 전제로 하는 제도군을 의미한다. 이 정의에 따르면 국가마다 공공부조제도의 구성은 다를 수 있다. 우리나라의 생계급여 외에도 주거급여, 의료급여 그리고 교육급여는 자산조사를 전제로 하는 대표적 공공부조제도이다. 물론 이 밖에도 자산조사를 전제로 하는 다른 여러 제도가 있다. 보편적 복지제도가 별로 없고 대부분의 복지제도가 자산조사를 거쳐 빈곤층에게 한정하여 지원되는 우리나라의 경우 대다수의 복지제도가 공공부조제도이다. 영국의 경우 우리나라와 비교하여 상대적으로 보편적 복지제도가 적지 않다. 대표적으로 의료보장은 국민건강서비스제도로 운영 중이어서 우리나라와 달리 보편적 제도에 속한다.

	소득보장	근로유인	주거보장	의료보장	기타
저소득층	소득지원	근로세금공제	주거급여, 지방세급여	국민건강서비스 (저소득층 약제 등 본인부담 면제)	사회기금
고령자	연금공제				
실업자	소득기반 구직수당				
아동부양가구	아동세금공제				
장애 및 질환자	소득기반 고용 및 지원수당				
	수발자수당				

자료: 노대명 외, 2014: 113.

영국은 우리나라에 비해 상대적으로 좀더 보편적인 지원제도를 운영하는 국가지만 유럽의 여러 복지국가와 비교하면 영국도 자산조사에 기초한 선별적 복지제도를 더 많이 강조하는 국가에 속한다. 영국에서 자산조사방식으로 운영되는 대표적 제도는 〈표 11-1〉과 같다. 보충적 소득보장제도 중 하나인 소득지원(Income Support) 제도를 비롯하여 9개 제도가 선별적인 보장, 공공부조제도에 포함된다. 이 제도들은 연금공제(Pension Credit)를 제외하면 대개 근로연령의 빈곤계층을 대상으로 한다. 노인의 소득보장은 비교적 단순하게 구성되며 주로 연금제도에 근거하기 때문이라고 할 수 있다.

이 장에서 다루는 영국의 공공부조제도는 위의 9가지 제도 중 소득보장제도의 하나인 소득지원제도를 중심으로 살펴보았다. 소득지원제도는 대표적 공공부조제도이며 각종 지원제도가 적용된 이후 가장 최후에 지원되는 제도이므로, 소득지원제도를 중심으로 한정하여 살펴도 영국의 공공부조제도를 파악하는 데 충분하다. 그리고 다른 여러 선별적 지원제도는 여타의 사회보장제도를 다룬 장에서 좀더 상세하게 다루기 때문이다. 각 제도의 목적, 대상 인구집단에 따라 별도의 장에서 해당 사회보장제도를 다루고 있다. [1]

---

1) 참고로 연금공제는 7장, 근로세금공제는 8장과 10장, 구직수당은 8장, 아동세금공제는

최근 영국에서는 자산조사 방식의 급여 운영에서 대폭적 개혁이 진행 중이다. 개혁의 대상이 되는 공공부조제도는 대개 근로연령계층을 대상으로 하는 제도이다. 소득지원(Income Support), 소득기반 구직수당(Income-Based JSA), 소득기반 고용 및 지원수당(Income-Based ESA), 근로세금공제(Working Tax Credit), 아동세금공제(Child Tax Credit), 주거급여(Housing Benefit)가 그 대상 제도이다. 이 제도들은 새로운 제도로 소개된 통합공제(Universal Credit)로 통합되어 운영될 것이다. 이 개편은 현재 진행 중이고 영국정부는 기존의 6개 제도를 2017/18년까지 모두 통합공제로 통합을 완료할 것임을 발표한바 있다.

이 장에서는 소득지원제도를 중심으로 공공부조제도를 살펴보지만 소득지원제도가 향후 변화를 예정하므로 최근의 개편을 고려하여 통합공제도 함께 살폈다. 현재 진행 중인 개혁은 소득지원제도의 급여수준 등에도 영향을 주므로 개편에 대한 이해는 더욱 중요하다. 그리고 영국의 향후 공공부조제도의 추이를 이해하자면 통합공제에 관한 이해가 전제되어야 한다.

2) 공공부조제도의 역사

영국 공공부조의 역사는 16세기 〈구빈법〉 시대까지 거슬러 올라간다. 〈구빈법〉은 공공부조에 한정된 역사라기보다는 사회보장의 역사라 하는 것이 더 정확하다. 대부분의 국가에서 복지의 초기 모습은 빈자에 대한 구호이므로 공공부조의 역사로부터 복지 역사가 시작된다. 영국도 예외는 아니다. 하지만 이 장에서는 최근 20년의 공공부조제도의 변화에 주목하고자 한다.

소득지원제도는 과거 보충급여제도(Supplementary Benefit: SB)를 대체한 제도이다. 보충급여제도는 취업 여부, 장애 · 질병 여부, 한부모 여부와

17장, 소득기반 고용 및 지원수당은 11장, 주거급여는 18장에서 다룬다.

무관하게 저소득인 사람을 지원하던, 자산조사에 기초한 급여였다. 이 제도는 1966년부터 시행되어 주로 장기간 근로에서 벗어난 질환자, 장애인 등을 대상으로 적용되었으며 상대적으로 관대한 급여의 제도였다. 난방이나 개별적 지원의 필요성과 같은 특별한 욕구에 대하여 지급되는 추가적 급여는 자율 재량적이었다. 그래서 개별 사례에 대하여 상세한 조사를 필요로 하였다. 보충적 소득지원제도가 도입되기 이전에는 국가의 재량적 지원이 있었다. 이는 다른 급여들의 부족분을 메꾸는 급여였다. 당시 실업자가 수급자의 큰 비중을 차지하였는데 18세 이하 취업경험이 없는 자 또는 12개월 이상 실업으로 실업급여를 소진한 실업자가 대상이었다(Burchardt, 1999: 6).

1970년대부터 시작된 신자유주의적 정책의 추진은 이후 영국 사회보장제도의 역사에서 계속 유지되었다. 신자유주의적 정책지향은 대개 공공부문을 축소하고 민영화·시장화를 추진하고 각종 지원기준의 엄격성을 강화하여 대상범위를 축소하며 근로를 강조하는 것으로 요약된다.

1988년 4월, 보충적 소득지원제도는 소득지원제도에 의하여 대체되고 폐지되었다. 당시 제도적 변화는 난방이나 식생활의 특징적 욕구 등의 요소를 고려하는 개별화된 급여에서 전산화가 용이하도록 융통성이 적은 제도로, 연령에 따라서 표준화된 급여로의 변경으로 해석된다. 이전의 자산조사를 단순화하였고 개인상황에 따른 개별화된 조사보다는 추가비용을 표준화하여 그 조건에 부합하는 적격자이면 부가급여(*premiums*)를 제공하는 방식을 도입하였다(Burchardt, 1999: 6~7). 하지만 부가급여의 신설은 무능력한 수급자에게 과거의 체계보다 더 높은 수준의 급여를 제공하도록 하였다.

이 제도적 특징은 이후 개혁에서 중요한 문제로 지적되었다. 즉, 근로에 대한 동기를 약화시키고 급여 의존을 강화한다는 비판을 면하기 어려워진 것이다. 특히, 아동을 양육하는 근로빈곤가정 지원에 대한 비판이 가장 강하였다. 아동을 양육하는 가정에 지원하는 관대한 소득지원제도가 아동가구의 일하지 않는 커플을 늘린다는 비판을 받았다.

이후 신자유주의적 정책지향은 더욱 강화되었다. 공공부조와 관련하여 대표적으로 근로빈곤층의 근로에 대한 강조 그리고 의존 방지는 중요한 정책목표가 되었다. 급여의 수준은 낮추고 선정의 엄격성을 강화하는 방향의 변화가 자연스레 이어졌다. 정책환경은 악화되었고 관련 규정은 계속 엄격해졌다. 대표적으로 1992년 영국의 세액공제제도에서 근로시간규정이 변경되었다. 이전의 주당 24시간에서 16시간으로 기준이 변경된 것이다(Brewer, 2009: 27). 이러한 기준이 되는 근로시간의 변경은 소득지원제도에도 영향을 주었다.

그 이후 또 한 번의 개혁이 있었다. 1999년의 개혁은 네 개의 제도 수급집단에게 영향을 주었다. 장애급여(Incapacity Benefit), 중증장애수당(Severe Disablement Allowance), 장애생활수당과 같은 추가비용에 대한 급여('Extra Cost' Benefits such as Disability Living Allowance)와 소득지원제도에 대한 장애부가급여(Disability Premiums on Income Support) 그리고 네 번째로 장애근로수당(Disability Working Allowance)을 대체한 장애인세금공제(Disabled Person's Tax Credit)가 대상 제도이다(Burchardt, 1999: 9). 이후 소득지원사업의 수급집단은 장애급여를 받는 집단, 한부모, 간병인, 그리고 기타 소득지원제도 수급집단으로 구분되었다. 이 집단은 소득지원제도 대상의 특징을 공유하는데 일을 하여도 상시근로가 어렵고 짧은 시간 근로가 가능하며 따라서 소득도 낮은 사람이라는 점이다. 한부모는 소득지원제도의 수급자 중 높은 비율을 차지하였다. 이들을 대상으로 하는 근로에 초점을 맞춘 면담, 근로집중인터뷰(Work Focused Interview: WFI)는 2001년 4월 말에 도입되었다.

2008년 이후로는 한부모라는 이유만으로 소득지원제도의 대상이 될 수 없게 되었다. 아동이 12세 이상이면 소득지원제도의 대상에서 제외되었다. 아동의 연령기준은 계속 엄격해졌다. 2009년 10월 이후 10세 이하의 아동을 양육하는 한부모를 대상으로, 2010년 8월 이후 7세 이하의 아동을 양육하는 한부모를 대상으로, 그리고 2012년 이후 5세 이하의 아동을 양육하는 한부모를 대상으로 기준은 점차 엄격해졌다(Anyaegbu, 2016. 5: 5). 2014년에는 4세 이하의 아동을 양육하는 한부모로 한 번 더 변경되었다. 단, 1세 이하의 아동을 양육하는 한부모는 면담의 의무에서 면제된다. 그리고 이 시기 이후로 현장의 상담사가 1세 이상 아동을 양육하는 한부모의 상황에 따라 상담의 빈도와 기간을 조정할 수 있었다.

하지만 가장 어린 자녀가 3~4세인 한부모는 근로와 관련된 활동에 참여할 수도 있다(Anyaegbu, 2016. 5: 13). 2008년 이후로 아동이 기준연령이 되는 해의 4/4분기에는 더 강도 높은 인터뷰를 해야 했다. 전반적으로 제도는 소득지원의 대상을 더욱 엄격하게 관리하는 방향으로 변화했다.

대표적인 공공부조제도인 소득지원제도는 2013년 이후 새로운 제도로 대체되기 시작하였다. 2010년의 선거 이후 구성된 보수·자유민주당의 연립정부는 사회보장제도 개혁의 일환으로 통합공제(Universal Credit)를 도입하였다. 통합공제는 2013년 잉글랜드 북서부 혁신지역에서 먼저 소개되었다. 이후 2013년 10월 다른 지역으로 퍼져가기 시작하였다(GOV.UK. 2016. 6. 20. 인출). 이 제도의 도입은 그동안 강조한 정책지향에서 비롯되었다. 공공부조 수급에서 근로를 하도록 조건을 강화하고 복지의존을 줄이도록 설계되었다. 근로를 할수록 유리하도록 하고 이 내용을 수급자가 쉽게 알 수 있도록 제도를 단순하게 구성하는 것을 전략으로 하였다.

통합공제제도는 근로연령대를 대상으로 하는데 기존의 소득지원(Income Support), 소득기반 구직수당(Income-Based Jobseeker's Allowance), 소득연계 고용 및 지원수당(Income-Related Employment and Support Allowance), 주거급여(Housing Benefit), 아동세금공제(Child Tax Credit)와 근로세금공제(Working Tax Credit)를 통합·대체하는 성격의 핵심적인 비사회보험급여(Core Non-Insurance Based Benefit)이다.

복지급여	점감률	
	통합공제제도 전	통합공제제도 후
소득지원	100%	
구직수당	100%	
주거급여	65%	65%
근로세금공제	41%	
아동세금공제	41%	

주: 소득지원·구직수당·주거급여는 2009년 기준(Brewer, 2009: 27), 근로세금공제·아동세금공제
　　는 2011년 기준. 2011년 4월부터 근로세금공제 및 아동세금공제 점감률이 39%에서 41%로 상향
　　적용됨(HM Revenue & Customs, 2010).

자료: 노대명 외, 2014: 191에서 재인용.

　개편 전 빈곤층을 대상으로 하는 각종 소득지원제도는 한계공제율
(Marginal Deduction Rates: MDRs)[2]이 높아서 근로의욕을 낮추었다고 비
판을 받았다. 따라서 통합공제제도는 6개의 제도를 하나의 제도로 통합하
고 그 한계공제율을 낮추어 수급자가 쉽게 이해하도록 하겠다는 전략을 선
택하였다. 통합공제는 추가 근로소득의 65% 수준의 공제율, 단일점감률
(single withdrawal rate)을 적용하여 기존의 제도별 공제율의 차이를 없애고
근로로 얻는 이익을 분명하게 전달하고자 하였다(DWP, 2010: 15; Brewer
et al., 2011: 2; 노대명 외, 2014: 190~191에서 재인용). 한편 통합공제는 그
급여의 상한을 두어서 급여가 일정 수준 이상 넘지 않도록 하여 근로하는
것이 더 유리하도록 하였다.

　기존의 소득보장제도와 통합공제제도의 상이점을 정리하면 다음과 같

---

2) 한계공제율은 임금이 증가할 때 급여가 얼마나 증가하는지 또는 임금이 증가할 때 세금이
　　얼마나 증가하는지 등을 측정하는 데 이용된다. 이것은 총수입에서 1파운드의 증가분이
　　세금에 영향을 주는지 또는 수급액이나 세금공제의 영향을 주는지 보여준다. 예를 들어
　　'한계공제율 70%'의 의미는 총소득에서 1파운드 증가할 때마다 70펜스씩 세금이나 수급
　　액의 감소를 가져온다. 한계공제율은 '빈곤의 덫'(poverty trap)을 보여주는 한 가지 방법
　　이다(노대명 외, 2014: 189 참조).

<표 11-3> 기존 제도와 통합공제제도의 상이점

구분	기존 제도	통합공제제도
지원대상	실업 빈곤층 (총재산 1만 6천 파운드 이하)	실업 빈곤층 및 근로빈곤층
운영기관	개별 급여 담당기관	노동연금부(DWP)
점감률	급여별 소득기준별 상이	65%
급여신청	고용센터플러스 방문 신청	온라인으로 신청
급여지급	은행계좌를 통해 1~13주 간격으로 지급(급여별 상이)	은행계좌를 통해 매월 급여 지급(후불)[1]
급여상한	X	O
수급자의무	X	O
취업 여부에 따른 급여 제공	X	O

주: 1) 주거비용 직접급여 포함.
자료: GOV.UK 홈페이지(http://www.gov.uk), 2014. 9. 8; 노대명 외, 2014: 194에서 재인용.

다. 기존 제도와 달리 통합공제제도는 지원대상을 근로빈곤층까지 포괄하
면서 운영은 노동연금부가 총괄하였다. 한편 절감률(*withdrawal rate*)은 동
일하게 65% 수준으로 조정되었고 과거 소득지원제도의 절감률보다 낮아
졌다. 그리고 6개의 제도가 노동연금부에서 관리하는 고용센터플러스에서
관리하도록 하여 신청도 이곳에서 가능하도록 하였다. 하지만 온라인 신청
이 더 많이 권장되고 이러한 체계를 갖추기 위하여 빠르게 정책기반을 마
련한바 있다. 급여 지급주기는 1개월 단위로 확장되었고 급여상한과 수급
자 의무조항이 강화되었다.

통합공제의 도입은 처음에는 신규신청자에 대하여 적용하면서 차츰 기
존 수급자도 이 제도로 전환·통합해 나가며 진행되었다. 현재도 이 제도
로의 개편은 지역과 대상을 확대하며 적용 중이다. 아직 기존의 소득연계
고용 및 지원수당과 소득지원제도 수급자 중 적은 수만 통합공제를 신청하
고 있다. 그래서 통합공제의 영향은 작을 것이라 예상된다. 그러나 이 상
황은 지역에 따라 다른데, 특히 잉글랜드 북서지역처럼 이 제도가 먼저 시
작된 지역은 상황이 다르다(DWP statistical summaries, 2013). 제도의 개

편 속도가 당초의 계획보다 늦다는 평가의 이면에는 제도 개편에 대한 부정적 시각이나 우려가 존재한다. 제도 개편이 목적을 이룰 수 있겠는가 하는 부정적 우려와 함께 이 제도가 빈곤층에게 일상의 어려움을 가중시킬 것이라는 비판이 함께 작용하였을 것이라 추정된다.

2. 공공부조제도의 기준과 급여

1) 선정기준선의 변경과 적용[3]

영국에서 각 급여의 설계 및 자격기준 확정은 세부 법령에 따른다. 급여수준 및 기간은 중앙정부가 매년 설정하며 급여 증가분은 평균임금보다는 물가지수에 기반을 두어 산정된다(Finn, 2009). 영국에서 마켓바스켓(*market basket*) 방식으로 계측된 절대적 빈곤선에 기초하여 공공부조인 소득지원의 기준이 산정된 것은 1948년의 일이다. 라운트리(Rowntree)의 전통에 따라 1985년부터 요크대학에서 가계연구소(Family Budget Unit: FBU)에 의거하여 측정되는 '표준가계기준'(*budget standard approach*)은 절대적 빈곤선의 성격을 가지지만 공식적 빈곤선은 아니다. 다만 민간기구의 정책적 압력용으로 활용될 뿐이다.

한번 설정된 소득지원 등 급여기준은 매년 물가수준을 반영하여 조정되는데, 적용하는 지수는 최근까지 여러 차례 변화를 경험하였다. 장기로 보자면 물가지수의 반영은 소매물가지수(Retail Prices Index: RPI)에서 로시(Rossi)지수로 그리고 소비자물가지수(Consumer Price Index: CPI)로 변화하였다. 1992년부터는 소매물가지수에 주택 부문을 제외하고 로시지수

---

3) 이하의 내용은 노대명 외의 연구(2014: 114~115)에서 발췌하였다.

를 적용하여 조정되었다. 로시지수가 선택된 이유는 주택가격의 급등을 지수의 반영에서 제외하기 위함이었다(김문길 외, 2013: 169~171).

하지만 2013년 이후 급여수준은 로시지수가 아니라 소비자물가지수를 기준으로 조정하는 것으로 변경되었다. 장기적으로 이러한 선택은 급여수준에 큰 영향을 미칠 것으로 전망된다. 소비자물가지수가 다른 지수보다 낮은 수준으로 변동하기 때문이다. 소비자물가지수는 기존 지수보다 덜 관대하여 급여동결로 이어지며 실질적 삭감의 효과를 초래한다(Hirsch, 2012: 6). 단, 연금생활자를 위한 지원, 즉 연금공제는 평균임금과 연동하여 평균소득의 60% 선에 근접하는 수준으로 유지된다(Hirsch, 2012: 6). 한 해 부채감축을 위한 목표치 8천만 파운드 중 2014/15년까지 1천 8백만 파운드는 지출삭감에서 달성되었으며 단일 감축 부문으로는 물가지수를 소비자물가지수로 변경한 것이 가장 컸다. 결국 지출의 감축을 위한 중요한 수단으로 매년 급여 현실화의 과정에서 적용하는 물가지수를 변경한 것이라 하겠다.

당연히 지수선택의 변경 이유에 대한 반론이 만만하지 않다. 주거급여 수급자의 경우도 그 급여가 주거비 상승이 반영되지 않은 로시지수를 반영하여 변경되고 있다는 점이 첫 번째 지적이다. 즉, 주거의 상승을 제외한 지수의 선택이 타당하지 않다는 것이다. 둘째, 자산조사급여를 받지 않은 가구를 대상으로 하는 급여의 변동도 소비자물가지수의 반영을 전제로 하는데 이 점도 적절하지 않다는 지적이다(Brewer & Browne, 2014: 4). 즉, 저소득층의 소비를 전제로 한 물가지수의 반영은 다른 여러 급여에 적용할 때 사안마다 타당성을 확보하기 어렵다는 한계를 가진다.

2) 소득지원제도의 선정기준과 급여수준

소득지원제도는 일정 이하의 시간 동안 근로를 하는 저소득계층을 대상으로 한다. 소득지원제도의 적격자는 다음의 5가지에 해당하는 자로 한정된다 (GOV. UK. 2016. 6. 29. 인출).

첫째, 5세 이하의 아동을 돌보는 자 또는 질병이나 장애로 근로할 수 없는 자

둘째, 16세 이상 연금공제 수령연령 사이의 자

셋째, 소득이 없거나 낮고 저축이 1만 6천 파운드 이하인 자(이때 파트너의 소득과 저축도 합산된다). 4)

넷째, 1주일 16시간 이하로 일하고 파트너도 1주 24시간 이하로 일하는 자 (무임의 근로를 하거나 또는 부모휴직의 경우도 해당)

다섯째, 잉글랜드, 스코틀랜드 또는 웨일즈에 거주하는 자

전일(*full day*)로 교육과정(대학은 제외)에 있는 학생으로 16~20세 사이의 연령이고 부모인 자, 부모와 분리되어 거주하거나 또는 영어를 배우는 난민인 경우에는 적격자에 해당된다. 부모와 분리되어 거주하는 사람이거나 고아인 사람은 21세가 될 때까지는 학업이 계속되는 동안 급여가 유지된다. 적격성을 충족하는 데 안정적 주소가 필요하지는 않는다.

단, 다음에 해당하는 자는 수급을 받을 수 없다.

- 구직수당이나 고용 및 지원수당을 수급하는 자
- 한부모가 아니면서 지방정부에 의하여 보호되는 청년

---

4) 저축이 6천 파운드 이상인 자는 그 이상의 저축 250파운드당 일정 액수(1파운드)씩 급여액이 줄어든다.

<표 11-4> 소득지원 급여수준

배우자 유무	연령	주당 최대 급여액
싱글	16~24세	57.90파운드
	25세 이상	73.10파운드
한부모	16~17세	57.90파운드
	18세 이상	73.10파운드
커플	두 명 모두 18세 미만	57.90파운드
	두 명 모두 18세 이하: Higher rate[1]	87.50파운드
	한 명 18세 이하, 다른 한 명 18~24세	57.90파운드
	한 명 18세 이하, 다른 한 명 25세 이상	73.10파운드
	두 명 모두 18세 이하: Higher rate[1]	114.85파운드
	두 명 모두 18세 이상	114.85파운드

주: 1) 커플 중 한 사람이라도 아동을 돌보고 있거나 두 사람이 장애구직수당 소득보조 구직수당 수급
자인 경우 조금 더 높은 수준의 급여를 받음.
자료: https://www.gov.uk/imcome-support/what-youll-get, 2015. 6. 30. 인출.

- 1만 6천 파운드 이상의 저축을 보유한 자, 영국으로 입국하기 위하여 허가가
  필요한 자

그리고 소득지원은 통합공제 또는 고용 및 지원수당과 동시에 수급할 수
없다. 하지만 아동이 있는 가구가 소득지원제도 수급을 신청할 경우 아동
세금공제를 동시에 신청할 수 있다.

소득지원은 일종의 보충적 소득지원제도로서 신청자의 가구의 욕구와
소득 및 저축수준에 따라 급여수준이 결정된다. 소득지원은 순 소득이 정
부가 정한 최저한도의 기준보다 낮은 대상자에게 금전적 보조의 역할을 하
며 배우자의 유무, 연령 등의 기준을 고려해 최고수급 가능액수에서 자신
의 소득을 공제한 나머지를 지원받는다(노대명 외, 2014: 120).

소득지원제도의 급여는 개인기본지불금(Basic Payment)과 추가적 지불금
(Extra Payments)으로 구분된다. 기본급여는 개인수당(Personal Allowance)
으로 적어도 16세 이상의 연령에 속하는 이에게 제공된다(GOV. UK. 2016.

배우자 유무	주당 최대 급여액
싱글	350파운드
한부모	500파운드
커플	500파운드

자료: GOV.UK 홈페이지(http://www.gov.uk), 2016. 4. 29. 인출.

6. 30. 인출). 만약 소득이 전혀 없는 경우 소득지원으로 일주일에 57.90파운드를 지급받을 수 있다(GOV.UK. 2016. 5. 26. 인출).

추가적 지불금은 개인의 상황에 따라 추가적으로 지원되는 현금지원이다. 예를 들어 파트너가 연금수령자이거나 또는 본인이 장애인이거나 가구원을 돌보는 자일 경우 추가적 지불금을 지원받는다. 급여는 2주 단위로 지급되며 연금과 수당 등 모든 급여는 하나의 계좌로 지급된다.

통합공제의 도입으로 소득지원급여를 포함하여, 공공부조 성격의 급여를 합산하여 지원의 상한(*benefit cap*)을 초과하지 못한다. 지원의 상한은 〈표 11-5〉와 같다. 지원상한은 근로소득공제, 장애생활수당(Disability Living Allowance) 등을 수급받는 경우 그 영향을 받지 않는다.

통합공제의 도입으로 급여방식도 변화되었다. 이 제도의 급여에는 주거비지원도 포함되어 주거급여의 경우 수급자가 수급하여 직접 임대인에게 임대료를 지불하여야 하는 방식으로 변화되었다. 이 제도는 기존의 소득지원과 달리 일정 시간 이하의 근로시간 조건이 없다. 오히려 더 많은 시간 동안 일을 하여 임금을 높은 수준으로 올리는 것이 수급자에게 이익이 되도록 설계되었다. 급여는 기존의 소득지원과 달리 1개월에 1회 지원된다. 이러한 지원방식으로 2주에 1회 급여를 지급하던 기존의 소득지원제도보다 수급자의 자기관리의 필요성이 높아졌다. 이러한 이유로 수급자의 자산, 일상 관리에 대한 교육이 강조되는 분위기이다. 그리고 이 제도의 경우 동거인이 있어도 각자 지원을 요청하여야 한다.

3. 공공부조제도의 집행

영국에서 공공부조제도인 소득지원제도와 새로 도입 중인 통합공제제도를 담당하는 중앙부처는 노동연금부이다. 이 제도는 지방정부가 아니라 중앙정부가 직접 그 집행을 책임진다. 일선의 제도를 수행하는 사무소는 고용센터플러스(Jobcentre Plus)이다. 영국은 OECD 국가 중에서도 행정에서 가장 중앙집권적인 국가이다. 통합공제제도와 각종 주요 수당제도의 기획 및 운영 책임을 맡는 중앙기관은 노동연금부이다. 그리고 일선에서 각종 급여와 고용서비스의 복합적 역할을 수행하는 고용센터플러스를 노동연금부가 관리한다(노대명 외, 2014: 145). 고용센터플러스는 활성화정책에 대한 강조와 더불어 급여와 취업지원서비스 제공을 하나의 사무소로 묶어낸 모델이라 할 수 있다.

소득지원과 통합공제 모두 고용센터플러스에 신청한다. 하지만 기관 방문신청보다 온라인 등 유선신청이 권장된다. 이 변화는 재정긴축 및 업무효율성에 대한 강조에서 비롯되었다. 최근 노동연금부 일선기관 인력을 1만 명 감축하는 등 대대적인 재정긴축이 진행되었으며 온라인 및 전화를 통한 급여 신청을 강화하는 등 업무효율성 제고가 추진되었다(노대명 외, 2014: 196). 신청 이후 신청자의 자산조사가 이루어진다. 이 조사에는 신청자의 신청양식을 완성하는 과정이 전제된다. 양식에는 신청자의 가구상황, 경제적 여건을 자세하게 기록해야 한다. 고용센터플러스에서 조사된 내용이 취합되면 급여사무소(Benefit Office)로 전달된다. 급여사무소에서는 선정기준에 따른 적격성 심사 그리고 급여수준 등이 결정된다.

최근 일선의 전달체계에서 가장 중요한 변화 중 하나는 근로를 권고하는 상담의 강화이다. 1999년 복지개혁과 〈연금법〉(*Welfare Reform and Pensions Act*)을 통해 모든 근로가능 연령의 수급자가 수급신청 이전에 근로집중인터뷰에 참가하도록 의무화하였다(노대명 외, 2014: 147). 이러한 역할을 수행하도록 고용센터플러스에 개인상담사를 배치하였고 이는 뉴딜정책과 관련한 중요한 혁신이었다. 이들은 수급자의 근로가능성을 평가하고 구직활동을 도우며 필요한 경우 취업 장애요인의 제거를 위해 외부 계약기관의 지원프로그램에 위탁을 의뢰하기도 한다(노대명 외, 2014: 149). 완전한 취업이 가능하지 않은 수급자이거나 취업의무가 없는 수급자에게는 어떻게 취업을 준비하는지와 취업능력을 높이기 위한 방안에 대해 논의한다(노대명 외, 2014: 151~157).

초기의 개인상담사의 역할에 대한 평가는 긍정적이었다. 일선상담사에 관한 연구결과는 지역사무소에서 이행되는 서비스 전략이 서비스 이용자에게 큰 영향을 미친다는 것을 보여준다. 상담사는 대상자의 자신감을 상승시키며 고용지원에서 요구하는 활동에 참여하는 것의 가치에 대해 설득하고 직업 검색능력을 배양하며 취업지원서 작성에 도움을 주는 등 다양하고 긍정적인 영향을 끼친다. 또한 상담사가 취업우선을 강조하거나 인터뷰 연습을 여러 차례 반복하거나 수급조건에 의한 의무를 강조하며 제재를 적절히 사용한 경우 그 결과가 가장 만족스럽게 나타났다(Hasluck & Green, 2007; White, 2004; 노대명 외, 2014: 169~170). 이러한 배경에서 개인상담사를 통한 상담, 상담을 통한 근로와 취업의 강조는 계속 유지되었다. 소득지원제도의 경우에도 수급자 중 많은 부분을 차지하는 한부모에 대한 근로집중인터뷰는 계속 강화되었다.

통합공제제도에서도 일선 개인상담사의 역할은 매우 중요한데, 수급자의 다수가 청년층임을 고려한다면 개인상담사의 근로를 초점으로 두는 인터뷰의 중요성은 상당 기간 유지될 듯하다. 최근에는 개인상담사에 대한 호칭이 근로코치(work coach)로 변경되었다. 상담이 단순하게 상담으로 그치기보다 그 영향이 좀더 강하게 작용할 것을 염두에 둔 개념이다.

4. 공공부조제도의 현황

소득지원제도의 대상자 규모는 경제·사회적 여건의 변화뿐 아니라 제도 변화의 영향도 받아왔으므로 그 규모가 변화한 원인을 쉽게 이해하기 어렵다. 〈그림 11-1〉을 보면 소득지원제도의 대상자 규모는 1980년대 중반 잠깐 주춤한 것을 제외하고는 1990년대 중반까지 계속 증가하였다가, 이후 계속 감소하였다. 특히, 1990년대 중반, 1999년, 2008년, 2012년에는 크게 감소하였다. 1999년의 장애인지원과 상병수당의 대대적인 정책개편의 영향, 그리고 2008년 소득지원사업 수급자 자격에서 아동의 연령에 대한 강화 등이 영향을 주었을 것으로 짐작된다. 전반적으로 제도의 대상 선정 기준이나 여타의 제도분할이 수급자 규모 변화에 영향을 주었다고 해석할 수 있다. 2012년은 통합공제의 도입 등이 영향을 주었을 것으로 짐작된다.

소득지원사업의 수급자 중 가장 중요한 집단으로 주목되어 이슈를 만들어 내던 집단은 한부모 집단이다. 수급자 중 한부모 규모 변화를 보면 2016년 3월 기준, 지원받는 한부모는 42만 명이다. 이는 2015년 11월 이후 5천 명이 감소한 규모이다. 소득지원제도의 지원을 받는 한부모는 시행 이후 계속 그 규모가 감소하였다(DWP statistical summaries, 2013).

한부모수급자의 변화에 따라 이들을 대상으로 하는 상담규모도 변화했다. 〈표 11-6〉을 보면 근로집중인터뷰의 규모는 2008년 이후 크게 증가했다가 2013년 이후 감소했다. 역시 인터뷰 대상의 기준 변화에 따른 것이다.

반면 통합공제의 수급자 규모는 증가 중이다. 2013년 이후 그 증가속도는 지출규모만으로도 짐작할 수 있다. 2013/14년 6백만 파운드였던 지출은 2015/16년 4억 8천3백만 파운드로 증가하였다. 2016년 수급자는 5월 기준 26만 2,728명이며 2015년 11월 수급자 15만 5,568명보다 10만 7,160명이 증가하였다(DWP, 2015). 제도 개편 초기에 개편된 정책으로의 추진속도가 당초 목표수준에 이르지 못해 저조한 것이라는 비판이 적지 않

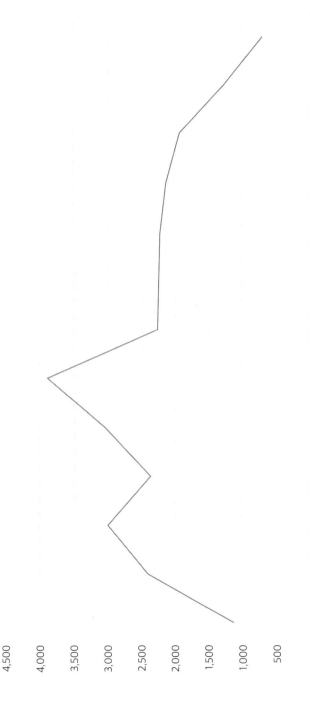

〈그림 11-1〉 소득지원사업 대상자 규모 변화

자료: DWP(2016) Budget 2016: Expenditure and Caseload forecasts(http://www.gov.uk/govement/uploads/system/attachment_data/file/524240/outturn-forecasts-budget-2016), 2016. 6. 16. 인출.

<그림 11-2> 소득지원수급 한부모의 규모변화

(단위: 천 명)

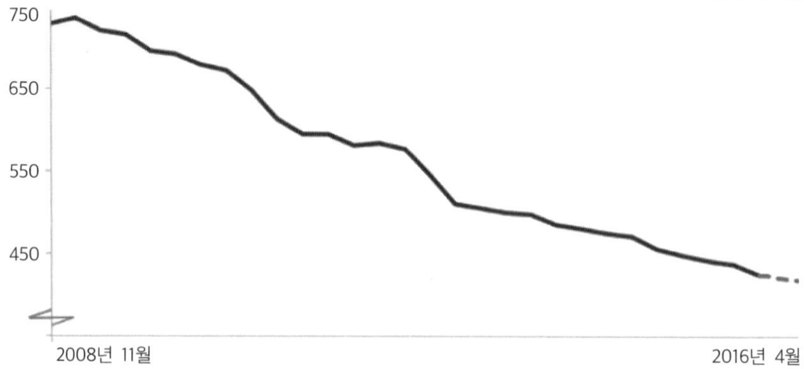

자료: https://www.gov.uk/government/collections/dwp-statistical-summaries, 2016. 6. 20. 인출.

<표 11-6> 소득지원제도 한부모수급자의 근로집중인터뷰 참여 건수

연도	건수
2004/05	703,300
2005/06	907,000
2006/07	955,900
2007/08	1,107,200
2008/09	1,339,500
2009/10	1,351,800
2010/11	1,292,000
2011/12	1,015,000
2012/13	668,400
2013/14	588,500
2014/15	652,400
2015/16(2015년 12월까지)	481,100

자료: Anyaegbu, 2016. 5b: 7.

앉음을 고려하면 이러한 변화는 통합공제의 향후 전망에 관해서 다소 조심스러운 해석이 필요하다고 판단된다.

통합공제제도의 확대 시기는 계획과 다르게 늦춰지고 있으며 2015년 후반기에 실행을 촉진하여 2018년까지 도입완료를 계획 중이다. 만약 모든 전환이 이루어진다면 1천1백만 명의 성인이 통합공제를 신청할 것이며 이중 약 5백만 명이 저임금 또는 시간제근로자일 것일 것으로 추정된다. 그리고 1백만 명 정도는 임금상승을 기대하는 근로자일 것으로 추정하고 있다. 영국 근로자의 6명 중 1명은 통합공제를 수급할 것이라는 예측이다(OECD, 2014; 노대명 외, 2014: 194~195에서 재인용).

〈표 11-7〉 통합공제 지출

(단위: 백만 파운드, 명목)

	2013/14	2014/15	2015/16
전체	6	56	483
복지지출 총량(Welfare Cap) 내	1	6	40
복지지출 총량 외	5	51	444

자료: DWP, 2016.

〈표 11-8〉 소득지원제도 한부모수급자의 제재규모 및 비율 변화

연도	제재 수(명)	해당 수급자 수(명)	제재의 비율
2004/05	31,600	31,000	2.7%
2005/06	53,900	52,000	4.6%
2006/07	65,200	62,200	5.6%
2007/08	79,800	74,600	6.8%
2008/09	93,700	84,500	7.8%
2009/10	85,100	75,900	7.2%
2010/11	76,400	68,700	7.0%
2011/12	62,000	56,200	6.4%
2012/13	48,400	44,600	5.4%
2013/14	42,900	39,600	5.6%
2014/15	43,800	39,600	6.0%

자료: Anyaegbu, 2016. 5: 11.

수급자의 구성을 보면 수급자 중 고용상태의 수급자는 40% 정도로 낮지 않은 수준이다(DWP, 2016. 6: 1). 연령과 성별로 통합공제 수급자의 구성을 보면 2016년 5월 기준으로 20~24세 남성이 19%에 이른다. 다음이 25~29세 남성이다(DWP, 2016. 6: 5). 통합공제의 전체 수급자 중 청년의 비율이 높다는 점을 확인할 수 있다.

제재규모는 수급자의 규모에 따라 변하지만 그 변화 폭은 더 크다. 제재의 비율을 보면 제재가 2004년 이후 2009년까지 강화되어왔음을 짐작하게 한다. 2010/11년 이후 제재의 수는 근로집중인터뷰의 빈도가 증가한 것으로부터 영향을 받을 것으로 보인다. 그리고 2008년 이후 한 수급자가 여러 번 재재를 받는 경향이 있는 것으로 추정된다(Anyaegbu, 2016. 5: 13).

5. 공공부조제도의 성과와 이슈

최근 영국의 공공부조제도와 관련된 이슈는 단연 통합공제제도로의 전환이 성공적인가에 집중된다. 통합공제제도로 개편이 이루어진 후 이에 대한 다양한 평가와 전망이 이어졌으나 아직은 주로 공공부문에서 주도한 성과에 대한 기록이 더 많다. 제도에 대한 비판적 평가는 아직 개편 후 충분한 시간이 지나지 않아 우려 수준의 전망에 그쳤다.

정부는 조사를 통하여 통합공제제도로 개편한 이후 신청자의 85%가 온라인 신청서식을 완성할 수 있었고 80%는 도움이 없이 이를 작성할 수 있었다고 평가하였다. 단, 주거비용을 기록하여야 하는 신청자의 경우는 혼동하는 경향이 있었다고 언급하였다(DWP, 2015. 12: 8~9). 이 평가로 보면 개편으로 신규신청자의 신청상 어려움이 그리 크지 않다고 볼 수 있다. 그리고 제도에 대한 이해도도 비교적 높아 신청자의 대다수는 통합공제제도의 조건과 이점을 이해하고 있다고 평가하였다. 단, 소수이기는 하지만 일부는 일할수록 이롭다는 점을 잘 인지하지 못하여 복지에 대한 의존현상이 잔존한다고 보고하였다(DWP, 2015. 12: 13~23).

　새로운 전달체계에 대한 성과분석은 과거에도 긍정적인 것으로 보였다. 고용센터플러스 등 전달체계의 신모델을 평가한 연구에 따르면, 신모델이 근로가능 수급자 수를 줄이는 효과가 있을 뿐만 아니라 노동공급의 효과성을 높이기도 한 것으로 나타났다. 탈수급은 전달체계 개편 이전과 비교하여 매년 4만 명 이상으로 증가하였다. GDP에 대한 순 기여(*net contribution*)는 다양한 방법으로 측정되며 어떠한 경우라도 고용센터플러스의 도입이 자체 운영(*self-financing*)보다 나은 것으로 밝혀졌다(Riley et al., 2011; 노대명 외, 2014: 151~152에서 재인용).

　통합공제제도로의 개편에서 가장 중요한 정책목표는 복지의존을 줄이고 수급자의 근로활동을 강화하는 것이다. 따라서 개편의 성공 여부에 대한 평가는 수급자의 근로와 관련된 변화에 초점이 맞춰진다. 통합공제제도가 도입된 이후 시간이 경과하면서 기존의 구직수당과 비교하여 수급자의 추가근로와 소득향상의 동기가 더 높아졌다고 평가했다. 이 주제에 대한 연구 중 비교적 정교한 설계에 기초한 한 조사의 결과가 공개되었다. 통합공제와 구직수당 신청자의 신청일(첫 조사는 2014년 11월 27일에서 12월 23일 사이에 진행되었다) 이후로 5.5주가 지나 조사를 수행하고 3개월 이후 다시 동일 대상에게 재조사를 실시한 결과, 재조사에서 통합공제 신청자의 변화가 구직수당 수급자 변화와 상이했다. 주 30시간 이하로 근로하는 통합공제 수급자 중 근로시간을 늘리려고 하는 수급자의 비율(86%)과 소득을 향상시키려 하는 수급자 비율(77%)이 주 30시간 이하로 근로하는 구직수당 수급자의 해당 비율(38%, 51%)보다 더 높은 것으로 나타났다(DWP, 2015. 12.: 43~44).

　아직 복지개혁의 결과에 대한 분석이 많지 않지만 긍정적 평가에 못지않게 우려의 목소리도 많다. 아고스티니와 그의 동료의 연구(Agostini, Hills, & Sutherland, 2014)에 따르면 2010년 이후 2014/15년까지의 개혁의 영향은 부정적 측면이 적지 않다. 우선 제도 개편의 영향을 추정한 결과, 재정부채에 대한 개편의 영향은 모호했으나 수급자에 대한 영향은 상대적으로 분명하게 나타났다. 한부모나 가구규모가 큰 가족에게는 부정적이고 맞벌이 가족이나 50대 수급자에게는 긍정적이었다. 그리고 극빈층이 빈곤층 중에서도 더 크게 부정적 영향을 받는다고 평가했다(Agostini et al., 2014: 5~6).

통합공제제도 시범사업이 진행되는 동안에도 유사한 우려 · 추정은 진행 중이다. 영국의 중요한 연구조직인 라운트리재단(Joseph Rowntree Foundation)과 레졸루션재단(Resolution Foundation)은 각기 아동이 있는 빈곤가정의 어려움이 가중될 것을 우려한바 있다(Hirsch & Hartfree, 2013; Cory, 2013; 노대명 외, 2014: 204에서 재인용).

통합공제제도로의 개편에서 또 다른 쟁점은 지방정부의 정책에 대한 조정 가능성이다. 지방세 보조와 같은 지방의 지원제도가 대표적으로 통합공제제도의 목적 중 하나인 제도의 단순화 · 단일화를 어렵게 한다. 지방세 보조혜택은 연립정부 이전부터 존재하던 제도인데, 2013년에서 2014년 사이 지방정부에게 자체적인 자산조사권을 위임하여 지방정부가 운영해오도록 한 지원제도이다. 탈중앙화된 제도는 통합공제제도 아래 통합되기 어렵고 통합공제제도의 의미를 약화시키고 있다. 겔라니와 스티들(Ghelani & Stidle, 2014: 69; 노대명 외, 2014: 204~205에서 재인용)은 2013년, 더 많은 가구가 자산조사 기반 급여와 세금공제보다 지방세 보조제도를 이용했다고 분석했다(노대명 외, 2014: 204~205).

최근 영국의 복지개혁을 "위험한 삭감", 거의 "복지국가의 재구조화"로 해석하기도 한다(Taylor-Gooby, 2012; 노대명 외 2014: 203에서 재인용). 영국정부는 공공주택, 아동보호, 지방정부의 서비스 등 연금을 제외한 거의 모든 급여의 삭감을 시도하였으며 보건과 교육에도 지속적인 압박을 가했다. 이러한 맥락에서 공공부조제도의 개편도 해석되고 지켜보는 입장이 만만하지 않다(노대명 외, 2014: 203~204).

■ 참고문헌

국내 문헌

김문길 외(2013). 《OECD 주요국의 공공부조제도 발전과정과 최근 주요 이슈》. 기획
　　재정부, 한국보건사회연구원, 한국경제사회발전연구원.

노대명·이현주·임완섭·전지현·김근혜·박광준·고이시　노리마치·Finn,　D.·
　　Lunt,　N.·Hudson,　J. (2014). 〈각국 공공부조제도 비교연구: 영국편〉(연구
　　보고서 2014-10-1). 세종: KiHASA(한국보건사회연구원).

Finn,　D. (2009). "영국의 활성화 정책". 〈국제노동브리프〉, 7권 10호, 38~54.

해외 문헌

Anyaegbu,　G. (2016. 5). Income support lone parents regime: Official statistics:
　　Quarterly official statistics bulletin. *DWP, 13.*

＿＿＿(2016. 5). Income support lone parents regime: Official statistics: Quarterly
　　official statistics bulletin. *DWP, 5.*

Agostini,　P.　D.,　Hills,　J.,　& Sutherland,　H. (2014). *Were We Really All in It
　　Together?: The Distributional Effects of the UK Coalition Government's Tax-Benefit
　　Policy Changes* (working paper 10). London: CASE.

Brewer,　M.,　Browne,　J.,　& Jin,　W. (2011). *Universal Credit: A Preliminary
　　Analysis.* London: Institute for Fiscal Studies.

Cory,　G. (2013). *All Work and No Pay.* London: Resolution Foundation.

Hirsch,　D.　& Hartfree,　Y. (2013). *Does Universal Credit Enable Households to Reach
　　a Minimum Income Standard?.* York: Joseph Rowntree Foundation(JRF).

Taylor-Gooby,　P. (2012). Overview: Resisting welfare state restructuring in the
　　UK. *Journal of Poverty and Social Justice, 20*(2), 119-132.

기타 자료

Brewer,　M. (2009). How do income-support systems in the UK affect labour force
　　participation?. IFAU Working Paper 2009, 27.

Blundell,　R.,　& Brewer,　M. (2000). Tax and benefit reform in the UK: Making
　　work pay. Draft Peer Review for the European Commission.

Department for Work and Pensions (2010). Universal credit: Welfare that work. London: Department for Work and Pensions.

＿＿＿(2015). Universal credit: Monthly experimental official statistics to 3rd December 2015.

＿＿＿(2015. 12). Universal credit extended gateway evaluation. 8~9.

＿＿＿(2016). Budget 2016: Expenditure and caseload forecasts.

＿＿＿(2016. 6). Universal credit statistics.

Hasluck, C. & Green, A. E. (2007). What works for whom?: A review of evidence and meta-analysis for the DWP. Research Report No. 407, Department for Work and Pensions, London.

HM Revenue & Customs (2010). Budget 22 june 2010: Benefits and tax credits.

Ghelani, D. & Stidle, L. (2014). Universal credit: Towards an effective poverty reduction strategy. Policy into Practice, JRF.

Riley, R., Bewley, H., Kirby, S., Rincon-Aznar, A., & George, A. (2011). The Introduction of Jobcentre Plus: An Evaluation of Labour Market Impacts (Research Report No. 781). London: Department for Work and Pensions.

White, M. (2004). Effective job search practice in the UK's mandatory Welfare-to-Work Program for youth. Policy studies institute research discussion papers, London.

Burchardt, T. (1999). The evolution of disability benefits in the UK: Re-weighting the basket. CASE, 26, 6~7. https://eprints.lse.ac.uk/6490/I/The_Evolution_of_Disability_Benefits_in_the_UK_Re-weighting_the_bas.

DWP statistical summaries (2013). https://www.gov.uk/government/collections/dwp-statistical-summaries. 2016. 6. 20. 인출.

GOV.UK. https://www.gov.uk/imcome-support/eligibility. 2016. 6. 29. 인출.

＿＿＿. https://www.gov.uk/income-support/overview. 2016. 5. 26. 인출.

＿＿＿. https://www.gov.uk/imcome-support/what-youll-get. 2016. 6. 30. 인출.

＿＿＿. https://www.gov.uk/government/collections/dwpstatistical-summaries. 2016. 6. 20. 인출.

제 **3** 부   의료보장 및 사회서비스

12

보건의료제도*

1. 머리말

좋은 의료제도(*good health system*)란 무엇일까? 환자가 필요한 서비스를 장애 없이 이용할 수 있는, 또는 의료서비스 이용이 불필요할 정도로 국민을 건강하게 하는 의료제도를 좋은 의료제도라고 할 수 있을까? 2차 세계대전 이전, 영국의 국민보험은 제한적이었으며 자발적 보험은 다양했고 자선보호 및 공중보건서비스가 혼합되어 있었다. 이후 영국은 전문가들의 반대를 극복하며 1948년 국가주도의 국민건강서비스(National Health Service: NHS) 설립에 성공했다. 이러한 성공은 주요 이해 관계자들에게 주요한 양보를 할 용의가 있으며 승리한 정당에 큰 통제력을 부여하는 정부 의회제도의 탁월한 리더십 덕분이었다. 이후 NHS는 전 세계적으로 필적할 만한 기본 모델 중 하나가 되었으며 많은 국가에게 원래 형태와 현재

---

* 이 글은 2012년 《주요국의 사회보장제도: 영국》(한국보건사회연구원, 2012)에서 필자가 작성한 "제3부 제1장 의료제도"를 수정 보완한 것이다.

의 구조조정 방식 모두에서 보건의료 부문의 개혁을 위한 여러 가지 교훈을 제공했다(Light, 2003).

이러한 국민건강서비스 설립과 운영의 가장 큰 걸림돌로 의료재정이 지적된다(Karanikolos et al., 2013). 또한 한 국가의 의료제도는 재정뿐만 아니라 정부정책과 의료시장 자유화 등과 같은 거시적, 미시적 정책요소가 영향을 미쳐 다양한 변화가 가능하다(Holmes, 2013; Tallis & Davis, 2013). 이와 같은 측면에서 영국의 NHS는 지난 30년간 정권변화에 따라 많은 변화가 있었다. 그러나 의료는 국민 모두 무료로 이용해야 한다는 기본원칙이 토대가 되었으며 사회·경제·정치적 환경에 따라 변화되었다.

한편 2010년의 재정 위기와 건강결과 향상을 위한 NHS 제도개혁(Equity and Excellence: Liberating the NHS), 2012년의 〈보건 및 사회복지법〉 (*Health and Social Care Act*)에 따라 NHS 설립 이래 가장 혁신적 변화라 일컬어질 정도의 대대적인 구조개혁이 진행 중이다(Appleby, Thompson, & Jabbal, 2016). 그럼에도 불구하고 2015년의 국민의 NHS 제도 만족에 대한 조사보고서에 따르면 대다수의 영국민이 여전히 NHS 제도 아래 이용할 수 있는 서비스의 품질과 범위에 대해 긍정적이며, 높은 만족 수준을 보였다. 또한 NHS는 설립 초기부터 재원조달, 제도운영, 최근 관심이 증대되고 있는 보편적 의료보장(Universal Health Coverage: UHC)[1] 등의 측면에서 혁신적 의료정책 수립과 집행, 평가를 계속하였다.

---

1) 보편적 의료보장은 건강을 기본권으로 포함한 세계보건기구(World Health Organization: WHO)의 알마아타 선언을 기반으로 두며 모든 인류가 진료비 걱정 없이 의료서비스를 누릴 수 있도록 하는 데 그 목적이 있다. 보편적 의료보장을 국가차원에서 도입하느냐, 그렇지 못하느냐는 국민건강에 직접적 영향을 미친다. 또한 보편적 의료보장은 의료서비스의 접근성 보장을 통해 국민의 생산성을 증진한다. 본인부담 의료비 발생 시 재정적 부담을 낮춰 재난적 의료비 발생으로 인한 가구의 빈곤화를 방지하기도 한다. 따라서 보편적 의료보장은 지속적 발전과 빈곤층 및 사회적 불균형 감소를 위한 필수적 요소로 인식된다.

이러한 점에서 앞서 기술한 바와 같이 "좋은 의료제도"의 기준으로 포괄적 의료서비스 제공과 무료 의료서비스 이용, 의료제도 운영에서의 정부의 역할 등과 관련하여 영국의 경험을 이해하는 것이 매우 가치 있다고 본다.

이에 이 장은 영국의 보건의료제도의 주요특징을 간략히 기술하였다. 이를 위한 주요내용으로 우선 의료제도의 원칙과 특징을 소개하였고 이어서 관리 운영체계(재원조달, 제도 및 조직 등)를 기술하였으며 마지막으로 향후 제도변화의 함의와 향후 전개방향을 기술하였다.

2. 원칙과 특징

영국정부는 전통적으로 빈곤과 사회취약계층에 관심을 두었다(Bump, 2015). 영국 의료보장제도는 1911년 국가보건의료 보험제도 실시 이후 현재의 국민건강서비스(National Health Service: NHS) 제도로 변화되었다. 특히, 1942년 영국 의회에 제출된 〈베버리지(Beveridge) 보고서〉인 "사회보험과 관련 서비스"(Social Insurance and Allied Services)는 국가 차원에서 의료서비스가 모든 국민에게 제공되어야 한다고 역설하였다. 또한 이 보고서는 "국민에 의하여 요구되는 모든 의료서비스가 보건부 산하의 국가보건의료서비스(national health service) 조직에 의하여 제공될 것"이라고 선언하였다(Heys, 2012).

이를 통해 NHS 제도의 도입이 이전의 자선체제의 현금급여 제공에서 건강서비스급여 제공으로 변화되었다고 볼 수 있다(Fox, 1985). 이와 더불어 NHS 제도의 도입초기에 가장 중요하게 논의되었던 사안은 재원조달모델의 혁신이었다. 1946년 잉글랜드에서는 NHS 제도의 설립이념으로 "보건의료제공의 형평성"을 강조하였다. 1948년부터 시작된 이 제도는 지역주민이 1차 보건의료서비스를 이용할 때 일반의(General Practitioner: GP)를 통한 포괄적 의료서비스를 제공받도록 하며 모든 사람이 이를 이용할 수 있도록 권리를 보장하고 지불 능력과 상관없이 필요한 의료를 제공받도록 운영되었다. 즉, NHS 제도의 핵심원칙은 무상 의료서비스 제공, 서비스의 보편성 및 포괄성이라 할 수 있으며 이는 지금까지 지속되고 있다. 또한 이러한 의료제도의 운영을 위해 관련 서비스 제공에 필요한 재원과 공급자는 (일부 민간 부문을 제외하고는) 대부분 공공 부문에 의존한다. 따라서 보건의료 제공에 대한 정부의 개입 정도는 다른 나라보다 상당히 높다(Ham, 1996).

3. 관리 운영체계

1) 적용대상

영국의 모든 법적 거주자는 NHS 제도의 급여대상이 될 수 있다(Department of Health, 2015). NHS는 영국에 거주하는 개인에게 다양한 혜택을 제공한다. 유럽경제지역(European Economic Area: EEA)의 주민도 국가 간 협약에 따라 의료이용에 대한 자격이 인정된다.[2]

영국 내에서 국적이나 세금납부, 국민보험 기여, 일반의(GP) 등록, 영국 내 NHS 번호 소유 또는 부동산 소유 여부와 무관하게 일반거주자는 NHS를 이용할 수 있다. 해외방문객 및 불법이민자는 예외적 경우(응급치료, 어린이 돌보기 및 전염병치료)를 제외하고는 일반적으로 NHS 서비스를 받을 자격이 없다. NHS 제도에서 공적 재정지원을 받는 복지혜택은 포괄적이지만 명확하게 정의되지는 않고 지역적 다양성을 보인다.

---

2) 관련 자료를 참고하라(https://www.gov.uk/guidance/status-of-eu-nationals-in-the-uk-what-you-need-to-know).

사용자 부담금은 안과진료, 대부분의 치과진료 및 외래환자 처방뿐만 아니라 특정 서비스에도 적용된다. 어린이, 65세 이상의 지역주민, 임산부, 만성질환자 및 일부 저소득자를 위해서는 처방료 면제제도가 있다. 스코틀랜드, 웨일즈 및 북아일랜드는 의약품의 처방전비용을 폐지했지만 잉글랜드는 2015년 처방전당 8.2파운드를 유지하고 있다.

2015년 4월부터 변경되어 시행되는 NHS 관련 사항으로, 해외로부터의 이주자, 방문객 및 이전의 영국거주자는 의료이용 시 비용을 부과하게 되었다. 이로 인하여 관련 의료기관은 이들로부터 추가적 수입을 올릴 수 있게 되었다. 치료비용은 그들의 거주지역에 따라 방문자와 전 영국거주자에게 다르게 부과된다. 이전 영국거주자를 포함하여 EEA 외부에 거주하는 사람은 면제가 적용되지 않는 한 개인건강보험이 적용되는지 확인해야 한다. 보험이 없는 사람은 NHS 서비스 이용 시 정부 수가의 150%를 부과한다. 그러나 급성 및 응급의학과 및 일반의의 치료서비스는 이들에게 현재와 같이 무료로 제공된다.

2) 급여

NHS는 대상자에 대한 급여(Benefit)[3]로 포괄적 보건의료서비스를 제공하지만 영국 전역으로 보면 특정 서비스에 대한 범위는 지역적 차이가 있다. 2009년의 〈국민건강서비스법〉은 "모든 합리적 요구나 수요에 대한 충족 정도"를 보건부 장관의 책임으로 규정하였다. 이와 같은 〈NHS 잉글랜드법〉은 NHS를 위해 일하는 사람과 이용자에게 일련의 권리를 규정했지만 내용의 대부분은 이미 확립된 법률과 권리를 재확인하는 정도이다.

---

3) 관련 자료를 참고하라(https://www.england.nhs.uk/ourwork/tsd/data-info/infost-and/benefits).

이 원칙에 따르면 대부분의 서비스는 사용 시점에 무료로 제공되지만 일부 비용부담(예: 치과진료 및 의약품) 또는 직접지불(대부분의 사회복지)의 대상이 되는 서비스도 있다. 잉글랜드 지역의 NHS만 약제 처방비용을 부과한다. 또한 특별보건당국 중 하나인 국립임상개선위원회(NICE)는 급여 내용의 기준을 마련하였다. 이 기구는 NHS가 어떠한 서비스를 누구(전 국민, 일부 환자에게)를 대상으로 제공할 것인지를 보건부장관에게 권고한다. 평가위원회(Appraisal Committee)[4]는 특정기술의 비용과 편익분석을 기반으로 이를 결정한다. 이 과정을 통하여 보건당국은 합리적 의사결정을 할 수 있다. 1차 보건의료조직인 1차 의료트러스트(Primary Care Trust: PCT)[5] 등은 지역주민과 환자의 급여에 관한 결정을 하며 이는 임상위탁그룹(Clinical Commissioning Groups: CCG)으로 대체되고 있다.

3) 재원조달

(1) 조세

잉글랜드의 NHS는 주로 일반조세수입이 재원으로 운영되며 그 액수는 매년 정해지고 따로 목적세를 거두지는 않는다. 의료재원을 구성하는 비중에서 조세수입이 차지하는 비중은 1949년의 100%에서, 이후 1970년대부터 2000년 초반까지는 85% 내외로 유지하였고, 2010년 이후에는 80% 정도로 유지하고 있다. 또한 그다음으로 많은 것은 연금과 상병수당, 출산수당 등 현금급여를 하는 국민보험기여금(National Insurance Contributions: NIC)으로부터의 보조금이다. 1960년의 13.6%에서 2000년 이전까지 12% 내외를

---

4) 관련 자료를 참고하라(http://www.nice.org.uk).
5) 2012년 〈보건 및 사회복지법〉이 도입되기 전까지 1차 의료트러스트는 영국 NHS의 기획과 구매를 담당하였다. 1차 의료트러스트는 NHS의 대표적 조직으로서 지역의 1차 의료서비스 공급과 2차 의료서비스 구매를 담당한다.

유지하였고 2000년 초부터는 20%까지 증가 후 2006년 이후에는 약 18% 내외의 수준을 유지하고 있다. 환자 본인부담금은 1960년에 5%였으며 이후 지속적으로 감소하였고 2000년까지 약 2% 수준을 유지하였다. 이후 2010년부터 약 1.2%를 차지하고 있다. 2013년 자비부담금은 총의료비의 9.3%를 차지하고 민간 의료보험은 다른 형태의 민간 지출에서 오는 5% 미만인 2.8%를 구성한다(Hawe & Cockcroft, 2013).

대부분의 세금수입은 영국 전역의 소득세, 부가가치세, 법인세 및 소비세(연료, 주류 및 담배)를 포함하며 세입 및 세관(Her Majesty's Revenue and Customs: HMRC)이 거둔다. 세금은 일반적으로 특정목적을 위해 지정되지 않고 HMRC는 일반세금 외에도 영국의 모든 고용주, 직원 및 자영업자의 근로소득에 대한 국민보험기여금을 징수한다. NHS 제도하에서의 치료는 국민보험기여금에 달려있지 않지만 국민보험기여금의 약 10%가 NHS 재원지원에 배정된다(Boyle, 2011).

북아일랜드, 스코틀랜드, 웨일즈는 바넷(Barnett) 수식에 의해 결정되는 블록 교부금으로 재무부로부터 재원을 수령한다. 스코틀랜드 의회(Scottish Parliament)는 그동안의 정치적 투쟁 결과로 독자적 세금인상 결정능력을 얻었지만 이를 사용하지 않는다.

(2) 민간의료보험료

민간의료보험(Private Medical Insurance: PMI, Voluntary Health Insurance: VHI)은 개인이나 고용주가 구매하며 보험료는 단체 및 개인보험의 약관에 따라 부과된다. 보험료에 대한 규제는 없다. 2013년 민간보험은 총의료비 지출의 2.8%를 차지하였다. 2014년 민간의료보험 가입자는 영국국민의 약 11%로 2008년의 12.4%보다 감소하였다(Arora, Charlesworth, Kelly, & Stoye, 2013). 2011년 민간보험 가입자는 4백만 명이었으며 이 중 18%는 개인이, 82%는 고용주에 의하여 가입되었다(King's Fund, 2014). 보험회사는 보험 적용범위, 고정가격 또는 초과요금 정책, 보험사가 취하는 위험 및 성격, 보험사 이익과 관련된 부담금 등을 기준으로 보험료를 부과한다(Boyle, 2011).

건전성감독원(Prudential Regulation Authority: PRA)[6]은 금융기관을 규제하며 금융문제에서 민간보험회사의 전반적 규제를 담당한다. 또한 보험사가 보험가입자에게 적절한 의료보장을 제공하는지를 감독한다. 이는 보험사 간 효과적인 경쟁을 유도하여 기관의 안정상과 건전성을 향상시키는 것을 목적으로 한다. 금융업무행위감독청(Financial Conduct Authority)은 관련 시장이 잘 작동하게 하고 소비자가 공정하게 대우받게 하여 소비자를 보호한다.

(3) 이용자부담

NHS는 이용 시점에서 대부분 무료지만 경우에 따라 환자는 비용을 부담(NHS에서 비용 및 서비스를 제공하지만 비용분담이 필요한 경우)하거나 직접지불(NHS가 보장하지 않는 서비스 또는 사적 치료)을 해야 한다. 그러나 아동, 65세 이상의 연금대상자 및 저소득자 등 특정 대상자는 일부 공동부담금을 상환받거나 비용이 면제된다. 이는 영국 전역에서 동일하지는 않다.

비용분담(사용자요금)의 경우 중 하나인 NHS 치과진료는 특정 인구집단에게는 면제되지만 영국 전역에서 비용이 부과된다. 잉글랜드와 웨일즈에는 NHS 치과치료 비용을 충당하기 위한 3단계 부담 밴드시스템이 있다. 스코틀랜드와 북아일랜드의 환자는 치료비용의 80%를 지불한다. 잉글랜드의 NHS 처방료는 2014년 4월 1일 현재 8.2파운드라는 일정 비율로 정해져 있다. 면제대상은 16세 미만의 어린이와 65세 이상의 연금수령자를

---

6) 영국의 〈금융서비스법〉(*Financial Services Act*, 2012)에 의하여 잉글랜드은행(Bank of England, 영국 중앙은행) 산하 건전성감독원(Prudential Regulation Authority: PRA)을 설립하였다.

포함하여 광범위하다. 2012년, 전체 인구의 약 90%의 처방전은 무료로 발행되었다. 북아일랜드, 스코틀랜드, 웨일즈는 모두 처방전 비용을 폐지했다(O'Neill, McGregor, & Merkur, 2012; BBC, 2014).

직접지불의 경우 중 하나인 기본 안과서비스는 일반적으로 NHS에서 보장하지 않는다. 스코틀랜드의 모든 사람과 잉글랜드, 북아일랜드 및 웨일즈의 어린이 및 수급자와 같이 특정 자격이 있는 사람은 무료 시력검사를 받을 수 있다. 자격이 있는 환자는 교정용 콘택트렌즈 또는 안경의 비용을 보조하는 이용권(voucher)을 얻을 수도 있다. 처방전 없이 구입할 수 있는 의약품(OTC Drug)은 직접 구매하며 NHS의 급여대상이 아니다. 환자가 타 지역에 있는 의료기관으로 의뢰되는 경우나 저소득과 관련된 다른 조건을 충족하는 한, NHS에 속한 의료기관과의 약속을 잡기 위해 소요된 여행경비는 상환될 수 있다.

2011년 초 딜노트 위원회(Dilnot Commission)는 영국의 사회보장에 관해 권장사항을 제시했으나 아직 제도가 변화하지는 않았다. 딜노트 위원회는 사회보장비용에 대한 상한선을 3만 5천 파운드로 권고했지만 정부는 상한선을 7만 5천 파운드(BBC, 2013)로 결정했다. 지방당국은 이 기금을 제공하는 역할을 담당한다. 연금자, 16세 미만 아동, 정규교육을 받는 19세 이하 젊은이, 저소득 성인 및 특정 안과 질환이 있는 성인은 일반적으로 필요에 따라 안과검사 시 사용자에 부가되는 요금이 제외된다. 안과검사 비용은 약 10~20파운드이며 특정 그룹에게는 안경을 구매할 수 있는 NHS 이용권이 주어지지만 개별적으로 부담하여야 한다.

4) 지불보상제도와 개혁

병원으로부터 커미셔닝(commissioning, 즉 구매·위탁)한 서비스에 대한 잉글랜드의 지불보상방법은 스코틀랜드, 웨일즈, 북아일랜드와 동일하게 유지하고 있다. 그러나 2003년부터 잉글랜드는 중앙정부의 정책에 따라 결과에 따른 보상제(Payment by Results)를 도입하여 동일한 병원서비스에 대한 지불제도에 주요한 변화를 시작하였다.

의료인력에 대한 다양한 지불 시스템도 개혁되었다. 일반의(GP), 컨설턴트(병원 전문의), 주니어 의사, 다른 NHS 직원, 치과의사 및 약사에 대한 직종 계약은 2003년과 2004년 영국 전역에서 일부 변화를 보였으나 대부분 비슷하다.

또한 구매자-공급자 분리는 잉글랜드의 NHS 제도하에 지속되고 있다. 1991년 보수당정부가 설립하여 1997년에 노동당정부가 조정한 내부시장은 2012년 영국의 〈보건 및 사회복지법〉에 따라 강화되었다. 이 법에 따라 기존의 보건의료서비스 계약과 지역조직(PCT, SHA)이 폐지되었고 NHS 위탁위원회(NHS Commissioning Boards)와 일반의(GP) 계약 컨소시아(Consortia)가 설립되었다. 후자의 경우, 기존의 시스템보다 기획 및 의사결정에 있어 지역 임상의사인 일반의(GP)를 중심에 둔다. 이에 따라 NHS는 높은 질적 서비스 제공을 위해서 자원사용에 대한 책임과 권한을 2013년 새롭게 조직된 NHS 임상위탁그룹(Clinical Commissioning Group: CCG)에 부여하였다. 이 조직은 위임된 관련 재원과 자원을 배분하고 1차 의료서비스 같은 특정 서비스 제공에도 관여한다. 7)

또한 이 새로운 조직은 NHS 제도하에 제공되는 일부 치료서비스에 조언을 제공하는 임상네트워크(Clinical Networks)를 구성하고 위탁계획에 관해 임상적 조언을 제공하는 임상의회(Clinical Senates)를 주도한다. 이러한 제반 활동은 해당 지역주민의 의료수요를 파악해 이에 부합하는 보건의료서비스를 계획 및 구매하기 위한 지렛대 역할로 볼 수 있다. 이러한

---

7) 2013년 4월부터 PCTs는 일반의가 주도하는 조직인 200여 개의 임상위탁그룹(Clinical Commissioning Groups: CCG)으로 대체되어, 일반의가 필요하다고 생각하는 병원치료비용을 지불할지의 여부를 결정한다.

NHS의 개혁은 서비스 제공자 간의 경쟁을 유도하고 서비스 제공결과를 평가하며 성과에 따른 지불을 보상하는 등 시스템 관리 운영방식을 도입함으로써 제공 서비스의 품질을 개선하는 수단으로 활용되고 있다.

NHS 잉글랜드는 4개 권역 팀(북, 중부 및 동부, 런던 및 남부)과 27개 지방 팀(Local Area Teams: LAT)을 통해 그 책무가 수행된다. 27개 지방 팀 중 10개 팀은 전문서비스에 대한 책임을 지고 일부는 이러한 관련 업무의 위임자 또는 영향력을 가진 그룹에 책임을 진다. 이에 따라 권역 팀과 지역 팀에 대한 감독기능도 중요해졌다. 이 팀은 또한 중앙정부와의 중요한 연결 고리를 제공한다. 중앙정부와 NHS 잉글랜드 팀과의 소통이 개선된다면 국가적 전략 및 추진 정책방향과 실질적 지역 의료서비스 전달 간의 격차 감소에 기여할 것으로 기대된다(England NHS, 2014).

감독기구인 모니터(Monitor)는 지역의 공공 및 민간의료서비스 제공자가 관련 규칙을 준수하는지 살피며 환자에게 최상의 서비스가 제공되도록 감독한다(Cylus et al., 2015). NHS는 구매자-제공자 간의 계약 및 허용되는 변형(NHS England, 2015)에서 사용하는 표준 계약서를 매년 발행한다. 부정(不正) 경쟁 행위에 개입하지 못하도록 하며 환자의 이익을 위해 협조하도록 의료 제공자를 규제한다.

이처럼 NHS 지불보상제도의 개혁은 관련 자원을 환자의 수요 변화에 따라 지역중심의 통합적 의료모형으로 발전하는 것을 지향한다. 그동안 영국은 인구고령화, 만성질환의 발병률 증가, 재원의 부족 등을 개선하기 위해 노력하였다. 특히, 의료제공자의 의료생산성 향상을 위하여 총액예산제(block budgets)에서 '활동에 근거한 보상방식'(activity-based payment)으로 지불보상제도를 바꾸고 있다. 그러나 급성질환의 경우, 활동에 근거한 보상방식의 적용은 병원 부문의 활동에 인센티브제도로 작용하나 지역 보건의료서비스나 1차 의료만성질환에 변화를 주기는 어렵다.

응급의료 부문에의 적용은 가격보다는 질을 중심으로 경쟁하는 환경을 만든다. 2013년의 보고서 〈모니터와 NHS 잉글랜드〉(*Monitor and NHS England*)는 당시 의료제공자에 대한 인센티브가 복잡하고 분절화되어 정책 목적달성에 걸림돌이 된다고 보았다. 장기간으로 건강문제를 겪거나 질병을 가진 환자를 포함한 개선과제로 인구고령화의 다양한 조건, 통합의료, 방치된 예방 가능한 질병을 해결하기 위한 수요, 이 모든 것에 지역사회서비스가 중심적 역할을 담당해야 한다는 지적이다.

새롭게 제시된 잉글랜드 NHS의 지불보상제도의 목적은 다음과 같다.

- 과정보다는 성과의 전달에 대한 지불
- 의료의 제공 패턴변화 지원
- 자원의 효율적 배분 보장
- 보건의료와 타 분야 간 연결에 대한 책임 부가

전술한 바와 같이 지불보상제도는 의료제공자의 행태에 영향을 미치는 중요한 수단이지만 이러한 의료정책의 목적을 달성하는 데 장벽으로 작용할 수도 있으므로 관련 문제점 및 위험요소를 잘 고려해 적용해야 한다.

5) NHS 재정 흐름

기업과 국민이 납부한 조세는 우선 재무부로 이관되며 이를 토대로 4개의 분권화된 정부 및 각 국의 보건부로 우선 배정된다. 이후 각 정부는 지방보건복리위원회에 재정의 일부를 이관한다. 이들이 서비스 제공자에게 지출될 재원규모를 결정하며 지방정부는 공중보건조직에 재원을 배정한다.

보건부로 배정된 예산은 잉글랜드 공중보건으로 이관된다. 이 예산은 산하의 관련 조직과 기구에 배정된 후 공중보건과에도 배정된다. 또한 CCG 등과의 계약을 통하여 권역 내의 모든 의료서비스 제공자에게 지출

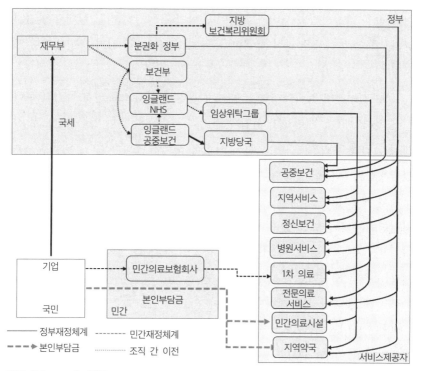

〈그림 12-1〉 NHS 재정 흐름

자료: Cylus et al., 2015.

될 예산이 배정된다. 일부 환자가 부담하는 비용은 관련 민간의료기관이나 1차 의료제공자에게 직접 지불되거나 민간보험자가 지불한다. 민간의료보험은 가입자의 요구에 따라 해당 의료기관에 해당 비용을 지출한다. 이에 대한 구체적 흐름은 〈그림 12-1〉과 같다.

6) 의료보장제도 발전과정

(1) 1900년 초: 사회보험 도입 시기

지난 20세기에 많은 국가는 다양한 질병으로부터 자국민을 보호하기 위해 여러 계획을 수행하였으며 그 형태와 방법도 다양하였다. 각국은 국민에게 사회경제적 서비스를 제공하기 위한 통합적 노력의 일환으로 '복지국가'라는 개념을 발전시켰고 서비스 내용이나 방법은 상당히 다른 형태로 발전하였다. 주요 선진국은 관련 정책이나 프로그램의 도입 시기 측면에서도 많은 차이를 보인다. 8)

1900년 이전의 영국에서는 노동자의 질병과 실업으로 인한 국가적 부담이 증가하였고 많은 가정이 실업과 장기적 질병으로 인한 임금중단으로 경제적 궁핍을 겪었으며, 이로 인해 사회적 문제가 초래되었다. 영국정부는 빈곤계층의 다양한 수요에 대응하기 위해 〈구빈법〉 제도를 도입하였다. 구체적 예로 1834년 개혁을 통해 환자를 위한 병원 관련 서비스 제공 외에 정신병원과 공중보건 관련 프로그램에 정부예산을 확대한 것을 들 수 있다. 민간 부문의 경우, 우애조합(friendly societies)을 설립해 특정 인구집단에 서비스를 제공하도록 의사와 계약을 맺기도 하였다.

이러한 형태에서는 대다수 국민이 의료서비스 제공에서 제외되었다. 1908년, 노인을 위한 연금제도가 도입되면서 어느 정도의 사회적 지원이 시행되었다. 1900년부터 1914년까지의 기간 동안 정부 차원에서 보건의료 지원을 시작하였는데, 당시 여러 수단이나 정책이 미흡하다는 인식이 있었다. 20세기 초 유럽 전역에 빈곤방지를 위해 새로운 사회정책적 해소방안이 출현하였기 때문이었다.

특히, 1906년 선거에서 자유당이 승리한 이후부터 1911년 〈국민보험법〉 제정 이전까지의 중대한 기간 동안, 당시 자유당 관료는 정치적 행보로서 정부지원의 의무가입 보험제도를 지속하였다.

1906년부터 1908년까지는 빈곤방지를 위한 정부의 직접적 움직임이 둔화되었다. 그러나 소득세 도입의 토대가 되는 초기형태의 제도가 도입되었

---

8) 한 예로 영국의 경우 1911년 국가보건의료 보험제도를 도입하였으며 호주는 1960년 이후에 도입하였다.

으며 1909년 로이드(1908년 재무장관)는 환자, 장애인, 한부모를 대상으로 하는 강제보험에 대한 정부의 입장을 밝혔다. 9)

1900년부터 1914년까지 영국에는 〈국민보험법〉을 포함한 복지국가 법안들이 출현하였다. 당시 변화된 정치적 이념을 가진 주요 정치인들이 이를 주도하였다. 자유당정부는 이를 구체화하였고 1910년 〈국민보험법〉이 통과되면서 처음으로 국민질병보험제도가 도입되었다. 이러한 새로운 보험제도는 영국 노동자가 소득에 비례한 보험료를 냄으로써 유지되었으며 1915년까지 노동자의 75%, 전 국민의 35%가 급여대상이었다. 당시 이미 우애조합이나 무역조합, 보험회사는 직원에 대한 민간보험을 시행 중이었다. 1911년의 법은 이러한 조직이 정부의 승인을 받아 보건부의 지시 아래 보장을 계속하도록 규정하였다. 보험에 가입한 노동자와 고용주는 의무적으로 보험료를 내야 했고 이는 정부의 보험금 임금상환이나 의료급여 형태로 지원되었다.

NHS 체제에서 영국의 의료는 세 부분으로 구성되었다. 일반의10)는 보험을 가진 육체노동자의 건강관리와 진료를 담당했고(육체노동자의 약 50%), 정부가 운영하는 보건기관은 질병예방과 위생·면역사업을 담당했으며 대형종합병원은 육체노동자가 아닌 중상층 계급에게 유료서비스를 제공하면서 일반개업의가 하지 못하는 진료와 시술을 담당했다.

(2) 1948년부터 1957년까지

영국 NHS는 1948년 7월 5일부터 시작되었다. 계획은 1939년부터 1945년까지 2차 세계대전 동안 수립되었다. 당시 주요정당이 각각 계획을 수립했

---

9) 이 시기에 처칠도 초기 독일모형에 가까운 국가적 복지제도로의 확대를 주장하였으며 당시 인기 정치가였던 베버리지도 복지국가에 대한 정책을 옹호하였다.

10) 일반의는 의료보험 계약을 통해 육체노동자에게 진료를 제공하고 진료실적에 따라 급여를 받는 인두불제(capitation payment)를 적용받았다.

으나 노동당과 베번(Aneurin Bevan)의 안이 채택되었다. NHS의 재원은 거의 100% 중앙세금으로 충당되었고 재원 충당에서 많이 가진 자가 적게 가진 자보다 의료비를 더 많이 부담하는 형태를 취한다는 점이 사회적으로 강조되었다. 또한 모든 국민은 의료서비스를 제공받을 수 있었고 일시적 거주자나 단기 방문자도 이용할 수 있었으며 영국 내 어느 병원에서라도 주치의에게 치료나 수술을 의뢰할 수 있었다. 일부 약 처방료나 치과진료비가 있었으나 그 외의 서비스는 무료였다.

당시 NHS 조직은 14개의 광역병원당국으로 구성되었으며 해당 지역 병원관리위원회의 재정지원과 감독을 수행하였다. 그러나 교육병원은 보건부의 직접적 책임 아래 있었다. NHS 제도가 시행되는 초창기에는 병원 및 일반의와 같은 보건의료자원이 지역적으로 불균형하게 분포하는 문제가 있었고 1946년 〈신도시법〉(New Towns Act)의 제정을 통하여 이를 해소하고자 시도하였다.[11] 이를 통하여 지역주민과 보건의료서비스를 위한 주요 보건의료 관련 센터가 일부 건립되었다. 그러나 주요병원은 대도시 지역에만 위치하였고 농촌지역은 서비스가 열악하여 전문의사(consultant)의 전문 서비스를 받을 수 없었다. 이 당시 NHS의 조직은 병원서비스, 가정의서비스, 지역중심의 서비스를 제공하는 조직을 단일화하였고 관련 서비스는 3개 종류로 나누었다.

NHS 시행 초기에는 우선 재정적 측면에서 매우 큰 어려움을 경험하였다. 새롭게 제공되는 서비스에 소요되는 비용과 대중의 기대치 증가로 인한 재정적 부담 때문이었다(병원분만, 고관절 치환술, 심장수술, 류머티즘, 심장질환 등). 이로 인하여 최초 3년으로 예상되었던 NHS 운영비용이 초과되었다. 이에 따라 1952년 처방료(1실링)가 도입되었으며 일반 치과치료

---

11) 관련 자료를 참고하라(http://www.parliament.uk/about/living-heritage/transform-ingsociety/towncountry/towns/overview/newtowns).

시에도 1파운드를 부과하였다.

(3) 1958년부터 1967년까지

이 시기에도 이전과 같이 새로운 의료기술이 크게 발전하여 도입(예: 새로운 약재, 의료기기 등)되었으며 NHS 산하 조직인 의료기관에서 제공하는 서비스나 치료율이 매우 향상되었다. 그러나 소아마비 백신, 만성 신장질환 투석과 특정 암 화학요법 등의 서비스 제공은 해당 의료기관을 운영하는 데 소요되는 비용의 급격한 증가를 초래하였다. 또 다른 측면의 비용으로는 의사의 급여가 있었다. 이 시기에 왕립위원회에서는 정부와 일반의 대표와의 협상으로 '일반의 헌장'(GP Charter)을 제정하여 일반의의 해당 1차 의료기관(health center)에서의 진료·예방업무 등 업무의 범위를 정하였다. 이에 대한 적절한 재정적 인센티브를 제공하는 등 새로운 계약행태를 보였다.

이 시기에 NHS 조직의 관리 운영의 중요성이 강조되었으며 1967년 〈코그휠 리포트〉(Cogwheel Report, Fawcett & Loder, 1972) 12)는 NHS 산하 조직의 관리 운영에 많은 임상의가 참여할 것을 제안하였다. 특히, 병원의 업무를 분석하여 환자 관련 정보를 임상의와 관리자에게 제공해야 하며 임상과 관리상의 문제점을 개선해야 한다고 지적했다. 또한 전문의학 분야별 인력을 그룹화하기 위하여 병원 내의 하부조직(과·부)을 구성할 것을 제안하였다. 13) 1967년의 새먼(Salmon) 보고서도 경험 있는 중견 간호사 그룹의 형성을 지원하였으며 이를 통하여 NHS 병원의 전문적 관리 운영체계

---

12) 이 보고서는 의료조직의 효율성을 증진하기 위해 몇 가지의 행정적 개혁조치가 필요하다고 지적하였다. 특히, 무엇보다도 의사의 자율적 판단을 평가할 수 있는 집단적 평가시스템을 개발해야 하며 의사의 경영능력을 향상해야 한다고 강조하였다. 그러나 어떤 구체적 조치가 취해지지는 않았다.

13) 동료 의사와의 집단적 토론과 숙의과정을 통해 병원 경영문제를 판단할 것과 동시에 병원 간, 병원 내 분과영역 간 조율 및 숙의를 증진할 것을 권고했다.

로의 전환을 지원하였다. 이와 같이 이 기간 동안 NHS 관리 운영체계는 점차적으로 복잡해졌으며 미래 보건의료수요에 부응하기 위한 조직변화의 중요성이 강조되었다.

〈포리트(Porritt) 보고서〉도 병원-일반의 서비스-지역보건당국으로 구분된 NHS 관리 운영상의 문제점을 비판하였으며 이러한 조직의 통합적 운영체계 개발방안을 제시하였다.

이 시기의 병원계획 수립을 위한 병원 부문의 현황을 보면, 국가 주요 전문의료기관에서 환자를 치료하고 상담하는 데 오래된 기술을 이용하며 전쟁으로 파손된 병원건물에서 서비스를 제공한다는 문제점이 있었다. 이에 대한 개선방안으로 1962년에 출간된 파월(Enoch Powell)의 병원계획은 약 12만 5천 명의 인구당 해당지역에 지역 종합병원의 계획을 승인하고 이를 실제로 건립하여 미래의 의료수요에 대비하고자 하였다. NHS를 위해 10년간의 프로그램이 개발되었고 소요될 비용과 시간이 과소 추정되었다고 평가되었으나 미래의 NHS를 위한 의료인력 훈련기관이 설립되었다.

(4) 1968년부터 1977년까지

1968년, NHS는 내부적으로 임상진료 부문과 그 조직운영에 매우 낙관적이었으나 1974년의 오일쇼크 이후 재정적 압박과 당시 7일간의 전쟁으로 NHS의 성장률은 둔화되었다. 이후 1977년까지 NHS 직원의 사기는 저하되었다. 이 시기 NHS를 둘러싼 환경 측면에서의 다양한 원인 때문에 NHS 도입 이후 세 번째로 맞이한 10년 동안의 기간이 그리 유망하지는 못하였다.

앞서 언급한 바와 같이 〈코그휠 리포트〉는 의사의 역할을 포함하여 의사와 여타 의료종사자와의 관계를 개선하고자 하였고 이는 1974년에 시행된 NHS의 포괄적 개혁의 근간이 되었다. 1974년의 NHS 개혁[14]은 NHS가 도입된 이래 가장 포괄적이고 체계적인 개혁조치로 평가된다. 각 지역별, 병원별 보건의료관리위원회에 경영 팀을 조직하고 NHS의 행정단위를 대폭 수정하는 것을 골자로 하였다.

이 시기에도 계속된 의학기술 발전으로 내시경검사와 CAT(Computerized Axial Tomography) 등이 새롭게 도입되었다. 또한 장기이식술은 성공적으로 증가하였고 유전공학이 의학에 서서히 영향을 미쳤다. 중환자실은 널리 이용할 수 있었으며 새로운 약물이 출현하여 이용되었다(예: 비스테로이드성 항염 치료제). 신장투석은 더 많이 활용되었으며 관상동맥질환의 치료와 수술도 성공적이었다. 이 시기에 출현한 라사열과 같은 새로운 전염병은 감소하는 추세였고 〈낙태법〉 개정은 부인과서비스에 새로운 영향을 미쳤다.

일반의 현장에서는 1차 의료팀 구성, 그룹 진료 그리고 1차 의료트러스트의 수적 증가를 장려하였다. 또한 병원의 경우, 정부의 병원계획 수행 결과로 새로운 병원이 여럿 설립되었고 더 많은 사람이 많은 지역에서 더 좋은 서비스를 제공받을 수 있었다. 새먼(Salmon) 보고서로 병원간호서비스 조직이 변화하였고 새롭게 등장한 정보기술은 보건의료서비스 전산화와 임상 예산수립에 처음으로 이용되었다.

1968년부터 1974년까지 NHS를 어떻게 잘 조직할 것인가에 대한 본질적 의문은 계속되었다. 지방정부의 재조직화 그리고 보건의료서비스와 사회복지서비스의 협조체계의 증진이 주요 이슈였다. 또한 지역 행정당국과 보건 간의 협력체계구축에도 관심이 증대되었다.

---

14) 개혁의 주요내용은 다음과 같다. 첫째, 중앙-지방-지역 수준으로 편재된 NHS의 행정단위를 일원화된 통제체제로 재편하여 경영효율성을 높인다. 둘째, 각 지역별 위원회와 병원에 의사, 행정사무원, 주민대표가 참여하는 경영 팀을 신설, 운영한다. 셋째, 전문의에게 부여된 특권과 특혜를 줄인다.

(5) 1978년부터 1987년까지

이 시기는 NHS 운영에서 명확한 재정적 한계를 직시한 시기라고 할 수 있다. 앞서 기술한 바와 같이 치료기술의 이용과 치료가 모두 가능하지는 않았다. 새로운 기술의 발전으로 많은 환자가 더욱 복잡하고 새로운 방법으로 치료를 받았고 이로 인해 의료수요를 가진 환자와 노인이 의료기관에 방문하는 횟수와 기대가 크게 증가하였으며 결국 재정위기를 초래하였다.

1978년 초 석유파동은 이러한 재정적 부족을 심화시켰다. 이로 인하여 영국은 NHS 운영에서 제공되는 서비스의 우선순위를 결정하여 효율성의 증대를 시도하였다. 노동당은 보건의료자원의 지역적 균등분배를 시도하였다(Resource Allocation Working Party: RAWP).[15] 이러한 노력은 1979년 보수당정부에서도 계속되었다.

1982년, NHS 조직은 더욱 단순한 조직으로 변화하였다. 14개의 광역 보건당국, 192개의 지방 보건당국, 7개의 특수 보건당국, 90개의 가정의 위원회(Family Practitioner Committee) 등을 재조직화하였다.

1983년에서 1985년까지 〈그리피스(Griffiths) 보고서〉 이후 NHS는 운영상의 큰 변화를 경험하였다. 이전의 NHS는 합의에 의해 운영되었으나 이 기간 동안 좀더 일반론적인 운영체계로 변화를 시도하였고 의사가 임금의 예산결정에 더욱 참여하도록 권장하였다.

이 시기에도 임상분야에서 많은 발전이 있었으며 NHS의 모든 영역에서 그러하였다. 1차 의료 부문도 매우 발전하였으며 유전공학으로 인한 약재 생산, MRI의 도입이 있었다. 이 시기에 외과 분야에는 최소침습기법이 활용되었으며 고관절 수술, 심장 및 간이식 수술, 외과적 심장 수술 등이 흔하게 수행되었다. 또한 에이즈(AIDS)가 처음으로 출현하였으며 이후 전

---

15) 노동부 장관이었던 크로스먼(Richard Crossman)은 1976년 자원배분의 효율성을 목표로 하는 기획위원회인 RAWP를 설치·운영하였으며 이는 1991년에 해체되었다.

세계적으로 유행하였다.

또한 의료수요의 증대와 제한된 의료자원 간의 갈등으로 진료예산제가 시도되었으며 의료서비스 관련 정보에 대한 요구가 증대되었다. 성과지표를 이용하기 시작하였고 지역별 병원서비스의 수준은 해당 지역의 보건기획연합회에 의하여 검토되었다. 예산은 제한되어 총재원에서 일정 부분을 사용한 이후 나머지로만 의료수요를 해결해야 했다.

이 시기에 NHS 운영은 병원에서 지역으로 의료서비스가 이동했다는 특징이 있다. 또한 1987년 전국의 보건당국은 부채를 졌고 대기자명단이 증가했으며 병실을 닫는 사태가 일어나기도 했다(환자 수와 스태프 수의 증가).

(6) 1988년부터 1997년까지

1989년 백서(*Working for Patients*)에서 NHS의 내부시장(Internal Market)에 관한 개요가 소개되었다. 1990년에는 〈국민건강서비스 및 지역사회보호법〉(*NHS and Community Care Act*) 통과로 1991년부터 1995년까지 NHS 개혁이 이루어졌으며 지역의 보건의료체계에서 구매자와 제공자의 분리가 시도되었다. 이 '내부시장' 도입으로 두 가지의 위탁(*commissioning*) [16] 모형이 만들어졌다. [17] 제도 시작 초기에는 지역보건국(Area Health Authority)이 구매자로서 해당 지역주민을 위하여 의료서비스 공급자와 서비스 계약을 하였다. 새로 도입된 병원 트러스트와 지역사회서비스 트러스트가 공급자였으며 기존의 NHS 병원과 지역사회서비스 공급자를 묶어 일정 규모의 트러스트를 설립하였다. 신제도 도입 이전에는 보건당국이 이들을 직접 운영하였으나 이후에는 운영의 독립성과 책임과 책무가 부여되었다.

---

16) 위탁은 지역의 보건수요를 파악하고 이를 위한 서비스를 계약하여 구매하는 과정을 의미한다. 보건의료서비스 시장에서 그 재원은 조세에 의존한다.

17) 관련 자료를 참고하라(https://www.kingsfund.org.uk/topics/nhs-reform/white-paper/gp-commissioning).

이후에는 처음으로 일반의에게 자금을 직접 보유[기금운용 일반의 제도 (GP Fund-Holding)]18) 하게 하여 등록된 환자를 위한 비응급의료 및 지역 사회 의료서비스를 구매하도록 하였다. 이를 통하여 비용 관리에 대한 인센티브와 병원 간의 경쟁을 유도하고자 하였다. 이후 1994년부터는 총액구매 방식(Total Purchasing Pilot: TPP) 제도가 도입되었다. 일반의가 서비스 제공자를 선택하여 환자가 필요로 하는 모든 서비스를 구매하게 하였다. 이러한 1991년부터 1995년까지의 '내부시장' 도입은 모든 보건의료제공자의 독립적 NHS 트러스트의 경쟁과 지역적 불평등을 조장하였다고 평가된다.

1997년에 노동당의 재집권으로 '내부시장'과 NHS의 비용에 대한 관심이 증대하였으나 서비스 제공자 간의 경쟁으로 불필요한 서비스 중복이 초래되었다. 노동당은 내부시장을 폐지하고 새로운 정책수단을 도입하였다. 보건부 백서인 "새로운 NHS"(The New NHS) 19) 를 통하여 서비스 운영의 제3의 길을 모색하였으며 파트너십과 성과 중심의 운영을 위한 NHS 조직 변화를 통해 성과향상을 도모하였다.

(7) 1998년부터 2010년까지

1998년 이후 영국은 재정적·조직적 변화와 정책의 변화를 새롭게 시도하였다. 이 시기에 가장 중요하게 대두된 과제로 NHS의 재정부족을 들 수

---

18) 이 제도의 기본 틀은 다음과 같다. 한 지역의 보건당국은 해당 지역의 일반의 가운데 일정한 요건을 갖춘 이에게 주민을 위하여 비응급수술을 포함한 일정한 병원서비스 및 지역사회 의료서비스를 구매할 수 있는 예산을 지급하였고 남은 예산으로 자신의 서비스 개선 등에 사용할 수 있는 권한을 부여하였다.

19) 1997년, 보수당정부는 "새로운 NHS: 현대적이고 신뢰할 만한 계획"(The New NHS: Modern, Dependable) 을 발표하며 기존 정책의 수정에 나섰다. 개혁의 중요한 주요내용으로 구매자·공급자 분리는 그대로 유지하지만 지역별, 단위별로 조직된 의료위원회로 하여금 일반의(GP) 와 전문의(consultant) 와의 협의를 장려했으며 기금운용 일반의 제도를 폐지하고 이들로 하여금 1차 의료집단(PCG) 을 결성하도록 권고했다.

있다. 〈원리스 보고서〉(*Wanless Report*)를 통하여 이에 관한 문제가 재검토되었으며 실질적으로 새로운 재원이 NHS 서비스로 유입되기 시작하였다(Wanless, 2004). 이 시기에 새로운 중앙기구와 규제조직(국가임상연구소와 보건위원회)20)이 설립되었다. 신약과 신기술에 대한 비용효과 평가 및 의료의 질적 관리과 향상을 위해서였다.

1999년 〈보건법〉(*Health Act 1999*)을 재정하여 1차 의료그룹(Primary Care Group: PCG)21)과 1차 의료트러스트(Primary Care Trust: PCT)를 도입하였다. 특히, 1차 의료그룹의 도입은 당시 노동당정부 계획의 핵심을 이루었다. 정부는 좀더 상호 협조적이고 통합적인 의료제도로의 변화를 추구하였다. 이를 통하여 '내부시장' 도입 후 영국 의료제도의 기본 특징이 된 구매자와 의료 제공자의 분리가 유지되었다. 이 1차 의료그룹은 기금운용 일반의 제도(GP Fund-Holding)의 폐지에 따른 후속 조직이었으며, 영국 의료정책의 주류인 1차 의료 중심의 NHS로의 개편을 위한 재정비를 의미했다.

2000년의 "NHS 계획"(*NHS Plan*)의 주요내용으로는 2004년까지 의사, 간호사, 의과 대학생 수의 증가, 2010년까지 7천 개 이상의 병상 및 새로운 병원 계획, 2004년까지 모든 환자가 48시간 내에 일반의를 만날 수 있도록 대기자명단을 대체할 환자 예약시스템 도입 등이 있었다. NHS에 대

---

20) 두 개의 국가위원회를 신설하여 의료정책의 결정과 시행에 중앙정부의 입장을 강화시켰다. 진료능력 향상을 위한 국립임상개선위원회(National Institute of Clinical Excellence: NICE)는 의료정책의 총체적 가이드라인 작성과 배포 그리고 정책시행을 담당하였다. 건강증진위원회(Commission for Health Improvement: CHI)는 진료행위에 대한 감사와 진료서비스의 질 향상문제를 집중적으로 담당하였다.

21) 1차 의료그룹제도는 지역에서의 서비스 제공에서 다양한 형태를 구성하고 교섭하는 과정에 1차 의료전문가의 참여를 유도하며 NHS 내에서 이러한 경험을 축적하기 위해 도입되었다. 동시에 노동당정부는 이 제도를 이전의 모델이었던 기금운용 일반의 제도의 문제(분절성, 불형평성 및 높은 거래비용)에 대한 해결방안의 하나로 설계하였다.

한 자원 투입 및 새로운 프로그램 도입 등의 시도를 통해 NHS 운영의 효율성 증대가 시도되었다.

또한 2002~2008년을 위한 계획으로서 2005년 발간된 "환자 주도의 NHS 창조: NHS 증진계획"(*Creating a Patient-Led NHS Delivering: The NHS Improvement Plan*)에서 영국정부는 NHS에 2008년까지 추가 재원배정을 약속하였으며, 이는 그동안 연 2~4% 정도의 인상률을 적용하였으나 이 시기에는 연평균 7.5% 예산을 증액하였다. 이에 NHS는 2008년부터는 조직의 재정안정과 개선에 최선을 다해야 했다. 2005년 후반기에 보건부는 2006~2010년을 위한 재정 지원전략을 제시하였고, 지역에서의 자원이용이 더욱 융통성 있도록 그리고 이용의 범주도 더욱 확대되도록 실질적 재정지원전략을 수립하였다.

신정부의 정책으로 영국은 그동안 NHS가 제공했던 의료의 질, 비용효과, 형평성을 향상시키기 위한 방안을 모색하였다. 연립정부의 탄생 이후 발간된 정책문서인 "형평과 탁월: NHS 자유화"(*Equity and Excellence: Liberating the NHS*)에서 정부는 또 다른 의료개혁을 제의하였다(Department of Health, 2010). 이 정책은 환자와 국민에 더욱 적극적으로 대응하고 성과 향상을 추진하기 위해 시장형 보상체계에 의존한다. 아울러 NHS 구조에 관한 책무와 기본에 대해 새로운 조정을 제시했으며 의료서비스에 대한 지불책임도 일정 수의 의사 그룹으로 전환하는 내용도 포함했다(Black, 2010). 이는 시장유형의 개혁(*market-style reforms*)을 추구하기 때문이었다. 이러한 시장형의 개혁은 NHS의 핵심적 관리방법의 대체적 접근으로서 1991년에 보수당의 대처정부가 처음으로 도입하였다. 이전에는 NHS 병원이 정액교부금(*block grant*) 제도를 통하여 재원을 조달하였으나 이후에는 비즈니스를 위해 경쟁하였다.

이러한 개혁으로 1차 의료의사, 즉 일반의가 운영하는 기금운용(*fund holding*)의 개념을 도입하여 소규모의 독자적 사업을 운영하게 되었다. 이

를 통하여 자신의 명부에 기재된 환자에게 1차 의료서비스를 제공한다
(Mays, Mulligan, & Goodwin, 2000). 관심이 있는 1차 의료의사는 환자
에 대한 선택 서비스를 구매하거나 정부의 시범사업인 "총액 구매"(total
purchasing)를 지원하여 인두제의 총액예산 아래 의료서비스의 계획과 구
매를 실시한다.

　이러한 변화로 환자가 전문의의 진료를 위해 진료예약제 아래서 기다리
는 시간은 단축되었으나 그 이외의 영향은 크지 않은 것으로 평가된다(Kay,
2002; Lewis, Smith, & Harrison, 2009). 또한 이러한 제도에 참여한 일반
의가 더욱 좋은 서비스를 제공함으로써 두 가지의 계층화된 서비스가 제공
된다는 비판이 있었으며 이에 제도폐지 주장이 등장하였다.

　그러나 환자의 긴 대기시간과 의료 질에 대한 관심이 증대하여 노동당정
부는 NHS의 중앙통제를 증대하기 위한 방안을 모색하였고 국가 성과지표
와 목표를 도입하였다. 감시와 규제를 강화하였고 병원은 추가적으로 운영
의 자율성을 갖는 재단 트러스트(Foundation Trust) [22]를 조직하였다. 또한
민간 부문에서 서비스 제공에 참여할 수 있게 되었다. 이러한 일련의 다양한
NHS 제도 변화를 통한 효율성 증대를 도모하였다(Ham, Baird, Gregory,
Jabbal, & Alderwick, 2015).

(8) 2011년부터 현재까지

2011년 1월 19일에 출간된 보건 및 사회복지법안(The Health and Social Care
Bill)은 환자관리 성과를 중점적으로 다루는 새로운 모형을 제시하였다.
NHS를 개선하고 시장 중심적, 즉 지역 중심의 계약과 중앙정부의 통제를
벗어나 보건의료서비스 제공자, 지방정부, 환자, 지역주민의 목소리를 키

---

22) 이 트러스트는 이전의 NHS 병원 트러스트보다 관리 및 재정적 자유를 상당히 갖는다. 이
　　제도는 국민건강서비스의 역사와 병원서비스 관리 및 제공하는 방식의 변화를 의미한다.

우는 과정으로서 이러한 법안이 제출되었다. 이 법안은 두 가지 중요한 구조적 변화를 제시하였다.

이후 2012년에 통과된 〈보건 및 사회복지법〉의 제정으로 NHS 트러스트 및 지역 당국은 폐지되었으며 지역 보건의료자원 관리는 의사(임상의)에게 전가되었다. 이 의료개혁은 NHS 제도에서 환자(또는 의사)가 공공 또는 민간병원에서 제공하는 서비스를 선택할 수 있도록 권한을 부여하는 것이 목적이었다. 당시 정부는 2012/13년까지 트러스트에서 재단 트러스트로의 변환을 시도하였다.

이러한 개혁 프로그램은 회계연도 2014/15년 말까지 200억 파운드를 절감하려는 NHS 효율화 정책의 일환이었다. 이는 같은 기간 동안 33% 이상의 감소를 달성해 지속적으로 증가하고 있는 보건의료예산의 절감분을 NHS에 재투자하려는 계획으로, 결국 보건의료 수요 증가와 더불어 증가하는 지출비용을 보조하기 위함이었다(Appleby, Baird, Thompson, & Jabbal, 2015).

이와 같이 보건부는 새로운 NHS 모형에 효율화 계획을 통합하기 위하여 단계적 접근을 시도하였다. 그러나 비용절감을 위해 계획된 모든 개혁을 추진하다 보면 오히려 비용이 증가할 수 있다는 위험요소를 인식하였다. 특히, 비용절감 방안과 함께 추진한 재조직화 방안 간의 부조화는 NHS에 부가적 과제를 제공할 것으로 예측된다. 최근 자료에서 보이는 바와 같이 이러한 비용절감과 재조직화의 문제는 결국 200억 파운드의 절감의 일환으로 수행될 것을 선언하고 있다. 여러 증거로부터 이런 상황은 매우 명확하다. 즉, NHS 운영의 심각한 문제로 지적된 내용이 아직까지 해소되지 않았다는 것은 여러 정황을 볼 때 명확하다. 예를 들어 보건부는 이러한 시스템이 실패할 경우 어떻게 처리할지에 관한 구체적 구조를 아직 갖추지 못하였으며 이러한 상황을 공급자나 기획 및 계약하는 조직에 전가하고 있다는 점이 중요하다(Appleby et al., 2015).

이에 대한 보완책의 일환으로 보건부는 의료보장제도의 효율적 운영에 필요한 관련 정보의 흐름을 개선하여 강력하고 효과적인 거버넌스 시스템을 구축하였고 제공되는 의료 질의 보장, 이를 위한 관련 조직과 기구의 명확한 책무기준을 설정하였다. 이러한 과정은 재원조달과 지출에 있어 분권화된 거버넌스 아래서 영국의회, 보건부 및 관련 NHS 조직 간 상호 원활한 의사소통 및 새로운 재정조달 채널 조율에 긍정적 영향을 미칠 것으로 예상된다. 이러한 노력은 결국 공공재원 확보의 안정성 보장과 서비스 제공과 구매에 관련된 조직 간의 제반 활동을 규정하는 데 중요한 역할을 한다. 이러한 제반 활동에 요구되는 규정은 의회에 의하여 결정된 예산 내에서 운영될 수 있도록 의회에 의해 규정된 책무를 만족시키는 측면에서 설정되어야 할 것이다(Powell, 2016).

또한 책무의 한계는 명시적으로 명확하여야 한다. 전술한 바와 같이 일반의 컨소시아의 성과와 그들이 지출하는 금액에 대한 궁극적 책무는 앞서 언급한 새로운 NHS 기획 및 구매국과 그 위원장에 있다. 일반의 컨소시아 자체는 내부적 구조를 개발하는 데 상당한 여지를 남겼으나 위원회의 승인을 취득해야 한다. 또한 컨소시아는 배정된 지역주민에게 상담(consult)을 제공해야 할 의무가 있으며 서비스를 기획하고 구매할 때 이 역할을 수행해야 한다.

일차적으로 컨소시아의 성과에 대해 NHS 위탁위원회(NHS Commissioning Board for their Performance)가 주책임기관이다.[23] 또한 2014년까지 모든 기존의 조직(Trust)은 재단 트러스트(Foundation Trust)로 전환할 것을 요구받고 독립적 기관으로 운영되도록 압박을 받는다. 이로써 NHS 공급자에 속하지 않는 공급자와 경쟁하게 될 것이다. 경쟁에 대한 규정은 제공자보다 서비스를 보호하는 데 초점을 둔다. 이는 아주 중요한 함의를 가진다.

---

23) 관련 자료를 참고하라(http://www.nationalhealthexecutive.com/GP-Consortia).

경쟁력을 가지지 못한 NHS 산하의 조직에 함의를 갖는데, 특히 민간자본 투여계약을 한 경우에 더욱 그러하다. 또한 보건부가 이러한 기획과 서비스 구매의 실패를 다루기 위해 명확하고 투명한 정책을 가져야 함은 매우 중요하다. 아울러 제공자가 환자의 보호와 공적 재원의 가치를 보장하는 것이 중요하다(Appleby et al., 2015).

변화된 프로그램이 적용될 때 서비스에 대한 시간과 예산에 의도된 성과를 혜택이 야기할 것인지를 인지하는 데 양질의 위험관리는 매우 중요하다.

개혁을 수행하기 위한 프로그램에 대한 비용적 함의는 아주 명확히 설정되어야 한다. 보건부는 초기 개혁비용을 총 14억 파운드로 추산하였으며 앞서 기술한 바와 같이 주로 2014/15 회계연도에 행정적인 지출에서 33%의 감소를 기대하였다. 이 단계에서는 비용과 절감의 예측치가 변화될 것을 예상하였다. 예를 들어 일반의 컨소시아가 기존의 NHS 관련 서비스 구매 조직으로부터 인력고용에 소극적인 경우, 비용추계는 달라진다(Appleby et al., 2015).

공적 자금에 대하여 관련 위원회가 초기단계의 개혁과정을 검증하는 것은 드문 일이다. 그러나 이러한 검증을 통한다면, 변화의 규모와 보건부분의 지출에 관해 지속적으로 관심을 둘 수 있으며 제한된 개혁으로 야기될 수 있는 지출비용의 가치와 책무에 대해 더욱 큰 통찰력을 가질 수 있다는 점이 중요하게 인식될 것이다.

대부분의 전환은 2014년 또는 2015년 초에 완료되었고 완전히 새롭게 구성된 구조나 프로그램이 목표를 달성하였는지의 여부를 판단하기에는 너무 이르다. 최근의 평가(Kings Fund, 2016)에서는 '2015년의 겨울 동안 트러스트화된 병원의 88%가 적자였으며(Kings fund, 2015) 국민건강서비스 제공자 및 위탁기관은 NHS 역사상 가장 큰, 18억 5천만 파운드의 적자로 2015/16 회기를 마감'했다고 발표하였다. 또한 2020/21 회계연도까지 환자의 의료수요와 NHS 자원 사이에 300억 파운드의 차이가 있을 것으로 추산된다(NHS England, 2014).

〈표 12-1〉을 통해 보수당정부(1979~1997년), 노동당정부(1997~2010년), 연립정부(2010~2015년)로 구분하여 의료보장제도에서 지출, 목적, 원칙이 어떻게 변화하였는지를 알 수 있다.

우선 지출 변화에서는 지난 세 정부에서 점진적 증가를 하였으나 연립정부에서는 제한된 점증적 변화를 시도하였다. 목적의 변화에서는 구매자와 제공자 분리, 내부시장, 내부 경쟁, 공적 제공, 집단 구매, 가격 경쟁, 자율운영 트러스트, 일반의 자금운용 등에 대한 변화를 볼 수 있다. 또한 제도 원칙에 대한 변화는 없었으나 민영화에 대한 비판은 계속되었으며 NHS

<표 12-1> 영국정부에 의한 의료보장제도 변화 순서

구분		보수당정부(1979~1997년)	노동당정부(1997~2010년)	연립정부(2010~2015년)
지출 변화		점진적 증가	중대한 증가	제한된 점증적 증가
목적 변화		구매자와 제공자 분리: 내부시장	구매자와 제공자 분리: 외부시장	구매자와 제공자 분리: 외부시장
		대부분 내부 경쟁	내부 및 외부 경쟁	내부 및 외부 경쟁
		대부분 공적 제공	민간제공 성장	민간제공 성장
			협약	희망하는 제공자 모든 유자격 제공자
		대부분 집단 구매	개별 구매로 이동	개별 구매로 이동
		가격 경쟁	고정가격 경쟁	수정된 가격 경쟁으로 이동
			경쟁 규칙	경쟁 규칙
		자율운영 트러스트	재단 트러스트	재단 트러스트
		일반의 자금	PCT/PCG/Practice Based 커미셔닝: Total Purchasing	임상위탁그룹
			재단 트러스트에 민간 부문 수입상한제 도입	재단 트러스트에 민간 부문 수입상한제 시행(49%)
규제 변화		NHS 관리 위원회	건강증진위원회, 의료위탁, 질환관위원회, 모니터, 트러스트 개발국	건강증진위원회, 의료위탁, 질환관위원회, 모니터, 트러스트 개발국
원칙 변화		원칙변화 없다	원칙변화 없다	원칙변화 없다
		민영화에 대한 비판	민영화에 대한 비판	민영화에 대한 비판
		NHS 제도 폐지 주장	NHS 제도 폐지 주장	NHS 제도 폐지 주장

제도 폐지 주장도 일부의 목소리로 도출되었다.

　이러한 변화를 고려하면 향후 영국정부와 관련 기관은 〈2012년 보건 및 사회복지법〉과 연립정부의 다른 법률 그리고 정부정책으로 도입된 많은 보건의료시스템의 중요 변화를 계속 조정해야 할 것이다.

4. 제도변화의 함의와 향후 전개방향

영국은 1980년대와 1990년대 초반, 국민건강서비스의 질적 저하와 비용 증가에 대한 개선의 일환으로 의료보장제도에 다양한 변화를 시도하였다. 그러나 그동안의 전략개발과 추진 등의 제도개혁에도 불구하고 현재까지 양질의 공공보건 의료서비스 체계 유지를 선호하는 국민에게 체감적 변화를 주기에는 아직 미흡하였다.

　지난 정책 및 제도 변화과정에서 보이는 바와 같이 노동당은 의료서비스 개혁을 우선순위 공약으로 두었으며 이는 1997년 보수당으로부터 권력을 이양하는 데 도움을 준 여러 이유 중 하나였다. 그리고 이 약속은 실제로 이행되었다. 또한 당시 영국경제가 개선되어 NHS 예산 증가와 대기환자의 감소에 도움을 주었으며 더욱 효율적인 새로운 공공병원도 많이 건설되었다. 그러나 의료서비스의 운영비용은 매우 높았고 정부는 이를 감소시킬 수 없는 것처럼 보였다.

　2010년 이후에도 영국정부는 모든 국민을 위한 양질의 공공의료시스템을 유지하고 환자의 대기시간을 줄이며 운영비를 절감하겠다는 의지를 표명하였다. 이를 달성하기 위해 시스템이 처음 설립된 이래로 국민건강서비스 제도의 가장 근본적 개혁을 추진 중이다. 즉, NHS의 전통적 관행과 출발점이 다르기는 하지만 실제로 이와 같은 방식으로 정확하게 운영되는 프랑스 공공보건 의료시스템과 같은 또 다른 성공적 국가의료시스템이다.

또한 NHS는 21세기 초반부터 전례 없는 많은 도전에 직면하였다. 대부분은 기술발전으로 인한 의료수요 증가, 인구변화, 장기간 조율된 보살핌을 필요로 하는 만성질환의 증가와 이에 대한 기대수준 증가 등 의료서비스가 직면하는 문제들이다(HSR-Europe, 2011).

제한된 자원에도 불구하고 보건의료에 대한 미래의 요구에 대처할 수 있도록 NHS를 변화시키기 위해서는 의심의 여지없이 혁신적 사고가 필요하다. 21세기에서의 NHS를 둘러싼 환경에서 의료보장제도 및 보건의료서비스 제공 모델을 재구성하는 방법에 대한 논쟁은 또 다른 시작일 뿐이다. 의료보장제도는 국가가 국민의 질병, 부상, 분만, 사망 등의 요인으로 인한 생활의 불안을 예방하거나 이미 발생한 질병을 치료하여 신체 및 정신적으로 건강한 생활을 유지할 수 있도록 보장하는 것이 목적이다. 그렇다면 의료보장제도의 주요 현안은 '지속 가능성'으로 집약된다. 의료서비스에 대한 양적 증가와 질적으로 한층 다양해질 국민의 요구를 충족시키면서 동시에 제도를 건실하게 유지할 수 있는 방안을 찾는 것이 의료보장제도의 최우선과제가 될 수밖에 없다. '지속 가능성'이 있는 의료보장제도로의 변화는 분명 중요한 화두이다.

보건의료 정책결정 구조와 과정이 매우 복잡해진 현재, 이해 당사자의 참여와 이들 간의 합의 및 동의는 중요하다. 영국의 이러한 접근과 개혁은 의료제공자와 정부, 국민 간의 합의를 도출할 수 있는 단초를 제공한다고 할 수 있다. 이러한 측면에서 영국의 정책방향은 우리나라에 시사하는 바가 크다.

■ 참고문헌

해외 문헌

Black, N. (2010). Liberating the NHS: Another attempt to implement market forces in English health care. *New England Journal of Medicine*, *363*, 1103~1105.

Boyle, S. (2011). United Kingdom(England): Health system review. *Health Systems in Transition*, *13*(1), 1~486.

Bump, J. B. (2015) The long road to Universal Health Coverage: Historical analysis of early decisions in Germany, the United Kingdom, and the United States. *Health Systems & Reform*, *1*(1), 28~38.

Cylus, J., Richardson, E., Findley, L., Longley, M., O'Neill, C., & Steel, D. (2015). United Kingdom: Health system review. *Health Systems in Transition*, *17*(5), 1~125.

England NHS(2014). *Understanding the New NHS*. London: BMJ.

Fawcett, F. J. & Loder, R. E. (1972). Cogwheel report in relation to the smaller hospital group. *British Medical Journal*, *1*(5800), 615.

Fox, D. M. (1985). *Health policies, Health politics: The British and American Experiences 1911-1965*. Princeton: Princeton University Press.

Ham, C. (1996). Managed markets in health care: The UK experiment. *Health Policy*, *35*(3), 279~292.

Hawe, E., & Cockcroft, L. (2013). *OHE Guide to UK Health and Health Care Statistics*. London: Office of Health Economics.

Heys, R. (2012). The Beveridge report. *British Medical Journal*, *345*, 5428.

Holmes, D. (2013). Mid Staffordshire scandal highlights NHS cultural crisis. *The Lancet*, *381*(9866), 521~522.

Karanikolos, M., Mladovsky, P., Cylus, J., Thomson, S., Basu, S., Stuckler, Stuckler, D., Mackenbach, J. P., & McKee, M. (2013). Financial crisis, austerity, and health in Europe. *The Lancet*, *381*(9874), 1323~1331.

Kay, A. (2002). The abolition of the GP fundholding scheme: A lesson in evidence-based policy making. *British Journal of General Practice*, *52*, 141~144.

Lewis, R., Smith, J., & Harrison, A. (2009). From quasi-market to market in the National Health Service in England: What does this mean for the purchasing of health services?. *Journal of Health Services Research & Policy*, *14*(*1*), 44~51.

Light, D. W. (2003). Universal health care: Lessons from the British experience. *American Journal of Public Health*, *93*(*1*), 25~30.

Mays, N., Mulligan, J. A., & Goodwin, N. (2000). The British quasi-market in health care: A balance sheet of the evidence. *Journal of Health Services Research & Policy*, *5*(*1*), 49~58.

O'Neill, C., McGregor, P., & Merkur, S. (2012). United Kingdom (Northern Ireland) health system review. *Health Systems in Transition*, *14*(*10*), 1~90.

Powell, M. (2016). Orders of change in the ordered changes in the NHS. In Mark Exworthy, M., Mannion, R., & Powell, M. A. (Eds). *Dismantling the NHS?: Evaluating the Impact of Health Reforms*. Bristol: Policy Press.

Tallis, R., & Davis, J. (2013). *NHS SOS: How the NHS Was Betrayed and How We Can Save It*. London: One world Publications.

기타 자료

Appleby, J., Baird, B., Thompson, J., & Jabbal, J. (2015). The NHS under the coalition government. Part two: NHS performance.

Appleby, J., Thompson, J., & Jabbal, J. (2016). The King's fund. Quarterly monitoring report, 2016.

Arora, S., Charlesworth, A., Kelly, E., & Stoye, G. (2013). Public payment and private provision: The changing landscape of health care in the 2000s. Nuffield Trust.

Department of Health (2010). Equity and excellence: Liberating the NHS. London: Department of Health.

Dilnot Commission (2011). Commission on funding of care and support. Department of Health.

Ham, C., Baird, B., Gregory, S., Jabbal, J., & Alderwick, H. (2015). The NHS under the coalition government. Part one: NHS reform. London: The King's Fund.

HSR-Europe (2011). Health services research into European policy and practice.

Final report of the HSREPP project. Utrecht: NIVEL.

King's Fund (2014). How is the NHS performing?. Quarterly monitoring report. April 2014.

_____(2015). Is the NHS heading for financial crisis?. 2015.

_____(2016). Deficits in the NHS. July 2016.

Monitor and NHS England (2013). The national tariff 2014/15.

NHS England (2014). Five year forward view.

Wanless, D. (2004). Securing good health for the whole population: Final report. February 2004.

BBC (2013). Social care cap 'to be set at £75,000'. London, British Broadcasting Corporation. http://www.bbc.co.uk/news/uk-politics-21394998. 2015. 2. 24. 인출.

_____(2014). Edwin Poots: Prescription charges 'could buy cancer drugs'. Belfast, British broadcasting corporation. http://www.bbc.co.uk/news/uk-northern-ireland-27936847. 2015. 2. 24. 인출.

Department of Health (2015). New rules to improve overseas visitors' contributions to NHS care. https://www.gov.uk/government/news/new-rules-to-improve-over-seas-visitors-contributions-to-nhs-care.

Health and Social Care Act (2012). Number 160, Her Majesty's stationary office. http://www.legislation.gov.uk/uksi/2013/160/pdfs/uksi_20130160_en.pdf.

https://www.kingsfund.org.uk/topics/nhs-reform/white-paper/gp-commissioning

http://www.nationalhealthexecutive.com/GP-Consortia

http://www.nhs.uk/NHSEngland/thenhs/nhshistory/Pages/NHShistory1.

http://www.parliament.uk/about/living-heritage/transformingsociety/towncountry/towns/overview/newtowns/

NHS England. Benefits. https://www.england.nhs.uk/ourwork/tsd/data-info/info-stand/benefits/.

13

의료보장제도*

1. 머리말

영국은 유럽연합(European Union: EU) 27개국 중 하나이며 웨일즈, 스코틀랜드, 북아일랜드, 잉글랜드 등 4개국으로 이루어져 있다. 이 중 잉글랜드는 354개의 행정구역으로 나뉘고 각각은 지방정부가 관할한다. 영국의 인구는 6천4백만 명이며 85%가 잉글랜드에 거주한다.

　2차 세계대전 이전의 영국 의료시스템은 조직적이지 않은 채 공공과 민간이 혼합되어 있었고(Abel-Smith, 1964) 중앙정부는 식수관리, 예방접종, 식이요법 권고 등 매우 한정된 서비스만 제공하였으며 이들도 대부분 유료 서비스였다(McKeown, 1979). 1942년의 〈베버리지 보고서〉(Beveridge, 1942)가 정부정책에 반영된 이후부터 의료보장제도는 정부주도(Ham & Glenn, 2003)와 포괄적 보장이라는 두 축이 중심이 되었다.

---

* 이 글은 2012년 《주요국의 사회보장제도: 영국》(한국보건사회연구원, 2012)에서 필자가 작성한 "제 3부 제 2장 의료보장"을 수정 보완한 것이다.

1940년대 후반부터 국민건강서비스(National Health Service: NHS) 제도가 영국 의료보장정책의 핵심적 구조로서 도입되었다(Dixon & Glennerster, 1995). 이후 대처와 메이저 수상의 보수당정부는 내부시장의 도입 등 시장 친화적인 정책변화를 주도하였다(Timmins, 1995; Porter, Mays, Shaw, Rosen, & Smith, 2013; Pierson, 1994). 이로 인해 변화된 NHS 제도는 영국의 여러 사회보장제도 중 가장 시장친화적 개혁의 영향을 받았다고 평가된다(Webster, 2002).

1990년, 영국은 NHS 제도에 내부시장(internal market)을 만들어 의료 공급자 사이에 서비스 경쟁을 유도하는 정책(Enthoven, 1980, 1988)을 전면 시행했다. 이후 이에 대한 많은 비판에도 1997년부터의 노동당정부는 NHS의 수요자와 공급자의 분리된 구조를 그대로 유지하며 보수당의 "내부시장 구조를 지속"(Smith, 2002: 104)해 공급자 간 경쟁을 유발했다(Le Grand, 2002). 1999년의 1차 의료그룹(Primary Care Group: PCG), 2002년의 1차 의료트러스트(Primary Care Trust: PCT) 제도시행은 공급자 간 경쟁을 더욱 부추겨 오히려 내부시장을 보수당정부 시대보다 더 확대했다(Bevan & Robinson, 2005: 67). 이후에도 영국은 의료정책 및 제도의 지속적 개혁을 통해 현재 문제와 미래에 대비하고 있다(Farrar et al., 2007; Lambert & Sowden, 2016).

또한 영국은 타 선진국이 직면했듯 인구고령화, 저출산, 만성질환자 증가, 신의료기술의 급속한 발전 등 수요적 측면에서 많은 문제를 경험 중이다. 이에 따라 영국도 미래에 필요한 의료의 모형이 무엇인가라는 근본적 질문을 던지고 있으며 이에 대한 공감대가 형성되고 있다.

최근 우리나라의 보건의료시스템과 관련하여 의료비의 급속한 상승을 계속 유지할 수 없다는 인식이 널리 퍼지면서, 영국의 국가주도 국민 보건 의료서비스에 대한 관심이 증대하고 있다. 이에 이 장은 영국 의료제도의 관리 운영체계, 의료자원 공급, 의료서비스 제공체계, 의료재정관리 등을 검토하였으며 개혁의 논점이나 추진 방향에 대하여도 간략히 살펴보았다.

2. 보건의료 현황

1) 인구 및 사회경제학적 현황

2013년 현재 영국의 인구는 6,410만 7천 명으로 프랑스 6,379만 명, 독일 8,064만 6천 명보다 적고 65세 이상의 인구는 17.1%를 차지하여 프랑스 17.7%, 독일 21.2%보다 낮다.

    2013년 의료비 지출은 GDP의 8.8%로 프랑스 11.6%, 독일 11.2%, 스위스 11.1%, 네덜란드 11.1%보다는 낮고 미국의 17.1%보다는 50% 미만의 수준을 보였다. 인구 1인당 의료비의 경우 3,364달러로 프랑스 4,361달러, 독일 4,920달러, 스위스 6,325달러, 네덜란드 5,131달러보다는 낮은 수준이다. 2009~2013년 사이의 평균 의료비 증가율은 -0.88%로 프랑스 1.35%, 독일 1.95%, 스위스 2.54%, 네덜란드 1.73%보다 낮다. 의료비 직접지출비용도 1인당 321달러로 프랑스 277달러, 네덜란드 270달러보다 높으나 독일 649달러, 스위스 1,630달러의 약 20~50% 수준이다.

2) 의료자원

NHS는 영국에서 가장 큰 고용기관이다. 2013년의 금융위기 이후 간호사 수가 급감하였음에도 1인당 간호사 수는 EU 평균보다 더 많았다. EU 평균 간호사 수는 1만 명당 850명 이상이지만 영국은 870명이다. 의사 수는 지난 10년간 꾸준히 증가했으나 EU 평균이 10만 명당 347명 이하임을 고려하면 10만 명당 278명으로 여전히 적다. 역사적으로 영국은 영연방 국가와 EU의 의료 종사자를 고용했으며 때로는 집중적인 국제 모집도 있다. 그러나 2013년 인구 1천 명당 진료의사 수는 2.77명으로 프랑스 3.1명, 독일 4.05명보다 낮다. 인구 1천 명당 급성병상 수는 2.28개로 프랑스 3.35

개, 독일 5.34개보다 낮다. 인구 1백만 명당 MRI 수는 6.1대로 프랑스 9.4대, 네덜란드 11.5대보다 적다.

3) 의료이용

2013년 인구 1천 명당 퇴원자 수는 129명으로 프랑스 166명, 독일 252명보다 적다. 평균재원일 수의 경우 5.9일로 프랑스 5.7일보다 약간 길지만 독일 7.7일보다는 약 2일 짧다.

4) 건강수준

1980~2013년 사이에 영국의 출생 시 평균 기대수명은 73.7세에서 81세로 증가하였고 이는 EU 평균인 79.9세보다 약간 높은 수준이다. 출생 시 평균 건강수명은 지난 10년 동안 잘 유지되었으나 65세 이상의 여성군에서는 다소 변화를 보였다. 최근의 연구에 따르면 영국은 비교 부유국(富裕國) 19개 중 12번째이다(Murray et al., 2013). 건강행태를 보면 2013년 성인의 매일 흡연율은 20.0%로 프랑스 24.1%보다 낮고 독일의 20.9%와 유사하다.

3. 보건의료체계

1) 관리 운영체계

영국의 〈보건의료법〉 및 일반정책에 대한 책임은 의회, 보건부 장관, 보건부에 있다. 〈보건의료법〉(2006)에 따르면 장관은 이미 결정된 책임을 가진 자를 제외하고는 무료 서비스를 제공하여 포괄적 보건의료서비스 제

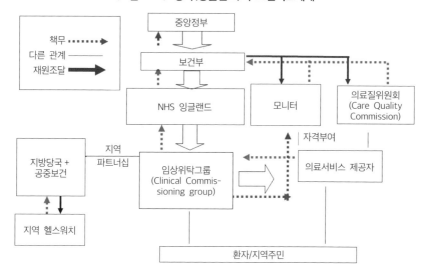

<그림 13-1> 영국(잉글랜드)의 보건의료체계

책무 ·······▶
다른 관계 ──────▶
재원조달 ▬▬▶

중앙정부

보건부

NHS 잉글랜드

모니터

의료질위원회
(Care Quality
Commission)

지방당국 +
공중보건

지역
파트너십

임상위탁그룹
(Clinical Commis-
sioning group)

자격부여

의료서비스 제공자

지역 헬스워치

환자/지역주민

공을 증진할 법적 의무가 있다. NHS 잉글랜드(NHS England)의 조직과 산하 기관의 보건의료서비스 제공체계, 조직 간 규제와 책무는 〈그림 13-1〉과 같다.

영국 중앙정부의 재무부는 잉글랜드, 스코틀랜드, 웨일즈 및 북아일랜드의 보건의료 및 기타 사회서비스 예산을 결정한다. 배분 기준은 바넷(Barnett) 공식[1]에 따르며 비례적으로 비슷한 예산을 결정한다. 영국의 보건부는 잉글랜드의 보건의료체계에 대한 책임을 지며 영국 전역의 규제에 관한 일이나 유럽연합이나 국제연합(United Nations: UN)과의 국제적 협력에 관한 업무에는 스코틀랜드, 웨일즈, 북아일랜드의 자치정부와 정기적으로 협의하여 대응하기도 한다.

보건의료체계의 급속한 변화는 〈2012년 보건 및 사회복지법〉에 의거한다. 보건부는 모니터(Monitor) 조직과 함께 전반적 예산 통제, 임상위탁그

---

1) 바넷 공식은 영국 재무부가 잉글랜드, 웨일즈, 북아일랜드 및 스코틀랜드에 할당된 공공 지출금액을 자동으로 조정하는 데 사용되는 예산배분 기전이다.

룹(Clinical Commissioning Groups: CCG) 감독 및 NHS 서비스 제공을 위한 포괄수가(DRG) 설정 책임을 지며 NHS 잉글랜드에 중요한 기능을 전가하였다. 또한 NHS 잉글랜드는 전문 소량 서비스, 전국 예방접종 및 건강검진 프로그램 및 1차 의료를 위탁(commissioning)한다. 진료 예약을 위한 온라인 서비스 개발, 전자의료 기록보관 및 처방에 대한 품질표준의 설정, NHS의 IT 인프라 등 건강 정보기술의 전략적 방향설정에도 책임이 있다.

국립임상개선위원회(National Institute for Health and Clinical Excellence: NICE)는 임상적으로 효과적인 치료법에 관한 가이드라인을 설정하고 효능 및 비용 효율성 측면에서 새로운 건강기술을 평가한다. 의료질위원회(Care Quality Commission: CQC)는 공급자 등록을 통해 안전 및 품질에 대한 기본표준을 보장하고 달성된 의료표준을 감독한다. 심각한 의료의 질 문제가 확인되면 해당 기관에 서비스 중단을 요구할 수 있다.

2012년의 법은 공공 및 민간 사업자의 경제적 규제기관으로서의 역할을 모니터의 역할로 확장시켰으며 성과가 크게 악화되면 개입할 수 있는 권한을 부여했다. 모니터는 NHS가 재원을 제공하는 의료제공자를 인가하고 NHS와의 협력관계에서 잠재적 위반 및 NHS 재단 트러스트(NHS Foundation Trust) 운영과 관련된 경쟁, 규칙 및 합병을 조사할 수 있다. 조직 간의 합병이 바람직하지 않다고 판명되면 해당 기관들은 공정거래 사무국 및 경쟁위원회에 회부된다.

보건부(Department of Health)는 전반적인 보건의료체계를 관리하지만 NHS 운영에 대한 매일의 책임은 별도의 공공기관인 NHS 잉글랜드에 귀속된다. NHS 잉글랜드는 집행기관으로 정부조직의 부처는 아니지만 광범위한 법적 의무를 가지며 보건부 장관과 국민에게 책임을 져야 한다. 이 조직은 NHS 서비스 제공을 감독하며, 1차 의료서비스의 계약 및 구매와 이전에 보건부가 수행했던 일부 기능을 담당한다. NHS 잉글랜드는 NHS 예산을 관리하고 209개의 임상위탁그룹을 감독하며 효율 및 건강목표를 포함하여 보건부 장관이 목표로 정한 연간목표를 달성하도록 한다. 공중보건을 위한 예산은 지방정부 당국에 의해 유지되며 지방정부 당국은 지역서비스의 조정을 개선하고 지역 간 건강 불균형을 줄이기 위해 "보건복리위원회"(Health and Wellbeing Boards)를 설립해야 한다.

NHS 잉글랜드는 결과를 개선하고 치료의 질을 향상시키기 위한 국가적 리더십을 제공해야 하며 임상위탁그룹의 운영을 감독하고 자원을 할당해야 하는 책임을 진다. 특수 서비스, 죄수의 건강관리 및 일부 군인을 위한 서비스 등의 1차 의료 및 직접 위탁서비스를 구매할 수 있다(NHS England, 2014). 〈2012년 보건 및 사회복지법〉에 이어 1차 의료트러스트는 일반의가 이끄는 221개의 임상위탁그룹으로 대체되었으며 전략적 보건국(Strategic Health Authorities: SHA)은 폐지되었다. 임상위탁그룹은 일반의가 타 보건의료 제공자보다 정기적으로 환자를 관리하므로 이론적으로 환자의 의료수요를 더 잘 이해할 수 있기 때문에 의사가 지출결정에 더 많은 통제권을 가져야 한다는 아이디어에서 출발했다(The King's Fund, 2013).

임상위탁그룹은 급성 및 응급처치, 선택적 병원치료, 지역사회 보건서비스, 정신건강서비스, 출산, 신생아 및 아동 건강관리서비스를 의뢰(commissioning)한다. 공립병원(준자치기관인 NHS 트러스트 및 재단 트러스트) 및 자발적, 사적 부문을 포함한 지역사회, 정신건강 제공자와 같은 다양한 제공자에게 이러한 서비스를 의뢰한다.

헬스워치 잉글랜드(Healthwatch England)는 환자의 관심을 전국적으로 홍보한다. 각 지역사회에서 지역 헬스워치(Local Healthwatch)는 서비스에 불만을 제기하는 주민을 지원한다. 품질에 대한 우려가 헬스워치 잉글랜드에 보고되면 의료질위원회가 조치를 취할 것을 권고할 수 있다. 또한 1차 의료트러스트, 병원 트러스트 및 임상위탁그룹을 비롯한 현지 NHS 기관은 자체적인 환자 참여그룹 및 계획(initiative)을 지원한다. 또한 보건부는 건강상태, 보건서비스의 위치 및 품질 및 기타 정보를 공개적으로 제공하는 기본 웹사이트인 'NHS 초이스'(NHS Choices)를 운영한다. 사용자 의견을 위한 플랫폼을 제공하는 이 웹사이트는 2012~2013년에 월 2,700만 회의 방문자 수를 기록했다(NHS Choices, 2013).

NHS 트러스트 개발국(NHS Trust Development Authority)은 전략적 보건국의 철폐에 따라 재단 트러스트(Foundation Trust)로 변환되지 않은 NHS 트러스트의 운영과 성과관리를 감독한다. 여기에는 임상의료의 질 및 재단 트러스트로 변화하기 위한 트러스트의 경과과정을 관리하는 것을 포함한다. 보건부의 고위관료는 모든 트러스트가 재단 트러스트로 변환되기를 기대하고 있다.

보건복리위원회는 보건 및 복지 전반에 걸친 통합된 업무를 촉진하기 위해 각 상위 지방당국에 설치되었다. 지방당국, 보건 및 사회복지, 공중보건 및 환자 그룹의 대표자로 구성된 위원회는 지역의 우선순위를 파악하는 합동보건복리전략(Joint Health and Wellbeing Strategy: JHWS)과 합동전략욕구실사(Joint Strategic Needs Assessment: JSNA)를 수립한다.

임상네트워크(Clinical Networks)는 NHS 잉글랜드가 주관하고 재원을 지원한다. 통합된 전인적 체계로의 접근법을 통해 개선이 이루어질 수 있는 특정조건 또는 환자그룹에 조언한다. 임상네트워크는 지방 커미셔너(commissioner)에게 조언하고 지역 간 서비스 변이를 줄이며 혁신을 장려한다.

임상상원의원(Clinical Senator)는 임상의사가 주도하며 전략적 임상 의사결정에 다학제적 의견을 제공한다. 그중 12개가 설립될 예정이다. 임상위탁그룹, 지방당국 및 NHS 영국위원회[이전 NHS 위탁위원회(NHS Commissioning Board)]가 의사결정을 알리기 위한 광범위한 임상정보를 이용하도록 해야 한다. 상원위원회에는 환자, 자원봉사자 및 기타 그룹뿐만 아니라 의료, 간호 및 연합 의료전문인 대표가 포함된다.

보건교육 잉글랜드(Health Education England: HEE)는 전국적으로 교육, 훈련 및 노동력 개발을 선도한다. 이 조직은 환자와 지역사회의 변화하는 요구에 부응하는 고품질의 교육과 훈련을 장려한다. 전문 감독관은 여전히 표준을 수립하고 지지해야 할 책임이 있다. HEE에는 6개의 전문 위원회가 있다. 교육 후보자는 커리큘럼 기반 교육 제공, 학술의학 요구사항 인식, 고품질 교육을 제공하기에 충분한 보건서비스 용량 등의 교육 게시물을 작성해야 할 책임이 있다.

잉글랜드 공중보건(Public Health England: PHE)은 공중보건을 지원하기 위해 국가 리더십과 전문적인 서비스를 제공하고 비상사태에 대응하기 위해 지역정부, NHS와 함께 활동한다. 주요역할은 다음과 같다.

- 국가 공중보건서비스 조정, 몇 가지 주요지표 제공
- 지방 공중보건서비스 지원을 위한 증거기반 구축
- 건강한 선택을 할 수 있도록 국민 지원
- 공중보건 전달체계에 리더십 제공
- 공중보건 인력의 개발지원

선구자(Vanguards)는 "NHS 5개년 계획"(NHS Five Year Forward View)의 일환으로 2015년에 도입되었다. 50명의 선택된 선구자는 건강과 의료 시스템의 새로운 관리 모델을 개발하고 잠재적으로 재설계할 임무가 있다. 이는 더 나은 환자 관리, 서비스 접속과 더 단순한 시스템으로 이어질 것이라 예상된다. 이들은 NHS 및 치료서비스의 미래에 대한 청사진을 개발한다.

2) 급여대상과 재원조달

(1) 급여대상

국민건강서비스(NHS) 체계 아래서 의료서비스를 이용할 자격이 있는 사람의 권리는 〈NHS 법〉에 요약되어 있다. 차별 없이 그리고 긴급 및 계획된 병원치료와 같은 일부 범주에서 특정 시간 내 의료서비스를 이용할 수 있어야 한다(Department of Health, 2013b). 그러나 NHS가 제공하는 서비스의 정확한 범위는 법이나 규정으로 정의되지 않으며 환자가 특정 치료를 받을 절대적 권리는 없으나 보건부 장관의 법적 의무는 포괄적 의료를 보장한다.

NHS는 스크리닝, 면역요법 및 예방접종 프로그램을 포함한 예방서비스, 입원환자 및 외래환자 병원치료, 의사서비스, 입원환자 및 외래의약품, 임상적으로 필요한 치과진료, 일부 안과치료, 학습장애를 가진 사람을 돌보는 등의 정신건강치료, 완화치료, 장기 요양보호, 물리치료(예: 뇌졸중 후 치료)를 포함한 재활, 지역사회 간호사의 가정방문 등의 서비스를 실제로 제공하거나 지불한다.

일부 서비스의 경우 이용자가 비용을 부담해야 한다. 외래환자 처방의 약품에는 이용자부담금(Copayment)이 적용된다(현재 처방약당 8.2파운드 또는 11.6달러). NHS 병원에서 처방된 약은 무료이다. NHS 치과서비스는 치료과정당 최대 222.5파운드(314.0달러)의 공동지불금이 부과된다.

이러한 비용은 보건부가 전국적으로 책정한다. 의료비에 대한 가계부담은 2013년의 영국 총의료비지출의 11.9%를 차지하였다(Office of National Statistics, 2015). 2013년 환자 직접부담액의 34%가 의약품이었고 그 뒤로 의료기기 및 장비가 약 20%를 차지했다(Office of National Statistics, 2015).

처방 의약품 이용자부담금 면제대상자는 16세 미만의 아동이나 16~18세 풀타임 학생, 60세 이상의 사람, 저소득층, 임산부와 지난 12개월 내에 분만한 여성, 암환자, 특정 장기간 건강문제 또는 특정 장애가 있는 자를 포함한다. 다량의 처방약이 필요한 환자는 3개월 동안 29.1파운드(41.1달러), 12개월 동안 104파운드(147달러)의 원금 상환증명서를 발급받을 수 있다. 이 제도에 따르면 필요한 처방전의 수와 상관없이 인증서 기간 동안 사용자에게 추가비용을 부과하지 않는다. 2013년에는 잉글랜드 처방전의 90%가 무료로 발급되었다(Health and Social Care Information Center, 2014a). 젊은 사람, 학생, 임산부, 최근 임산부, 수감자, 저소득층에게는 치과 본인부담금을 부과하지 않는다. 시력검사는 청년, 60세 이상인 자, 저소득자에게는 무료이며 교정렌즈 비용을 충당하기 위한 재정지원은 젊은 사람과 저소득층에게 제공된다. NHS 저소득층 수혜제도(NHS Low Income Scheme)에 따라 대상자는 의료이용을 위해 의료기관으로 왕래하는 교통비도 받는다.

(2) 공적 재원

2013년에 영국정부는 GDP의 8.8%를 보건의료 부문에 지출했으며 그중 공적 보건의료비 지출은 NHS가 83.3%로 주를 차지했다(Office of National Statistics, 2015). NHS의 자금은 대부분 일반조세로 조달되며 국민보험〔급여세(*payroll tax*)〕으로부터의 조달은 적은 비중을 차지한다. NHS는 또한 가입자 분담금, NHS 서비스를 민간보험 환자로 이용하는 사람의 지불금 및 일부 다른 소액의 수입원이 있다.

　　NHS 서비스의 급여범위는 보편적이다. 영국에 있는 모든 "일반거주자"는 자동적으로 NHS 진료를 받을 자격이 있다. 유럽 건강보험 카드가 있는 비거주자에게도 마찬가지로 무료로 제공된다. 비유럽인 방문객 또는 불법이민자와 같은 사람의 경우 응급실 및 특정 전염병치료만 무료로 이용할 수 있다(Department of Health, 2013a).

(3) 민간 재원

잉글랜드의 민간 의료보험 가입자는 2012년 인구의 10.9%였다(Nuffield Trust, 2013). 가입자의 대부분은 기업의 고용주(397만 명)가 지원하며 개인별 가입은 97만 명 정도이다. 특히, 민간보험은 선택적 병원절차를 위해 더욱 빠르고 편리하게 진료서비스를 제공하지만 대부분의 민간보험은 정신보건, 모성서비스, 응급진료 및 일반진료를 제외한다(King's Fund, 2014). 민간보험사의 데이터는 자유롭게 이용할 수 없지만 경쟁 및 시장 당

국(Competition and Markets Authority, 이하 CMA, 2014)에 따르면 민간보
험시장은 4개의 보험사가 87.5%를 차지하며 그 외 소규모의 민간보험사
가 있다.

3) 의료서비스 전달체계

(1) 1차 의료

1차 의료는 주로 일반의(General Practitioners: GP)가 제공하며 2차 진료의
문지기 역할을 한다. 2014년에는 7,875개소의 1차 의료트러스트에 총 3만
6,920명의 일반의가 근무하였다. 각 의료기관은 평균 7,171명을 진료하
며 일반의 한 명당 1,530명의 환자를 보았다. 4만 443명의 병원전문의사
와 5만 3,786명의 전공의사(Health and Social Care Information Centre,
2015a, 2015b)가 있다. 1차 의료트러스트 중 일반의 혼자 진료하는 기관 수
는 현재 843개이며 5명 이상의 일반의가 진료하는 기관 수는 3,589개소이
다(Health and Social Care Information Centre, 2015a). 일반의는 일반적으
로 환자의 첫 접촉지점이며 사람들은 자신이 선택한 지역 일반의에게 등록
해야 한다. 그러나 대부분의 1차 의료트러스트는 등록환자가 꽉 차서 새로
운 환자를 받아들이지 않기 때문에 선택은 효과적으로 제한된다. 일부 지
역에서는 워크인 센터가 등록이 필요 없는 1차 의료서비스를 제공한다.

　대부분의 일반의(66%)는 개별적 계약자이며 약 56%의 1차 의료트러스
트는 영국의사협회(의사 대표)와 정부 간 협상을 통한 전국 일반의료서비
스 계약 아래에서 운영된다. 일반의는 필수 서비스(소득의 약 60%를 차지),
추가 서비스(예: 위험에 처한 인구의 백신, 약 15%)에 대한 선택적 서비스 요
금 지불 및 성과(약 10%)에 대한 인두제로 보상을 받는다(Health and
Social Care Information Centre, 2015d). 또한 이 인두제는 연령 및 성별,
지역의 이환율 및 사망률 수준, 간호 및 주거가정의 환자 수, 환자목록 회

전율 및 다른 1차 의료트러스트와 비교한 직원비용의 시장의 영향력 요인에 따라 조정된다.

성과 보너스는 주로 만성질환에 대한 근거 중심의 임상중재 및 진료조정과 관련이 있다. 보너스 관련 서비스의 수를 줄이고 재원이 인두세로 바뀌었던 2014/15 계약이 시행되었을 때 이러한 보너스 수입의 비율은 감소하였다. 1차 의료트러스트에 고용된 또는 일시적으로 고용된(근무하는 일반의를 대신한 경우) 일반의의 비율은 증가하고 있다(현재 약 20%). 대부분의 1차 의료트러스트는 환자의 혈압을 확인하고 상처에 붕대를 감는 등의 사소한 치료를 제공하는 간호사 이외에도 다른 전문가를 고용한다. 1차 의료트러스트의 조직구조는 혼자 진료하는 형태에서 타 의료전문가, 약사 및 사회복지사와 같은 다분야 팀을 활용하는 대규모 업무 집행조직을 포함한 네트워크 진료로 변하고 있다(King's Fund and Nuffield Trust, 2013). 경합형태의 일반의(계약직 및 봉급)의 평균 수입은 2013/14년에 세전 9만 2,200파운드(13만 200달러)였다(Health and Social Care Information Service, 2015c).

(2) 병원서비스

공공소유 병원은 보건부가 직접 책임을 지는 NHS 트러스트(현재 98개소)와 공공 및 민간 의료기관의 경제적 규제기관인 모니터(Monitor)가 규제하는 재단 트러스트(현재 147개)로 구성된다. 재단 트러스트는 중앙통제로부터 더욱 자유로우며 자금조달에 더욱 쉽게 접근할 수 있고 수익을 축적하거나 (일시적으로) 적자를 기록할 수 있다. 정부는 가까운 장래에 모든 병원(정신건강 및 구급차서비스를 제공하는 병원 포함)이 재단 트러스트 병원으로 변환되기를 기대하고 있다.

NHS 트러스트 및 재단 트러스트 병원은 지역 임상위탁그룹과 계약하여 서비스를 제공한다. 수입은 약 60%를 차지하는 국가 차원의 포괄수가(DRG) 요율에 따라 지불 보상되며 나머지는 정신건강, 교육, 연구 및 훈련

비와 같이 DRG에 포함되지 않는 병원활동에서 발생한다(Department of Health, 2013c). 이러한 병원활동 관련 요율책정에 대한 책임은 NHS 잉글랜드와 모니터 간에 공유된다. 일부 영역에서는 요율이 적용되지 않으며 응급진료와 같은 전반적 서비스에 대한 지불이 이루어진다. 또한 일부 지방 의료기관에서는 당뇨병 환자가 12개월 동안 받는 총치료비용과 같은 1년 치료비용(fees for "years of care") 제도가 개발되고 있지만 아직 널리 사용되지는 않는다. 이에 대한 병원 수입상한선은 없다.

영국의 약 548개의 민간병원과 500~600개의 개인 클리닉은 NHS에서 이용할 수 없거나 긴 대기시간이 필요한 치료(예: 비만치료)를 포함해 다양한 서비스를 제공하지만 일반적으로 응급상황, 외상 또는 집중치료시설에 대한 서비스는 제공하지 않는다(Competition and Markets Authority, 2014). 민간 제공자는 의료질위원회와 모니터에 등록해야 하지만 일반환자에 대한 요금은 규제되지 않고 공적 보조금도 없다. NHS와 민간 의료제공자와의 계약 건수는 증가하였지만 2012/13년 병원서비스 위탁 총비용의 3.6%에 불과하다(Nuffield Trust, 2014a).

(3) 외래환자 전문의 진료

거의 모든 전문의는 NHS 병원에 고용되어 있고 임상위탁그룹은 전국적으로 정한 요율로 외래환자 진찰비용을 병원에 지불한다. 전문의는 NHS 또는 민간병원의 특별 지정된 병동에서 개인진료에 자유롭게 참여할 수 있다. 가장 최근의 예측(2006)에 따르면 의사의 55%가 사적인 일을 수행하였고 이 비율은 공공 및 사적 관행 사이의 소득격차가 줄어듦에 따라 감소 중이다(The Secretary of State for Health by Command of Her Majesty, 2000; GHK Consulting and Office of Fair Trading, 2011).

환자는 자신이 방문할 병원을 선택할 수 있으며 정부는 병원 내에서 특정 전문가를 선택할 권리에 관한 제도를 도입했다(단, 아직 완전히 실행되지는 않았다). 대부분의 외래환자 전문상담은 병원에서 진행되지만 1차 의료 트러스트에서도 진료가 이루어질 수 있다. 이는 "전문적 관심이 있는 일반 의"(GPs with Special Interests)[2] 가 1차 의료와 2차 의료 중간 단계의 의료 서비스를 제공하는 것으로 이들은 세션별 또는 행위당 수가로 지불보상을 받는 전문적 상담을 제공한다.

(4) 치과의료

치과서비스는 지역사회의 일반 치과서비스, 급성병원의 2차 및 3차 치과 서비스, 진료소와 요양원에서의 지역 치과서비스 및 학교 구강검진 등 세 부분의 체계로 구성된다. 주요 치과서비스의 내용은 의치, 근관치료, 크 라운 및 교량, 예방치료(18세 이하), 화이트 충전재 제공 및 교정치료 등이 다. 지역주민은 NHS에서 이러한 서비스를 받을 수 있으며 민간 및 NHS 관련 치과 의료기관을 선택하여 서비스를 이용할 수 있다.

　　지역 임상위탁그룹은 NHS 치과치료가 의료수요에 맞게 제공되도록 보 장한다. 현재의 계약은 치과기관의 진료량에 근거하여 해당 지역의 위탁그 룹과 지역 치과기관 간 협상을 통해 이루어진다. 치과치료는 1948년 NHS 출범 때부터 무료였지만 잉글랜드와 웨일즈에서는 현재 3종류의 치료비가 환자에게 부과된다. 이는 치료의 복잡성에 따라 18.5파운드, 50.5파운드, 219.0파운드로 규정된다. 치과의사는 서비스 비용을 우선 청구할 수 있다.

(5) 완화의료

완화의료는 질병상태가 막바지에 이른 환자와 그 가족에게 최고의 삶의 질 을 제공하는 것을 목표로 한다. 이를 위하여 통증과 증상을 관리하고 사회

---

2) "전문적 관심이 있는 일반의 인가"(GP with a Special Interest(GPwSI) Accreditation) 란 일반의 중 관심 있는 전문서비스 관련 개발과 관리, 교육, 연구, 서비스를 의미한다.

적·심리적 지원을 제공한다. 1990년대 NHS가 완화의료전략을 수립하기 시작했지만 역사적으로 완화의료는 자발적 조직이 제공하였다. 2000년 NHS 암 계획은 잉글랜드에서 암 환자와 가족을 위한 호스피스 및 완화의료서비스를 지원하기 위해 추가재원을 제공했다. 2003년 보건부는 질병 말기단계의 치료의 질을 개선하기 위해 라이프 케어 프로그램의 종료를 발표했다. 암과 에이즈(HIV/AIDS) 환자에 대한 유용한 정보를 다른 조건에 적용하고 더 많은 직원이 이러한 기준에 맞춰 치료를 개선하기 위해 완화 치료를 훈련받았다. 2008년에는 건강의 말기의료 전략의학과 통합서비스에 대한 관리경로 접근방식을 권장하였다.

의사, 간호사, 사회복지사와 심리학자는 전문 완화의료로 전문 증상관리 교육, 환자의 통증완화 및 정서적 지원 시스템을 제공한다. 홈 케어는 호스피스에 가정서비스 및 보육센터를 포함하여 제공된다. 훈련된 의료진뿐만 아니라 자원봉사자 호스피스에게도 지원을 제공한다.

(6) 정신보건

NHS에서 지방자치단체, 자원봉사 및 민간 부문의 조직은 영국의 정신보건서비스를 제공한다. 지방자치단체가 제공하는 일부 서비스는 자산조사에 의해 비용이 부과되나 NHS 서비스는 무료이다. 임상위탁그룹은 지역 수요에 부응하는 정신보건서비스를 계약하고 제공한다. 지방자치단체는 정신보건 수요가 있는 자를 위해 NHS와 함께 주택 및 사회복지서비스의 재원을 지원한다. 전반적으로 사회복지와 의료 부문 간의 통합이 증가되었기 때문이다.

입원환자에 대한 정신보건의료는 정신병원 또는 급성병원에서 제공된다. 의무적으로 치료를 받는 사람을 위한 집중치료시설과 높은 수준의 보안을 필요로 하는 사람을 위한 입원치료제공 보안시설도 있다. 또한 지역사회 중심의 주거시설에서 서비스를 이용하는 것도 선택 가능하다. 지역사회 정신건강 팀은 의학 및 지역사회 보건인력을 포함한다. 이들은 1차 정신보건 서비스를 지원하고 일반의와 함께 흔한 정신건강문제를 가진 사람의 치료를 돕는 팀에서 일한다. 잉글랜드의 2007년 〈정신보건법〉은 정신건강문제를 가진 사람의 권리를 보호하고 자신과 다른 사람의 안전을 위협하는 사람을 위한 강제치료를 허용하였다.

(7) 보완대체의료

영국에서 이용률이 높은 보완대체의료서비스는 마사지요법, 정골, 아로마테라피, 척추 교정조작, 동종요법, 반사요법, 침술과 약초 등이다. 지난 2000년 영국의회(The House of Lords Select Committee)의 한 보고서는 실태조사를 거쳐 많은 요법이 근거가 미약함을 지적한바 있다. 이 보고서는 보완대체요법사의 규제, 이용되는 서비스에 대한 NHS의 지불, 관련 정보의 제공, 관련 법 제정에 관해 제안을 하였다. 이어 2006년에는 중의학과 아유르베다와 같은 침, 약초, 전통의학에 대한 조사를 위한 실행위원회가 구성되었다. 〈파이틸로(Pittilo) 보고서〉는 이들 요법사를 신직업군으로 규정하였으며 요법사는 기존의 관련 기구인 보건의료 전문위원회(Health Professions Council)에 의해 규제된다. 2015년부터 정골요법와 카이로프랙티스요법사의 활동은 법적 전문가단체에 의하여 관리된다.

　대부분의 보완대체의료서비스는 자발적으로 구성된 전문가단체가 자체적 규칙과 모범사례를 중심으로 관리하지만 공식적으로 규제되지는 않는다. 영국에서의 보완대체의학은 대부분 법적 규제보다는 임의단체로 분류되는 요법사에 의해 민간 부문에서 제공된다. 일부 보완대체의료전문가는 NHS와 계약하여 민간 치료서비스를 제공한다. 스코틀랜드와 잉글랜드에는 각각 1개, 2개소의 동종요법 병원도 있다. 보완대체의료가 필요한 환자는 스스로 찾아 이용하며 때로는 일반의가 의뢰하기도 한다. 경우에 따라서는 NHS가 진료에 대한 비용을 지불하기도 한다. 보완대체의료요법은 종종 암 치료나 임종관리의 일환으로, 통합적 의료관리 접근방법의 일부로 사용되고 있다.

4. 잉글랜드 보건의료체계의 변화

1) 보건의료체계의 발전과정

영국 보건의료시스템은 베버리지 모델(Beveridge Model)을 따랐다. 의료서비스 제공체계는 중앙정부 중심으로, 지역주민이 국민보건의료서비스 체계에 속한 보건의료기관을 이용할 경우 대부분 무료라는 특징이 있다. 1941년 당시 하원의원 베버리지가 사회보장제도 수립을 위한 보고서를 발간하도록 지명되었고 이후 발간된 그의 보고서는 영국의 사회보장 및 보건 시스템의 기초가 되었다. 이 시스템을 "베버리지 시스템"(Beveridge System)이라고 하며 아일랜드, 스웨덴, 노르웨이, 핀란드, 포르투갈 및 뉴질랜드 등이 이 시스템을 운용한다. 이후 1946년의 영국정부의 규정에 따라 NHS가 1948년에 설립되었다.

이 제도를 통해 영국의 모든 시민 또는 영국에 거주하는 모든 사람에게 무료 보건의료서비스를 제공한다. 오늘날까지 영국의 의료 시스템은 조세로 재원이 조달된다. 1991년에 시작된 개혁 법안과 이후 의료개혁은 정부주도의 공공의료체계에서부터 변화하여 시장도입을 통해 의료제공자 간의 경쟁과 시스템의 효율성 극대화를 추구하는 방향으로 발전하였다. 그러나 조세를 통해 충당한 보건의료재정은 여전히 NHS의 주요 재정원천이며 이로 인하여 국가의 역할과 공공당국의 역할 및 자원의 효율적 사용에 대한 논쟁은 계속되었다.

영국정부는 그동안 주민의 보건의료서비스에 대한 수요증가와 그에 따른 재정부족을 타개하기 위해 보건의료와 사회복지체계의 수용량, 수용능력 및 그 효율성 증진을 위해 노력하였다. 또한 보건의료체계 개혁과 서비스 현대화, IT 투자, 새로운 인력 확충, 보건의료 부문에 지출되는 예산의 가치와 서비스 질 증대 등 다각적 접근을 시도하였다(NHS, 2006). 이와 같은 맥락에서 영국은 NHS 제도 도입 후 지속적으로 의료제도와 정책의 변화를 시도하고 있음을 알 수 있다.

1970년대 초 영국의 의료제도는 중요한 변화를 경험하였다. 1972년 북아일랜드는 영국정부의 직접통치 아래로 들어왔고 〈국민보건서비스 개혁법〉(National Health Service Reorganization Act 1973)에 따라 잉글랜드와 웨일즈의 NHS 조직에는 권역보건국(Regional Health Authorities), 지역보건국(Area Health Authorities) 및 가정의위원회(Family Practitioner Committees)가 설치되었다. 1948년에 NHS를 설립하여 운영한 이후, 병원, 1차 의료 및 지역보건서비스 간에 분열된 상황을 해결하기 위함이었다. 급성질병, 지역사회 및 예방서비스와 같은 상이한 유형의 서비스를 통합하기 위함이었으나 1980년대에 효율성 향상에 장벽 역할을 한다는 비판이 있었다. 지역보건국은 1980년에 지구보건국(District Health Authorities)으로 개편되었다.

1997년부터 시작된 의료개혁 프로그램은 그 범위가 매우 컸으나 조세에 의한 재원조달, 공공주도의 의료서비스 제공, 구매와 의료 전달기능의 분리 등 NHS의 근본적 특징은 변함이 없었다(Boyle, 2011). 그럼에도 2000년부터 전례 없는 개혁이 있었다. NHS 재원의 배분 수준에서 가장 중요한 개혁수단은 병원 지불보상체계였으며, "결과에 따른 보상"(Payment by Results: PbR) 도입, 민간의료 이용의 확대, 선택 진료를 위한 병원의 환자 선택 도입, NHS 재단 트러스트 설립을 통한 NHS 병원의 자율경영 도입, 새로운 일반의, 전문의 및 치과서비스 계약, 국립임상개선위원회(NICE) 설립, 공급자 규제 및 서비스의 품질 모니터를 위한 의료질위원회 설립 등을 포함했다.

뿐만 아니라 2013년 4월부터 도입하여 시행 중인 〈보건 및 사회복지법〉을 통하여 보건의료 부문에 더욱더 광범위한 개혁을 도입하겠다는 의지를 발표했다. 2016년의 브렉시트(Brexit: 영국의 유럽연합 탈퇴) 이후 새로 선출된 정부는 상당한 제약과 함께 미래의 도전에 직면해 있다.

이러한 접근은 영국이 1990년도 초부터 NHS의 고질적 문제인 비효율성을 개선하고 지속적으로 증가하는 의료비용 지출의 절감을 위하여 새로운 보건의료정책을 수립하고 실행하는 국가적 실험과 새로운 의료제도를 개발하는 등의 노력과 일맥상통한다고 볼 수 있다. 특히, 국민의 기대와 시스템의 단점 모두 의사결정자가 해결해야 할 중요한 문제이므로 공공 부문 주도의 보건의료제도 전개과정은 향후에도 지속될 것으로 예측할 수 있다.

2) NHS 잉글랜드의 조직 및 관리 운영체계

(1) NHS 잉글랜드 조직의 특징

보건의료체계 및 의료서비스 전달체계는 영국 전역에 동일한 방식은 아니며 보건의료 정책결정도 잉글랜드, 웨일즈, 스코틀랜드 및 북아일랜드의 개별 정부수준에서 이루어진다. 보건의료체계는 그 어느 때보다 더욱 상호 분리되어 있다. 그러나 이러한 보건의료체계 조직 및 관리방식의 다양성에도 불구하고 규제체계의 일부 측면은 유럽표준에 따라 영국 전역에서 계속 운영되었다. NHS는 영국 4개국마다 독특한 구조와 조직을 가지고 있지만 전반적으로는 다른 보건체계와 비교해도 근간이 다르지 않으며 두 가지 영역으로 나뉜다. 하나는 전략·정책 및 관리를 다루며 다른 하나는 1차 의료(지역사회의료, 일반의, 치과의사, 약사 등), 2차 의료(일반의의 소개를 통해 이용하는 병원 기반 의료) 및 3차 의료(전문 병원)이다. 광범위한 두 섹션 간의 구별은 점차 불명확해졌다.

잉글랜드 NHS는 정부의 독립기관이자 직속기관이다. 주요 역할은

〈그림 13-2〉 잉글랜드 NHS의 조직 구성과 변화

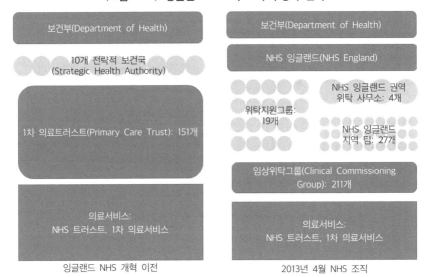

잉글랜드 NHS 개혁 이전   2013년 4월 NHS 조직

〈2012년 보건 및 사회복지법〉에 명시된 바와 같이 잉글랜드 NHS의 위탁 측면의 예산, 계획, 배달 및 일상적 운영 감독이다. 또한 일반의와 NHS 치과의사를 위해 계약한다. 이 조직은 잉글랜드 전역의 50개 지역에 약 6,500명의 직원을 둔다. 현재 대다수의 직원은 1차 의료트러스트 및 전략적 보건국을 위해 일했던 은퇴한 직원으로 구성된다. 주목적은 보건의료 부문의 우선순위와 NHS 운영의 방향을 설정하고 잉글랜드 주민의 건강과 치료결과 및 성과를 개선하는 것이다. 또한 보건부의 비전을 제시하며 NHS의 관리에 주도적 역할을 한다. 2013년 4월부터 이러한 변화를 보였다. 〈그림 13-2〉는 2013년의 개혁 이전과 이후의 새로운 NHS 잉글랜드 구조를 전체적으로 보여준다.

이전에는 10개의 전략적 보건국이 지방의 NHS 조직을 관리하였다. 1차 의료트러스트(Primary Care Trust: PCT)가 NHS 예산의 80%와 NHS 조직이 제공하는 보건의료서비스를 관리했고, 위탁서비스를 제공했다. 뿐만 아니라 공공보건 의료제공의 가용성을 보장하고 지역사회서비스도 제공하였다. 이후 2010년 백서에 따라 전략적 보건국과 1차 의료트러스트는 모두 중단되었다(Grosios, Gahan, & Burbidge, 2010).

구조, 책무, 재원, 업무관계 등의 측면이 변화한 새 조직이 만들어지고 기존의 조직은 폐지되었다. 그리고 NHS 예산의 대부분을 관리하는 법적 책임은 2013년 4월에 지역 및 전국적으로 새로운 조직으로 전환되었다. 이로 인하여 지역의 평의회(Local Council)는 보건서비스에 영향을 미치는 데 더 큰 역할을 한다. 장기적으로 볼 때 NHS는 매우 다르게 보일지도 모르지만 지역에서의 운영 측면에서 일반의를 만나거나 병원에 방문하는 환자 입장에서는 큰 차이가 없다.

(2) NHS 잉글랜드의 조직구성과 변화

2013년 4월 이전에는 NHS 지출의 80%를 차지하는 치과의사, 병원 운영 및 검사 및 의약품에 대한 지역 지출은 152개의 1차 의료트러스트(PCT)가 통제하였고 대부분 보건관리자로 구성되었다. 2013년 4월부터 1차 의료트러스트는 일반의가 주도하는 211개의 임상위탁그룹으로 대체되었다. 이들은 NHS 예산의 약 70%를 책임진다.

실제로 모든 일반의가 근무하는 보건의료조직은 해당 지역의 한 개의 임상위탁그룹에 속하지만 일반의 중 일부만이 지역서비스의 예산결정에 참여한다. 이와 같은 일반의의 참여는 중앙정부의 각료가 이들이 일상적으로 만나는 환자와 접촉할 때 환자의 요구에 더욱 잘 대응할 것이라고 믿기 때문이다. 이 이론은 결국 NHS 조직의 효율성 증대와 의료의 질 향상에 밀접한 영향을 미칠 것으로 간주된다. 또한 그림에서 보는 바와 같이 지역의 위탁지원그룹 등 새로운 조직은 지역의료 계획 및 구매를 위한 임상위탁그룹의 업무를 지원할 수 있다.

이러한 변화에서 관련 조직의 일부를 소개하면 다음과 같다. 우선 보건의료보호국(Health Protection Agency)은 2013년 잉글랜드 공중보건국 (Public Health England) 조직의 일부가 되었다. 잉글랜드 공중보건국은 보건부의 집행기관으로 정부에 중요한 자문 역할을 하며 국민건강보호서비스를 실행한다. 또한 대중의 건강개선을 위해 공공건강문제에 관한 연구를 수행하고 인구의 건강향상에 기여할 수 있도록 보건국과 전문지식, 지방자치단체 및 업계를 지원한다(Department of Health, 2012).

다음으로 의료질위원회(CQC)는 잉글랜드의 의료와 성인 사회복지 공급자에 대한 독립적 규제기구이다. 이 조직은 2009년 기존의 의료위원회 (Healthcare Commission), 사회복지 감독위원회(Commission for Social Care Inspection) 및 정신보건법위원회(Mental Health Act Commission)의 합병으로 설립되었다. 이 기구는 정신 질환자를 포함한 취약한 사람의 권리를 보호해야 하는 특정 의무가 있다. 의료질위원회는 인가, 모니터 (Monitor), 의료와 사회복지조직에 대한 감사를 시행하고 그 범위에서 조직에 대한 국가의 법적 요구사항을 적용한다. 이 조직에는 병원, 간병인가정, 치과의사, 재택서비스 및 일반의가 포함된다.

모니터(Monitor)는 잉글랜드의 보건의료 부문의 제정에 대한 규제기관이다. NHS 제공자의 라이선스뿐만 아니라 제공자 및 위탁책임자를 위한 규제체계를 설정하고 시행한다. 또한 이 기관은 잉글랜드의 재단 트러스트3)의 재정적 감독기관 역할을 하며 트러스트가 잘 운영되어 양질의 서비스를 제공하도록 지원한다. 해당 의료기관이 어려움에 빠져도 필수 NHS 서비스가 유지될 수 있다. NHS의 지불제도는 질과 효율성을 증진하며 조달, 의료기관의 선택 및 의료기관 간의 경쟁은 환자의 최대이익을 위해 운영된다.

이 조직은 2016년 4월 1일 이후 NHS 개선조직(NHS Improvement)의 일

---

3) 잉글랜드의 NHS 내 반자치 조직단위이다. 이 조직은 보건부(2013년 전략적 보건국이 폐지될 때까지의 지역 전략적 보건국)로부터 독립성을 가진다. 2016년 2월 현재 152개의 NHS 재단 트러스트가 운영되고 있다.

부로 합병되었다. 또한 NHS 트러스트 개발국(NHS Trust Development Authority), 환자 안전(Patient Safety), 국가보고 및 학습 시스템(National Reporting and Learning System), 선행변경 팀 및 집중지원 팀(Advancing Change Team and the Intensive Support Teams)을 지원한다. NHS 개선조직은 기존의 조직이 수행한 업무를 최대한으로 발전시킬 것으로 기대되며 보건의료서비스 제공자와 지역 보건시스템이 개선되도록 지원하는 것이 우선순위이다.

헬스워치(Healthwatch)는 건강 및 사회복지를 위한 독립적 소비자 옹호 기관이다. 지역 및 국가 수준에서 보건 및 사회복지에 대한 견해를 수집함으로써 국민의 견해를 대표하기 위해 설립되었다. 영국의 모든 지방당국에는 헬스워치가 있다. 헬스워치 네트워크를 통해 NHS 이용자의 의견을 파악할 수 있다. 헬스워치는 해당 지역의 연구를 수행하고 지역주민의 수요와 제공되는 서비스 간의 격차를 확인하여 지역 의료위탁 계획수립에 활용하도록 한다.

또한 〈보건 및 사회복지법〉은 지역주민의 건강증진에 초점을 맞춘 포럼으로 보건복리위원회(Health and Wellbeing Board)를 설립했다. 이 조직은 지방행정당국이 구성하며 NHS, 공중보건, 성인 사회복지, 어린이서비스와 헬스워치 대표자가 포함된다. 이 조직은 해당 지역의 관련 단체가 건강 불평등과 지역주민의 수요에 어떻게 충족하는가를 가장 잘 알 수 있다는 아이디어에서 출발했다.

(3) NHS 잉글랜드의 관리 운영

보건부 장관은 NHS에 대하여 대기시간 등과 같은 정책을 설정한다. 현재 보건부는 보건정책을 10개의 전략적 보건국을 거쳐 지역에서 정책을 보장해야 하는 1차 의료트러스트로 시달한다. 그러나 새로운 시스템에서 NHS 잉글랜드(구 NHS 위탁이사회)는 2011년 10월 이후 섀도(shadow) 형태4)로 운영되었지만 2013년 4월 1일에 완전한 법정 권한을 갖췄다. 이 조직은 잉글랜드의 리즈(Leeds)에 본부를 두고 잉글랜드 전역에 4개의 권역사무소와 50개의 지역사무소가 있으며 보건부의 NHS 감독 책임을 맡는다. 이 조직은 전체 예산의 상당 부분을 관리하여 지역에서 요구되는 전문의료서비스를 계획하고 구매할 수 있으며 임상위탁그룹이 예산을 초과 지출하지 않도록 보장해야 한다.

최근의 개혁을 통해 NHS 잉글랜드에 부여된 역할은 두 가지이다. 첫째, 보건부, 전략적 보건국과 1차 의료트러스트가 개혁 이전에 수행하였던 광범위한 역할을 수행하여야 한다. NHS 잉글랜드는 새로운 위탁 시스템을 감독하고 법적, 지역적 위탁책임이 있는 임상위탁그룹을 담당할 책임이 있다. 둘째, NHS 잉글랜드의 설립은 각료급 수준에서 더 많은 책임을 배제하며 일상적으로 NHS 운영에 책임을 지는 '독립적이고 책임 있는' 이사회를 새롭게 만들기 위한 광범위한 의제의 일부를 구성한다. 지방의회(Local Councils)는 해당 지역의 비만과 같은 공중보건문제를 해결하기 위하여 더 많은 역할을 해야 한다. 새로운 조직인 보건복리위원회는 이러한 업무를 임상위탁그룹과 연계하는 데 도움을 준다. 환자들로 하여금 NHS에 관해 의견을 나눌 수 있도록 지역 단체와 함께 헬스워치라고 불리는 국가기관이 설립되었다.

(4) NHS 잉글랜드의 재원의 흐름과 지출

2013년 이후의 영국보건의료 부문의 재원의 흐름은 〈그림 13-3〉과 같다. 징수된 세금은 의회에서 예산배분이 결정되며 이 중 보건부로 예산이 배정된다. 배정된 예산은 공중보건 잉글랜드와 NHS 잉글랜드로 이관된다. 이후 공중보건 잉글랜드는 지방정부에 속한 공중보건국에 예산을 배정하고

---

4) 새로운 조직으로 운영될 가능성이 높은 경우, 이를 대비하여 두는 조직을 의미한다.

배정된 예산은 지역 보건의료서비스 제공기관에 지원된다. 이 기관은 지역 환자와 주민에게 관련 서비스 제공을 위하여 배정된 재원을 사용한다.

NHS 잉글랜드는 지역의 일반의와 타 1차 의료제공자와 직접적으로 계약하여 이들이 지역의 환자와 주민에게 서비스를 제공할 수 있게 재원을 배정한다. 또한 이 기관은 임상위탁그룹으로 예산을 배정하고 이 그룹은 지역 보건의료서비스기관 및 2차 의료기관과 위탁을 통하여 서비스를 구매하여 해당 지역에 서비스가 제공되도록 한다. 지역의 보건의료기관은 NHS 관련 기관과의 계약에 의하여 서비스를 제공한다. 이러한 과정에서

〈그림 13-3〉 NHS 조직의 개정된 재원흐름

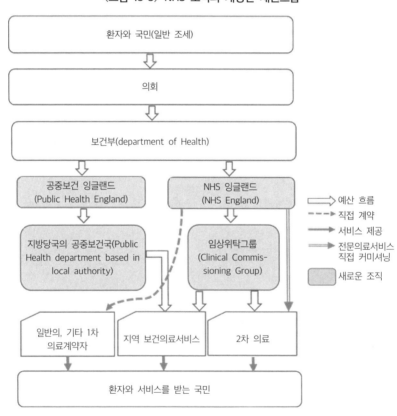

(2009/10~2014/15년)

	2009/10	2010/11	2011/12	2012/13	2013/14	2014/15
보건의료 지출(파운드)	98,419	100,418	102,844	105,222	109,777	113,300
연 변화(현금, %)		2.0	2.4	2.3	4.3	3.2
보건의료 지출 2016/15 가격(파운드)	1,004,164	109,125	110,054	110,572	112,998	114,886
연 변화(실질, %)		-0.9	0.9	0.5	2.2	1.7

임상위탁그룹은 1차 의료트러스트가 이전에 수행하였던 것처럼 일반의가 필요하다고 생각하는 병원치료에 대해 지불 여부를 결정한다.

이 과정에서 정부는 임상위탁그룹의 업무에 더 많은 의사와 간호사가 참여하므로 지역 우선순위결정에 더 유리할 것이라고 믿는다. 일부 일반의가 이러한 의사결정에 더 많이 관여하기를 바라는 반면, 일부 사람들은 비용을 감안할 때 의사와 환자 간의 관계가 손상될 우려가 있다고 우려한다. 대부분의 의료는 NHS 산하 보건의료조직이 제공하지만 일부 일상적 진료는 민간기관에서 제공하며 NHS가 그 비용을 지불한다.

그동안의 보건의료비 지출 현황을 살펴보면 다음과 같다. 〈표 13-1〉에서 보는 바와 같이 2009/10년 기준으로 명목지출은 연 2배 이상의 증가율을 보였으며 2013/14년도에 4.3%의 높은 성장률을 보였다. 그러나 동 기간의 실질성장률은 연 평균 0.9%로 지난 1955년 이후 가장 낮은 성장률을 보였다. 2015년, 영국 NHS 지출의 약 83%를 차지하는 NHS 잉글랜드를 위하여 영국정부는 2020/21년까지 80억 파운드를 증액할 것이라 밝혔다. 그러나 이러한 증액을 어떻게 구체화할지에 대해서는 분명하지 않다(Appleby, 2015).

다음으로 NHS 행정비용(Administrative Cost)의 현황을 살펴보면 우선 NHS 잉글랜드의 행정비용(즉, 반복되는 연간비용)이 2005년까지 전체 예산의 14%였고 이는 1980년대의 5%를 고려했을 때 그 증가가 매우 심각하다고 지적된다(House of Commons, 2010). 최근의 비용 중 많은 부분은 위탁, 즉 위탁공급자 계약관계의 관리, 운영 및 '시장'의 다른 제도·행태적 특성 때문으로 설명된다(Paton, 2014).

그러나 최근 NHS의 행정비용은 연립정부 동안 급격히 감소하였다. 영국은 2010년 지출평가를 통하여 정부의 전 부서에 목적행정 교부금(*ring-fenced administrative budget*) 제도를 실시하였고 행정비용 관리시스템의 일환으로 보건의료 부문에도 적용하였다. 이후 NHS 행정비용은 2010/11년도보다 실질적으로 3분의 1이 감소하였다. 지난 2010/11년과 2011/12년도 사이에 59억 파운드에서 29억 파운드로 감소하여 36%의 감소를 보였다. 최근 자료에서 보이는 바와 같이 영국은 2018년까지 300억 파운드의 비용을 절감하여 추가적 보건의료 부문의 도전과제를 해결하기 위한 자원을 확보할 필요가 있다고 예상한다.

영국의 NHS의 '시장도입'은 높은 직접 비용과 더 높은 기회비용을 지닌, 지불 가능성이 적은 이데올로기적 사치였으며 이는 계속될 것이라는 의견도 있다. 시장개혁은 부족한 리더십 기술을 흡수하지만 환자 치료에 직접 사용될 수 있는 상당한 자원을 흡수한다는 점이 더 중요하다는 지적이다. 페이튼(Paton, 2014)은 25년 동안 '시장개혁'(Market Reform)은 불확실하거나 심지어는 비경제적인 질문에 대한 해답으로 영국의 NHS에 판매되었으며 감정적으로 본질적·기술적인 문제에 대한 해결책으로서 사용되었다고 주장했다. 또한 증거는 이 과정에서 아주 작은 역할을 했으며 근거중심의 정책 수립에도 사용되지 않았다고 주장했다. 영국 NHS는 주요전략으로서 일관되고 포괄적이며 통일되고 지속적인 품질개선 노력을 기울여야만 하며 그렇지 않으면 인구의 의료수요 충족은 기대할 수 없다는 의견이다.

(5) NHS의 의료제공조직에 대한 규제와 책무

NHS 의료체계에서의 의료제공조직에 대한 규제와 책무관계에 관한 체계는 〈그림 13-4〉와 같다. 1차 의료트러스트는 우선 NHS 임상위탁그룹, 잉

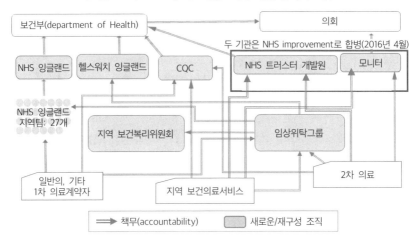

〈그림 13-4〉 NHS의 의료제공조직에 대한 규제와 책무

글랜드의 지역 팀과 의료질위원회에 대하여 책무를 진다. 이 조직은 상위
기관인 NHS 잉글랜드에 보고와 지시를 받는다. 지역 보건의료서비스는
의료질위원회, NHS 트러스트 개발원, 모니터와 같은 세 가지 기관에 책
무를 진다.

2차 의료기관도 동일하다. 이 중 의료질위원회는 의료의 품질을 관리하
는 기구로서 1차 의료, 지역 보건의료서비스, 2차 의료기관에서 제공되는
모든 의료서비스의 질에 대한 감시를 실시한다. 새로운 시스템 아래에서
모니터라는 규제기관은 민간 의료기관과 자선 의료기관, NHS 조직과 경
쟁하여 진료를 제공할 수 있는 평등한 경쟁의 장이 마련되도록 한다. 영국
정부는 모니터가 환자가 받는 서비스에 영향을 미치지 않도록 경쟁을 보장
해야 한다고 발표한바 있다.

(6) NHS의 위탁과 성과관리 및 지침제공체계

국립임상개선위원회(National Institute for Health and Clinical Excellence:
NICE)는 영국 및 웨일즈 NHS의 환자에 대한 진단 또는 치료의 효율성 및

〈그림 13-5〉 NHS 조직하 커미셔너의 성과관리 및 지침제공 체계

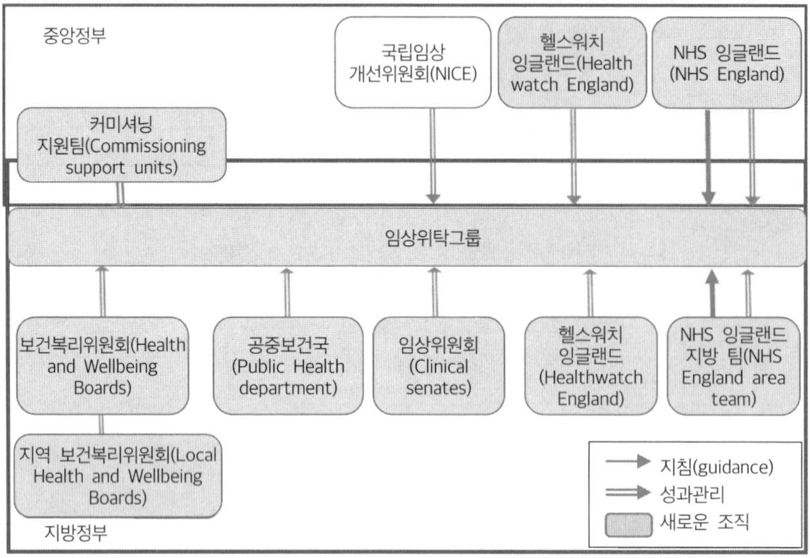

비용 효율성에 관한 증거기반 정보를 제공한다. 영국의 NHS 위원(주로 임상위탁그룹 및 NHS 잉글랜드)의 자금지원을 받아야 하는 필수적 기술 평가 지침〔주로 임상 의약품-의약품-권고적 임상 지침 및 공중보건 지침(국장은 시행할 의무가 없음)〕을 설정한다. 임상위탁그룹은 최종 지침이 발표된 후 3개월 이내에 기술 감정의 일환으로 NICE가 권장하는 약물 및 치료법에 재원을 제공할 수 있도록 합법적으로 요구한다. NICE 지침이 없을 경우 NHS 조직은 재원지원에 대한 자체 정책을 결정할 수 있지만, 앞서 기술한 바와 같이 지역의 임상위탁그룹이 지역에 필요한 예외적 개별사례를 고려하여 결정한다(〈그림 13-5〉 참조).

이와 같이 서비스의 규모와 범위는 임상의가 권장하는 경우 일반적으로 지역에서의 의사결정을 위한 문제지만 〈NHS 법〉도 NICE가 실시한 기술 평가에서 승인된 약물이나 치료에 대한 권리가 환자에게 있음을 명시한다 (Department of Health, 2013b). 그러나 NICE로부터 평가받지 않은 약물이

나 치료법에 대해 〈NHS 법〉은 임상위탁그룹이 합리적이고 근거에 기반을 둔 결정을 내릴 것이라고 명시한다(Department of Health, 2013b). 개별 임상위탁그룹이 어떻게 의사 결정을 내리는지에 대한 일상적 보고는 없지만 각 조직 간 의사결정에 과정상의 변이가 있다고 보고되었다(Nuffield Trust, 2011). 고관절 대체술에 대한 이용의 변이도 보고되었다(Royal College of Surgeons in England, 2014).

5. 의료개혁과 성과

그동안 영국정부의 지난 20년간 의료개혁과정을 요약하여 기술하면 다음과 같다. 우선 1997년 노동당정부는 보수당에서 도입한 내부시장을 명백하게 거부했지만 수요 측면 개혁, 공급 측면 개혁, 거래 개혁 및 시스템 관리 개혁을 포함하는 의료시장체계는 계속되었다. 2002년에 보건부는 경쟁력 있는 시장이 자리를 잡았음을 인정하면서 위탁자(즉, 전략적 구매자) 및 의료제공자에 관한 지침을 발표했고, 특히 의료 네트워크의 경우 협력을 장려했다. 이후 다지(Darzi)의 2008년 보고서는 1997년 백서(White Paper)와 2000년 "NHS 계획"(*NHS Plan*)과 유사한 목표를 제시했다.[5] 이 보고서의 권고에 따라 NHS 관련 의료의 질을 보장하기 위한 의료질위원회가 2008년에 설립되어 이전의 유사한 의료의 품질 관리 기관의 기능을 물려받았다.

2010년부터의 보수당-자유민주당 연립정부는 백서 출간을 통하여 NHS

---

5) 다지(Darzi)는 2008년 5월 보고서, "우리의 NHS, 우리의 미래"(*Our NHS Our Future*)에서 증거기반 정보파악의 문제를 지적했다. "영국은 너무 많은 곳에 너무 많은 정보가 있음"을 비판하면서 이 보고서는 'NICE가 NHS의 근거를 수집하여 기존 지식의 종합과 배분을 관리하고 누구나 접근할 수 있는 새로운 단일 포털을 제공하자'고 권고했다. 이러한 과정을 통하여 양질의 진료가 어떠한 것인지를 판단하기 위한, 임상적 및 비임상적 근거와 모범사례가 제공될 수 있다는 의도였다.

의 기본요소로 접근성, 접근의 자유, 모든 사람에 대한 평등한 접근, 건강에 대한 자원투입, NHS 헌법 중요성 등을 발표하였다. 이 백서는 권리와 선택의 폭을 넓히기 위해 NHS의 권력을 분권화하는 것이 주요주제였다. 이를 통하여 광범위한 책임과 자유를 가지며 중앙정부에서 양도될 새로운 NHS 기구를 설치 및 운영할 것을 제안했다. 이 개혁안은 의회와 대중으로부터 논쟁의 여지가 있어 많은 논란을 불러 일으켰다(Ham et al. , 2015). 이후 이에 대한 여러 개정안이 작성되었으며 〈보건 및 사회복지법〉이 2011년 4월 1일에 완성되었다. 이어 2012년 3월 19일부터 20일까지 양국 의회에서 통과된 법안은 2012년 3월 27일 정식으로 국가수반의 승인을 얻었다.

2012년 〈보건 및 사회복지법〉에 따라 1차 의료트러스트 및 전략적 보건국은 위임 지원부서가 지원하는 임상위탁그룹으로 대체되었다. 모니터의 규제 권한은 기본적인 위탁을 넘어 모든 위탁을 포함하고 트러스트 개발국은 신탁을 기초 신탁상태로 양성하기 위해 설립되었다. NHS 잉글랜드는 1차 의료 및 일부 전문 진료를 위탁(즉, 구매)하기 위해 설립되었으며 공중보건 개선을 위해 영국의 공중보건국(Public Health UK)이 설립되었다. 의료질위원회와 NICE의 책임이 확대되었다. 또한 지역 보건복리위원회(Health and Wellbeing Board)가 소개되었다.

이와 같은 과정을 통하여 영국은 현재까지 1차 의료 부문의 인력과 시설이 잘 발달되었으며 지역적으로도 고르게 분산되었음을 알 수 있다. 결국 지역주민을 중심으로 보건의료서비스를 제공하는 체계로의 변화를 추구하는 영국의 이러한 현황과 경험에서 한국이 배울 점이 많다. 궁극적으로 의료개혁의 성공은 첫째, 의료서비스를 제공하는 기관, 의사, 지불자, 의료서비스 이용자 간에 협력 증진에 대한 끊임없는 집중에 달렸다. 둘째, 정책입안자의 엄격하고 적시·독립적 의료정책에 대한 평가를 지원하는 일관된 공약이 중요하다.

또한 최근 보건의료개혁의 요지는 첫째, 환자 중심의 서비스 시행, 둘째, 임상결과(*clinical outcome*)를 중점으로 의료 품질 향상, 셋째, 일반의를 포함한 의료전문가의 자율성 강화로, 독립적인 NHS 위탁위원회(NHS Commissioning Board)와 새로운 지역 보건복리위원회(Local Authority Health and Wellbeing Boards)의 설립이라고 할 수 있다.

2000년대 초반 이후 영국의 의료제도의 성과(Niemietz, 2016)에서 많은 개선에도 불구하고, NHS는 대표성 있는 데이터를 이용할 수 있는 대부분 국가의 건강 성과측정에서 대부분의 비교 가능한 국가의 의료 시스템보다 여전히 뒤떨어진다. 그러나 영국의 설문조사(Lord Ashcroft Poll, 2015. 1.)에 의하면 대다수의 국민이 NHS에 자부심을 갖고 있으며 이들의 74%는 "유럽의 어떤 의료제도보다 우수한 의료제도"를 갖추었다고 인식했다. 실제로 보건의료시스템을 비교하는 것은 여러 가지 이유로 아주 어렵지만 이 평가자료를 보면 다양한 다른 출처로부터의 다양한 지표에 의해 이러한 사실이 확인된다.

또한 NHS는 다른 선진국의 의료 시스템과 마찬가지로 보건의료에 대한 국민의 보편적 접근을 보장한다. 반면 우리나라와 미국의 의료 시스템과는 달리 환자 대기시간은 NHS의 오랜 숙제이다. 2000년대 초반부터 당근과 채찍의 접근(Niemietz, 2015a)을 통해 정부와 NHS는 대기시간 감소를 위한 다각적인 노력을 하였고 긍정적 결과를 얻었다(Crisp, 2011). 그러나 이 문제는 여전하다.

또한 NHS 제도의 효율성에 관한 질문이 있다. 이 제도를 수호하고자 하는 사람들은 현 제도가 단지 재원 부족상태이므로 영국의 보건의료 지출 수준을 스위스나 네덜란드 수준까지 끌어올린다면 건강 성과수준이 비교 국가와 동일할 것이라 주장한다. 일반적으로 영국의 의료비 지출은 북서유럽과 북아메리카의 다른 지역보다 낮다. 타 선진국과의 이러한 격차는 경제공황 기간 동안 줄어들었지만 이후로 다시 커지고 있다.

그러나 더 많은 재원이 서비스의 문제를 해결할 것이라 단순하게 결론을 내리기에는 고려해야 할 점이 있다. 보건의료 시스템 효율성에 대한 직접적 측정에서 NHS는 국제 리그 테이블의 하위 3분의 1에 해당하기 때문이다. 주마드와 동료들(Joumard, André, & Nicq, 2010)의 의료시스템 효율성 산정치는 다양한 요인을 풀어낸 가장 포괄적인 시도였다. 이 연구결과는 NHS에 상당한 수준의 효율성 향상의 여지를 나타냈으며, 효율성 향상만으로도 기대여명은 3년 이상 증가할 수 있고 65세의 추가 기대수명은 2년 이상 증가할 수 있으며 사망률은 4% 이상 감소할 수 있다고 보았다. 이는 NHS의 효율성 향상을 보건의료 부문에 더 많은 재원투입 없이, 건강한 라이프스타일을 추구하는 주민의 증가, 이들의 건강수준 증가에 도움이 되는 다른 요인의 개선으로 달성할 수 있다는 것이다. 즉, 그동안 영국 내에서 지속적으로 제기된 주장인 '유럽의 주요국가의 의료비 지출수준과 일치한다면, 비교국가의 수준에 도달할 것'을 믿을 만한 이유가 없다는 것을 의미한다. 다시 말해 NHS의 성과가 지출수준과 일치한다면 서구 유럽국가와 일치할 것이라고 믿을 만한 이유가 없다는 것을 의미한다.

그럼에도 불구하고 대부분의 선진국의 의료 시스템과 같이 NHS는 수요 및 비용 증가문제에 직면해 있다. 보건의료서비스 제공에 투입되는 비용 증가, 인구 고령화, 만성질환자의 증가로 인하여 영국정부는 향후 지속적인 보건의료부문의 예산 증액요구를 받을 것이다. 이에 대한 효율적 대응방안이 요구되고 있다.

6. 맺음말

우리나라의 의료 환경은 저출산 및 고령화, 만성질환 증가, 신의료기술에 대한 수요 증대, 이로 인한 의료비 증가로 대별된다. 따라서 우리나라는 지속 발전 가능한 의료제도로의 변화라는 과제를 갖는다. 그러나 우리나라의 관련 자료에서 볼 수 있듯 보건의료에 대한 지출은 점차 증가할 것으로 예상된다. 또한 고령인구의 증가로 미래 세대의 재정적 부담 증대가 예상된다(Dronina, Yoon, Sakamaki, & Nam, 2016). 이러한 전망은 더욱 효과적인 재정지출 및 재원조달, 관리시스템 개선을 위한 보건의료개혁이 요구됨을 시사한다.

앞서 기술한 바와 같이 보건의료체계 개혁은 새로운 공중보건 문제를 포함한 21세기의 패러다임에 기반을 두고 후속문제에 초점을 맞추어야 한다. 그러나 이러한 개혁의 방향과 내용, 범주만으로 국가가 직면한 심각한 재정 및 인구 통계학적 문제를 해결하기에 충분하지 않을 수 있다. 우리나라와 같은 의료보험제도 아래서 보험료를 삭감하거나 보험료 또는 세금인상을 통하여 보건의료제도를 유지하려는 것은 시간은 벌 수 있지만 정치적으로는 비용이 많이 들고 근본적, 구조적 문제를 해결하는 데는 한계가 있다.

그렇다면 우리나라는 영국의 의료제도로부터 무엇을 배울 수 있을까? NHS 제도의 가장 중요한 것은 1차 의료와 일반의의 장점이다. 우리나라는 여전히 보건의료의 접근성 보장 측면에서 지역적 의사 수, 의료장비, 의료기관 등의 불균형으로 인한 문제를 경험 중이다. 영국은 잘 짜인 1차 의료제도가 있고 일반의가 영국민의 건강증진과 질병관리를 위한 활동에 투입된다. 부유층과 빈민층의 기대여명 차이를 줄이기 위한 예방 및 건강검진에 대한 강조, 실질적으로 전문의 진료가 필요한 환자만을 의뢰함으로써 비용을 통제하는 게이트키퍼 역할이 필요하다.

영국은 의료수요의 86%가 지역사회에서 관리되어 의료의 연속성과 조정을 제공하며, 일반의는 건강관리 영역에서 환자의 지속적 동반자 역할을 한다. 이는 매우 중요한 정책수단으로 볼 수 있다. 결과적으로 NHS 환자는 진단위험을 흡수하고 입원, 과도한 조사 및 부적절한 처방을 줄이며 치료결과를 향상시키고 환자 만족도 및 건강결과를 향상시킬 수 있는 주치의를 크게 신뢰한다. 우리나라의 대형병원 쏠림 현상은 보건의료 부문에 많은 문제를 야기하므로 이에 대한 대안마련을 위해 영국의 이러한 경험을 면밀히 살펴야 한다.

두 번째 핵심 교훈은 NICE의 역할에서 배울 수 있다. NHS의 지역별 의사결정의 차이로 인해 어떤 지역의 환자는 값비싼 치료나 시술을 이용할 수 있는 반면, 인근의 행정구역이 다른 보건당국하의 환자는 이러한 서비스에 대한 접근이 거부될 수 있다. 이러한 지역적 변이는 지역중심의, 국가주도의 보건의료서비스제도의 설립취지와는 다소 멀어진 것처럼 보였다. 이에 대한 개선의 일환으로 영국은 공공보건, 새로운 보건의료 기술 및 임상진료에 대한 근거기반의 가이드라인을 제공에 대한 업무를 통합한 NICE를 설립하였다. 이 기관의 다른 임무는 보건의료 관련 기술평가에 대한 지침 제공이다. 이러한 NICE의 지원을 통해 NHS 잉글랜드는 재원의 효율적 활용을 통해 지역 수요에 부합하는 양질의 서비스를 지속적으로 제공할 수 있는 수단을 활용할 수 있다. 그럼에도 불구하고 지역적 서비스 접근상의 문제는 NHS 운영과 관련 정책방향에 논란의 여지를 남기고 있다.

셋째로는 의료공급자의 경쟁을 촉진하고 행태를 개선하기 위한 임상위탁 관련 조직의 도입이다. 영국은 지역적 보건의료수요에 어떻게 대처할 것인가, 특히 노령인구의 요구에 어떻게 대처할 것인가, 건강상태가 좋지 않거나 만성질환이 있는 환자나 인구집단을 어떻게 관리해야 하는가, 최신의 진료에 대한 환자의 기대에 어떻게 부합해야 하는가 등 많은 과제에 직면했다. 정부는 의약품 및 기술, 인력 및 인프라의 수용력을 확대하기 위해 제한적 자원을 가진 시스템을 적응시켜 이와 같은 과제를 해결할 것을 요구받았다. 이에 영국은 2012년 관련 법을 도입하여 실행함으로써 이에 대처하고 있다. 의료기관 간의 경쟁, 지역중심의 의료수요 파악 및 서비스 구매, 의료의 품질 감시 등 지역의 1차 의료의사의 참여 및 역할강화는 우리에게 시사하는 바가 크다.

영국의 NHS는 완벽한 제도라고 할 수 없다. 하지만 정부주도의 보건의료서비스 제공과 관리의 장단점을 이해한다면 영국의 사례를 21세기의 우리나라 의료가 경험하는 문제에 대한 효과적이고 효율적인 대응에 활용할 수 있을 것이다. 우리나라의 의료제도에 적합한 교훈을 배울 수 있어야 하고 배워야 할 것이다.

■ 참고문헌

해외 문헌

Abel-Smith, B. (1964). *The Hospitals 1800-1948: A Study in Social Administration in England and Wales*. London: Heinemann.

Bevan, G., & Robinson, R. (2005). The interplay between economic and political logics: Path dependency in health care in England. *Journal of Health Politics, Policy and Law, 30*(1-2), 53~78.

Beveridge, W. H. (1942). *Social Insurance and Allied Services* (*The Beveridge Report*). London: HMSO.

Boyle, S. (2011). Health systems in transition, United Kingdom (England). *Health System Review, 13*(1).

Crisp, N. (2011). *24 Hours to Save the NHS: The Chief Executive's Account of Reform 2000-2006*. Oxford: Oxford University Press.

Dixon, J., & Glennerster, H. (1995). What do we know about fundholding in general practice?. *British Medical Journal, 311*(7007), 727~730.

Dronina, Y., Yoon, Y. M., Sakamaki, H., & Nam, E. W. (2016). Health system development and performance in Korea and Japan: A comparative study of 2000-2013. *Journal of Lifestyle Medicine, 6*(1), 16~26.

Enthoven, A. (1988). Managed competition: An agenda for action. *Health Affairs, 1988 Summer*, 25~47.

Farrar, S., Sussex, J., Yi, D., Sutton, M., Chalkley, M., Scott, T., & Ma, A. (2007). National evaluation of payment by results. *Health Economics*

Research Unit, 95~105.

Grosios, K., Gahan, P. B., & Burbidge, J. (2010). Overview of healthcare in the UK. *EPMA Journal*, *1*(4), 529~534.

Ham, C., & Glenn, R. (2003). *Reasonable Rationing*. Maidenhead: McGraw-Hill Education.

Ham, C., Baird, B., Gregory, S., Jabbal, J., & Alderwick, H. (2015). *The NHS under the Coalition Government: Part One, NHS Reform*. London: The King's Fund.

Lambert, M. F. & Sowden, S. (2016). Revisiting the risks associated with health and healthcare reform in England: Perspective of Faculty of Public Health members. *Journal of Public Health*, *38*(4), 2 December 2016, e438~e445. https://doi.org/10.1093/pubmed/fdv195.

Le Grand, J. (2002). Further tales from the British national health service. *Health Affairs*, *21*(3), 116~128.

McKeown, T. (1979). *The Role of Medicine: Dream, Mirage or Nemesis?*. London: Nuffield Provincial Hospitals Trust.

Murray, C. J., Richards, M. A., Newton, J. N., Fenton, K. A., Anderson, H. R., Atkinson, C., & Braithwaite, T. (2013). UK health performance: Findings of the global burden of disease study 2010. *The Lancet*, *381*(9871), 997~1020.

Niemietz, K. (2015). Internal markets, management by targets, and quasi-markets: An analysis of health care reforms in the English NHS. *Economic Affairs*, *35*(1), 93~108.

Pierson, P. (1994). *Dismantling the Welfare States: Reagan, Thatcher and the Politics of Retrenchment*. New York: Cambridge University Press.

Porter, A., Mays, N., Shaw, S. E., Rosen, R., & Smith, J. (2013). Commissioning healthcare for people with long term conditions: The persistence of relational contracting in England's NHS quasi-market. *BMC Health Services Research*, *13*(1), 1~9.

Smith, H. A. (2002). *European Union Foreign Policy: What It Is and What It Does*. Pluto.

Timmins, N. (1995). *The Five Giants*. London: Harper Collins.

Webster, C. (2002). *The National Health Service: A Political History*. Oxford: Oxford University Press.

기타 자료

Competition and Markets Authority(2014). Private healthcare market investigation.

Darzi, A. (2008). Our NHS our future. Department of Health.

Department of Health(2012). Health and social care act 2012: Chapter 7, explanatory notes. The Stationery Office.

_____(2013a). Guidance on implementing the overseas visitors hospital charging regulations.

_____(2013b). The NHS constitution for England.

_____(2013c). A simple guide to payment by results.

Enthoven, A. (1980). Health plan: The only practical solution to the soaring cost of medical care.

GHK Consulting and Office of Fair Trading(2011). Programme of research exploring issues of private healthcare among general practitioners and medical consultants: Population overview report for the office of fair trading.

Health and Social Care Information Centre(2014a). Prescriptions dispensed in the community, statistics for England: 2003-13.

_____(2015a). General and personal medical services, England: 2004-2014.

_____(2015b). NHS hospital & community health service and general practice workforce.

_____(2015d). Investment in general practice, 2010/11 to 2014/15, England, Wales, Northern Ireland and Scotland.

_____(2015c). GP earnings and expenses.

House of Commons(2010). Commissioning, fourth report of the health select committee. London: The Stationery Office.

Joumard, I., André, C., & Nicq, C. (2010). Health care systems: Efficiency and institutions. OECD Economics Department Working Papers 769. Paris: OECD.

NHS Choices(2013). Annual report 2012/13.

Niemietz, K. (2016). The UK health system: An international comparison of health outcomes. UK 2020.

Nuffield Trust(2011). Setting priorities in health: A study of English primary care trusts.

_____(2013). Public payment and private provision: The changing landscape of health care in the 2000s.

_____(2014a). Into the red?: The state of the NHS' finances.

Office of National Statistics(2015). Expenditure on healthcare in the UK, 2013.

Paton, C. (2014). At what cost?: Paying the price for the market in the English NHS. CHPI. February.

Pierson, C., & Leimgruber, M. (2010). Intellectual roots.

Royal College of Surgeons in England(2014). Is access to surgery a postcode lottery?.

The King's Fund and Nuffield Trust(2013). Securing the future of general practice: New models of primary care.

The King's Fund(2014). The UK private healthcare market: Appendix to the commission on the future of health and social care in England. Final report.

The Secretary of State for Health by Command of Her Majesty(2000). The NHS plan: A plan for investment, a plan for reform. London: HMSO.

Appleby, J. (2015). NHS spending: Squeezed as never before. www.kingsfund.org. uk/blog/2015/10/nhs-spending-squeezed-never. 2016. 10. 15. 인출.

Lord Ashcroft Poll(2015. 1). http://lordashcroftpolls.com/wp-content/uploads/2015/ 01/The-People-the-Parties-and-the-NHS-LORD-ASHCROFT-POLLS1.pdf.

NHS England(2014). Five year forward view. Oct. 2014. https://www.england. nhs.uk/ourwork/futurenhs/.

14

장기요양보장제도

1. 머리말

1) 장기요양보장의 범위

영국은 잉글랜드와 웨일즈, 스코틀랜드, 북아일랜드로 구성되어 있지만 지방분권화로 인해 장기요양시스템을 각기 다른 방식으로 운영한다. 예를 들면, 잉글랜드는 자산과 소득조사(*means-test*) 방식을 통해 저소득층 중심으로 정부의 재정을 지원하고 일정 수준 이상의 소득과 재산을 보유한 자는 본인이 비용을 부담한다. 그러나 스코틀랜드는 2002년부터 자산, 소득에 관계없이 보편주의 방식으로 대상자에게 장기요양서비스를 무료로 제공하고 있다. 이 같은 차이점을 고려해서 이 장에서는 잉글랜드의 장기요양시스템을 중심으로 기술할 것이다.

영국은 '성인 사회적 돌봄'(*adult social care*)이라는 용어를 자주 사용하는데 이는 노인, 장애인 등 성인을 대상으로 하는, 장기요양을 포함한 사회적 돌봄 전반을 의미한다. 〈그림 14-1〉처럼 성인 사회적 돌봄은 의료서비스,

주택, 복지와 급여, 여가와 안녕(*well-being*)의 영역에 다양하게 포함된다.

영국에서 규정한, 성인을 위한 사회적 돌봄은 구체적으로 다음과 같이 크게 세 부분으로 구성된다(National Audit Office, 이하 NAO, 2014: 38). 욕구를 기준으로 살펴보면, 첫째, 상대적으로 욕구가 낮은 대상자를 위한 '예방서비스'(예: 지역사회에서 대상자가 고립되지 않도록 하는 자원봉사단체의 활동, 만성질환자가 독립적으로 살 수 있도록 지원하는 안내, 정보, 교육 등의 프로그램), 둘째, 중간 정도의 욕구 수준으로 '조기 개입이 필요한 대상자를 위한 서비스'[예: 재활과 재기능화(*reablement*)를 통해 병원의 조기퇴원 지원과 독립적 활동 지원, 재가에서 공식적 지원 없이 건강과 복지의 상태 등을 모니터링

〈그림 14-1〉 영국 성인 사회적 돌봄의 영역과 범위

자료: National Audit Office, 2014.

하는 기구 지원, 돌봄 업무를 수행하는 가족이나 친구의 건강, 일, 삶의 질 측면의 지속적 활동 지원), 셋째, 욕구가 가장 높은 집단으로 '장기요양이 필요한 대상을 위한 서비스'(예: 욕구에 따른 서비스 패키지 제공, 다양하고 질 좋은 서비스를 시장에서 선택할 수 있는 여건, 보건과 사회적 돌봄 등이 함께 체계적으로 제공되는 상태)로 구성된다. 이 장에서는 성인의 사회적 돌봄에 대해서 논의하는 동시에 세 번째인 장기요양이 필요한 대상자를 위한 서비스와 그 시스템을 중심으로 제시한다.

2) 노인 장기요양 시스템의 주요내용

영국의 장기요양제도는 〈표 14-1〉처럼 조세방식으로 재정을 조달하고 현물과 현금급여가 제공되며 강력한 중앙집권적 시장관리방식을 채택한다.

사회적 돌봄(장기요양 포함)의 재정은 기본적으로 조세방식이다. 조세를 통해 가난한 저소득층의 노인과 장애인 등의 장기요양서비스 욕구를 충족하던 공적 부조시스템 등이 점진적으로 발전하였다. 장기요양의 주요 재원(財源)은 국민건강서비스(National Health Service: NHS), 지방정부(Local Authorities), 노동연금부(Department for Work and Pension) 등의 조세로 구성된다. NHS의 예산은 주로 중앙정부에서 제공하고 각 지역별로 1차 의료트러스트(Primary Care Trust)에 배분된다. 지방정부의 재원은 지방세, 중앙정부의 지원금, 이용자의 본인부담금으로 구성된다.

장기요양의 대상자는 노인과 장애인을 분리하지 않고 통합해서 관리한다. 다만 아동과 성인은 분리한다. 서비스 대상자의 선정기준은 자산조사 방식이다. 자산이 23,250파운드 이하인 자는 지자체에서 서비스 비용지원을 받을 수 있지만 그 이상인 자는 자부담을 해야 한다(House of Commons, 2016).

영국에서는 일반적으로 서비스 이용의 자격기준이 다르게 적용된다

<표 14-1> 영국 장기요양 제도의 주요특징

구분	제도의 내용
재정	· 조세 방식 · 주요 재원은 NHS, 지방정부, 노동연금부 등
대상	· 노인과 장애인 등 장기간 요양이 필요한 성인
선정기준	· 노인(65세 이상), 장애인(16세 이상) · 이용자의 자산 기준에 의한 선별주의 · 사례관리자를 비롯한 전문가의 욕구 사정
본인부담금	· 재산과 소득 상태에 따라서 차등 부담 · 지자체에 따라 그 액수의 차이가 발생함
사례관리	· 지자체 소속 공공 사례관리자가 활동 · 서비스의 조정과 연결 및 욕구 맞춤형 서비스 자원의 연결
급여	· 현물급여(재가, 시설 급여) · 현금급여(Direct Payment, Individual Budget) · 연간 급여상한(7만 2천 파운드) 설정 및 시행 시기 연장
서비스 질과 시장 관리	· 중앙집권적인 형태의 CQC(의료질위원회, Care Quality Commission)에서 단일 기준 제시

자료: 전용호, 2012a를 수정.

(Glendinning & Igl, 2009). 기본적으로 지방정부가 대상자의 욕구, 자산, 수입 등에 따른 세부 서비스 자격기준을 결정할 수 있다. 지방정부는 본인부담금의 액수도 재산이나 소득에 따라서 차등적으로 적용한다. 그러나 그 기준도 지자체가 정할 수 있기 때문에 지자체의 재정여건과 정책의지 등 다양한 변수가 서비스의 접근과 이용과정에서 작용한다. 실제로 동일 서비스에 대한 본인부담금의 액수도 지자체별로 차이가 큰 것으로 나타났다(Glendinning & Igl, 2009).

영국에서는 공공에 기반을 둔 사례관리시스템이 구축되어 있다. 지역사회 보호에 사례관리시스템은 중요한 역할을 수행하는데 "돌봄서비스의 조정 및 연계와 함께 욕구에 맞게 서비스 자원을 연결하는 것"이 주요목적이다(전용호, 2012b: 4). 즉, 대상자의 욕구의 체계적 사정, 그에 따른 돌봄계획(*care plan*)의 작성, 서비스의 연결과 제공 등의 모니터링과 케이스 종결까지 지역사회에 기반을 둔 장기요양서비스 이용의 핵심 전달체계이다.

영국의 사례관리자(Care Manager)는 이용자를 대신해서 서비스를 직접 구매할 수 있는데 사례관리자가 서비스의 구매자인 동시에 비용 통제자로서의 역할도 부여받음을 보여준다.

장기요양의 급여는 기본적으로 재가와 시설서비스 중심의 현물급여와 함께 현금급여도 제공된다. 현물급여의 내용은 대인서비스(옷 입히기, 목욕시키기, 식사 준비, 청소 등), 요양(nursing), 재활과 치료서비스 등으로 구성된다. 노인에게는 여전히 현물중심의 서비스 제공이 주류를 이루지만 지난 2002년부터 노인에게도 현금급여를 도입하면서 점차 현금급여의 비중이 늘고 있다(Glendinning & Igl, 2009).

영국은 급여 이용액의 상한선이 없었지만 최근에 〈돌봄법〉(Care Act 2014)을 개정해 한도를 설정했다. 당초에는 2016년 4월부터 1인당 서비스 이용급여의 최대한도를 연간 7만 2천 파운드로 제한했고 이 범위를 초과해서 서비스를 이용할 시, 지자체는 자금을 자체적으로 조달해야 하는 의무를 부여받았다. 이는 장기요양 예산을 통제하기 위한 조치였지만 이용자의 반발 등으로 시행 시기는 2020년 4월로 연기됐다(House of Commons, 2016).

지방정부는 각 지자체에서 성인돌봄서비스를 구매하는 가장 큰 손이다. 민간의 영리나 비영리기관이 제공하는 서비스를 구매하는 역할을 수행한다. 지자체는 서비스 구매 및 계약의 과정에서 공급자와의 협상을 통해 제공되는 서비스의 가격과 희망사항을 반영하도록 노력한다. 이 같은 지자체의 구매력과 협상력은 공급자의 수익상황 등에 큰 영향을 끼친다.

영국은 시장의 실패와 공급자의 기회주의적 행위에 대응해서 강력한 감독기관을 설립해 운영한다. 지방정부 중심의 감독기관을 운영하는 다른 국가와 달리 중앙집권적인 별도의 감독기구를 둔다는 특징이 있다. 기존에 CSCI(Commission for Social Care Inspection)는 주로 사회적 돌봄에 국한해 감독업무를 수행했다. 그러나 최근에 CQC(Care Quality Commission, 의료질위원회)를 신설하면서 CSCI는 없어지고 대신에 CQC가 보건과 사회적 돌봄 분야를 모두 아우르는 강력한 감독기관으로서 역할을 수행하고 있다(전용호, 2012a).

CQC는 런던에 본사가 있고 각 지역에 지사를 두고 상시적으로 감독업무를 수행하는 전담인력과 별도의 시스템이 있다. CQC는 서비스 질의 기준을 제시하고 신규 제공기관의 시장진입 허용 여부를 심사한다. 또 시장에 진입한 제공기관을 모니터링하는 등 서비스 기준 준수 여부에 대해 평가 및 감독의 역할을 수행한다. 요컨대 제공기관의 진출입을 결정하고 서비스 평가결과 등에 대해 정기적으로 점검하고 그 결과를 온라인에 공개한다(전용호, 2012a).

전반적으로 영국의 장기요양시스템은 국제비교를 통해서 분석할 때, '잔여적(residual) 시스템'이라는 평가를 받는다(Brodsky, Habib, Hirschfeld, Siegel, & Rockoff, 2003). 왜냐하면 대상자가 소득과 자산을 기준으로 하여 선별주의적으로 선택되는 경향이 강하기 때문이다. 최근에 예산압박이 심해지면서 중증상태의 대상자에게 급여를 집중시키는 타기팅(targeting) 정책이 강화되었다. 서비스 이용 대상자가 줄면서 이 같은 경향은 더욱 심화되었다.

3) 지역사회의 보호의 측면에서 장기요양의 역사적 발전과정

전통적으로 영국의 복지국가는 세계대전 이후 공공에 기반을 둔 국가중심의 복지시스템 구축에 주력했다. 그러나 1980년대에 인구고령화로 노인인구가 늘어나면서 복지재정에 대한 부담이 증가했다. 지속적으로 탈시설화를 통한 비용절감을 추진했지만 탈시설화가 잘 이뤄지지 않으면서 요양시설로 인한 재정부담은 지속됐다. 이용자도 공공에 기반을 둔 서비스 제공은 관료제로 인해서 유연하고 반응성이 있는(responsive) 서비스 제공에 실패하였다면서 불만의 목소리를 높였다(전용호·정영순, 2010: 266).

이 같은 상황에서 감사원은 장기요양 비용이 적게 드는 재가서비스를 이용하게 만들기보다는 오히려 비용이 많이 드는 요양시설서비스를 이용하게 만드는 왜곡된 시스템이 작동되었으며 이것이 재정 증가의 원인이 되었다고 지적했다. 더욱이 병원에서 노인의 퇴원이 지연되는 경우가 많았는데 사회적 돌봄서비스를 제공하는 장기요양시스템이 제대로 갖춰지지 않았기 때문이었다. 이는 국가적으로도 의료비용과 시설서비스의 재정부담이 커지는 원인이 되었다.

이 같은 상황을 근본적으로 개혁하기 위해 공공보다는 민간에 기반을 두고 서비스 제공을 위한 개혁을 준비하기 시작했다. 장기요양을 포함한 사회적 돌봄서비스의 제공에서는 민영화(*privatisation*)와 돌봄의 시장화(*marketisation of care*) 정책을 단행했다. 국가 중심의 복지를 시장의 세력과 원리를 활용한 시장 중심의 복지시스템으로 재편한 것이다. 민영화 정책을 통해서 지방정부 산하의 공공의 재가와 요양시설을 민간 기관에게 매각하는 방안을 적극 추진했다. 1990년대 초에는 시장화 정책을 통해 '유사시장'(*quasi-market*)을 구축했고 복지 부분에 '시장 메커니즘'(선택과 경쟁)을 유럽에서 가장 먼저 도입했다(전용호·정영순, 2010). 이러한 시장화는 단순히 장기요양서비스 공급자가 공공에서 민간으로 변경된다는 데 그치지 않고 서비스와 관련된 주요 이해관계자인 공공(중앙정부와 지방정부), 공급자, 이용자의 역할과 책임 등의 거버넌스 측면에서 구조적 변화가 나타나는 계기가 되었다.

영국정부는 각 지역에 시장화를 적극적으로 추진하기 위해 각 지방정부가 새로운 시장의 형성과 관리를 책임지도록 역할을 부여했다(Pavolini & Ranci, 2008). 제도적으로 1990년 〈국민건강서비스 및 지역사회보호법〉(*NHS and Community Care Act*)을 시행해서 구매자와 공급자를 분리했으며 지방정부가 복지의 혼합을 통한 민간 중심의 시장형성과 작동의 실질적 역할을 하도록 했다(전용호, 2012a). 즉, 이전에 지방정부가 직접적으로 서비스를 제공하는 공급자의 역할을 수행했던 것을 새로운 민간 공급주체의 형성을 통해서 이들이 서비스를 직접적으로 제공하고, 대신에 지방정부는 이들의 서비스를 구매하는 역할을 수행하도록 변경시킨 것이다. 이를 위해서 중앙정부는 지방정부에 '특별 전환보조금'을 지원했다. 민간 영리공급자의 서비스를 우선적으로 구매해서 이들의 시장 참여와 확대를 적극 도모했다(전용호·정영순, 2010).

이 같은 방침은 영국정부의 희망대로 기존의 공공 중심 공급자가 민간 영리기관 중심으로 크게 바뀌는 등 공급자의 소유구조 측면에서 큰 변화가 생겼다. 과거에는 재가와 요양서비스의 공급주체가 대부분 공공기관이었다면 최근에는 민간의 영리기관 중심으로 커다란 변화가 생겼다. 이는 후술한다.

이후 영국의 복지 분야에서도 시장의 영향력이 강해지면서 '소비자주의'에 입각한 새로운 정책의 시도가 활발해졌다. 기존의 '전문가주의'에 기반을 두었던, 즉 전문가가 정하고 처방하는 서비스를 이용자가 수동적으로 제공받는 것에 여러 가지 문제가 있다고 보고 이용자에게 서비스의 디자인과 이용 등의 과정에서 많은 권한을 이양했다. 이용자가 자신에게 필요한 서비스의 내용을 가장 잘 안다는 가정에 기반을 두고 이러한 조치가 이뤄졌다.

특히, 소비자로서의 선택 권한을 강조한 현금급여의 도입과 확대 실시가 단적인 예다. 장애인 단체의 적극적 투쟁과 요구로 도입된 현금급여는 1996년 〈지역사회보호(직접지불) 법〉[1996 Community Care (Direct Payments) Act]을 통해서 실시됐다. 현금급여 지지자들은 현금에 기반을 둔 급여는 이용자의 서비스에 대한 선택과 통제권을 강화하며 더 나아가 시민권을 고양하는 데 도움이 된다고 주장했다(Glendinning, 2013: 179). 영국정부도 처음에는 부정적이었지만 이 같은 조치가 이용자의 만족도를 높이고, 전문가의 개입을 통했던 서비스 제공과 관리의 역할을 개인에게 넘기므로 정부 입장에서도 관리비용이 줄어들기 때문에 긍정적으로 고려하였다. 이를 바탕으로 장애인 분야에서 시작된 현금급여의 실시는 전 분야로 확대되었다. 그러나 노인 분야의 현금급여는 장애인 분야보다 다소 늦은 2002년부터 실시되었다(전용호, 2012a).

그간 영국의 장기요양은 여러 과제에 직면했는데 크게 두 가지로 요약하면 '형평성'과 '재정'과 관련된 문제를 꼽을 수 있다. 앞에서 언급한 대로 지자체는 대상자 선정과 본인부담금 부과 등 여러 측면에서 자율적 권한을 행사할 수 있다. 그러나 이런 시스템은 여러 측면에서 문제가 발생했다. 특히, 서비스의 접근과 이용의 측면에서 구조적으로 지역 간 격차와 같은 각종 '형평성 문제'가 발생했다(Glendinning, 2013). 영국에서는 '우편번호 로또'라는 용어를 많이 사용하는데 이는 거주지역에 따라서 서비스 접근과 이용의 차이가 발생하는 것을 지적한다. 대상자의 욕구 내용과 정도가 동일할지라도 거주지역에 따라 서비스를 이용할 수 있는 노인과 그렇지 못한 노인 등 차이가 발생한다. 마찬가지로 동일 서비스와 동일 급여량을 이용해도 본인부담금의 액수가 거주지역에 따라 다를 수 있다.

서비스 접근성의 형평성 문제에 대응해서 정부는 지난 2003년, "공평한 돌봄서비스 접근"(Fair Access to Care Service: FACS, DH, 2003)을 발표하고 전국 수준을 일정 부분 평준화하려고 시도했다. 즉, 대상자를 '중대한'(critical), '상당한'(substantial), '중간의'(moderate), '낮은'(low)의 욕구에 따라 네 집단으로 구분하여 대상자의 세부상태를 제시했고, 이를 바탕으로 지자체가 욕구와 상태 등을 종합적으로 고려해서 대상자를 적합하게 선택하도록 유도했다.

다음으로 장기요양의 재정은 그간 노인인구의 증가와 재정의 안정성, 형평성 문제 등으로 지속적인 논쟁의 중심에 있었다. 재정이 사회적 이슈로 부각되면서 1990년대에는 '왕실 장기요양 위원회'(Royal Commission on Long-term Care)가 설립되어 연구가 이뤄졌다. 이 위원회는 1999년에 모든 장기요양서비스가 무료로 제공되고 오직 대상자의 욕구만 사정해서 서비스 이용 여부가 결정되어야 한다고 권고했다(Glendinng & Igl, 2009: 219). 또한 요양시설에서 발생하는 숙식 (*board and lodging*) 비용과 간접 서비스인 집안일을 도와주는 돌봄의 비용에 대한 지원은 자산조사에 의해서 선별적으로 이뤄져야 한다고 권고했다.

그러나 왕실 장기요양 위원회 내부의 두 명의 위원은 재정의 지속가능성과 서비스 질의 개선, 부유층에게 재원이 더 제공되는 역진성 등의 이유를 들어 이 권고를 반대했다. 이러한 상황을 고려해서 잉글랜드정부는 주요 권고안을 받아들이지 않았다. 그러나 스코틀랜드는 무료 서비스 제공 권고 등을 받아들였고 이는 현재 잉글랜드와 스코틀랜드의 장기요양 시스템 간 차이가 발생하는 원인이 됐다.

2. 최근 장기요양의 주요 현황과 실태

장기요양과 관련된 주요 주체인 서비스 이용자, 제공기관, 제공인력에 관한 주요 현황과 실태를 살펴보고 실제로 제공되는 서비스 질에 대한 평가 결과를 점검한다.

1) 이용자 현황

영국의 성인 사회적 돌봄을 통해 서비스를 이용하는 노인의 숫자는 전반적으로 감소하였다. 노인인구의 증가로 주거시설이나 요양시설에서 사는 노인의 수는 늘었지만 성인 사회적 돌봄에 관한 예산의 감소와 이용자의 수를 줄이고 상태가 좋지 않은 이용자에게 급여량을 집중시키는 타기팅 정책으로 인해 급여수혜자는 지속적으로 감소하는 추세이다. 지난 2005년에는 전체 노인인구 중 15.3%의 노인이 성인 사회적 돌봄서비스를 이용했지만 2008년부터 급격히 줄면서 2013년을 기준으로 9.9% (89만 6천 명)의 노

<표 14-2> 잉글랜드 노인의 지역사회 기반 서비스 이용자수 추이

(단위: 천 명)

	2012	2013	2014
지역보호서비스 이용자 수 전체	483	418	397
현금급여(Direct Payments)	42	43	44
재가서비스(Home Care)	224	208	205
주간보호(Day Care)	53	44	39
식사(Meals)	31	23	17
단기거주보호(Short Term Residential, Not Respite)	10	10	9
전문적인 지원(Professional Support)	59	38	36
복지용구와 개조서비스(Equipment and Adaptations)	165	145	137
기타	40	26	24

자료: Health & Social Care Information Centre, 2014.

인만이 서비스를 이용한다(AgeUK, 2015).

이러한 감소 경향은 <표 14-2>에 제시된 지역사회기반 서비스 이용자 현황에서도 살펴볼 수 있다. 이 자료는 2012년부터 2014년의 최근 현황을 보여준다. 불과 2년 사이에 무려 8만 6천 명의 이용자가 감소했고 주간보호나 비용이 많이 드는 전문적 지원 관련 서비스가 크게 줄었다. 정부의 정책적 의지가 반영된 현금급여(Direct Payment)의 이용자 수는 소폭 증가했으나 실제 활용은 장애인 집단보다 낮은 수준이다. 지난 2011년을 기준으로 재가와 현금급여가 전체 지출의 15%만이 지출됐는데 이는 18세 이상에서 65세 미만 성인장애인의 현금급여 지출액이 57%인 것과 비교하면 매우 낮다(HSCIC, 2013).

그러나 주거시설과 요양시설에 있는 노인의 수는 증가하였다. 주거시설에 있는 노인은 2005년 13만 5천 명에서 2012년 16만 4천 명으로 늘었고 요양시설 이용 노인 수도 같은 기간에 6만 5천 명에서 7만 9천 명으로 증가했다(AgeUK, 2015). 이용자 수를 기준으로 주거 제공기관을 소유구조별로 살펴면 <표 14-3>에 제시된 것처럼 공공요양시설에 거주하는 노인의 비중은 갈수록 줄었고 영리와 비영리기관의 비중이 지속적으로 증가함을 알 수 있다.

〈표 14-3〉 잉글랜드의 시설 성인 거주자 수의 소유구조별 추이

(단위: 천 명)

	2004	2006	2008	2010	2012	2014
공공 요양시설(지자체 소속)	32	25	22	18	13	9
영리와 비영리 거주시설(residential care)	165	157	149	149	149	148
영리와 비영리 요양시설(nursing care)	76	74	65	59	57	56

자료: AgeUK, 2015.

한편, 영국은 지방정부의 재정지원을 통해 서비스를 이용하는 노인이 많지만 재정지원 없이 전적으로 자부담으로 서비스를 이용하는 경우도 많다. 거주서비스의 경우 2014년 9월 말을 기준으로 13만 6천 명의 노인이 지자체의 지원으로 서비스를 이용했지만 전적인 자부담으로 서비스를 이용하는 노인도 8만 9천 명이나 되는 것으로 나타났다(Laing & Buisson, 2015: 198).

2) 서비스별 공급기관 현황

영국의 성인 사회적 돌봄기관의 수는 2015년 3월에 CQC에 등록된 기관을 기준으로, 시설기관〔거주서비스(residential)와 요양서비스(nursing)〕의 수가 가장 많다. 거주형(residential) 기관이 1만 2,379개로 가장 많고 재가서비스(domiciliary) 기관이 8,219개, 요양서비스(nursing) 기관이 4,698개의 순이다(CQC, 2015).

소유구조별로 살펴보면 영리기관이 시장에서 상당한 부분을 차지한다. 과거에는 지방정부 산하의 공공기관가 대다수를 차지했지만 1990년대부터 본격적으로 추진된 민영화(privatization)와 시장화(marketisation) 정책으로 영리기관의 시장 점유율이 높아졌고 서비스 제공의 핵심 주체로 변모했다. 특히, 미국처럼 대규모 자본을 기반으로 투자 목적의 사모펀드(private equity fund)가 주요 공급자로서 서비스를 제공하며 시장 점유율이 매우 높다(전용호, 2016).

이런 특징은 시설서비스를 기준으로 살펴보면 더욱 분명하다(Laing & Buisson, 2015). 노인과 장애인을 위한 거주서비스 제공기관의 수가 1984년에는 지방정부가 운영하는 공공기관이 전체 거주기관의 55%(13만 7,200개)를 차지했지만 2014년에는 그 비율이 8%로 급감했다.

대신 영리기관의 비율은 높아졌다. 현재 전체 거주서비스 기관과 요양기관의 74%와 86%를 영리기관이 차지한다. 특히, 포 시즌(Four Seasons), 부파 케어 홈스(Bupa Care Homes), HC-원(HC-One), 바체스터 헬스케어(Barchester Healthcare)와 같은 대규모의 프랜차이즈 기관이 2015년 7월 기준으로 잉글랜드 전체 침상(bed) 수의 15%를 차지한다(Laing & Buisson, 2015: 88). 이 중 상위 3개 기관인 포 시즌, 부파 케어 홈스와 HC-원은 잉글랜드 전역에 1만 개 이상의 침상을 가지며 지역주민 사이에서 인지도가 매우 높다(Laing & Buisson, 2015: 116). 그다음으로 21개의 기관(그중 6개는 비영리기관)이 전체 침상의 15%를 차지한다.

재가서비스 분야에도 민영화가 적극 추진되었고 그 효과가 나타나고 있다. 재가서비스 공급에서 지난 1993년에는 영리와 비영리 재가기관의 서비스 제공 비율이 5%에 불과했고 공공기관이 서비스 제공의 대부분을 차지했다. 그러나 2013년에는 영리와 비영리 재가기관의 비율이 92.1%로 급격하게 높아졌고 공공의 비율은 7.9%에 불과하다(UKHCA, 2015). 즉, 공공에 의한 서비스 제공이 주요하게 이뤄지던 것이 지난 20여 년간 정반대로 민간주도로 이뤄지게 되었다.

3) 서비스 제공인력 현황

서비스 제공인력은 현장에서 성인돌봄서비스를 제공하는 핵심인력이다. 영국 잉글랜드에서 성인 사회적 돌봄 분야에 종사하는 인력은 〈표 14-4〉처럼 약 152만 명으로 추정된다(Skills for care, 2015). 이들이 종사하는 부문을 살펴보면, 영리와 비영리 부문에 종사하는 인력의 비율이 76%를 차지하는 반면 지자체 산하의 공공기관에 종사하는 인력은 9%에 불과하다.

서비스 제공기관별로 인력 현황을 살펴보면 〈그림 14-2〉처럼 전체 인력의 42%가 거주와 요양서비스를 제공하는 시설기관에 종사하고 41%는 재가서비스 기관에 종사한다.

서비스 제공인력의 수행 업무별 현황을 살펴보면 직접적으로 대인서비스를 제공하는 인력이 전체의 75%로 대부분을 차지하고 있다. 관리직은 전체 인력의 8% 정도이고 전문적 서비스를 제공하는 인력은 6% 정도에 그쳤다.

〈표 14-4〉 성인 사회적 돌봄 분야 종사자의 영역별 추정 인력 수

	일자리의 수	일자리의 비율
합계	1,520,000	
공공 부문	141,000	9%
영리와 비영리 부문	1,160,000	76%
현금급여 관련 일자리	145,000	9%
NHS	80,000	5%

자료: Skills for care, 2015.

〈그림 14-2〉 성인 사회적 돌봄 분야 인력의 주요 서비스 종류별 근무현황

(단위: %)

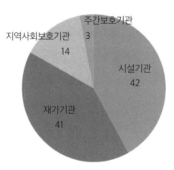

자료: Skills for care, 2015.

성인 사회적 돌봄 분야에 종사 인력을 연령대별로 살펴보면 대부분인 68%는 25세에서 54세의 연령에 해당했다. 세부적으로 25~29세가 11%, 30~34세 10%, 35~39세 10%, 40~44세 12%, 45~49세 13%, 50~54세가 13%를 각각 차지했다. 55세 이상의 인력도 21%나 차지하였고 이 중 4%는 65세 이상이었다. 한국의 장기요양 분야에 노인인 요양보호사가 적지 않은 것과는 대조적이다. 영국은 이민 등을 통한 외국인 인력의 요양보호 업무종사를 허용해 상대적으로 젊은 인력이 공급되는 것으로 보인다.

〈그림 14-3〉 성인 사회적 돌봄 제공 인력의 업무별 근무현황

(단위: %)

자료: Skills for care, 2015.

〈그림 14-4〉 성인 사회적 돌봄 제공 인력의 연령별 현황

(2014년 기준)

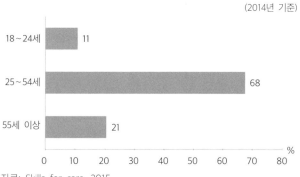

자료: Skills for care, 2015.

4) 서비스 질 평가결과

성인 사회적 돌봄 제공기관은 〈그림 14-5〉에 제시된 것처럼 지난 2014년 부터 2015년 사이에 CQC로부터 평가를 받은 기관 중 40%의 기관이 '개선 요망' 이하의 낮은 평가를 받은 것으로 나타났다. 이는 전반적으로 제공기 관이 서비스 질을 개선하는 노력이 필요하다는 것을 시사한다. 특히, 조사 받은 기관 가운데 7%의 기관이 가장 낮은 등급인 '취약한'(inadequate) 서 비스 제공이라는 평가를 받아 법적 기준을 준수하지 못했다(CQC, 2015).

〈그림 14-5〉처럼 평가결과를 세부 항목별로 살펴보면 안전 분야가 가장 부족한 것으로 나타났는데, 평가대상 43%의 기관이 개선요망 이하의 낮 은 평가(개선요망 33%, 취약 10%)를 받았다. 다음으로, 기관 운영의 리더 십 분야도 개선이 필요한 것으로 조사됐다. 조사받은 기관 중 39%(개선요 망 31%, 취약 8%)가 이 분야에서 미흡한 것으로 나타났다. 리더십이란 직 원, 이용자와의 원활한 관계와 기관운영의 효율성과 투명성 등을 제고할

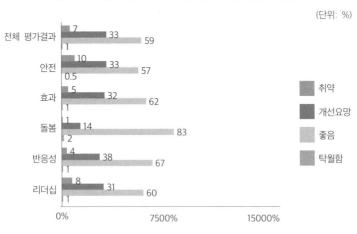

〈그림 14-5〉 성인돌봄서비스 제공기관의 항목별 평가결과

자료: CQC, 2015.

수 있는 관리자의 능력을 말한다.

　서비스 제공기관별 평가결과를 분석하면 요양시설기관이 평가결과가 가
장 나쁜 것으로 나타났다. 요양시설의 55%(개선요망 45%, 취약 10%)가
개선요망 이하의 평가를 받아서 다른 종류의 서비스기관보다도 훨씬 문제
가 많았다. 요양시설의 규모별 평가결과를 비교하면 대규모 요양기관의
11%가 취약, 47%가 개선요망이 필요한 것으로 나타난 반면, 소규모 요
양기관은 4%가 취약, 7%만이 개선요망으로 나타나서 오히려 소규모기관
의 서비스 질이 더 좋은 것으로 분석됐다. CQC(2015)는 소규모기관에서
제공하는 서비스 내용이 대규모기관과는 다르고 소규모기관에는 지적장애

〈그림 14-6〉 성인돌봄서비스 제공기관별 평가결과

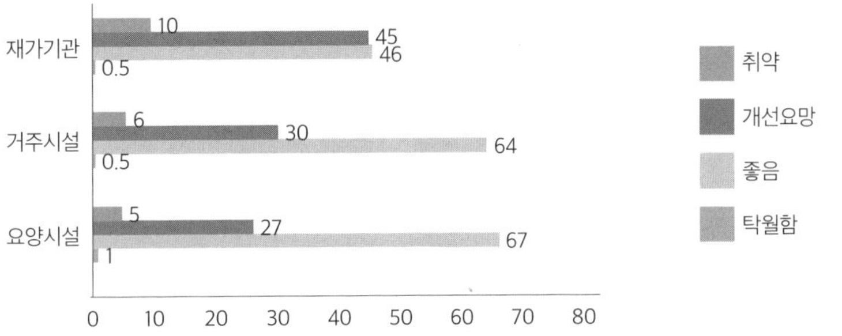

자료: CQC, 2015.

〈표 14-5〉 CQC의 성인돌봄서비스 제공기관에 대한 조치 사항

(2014년 4월~2015년 3월)

조치 사항	조치 횟수
경고 통보조치	937
긴급하지 않은 등록취소	53
긴급한 업무중지, 벌금 부과, 또는 등록조건의 변경	17
긴급하지 않은 변경이나 벌금 부과, 또는 조건의 변경	37
고정 위약금 통보	10
고발 횟수	3
조치 횟수 합계	1,057

자료: CQC, 2015.

인이 거주하는 경향이 높으므로 추가검증을 통해 기관규모별 평가결과 차이의 원인을 분석해야 한다고 밝혔다.

한편, CQC는 제공기관이 제시한 서비스의 일정한 기준을 충족하지 못할 경우 〈표 14-5〉에 제시된 것처럼 다양한 행정적 조치를 취했다. 앞에서 언급한 대로 CQC는 다양한 측면에서 서비스 제공의 표준을 제시했고 이는 서비스의 질을 평가하는 중요한 잣대가 된다. 제공기관의 서비스가 기준에 크게 미치지 못할 경우에 조치가 취해진다. 낮은 수준의 경고조치를 하는 경우도 있지만 서비스 이용자가 심각한 위험에 노출되었을 경우에는 기관에 대한 즉각적인 등록취소 조치도 취한다.

3. 최근 장기요양의 주요 이슈와 대응

여기서는 장기요양과 관련된 최근의 이슈를 점검하고 현재 주요상태와 그 대응 및 결과에 대해 논의한다.

1) 중앙정부의 예산지원 감축과 대응방식

재정은 장기요양구조에 영향을 미치는 가장 중요한 부분 중 하나다. 영국 중앙정부는 최근 지방정부에 성인돌봄 예산의 지원을 크게 줄였고 이는 장기요양 전반에 지대한 영향을 미쳤다. 특히, 보수당정부는 성인 사회적 돌봄 예산을 크게 줄였다. 지난 2010년부터 2015년까지 46억 파운드의 예산을 감축했고 이는 순 예산 기준으로 무려 31%가 감소한 것이다(ADASS, 2015a).

급격한 예산 감소에 대응해 지방정부는 다각적인 비용감축 방안을 실시하고 있는데 이는 현장에 큰 영향을 끼친다. 첫째, 지방정부는 서비스 대상자에 대한 타기팅 정책을 적극 실시하고 있다. 서비스 이용 자격기준을 '중

대한'(critical) 이나 '상당한'(substantial) 욕구가 있는 노인으로 상향조정해 중증 대상자에게 서비스 제공량을 집중했다. 실제로 노인의 85%가 '중대' 하거나 '상당한' 욕구의 노인만이 서비스를 이용할 수 있는 지자체에서 산다(NAO, 2014).

타기팅 정책 때문에 중간이나 낮은 수준의 욕구를 가진 노인은 장기요양서비스를 이용할 수 없게 됐다. 이는 앞에서 언급한 대로 장기요양서비스의 총이용자 수가 줄어드는 주요원인이다. 특히, 지방정부의 재정지원을 통해 서비스를 이용하는 노인의 비율이 많이 낮아졌는데 2009년보다 약 40만 명이 적은 사람이 성인돌봄서비스를 이용한다(ADASS, 2015b).

이전에는 서비스를 이용할 수 있던 노인이 스스로 돌보거나 가족의 돌봄을 받을 수밖에 없게 되었으며 노인의 돌봄 욕구가 충족되지 않고 있다. AgeUK(2015)는 지난 2011년 기준으로 2백만 명의 노인이 서비스의 욕구가 있는데도 충족되지 못했고, 특히 80만 명의 노인이 아무런 서비스를 이용하지 못했다고 밝혔다. 재가돌봄연합회는 약 160만 명의 노인을 포함한 성인의 욕구가 충족되지 못하고 있다고 주장했다(UKHCA, 2015).

둘째, 지방정부는 예산을 확보하기 위해 다른 분야의 예산을 줄여 성인돌봄에 예산을 우선적으로 배정하거나 성인돌봄 예산의 효율성을 높이기 위해서 노력하고 있다. 또한 급여의 양을 줄이는 동시에 예방적 돌봄서비스에 대한 예산도 줄였다. 그러나 이러한 조치는 시대에 역행한다. 왜냐하면 노인의 건강이나 기능이 악화된 이후에 서비스를 제공하는 것보다 사전적 조치나 개입을 통해서 건강수명을 연장시키고 건강한 노후를 보내도록 지원하는 것이 바람직하기 때문이다.

셋째, 지방정부는 예산지원 감축에 대응해 이용자의 자부담 액수를 높이고 있다. 이로 인해 노인의 비용부담이 높아지고 있다. 지난 2005년부터 자부담의 액수가 조금씩 높아졌으며, 특히 2009년부터 자부담의 액수가 급격히 상승했다. 평균적으로 서비스 이용자는 2011년을 기준으로 연간

588파운드를 지불했다(AgeUK, 2015). 이렇듯 장기요양서비스의 자부담 액수가 증가하고, 정부의 지원을 받지 않은 채 전적으로 스스로 부담하는 이용자가 늘면서 노인이 경제적 부담을 견디지 못하고 파산하는 경우도 적지 않다.

2) 제공기관의 대응과 결과

정부의 예산감축은 제공기관의 재정수익을 악화시키고 서비스 품질에 악영향을 미치는 등 여러 파급효과를 미쳤다. 먼저, 지방정부는 공급자와의 급여협상을 통해 급여의 비용을 줄이도록 노력하고 있다(CQC, 2015). 지방정부는 서비스 구매의 가장 큰 세력으로서 공급기관과의 계약을 체결하는 과정에서 비용단가의 인하를 위해 노력한다. 제공기관은 불가피하게 시장에서의 서비스 제공가격을 낮추고 있다. 실제로 지난 2010년부터 2015년까지 전국적으로 서비스 평균 가격의 5% 정도를 인하했다(Laing & Buisson, 2015). 그러나 비용단가의 인하로 인해서 기관에서는 재정수지를 맞추기 어렵거나 이익을 내기 어려워졌고 이는 기관 운영에 전반적으로 영향을 미칠 수 있다.

이에 대응해서 제공기관은 순전히 자부담으로 서비스를 이용하는, 즉 상대적으로 부유한 노인을 대상으로 서비스 제공을 확대하고 있다(House of Commons, 2016). 기관에서는 일정 수준 이하의 정부지원을 받는 대상자에게서 수익을 창출하기가 갈수록 어려워지므로 자부담 비용을 낼 수 있는 새 대상자를 확보하려 한다. 동시에 이들에게 더 고가의 서비스 비용을 부가하는 문제가 발생하고 있다. 즉, 대상자에 따라서 서비스 가격이 다르게 부과되는 등 형평성의 문제가 발생하고 있다. 동일한 서비스를 제공함에도 저소득층의 지자체 지원을 받는 노인보다 전적으로 자부담으로 내는 노인이 더 비싼 가격에 서비스를 이용하는 경우가 많다(Laing & Buisson, 2015).

영국(잉글랜드, 스코틀랜드, 웨일즈, 북아일랜드) 전체적으로 평균 41%의 노인이 자부담으로 서비스를 이용한다. 잉글랜드는 지역별로 자부담 노인의 비율 차이가 큰데 고소득층 노인이 많은 잉글랜드의 남서부 지역에서는 자부담 노인의 비율이 54%나 차지하는 반면, 상대적으로 빈곤한 지역의 노인이 있는 북동부 지역은 그 비율이 18%에 불과하다(House of Commons, 2016; Laing & Buisson, 2015). 따라서 이처럼 지역별로 부유한 노인이 많은 지역에서는 자부담의 비율이 높은데 반해 가난한 지역에서는 지자체의 지원을 받아 서비스를 이용하는 노인의 비율이 높은 등 지역별 양극화가 심화되는 것으로 지적됐다.

3) 서비스 제공인력 관련

경제적 여건이 좋지 않은 제공기관이 늘면서 서비스 제공인력의 여건도 악화되었다. 영국에서도 요양보호사와 같은 서비스 제공인력의 급여는 전반적으로 낮은 수준이다. 적지 않은 수의 인력이 시간당으로 급여를 받으며 상당수가 법정 최저임금 정도의 수준을 받는다(House of Commons, 2016). 낮은 급여와 힘든 근무조건 등으로 인력의 이직률이 높은 수준이고 이는 서비스 품질에 악영향을 끼친다. 사회적 돌봄 영역의 인력의 이직률은 연간 약 20%이고 구인율은 3~4%로 다른 영역보다 훨씬 높다(Skills for care, 2014). 특히, 간호사 인력을 채용하고 유지하는 데 어려움을 겪는다. 재가서비스는 20%의 이직률을 보이고 거주서비스는 11%의 이직률을 보인다.

영국정부는 요양인력을 포함한 저소득 근로자의 급여를 개선하기 위해 2016년 4월부터 '법정 생활임금제'(*national living wage*)를 실시했다(DBIS, 2016; 전용호, 2016). 기존의 법정 최저임금은 현실적으로 물가 등을 반영했을 때 생활영위에 한계가 있기 때문에 이를 대신할 새로운 임금체계를 도입하였다. 법정 생활임금은 25세 이상 근로자를 대상으로 시간당 급여

7.2파운드(약 1만 2천 원)로 정해졌다. 이는 기존의 법정 최저임금인 6.7파운드(약 1만 1천 원)보다 높은 수준으로 영국정부는 향후 2020년까지 지속적으로 법정 생활임금을 인상해 중위소득의 약 60% 수준으로 맞출 계획이다(DBIS, 2016; 전용호, 2016).

법정생활임금 체계의 도입은 서비스 제공인력의 급여 상승으로 연결되면서 긍정적으로 작용할 것으로 기대된다. 그러나 제공기관의 입장에서는 지출의 가장 큰 부분을 차지하는 인건비의 상승으로 이어지므로 경제적 부담으로 작용할 것이다. 특히, 앞에서 언급한 대로 사회적 돌봄에 대한 재정지원이 감소되면서 어려운 여건에서 인건비 지출증가로 인한 부담이 커지고 있다. 레잉과 비손(Laing & Buisson, 2015)은 법정 생활임금제의 도입으로 서비스 제공인력의 인건비가 2016년에만 7.5% 정도 상승할 것으로 예측했다.

4) 시장의 실패와 시장 감독의 강화

영국은 앞에서 언급한 대로 장기요양 시장에 투기를 목적으로 하는 사모펀드와 같은 영리자본까지 허용했고 이들의 시장 점유율이 높다(DH, 2012; 전용호, 2016). 영리기관은 시장에서의 높은 점유율을 바탕으로 공급자 간 세력을 규합해 정부정책에 대한 로비를 통해서 영향력을 행사한다. 정부정책 등에 자신의 입장을 관철시키기 위해 노력하는 것이다.

그러나 지난 2011년, 가장 큰 대규모 시설기관 중의 하나인 서던 크로스(Southern Cross) 주식회사가 갑자기 파산하면서 큰 혼란이 발생했다. 서던 크로스는 지난 2011년을 기준으로 잉글랜드 전역 프랜차이즈로 기관을 운영하며 총 38,719개의 침상을 보유하고 있었다. 일부 지역에서는 이 기관의 시장 점유율이 무려 30%를 넘을 정도로 독점적 위치를 차지하였다(NAO, 2011; 전용호, 2016).

일반적으로 시설기관은 부지매입과 시설건설 등의 비용이 많이 들기 때문에 영리기관은 기관 산하의 재산을 매각한 후 다시 임대를 받는 방식(sale and leaseback)으로 기관을 운영하는 경우가 많다. 그런데 이 방식은 시간이 지날수록 임대료 부담이 늘어나는 경우가 많다(전용호, 2016). 또한 투자자본은 기본적으로 수익을 극대화하는 것이 목적이므로 기관에서 수익이 발생하면 이를 주주나 기관 외부로 배당하거나 유출하기 때문에 발생한 수익을 기관 내에 재투자하는 비영리기관보다 더 불안정할 수 있다. 이런 상황에서 서던 크로스는 차입금의 비율이 점차적으로 높아지면서 재정불안이 심화되었고 결국 이를 견디지 못하고 2011년에 파산상태가 되었다(NAO, 2011: 30). 무려 4만 개에 육박하는 침상을 보유한 대규모 시설의 예상치 못한 파산으로 서비스 이용 노인은 대체 기관을 찾아 이동해야 하는 등 극심한 혼란이 발생했다.

이 사건으로 영국정부는 장기요양 시장에서 더 강력한 관리와 감독이 필요함을 인식하였다. 중앙집권적인 CQC를 통해 기관의 서비스 질을 체계적으로 평가하고 관리했지만 시장의 상황을 더욱 면밀하게 모니터링하고 점검하면서 감독해야 한다고 판단한 것이다. 이를 위해 CQC에 시장실패로 인한 기관의 파산 가능성을 사전에 점검하는 기능을 새로 부여하고 지속적으로 관리감독 업무를 수행하도록 했다(CQC, 2015; 전용호, 2016).

또한 기관의 위험 정도에 따라서 단계적으로 감독업무를 수행하는 6단계의 새로운 시장감독 시스템을 도입했다. 만약 기관의 재정상태의 악화 등으로 파산 가능성이 높아지면 CQC는 이를 지방정부에 즉시 통보해 지방정부가 대체기관을 찾을 수 있도록 미리 정보를 제공하도록 했다(전용호, 2016). 이용자와 보호자가 돌봄의 연속성상에서 피해나 어려움을 최소화할 수 있도록 사전적 조치를 강화한 것이다.

이러한 새로운 정책 방향에 대해 일각에서는 과연 CQC가 기관의 재정상태를 제대로 파악 및 분석해 파산 위험성을 엄격하게 진단할 능력이 있는지에 대한 회의적 의견도 있었다. 그러나 영국정부는 CQC가 제공기관에 대한 평가·관리 경험과 노하우를 가지고 있기 때문에 새로운 역할 부여에 적합하다고 판단했다(CQC, 2015; 전용호, 2016).

제공기관의 갑작스러운 도산에 대응하여 사전 경보시스템을 가동시킨 영국정부가 과연 얼마나 효과적으로 문제에 대응할지 지켜볼 일이다.

■ 참고문헌

국내 문헌

전용호(2012a). 영국과 독일의 노인 장기요양서비스의 시장화와 그 결과: 이용자 관점에서의 평가를 중심으로. 〈보건사회연구〉, 32권 2호, 143~169.

_____(2012b). 영국 케어매니지먼트 시스템의 운영과 발전에 관한 연구. 〈한국케어매니지먼트연구〉, 7호, 1~24.

_____(2016). "최근 영국 장기요양시장의 감독 방안과 한국에의 시사점". 한국노인복지학회 춘계학술대회 발표자료. 서울: 서울시립대.

전용호·정영순(2010). 영국 사회서비스분야의 유사시장 형성과 발전 과정에 관한 연구: 한국 노인장기요양보험에 주는 시사점. 〈한국사회정책〉, 17집 3호, 257~287.

해외 문헌

Brodsky, J., Habib, J., Hirschfeld, M., Siegel, B., & Rockoff, Y. (2003). Choosing overall LTC strategies: A conceptual framework for policy developments. In WHO(Ed.). *Key Policy Issues in Long-Term Care* (245~270). Geneva: World Health Organization.

Glendinning, C. (2013). Long term care reform in England: a long and unfinished story. In Ranci, C., & Pavolini, E. (Eds.). *Reforms in Long Term Care Policies in Europe: Investigating Institutional Change and Social Impacts* (179~200). New York: Springer.

Glendinning, C., & Igl, G. (2009). Long-term care in Germany and the UK. In Walker, A., & Naegele, G. (Eds.). *Social Policy in Ageing Societies: Britain and Germany Compared* (202~232). Basingstoke: Palgrave Macmillan.

Pavolini, E., & Ranci, C. (2008). Restructuring the welfare state: Reforms in long-term care in Western European countries. *Journal of European Social Policy, 18*(3), 246~259.

기타 자료

AgeUK(2015). Introduction to the care act 2014. FactSheet. London.

ADASS(2015a). Budget survey. London: Association of Directors of Adult Social Services.

_____(2015b). Distinctive, valued, person: Why social care matters in the next five years. London: Association of Directors of Adult Social Services.

CQC(2015). The state of health care and adult social care in England 2014/15. London: Care Quality Commission.

DBIS(2016). National minimum wage: Calculating the minimum wage. London: Department for Business Innovation & Skills.

Department of Health(2003). Fair access to care services: Guidance on eligibility criteria for adult social care. London: Department of Health.

_____(2012). Market oversight in adult social care: Consultation. London: Department of Health

Health & Social Care Information Centre(2013). Personal social services: Expenditure and unit cost England, 2011-2012, final results: National detailed expenditure.

_____(2014). Community care statistics: Social services activity, England, 2013-2014, final release. London: Health & Social Care Information Centre.

House of Commons(2016). Social care: Recent funding announcements and the state of the care home market (England). London.

Laing & Buisson(2015). Care of older people: UK market report, 27th edition. September 2015, 12.

National Audit Commission(2011). Oversight of user choice and provider competition in caremarkets, London.

National Audit Office(2014). Adult social care in England: Overview. London:

National Audit Office.

_____(2015). A Short Guide to NAO's work on local authorities. London: National Audit Office.

Skills for Care(2014). Adult social care workforce: Recruitment and retention strategy 2014-2017. London.

_____(2015). The state of the adult social care sector and workforce in England. London.

UKHCA(2015). Domiciliary care market overview. London: United Kingdom Home-care Association.

15

고령자 복지서비스

1. 머리말

영국의 고령자 복지서비스는 베버리지 계획에 기초하여 도입된 국민보험과 〈국민건강서비스법〉에 기초한 국민건강서비스(National Health Service)가 근간을 이룬다. 1946년 제정된 국민보험에 기반을 둔 퇴직연금과 1948년 제정된 〈국민부조법〉에 기초한 공공부조제도가 노년기 소득보장제도의 근간을 이루고 있다. 또한 모든 국민에게 포괄적인 의료서비스를 제공하기 위하여 일반조세로 재원을 충당하는 국민의료서비스 제도를 도입하였다. 따라서 영국은 노년기의 빈곤과 질병문제에 대응하기 위한 기반이 일찍이 마련된 국가라 할 수 있다.

그러나 경제상황의 악화와 고령화로 인한 재정적 압박을 경험함에 따라 연금제도의 개선을 지속적으로 실시하고 있다. 질병을 치료하는 의료제도와는 별도로 고령이나 질환, 장애로 일상생활을 수행하기가 어려운 사회구성원을 위한 대인서비스를 지방정부를 중심으로 제공한다.

영국의 고령자 복지정책의 변화와 기본방향은 영국의 고령화와 노인 부양가족의 변화, 국가의 역사적 배경에서 이해할 수 있다. 영국의 고령화는 상당한 수준에 달해 이미 14%를 넘어섰다. 또한 평균수명이 증가하여 현재 65세 남자인 경우 86세까지 살 것으로 예상되며 2050년이 되면 91세까지 생존할 것으로 추정된다. 더불어 50세 이상이 경제활동 연령군의 약 3분의 1에 달하며 성인인구의 약 절반에 이를 것으로 전망되는 등 인구구조의 변화와 노년기의 증가는 사회적 이슈이다.

이러한 고령인구의 증가와 재정적 부담능력의 저하에 따라 정부는 사회구성원이 근로나 자원봉사를 통해 사회에 기여한다면 또 일과 저축 및 적절한 건강관리를 한다면 노년기는 더 활기찬 생애단계가 될 수 있다는 점을 강조하기 시작하였다(UK, 2015). 이를 위하여 고령자가 원하는 경우 노동시장에 더 오래 남도록 하는 정책방안을 제시하며 정보화 시대에 노인이 사각지대에 남지 않도록 하는 방안도 적극적으로 모색 중이다. 즉, 고령자 개개인이 활기차고 독립적인 노후생활을 위해 노력해야 한다는 점을 강조하고 이를 독려하기 위한 정책적 개입을 강조하는 것이다.

이러한 정책기조는 영국이 갖는 기본적인 자유주의 복지국가적 특징과 그 맥을 같이한다. 이러한 인구고령화와 자유주의 복지국가적 특징과 더불어 자녀와의 낮은 독거율 및 여성의 높은 경제활동 참가율 등은 사회적 보호에 관심을 두게끔 했다.

특히, 영국의 경우 다양한 사회서비스가 지방자치단체 중심으로 제공되기 때문에 지역별 다양성이 존재한다. 그러나 선택과 독립은 이러한 다양성을 관통하는 중심개념이다. 고령자가 자신이 원하는 삶을 명확히 하고 그에 기초하여 어떤 서비스를 받고 싶은지. 어떻게 전달되기를 원하는지 의사를 밝힘으로써 독립적 생활이 가능하다고 보는 정책기조 아래서 다양한 정책개입과 보완작업이 이루어지고 있다.

2. 고령화 현황 및 고령자의 특징

1) 일반 현황

영국은 이미 1975년도에 노인인구(65세 이상) 비율이 14.0%를 넘어 고령 사회로 진입하였고 2020년대에는 노인인구가 20%를 넘어 초고령화 사회로 진입할 것으로 예상된다. 이 같은 인구고령화는 주로 낮은 출산율과 사망률 감소에 의한 것으로, 출산율은 1964년에 2.95로 가장 높았지만 이후 전반적으로 감소하는 추세이다. 구체적으로 살펴보면, 2001년 이후에 1.63으로 가장 낮은 수치를 기록한 이래 2004년에는 1.73으로 약간 상승하긴 하였으나 향후 30년 동안 낮은 출산율을 기록할 것으로 전망된다.

좀더 구체적으로 고령화 현황을 살펴보면 2014년 현재 노인인구(65세

〈그림 15-1〉 영국의 고령화 현황

(단위: 전체인구 대비 %)

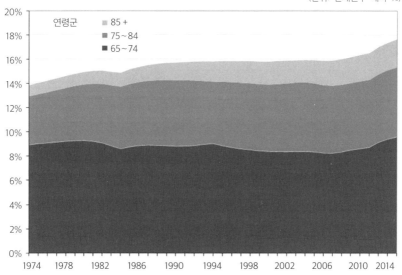

자료: Office for National Statistics, National Records of Scotland, Northern Ireland Statistics and Research Agency.

이상)는 약 1, 117만 명으로 전체 인구 중 17. 6%를 차지한다. 2012년의 인구추계에 의하면 2037년에는 80세 이상의 규모가 2배로 늘고 90세 이상은 3배로 늘 것이다. 또한 100세 이상은 2014년에 1만 4, 450명이지만 2037년에는 11만 1천 명으로 7배가 될 것이다(〈그림 15-1〉 참조).

현재 노인 중 특히 75세 이상이 전체 인구에서 차지하는 비중이 8. 0%에 달한다는 점에서 최근 정책적으로 75세 이상에 관심을 두기 시작하였다(Independent Age, 2016). 75세 이상의 노인은 평균적으로 소득수준이 낮아 주 59파운드의 소득을 가지며 5명 중 1명이 빈곤상태에 있고 건강상태가 좋지 않다는 점에서 정책적 관심이 필요하다.

〈표 15-1〉 고령화 관련 주요 사회지표

(단위: %, 세)

구분			연령
평균수명[1] (2014년, 괄호 안은 2012년)	여자		83.2세(82.8세)
	남자		79.5세(79.1세)
	남녀 차이		3.7세(3.7세)
건강수명(2012년)[1]	건강수명(남, 여)		64.5세
	평균수명과의 차이	여자	18.3년
		남자	14.6년
65세 이상 경제활동 참여율[2]			10.1%
자살률[3]	여자	60~74세군	4.6(10만 명당)
		75세 이상	4.6(10만 명당)
	남자	60~74세군	13.6(10만 명당)
		75세 이상	14.4(10만 명당)
빈곤율[4]			8.6%
소득구성비[4]	이전소득		49.7%
	근로소득		11.8%
	자산소득		38.5%

자료: 1) Eurostat Statistics Database completed with data from OECD Health Statistics, 2014. 2016. 7. 21. 인출.
　　　2) OECD Stats 홈페이지, 2014, Labour by sex and age indicators: employment/populations ratio 65+(https://stats.oecd.org), 2016. 7. 21. 인출.
　　　3) Office for National Statistics, Suicides in the United Kingdom: 2014 registrations.
　　　4) OECD, 2013, Pensions at a Glance 2013.

〈그림 15-2〉 영국의 연령군별 자살률의 변화 추이

(단위: 10만 명당 비율)

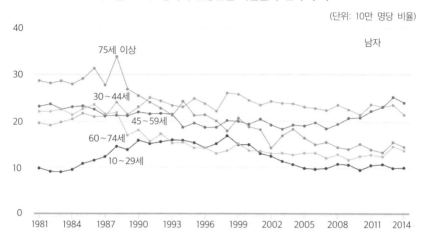

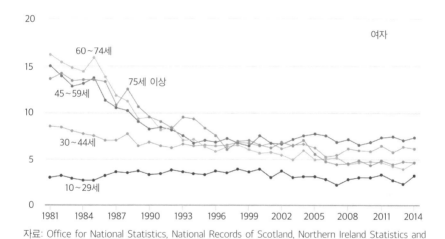

자료: Office for National Statistics, National Records of Scotland, Northern Ireland Statistics and Research Agency.

노인의 생활현황을 개괄적으로 살펴보면 다음과 같다. 첫째, 건강의 측면에서 볼 때 평균수명이 여자 83.2세, 남자 79.5세로 남녀 간에 3.7세의 차이가 있다. 또한 건강수명은 남녀 모두 64.5세로 평균수명과의 차이는 여자가 18.3세, 남자가 14.6세이다. 즉, 건강수명의 증가를 통하여 건강한 노년기를 확장할 여지가 있다. 다음으로 경제활동 상황을 살펴보면 65세 이상의 10.1%가 경제활동을 한다(〈표 15-1〉 참조).

자살률의 경우 여자 60~74세군과 75세 이상군 모두 10만 명당 4.6이며, 남자는 60~74세군은 10만 명당 13.6, 75세 이상은 10만 명당 14.4으로 여자보다 남자의 자살률이 높다. 그러나 남녀 모두 타 연령군보다 낮은 수준으로 이러한 경향은 수년간 지속되고 있다(〈그림 15-2〉 참조).

2) 고령자의 삶의 현황

(1) 활동적 노화

WHO의 활동적 노화(Active Ageing)의 구현을 2012년의 목표로 제시한 UNECE와 유럽위원회(European Commission)의 활동적 노화 지표(Active Ageing Index)의 구현실태를 정리한 〈표 15-2〉를 살펴보면, 영국의 순위는 4위로 매우 높은 수준이다. 즉, 상대적으로 사회구성원이 노년기를 활동적으로 보내는 국가라 할 수 있다. 그러나 영역 간 차이가 큰 편이다. 고용영역이 가장 높은 4위이고 다음으로 활기찬 노화를 위한 제반환경 마련 영역이 5위이다. 한편 사회참여 영역은 7위, 독립적, 건강 및 안전한 생활환경 영역은 11위이다.

55세 이후의 고용률을 살펴보면 55~59세가 70.7%이지만 60~64세군은 45.2%로 큰 차이를 보이며 65~69세군은 19.4%, 70세 이상은 7.8%이다. 이는 4위에 해당한다. 한편 성별 차이는 매우 크게 나타났다. 모든 연령군에서 여자의 고용률이 남자보다 월등히 낮다. 70~74세군의 경우

〈표 15-2〉 UNECE와 유럽위원회의 활동적 노화 지표로 살핀 영국의 활동적 노화 수준

영역	지표	측정내용	전체	남자	여자	순위
고용	고용률	55~59세	70.7	75.3	66.2	4위 (남자 10위, 여자 4위)
		60~64세	45.2	55.3	35.7	
		65~69세	19.4	24.0	15.2	
		70~74세	7.8	10.4	5.4	
사회참여	자원봉사 참여율	55세 이상의 자원봉사 참여율 (최소 1주일 1회 이상)	15.6	13.8	17.2	7위 (남자 10위, 여자 4위)
	자녀(손자녀) 부양률	55세 이상의 자녀(손자녀) 부양제공률(최소 1주일 1회 이상)	26.7	26.3	27.1	
	노인 부양률	55세 이상의 노인(장애가족) 부양제공률(최소 1주일 1회 이상)	16.1	14.3	17.6	
	정치적 참여	55세 이상의 다양한 형태의 정치활동 참여율	30.8	31.8	30.0	
독립적, 건강 및 안전한 생활환경	신체운동	55세 이상의 신체운동 정도	16.9	17.4	16.5	11위 (남자 10위, 여자 7위)
	의료서비스 접근성	55세 이상의 병의원(치과) 접근성	94.1	94.5	93.8	
	동거형태	75세 이상의 동거형태 (독거, 부부 등)	94.2	93.7	94.6	
	상대적 중위소득	65세 이상의 중위소득	89.4	91.0	87.1	
	노인 비(非)빈곤	65세 이상 중 중위소득 50% 이하에 속하지 않는 비율	91.4	92.1	90.8	
	노인의 물질적 비박탈	65세 이상 중 물질적 박탈을 경험하지 않는 비율	85.0	88.0	98.6	
	물리적 안전	55세 이상 중 밤에 인근지역 이동 시 안전함을 느끼는 비율	69.4	81.8	59.0	
	평생학습	55~74세 중 평생학습 참여비율	8.3	6.9	9.7	
활기찬 노화를 위한 제반환경 마련	55세 시 기대수명	50세 대비 55세 시 기대수명의 비중	56.2	53.4	59.2	5위 (남자 5위, 여자 7위)
	55세 시 건강수명	55세 시 건강수명의 비중	59.7	62.9	56.8	
	정신적 안녕	55세 이상의 정신적 건강상태	67.2	73.8	61.6	
	정보통신기술(ICT) 사용 정도	55~74세 중 ICT 사용비율 (최소 1주 1회 이상)	66.0	66.0	66.0	
	사회적 연결망 접촉 정도	55세 이상 중 친구, 친척, 동료 등 1주 1회 이상 접촉비율	64.3	60.2	67.8	
	교육기회	55~74세 중 2·3차 교육비율	67.8	75.6	60.4	
종합						4위 (남자 4위, 여자 4위)

자료: United Nations Economic Commission for Europe, 2014, Active Ageing Index.

여자의 고용률은 남자의 약 절반 수준에 불과하다.

사회참여의 경우, 55세 이상을 기준으로 할 때 자원봉사참여율은 15.6%, 자녀(손자녀)에게 주 1회 이상의 부양을 제공하는 비율은 26.7%, 노인이나 장애가족에게 부양을 제공하는 비율은 16.1%, 다양한 형태의 정치활동 참여율은 30.8%로 7위이다. 이는 고용 영역보다 순위가 낮다. 그러나 여자의 경우 4위이고 남자는 10위로 큰 차이를 보이며 7위라는 순위는 남자의 상대적으로 낮은 사회참여에 기인한다. 특히, 여자의 경우 자원봉사 참여율과 노인 부양률이 남자보다 월등히 높다.

반면 독립적, 건강 및 안전한 생활환경 영역의 경우 11위에 불과하다. 55세 이상의 신체운동률이 16.9%, 병의원(치과) 접근성은 94.1%, 75세 이상의 단독가구율이 94.2%이다. 소득의 경우 65세 이상을 기준으로 산출되었는데 중위소득 비율은 89.4%이며 중위소득 50% 이하에 속하지 않는 비율이 91.4%이다. 또한 물질적 박탈을 경험하지 않는 비율이 85.0%이다. 물리적 안전은 55세 이상인 사람 중 밤에 인근지역 이동 시 안전함을 느끼는 비율로 측정되는데 69.4%이다. 이 지표에서는 남녀 간의 차이가 매우 커 남자는 81.8%였고 여자는 59.0%에 불과했다. 다음으로 평생학습 참여 상태를 보면 55~74세 중 평생학습 참여비율은 8.3%이다.

활기찬 노화를 위한 제반환경 마련 영역의 경우 5위이다. 50세 대비 55세의 기대수명의 비중이 56.2%이며 55세의 건강수명의 비중이 59.7%이다. 이러한 신체적 건강 외에도 정신적 안녕을 살펴보는데 67.2%가 정신적 안녕이 확보된 것으로 파악되었다. 55~74세 중 ICT(정보통신기술) 사용비율(최소 1주 1회 이상)로 파악된 ICT 사용률은 66.0%이다. 다음으로 55세 이상 중 친구, 친척, 동료 등과 1주 1회 이상 접촉할 비율은 64.3%이다. 55~74세 중 2·3차 교육을 받은 비율은 67.8%이다.

이렇듯 활동적 노화와 관련된 지표는 65세 이전부터 74세군까지를 통계 대상으로 하는데 이는 노년기 진입 이전부터 활동적 노화가 가능한 기반이 마련되어야 함을 의미한다.

(2) 세계 에이지워치 지수로 살펴본 노인의 삶의 질

헬프에이지(HelpAge)가 전 지구 국가의 노인의 삶의 현황을 파악하기 위해 개발한 세계 에이지워치 지수(Global AgeWatch Index)에 의하면 영국은 96개국 중 10위이다.

좀더 상세히 살펴보면 65세 이상의 연금수급률이 100%이며 60세 이상의 상대빈곤율은 9.3%이다. 또한 60세 이상과 그 외 인구집단의 지출 대

〈표 15-3〉 헬프에이지의 세계 에이지워치 지수

영역	지표	측정내용	수치	순위
소득보장	연금소득보장	65세 이상 연금수급 비율	100%	14위 (81.5/100)
	노인빈곤율	60세 이상 중위소득 이하 비율	9.3%	
	노인 소득충분성	60세 이상과 그 외 인구집단의 지출대비 소득충분성	91.0%	
	1인당 GNI[1]	1인당 GNI	37,052.8달러	
건강상태	60세의 기대수명	60세의 기대수명	24.0년	27위 (69.3/100)
	60세의 건강수명	60세의 건강수명	17.7년	
	상대적 심리적/정신적 웰빙	50세 이상 중 삶이 의미 있다고 응답한 비율을 35~49세 연령군과 비교한 비율	86.9%	
역량	노인의 고용률	55~64세 인구 고용률	59.8%	20위 (53.6/100)
	노인의 교육 수준	60세 이상 2차 및 고등교육비율	66.4%	
우호적 환경	사회적 연계망	50세 이상 중 어려움이 있을 때 도움 받을 수 있는 사회적 연계망이 있는 비율	94%	3위 (81.8/100)
	신체적 안전	50세 이상 중 야간 혹은 거주지 보행 시 안전함을 느끼는 비율	70%	
	시민적 자유	50세 이상 중 선택의 자유에 만족하는 비율	92%	
	대중교통 접근성	50세 이상 중 대중교통 접근성에 만족하는 비율	74%	
종합순위				96개국 중 10위

주: 1) 2014년까지는 1인당 GDP를 측정해 왔지만 오히려 GNI가 한 국가의 경제적 부를 더 정확히 측
    정하는 개념으로 적합하다는 판단에 기초하여 2015년부터 GNI로 변경되었음.
자료: HelpAge, 2014, Global AgeWatch Index 2014 Report.

비 소득충분성을 비교하면 91.0% 수준이다. 1인당 GNI는 37,052.8달러 (미국)로 이를 100점 만점으로 환산할 경우 81.5점이며 이는 14위이다.

한편 건강상태의 경우 60세의 기대수명과 건강수명, 상대적인 심리·정신적 안녕에 기초한 점수는 100점 만점에 69.3점, 27위로 다른 영역보다 낮은 수준을 보였다.

다음 영역인 역량은 55~64세 인구 고용률과 60세 이상 2차 및 고등교육 비율을 통하여 파악할 수 있다. 각각 59.8%와 66.4%로 100점 만점에 53.6점으로 파악되어 20위에 불과하다.

우호적 환경의 경우 50세 이상을 대상으로 한다. 어려움이 있을 때 도움을 받을 수 있는 사회적 연계망이 있는 비율은 59.8%였다. 야간 혹은 거주지 보행 시 안전함을 느끼는 비율로 파악된 신체적 안전은 70%, 선택의 자유에 만족하는 비율은 92%로 시민적 자유 수준이 높다. 한편 대중교통 접근성에 만족하는 비율로 파악된 대중교통 접근성은 74%로 신체적 안전과 유사한 수준이다. 이를 종합한 점수는 100점 만점에 81.8점으로 3위에 달한다.

(3) 최근의 관심사: 노인의 인터넷 이용 실태와 외로움

영국의 주요 관심사항인 고령화와 인터넷 이용 및 외로움에 관한 최근 연구 결과를 살펴보면 다음과 같다. 50세 이상의 영국인의 인터넷 이용행태에는 연령별, 성별, 경제상태별 차이가 매우 크다. 50~54세군의 경우 90% 이상이 인터넷을 빈번히 이용하지만 80세 이상 연령군은 약 3분의 1에 불과하다. 또한 동일 연령군에서도 성별 차이가 커, 여자의 경우 50~54세군은 동 비율이 81%, 80세 이상에서는 14%에 불과하다. 인터넷 이용률은 2002/03년부터 2012/13년까지의 기간 중 급속히 증가하였지만 연령군별 차이가 있어 후기 노인으로 갈수록 증가율이 낮다. 또한 소득이 상위 20%에 속하는 노인에게서 인터넷 이용률이 훨씬 높아 남자 87%, 여자 80%이다. 이는 하위 20%의 50%와 40%에 비하여 월등히 높은 수준이다.

인터넷을 이용하는 내용에서도 특성별 차이가 컸다. 남자는 재정적 용도로, 여자는 연계망을 유지하기 위하여 이용하는 경향이 있었다. 또한 인터넷을 이용할수록 우울증 수준이 낮고 삶의 질이 높은 것으로 나타났다. 그러나 삶에 대한 만족도와의 연계성은 밝혀지지 않았다(Matthews & Nazroo, 2015).

한편, 노인의 외로움을 가져오는 요인과 그 결과에 주목해 보자. Age UK 는 외로움을 노인이 두려워하는 주요 요소로 언급했다. 최근 보고서에 의하면 65~79세군은 근로연령층보다 높은 안녕 만족도를 보였다. 그러나 80세 이상은 더 낮은 수준을 보였다. 높은 수준으로 본인을 가치 있다고 느끼는 비율은 65~79세군의 경우 42.9%로 가장 높고 행복감도 그러하다. 근심의

〈표 15-4〉 연령군별 안녕

(2014/15년)

영역	연령군	상	중	하	계
삶의 만족도	16~64세군	5.0	68.5	26.5	100.0
	65~79세	3.9	58.3	37.8	100.0
	80세 이상	5.4	59.2	35.4	100.0
가치	16~64세군	3.8	63.7	32.5	100.0
	65~79세	3.2	53.9	42.9	100.0
	80세 이상	6.2	56.9	36.9	100.0
행복감	16~64세군	9.4	58.7	31.9	100.0
	65~79세	6.9	49.4	43.7	100.0
	80세 이상	8.7	53.1	38.2	100.0
근심	16~64세군	19.8	40.8	39.4	100.0
	65~79세	17.7	35.4	46.9	100.0
	80세 이상	18.1	36.8	45.1	100.0
외로움	16~64세군	14.8	29.5	55.7	100.0
	65~79세	14.5	23.1	62.4	100.0
	80세 이상	29.2	27.4	43.4	100.0

자료: Thomas, J., & Office for National Statistics(2015). Insights into Loneliness, Older People and Well-being, 2015.

경험에서는 65~79세군과 80세 이상 간의 큰 차이가 없다(〈표 15-4〉 참조).

이렇듯 80세 이상의 안녕(well-being) 수준이 낮은 요인 중 하나로 외로움이 지적된다. 80세 이상의 노인 10명 중 3명이 외로움을 느끼는데 이는 65~79세군보다 매우 높은 수준이다. 이러한 외로움은 개인의 낮은 수준의 안녕과 밀접히 연결된다. 외로움을 느끼는 사람은 그렇지 않은 사람보다 본인의 가치를 낮게 느끼는 비율이 10배 높고, 낮은 만족도를 보이는 비율은 7배에 달한다. 불행하다고 느끼는 비율 또한 3배에 달한다. 근심이 있는 경우도 2배에 달한다(〈그림 15-3〉 참조).

외로움은 한 개인의 안녕에 영향을 주며 나쁜 건강, 독거 및 지원 네트워크의 부족 등이 영향을 미친다고 알려져 있다. 2011년 조사에 의하면 노인의 16%가 혼자 산다. 연령이 높을수록 독거비율이 높아 85세 이상 연령대의 노인 중 59%가 혼자 살고 75~84세군은 38%가 혼자 산다. 독거노인

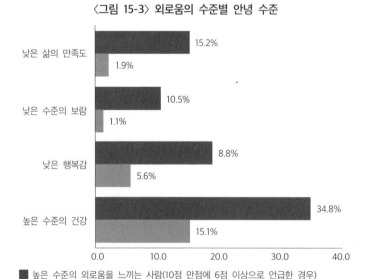

〈그림 15-3〉 외로움의 수준별 안녕 수준

자료: Thomas, J., & Office for National Statistics(2015). Insights into Loneliness, Older People and Well-being, 2015.

의 경우 외롭다고 느끼는 비율이 두 배에 달한다(30.8% 대 12.6%).

2011년 조사에 의하면 65세 이상 중 57%가 유배우 상태, 29%가 사별, 5.5%가 미혼이다. 8.7%는 이혼 상태이다. 사별 또는 이혼·별거 상태인 노인은 유배우 노인보다 3배 정도 높은 수준의 외로움을 느낀다(34.7%와 27% 대 9.6%). 2011년의 경우 85세 이상의 독거노인 중 남자는 10명중 8명이 여자는 10명 중 9명이 사별 상태이다. 또한 주택 보유 상태별로비교해보면 공적 임대주택에 거주하는 노인일수록 높은 수준의 외로움을보였다. 그러나 노인의 자가거주율은 높다. 전체 인구의 자가소유율은64%지만 노인은 75%이다.

건강상태의 경우, 노인은 건강상태가 나쁘다고 보고하는 편이다. 2014/

<표 15-5> 노인의 제특성별 외로움의 경험 실태

위험요인	매우 낮은 수준의 외로움	낮거나 보통 수준의 외로움	높은 수준의 외로움
주거 보유			
자가	59.4	25.3	15.3
모기지 포함 자가	61.7	26.6	11.7
공적(LA/HA) 임대	44.7	33.5	21.8
사적 임대	50.5	32.6	16.9
독거 여부			
독거	31.9	37.3	30.8
비 독거	60.7	26.7	12.6
결혼 상태			
유배우	67.4	23.0	9.6
미혼	40.3	37.9	21.8
이혼 및 별거	36.4	36.6	27.0
사별	30.8	34.5	34.7
주관적 건강상태			
좋음	59.9	27.1	13.0
보통	44.7	34.1	21.1
나쁨	34.4	30.8	34.7
전체	56.2	28.4	15.4

자료: Office for National Statistics. Opinions and Lifestyle Survey.

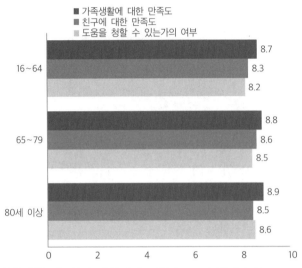

자료: Office for National Statistics. Opinions and Lifestyle Survey.

15년의 경우 80세 이상군은 14.8%가 건강상태가 나쁘다고 보고하였다. 이는 근로연령층의 4.2%보다 높다. 나쁜 건강상태는 사회적 고립으로 이어진다. 저하된 이동성, 인지적 손상과 감각적 손상은 노인이 외로울 가능성을 보인다. 그 결과, 건강이 안 좋은 노인은 건강이 좋은 노인보다 2.5배 높은 수준의 외로움을 보였다(〈표 15-5〉 참조).

또 다른 관점에서 보면, 외로움을 느끼는 경우 혈압이 높고 면역체계를 약화시켜 스트레스 수준을 높이며 우울감과 긴장감을 강화시키는 경향이 있다. Age UK는 외로움은 15개비의 담배를 흡연한 것과 같은 수준으로 건강에 부정적 결과를 미친다고 본다. 또한 높은 수준의 외로움을 느낄수록 알츠하이머를 경험할 가능성이 두 배에 달한다고 알려져 있다.

건강이 좋지 않은 노인은 상대적으로 높은 사회적 보호욕구가 있다. 따라서 지역사회와 연계를 가질 수 있는 능력이 사회적 보호체계의 변화가 발생할 때의 노인의 경험에 영향을 미친다. 후기 노인은 도움을 청할 수 있는 친척, 친구 또는 이웃이 있을 때 만족도가 높아 8.6점이며 이는 근로연령층의 8.2점보다 높은 수준이다. 이들은 또한 가족에 대한 만족도도 높아 8.9점으로 근로연령층의 만족도인 8.7점보다 높다(〈그림 15-4〉 참조).

연령이 높을수록 사회참여는 저하된다. 75세 이상의 경우 한 명 이상의 친한 친구를 가질 가능성이 낮고 11%는 친한 친구가 전혀 없다고 응답하였다. 이는 18~24세 연령군의 2%와 비교하면 매우 높은 수준이다. 또한 75세 이상군의 경우 25%가 친구, 친척과 적어도 주 1회 이상 만남을 유지하는 것으로 보고하였다.

3) 고령화 대응 수준

(1) 고령화 준비지표로 살펴본 제도적 대응 수준

앞서 살펴본 활동적 노화 지표와 세계 에이지워치 지수가 사회구성원의 삶의 질 현황을 고령화라는 맥락에서 살펴보았다면 다음에 살펴볼 CSIS의 고령화 준비지표(The Global Aging Preparedness Index: GAPI)는 국가적 차원에서 고령화에 대응할 준비가 어느 정도 되어있는가를 파악한다. 비교대상인 국가는 20개국이다.

영국의 노인 공적 비율의 수준과 2007~2040년간의 변화 수준으로 파악한 공적 부담은 9위, 조세여유와 예산여유 및 채무여유 지표로 파악된 재정적 여유는 11위, 급여 의존성 평균 노인소득 중 공적 급여의 비율과 공적 급여를 10% 삭감할 경우 빈곤상태가 되는 노인가구의 비율로 파악된 급여삭감 지표에 의한 급여 의존성은 16위로 매우 수준이 낮다. 이를 통합하면 재정적 지속가능성 영역의 순위는 13위이다.

반면 노후소득의 적절성과 관련해 근로세대 대비 노인세대의 가처분소득 비율(2040)과 2010~2040 기간의 변화를 통해 파악된 총소득은 6위이며, 중위소득수준 및 2010~2040 기간 중의 변화, 빈곤수준 지표를 통해 파악된 소득 취약성은 8위이다. 반면 성인자녀와 동거하는 노인가구의 비율(2010)과 노인세대와 동거하는 평균 자녀 수의 변화(2010~2040)를 통해 파악된 가족지원은 17위로 낮은 편이며, 이러한 7개 지표를 통해 파악한 영역순위는 7위이다. 즉, 노후소득의 적절성은 양호하지만 재정적 지속가능성은 낮은 것으로 파악되어 향후 재정적 지속가능성을 해소하려는 정책적 관심이 중요하다.

〈표 15-6〉 CSIS의 고령화 대응지표

영역	범주	지표	순위(점수)	순위(점수)
재정적 지속 가능성	공적 부담	총급여수준 지표: GDP 대비 노인공적급여 비율(2007~2040)	17(18.9)	9(48)
		급여변화 지표: GDP 대비 공적급여 비율의 변화(2007~2040)	8(5.0)	
	재정적 여유	조세여유지표: 2040년의 GDP 대비 정부수입의 비율	13(43)	11(44)
		예산여유 지표: 2040년의 정부지출 대비 노인에 대한 공적급여 비율	10(44)	
		채무여유 지표: 2040년의 GDP 대비 국가 순 채무 비율	14(91)	
	급여 의존성	급여비중 지표: 평균 노인소득 중 공적급여의 비율 (2007~2040 기간 중의 평균)	13(62)	16(14)
		급여삭감 지표: 공적급여를 10% 삭감할 경우 빈곤상태가 되는 노인가구의 비율(2007)	17(5.1)	
		영역 전체		13(37)
노후 소득의 적절성	총소득	소득수준 지표: 근로세대 대비 노인세대의 가처분소득 비율(2040)	8(1.24)	6(68)
		소득추세 지표: 2007~2040 기간 중의 근로세대 대비 노인세대의 가처분소득 비율의 변화	7(4)	
	소득의 취약성	중위소득 지표: 2040년의 근로세대 대비 노인세대의 중위 가처분소득의 비율, 공공의료급여를 제외함	7(1.01)	8(51)
		중위소득추세 지표: 2010~2040 기간 중의 근로세대 대비 노인세대의 중위 가처분소득의 비율 변화, 공공의료급여를 제외함	9(-6)	
		빈곤 수준 지표: 중위소득 50% 이하의 노인가구의 비율(2010)	12(15.2)	
	가족 지원	가족결합 지표: 성인자녀와 동거하는 노인가구의 비율(2010)	16(10)	17(29)
		가족규모 지표: 노인세대와 동거하는 평균 자녀 수의 변화 (2010~2040)	4(-0.4)	
		영역 전체		7(53)

자료: Jackson, Howe, & Nakashima, 2012, The Global Aging Preparedness Index. Center for strategic and international studies. Second Edition.

이러한 결과에 기초하여 잭슨, 하우 그리고 나카시마(Jackson, Howe, & Nakashima, 2012)는 의료비 상승을 억제하고 노동기간을 확장하는 것이 정책적 최우선순위가 되어야 하며 다음으로 공적 연금급여수준의 저하, 연금펀드저축률의 증가, 출산율의 증가가 정책적 관심사가 되어야 한다고 지적했다. 또한 다른 연구(Jackson et al., 2012)에서는 최근의 제도변화가 노후소득의 적절성을 개선하였지만 지속가능성을 악화시켰다고 판단했다.

(2) 문화적 대응 수준

고령화 준비지표가 사회구조적 준비 상태를 보여준다면 문화적 상태는 연령에 대한 사회구성원의 태도를 통하여 가늠해 볼 수 있다. 젊다고 생각되는 마지막 연령은 40.71세로 조사되었으며 노년기가 시작된다고 응답한 연령은 59.21세였다. 또한 더 이상 젊지 않다고 생각하는 연령은 연령이 높을수록 높아지는 경향이 뚜렷하다. 또한 노년기가 시작된다고 생각되는 연령 또한 응답자의 연령이 높을수록 높은 경향이 있다(〈표 15-7〉 참조).

성별로는 남자보다 여자가 젊다고 생각하는 마지막 연령과 노년기가 시작한다고 응답한 연령이 높다. 또한 고용상태별로 비교해보면 자영업자가 다른 직업군보다 연령이 높고, 자가소유자가 그렇지 않은 응답자에 비하여 연령이 높다. 한편 건강상태가 좋지 않은 응답자가 젊다고 생각하는 마지막 연령과 노년기가 시작한다고 응답한 연령이 상대적으로 높다.

한편 20대와 70대 이상의 경제적 기여도에 대한 생각을 살펴보면 7점 만점에 각각 3.53점과 3.67점이다. 이러한 응답결과를 제특성별로 비교하면 성별 차이는 적으나 70대에 대한 응답에서는 여자가 좀더 긍정적인 응답을 하였다. 연령군별로는 연령이 높을수록 20대의 경제적 기여를 낮게 보는 경향이 있었다. 직업위상이 높을수록 70대의 경제적 기여를 낮게 보는 경향이, 20대의 경제적 기여를 높게 보는 경향이 있다(〈표 15-8〉 참조). 70대의 경제적 기여에 관한 생각이 부정적이라고는 볼 수 없지만 연령이 낮을

〈표 15-7〉 응답자의 제특성별 더 이상 젊지 않다고 생각되는 연령과
노년기가 시작된다고 생각되는 연령

제특성		더 이상 젊지 않다고 생각되는 연령(평균)	노년기가 시작된다고 생각되는 연령(평균)
성	남자	38.51	58.02
	여자	42.82	60.37
연령군	25세 이하	32.45	54.31
	25~49세	37.69	57.57
	50~64세	44.02	60.02
	65~79세	49.33	64.81
	80세 이상	51.71	68.07
	50세 이하	36.35	46.75
	50세 이상	56.74	62.62
경제활동 상태	자영업	42.53	60.69
	전일제 고용	41.50	59.66
	파트타임 고용	40.84	59.95
	비고용 상태	32.11	52.19
사회 계층	전문직	41.15	60.28
	중위급 직업	42.40	60.71
	소상인 및 자립 노동자	42.60	60.31
	하위 관리직 및 기술직	42.77	58.19
	준ROUTINE	42.39	59.65
	비분류	32.29	54.33
주택 소유 상태	소유	44.63	62.62
	모기지 또는 대출 포함 소유	39.80	57.93
	공적 임대	40.00	57.23
	사적 임대	35.72	57.60
인종	백인	40.71	59.19
	비백인	40.66	59.43
장기 질환 또는 장애	있음	44.24	60.93
	없음	39.20	58.76
전체		40.71	59.21
사례 수		2,098명	2,117명

자료: Sweiry & Willitts, 2012, Attitudes to age in Britain 2010/11.

〈표 15-8〉 응답자의 제특성별 20대와 70대 이상을 보는 관점(경제적 기여도)

제특성		20대	70대 이상
성	남자	3.56	3.51
	여자	3.49	3.83
연령군	25세 이하	3.93	3.52
	25~49세	3.52	3.61
	50~64세	3.42	3.68
	65~79세	3.38	3.93
	80세 이상	3.31	3.86
	50세 이하	3.63	3.59
	50세 이상	3.39	3.79
경제활동 상태	자영업	3.44	3.59
	전일제 고용	3.46	3.65
	파트타임 고용	3.66	3.83
	비고용 상태	3.89	3.57
사회 계층	전문직	3.63	3.42
	중위급 직업	3.58	3.85
	소상인 및 자립 노동자	3.39	3.62
	하위 관리직 및 기술직	3.25	3.72
	준 ROUTINE	3.36	3.95
	비분류	3.84	3.61
주택 소유 상태	소유	3.51	3.67
	모기지 또는 대출 포함 소유	3.55	3.55
	공적 임대	3.30	4.04
	사적 임대	3.76	3.61
인종	백인	3.52	3.67
	비백인	3.57	3.69
장기질환 또는 장애	있음	3.36	3.73
	없음	3.61	3.64
전체		3.52	3.67
사례 수		2,098명	2,117명

수록 상대적으로 노년층의 경제적 기여를 높게 평가하지는 않으며 이러한
경향은 사회적 위상이 높은 구성원에서도 공유된다고 볼 수 있다. 따라서
고령화에 따른 적절한 문화적 대응과 관련한 사회적 관심이 요구된다.

3. 고령화에 대한 정책적 대응기조[1]

1) 기본방향

영국은 2002년 발표된 고령화에 관한 마드리드 행동계획(Madrid Imple-
mentation Plan of Action on Ageing)을 구현하고자 인구고령화에 대응하여
사회와 경제의 조율이 가능하도록 고령화를 주류화(*mainstreaming*) 하고 있
다. 2007년에는 노년기의 빈곤 해소와 독립, 안녕 제고를 목적으로 하는
공적 서비스 강령(Public Service Agreement)을 마련하였다. 또한 이러한
강령의 진행과정을 모니터링하기 위하여 다음과 같은 5개의 지표를 제시하
였다.

(1) 소득: 낮은 소득을 가진 연금수급자(예: 중위소득의 60%)
(2) 일: 50~69세의 고용률
(3) 건강: 65세 시의 건강수명
(4) 독립적 생활: 재가거주에 대한 지원
(5) 만족: 가족과 지역사회에 대한 만족도

---

[1] "UK Follow-Up to the Madrid International Plan of Action on Ageing 2011"의 주요내
용에 기초하여 작성하였다.

또한 2009년에는 고령화에 대응하는 포괄적 전략을 마련하기 위해 '모든 연령을 위한 사회건설'을 발간한바 있다. 이를 통하여 기존의 정책을 강화하고(연금수급자에 대한 무료 시력검사, 무료 처방료, 버스 패스, 75세에 대한 TV 수신료 무료혜택, 동절기 연료수당 등), 연금 및 퇴직연령을 조정하였다.

구체적인 대응을 방향별로 정리해보면 다음과 같다.

2) 노인의 사회참여와 통합 증진을 위한 정책

중앙 및 지역정부의 정책입안 과정에서 노인이 중요역할을 하도록 2009년에 'UK 고령화 자문 포럼'(UK Advisory Forum on Ageing: UKAFA) 을 구성하였고 이외에도 2010년부터 고령포럼(English Forums on Ageing, 전국적으로 9개), 에이징 웰(Ageing Well), 지역사회에의 적극적인 참여(Active at 60 Community Agents) 와 같은 고령자 단체 프로그램을 시작하였다.

활기찬 노후를 위한 스마트카드(Active at 60 Smartcards) 의 경우, 60세 이상에 대한 여행경비를 경감하는 등의 활성화 방안을 모색하였다. 또한 정보화에서 소외되지 않도록 디지털화(Get Digital) 및 디지털화 지원(Assisted Digital) 등의 노력을 한다. 한편 서비스 제공 과정에 노인의 관점을 반영하기 위하여 2010년 10월에 고령화 사회 전략그룹(Ageing Society Strategy Group: ASSG) 을 구성하였으며 2011년에는 빈곤과 평등, 사회정의에 관한 이슈를 다루는 사회정의에 관한 내각위원회(Cabinet Committee on Social Justice) 에 노인에 관한 이슈를 제기한바 있다. 또한 노인을 위한 행동연대(Age Action Alliance) 를 구성하여 취약노인의 삶을 개선하기 위해 노력한다.

이러한 맥락에서 공공의료와 활동적인 라이프스타일, 안전하고 따뜻한 집, 네트워크 구성을 통한 소외된 노인의 삶 증진, 고령 친화적 지역 만들기, 디지털 통합, 노화에 대한 긍정적, 적극적 태도 갖기 등 6개의 프로젝트가 운영 중이다.

또한 주거정책으로 2008년 2월 평생 집, 평생 이웃이라고 하는 고령사회에 적합한 주거전략을 마련하였다. 주택 개조나 지역사회 지원을 통하여 노인이 집에 가능한 한 오래 거주할 수 있도록 하는 다양한 정책을 시행하고 있다. 노인의 주거욕구를 파악하고 우수사례를 증대시키고 새로운 아이디어를 개발하기 위한 주거혁신모임(Housing our Ageing Panel for Innovation: HAPPI), 노인, 장애인, 저소득 주택소유자를 도와주기 위한 기관인 주택개량에이전시(Home Improvement Agencies: HIA), 소소한 수리를 지원해 주는 잡역부(Handy Persons), 주거, 보호, 재정적 권리와 이슈에 관하여 정보와 조언을 제공하는 무료의 독립적 서비스를 제공하는 첫 번째 정류장(FirstStop) 등이 있다. 더불어 젊은 세대와 노인이 함께 상호작용하며 서로를 도울 수 있는 자원봉사활동을 활성화하기 위하여 수상 산하에 '큰 사회를 향하여'(Big Society)를 구성하여 운영 중이다.

3) 고령화에 대응한 사회보장체계의 개선

통합공제(Universal Credit), 장애생활수당 개혁(2010), 주거급여(Housing Benefit), 새로운 지방복지 보조제도 등 복지체계 개편 등이 지속되고 있다. 부족한 노후소득 보충을 위한 연금체계 개편(2018~2020년 중 수급연령 66세까지의 상향 조정), 파트타임 및 유연근무제 등의 근로기간 확장을 위해 노력하고 있다.

한편 사회, 보건서비스에 노인의 욕구를 반영하기 위한 정책의 도입 등도 이러한 개혁에 속한다. 구체적으로 보호시설(*sheltered housing*)에 사는 2만 명에게 성인 교육프로그램을 통해 인터넷 교육 등을 제공하는 "디지털화"(Get Digital) 등 디지털 통합을 위한 프로젝트를 수행하고 있다.

장애노인 또는 허약노인이 독자적·존중받는 삶을 유지할 수 있도록 생활수준을 향상시키려는 노력도 하고 있다. 연령, 성, 인종, 종교·신념,

성적 지향성 등에 의해 차별받지 않을 권리와 평등을 부여하는 형평성 및 인권위원회(Equality and Human Rights Commission)를 운영하며 활기찬 노화구현을 위한 개인과 정부의 역할을 강화한다. 또한 다양한 장애급여를 제공하고 있다. 자신의 집에서 좀더 오래 거주할 수 있도록 보호와 지원의 수준을 상향조정하는 장애시설 보조금(Disabled Facilities Grant)을 제공한다.

퇴직 및 개인연금과 관련된 개편 또한 진행되는 중이며[2] 여성과 남성의 생애주기별로 사회적 보호체계를 구축하고 있다. 24시간 식사, 가사, 여가활동 관련 서비스를 제공하는 추가적 보호제공 주택(*extra care housing*), 유연한 근무환경, 가족친화적 고용수단 도입 등이 이에 속한다.

4) 노인의 사회참여와 통합 증진을 위한 정책

노인의 사회참여와 통합증진을 위하여 고령화에 대응한 노동시장개혁을 다각적으로 진행하고 있다. 고용 관련 장벽과 저해요소를 제거함으로써 남녀의 노동시장 참여를 증대시키기 위한 노력, 50세 이상의 취업희망자를 위한 웹 '50 플러스워크'(50 Plusworks) 운영, 신체·사회·정신적 활동이 가져오는 다양한 혜택을 강조하고 홍보하기 위하여 2007년부터 세계노인의 날인 10월 1일에 고령근로자를 위한 날을 지정하여 운영하는 것, 2011년부터 고령근로자의 취업과 고용유지를 돕기 위해 고용센터(Jobcentre)에 좀더 유연한 제도적 장치를 도입한 것 등이 이에 속한다.

'긍정적 노화'(Age Positive)라는 모토 아래, 고령화한 노동시장에서의 기회와 도전에 대응하기 위해 고용주에 대한 정보와 우수사례를 널리 알리려는 정부의 시도가 이루어지고 있다. 또한 정부가 정한 연금 수급연령을 넘어서 근로하는 사람에 대한 재정적 인센티브 제공, 고령근로자의 고용

---

2) 연금을 비롯한 노후소득 관련 내용은 2부 7장에서 상세히 기술되었다.

을 지지하는 고용주를 지원하는 '긍정적 노화 이니시어티브'(Age Positive Initiative), 노동시장에서의 연령차별로부터 고령노동자를 보호하는 노력 등이 이루어지고 있다.

5) 평생학습의 활성화 및 교육체계의 적응력 강화

노인이 새로운 정보기술을 이용하도록 학습할 수 있도록 하며 근로자의 인적 자본 개발을 위한 다각적 노력을 하고 있다. 노인학습과 관련해서는 인터넷 이용이 사회·경제적 불이익으로부터 보호할 수 있다는 점에서 정부나 민간 차원에서 노인의 인터넷 이용을 증진하도록 노력 중이다. 고용센터플러스(Jobcentre Plus)는 820개 지역센터에서 디지털 챔피언을 운영하고 있다. 또한 고령자의 인터넷 이용을 활성화하기 위한 고령 인터넷 이용자의 날(Silver Surfer's Day)을 지정하고 2년 기한(期限)의 '첫 번째 클릭'(First Click) 행사를 추진 중이다.

근로자에게 직장교육(On-the-Job Training)을 제공하기 위한 노력과 교육기관과 고용자 간의 밀접한 연계를 구축하기 위한 노력을 수행 중인데, 정부의 기술전략(The Government's Skills Strategy: Qualification and Credit Framework)에 기초하여 필요 시 혜택을 받도록 하였고 기본적 문해 및 계산 능력 관련 훈련을 무료로 받을 수 있다. 성인을 대상으로 한 비공식 성인 및 지역사회 학습정책도 재정비하였다. 특히, 소득이 낮은 가난한 은퇴자를 위한 학습기회 제공, 학습은 청년을 위한 것이라는 고령자의 편견 극복, 사별 또는 이혼한 노인·저소득 노인과 같은 사회적 배제를 경험하는 노인의 지원과 독려, 농어촌 지역에 거주하는 노인을 위한 대응, 기본적 디지털 기술의 습득 제고, 은퇴 조언이나 지원을 받지 못하는 80% 이상의 근로자의 욕구에 대한 대응 등에 특별한 관심을 둔다.

6) 삶의 질 확보와 독립적 생활을 보장하기 위한 노력

영국정부는 고령화와 관련하여 분절화된 정책을 통합하기 위한 노력을 경주한다. 그 한 예로 노인의 날 행사가 진행된다. 또한 2010년 2월 마멋 리뷰 팀(Marmot Review Team)이 공정한 사회, 건강한 생활이라는 제목으로 삶의 질을 확보하고 독립적인 생활을 보장하기 위한 정책적 노력에 대한 점검 보고서를 발표하였다.

또한 노인을 위한 장기요양서비스를 강화하였으며 사례관리(*case manage-ment*)를 통하여 잘 조율되고 통합된 서비스를 제공하기 위한 노력 또한 시행하고 있다. 알츠하이머나 치매에 대한 관심도 높아 국가 치매전략 마련, 국가적 평등한 치매전략(Dementia Strategy Equalities Action Plan), 치매 행동연대(Dementia Action Alliance), 치매 노인 및 가족을 지원할 수 있는 주거정책을 수행하고 있다. 이와 더불어 돌봄(*care*) 제공자의 훈련을 위해 노력 중이다.

한편, 성인 및 지역사회 비공식 학습 및 안녕을 위하여 안녕의 5방법(연계-활동적-기부-학습 유지-유의함)을 제시하며 이를 통하여 노인을 포함한 개개인의 안녕을 증진시킬 수 있다고 본다. 비공식 성인 및 지역사회 학습(Informal Adult and Community Learning: IACL)에 의하여 안녕을 제고할 수 있다. 다양한 학습활동에 참여하는 노인은 오래 살 수 있으며 건강한 삶과 독립적 생활이 가능할 것이다. 이를 위하여 국립 성인 연속교육 연구소(National Institute of Adult Continuing Education) 등과 연계한 자기주도적 학습, 수발 제공 환경에서의 비공식적인 학습, 이를 후원하기 위한 다양한 펀드 마련 등이 수행되고 있다.

7) 고령화와 관련한 성인지적 접근

영국정부는 공적 영역에서의 여성 참여와 정부에의 참여 확대를 추진하기 위하여 형평성 전략(2010)을 마련해 추진하고 있으며 임금에서의 성별 차이를 축소하고 빈곤 위험이 큰 조부모가정에 관심을 두고 있다.

8) 노인에게 수발을 제공하는 가족지원 및 세대 간 유대강화 노력

영국정부는 유연한 근로의 확대를 통해 고령자에게 근로 기회를 좀더 제공하며 노인을 보호하는 가족에게 도움을 주고자 다각적으로 노력 중이다. 3)

4. 개별 노인 복지정책

여기서는 노인 대상 정책의 구체적 내용을 소개하고자 한다. 많은 사회구성원이 노년기에 경험하는 빈곤, 질병, 나태 및 소외문제 등에 대응하기 위해 수행하는 정책을 살펴보고자 한다. 빈곤 및 질병·기능장애를 가진 노인을 보호하기 위한 정책은 다른 장에서 다루므로 이 장에서는 무위 및 소외 문제를 해결하기 위한 정책을 중심으로 살펴보고자 한다.

1) 고령자 여가활동 지원정책

영국의 활기찬 노화와 관련하여 진행되는 지역 여가활동 지원정책의 대표적인 예를 살펴보면 버밍험주의 지역도서관 프로젝트, 불랙풀시의 노인올

---

3) 좀더 자세한 내용은 장기요양에 관한 3부 14장을 참고하라.

림픽, 하트풀시의 도서지 배달서비스 등이 있다. 버밍험주의 "망연결을 통한 웰빙"(Wired-up to Well-being)이라는 프로젝트는 노년세대의 인터넷 문화증진과 정보의 소외예방을 목적으로 지역 노인의 인터넷 및 컴퓨터 사용 활성화를 지원한다. 노인 인터넷교육 강사는 관련 교육을 받은 노인의 자원봉사로 진행된다. 한편, 불랙풀시의 노인올림픽은 지역의 전직 체육 국가대표 선수 등의 참여를 유도하여 노인 이미지 개선 및 건강한 도시조성을 목표로 한다. 4)

이와 더불어 여가시설 이용에 필요한 재정적 배려를 하는 조치도 이루어지고 있다. 5) 버밍험주의 경우 '여가활동카드'(Passport to Leisure Card)를 활용한다. 이를 통하여 60세 이상 노인뿐만 아니라 16세 이상 학생, 정부기관 연수자, 장애인, 장애인가정의 16세 이하 자녀, 장애인 보조자, 정부보조금을 받는 구직자 등은 1년에 4파운드로 시 지역 내 60군데의 레저시설을 할인가격에 이용할 수 있다. 한편 게이츠헤드 지역 거주 60세 이상 노인은 게이츠헤드 또는 뉴캐슬 지역의 예술극장, 박물관, 미술관 이용 시 3분의 2로 할인된 가격으로 택시를 이용할 수 있다.

이외에도 영국 거주 노인은 일정 연령(잉글랜드는 여성 연금 수급연령, 웨일즈, 스코틀랜드는 60세)에 도달하면 무료로 버스를 이용할 수 있는 버스패스를 신청할 자격이 생긴다. 런던의 경우는 60세가 되면 버스, 트램 등을 무료로 이용할 수 있는 60+ 런던 오이스터(London Oyster) 카드를 발급받을 수 있다. 6)

---

4) 선우덕 · 김세진 · 모선희(2012)의 연구내용을 정리하였다.
5) Department for Work & Pension 홈페이지에 소개된 관련 내용을 정리하였다.
6) Department for Work & Pension 홈페이지에 소개된 관련 내용을 정리하였다.

2) 평생교육: U3A

제3기 인생대학의 문제의식과 필요성이 영국사회에 공감되기 시작한 것은 노년학자 라슬릿(Peter Laslett)이 1981년에 캠브리지에서 주최한 회의부터 였다. 이듬해인 1982년, 캠브리지 제3기 인생대학(이하 U3A)과 런던 U3A 가 최초로 구성되었으며 U3A의 중앙기구인 제3기 인생위원회(The Third Age Trust)가 설립되었다. 영국보다 한발 앞서 U3A를 시행해온 프랑스의 경우는 '대학 중심적'인 모형이었던 것에 비해 영국은 자조(self-help)와 자치(self-governing) 정신이 강조된 '지역 중심적' 모형으로 대별된다.[7]

영국 U3A의 특징은 다음과 같다. 첫째, 각 지역 U3A는 중앙기구인 제3기 인생위원회에 소속된다. 제3기 인생위원회는 영국 전역의 지역 U3A 의 대표체이며 법적 지위는 '기업'(limited company)과 '자선조직'(charity)을 겸한다. 운영의 주요재원은 지역 U3A의 회비이지만 비정기적인 프로젝트 수주 등을 통해 외부 지원을 받기도 한다. 제3기 인생위원회의 주요 기능은 지역 U3A에 교육 및 행정적 지원을 제공하고 신규 U3A가 결성되도록 초기 지원을 제공하는 것이다. 제3기 인생위원회의 실질적인 운영주체는 1인의 의장, 4명의 행정가, 그리고 13명의 지역 대표자로 구성된 전국 집행위원회이다.

둘째, 자조의 정신에 입각한 영국의 지역 U3A는 회원의 자발적 참여에 의해 결성된다. 구체적 교육 프로그램 기획부터 직접적 교육에 이르기까지 철저하게 회원의 자발적 참여에 의존한다. 회원들이 스스로 강의 프로그램을 제출하고 이에 대한 강의까지 맡는 운영방식은 이러한 영국 U3A의 자조정신을 분명하게 보여주는 사례이다. 즉, 회원은 스스로 U3A의 강사이자 학생이 되기도 한다는 사실에 영국 U3A가 추구하는 자조정신이 담겨있

---

7) 이소정·정경희·이윤경·유삼현·한정란(2008)의 관련 내용을 정리하였다.

는 것이다. 회원 가운데 특정 학기에 특정 주제에 대한 강의를 전담하는 사람을 코디네이터(coordinator)라고 칭하는데 자신의 경력, 지식, 관심 등에 기반을 두고 특정 학기에 특정 주제로 강의를 진행하겠다고 자원하는 회원은 해당 강좌의 코디네이터가 될 수 있다. 강의주제는 매우 다양하며 인기여부, 강의규모, 강의의 수준 등이 매우 큰 편차를 보이는 등 다양한 속성을 갖고 있다. 각 강의의 일정, 장소 등에 대한 조정, 회원 대상 공지 등 각종 행정업무는 지역 U3A의 대표와 집행위원이 전담하고 이들 역시 회원 가운데 자원과 선출에 의해 결정된다.

셋째, 영국의 U3A는 '지역 중심적'인 성격을 갖고 있다. 구체적으로, 인접 지역주민이 주요회원이며 강좌는 지역사회 내에서(대부분 코디네이터의 집에서) 진행된다. 대부분의 U3A는 독자적 사무 및 회합의 공간이 없으며 주로 회원의 집을 교대로 이용하는 방식으로 운영된다. 상대적으로 임대료가 들지 않아 비용절감 등의 이점이 있지만 동시에 영국 U3A의 원활한 운영의 장애요인으로 기능하기도 한다. 독자적 공간이 없기 때문에 회원 간에 원활한 의사소통을 하는 데 제한점이 있으며 큰 규모의 강의를 운영할 수 없다는 한계를 갖고 있다.

넷째, U3A는 회원의 자발적인 회비에 의한 운영을 원칙으로 하고 있다. 따라서 선물을 제외한 정부 및 기타 외부단체의 금전적 기부 또는 지원을 받지 않는 것을 원칙으로 삼는다. 이러한 점은 영국 U3A의 비영리 주의적 속성과 자원주의적 속성에 기인한다. 앞서 언급한 강좌를 전담하는 코디네이터와 U3A의 제반 행정을 맡는 대표 및 집행위원이 보수를 받지 않을 뿐만 아니라 특별강연을 하는 초빙 외부 저명인사에 대해서도 강사료를 지급하지 않으며 이들 또한 순수한 자원봉사 의식에 입각해 강의를 제공하고 있다.

다섯째, 개별강좌는 일반 교과과정과 유사하게 학기 단위로 운영되며 보통 강좌당 1주일에 한 번씩, 약 한 시간에 걸쳐 운영되고 있다. 단, 구체적인 운영은 U3A마다 다르다.

3) 자원봉사: RSVP

영국의 대표적인 민간 자원봉사기구인 CSV(Community Service Volunteers)의 하부조직으로 1988년부터 RSVP(Retired and Senior Volunteer Programme)를 운영하고 있다. CSV의 자원봉사자 가운데 50세 이상의 퇴직 노인으로 구성된 자원봉사자 집단으로 다양한 자원봉사 프로젝트를 조직하는 단체로 특화시킨 것이다. RSVP는 자원봉사 활동이 건강을 비롯한 노인의 삶의 만족도에 긍정적인 영향을 미칠 뿐만 아니라, 노인이 가지고 있는 기술과 생애경험을 활용해 지역사회에 유익한 기여를 하도록 촉진함으로써 사회공헌과 노인복지의 향상을 얻을 수 있다는 관점에서 출발한다.[8]

현재 RSVP는 영국 전역에 1만 2천 명 이상의 자원봉사자 회원을 거느린 거대 조직이다. 이들 자원봉사 인력은 다양한 분야의 자원봉사 활동을 전개한다. 활동 내용은 크게 세대통합 프로젝트와 사회통합 프로젝트로 구성되어 있다. 다양한 방과 후 활동지도, 소외지역의 아동을 위한 장난감 만들기, 소외된 사람 및 장애인 말벗 도우미, 거동이 불편한 노인에 대한 교통서비스 제공, 죄수 가족 원조, 환경개선 사업 등이 대표적 활동내용이다.

1만 2천 명이라는 자원봉사자 규모와 달리 RSVP의 행정을 전담하는 유급 스태프의 비율은 자원봉사자 500명당 직원 한 명으로 둔다. 유급 스태프의 주요역할은 새로운 자원봉사 과제 개발, 기금 마련 등이며 때로는 자원봉사자 가운데 유급 스태프가 충원되기도 한다.

RSVP의 가장 대표적인 정책방침은 '비거절 정책'(*non-rejection policy*)이다. 인종, 연령상한선, 장애 여부 등의 조건에 관계없이 누구나 참여할 수 있도록 규정한다.

---

[8] 선우덕·김세진·모선희(2012)의 주요내용을 정리하였다.

4) 세대통합

영국은 세대통합을 위한 시도로 '그래스무어 분담 프로젝트'(GAP-Grass-moor Allotment Project)를 시도하고 있다. 2008년부터 영국 더비셔시는 노인과 젊은 세대가 함께 텃밭 가꾸기 프로젝트를 실시하였다. 더비셔시의 지원으로 127개 학교와 1개의 아동센터가 참여하는데 이러한 텃밭 가꾸기를 통하여 세대 간의 이해를 증진시키고 생산된 농작물은 참여 학생의 학교식당에 공급한다. [9]

이외에도 세대연계를 위한 베스 존슨 재단센터(Beth Johnson Foundation Centre for Intergenerational Practice)는 세대 간 활동을 하는 스코틀랜드와 웨일즈 센터(Scottish and Wales Centres for Intergenerational Practice)와 같은 관련 웹사이트를 연결하여 정보와 가이드를 제공한다. [10]

5) 노인보호와 인권

노인학대로부터 노인을 보호하기 위하여 노인학대 스크리닝 작업을 의료영역에서 담당한다. 1차 의료팀이 건강 외에도 돌봄을 담당하는 돌봄인·부양자와 노인의 관계를 평가한다. 이는 학대 고위험요인, 의존관계를 평가함으로써 국가적 수준에서 적극적으로 사례를 발굴하여 잔재적 학대를 예방하려는 노력의 일환이다.

노인학대와 관련하여 영국은 〈인권법〉, 정의를 위한 행동, 〈케어표준법〉, 노인을 위한 국가서비스 준거틀, 〈정신능력법〉, 보건부의 지침 등에 기반을 두고 다양한 프로그램을 제공한다(최혜지·조자영·권미리, 2014). 노인이 학대받는다고 의심되는 경우 999번으로 연락하면 지역정부기관과

---

9) 선우덕·김세진·모선희(2012)의 주요내용을 정리하였다.
10) Department for Work & Pension 홈페이지에 소개된 관련 내용을 정리하였다.

연결되며 노인학대행동(Action on Elder Abuse)이라는 비상직통전화(*hot line*)를 통하여 노인학대에 대한 상담을 진행할 수 있다.[11]

겨울에 연료비를 감당하지 못하여 어려움을 경험하는 노인을 돕기 위하여 1953년 5월 5일 이전에 탄생한 노인을 대상으로 11월과 12월에 주 100~300파운드를 지급하는 겨울 난방비지불금(Winter Fuel Payment) 제도를 진행한다. 연금이나 다른 사회보장급여를 받는 경우 자동적으로 이 수당을 받을 수 있다.[12] 지난 4년간 이 지원금을 받는 사람은 약간 감소하는 추세로 2014/15 기간 중 1,249만 명이 이 지원금을 받았다.[13]

장기적인 외로움과 사회적 고립의 가능성이 높은 노인을 돕기 위하여 2010년 영국정부는 1백만 파운드의 펀드를 제공하였다. 30개 지역에게 250~3,000파운드의 보조금을 지급하여 서비스를 지역개발재단(Community Development Foundation: CDF)과 함께 진행하였다. 그 결과 약 2,800개의 지역 에이전트가 만들어졌다.

이외에도 고령화의 진행과 더불어 발생하는 고령자의 운전상의 안전을 위하여 70세 이상 운전자는 3년마다 자신의 건강상태에 대한 일반의사의 소견을 첨부하여 운전면허를 갱신하도록 한다(이삼식 외, 2015).

5. 맺음말

영국의 고령자 복지정책은 일찍부터 마련한 사회보장제도를 기반으로 두므로 기본수준은 확보된다는 특징을 갖는다. 또한 영국이 회원국으로 속한

---

11) Department for Work & Pension 홈페이지에 소개된 관련 내용을 정리하였다.

12) Department for Work & Pension 홈페이지에 소개된 관련 내용을 정리하였다.

13) Department for Work & Pension의 "Winter fuel payment: Great Britain official statistics at winter 2014/15"를 참고하라.

OECD나 EU에서 지향하는 활기찬 노화를 구현하려 노력하며 UN의 고령화에 관한 마드리드 행동계획에 상응하는 정책적 대응을 시도하고 있다. 따라서 다양한 사회참여를 통하여 가능한 한 노년기를 활기차게 보낼 수 있도록 하는 정책적 관심은 높다. 이를 통하여 노인의 삶의 질뿐만 아니라 사회전반의 지속가능성을 높일 수 있다고 보기 때문이다. 그러나 이러한 시도들이 노인의 선택권과 자율성이라는 모토 아래 시행되는데 자칫 그러한 선택권과 자율성을 발현할 수 있는 삶의 토대가 약한 노인이 소외될 가능성은 없는지 검토가 필요해 보인다.

또한 고령자에 대한 부정적 관점도 아직 극복해야 할 과제이다. 노인 개개인이 아무리 사회참여를 통해 사회에 기여하고 싶어도 그러한 사회참여의 사회적 가치가 적절히 평가받지 못한다면 노인의 소외와 좌절로 이어질 수 있기 때문이다. 더불어 현재 노인의 삶의 질 개선을 위한 노력과 미래 노인까지 염두에 둔 지속가능성의 적절한 균형을 사회제도에서 어떻게 구현할 것인가도 향후 과제이다. 영국의 최근 정책변화에 대하여 재정적 측면에서 지속가능성이 악화되었다는 지적이 있으며 노인의 자녀동거율이 낮고 출산율도 낮은 수준이기 때문이다.

■ 참고문헌

국내 문헌

선우덕·김세진·모선희(2012).《선진국의 고령사회정책: 유럽국가의 활기찬 노후정책을 중심으로》. 세종: 한국보건사회연구원.

이삼식 외(2015).《고령화 및 생산가능인구 감소에 따른 대응전략 마련 연구》. 한국보건사회연구원.

이소정·정경희·이윤경·유삼현·한정란(2008).〈성공적인 제3기 인생준비를 위한 사회적 기반조성〉(정책보고서 2008-24). 한국보건사회연구원・보건복지가족부.
최혜지・조자영・권미리(2014). 《노인학대피해자 실태 및 법무부 지원방안 모색》. 법무부.

해외 문헌

Jackson, R., Howe, N., & Nakashima(2012). *The Global Aging Preparedness Index*, 2nd edition. Washington, D. C.: Center for strategic and international studies.

기타 자료

HelpAge International(2015). Global AgeWatch index 2015 insight report.
Independent Age(2016). The overlooked over-75s: Poverty among the 'Silent Generation' who lived through the Second World War. 16 May 2016.
Matthews, K., & Nazroo, J. (2015). Understanding digital engagement later life. Department for Culture, Media and Sport.
OECD(2013). Pensions at a Glance 2013.
Office for National Statistics(2014). Suicides in the United Kingdom: 2014 registrations.
＿＿＿(2014). National records of Scotland, Northern Ireland statistics and research agency.
Sweiry, D., & Willitts, M. (2012). Attitudes to age in Britain 2010/11. Department for Work and Pensions, in-house research, no. 7.
Thomas, J., & Office for National Statistics(2015). Insights into Loneliness, Older People and Well-being, 2015.
United Nations Economic Commission for Europe(2014). Active ageing index.

OECD Stats 홈페이지. https://stats.oecd.org.
UK Government(2015). 2010 to 2015 government Policy: Older people. www.gov.uk/government/publications.

16

장애인 복지서비스

1. 머리말

영국사회에서 장애를 주요한 사회문제로 인식하고 국가적 차원에서 장애인에 대한 특별한 조치를 강구하기 시작한 것은 전후 복지국가의 형성시기까지 거슬러 올라간다. 2차 세계대전 이후 영국은 초기 복지정책의 주요법적 근거를 이루었던 〈국민건강서비스법〉(*National Health Service Act*) 과 〈국가보조법〉(*National Assistance Act*) 을 통하여 중증장애인에 대한 특별보호조치, 주거지원, 직업제공 등을 지방정부가 취해야 할 하나의 책무로 부여하기 시작하였다.

하지만 당시 장애인에 대한 정책적 접근은 주로 대규모 병원 혹은 시설의 보호에 집중되었으며 다른 서구 사회와 마찬가지로 대규모 시설에서 발생하는 비인간적 대우와 학대 등의 문제점이 있었다. 이에 1970년대부터 장애인 옹호단체를 중심으로 탈시설화(*deinstitutionalization*) 운동과 장애인 권리신장 운동이 촉발되었고, 이는 관행적으로 행해졌던 시설보호에서 벗어나 지역사회 중심의 서비스 정책으로 전환시키는 데 중요한 역할을 수행하였다. 또한 이러한 움직임은 1980년대와 1990년대를 거치면서 장애인의 권리보장을 위한 다양한 법적 장치를 강구하였으며 장애인의 일상적 삶의 기회를 보장하기 위한 장애 관련 급여와 서비스 확대를 이루었다. 특히, 1990년 제정된 〈국민건강서비스 및 지역사회보호법〉(*National Health Service and Community Care Act*) 은 장애인에 대한 자립생활 지원 및 지역사회 기반의 돌봄 및 거주서비스를 크게 향상시켰다고 평가된다.

한편, 최근에는 단순한 서비스 확대를 넘어 서비스 제공방식에서 장애인의 선택과 통제에 대한 권한을 한층 강화하는 방식으로 발전하고 있다. 장애인 옹호단체가 주창하여 널리 이루어지고 있는 직접지불제도 및 개인예산제도는 이러한 변화를 반영한다고 할 수 있다.

이 장에서는 장애인을 대상으로 하는 영국 복지정책의 주요 특성을 살펴보는 데 주목적이 있다. 이를 위해 이 글은 먼저 영국 장애인 복지정책의 역사적 변화와 발전과정을 전후 시설보호 시기, 탈시설화 쟁점 시기, 지역사회 기반 돌봄지원 강화 시기 그리고 최근 서비스 선택의 강화 시기 등으로 나누어 주요흐름을 살펴보고자 한다. 이어 장애인에 대한 복지정책이 현재 어떻게 운영되는지를 주요 행정 및 서비스 전달체계를 중심으로 설명하고자 한다. 마지막으로 장애인 복지정책의 핵심영역이라고 할 수 있는 소득보장, 고용지원, 사회서비스의 주요내용을 구체적으로 살펴보고 이에 대한 쟁점과 함의를 논의하고자 한다.

2. 장애인정책 발전과정 및 변화

1) 전후 시설보호

2차 세계대전 이후 복지국가를 성립할 당시 장애인에 대한 특별 조치는 1948년에 제정된 〈국민건강서비스법〉과 〈국가보조법〉에 의해 규정된 측면이 강하다. 〈국가보조법〉은 지방정부로 하여금 지역 내 거주하는 시각, 청각, 신체장애인 등을 등록하게 하여 이들에게 복지서비스를 제공할 필요가 있음을 처음으로 명시하였으며 18세 이상의 장애인 중 지속적 보호가 필요하거나 갈 곳이 없는 중증장애인에게는 주거공간을 제공해야 할 책임을 부여하였다(Harris & Roulstone, 2011). 또한 직업을 수행할 수 있는 작업장 마련과 여가활동 시설, 복지서비스 정보제공 등을 지방정부가 장애인에게 취해야 할 하나의 책무로 명시하기도 하였다.

하지만 당시 장애인에 대한 정부의 정책적 접근은 재가서비스(Home Care Services)나 법에서 명시되었던 복지서비스 제공이 거의 고려되지 않았으며, 병원 기반 또는 대규모 형태의 시설보호(institutionalisation)를 우선시하는 방향으로 진행되었다(Roulstone & Prideaux, 2012). 이러한 시설보호형태는 영국의 국민건강서비스(NHS)가 구축되는 과정에서 더욱 강화되는 양상을 보였다. 중증장애인, 특히 지적장애인에 대한 보호는 NHS의 통제 아래에 놓였으며 이들은 일반적으로 당시 NHS의 장기병동(long-stay beds) 혹은 대규모 거주시설(residential places)에서 관리되었다.

이러한 NHS의 시설 중심 보호체계 내에서 지방정부는 주로, 시설보호에 놓여야 할 장애인, 즉 장기적이고 실질적인 보호를 받아야 할 대상자를 선별하고 이들을 보호시설에 배치하는 업무와 시설 관련 서비스를 제공하는 역할을 수행하는 데만 머물렀다. 이러한 시설중심의 보호제공은 뒤에서 살펴볼 탈시설화와 지역사회 중심의 보호체계로의 전환 이후에도 그 전통이 오랫동안 지속되는 모습을 보이기도 하였다. 일례로 2001년에도 초기 NHS가 운영하였던 시설이 전체 지적장애인 거주시설의 12% 이상을 차지하였다(Emerson, 2004).

2) 탈시설화

영국의 탈시설정책은 1960년대 말에서 1970년대 초에 일어나기 시작하였으며, 1980년대에 가속화되었다. 이 시기 장애인의 탈시설화에 관한 정책적 관심이 대두되기 시작한 데에는 여러 다양한 요인이 복합적으로 작용하였다.

우선 무엇보다도 대규모 시설에서 일어난 비인간적 처우, 열악한 환경, 학대에 대한 일련의 보고가 탈시설 논의를 촉발하였다. 예를 들어, 스토크 포지스(Stoke Poges) 지역에 소재한 대규모 거주시설에서 지적장애인에게 지속적으로 학대를 행했던 사건은 커다란 사회적 이슈를 불러일으켰다(Roulstone & Prideaux, 2012). 이러한 상황에서 왕립위원회가 주축이 되어 1954년부터 1957년까지 행해진 정책보고서(Report of the 1954~1957 Royal Commission on the law relating to mental illness and mental deficiency)는 정신질환 및 지적장애인에게 전통적으로 행해졌던 병원 기반의 보호조치에서 지역사회 기반의 보호조치로 정책적 선회를 표명하였다. 이 보고서는 이들 중증장애인이 다른 장애 및 질환을 가진 이들에게 제공되는 보호보다 더 많은 강제와 구속을 부여할 수 없음을 명확히 함으로써, 이전에 관행적으로 행해졌던 시설보호 형태에서 벗어나 중증장애인이라 할지라도 자신의 선택에 따라 지원을 받으면서 가정 같은 환경에서 살 권리가 있음을 천명하였다(Power, Lord, & Defranco, 2013).

또한 이 시기는 세계적으로 정상화 개념이 강조된 시점으로, 지역사회 기반의 다양한 거주에 관한 논의가 촉발되었다. 이러한 흐름 속에서 영국에서도 티자즈 브룩랜즈(Tizard's Brooklands)를 중심으로 실험적 시도가 이루어졌는데, 이를 통해 지적장애인도 지역사회 내에서 적절한 지원을 받으며 더욱 소규모의 가정 등의 환경에서 독립적인 생활을 꾸려나갈 수 있음이 강조되었다(Emerson, 2004). 이러한 배경에서 1972년 지적장애인 옹호단체들은 탈시설화의 정책적 목표가 병원 혹은 대규모 시설 기반의 보호를 지역사회 기반의 서비스로 대체하는 것임을 명확히 하고 정책적 압력을 가하기도 하였다.

한편, 1970년에 제정된 〈만성질환 및 장애인법〉(Chronically Sick and Disabled Persons Act)은 장애인에 대한 시설보호 중심의 정책에서 지역사회서비스로의 정책적 전환을 고취시키는 데 중요한 역할을 수행하기도 하였다. 비록 제정 당시에는 이 법이 광범위하게 효력을 발휘하지 못했다는 한계가 있었지만 지방정부로 하여금 지역 내 장애인에게 가능한 사회서비스를 고지할 의무를 법적으로 부과하였다는 점에서 의미가 있다. 또한 지역사회 내에서 장애인이 필요한 서비스를 받으면서 살아가는 것을 최초로 하나의 권리로서 명시하였다는 점에서 영국 내 장애인 복지정책 방향의 중요한 사건으로 평가되기도 한다(Roulstone & Prideaux, 2012).

이 법률 제정에 기반을 두고 1971년 "보다 나은 서비스"(Better Services for the Mentally Handicapped)라는 명칭으로 발간된 정책백서는 영국 내의 탈시설정책에 관한 방향을 천명하였다. 그동안 정신질환자와 지적장애인의 보호를 행했던 대규모 병동을 점차적으로 폐쇄하고 지역사회로의 전환을 강화하기 위해 돌봄이 필요한 장애인에게 소득과 상관없이 간호수당(Attendance Allowance)을 제공하는 것이 주된 내용이었다. 이어 1986년에는 지역사회 내에서 생활하는 데 필요한 자원과 가족 내 돌봄의 가능 여부를 파악하는 사정절차를 반드시 거치도록 하는 등 장애인이 지역사회 내에서 살 권리를 법적으로 더욱 강제하는 〈장애인법〉[Disabled People (Services, Consultation and Representation) Act]을 새롭게 마련하였다.

3) 지역사회 기반 돌봄지원

1990년대 초반부터 중반에 걸쳐 영국 사회서비스 정책은 큰 변동을 맞이하였다. 이때부터 시설보호 중심의 정부정책 목표는 지역사회 기반의 재가보호 중심으로 완전히 방향을 선회하였다. 이러한 변화를 가져온 가장 중요한 법률로 1990년에 제정된 〈국민건강서비스 및 지역사회보호법〉(National Health Service and Community Care Act, 이하 NHSCCA)을 들 수 있다. NHSCCA는 새로운 지역사회 기반 돌봄서비스 정책을 내세우면서 NHS 산하의 기존 시설운영에 소요되었던 중앙정부 예산을 지방정부로 이관하여 지역의 수요에 조응하는 지역사회 기반의 보호체계를 구축하도록 하였다. 이에 따라 지방정부의 사회서비스국은 지역사회 내 돌봄 및 보호서비스 시장개발과 관리를 위한 새로운 역할과 책임을 부여받았으며, 그 결과 민간 제공 서비스는 급격하게 증대되었다.

예를 들어, 동법이 실질적으로 실행되기 시작한 1993년부터 1998년 사이 지방정부가 지역사회 돌봄 및 보호서비스 창출을 위해 투입된 예산의 85%는 민간기관에 흘러갔다고 보고된바 있다(Power et al., 2013). 이렇듯 지역사회 중심의 사회서비스를 강조하는 과정에서 중증장애인에 대한 보호 및 거주서비스 역시 NHS하의 전통적 제공방식에서 벗어나 다양한 민간기관이 주도하는 방식으로 빠르게 변화되었다. 일례로 1976년 당시 3,200여 개에 불과했던 지역사회 내의 돌봄 및 주거지원서비스 제공기관은 2001년에 이르러 약 15배에 해당하는 50,477개로 크게 늘어났다. 이들 대부분은 전통적 시설형태를 벗어난 작은 규모의 공동생활가정(group home) 형태로 운영되었다(Emerson, 2004).

정부정책의 목표가 시설보호 중심에서 지역사회 기반의 돌봄서비스 중심으로 변화되면서 비공식적 돌봄인(informal carer)의 역할 또한 중요하게 인식되었다. 1989년 대처정부에 의해 공표된 "돌봄백서"(Caring For People)

는 비공식적 돌봄인에 관한 지원정책의 필요성을 최초로 언급하였다. 이는 비공식적 돌봄인에 관한 사회적 지원을 향후 복지정책의 중심과제로 삼아야 함을 공식적으로 발표한 최초의 정책 백서였다. "비공식적 돌봄인이 가치 있는 기여를 유지하도록 돕는 것은 옳은 일이며 동시에 건전한 투자"라고 하면서 돌봄을 제공받는 사람과 함께 돌봄을 제공하는 사람에게도 정부가 지지와 서비스를 제공할 것임을 공식화하였다.

이를 토대로 1995년에는 〈돌봄인법〉〔Carers (Recognition and Services) Act〕이 제정되었다. 비공식적 돌봄인은 이 법을 통해 사회적 인정을 받는 데서 한걸음 더 나아가 법적 권리를 최초로 부여받았다. 돌봄을 제공하고 지속할 수 있는 능력을 판단하는 돌봄제공자 사정의 개념을 정책적으로 도입하게 되었고 이때부터 장애자녀의 부모 등을 포함한 돌봄인은 국가로부터 급여나 서비스를 제공받을 수 있는 공식 지위를 가졌다(HMSO, 1995).

비공식적 돌봄인에 대한 정책적 관심이 증대하는 가운데 신노동당정부에서는 더욱 적극적이고 다양한 정책을 개발하여 1999년 "돌봄인을 위한 국가전략"(National Strategy for Carer)이라는 정책백서를 발표하였다. 이 백서를 통하여 정부는 비공식적 돌봄인을 지원하기 위한 3가지 전략을 제시하였다. 첫째는 이용 가능한 서비스 자원 등의 정보를 제공하여 돌봄인의 선택권을 증대시킨다는 것이고 둘째는 서비스 제공에 돌봄인의 의견을 적극적으로 반영하도록 한다는 것이며 셋째는 돌봄인의 삶의 질을 높일 수 있도록 사회적 지원을 확대한다는 것이었다.

특히, 장애인가족지원과 관련하여 정부가 제안한 혁신 전략 중의 하나는 '휴식지원서비스'(Short Break)의 확대였다. 중앙정부는 '돌봄인 특별교부금'(Carers Special Grant)을 조성하여 지방정부가 이 교부금을 이용하여 휴식지원서비스를 실질적으로 향상해야 할 의무를 부과하였으며 결과적으로 장애인을 직접 돌보는 가족의 삶의 질을 향상시킨 것으로 평가되었다(PMSU, 2005). 이후 휴식지원서비스는 장애인 및 그 가족에 대한 중심적인 돌봄지원정책으로 발전하였다.

이러한 흐름 속에서 2000년에 제정된 〈돌봄인 및 장애아동법〉(*Carers and Disabled Child Act*)은 1995년의 〈돌봄인법〉보다 장애인을 돌보는 가족의 권리를 한층 더 강화시키는 내용을 담았다. 이 법이 제정되면서 돌봄을 필요로 하는 장애인뿐만 아니라 이들을 직접 돌봐야 하는 가족의 욕구가 하나의 권리로 인정되었고 이에 따라 장애자녀를 돌보는 부모 및 가족에 대한 지원서비스를 지방정부에 요구할 수 있었다. 또한 이 법에 근거하여 성인장애인, 노인에게 한정되어 있던 직접지불제도(Direct Payment)는 장애아동을 돌보는 부모에게까지 확대 적용되었으며, 이로써 지방정부로부터 지급되는 현금을 이용하여 부모 자신이 직접 필요한 서비스를 선택하여 구입하게 되었다(HMSO, 2000).

4) 이용자의 선택과 통제: 서비스 제공방식의 최근 변화

앞서 살펴본 바와 같이 영국의 장애인에 대한 서비스 제공방식은 크게 두 가지 방식으로 이루어졌다. 하나는 NHS 산하의 시설보호에서 두드러지듯이 정부가 장애인에게 직접적으로 서비스를 제공하는 것이고 다른 하나는 정부가 민간기관과 위탁관계를 맺어 이들로 하여금 장애인에게 필요한 서비스를 제공하도록 하는 것이다(Sanderson & Lewis, 2012). 후자는 1990년 NHSCCA에 근거하여 추진된 지역사회 기반 돌봄지원체계 구축에서 두드러진 양상으로, 사회서비스 시장화와 민영화를 통하여 이용자의 선택과 서비스 효율화를 신장하고자 하는 정책적 목적을 표명하였다.

그러나 사회서비스의 시장화·민영화 자체가 장애인의 선택권과 참여를 보장한다는 것은 허구에 불과하다는 장애계의 강한 비판이 1990년대 중반부터 일어나기 시작하였다. 장애인에 대한 서비스 제공이 이용자 욕구에 조응하기보다는 여전히 공급자를 중심으로 이루어지고 있다는 근본적 문제점을 지적하면서 장애인이 현금구매력을 가지고 서비스를 선택하고 통제할 수 있도록 정부에 지속적으로 요구하였다(Pearson, 2006).

이러한 장애인계의 직접지불제도 도입 압력에 직면한 영국정부는 정책적 딜레마에 빠졌다. 이는 당시 보수당정부의 가치였던 소비자주의에 비추어 볼 때, 이 제도를 통하여 이용자의 선택과 참여를 한층 신장할 수 있을 것이라는 기대감과 직접지불제도를 도입한 이후 예산이 폭발적으로 증가할 것이라는 우려감이 동시에 존재했기 때문이다(Glasby & Littlechild, 2009). 하지만 직접지불제도가 오히려 비용을 절감할 수 있는 방안이 될 수 있으며 장애인의 입장에서 볼 때 더욱 질 높은 서비스가 보장될 것이라는 일련의 연구결과에 의해 이러한 우려는 점차 잠식되었다(Zarb & Nadash, 1994). 마침내 직접지불제도는 1996년 〈지역사회보호 직접지불법〉〔*Community Care (Direct Payment) Act*〕 제정에 의해 제도화되었고 2001년 정부에 의해 의무화되었다.

직접지불제도와 더불어 최근 널리 정착된 개인예산제도(Personal Budgets) 또한 장애인의 선택을 보장하고 욕구에 맞추어 서비스를 제공하고자 하는 정책적 노력을 반영한 것이다. 하지만 개인예산제도는 발전과정에서 직접지불제도와 뚜렷한 차이를 보인다. 직접지불제도가 오랜 기간 동안 신체장애인 중심의 자립생활 확보를 위한 운동으로 도입된 제도라면, 개인예산제도는 발달장애인의 사회통합 운동(*inclusion movement*)을 주창했던 전문가 및 서비스 제공자의 연합적 노력에 의해 이루어진 제도이다(Glasby & Littlechild, 2009). 또한 직접지불제도가 간접지불방식으로 이미 지원되던 성인돌봄서비스 영역에 해당하는 비용을 장애인에게 직접 현금으로 지급하는 방식으로 시작했다면, 개인예산제도는 개인의 욕구를 기반으로 두고 필요한 모든 서비스 영역에 대해 현금지급이 이루어지는 것으로 그 범위에서도 차이를 보인다(SCIE, 2012).

또한 개인예산제도는 현금을 지불받는 것에서 더 나아가 서비스의 설계에서부터 집행에 이르는 전 과정에서 이용자의 자기주도성(*self-direction*)이 높으며 받은 현금을 관리하고 집행하는 데 도움을 받기 위해서 중개서비스(*brokerage service*)를 이용할 수 있다는 점이 특징적이다. 개인예산제도는 이용자격을 인증받은 이용자가 자신의 상황과 욕구를 직접 기입하는 자기사정(*self-assessment*)을 토대로 전산시스템의 계산에 의해서 개인예산액이 산출되는 절차로 운영된다. 개인예산액이 결정되면 이 예산액은 세 가지 중 하나로 집행된다(Glendinning, 2012). 먼저, 이용자가 현금을 수령하고 이용자의 결정과 책임하에 개인예산을 집행하는 방식이다. 둘째, 개인예산을 지방정부 사례관리자에게 위탁하여 지방정부와 계약을 체결한 기관으로부터 서비스를 구매하여 이용하는 방식이다. 셋째, 서비스기관에 개인예산을 위탁하고 이 기관으로부터 서비스를 받는 방식이다.

3. 장애 관련 주요 행정 및 전달체계[1]

영국의 장애인과 관련하여 행해지는 사회복지서비스의 전체적 전달체계를 파악하는 일은 쉽지 않다. 왜냐하면 장애인을 대상으로 하는 사회복지서비스는 보건의료서비스, 교육서비스, 보육서비스, 주택과 교통 등의 분야와 서로 밀접하게 연계하여 발전되었기 때문이다. 더구나 1990년대 이후 '서비스의 근대화'라는 정책목표하에 서로 다른 서비스 체제 간의 연계성을 높이고 제공되는 서비스들이 상호보완적으로 작동할 수 있도록 개혁을 추진하여왔기 때문에(Department of Health, 이하 DH, 1998) 장애인을 지원하는 전체적 체계와 전달방식을 묘사하기는 쉽지 않다. 따라서 여기에서는

---

1) 이하는 백은령·김기룡·유영준·이명희·최복천(2010)의 《장애인 가족지원》 중에서 필자가 집필한 일부 내용을 수정·보완한 것임을 밝힌다.

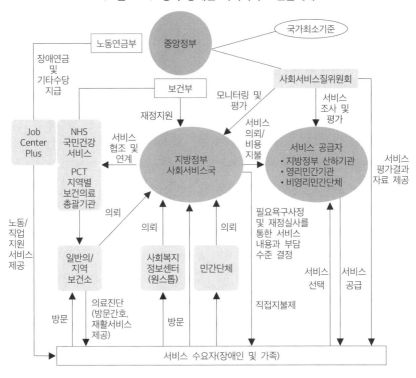

〈그림 16-1〉 영국 장애인 복지서비스 전달체계

장애인 및 그 가족에 대한 주요 사회복지서비스 운영과 제공을 관장하는
보건부와 지방정부 사회서비스국의 역할에 국한하여 다룰 것이다.

〈그림 16-1〉은 영국의 장애인 및 가족과 관련된 주요 사회복지서비스의
전달체계를 단순화하여 묘사한 것이다. 이를 중심으로 그 운영과 제공방식
의 특성을 살펴보기로 하겠다.

1) 장애인 복지서비스 전달체계 특성

영국에서 제공되는 사회복지서비스는 장애인과 비장애인을 위한 서비스
가 통합되어 있다는 점이 특징이다. 즉, 고용, 보건, 사회적 돌봄 등의

모든 영역에서 장애인만을 위한 별도의 서비스 전달체계를 운영하지는 않는다. 또한 장애인에 대한 사회복지서비스 역시 영국의 오랜 전통인 이원화된 전달체계, 즉 중앙정부는 사회보장급여 및 노동 등을 담당하고 지방정부는 대인서비스 및 재가복지서비스 등을 담당한다는 전체적 맥락에서 제공된다.

장애인을 대상으로 제공되는 주요 복지서비스를 관장하는 중앙정부로는 노동연금부(Department of Work and Pensions)와 보건부(Department of Health)가 대표적이다. 노동연금부는 장애생활수당(Disability Living Allowance), 개인자립지불금(Personal Independent Payment) 등과 같은 장애수당과 급여(Benefit)의 대부분을 관장하며 장애인의 직업 및 고용지원을 담당하여 장애인의 사회참여에 막대한 영향을 미친다. 특히, 직업과 관련하여 장애인의 경우에도 제반 서비스는 노동연금부 산하의 보편적 서비스 전달체계인 고용센터플러스(Jobcentre Plus)를 통하여 도움을 받도록 되어 있으며 장애에 관해 추가적이고 보다 전문적인 지원을 받고자 할 경우에는 노동연금부에 의해 지원되는 장애인고용 자문가(*disability employment advisor*) 또는 고용지원 자문가(*access to work advisor*)로부터 도움을 받을 수 있다 (DWP, 2013).

반면, 보건부는 장애인의 의료 및 건강서비스에 대한 일차적 책임을 맡는다. NHS 산하의 1차 의료트러스트(Primary Care Trust: PCT)을 통하여 직접적 의료 및 재활서비스를 제공하는 한편, 장애인의 다양한 건강 욕구를 충족시키기 위해 민간 서비스기관으로부터 서비스를 구매하고 이를 장애인에게 제공하는 역할을 담당하기도 한다. 또한 최근에는 지역별 욕구에 맞추어 지방정부와 긴밀한 협력 아래 다양한 통합적 서비스를 발전시키고 있는데, 일례로 발달장애아동에 대하여 약 69%의 지방정부가 NHS 산하의 기관과 함께 협력적인 건강관리 및 재활프로그램을 제공하는 것으로 보고되었다(DFES, 2007).

2) 중앙정부의 역할

앞서 지적한 바와 같이 영국의 사회복지서비스 전달체계에서 두드러지는 특징은 중앙정부와 지방정부 간 뚜렷한 역할 분담체계라고 할 수 있다. 장애인 및 가족을 대상으로 제공되는 주요 돌봄 및 주거지원서비스 등을 관장하는 것은 보건부(DH)이다. 중앙정부는 서비스의 주요골자, 자격기준, 제공절차, 서비스 이용자의 참여와 권리보장, 서비스의 국가표준(National Service Standards) 등 거시적 가이드라인을 개발하고 이를 지방정부에 지속적으로 제시하는 역할을 담당한다. 반면, 장애인에 대한 사회서비스의 실질적 제공업무는 지방정부의 사회서비스국에서 담당하며 각 지방정부는 중앙정부가 제시하는 가이드라인 안에서 구체적 계획수립 및 서비스 전달을 책임지는 선도기관의 역할을 수행한다.

중앙정부가 행하는 중요한 역할 중의 하나는 장애인서비스 제공기관 및 인력에 대한 감독·규제 기능인데 이는 준독립행정기구인 사회서비스질위원회(Care Quality Commission, 이하 CQC)가 담당한다. 모든 보호시설 및 사회서비스 제공기관은 중앙정부가 제시하는 국가최소기준을 충족하는 조건으로 CQC에 등록해야 한다. CQC는 이들 기관에 대한 정기적인 모니터링을 통하여 서비스 사용자의 접근편의성, 운영내용, 제공되는 서비스의 질 등을 포함하는 다각적인 평가를 내리며 이 결과는 인터넷을 통하여 소비자에게 공개된다.

각 지방정부 사회서비스국도 CQC의 모니터링 대상이며 제공되는 서비스 질에 대한 등급이 부여되고 이는 중앙정부로터 받는 재정적 지원에 영향을 미친다. 또한 CQC는 서비스 사용자의 불만사항을 접수하는 창구로 기능하며 문제점이 발견되었을 시 해당 서비스 제공기관에 문제점을 일정 기간 내 개선하도록 이행권고를 내릴 수 있고 이를 어길 시 서비스 제공기관으로서의 자격을 박탈할 수 있는 권한을 지닌다.

3) 지방정부 차원에서 사회서비스 제공방식

1990년 NHSCCA가 제정된 이후, 사회서비스 제공에 지방정부의 역할과 개입방식은 큰 변화를 가져왔다. 이는 '준시장방식'(*quasi-market*)을 통하여 지방정부가 사회서비스의 제공자 역할로부터 '가능자'(*enabler*) 역할로의 전환이라 할 수 있다(강혜규 외, 2007). 즉, 지방정부는 서비스를 직접 제공하는 기존 방식 대신, '구매자-공급자 분리'(*purchaser-provider split*) 원칙에 따라 돌봄 및 거주서비스 등을 제공하는 민간 공급자로부터 서비스를 구입하고 이를 수요자에게 제공하는 방식을 취하였다. 서비스의 직접적 제공에 민간의 역할이 강화되는 추세 속에서 '의무 경쟁입찰제'(*compulsory competitive tendering*)에 의해 각 서비스는 의무적으로 경쟁입찰에 붙여지며 이를 통하여 지방정부와 민간 서비스 제공자 간 계약이 이루어진다. 이와 같은 준시장방식의 도입은 공공서비스 내에 경쟁의 원리를 도입시킴으로써 서비스의 질을 향상시키고, 수요자가 민간 부분의 서비스와 지방정부의 서비스 간에 고를 수 있는 소비자의 선택을 넓히고자 한 것으로 이해된다.

지방정부가 장애인을 대상으로 사회서비스를 제공하는 방식 역시 이러한 전반적 경향을 반영한다. 수요자의 입장에서 살펴보면 장애인과 그 가족은 다음과 같은 네 가지 경로를 통하여 필요한 사회서비스를 이용할 수 있다. 첫째, 지방정부의 사회서비스국로부터 서비스 욕구사정(*needs assessment*)을 받아 지방정부가 자체적으로 제공하는 사회서비스를 이용할 수 있다. 두 번째 경로로, 필요욕구사정에 근거하여 작성된 서비스 지원계획에 따라 지방정부와 계약관계를 맺은 민간기관을 통하여 관련 서비스를 제공받을 수 있다. 또 다른 방식은 최근에 급격하게 늘어난 직접지불제도나 개인예산제도를 이용하여 지방정부로부터 서비스 이용비용을 현금으로 받아 본인이 직접 해당 서비스를 구매하는 방식이다. 마지막 형태는 지방정부를 통하지 않고 사적으로 민간 서비스기관을 찾아 직접 필요한 서비스를 구매하는 경우를 들 수 있다. 앞의 세 가지 경로 즉, 지방정부를 통하여 해당 서비스를 이용하는 경우에는 사용자의 소득이나 저축 등 자산평가를 통하여 부담 능력에 따라 비용이 부과되지만 마지막 방식인 지방정부를 통하지 않는 경우에는 해당 비용을 본인이 전액 지불한다.

4. 장애인 복지정책

영국에서 장애인을 대상으로 하는 핵심적 사회복지정책은 크게 소득보장 (income maintenance), 고용서비스(employment services), 사회서비스(social services)로 구분할 수 있다. 여기서는 이 복지정책들을 분야별로 상세히 살펴보고자 한다. 단, 사회서비스 영역은 매우 포괄적이어서 최근 강조되고 있는 돌봄 및 가족지원정책을 중심으로 논의하고자 한다. 복지정책 내용을 살펴보기에 앞서 영국에서 규정하는 장애의 개념과 그 인구 현황을 간단히 제시함으로써 독자의 이해를 돕고자 한다.

1) 장애 개념 및 인구 현황

영국에서 일반적으로 장애를 정의하는 법령은 〈장애인 차별금지법〉(Disability Discrimination Act 1992)이었다. 〈장애인 차별금지법〉에서의 장애란 "정상적 일상생활을 위한 개인의 능력에 지속적이고 장기적으로 불리한 영향을 주는 신체적 또는 정신적 손상"으로 정의된다. 이 법은 2010년 〈평등법〉(Equality Act 2010)으로 개정되었고, 이 법에 따르면 장애란 "신체적 또는 정신적 손상을 지니며 그 손상이 일상활동을 수행하는 데 상당한 (substantial) 그리고 장기간 동안 부정적 영향을 미치는 것"을 의미한다. 여기서 '상당한'이란 옷 입기, 세수하기 등과 같은 일상활동을 수행하는 데

<h3 style="text-align:center">〈표 16-1〉 장애인구 현황</h3>

(단위: 백만 명)

연도	근로연령	연금연령	아동	모든 연령대
2002/03	5.0	4.7	0.7	10.4
2003/04	4.9	4.6	0.7	10.1
2004/05	4.8	4.6	0.7	10.1
2005/06	5.2	4.9	0.7	10.8
2006/07	4.9	4.9	0.7	10.4
2007/08	4.8	5.0	0.8	10.6
2008/09	5.0	5.1	0.7	10.9
2009/10	5.1	5.1	0.8	11.0
2010/11	5.3	5.2	0.8	11.2
2011/12	5.7	5.1	0.8	11.6

주: 1) 영국의 회계연도는 매년 4월부터 다음해 3월까지임.
    2) 근로연령은 남자의 경우 16~64세, 여자의 경우 16~59세.
    3) 연금연령은 남자의 경우 65세 이상, 여자의 경우 60세 이상.

전형적으로 소요되는 시간보다 훨씬 더 많은 시간이 필요함을 의미한다. 또한 '장기간'이란 손상으로 인한 영향이 12개월 이상 지속됨을 의미한다. 이러한 정의에 따라 시각장애, 청각장애, 발달장애, 지적장애, 정신질환 (예: 조현병, 우울증), 지속적으로 재발하는 질병(예: 류머티즘 관절염, 간질), 진행성 근이영양증, 천식과 같은 호흡기 질환 등이 장애의 범주에 포함된다. 또한 HIV 감염, 암, 다발성경화 같은 질환 역시 장애로 간주된다 (Disability Rights UK, 2017).

하지만 영국의 경우 장애인에 대한 사회복지제도는 각 제도마다 개별 자격기준을 설정하여 장애인이라 하더라도 각 제도의 혜택을 받기 위해서는 그 제도의 자격기준을 충족해야 한다. 개별 제도 중 어느 한 가지에 자격이 있다고 해서 다른 제도의 자격이 생기는 것은 아니다.

영국의 장애인구 현황과 관련하여 가장 최근에 집계된 공식적 자료는 2014년 장애청(Office for Disability Issues)이 발표한 것으로 이는 전국가족자원조사(family resources survey)를 통해 수집된 자료를 바탕으로 한다.

<표 16-2> 유형별 장애 분포

(단위: 백만 명)

	2007/08	2008/09	2009/10	2010/11	2011/12
이동의 어려움	6.3	6.4	6.3	6.4	6.5
운반의 어려움	6.0	6.1	6.0	6.1	6.3
손사용의 어려움	2.6	2.7	2.6	2.7	2.8
배변, 배뇨자제의 어려움	1.5	1.5	1.5	1.7	1.8
의사소통의 어려움	2.0	2.0	2.1	2.0	2.2
기억 · 집중 · 학습의 어려움	2.0	2.2	2.2	2.3	2.5
위험 인지의 어려움	0.7	0.7	0.7	0.8	0.8
신체적 협응의 어려움	2.4	2.4	2.4	2.6	2.7
기타	3.4	3.5	3.8	3.9	4.1
최소한 한 가지 손상이 있는 경우	10.6	10.9	11.0	11.2	11.6

2011/12년을 기준으로 전체 장애인은 총 1,160만 명으로 추산되었으며, 그중 아동은 80만 명, 성인은 1,080만 명으로 나타났다. 이는 2002/03년의 장애인구 수 1,040만 명과 비교하였을 때 120만 명이 증가한 것이며 구체적으로 아동은 10만 명, 성인은 110만 명 증가한 것으로 나타났다.

영국의 경우 장애 유형을 의료적 명명을 따라 분류하기보다는 신체 · 인지적 손상에 따른 일상생활의 주요 어려움으로 나누어 분류하는 경향이 있다. 유형별로 살펴보면 전체 장애인 중 이동에 어려움이 있는 경우는 650만 명, 운반에 어려움이 있는 사람이 630만 명으로 대다수를 차지하였으며 다음으로 손을 사용하는 데 어려움이 있는 사람(280만 명), 신체적 협응의 어려움이 있는 사람(270만 명) 등의 순으로 나타났다.

2) 소득보장[2]

장애인 및 그 가족에 대한 지원정책의 가장 필수적 요소는 소득보장이라고 할 수 있을 것이다. 소득보장은 장애인의 자립생활뿐 아니라 그 가족의 기본적 생활유지를 가능하게 하는 핵심 요소이기 때문이다. 장애인에 대하여 특화된 영국의 소득보장제도로는 크게 장애생활수당(Disability Living Allowance), 개인자립지불금(Personal Independence Payment: PIP), 고용 및 지원수당(Employment and Support Allowance: ESA), 간호수당(Attendance Allowance) 등이 있는데 이에 관하여 자세히 살펴보면 다음과 같다.

(1) 장애생활수당

장애생활수당은 장애로 발생하는 추가비용을 보존하기 위해 1992년 도입된 대표적 소득보장제도이다. 장애생활수당은 도입 당시 65세 미만의 성인장애인뿐만 아니라 장애아동 모두에게 적용되었다. 이는 장애인의 자산소득이나 직업의 유무에 상관없이 지급되는 비기여 소득보장제도였다. 그러나 장애인의 자립생활이 강조되는 분위기 속에서 성인장애인에 대해서는 2013년 4월부터 개인자립지불금이 새롭게 마련되면서 현재는 16세 미만의 장애아동에게만 장애생활수당이 제공된다.

　장애생활수당 수급자격은 장애검사(*disability test*)를 통하며 최소 1개의 항목에서 어려움이 있다고 입증되는 장애아동이면 그 대상자가 된다. 이때 장애검사는 돌봄과 이동에 관련된 것으로 돌봄과 관해서는 타인의 보호나 감독 필요 여부가 그리고 이동과 관련해서는 혼자서 걷거나 이동하는 데 어려움의 여부가 주된 판단근거가 된다. 단, 검사항목에 해당되는 돌봄 필

---

2) 소득보장 자료는 영국정부 홈페이지(http://www.gov.uk) 내용을 참고하여 정리하였다 (2016년 5월 인출).

〈표 16-3〉 장애생활수당 구성요소와 지급액

구분	지급기준	지급액(주당, 파운드)
돌봄요소	최저비율	21.8
	중간비율	55.1
	최고비율	82.3
이동요소	최저비율	21.8
	최고비율	57.45

요나 이동 어려움이 최소한 3개월 이상 계속되어야 한다(Disability Rights UK, 2017).

장애생활수당의 급여는 두 가지 형태로 나누어 지급된다. 첫 번째는 '돌봄요소'(care component)를 고려하는 방식이다. 신변처리, 식사 등 일상활동을 하는 데 도움이 필요하거나 자신 및 타인의 안전을 위해 상당한 관리가 필요한 장애아동에게 제공된다. 급여액은 장애아동에게 필요한 돌봄의 정도에 따라 최저율, 중간율, 최고율로 나뉘며, 주당 21.8파운드에서 82.3파운드까지 제공된다. 만약 장애아동이 거주시설에서 생활한다면 가정에 실질적으로 머무르는 기간 동안만을 상정하여 지급된다. 예를 들어, 장애아동이 금요일에 집에 와서 일요일까지 머무른 후 거주시설로 돌아간다면 가정에서 돌보는 3일 동안에 해당되는 급여를 제공받는다.

두 번째는 '이동요소'(mobility component)를 고려하는 방식으로 신체장애로 인하여 걸을 수 없거나 걸으려는 시도에 의해 생명이나 건강 악화를 초래하는 경우, 시각 또는 청각장애로 인해 외출 시 도움이 필요한 장애아동에게 제공된다. 급여액은 이동의 어려움 정도에 따라 최저율, 최고율로 나뉘며 주당 21.8파운드에서 57.45파운드까지 제공된다.

(2) 개인자립지불금

개인자립지불금은 이전에 16~64세 성인장애인을 대상으로 제공되었던 장애생활수당을 대체한 것으로, 특히 성인장애인이 자립생활을 하는 데 장애

<표 16-4> 개인자립지불금 구성요소와 지급액

구분	지급기준	지급액(주당, 파운드)
일상생활요소	표준	55.1
	심각	82.3
이동요소	표준	21.8
	심각	57.45

로 인하여 발생하는 추가비용을 상쇄하기 위한 목적으로 제공된다. 개인자립지불금은 장애인의 소득이나 기타 자산에 상관없이 지급된다는 점에서 보편성을 띄지만 급여대상자가 되기 위해서는 PIP평가를 통하여 일정 수준 이상의 지원이 필요하다고 인정되어야 한다. PIP평가는 일상생활활동 10가지(음식준비, 건강관리, 옷 갈아입기, 돈 관리 등), 이동활동 2가지(여행계획 및 실행, 주변 이동 등)를 포함하여 총 12가지 활동영역에서의 어려움과 지원 정도를 평가한다. 또한 평가 항목에 해당하는 지원 필요나 어려움이 평가 시점에 최소 3개월 이상 지속되었다는 것과 평가 이후에도 9개월 이상 지속될 것이라는 점이 인정되어야 한다.

　PIP 수급자격을 충족시킨 장애인에게는 일상생활요소(*daily activity component*)와 이동요소(*mobility component*)에 해당하는 급여가 따로 지급된다. 먼저 일상활동요소를 고려한 급여는 일상생활에서 도움이 필요한 정도에 따라 표준율(*standard rate*)과 심각률(*enhanced rate*)로 나뉘며 각각 주당 55.1파운드, 82.30파운드가 제공된다. 이동요소급여 또한 이동의 어려움 정도에 따라 표준율과 심각률로 나뉘며 각각 주당 21.8파운드, 57.45파운드가 제공된다.

(3) 고용 및 지원수당

고용 및 지원수당은 장애인에게 지급되던 장애급여(Incapacity Benefit)를 대체한 소득보장급여로 장애로 인해 근로능력이 제한된 성인장애인에게 제공된다. 고용 및 지원수당을 받기 위해서는 신청 후 13주 동안에 진행되는 근로능력사정(Work Capability Assessment)을 거쳐야 하며, 13주가 지난 후에 수급을 할 수 있다. 다만 근로능력사정을 받는 기간 중이라도 25세 미만일 경우 주당 최대 57.90파운드, 25세 이상일 경우에는 73.10파운드에 해당하는 지원을 일시적으로 받는다.

고용 및 지원수당과 관련하여 장애인이 밟는 평가 및 절차를 좀더 구체적으로 살펴보면 다음과 같다. 첫 번째 단계는 장애인의 현재 근로능력이 어떤지 그리고 향후 유급노동으로 갈 수 있는지를 살펴보는 것으로 보통 근로능력질문지(Capability for Work Questionnaire)를 통하여 이루어지며 필요한 경우 면담이 시행된다.

두 번째 단계에서는 근로능력 제한 평가(Limited Capability for Work Assessment)를 시행하는데 이 평가를 통해 근로능력 제한 여부와 고용 및 지원수당 수급자격 여부를 결정한다. 신체장애와 관련된 문항에서 15점 이상 혹은 정신 및 인지능력과 관련된 문항에서 15점 이상을 받은 장애인은 제한된 근로능력을 가졌다고 판단되며 일반적으로 진행성 질병이나 전염병에 걸린 사람, 암환자의 경우에도 제한된 근로능력을 가지고 있다고 평가된다. 만약 장애인 중 평가 결과 근로능력에 제한이 없는 것으로 분류될 경우에는 구직수당(Jobseeker's Allowance)을 신청할 자격이 부여된다.

세 번째 단계는 근로능력 제한으로 판정된 장애인은 근로활동 능력평가(Work-Related Activity Assessment)를 통하여 근로활동 그룹(Work-Related Activity group)과 지원그룹(Support Group)으로 재차 분류되고 최종적으로 고용 및 지원수당의 급여액이 결정된다. 후자는 어떤 근로활동도 수행하지 못할 것으로 예상되어 소득대체적 지원만을 전적으로 받을 필요가 있다고 인정되는 중증장애인 집단이라고 할 수 있다. 반면에 근로활동 그룹은 직업과 관련된 활동을 수행할 수 있고 가능하면 유급고용으로 진입할 것으로 기대되는 집단이다. 해당 장애인은 직무코치(Job Coach)와 함께 근로집중인터뷰(Work Focused Interviews)에 참여하며 구직에 필요한 지원 요소를 찾아내는 등 직업 관련 활동에 참여하여야 한다.

이러한 절차를 통하여 장애인이 받는 고용 및 지원수당은 다른 비장애인과 마찬가지로 기여형 고용 및 지원수당(Contributory ESA)을 받거나 자산소득조사를 통하여 차등적으로 지급되는 소득연계 고용 및 지원수당(Income-Related ESA)을 받는다. 하지만 후자의 경우 장애인은 단순한 자산소득뿐 아니라 장애 정도를 고려하여 다른 집단에 비하여 주당 15.75파운드(심각한 경우) 또는 61.85파운드(매우 심각한 경우)를 더 수령할 수 있다.

(4) 간호수당

간호수당은 65세 이상인 장애인에게 제공되며 일상생활 보조나 간호, 보호가 필요한 경우에 지급된다. 간호수당은 장애평가의 4개 항목 중 1개 이상의 항목에서 최소한 6개월 이상의 어려움이 지속된다고 입증될 경우에 받을 수 있다. 지급액은 지원 강도에 따라 최저율과 최고율로 나뉘며 각각 주당 55.10파운드와 82.30파운드가 제공된다.

〈표 16-5〉 간호수당의 지급조건 및 지급액

구분	지급조건	주당 지급액(파운드)
최저율	낮에만 혹은 밤에만 도움이 필요	55.10
최고율	낮과 밤 동안 도움이 필요	82.30

3) 고용 및 직업재활서비스

영국에서 성인장애인을 대상으로 한 고용서비스는 크게 '워크 초이스'(Work Choice), '액세스 투 워크'(Access to Work), '램플로이'(Remploy) 그리고 기타 고용 관련 서비스로 나뉘어 시행되며 중앙정부의 노동연금부가 이를 주관한다. 고용서비스에 대하여 각각 살펴보면 다음과 같다.

(1) 램플로이

1944년에 제정된 〈장애인고용법〉(*Disabled Persons Employment Act*)에 근거하여 이듬해인 1945년 전액 정부 출연으로 설립된 램플로이는 영국의 대표적 장애인 고용기업으로 성장했다. 램플로이는 설립 초기부터 장애인 고용 제조공장을 늘려가면서 영국 내 중증장애인의 고용과 훈련의 기회를 제공하는 가장 핵심적 기업으로 자리매김했으며 1990년대 말에는 영국 전역에 걸쳐 81개의 제조공장을 통해 한 해 1만 명이 넘는 장애인을 고용하기도 하였다.

하지만 1980년대 말, 장애에 대한 사회적 인식과 태도가 변화하면서 장애인의 분리·보호고용공장의 효과에 대한 의문이 제기되기 시작하였다. 그리하여 램플로이는 1988년부터 공장운영을 통한 직접고용에 주력하던 방식에서 벗어나 장애인에 대한 취업교육, 일반 기업체로의 알선 및 연계, 사후관리를 통한 장애인의 고용을 지원하는 고용서비스 기업으로 전환하기 시작하였다(김승환 외, 2015).

특히, 2011년 6월에 발표된 세이스(Liz Sayce)의 정책보고서는 램플로이의 최근 변화에 큰 영향을 미쳤다. 이 보고서의 권고에 따라 영국정부는 장애인의 분리된 보호고용 유지에 대한 재정적 지원을 삭감하고 그 대신에 장애인의 일반고용과 취업에 대한 지원을 강화한다는 입장을 공고히 하였다. 이에 따라 램플로이는 2013년까지 직영공장을 모두 폐쇄되거나 매각하였으며, 오로지 장애인의 일자리 소개와 다양한 고용지원서비스를 제공하는 것에 주력하고 있다. 2015년 4월부터는 정부산하의 공기업으로 운영되던 기존 방식에서 완전히 벗어나 민간기업 형태로 운영되며 영국 전역에 64개의 지사를 두고 약 2,500여 개의 사업체와 협력하여 장애인에게 일자리를 연계, 제공하고 있다(http://www.remploy.co.uk).

(2) 워크 초이스

워크 초이스 프로그램은 기존에 장애인을 대상으로 분절적으로 행해지던 근로준비프로그램(Work Preparation), 취업단계프로그램(Workstep), 직업소개제도(Job Introduction Scheme)를 새롭게 통합한 것으로 2010년 10월부터 시행되었다. 이 프로그램은 고용센터플러스(Jobcentre Plus)의 일반 고용프로그램을 통해 취업이 어려운 중증장애인에게 제공되며 장애인이 직장을 구하는 전 과정에서 필요한 서비스를 일관되게 그리고 장애인의 특성에 맞추어 개별화된 방식으로 제공하는 것이 목적이다. 지원 자격은 〈평등법〉에서 정의하는 장애를 지닌 근로연령의 장애인으로 구직과정이나 근무하는 동안 지원이 필요해야 하며 워크 초이스 프로그램을 통해 취업이 된 후 일주일에 최소한 16시간 이상 근무할 수 있어야 한다.

이 프로그램을 통하여 받을 수 있는 지원의 유형은 크게 구직 지원(Work Entry Support), 직업유지 지원(In-Work Support), 장기 직업유지 지원(Long-term In-Work Support) 세 가지로 나뉘며 각 유형별 지원내용을 정리하여 제시하면 〈표 16-6〉과 같다.

〈표 16-6〉 워크 초이스 프로그램 지원내용

지원유형	지원내용	지원기간
구직 지원	구직을 위한 직업기술 및 개인 기술 상담	6개월까지
직업유지 지원	직업을 시작하고 유지하기 위한 지원	2년까지
장기간 직업유지 지원	도움 없이 직장생활에 성공할 수 있도록 지원	장기간

(3) 액세스 투 워크

액세스 투 워크 프로그램은 장애인이 직업을 구하거나 자영업을 포함하여 직업을 유지하는 데 필요한 다양한 인적, 물적 지원을 제공하는 것이 목적이며 공공 고용서비스기관인 고용센터플러스를 통해 제공된다. 이 프로그램으로 받을 수 있는 지원은 매우 다양한 양태를 띤다. 직업을 수행하는 데 필요한 특수장비의 구입 및 개조, 대중교통 이용에 어려움이 있을 경우 지불되는 교통비, 직무코치와 같은 근로지원인 배치, 직장 내 장애인식교육, 구직면접 시 의사소통 보조 등에 소요되는 제반 비용 등을 지원한다. 이 프로그램을 통하여 장애인이 받을 수 있는 지원은 장애인의 개별 상황을 고려하여 지급되며 최고 한도액은 2016년 4월 기준 41.4파운드이다. 다만 해당 장애인이 고용 및 지원수당, 장애급여 등의 소득보장급여를 받을 경우에는 지원이 제한될 수 있다.

(4) 기타 고용지원 프로그램

이외에도 영국정부는 장애인의 취업을 지원하기 위해 인턴지원제도, 견습제, 직업아카데미 등 더욱 특성화된 교육 및 훈련 프로그램을 제공한다. 먼저 인턴지원제도(Supported Internship)는 발달장애인을 대상으로 특화된 직업교육 프로그램으로, 교육내용은 개별적인 특성과 직업환경을 반영하여 구성되며 궁극적 목적은 발달장애인이 고용을 지속적으로 유지하는데 필요한 제반 역량 및 사회적 기술을 함양하는 데 있다.

한편 16~24세에 해당하는 장애인에게 제공되는 견습제(Traineeship)는 청년기 장애인이 실제로 근로 현장을 경험하고 관련된 직업 기술을 배울 수 있는 기회를 제공하는 프로그램으로 최대 6개월 동안 이용할 수 있다. 프로그램은 참여 장애인의 개인별 특성과 욕구에 맞추어 제공되는데 직업 체험, 직업준비훈련, 수리 및 언어능력 향상 등 다양한 내용을 포함한다.

이와 더불어 직업아카데미(Sector-Based Work Academy) 프로그램은 더욱 실제적인 직업 선택에 맞추어 제공된다. 취업면접, 직업배치 전 사전 경험과 훈련 등의 내용을 포함한다.

4) 가족지원[3]

소득보장 및 고용지원 외에 장애인의 일상에 중요한 영향을 미치는 정책은 가족지원제도라고 할 수 있다. 장애인가정은 다른 가정보다 더 많은 경제적, 돌봄 부담을 경험한다는 점에서 이들에 대한 지원을 특별히 강구할 필요가 있다. 또한 장애인과 함께하는 가족이 장애인의 일상적 활동과 사회참여를 일차적으로 지원하므로 가족지원은 장애인에 대한 지원과 떼어 놓고 생각할 수 없다.

영국의 경우 장애인을 상시적으로 돌보는 가족이 겪는 신체적, 정신적 부담을 경감하기 위해 다양한 형태의 지원서비스를 제공하는데, 이에는 재가서비스, 주간보호서비스, 보조기구 및 설비지원, 주택개조서비스 등이 포함된다(PMSU, 2005). 좀더 살펴보면 재가서비스(Help at Home)는 가정에 정기적으로 방문하여 장애인의 목욕, 식사, 신변처리 등을 도와주는 대인서비스(Personal Services)와 장애인가족의 식사 준비 또는 장 봐주기, 집안 청소 등을 대신하여 주는 일상생활 지원서비스로 나누어 수행된다. 한편, 보조기구 및 설비지원(Aids and Equipment)은 핸드레일, 호이스트 등 일상생활을 쉽게 할 수 있도록 도움을 주는 보조기구나 편의기구를 지원하는 것이다. 주택개조(Adapting Home) 역시 이동이 불편한 장애인에게 맞게 주택을 개조하는 서비스이다.

편의기구 제공이나 주택개조서비스는 장애인 대상 서비스지만 이는 장애인을 돌보는 가족의 돌봄 부담을 경감하는 효과를 갖는다. 일반적으로 보조기구, 편의기구 제공, 주택개조서비스 등은 지방정부가 조성한 금액으로 제공되나 그 지원규모는 지역마다 차이가 있다.

---

3) 이하는 백은령·김기룡·유영준·이명희·최복천(2010)의 《장애인 가족지원》 중에서 필자가 집필한 일부내용을 수정·보완한 것임을 밝힌다.

휴식지원서비스(Short Break)는 영국의 장애인가족을 위한 핵심 공적 지원방안 중 하나이다. 휴식지원서비스는 가정을 포함하여 여러 장소에서 제공되며 제공방식도 매우 다양하다. 먼저 가정 내에서 행해지는 휴식지원서비스(In-Home Respite)로는 주 양육자가 쉴 수 있도록 도와주는 보호감독서비스(Day and Night Sitting Services)와 세심한 보호를 필요로 하는 경우 지역 담당 보건요원이나 간호사가 내방하여 제공하는 단기보호서비스가 있다.

가정 밖에서 지원되는 서비스는 지역의 센터나 교육기관 등에서 수행되는 다양한 주간활동프로그램(Day Programs)이 대표적이고 장애인의 여가 및 사회활동을 위해 제공되는 주말휴가프로그램(Weekend Respite Schemes)과 방학프로그램(Summer School Programs) 등이 있다. 또한 요양시설(Nursing Home)과 병원 그리고 특별단기보호시설에서 제공되는 휴식지원서비스가 있는데 이는 주로 의료처치나 상시적 간호를 받아야 하는 장애인가정이 주대상자이다. 그 외에도 장애인을 돌봐주는 직원이 상주하는 특별캠프장 등에서 가족 전원이 함께 휴가를 보낼 수 있는 프로그램이 제공되기도 한다.

영국의 경우 휴식지원서비스는 위에서 열거한 바와 같이 가족의 돌봄을 덜어 줄 수 있는 다양한 서비스를 모두 포괄하는 폭넓은 개념으로 사용된다. 이러한 휴식지원서비스는 지방정부가 직접 운영하는 시설뿐 아니라 비영리단체, 옹호단체, 장애인부모단체 등도 다양하게 제공한다. 최근에는 지방정부가 이런 민간기관을 재정적으로 지원하거나 협조체제를 강화함으로써 장애인가정에게 제공되는 휴식지원서비스의 양적 확대와 질적 향상에 초점을 맞추고 있다(DFES, 2007).

이처럼 영국의 장애인가정 지원정책은 돌봄 친화적 환경을 조성하여 건강한 가족기능을 지속할 수 있도록 돕는 한편, 장애인가정 구성원이 동등한 사회참여 기회를 가질 수 있도록 하는 것을 목표로 한다. 이러한 흐름은 장애아동 가족지원과 관련하여 마련된 여러 법적, 제도적 조치에서도 분명하게 드러난다. 하나의 예로 최근 개정된 〈고용법〉에서는 18세 미만 장애아동을 돌보고 있는 근로부모에게 유연한 노동시간을 요구할 수 있는 법적 권리를 부여하여 출퇴근 시간 조정 및 연간근무시간제, 재택근무와 같은 탄력근무제를 시행하도록 하고 있다.

또한 2005년부터 시행된 〈돌봄인 평등기회법〉(Carers Equal Opportunities Act)은 장애아동의 부모, 특히 오랫동안 주돌봄인의 역할을 해왔던 여성의 권리를 확대하는 조치를 담았다. 이 법에 따라 지방정부는 장애아동 가족의 욕구를 사정하는 과정에서 부모가 일하기를 원하는지, 공부하기를 원하는지, 아니면 기타 사회활동을 원하는지를 고려해야 하고 이에 대한 적절한 지원서비스를 제공해야 할 의무를 갖는다.

5. 맺음말

이 장에서는 영국 장애인 복지의 주요 변화과정을 역사적으로 살펴보는 한편 장애인을 대상으로 전개된 복지정책을 소득보장, 고용서비스, 사회서비스 영역에 집중하여 소개하고자 하였다. 다음으로는 앞서 살펴본 영국 장애인 복지정책 중 최근 들어 두드러지는 양상과 이에 대한 함의를 중심으로 간단히 논의하고자 한다.

먼저, 영국은 '근로연계복지 강화'라는 전반적 흐름 속에서 성인장애인에 대하여 고용정책과 소득보장정책의 적극적 연계를 꾀하는 방향으로 진행되고 있다. 다시 말해, 성인장애인 대상으로 제공했던 기존의 장애 관련 급여를 근로능력사정 절차를 통하여 점차 고용 및 지원수당으로 통합하려는 움직임이 나타났다. 이는 이전에 비교적 관대한 조치로서 행해졌던 장애 관련 급여에 더욱 엄격한 평가절차를 마련한다는 것을 의미하며 잔존

근로능력이 있는 장애인이 더욱 적극적으로 노동시장에 참여하도록 의무를 강화하는 측면이 있다.

비록 장애인의 노동시장 참여를 지원하기 위한 다양한 고용지원 프로그램을 더욱 확대하려는 노력을 동시에 보여주고 있지만 장애인을 대상으로 행해지는 근로능력사정이 적절하게 이루어지는가에 대해서는 영국 내에서도 많은 의문이 제기되고 있다. 많은 장애인이 기존 급여에서 탈락한 채 생계를 위협받고 있다는 비판이 정부 내의 보고서에도 지적되는 등 현재까지 많은 논란이 지속되어 이에 대한 평가는 향후 추이를 살펴보는 것이 필요하다(Oakley, 2016).

둘째, 비장애인보다 경제적으로 취약한 상태에 놓이기 쉬운 장애인가구에 대한 영국의 소득보장정책은 크게 장애로 인하여 경제활동을 수행하기 어려운 이에게 주어졌던 소득대체적 성격의 장애급여와 장애로 발생할 수 있는 추가비용을 보존하려는 성격의 장애수당, 두 축으로 이루어져왔다. 소득대체적 성격의 장애급여는 앞서 논의한 바와 같이 장애인의 근로능력에 대한 심사가 더욱 엄격하게 강화됨에 따라 그 수혜자가 이전보다 축소되는 양상을 보이는 반면, 장애수당은 도입 이후부터 정책적으로 지속성을 보이고 있다. 장애수당은 장애를 가졌다는 사실만으로 주어지는 데모그란트(demogrant) 원칙, 즉 자산소득과는 무관하게 장애로 인하여 발생하는 추가적 비용을 상쇄하기 위한 보편적 수당으로 제공된다. 또한 장애수당의 지급 비율이 일부 조정된 측면이 있지만 그 지원액의 규모에서 알 수 있듯이 장애로 인하여 추가적으로 지출되는 비용을 실질적으로 보존할 수 있을 정도로 행해지고 있다는 점은 현재 저소득계층에게만 한정적으로 주어지는 국내의 장애수당제도에 시사하는 바가 크다.

셋째, 영국의 장애인서비스 정책에서 크게 신장되어 온 부분은 가족지원이라고 할 수 있다. 2000년 이후 장애인가정에 대한 전반적 지원을 강화하기 위하여 〈돌봄인 및 장애아동법〉 등 일련의 법 제정을 통하여 장애인을 상시적으로 돌보는 가족의 권리를 보장하여왔으며 가족에 대한 돌봄지원을 강화하기 위한 휴식지원서비스를 계속해서 확대하였다. 특히, 가족 휴식지원서비스는 앞서 살펴본 바와 같이 장애인과 그 가족의 다양한 특성을 고려하여 매우 유연한 방식으로 제공되며 최근에는 양적 확대와 질을 향상시키기 위해 장애인부모단체, 장애인옹호단체 등의 비영리기관에 재정적 지원이나 협조체제를 강화하고 있다.

마지막으로 영국의 장애인 복지서비스 변화 중 두드러지는 점은 서비스 제공방식에서 이용자의 선택과 통제가 한층 강화되는 방식으로 변화하고 있다는 점이다. 앞서 살펴본 바와 같이 영국의 장애인에 대한 서비스 제공은 전통적으로 크게 두 가지 방식, 정부가 장애인에게 직접적인 서비스를 제공하거나 민간기관과 위탁관계를 맺어 이들에게 필요한 서비스를 제공하는 방식이었다. 하지만 이러한 공급자 중심의 서비스 제공은 장애인 당사자의 욕구파악과 필요한 서비스를 설계하는 데 근본적 한계가 있다는 점이 점차 정책적으로 수용되면서 직접지불제도, 개인예산제도 등을 통하여 장애인이 자신이 필요로 하는 서비스를 직접적으로 선택하거나 구매할 수 있는 권한이 점차 확대되는 추세이다. 또한 개인예산제도 등을 시행하면서 서비스 이용 제약의 범위를 상당 부분 없애고 있는데 불법이 아닌 이상 거의 모든 서비스 구매에 개인예산을 사용할 수 있게 하여 장애인의 다양한 개별적 욕구에 최대한 조응하도록 하고 있다. 일단 서비스의 자격 여부가 결정되면 구체적 서비스 구성과 이용방법은 그 권한을 이용자에게 넘김으로써 장애인 당사자에 의한 자기주도성을 구현하고자 하는 영국의 정책적 변화는 장애인에 대한 맞춤형 서비스 체계를 고민하는 우리에게 주는 함의가 크다.

■ 참고문헌

국내 문헌

강혜규 · 김형용 · 박세경 · 최현수 · 김은지 · 최은영 · 황덕순 · 김보영 · 박수지 (2007).
〈사회서비스 공급의 역할분담 모형개발과 정책과제: 국가 · 시장 · 비영리민간
의 재정분담 및 공급참여 방식〉(연구보고서 2007-12). 한국보건사회연구원.
김승환 · 곽선화 · 박혜전 · 이창희 · 서원선 · 이수용 · 김혜미 (2015). 《장애인 고용 사
회적기업 사례 연구》. 한국장애인개발원.
백은령 · 김기룡 · 유영준 · 이명희 · 최복천 (2010). 《장애인 가족지원》. 경기: 양서원.

해외 문헌

Emerson, E. (2004). Deinstitutionalization in England. *Journal of Intellectual and Developmental Disability*, *29*, 79~84.

Glasby, J., & Littlechild, R. (2009). *Direct Payments and Personal Budgets*: *Putting Personalisation into Practice*. Bristol: Policy Press.

Glendinning, C. (2012). Home care in England: Markets in the context of under-funding. *Health and Social Care*, *20* (3), 292~299.

Harris, J., & Roulstone, A. (2011). *Disability, Policy and Professional Practice*. London: Sage.

Power, A., Lord, J. E., & Defranco, A. S. (2013). *Active Citizenship and Disability*: *Implementing the Personalisation of Support*. New York: Cambridge University Press.

Roulstone, A., & Prideaux, S. (2012). *Understanding Disability policy*. Bristol: Policy Press.

Sanderson, H., & Lewis, J. (2012). *A Practical Guide to Delivering Personalisation*: *Person-Centered Practice in Health and Social Care*. London: Jessica Kingsley Publishers.

Zarb, G., & Nadash, P. (1994). *Cashing in on Independence*: *Comparing the Costs and Benefits of Cash and Services*. London: BCODP.

기타 자료

DWP(2013). Fulling potential: Building a deeper understanding of disability in the UK today. Department of Work and Pensions.

DFES(2007). Aiming high for disabled children: Better support for families. London: HM Treasury.

Department of Health(1998). Modernizing social services: Promoting independence, improving protections and raising standards. London: The Stationery Office.

HMSO(1995). The carers (recognition and services) act. London: The Stationery Office.

_____(2000). The carers and disabled children act. London: The Stationery Office.

Oakley, M. (2016). Closing the gap: Creating a framework for tackling the disability employment gap in the UK. London: The Social Market Foundation.

Pearson, C. (2006). Direct payments and personalisation of care. Dunedin Academic Press.

Prime Minister's Strategy Unit(2005). Improving the life chances of disabled people. London: HMSO.

SCIE(2012). Personalisation: A rough guide. London: Social Care Institute for Excellence.

아동 및 보육서비스

1. 머리말

영국의 보육서비스는 1990년대부터 정부의 집중적인 관심을 받았는데 이전에는 아동양육을 사회적 책임보다는 가족의 책임으로 보는 관점이 더 우세했다. 영국정부는 1998년 신노동당정부의 '국가 아동보육 전략'(National Childcare Strategy)을 시작으로 하여 보육정책과 서비스에 대한 투자를 공고히 하였다. 이 전략은 두 가지 목적을 동시에 가졌는데 여성의 노동시장 참여율을 높이는 것과 취약계층아동의 교육의 질을 높이는 것이었다(Lewis, 2009). 그 이후 영국의 보육정책은 근로유인정책과 아동의 보육을 함께 연관 지어서 보는 관점이 지속되었다.

　신노동당정부는 보육정책의 발전이 기혼여성의 노동시장 참여율을 높일 것이라 기대하였고 이로 인해 아동빈곤이 감소할 것이라고 주장했다. 또한 아동교육의 질 개선은 미래 영국사회의 구성원이 될 아동에 대한 사회적 투자라는 시각을 가지고 정책을 발전시켰다(Lewis, 2011). 그러나 근로유인정책에 기반을 둔 보육정책은 아동복지와 교육에 아동이 중심이 되어야 한다는 점을 간과할 수 있으므로 아동 중심적 관점에 대한 연구도 꾸준히 병행되어야 한다. 또한 3세 미만의 아동을 위한 질 좋은 서비스를 제공하는 보육기관이 부족하며 부모가 감당하기에 보육비용이 많이 든다는 점을 감안할 때(Lewis, 2008) 영국의 보육정책과 서비스가 여성의 노동참여를 확대시키는 데 어느 정도 도움이 될 것인가에 대해서는 의문이 제기된다.

더욱이 연립정부 때부터 복지개혁으로 긴축재정을 통해서 아동급여와 세금공제 정책이 변화하였고 아동빈곤 해결을 위한 재분배정책들은 퇴보되었다(Main & Bradshaw, 2016). 최근 보수당정부의 보육정책도 직장을 가진 부모를 위한 서비스에 초점을 맞추고 있다. 예를 들면, 2017년부터 3~4세 아동의 무상보육서비스 시간을 연장한다는 계획을 발표하였는데 (DfE, 2016b) 이 정책 또한 직장을 가진 부모에 한하므로 서비스가 반드시 필요한 저소득가정의 아동에게 혜택이 돌아갈 수 있을지 의문이다.

따라서 이 장에서는 신노동당정부부터 현 보수당정부까지의 아동보육정책과 서비스의 현황과 변화를 고찰하고 정책의 주요쟁점에 관해 논하고자 한다. 또한 돌봄노동과 아동보육에서 여성의 역할이 남성보다 크다는 점을 감안할 때 보육정책은 일과 가정 양립정책 등 여성·가족복지정책과도 연계된다는 점을 주지하고 더욱 총체적 관점에서 아동보육정책과 서비스에 대해 논하고자 한다.

2. 아동복지정책의 변화와 현황: 블레어 신노동당정부부터 캐머런 보수당정부까지

1) 슈어스타트 프로그램

영국의 슈어스타트 프로그램(Sure Start Programme)은 1998년에 저소득가정의 4세 미만 아동을 대상으로 시작되었다. 신노동당정부가 설립한 슈어스타트는 지역사회 발전과 아동빈곤, 공적 서비스의 현대화, 사회 배타성의 문제 등을 해결하기 위한 방안 중 하나로 시작되었는데, 영국정부의 주요 복지정책 중 하나로 많은 호응을 얻었다. 또한 신노동당정부는 가족정책을 주요 정책분야 중 하나로 내세우고 3~4세 아동을 위한 시간제(part-time) 아동교육에 많은 비용을 투자하였다(Lewis, 2011).

슈어스타트 프로그램은 중앙정부, 지방관청, 부모, 지방 자원봉사단체가 연계하여 통합적 지역 아동복지서비스를 제공하는 것으로서, 아웃리치(Outreach)서비스, 조기교육, 방과 후 교육, 아동보육, 건강지원서비스 등 5개의 주요 프로그램으로 구성된다. 저소득층 아동의 사회적, 지적, 정서적, 신체적 발달과 건강에 중점을 두어 학교 적응준비를 도와주는 지원 프로그램 중 하나이다(Bate & Foster, 2015). 영국정부는 사회적으로 배제된 가정의 아동빈곤과 학교 적응문제가 드러남에 따라 취약계층의 아동과 가족의 사회 배제성 문제를 효과적으로 해결하기 위해 슈어스타트 프로그램을 시행하였다(HMT, 1998).

또한 아동뿐만 아니라 부모를 위한 지원 서비스도 실시하여 아동의 보육과 건강에 대한 정보를 제공하는 역할도 포함시켰다. 아동보육과 교육의 더 나은 성과를 위해서 부모의 적극적인 참여가 매우 중요하다는 점을 강조하여 부모가 아동과 소통하는 방법에 관한 교육과 전반적인 보육에 관한 수업에 참여할 수 있도록 하였다(Anning et al., 2005).

2002년도 지출검토(Spending Review)에서는 보육시설 이용도의 증가를 슈어스타트 프로그램의 중요한 목적 중 하나로 포함시켰으나 결국 주요한 보육 제공의 역할은 개선되지 못하였고 오히려 이웃 돌봄서비스(Neighbourhood Nurseries Initiative)가 저소득층을 위한 보육서비스 제공 부분에서 주요역할을 하였다(Smith, Smith, Coxon, & Sigala, 2007). 슈어스타트 프로그램은 아동보육에 대한 지역사회의 호응, 부모의 참여와 아동 발달, 세 가지 부분에 초점을 맞추어 진행되었으며 조기교육과 부모의 고용증진에 관한 부분은 2004년 이전까지는 중점을 두지 않았다. 그러나 2004년 이후부터는 부모의 고용기회 증진이 보육정책에서 중요한 부분을 차지하였다(Lewis, 2011).

2) 아동센터

슈어스타트는 2003년도부터 지방 프로그램에서 지방관청이 주도하여 모든 가족을 대상으로 운영하는 아동센터(Children's Centre)로 변화하였다(Bate & Foster, 2015). 영국은 1998년 '국가 아동보육 전략'(National Childcare Strategy)을 발표함으로써 아동보육서비스의 질을 높이기 위한 노력을 해왔는데 이 전략은 0~4세 아동을 위한 양질의 보육서비스 제공을 주요내용으로 한다. 2004년에는 '아동보육 10개년 전략'(Ten Year Childcare Strategy)을 발표하여 아동센터를 통한 보육서비스 프로그램으로 초점을 바꾸었다(Bate & Foster, 2015).

아동센터는 아동보육·조기교육 관련 서비스 대상을 기존의 4세 미만 아동에서 5세 미만으로 확대하였다. 아동센터는 통합적 조기교육과 보육, 부모를 위한 아웃리치, 가족 지원과 보건서비스, 보육시설과 지역사회서비스, 직업훈련과 직업교육센터와의 효율적 연계를 주요 서비스로 제공하였다. 아동센터 프로그램은 통합적 조기교육을 위한 보편적 서비스에 속하지만 저소득층의 아동과 부모를 위한 서비스에 더 많은 비중을 두었고, 고소득 층이 사는 지역은 주로 정보 제공서비스에 중점을 두었다(Lewis, Cuthbert, & Sarre, 2011).

이러한 서비스의 주요목적에는 아동을 위한 프로그램뿐만 아니라 부모의 고용기회를 늘리고, 특히 부모 둘 다 직장이 없는 가정의 노동참여를 증진 하기 위한 부분도 포함되었다. 아동센터는 보육시설을 늘리기 위한 목표를 설정하고 2008년도부터는 통합적 조기교육과 미취학 아동을 위한 데이케 어(Day Care) 서비스를 제공하였다. 특히, '취학 전 아동교육의 효율적인 정책'(Effective Provision of Pre-School Education: EPPE) 프로젝트는 아동 발달과 교육에 매우 유용한 것으로 나타났다(Sylva, Melhuish, Sammons, Siraj-Blatchford, & Taggart, 2004).

또한 영국은 2006년 〈아동보육법〉(Childcare Act)을 통해 지방정부의 의 무를 확대하고 직업훈련 중이거나 직장이 있는 부모를 위한 보육시설의 확 충을 위해 노력하였다. 이러한 변화는 아동보호와 교육적 성취를 주요내용 으로 한 '모든 아동은 중요하다'(Every Child Matters)는 안건과도 연관되며 보육서비스의 구조적 조정과도 연결된다(Lewis, 2011). 아동센터 서비스 는 슈어스타트 프로그램보다 아동의 지적 발달과 부모의 고용증진에 더 많 은 중점을 두었으며 지방정부를 중심으로 한 보편적 지역서비스라는 점에 서 차이가 있다.

3) 슈어스타트 프로그램과 아동센터에 대한 평가

슈어스타트는 영국의 보육정책에서 매우 중요한 부분을 차지하였음에도 아동의 건강과 보건에 관해서는 성공적이지 못했다는 비판을 받았다. 예를 들어, 2010년도 감사위원회 보고서(Audit Commission Report 2010)에 따르 면 5세 미만 아동의 건강문제를 개선하는 데 별다른 효과가 없었으며, 과

체중과 치과보건, 그리고 저소득층과 고소득층 간 의료서비스 불평등 문제는 개선되지 못한 것으로 나타났다. 또한 2014년도 교육부에서 출간한 아동센터 평가보고서에 따르면 대부분의 이용자가 센터를 많이 이용하지 않는 것으로 나타났다. 예를 들면, 60% 정도의 이용자들이 1년에 다섯 번 미만으로 센터를 이용하였고 평균적으로 13% 정도의 이용자가 스무 번이나 그 이상 이용한 것으로 보고되었다(DfE, 2014).

2015년도 런던 정치경제 대학교(LSE, 2015)의 사회배제성 분석 연구센터(Centre for Analysis of Social Exclusion)에서 출판한 연립정부의 5세 미만 아동에 대한 정책보고서에 따르면, 아동센터에서 일하는 직원은 질 좋은 서비스 제공을 위해 열심히 노력하지만 대부분의 센터가 자원봉사자의 인력에 의존하는 것으로 드러났다. 따라서 정부의 긴축재정과 예산감축이 지속된다면 대부분의 아동센터가 질 좋은 서비스를 제공하기 힘들 것이라 예측했다.

최근 영국정부는 2015/16년도 보육입안(Childcare Bill)을 마련하여 3~4세 아동의 무상보육 시간을 늘릴 것이라고 발표했다. 그러나 30시간 무상보육서비스에 있어 슈어스타트 센터의 역할은 아직 명확하지 않으며 차후에 논의될 것이라고 보고했다(DfE, 2015). 무상보육서비스에 대한 자세한 논의는 5(보육정책과 서비스 현황)에 있다.

3. 빈곤아동의 실태와 복지정책

1) 영국 빈곤아동의 현황

영국은 1990년대 후반 신노동당정부부터 아동빈곤에 많은 관심을 기울였다. 영국의 아동빈곤율이 경제적으로 발전한 다른 유럽국가보다 더 높은 것으로 보고되면서(Martorano, Natali, De Neubourg, & Bradshaw, 2014) 아동빈곤에 대한 정책에 더 많은 관심을 두었다.

아동빈곤의 현황과 실태를 논하기 전에 빈곤의 전반적 정의와 빈곤이 아동에게 미치는 영향을 간단하게 살피고자 한다. 빈곤은 인간이 생존하는 데 필요한 최소한의 물적 자원의 부족뿐만 아니라 교육, 건강조건, 사회·문화적 경험의 기회가 결핍된 상태를 포함한다고 정의된다(Butler & Rutter, 2016). 빈곤이 아동에게 미치는 부정적 영향에 관한 연구는 지속적으로 있었는데, 빈곤은 아동의 현재 생활과 경험뿐만 아니라 미래의 성과에도 영향을 미치는 것으로 나타났다. 교육의 기회, 의료의 기회, 사회·문화적 경험의 기회 등은 아동의 삶에 중요한 부분을 차지하는데 빈곤아동은 다른 아동과 비교했을 때 이런 기회와 경제, 사회, 문화 등 다양한 영역에서 박탈을 경험하며 이러한 경험은 인생 전반에서 어려움을 겪는 현상으로 나타날 수 있다(Griggs & Walker, 2008).

영국의 빈곤과 사회적 배제성에 관환 설문조사(PSE, 2012)에 의하면 (〈표 17-1〉 참조), 아동의 빈곤율(33%)이 어른(23%) 보다 높은 것으로 나타났다. 또한 아이가 없는 무자녀 가정의 어른보다 자녀가 있는 가정의 어

〈표 17-1〉 빈곤율(아동과 어른 기준)

구분	소득의 빈곤	PSE빈곤[1]
전체	25%	22%
어른(전체)	23%	21%
아동	33%	27%
어른(아동이 없는 가구)	20%	15%
어른(아동이 있는 가구)	30%	32%

주: 1) PSE(Poverty and Social Exclusion)빈곤이란 가구당 소득, 가구빈곤과 개인적 빈곤을 통틀어 놓은 수치임. 저소득가정에 속하고 가정에 필요한 생필품 중 3가지 혹은 그 이상이 부족한 상황에 처한 개개인은 PSE빈곤그룹에 속함. 그러므로 이 수치는 생활수준을 결정하는 데 있어 가구와 개개인이 가진 물적 자원의 통합을 반영한 것이라고 할 수 있음(Main & Bradshaw, 2016: 44).

자료: 2012년 빈곤과 사회 배타성 설문조사(Poverty and Social Exclusion Survey), 2012; Main & Bradshaw, 2016: 44.

〈표 17-2〉 빈곤율과 빈곤아동의 사회적·인구통계학적 특성

(단위: %)

구분	사회적·인구통계학적 특성	소득 빈곤	PSE 빈곤
고용 상태(가구)	모두 FT(full-time)	11	13
	누군가 FT, 누군가 PT(part-time)	25	21
	누군가 FT, PT 없음	27	16
	모두 PT, FT 없음	43	43
	누군가 PT, FT 없음	35	18
	직장 없음(실업)	77	47
	직장 없음(경제활동 없음, inactive)	57	60
가족 유형	어른 1명, 아이 1명	51	44
	어른 1명, 아이 2명	45	39
	어른 1명, 아이 3명이거나 그 이상	67	80
	어른 2명, 아이 1명	24	18
	어른 2명, 아이 2명	24	18
	어른 2명, 아이 3명이거나 그 이상	40	30
	그 외	21	15
아동의 연령	0~1세	31	22
	2~4세	36	28
	5~10세	36	30
	11~15세	32	29
	16~17세	23	19
인종	백인, 영국인	31	27
	백인, 영국인 아닌 그 외	27	30
	흑인, 카리브해·혼혈	45	44
	흑인, 아프리카·혼혈	52	44
	인도인	38	9
	파키스탄·방글라데시	54	43
	그 외의 아시아 사람	34	16
	그 외	48	28

자료: 2012년 빈곤과 사회배제성 설문조사(Poverty and Social Exclusion survey), 2012; Main & Bradshaw, 2016: 46.

른 빈곤율이 더욱 높았다(Main & Bradshaw, 2016).

또한, 아동의 빈곤은 아동이 속한 가정의 빈곤과 연관되기 때문에 빈곤한 가정의 특성에 대한 고찰은 매우 중요하다. 빈곤율은 부모 모두 시간제 근로자이거나 무직인 경우, 한부모가정, 세 명 이상의 자녀를 둔 가정, 일부 소수인종(아프리카계, 파키스탄이나 방글라데시)의 가정에서 가장 높은 것으로 나타났다(Main & Bradshaw, 2016).

위에 열거한 그룹의 빈곤율이 높은 것은 사실이지만 이 그룹에 속한 가정만이 빈곤을 겪는다고 단정할 수는 없다. 설문조사(PSE, 2014)에 따르면 (〈표 17-2〉 참조), 부모 모두 무직이거나, 모두 파트타임으로 일하는 가정에서 아동빈곤의 위험성이 가장 높은 것으로 나타났다. 하지만 부모가 일하는 가정이라고 해서 빈곤의 위험성에서 배제되는 것은 아니었다. 예를 들어, 빈곤아동 중 많은 수가 적어도 부모 중 한 사람은 직장을 가진 가정, 한부모가정이 아닌 부모 모두 함께 사는 가정 그리고 백인가정에 속한 것으로 나타났다. 다시 말해, 영국의 아동빈곤은 단순히 가족 해체나 직장이 없는 부모의 가정에서만 나타나는 것이 아니며 많은 수의 빈곤아동이 부모 모두 직장을 가진 가정에 속한 것으로 나타났다. 또한 빈곤아동의 반 이상 (60%)이 적어도 부모 중 한 사람은 일을 하는 가정에 속한 것으로 나타났다(PSE, 2012; Main & Bradshaw, 2016). 따라서 부모의 노동시장 참여 여부가 아동의 빈곤에 중요한 영향을 주는 것은 사실이지만 단순히 부모가 일을 하는지 하지 않는지의 문제로 양분하여 다루는 건 적합하지 않다.

이에 따라 조지프 라운트리 파운데이션 보고서(Joseph Rowntree Foundation, 이하 JRF, 2013)는 아동빈곤 문제는 부모의 노동시장 참여 여부뿐만 아니라 가족의 유형, 노동시간과 임금 등 좀더 다양한 측면에서의 분석이 필요하며 낮은 임금과 짧은 노동시간 중 어떤 요인이 일하는 부모의 가정에서 나타나는 빈곤에 더 많은 영향을 주는지에 대한 심도 깊은 분석이 필요하다고 논의하였다.

2) 영국정부의 2020년도까지 빈곤아동을 위한 계획

영국정부는 빈곤가정을 줄이기 위해 소득보장, 일자리가 없는 가정 줄이기, 직장을 다니는 부모를 위한 소득혜택 등 여러 정책을 시행하였다(DWP, 2015). 아동빈곤에 관한 많은 정책이 블레어정부 때 도입되었으며 최근 연립정부와 보수당정부 집권 이후 빈곤에 관한 관점이 변화하면서 주요 정책에 관한 분석도 변화하였다.

영국 신노동당 집권 시기인 1999년도에 블레어정부는 2020년도까지 아동 빈곤 감소(퇴치)를 위한 정책을 발표했다. 2010년도에 〈아동빈곤법〉(*Child Poverty Act*)이 제정되었으며 아동빈곤을 해결하기 위한 방안과 정책입안을 위한 노력을 보여주었다. 예를 들어, 빈곤가정의 소득증가를 위해 최저임금 제를 도입했고 현금급여(Cash Benefits)를 늘렸으며 교육, 의료와 보육서비스의 예산을 늘렸고 부모의 고용률을 높이기 위한 노동시장 활성화 정책 등 여러 정책을 마련하였다. 사회배제성 분석센터(Centre for Analysis of Social Exclusion Review)에서 낸 연구결과 자료를 보면 실제로 노동당정부의 이런 노력으로 빈곤율은 감소하였으며 빈곤 퇴치를 위한 정책은 어느 정도 효과적이었던 것으로 나타났다(Piachaud, 2012). 루이스(Lewis, 2011)에 따르면, 노동당정부 집권 시기에 아동빈곤 퇴치를 위한 기틀을 마련하였는데, 특히 재분배문제, 고용활성화 방안, 인적 자원 훈련 등 중요한 부분에서 성과를 이루었다.

그러나 연립정부와 보수당정부 집권 이후 아동빈곤에 관한 전반적 접근 방법이 바뀌면서 아동빈곤에 대한 정책의 변화를 가져왔다. 노동당정부의 정책은 최저임금제를 통한 근로유인정책과 아동수당, 아동세금공제정책 등을 개선하는 데 집중한 반면, 연립정부는 긴축재정을 통해 아동수당 동결과 세금공제를 줄이는 방안을 채택하였다. 연립정부와 보수당정부는 빈곤가정의 복지의존성과 지나치게 관대한 복지수당에 대해 언급하면서 복지 긴축재정을 정당화했다(Main & Bradshaw, 2016). 그 결과, 아동빈곤을 해결하기 위한 재분배정책의 중요성은 연립정부 집권 이후부터 지속적으로 퇴보하였다.

연립정부 이후의 아동빈곤율을 분석한 연구들은 빈곤한 가정의 아동이 긴축재정 전략의 주요 피해자라고 분석하였다(Cribb, Hood, Joyce, & Phillips, 2013). 아동빈곤에 관한 최근 통계(PSE, 2012)에 따르면 자녀가 있는 가정에서 절대 빈곤수치(주거비용을 제한 빈곤수치)가 높아진 것으로 나타났다(Main & Bradshaw, 2014). 또한 최근 보수당정부는 빈곤의 원인에 대해서 개인적 특성에 중점을 두어 해석하면서, 빈곤가정 부모의 건전하지 못한 태도와 행동양식을 강조하며 이런 태도가 자녀에게 부정적 영향을 준다고 언급하였다.

이러한 개인적 행동양식의 분석을 강조하는 해석이 실제적으로 빈곤한 가정의 아동의 현실과 맞아떨어지는지에 대한 논의가 있었다. 그러나 대부분의 학자는 이런 해석을 뒷받침할 만한 증거가 미흡하다고 결론지었다. 오히려 빈곤한 가정의 부모 중 많은 수가 자녀의 윤택한 삶을 보장하기 위해 본인을 위한 소비를 줄이는 것으로 나타났다(Main & Bradshaw, 2016). 그러므로 빈곤의 원인에 관한 더욱 구체적 논의와 해결책에 관한 다른 접근방법이 요구되는 실정이다.

영국에서는 2000년대 후반부터 빈곤아동에 대한 아동 중심적 연구(Child-Centred Research)가 시작되면서(Ridge, 2007a, 2007b, 2009), 아동빈곤 연구와 정책입안에 대한 새로운 관점이 제시되었다. 최근 빈곤한 계층의 의견이 정책에 조금씩 반영되기 시작하였으나 아동의 관점에서 바라본 빈곤에 대한 연구는 아직 미흡한 편이다. 이는 아동이라는 '사회적 지위'와 빈곤 '계층'이라는 두 가지 이유가 맞물려 있기 때문이다. 아동은 빈곤 연구에서 본인의 생각과 관점을 가진 능동적 주체라기보다는 수동적 존재로 인식되었고 경제적으로 어른에게 의존해야 하는 위치이므로 사회·

정치적으로 힘이 없는 집단으로 간주되었다. 따라서 그들의 경험과 의견이 반영되지 못했다(Ridge & Sanders, 2009).

하지만 아동 중심적 연구는 가정 내 능동적 주체로서의 아동 역할에 관심을 두었는데 이 연구에 따르면 아동은 빈곤에 대처하기 위해 나름대로의 방법을 생각하기도 하고 실행하는 것으로 나타났다. 예를 들면, 아동은 가족에게 도움이 되기 위해 나름대로 노력하며 본인의 가정이 빈곤에서 벗어나는 데 도움을 주기도 하고 또한 다른 아동이 참여하는 사회활동 등에 참여하지 않음으로써 가족의 경제적 부담을 덜어 주려고 노력하기도 했다(Redmond, 2009). 이러한 연구는 아동을 단순히 빈곤의 피해자로만 보는 시각에서 벗어나 주어진 상황을 이해하고 빈곤에 대처하기 위해 노력하는 능동적 주체로 바라보는 시각을 제시하였다. 또한, 아동이 가족구성원으로서 가족에게 도움이 되기 위해 노력한다는 새로운 시각을 제시함으로써 아동복지 연구의 새로운 방향을 보였다.

이 연구들은 빈곤아동이 부모의 노동시장 참여에 대해 어떻게 생각하는지 그리고 부모의 직장생활을 원활하게 하기 위해 어떤 노력을 하는지 등을 중시하는 시각을 제시하면서 부모와 아동의 경험과 상호 관계를 이해(Ridge, 2009)하여 아동빈곤 연구에 대한 더욱 심도 깊은 연구를 가능하게 하였다. 이런 관점은 아동의 경험과 의견, 관심 그리고 아동이 꼭 필요로 하는 것 등을 반영함으로써 아동빈곤에 관한 정책입안 과정에서 더 나은 정책적 접근방법을 취할 수 있게 하였다.

4. 아동급여와 수당

아동급여와 수당은 제 10장 가족수당 편에서 자세히 논의되므로 이 장에서는 간단하게 최근 현황과 연립정부의 복지개혁 이후의 변화만 살펴보기로 한다.

1) 아동급여

아동급여(Child Benefit)는 2013년 전에는 보편주의적 복지제도 중 하나로 아동이 있는 모든 가정에 지급되었다. 영국의 복지개혁 이후 2013년부터 소득에 따라 급여를 정하는, 즉 자산조사(*means-tested*)를 기반으로 둔 급여로 변화되었다. 대부분의 유럽국가는 보편주의적 아동급여(Universal Child Benefit) 제도를 시행하기 때문에 이제 영국은 아동급여를 보편적으로 제공하지 않는 몇 안 되는 유럽국가 중 하나가 되었다(Bradshaw, 2014). 또한 아동급여는 대부분 어머니에게 지급되었기 때문에 물적 자원이 공유되지 않는 가정에서 어머니가 아동을 위해 쓸 수 있는 유일한 자원이 되거나 독립적 자원이 될 수 있었다. 이러한 의미에서 아동급여는 여성과 가족복지정책에서도 중요한 의미를 갖는다(Bradshaw, 2014).

이 급여는 16세 미만의 아동이 있는 가정에 지급하는 급여로, 첫 번째 자녀에게는 주당 3만 2천 원(20.70파운드)[1] 정도를 지급하고 두 번째 자녀부터는 주당 2만 1천 원(13.70파운드)을 각각의 아동에게 지급한다. 복지개혁 이후 개인소득이 연간 8천 만 원(5만 파운드) 이상인 고소득가정일 경우 아동급여에 대해서 세금을 부과하도록(High Income Child Benefit Tax Charge) 변화하였다. 이는 가구소득이 아닌 개인소득일 경우에 해당하며 이런 경우 아동급여를 받지 않겠다고 신청하거나 급여를 계속 받으면서 1년에 한 번씩 세금을 정산할 때(영국에서는 통상적으로 매년 4월)에 부과금을 낼 수 있다(GOV.UK, 2016a).

---

1) 이 장에서의 원화표시 금액은 2016년 6~7월 기준 원화와 파운드화의 환율에 기초하여 환산한 금액이다.

2) 아동세금공제

아동세금공제(Child Tax Credits)는 16세 미만 아동이 있는 가정에 지급되는 것으로 아동을 주로 책임지는 사람에게 지급된다. 20세 미만 아동이 교육이나 훈련을 받는 경우에도 지급된다. 기본적으로 연간 81만 7천 원(545파운드) 정도를 받는데, 소득과 형편에 따라 지급 금액은 달라질 수 있다. 지급은 선택에 따라 1주에 한 번이나 4주에 한 번으로 나누어 받을 수 있다.

본인의 상황과 배우자의 상황에 따라 소득한도와 혜택 여부는 달라진다. 예를 들어, 소득한도는 한 명의 아이를 가진 가족당 3,912만 원(26,100파운드) 정도가 될 수 있으나, 아동을 공식적으로 지정된 보육시설에 보내거나 부모 중 한 명이 장애가 있을 때는 한도가 더 높아질 수 있다. 하지만 세금공제(Tax Credits)와 통합공제(Universal Credits)는 동시에 청구할 수 없는데 통합공제에 아동과 보육을 위한 급여가 다 포함되기 때문이다 (GOV.UK, 2016b).

3) 영아가 있는 경우의 세금공제

영아가 있을 경우에 세금공제(Tax Credits If You Have a Baby)를 신청할 수 있는데 연간 받을 수 있는 아동세금공제, 직장을 다닐 경우 보육에 관한 세금공제와 근로세금공제(Working Tax Credits)의 총액은 〈표 17-3〉과 같다.

〈표 17-3〉 세금공제 총액

세금공제	총액(대략적으로)
아동세금공제	연간 498만 원(3,325파운드) 이상
직장을 다닐 경우 보육에 관한 세금공제	주간 183,640원(122.50파운드) 이상(아동 1명) 주간 314,940원(210파운드) 이상(아동 2명이나 그 이상) 보육비용이 100%로 지급되는 건 아님
근로세금공제	연간 294만 원(1,960파운드) 이상

자료: GOV.UK, 2016c(https://www.gov.uk/tax-credits-if-you-have-baby).

근로세금공제는 출산을 위하여 일을 쉬는 동안에도 출산휴가 39주 동안 지급된다. 영아세금공제는 직장을 쉬기 전 1주 전까지, 적어도 주당 노동시간이 16시간이나 30시간 이상 되어야 한다. 노동시간 한도는 개인의 상황에 따라 달라질 수 있다(GOV. UK, 2016c).

4) 슈어스타트 모성보조금

슈어스타트 모성보조금(Sure Start Maternity Grant)은 자녀를 출산할 가정에게 주는 보조금으로 75만 270원(500파운드) 정도이며 한 번만 지급된다. 첫째아이를 낳게 되거나, 이미 아이가 있어도 다둥이를 낳는 경우에 지급되는데 이 보조금은 자녀가 태어나기 11주 전이나 태어난 후 3개월 안에 신청해야 한다. 이미 16세 미만의 다른 자녀가 있는 가정에게는 다둥이를 낳을 때만 지급된다. 이 보조금은 입양이나 대리모를 통해서 자녀를 얻은 경우에도 신청할 수 있으며 보조금의 지급조건과 금액은 〈표 17-4〉와 같다(GOV. UK, 2016d). 그러나 보조금의 액수가 많지 않기 때문에 다둥이를 출산한 가정에 어느 정도 도움이 될지 의문이 제기된다.

〈표 17-4〉 슈어스타트 모성보조금

(단위: 파운드)

16세 미만 아동	쌍둥이일 때	삼둥이일 때
1명의 자녀가 있을 때(그리고 다둥이가 없을 때)	500	1,000
이미 쌍둥이 자녀가 있을 때	0	500
이미 삼둥이 자녀가 있을 때	0	0

자료: GOV.UK., 2016d(https://www.gov.uk/sure-start-maternity-grant).

5. 보육정책과 서비스 현황

1) 보육정책과 서비스

(1) 세금공제 보육정책

영국정부는 2017년도부터 보육비용의 부담을 덜기 위하여 면세 보육서비스(Tax-Free Childcare)를 제공할 계획이다. 이 정책에는 보육비용뿐만 아니라 부모의 직장생활 활성화를 장려하고 아이가 있는 가정에 안정된 소득을 보장하기 위한 목적도 포함된다. 이 정책은 기존의 고용인 부담의 보육정책과는 달리 고용인과 관계없이 직장생활을 하는 부모라면 누구나 이용 가능하며 자영업을 하는 가정도 이용할 수 있다는 장점이 있다.

온라인 보육계좌를 만들어 보육비용을 넣을 수 있는데 등록된 보육시설에 한에서만 적용되며 해당 아동의 부모, 조부모, 다른 가족 그리고 고용인도 계좌에 적립할 수 있다(DfE, 2016a). 부모가 1,210원(80펜스)을 내면 정부가 300원(20펜스)을 내주는 형식으로 아동 1인당 연간 301만 원(2천 파운드)까지 지원할 예정이다. 혜택대상으로 일반아동은 12세까지 해당되고 장애아동의 경우 더 높은 보육비용을 고려하여 17세까지 지원한다. 이는 직장생활을 하는 부모에 한하여 제공된다. 부모 각자의 주당 소득이 적어도 17만 3천원(115파운드)이어야 하고, 또한 각자의 연간 소득이 1억 5천5십만 원(10만 파운드)을 넘지 않아야 한다. 또한, 출산·육아휴직 중인 부모에게도 적용된다(DfE, 2016a).

(2) 3~4세 아동을 위한 무상보육정책

직장생활하는 부모를 위해 제공하는 3세부터 4세까지 아동에 대한 무상보육서비스가 2017년 9월부터 기존의 일주일에 15시간에서 30시간으로 연장될 계획이다. 무상보육 연장서비스는 캐머런(Cameron) 정부의 주요 선거

공약 중 하나로 2016년 9월부터 위건(Wigan), 스태퍼드셔(Staffordshire), 스윈던(Swindon), 포츠머스(Portsmouth), 노섬벌랜드(Northumberland), 요크(York), 뉴엄(Newham), 하트퍼드셔(Hertfordshire) 지역에서 먼저 시행되었고 점차 다른 지역에서도 시행될 예정이다(DfE, 2016b).

무상보육의 시간연장정책은 부모의 직장생활 참여율을 높이고 직장으로의 복귀를 용이하게 하려는 영국정부의 근로유인정책(Make Work Pay)의 방안 중 하나로 볼 수 있다. 비싼 보육비용은 직장을 다니는 어머니의 노동시장 참여를 저해하는 장애물로 인식되었기 때문에 무상보육 시간연장은 아동을 위한 보육뿐만 아니라 기혼여성의 노동참여 활성화에 긍정적 영향을 주려는 시도로 보인다. 이 정책은 맞벌이가정과 직장생활을 하는 한부모가정에 한하여 적용되며 부모가 각자 일주일에 16시간 이상 일하는 가정에 적용된다. 또한 해당 부모의 각자의 연간 소득이 1억 5천5십만 원(10만 파운드) 이하인 가구에 한해서 적용된다(DfE, 2016b).

영국정부의 이러한 노력에도 보육비용의 감소와 서비스의 질적 개선이 이루어질지 의문이 제기되고 있다. 버틀러와 러터(Butler & Rutter, 2016)가 작성한 JRF 보고서에 의하면 빈곤가정의 아동은 보육시설의 접근과 이용이 용이하지 않은 것으로 나타났다. 또한 교사의 학력과 자격요건의 수준을 고려할 때 현재의 보육 시스템에서는 빈곤가정의 2세 미만 아동은 절반 이상이 질이 좋은 무상보육서비스를 받지 못하는 상황이라고 보고했다.

근로유인정책에 초점을 둔 무상보육 연장정책은 직장을 가진 부모에 한하기 때문에 실제적으로 보육서비스가 꼭 필요한 저소득가정이나 소외된 계층의 아동에게는 혜택이 돌아가지 않을 수 있다는 단점이 있다. 또한 아동보육을 제공하는 관계자는 지금까지 정부의 아동보육에 대한 지원금이 부족했음을 강조하며 무상보육 연장서비스가 제대로 시행되기 위해서는 정부의 적극적 예산투자가 시급하다는 논의를 제기하였다(*Guardian*, 2016. 1. 27).

2) 보육시설 이용 현황

영국 교육부가 2014/15년도에 잉글랜드 지역 학부모를 대상으로 한 아동
보육과 교육에 관한 설문조사(DfE, 2016c)에 따르면 0~14세까지의 아동
이 있는 가정의 79% 정도가 학기 중에 보육시설을 이용한다고 답변했다.
이 중 66%는 공식적 아동보육시설을 이용하고 40%는 비공식적 아동보육
을 이용하였으며 28%는 공식적·비공식적 아동보육을 모두 이용하는 것
으로 나타났다.

　55% 정도의 아동(가정이 아닌 아동을 대상으로 봤을 때)은 공식적 아동보
육을 받는다. 한편 빈곤한 지역에 사는 아동의 경우 공식적 아동보육서비
스의 이용도가 낮다. 예를 들어, 대체적으로 부유한 지역의 아동 65% 정
도가 공식적 아동보육시설을 이용하는 반면, 빈곤 지역의 아동은 49% 정
도만이 공식적 보육을 이용하는 것으로 드러났다. 전반적으로 비공식적 보
육을 이용하는 부모의 비율이 여전히 높았고 그중 조부모가 아동을 돌보는
비율이 31%로 가장 높았다(FRS, 2012).

3) 보육교사 현황

대부분의 보육교사는 여성으로 98%를 차지한다. 남성보육교사 수를 늘리
려는 정부와 관계 기관의 노력에도 보육인력의 성별 비율은 지난 10년 동
안 변하지 않았다(LFS 2012-14; Simon et al., 2015). 또한 보육교사의 평
균연령은 36세로 평균연령이 41세인 다른 직종보다 젊은 편이며 27% 이
상이 25세 미만인 젊은 여성으로 구성된다.

　보육인력의 전문성을 높이려는 노력으로 보육인력의 자격요건은 강화되
었다. 노동통계자료(LFS, 2012~2014)에 따르면, 보육교사 중 국가직업자
격증(National Vocational Qualification: NVQ)을 갖춘 인력은 2005년과 비

교했을 때 2014년도에 12% 이상 증가하였고, 2012년도부터 2014년도까지는 75% 이상이 자격증을 취득한 것으로 나타났다(〈그림 17-1〉 참조).

그러나 자격요건의 개선에도 보육교사의 임금은 다른 직종보다 여전히 낮은 것으로 드러났다. 2012~2014년의 노동통계자료(LFS, 2012~2014)에 의하면 보육교사는 평균적으로 시간당 10,500원(6.60파운드) 정도의 임금을 받는데, 이는 최저임금보다 단지 170원(10펜스) 높은 수준이며 최근 발표된 영국의 생활임금(Living Wage for the UK)보다는 2천 원(1.25파운드) 정도 낮은 수준이다. 사립시설에서 근무하는 보육교사의 경우 시간당 임금이 공립시설보다 3,700원(2.20파운드) 정도 낮은데 대부분의 21세 이하의 젊은 보육인력이 사립시설에 종사하기 때문에 나타나는 현상으로 추정된다. 저임금위원회(Low Pay Commission)에서 발간한 보고서에 따르면 41% 정도의 보육인력이 평균 11,900원(7파운드) 이하의 임금을 받는 것으로 나타났다(Simon et al., 2015).

〈그림 17-1〉 LFS 자격요건을 갖춘 보육교사의 비율

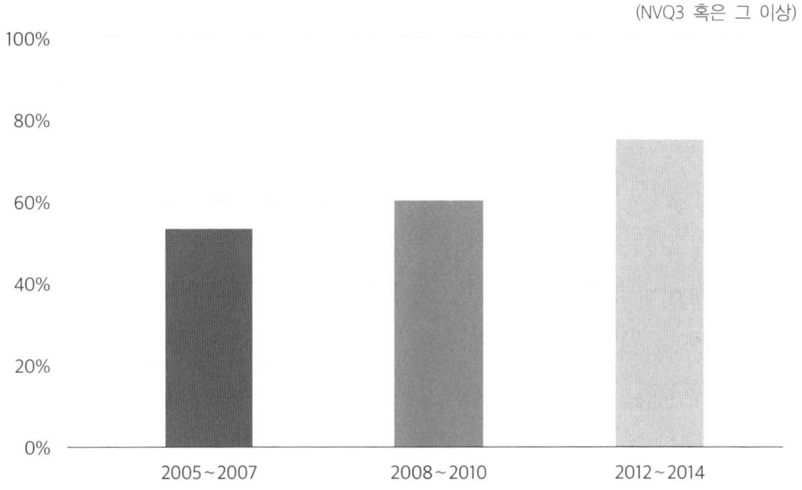

(NVQ3 혹은 그 이상)

자료: Labour Force Survey 2012-14(노동인력 통계조사); Simon et al., 2015: 4.

4) 보육인력과 성별 분리: 남성교사의 참여도

저임금과 높은 이직률은 보육인력의 특징 중 하나로 나타났는데(Carroll, Smith, Oliver, & Sung, 2008) 남성이 보육교사를 직업으로 선택하지 않는 중요한 이유 중 하나가 저임금 때문인 것으로 나타났다. 1998년 영국정부의 녹서(Green Paper)는 보육의 중요성을 강조하면서 남성의 보육인력 참여의 중요성에 관해서도 언급했는데 아동보육은 아직도 대부분 여성이 참여하는 직업으로 인식되어 남성이 보육교사를 직업으로 선택하는 경우는 많지 않은 것으로 나타났다.

그러나 남성이 보육에 참여하면 긍정적 역할 모델을 아동에게 보여줄 수 있으며 특히 아버지가 안 계신 가정에서 자라는 남자아이에게 좋은 영향을 줄 수 있다(DfEE, DSS and Ministers for Women, 1998; Owen, 2003). 또한 럭스턴(Ruxton, 1992)은 가정에서 생계를 책임지는, 남성의 가장으로서의 역할만을 강조하던 기존의 생각을 변화시키고 남성 역시 아동보육과 돌봄노동에 참여할 수 있다는 인식을 심어주기 위해서도 보육인력의 남성의 참여는 중요하다고 주장하고 있다.

그러나 보육교사 인력 중 남성이 차지하는 비율은 2012년을 기준으로 여전히 2% 미만으로 영국정부에서 내세웠던 6% 이상 목표를 달성하지 못했다(O'Sullivan & Chambers, 2012). 특히, 5세 미만의 아동을 담당하는 보육교사 중 남성교사의 비중은 매우 낮은 것으로 나타났다(CDC, 2011). 남성이 보육교사를 직업으로 선택하기를 꺼려하는 이유로는 학부모의 태도와 사회적 이미지, 아동학대에 대한 편견, 남성다운 이미지에 맞지 않음, 저임금, 주로 여성이 하는 일 등이 주된 이유로 나타났다(Sung, Smith, Carroll, & Oliver, 2005). 남성이 가정의 생계를 책임져야 한다는 사회적 인식이 아직 남은 상황에서 임금이 낮고 주로 여성이 하는 일이라고 인식되는 보육교사를 직업으로 선택하는 것은 쉽지 않다(Owen, 2003). 그러므로 남성인력의 보육과 돌봄노동의 참여를 유도하기 위해서는 보육인력의 고용환경 개선뿐만 아니라 사회적으로 전반적인 남녀평등과 성 역할에 대한 인식전환이 필요하다.

5) 교사 대 유아 비율

〈그림 17-2〉에서 보듯, 영국 취학 전 아동보육시설의 교사 대 유아 비율은 대략 10명당 보육교사 1명으로 다른 OECD 국가보다 비율이 평균 이상이다. 예를 들면, OECD 평균비율은 교사 1명당 아동 14명인데 영국(United Kingdom), 스웨덴, 뉴질랜드는 교사 1명당 아동 10명 정도이거나 그 미만이다(OECD, 2015, 〈그림 17-2〉 참조).

2014년 기준, 영국의 교사 대 아동 비율은 2세 미만 아동의 경우에는 교사 한 명당 아동 3명이며 2세 아동은 교사 한 명에 유아 4명, 3세 이상 아동은 교사 대 아동 비율이 한 명에 13명으로 나타났다(DfE, 2014). 보육 서비스 질을 확보하기 위한 감독 업무는 아동교육과 서비스를 담당하는 교육청(Office for Standards in Education, Children's Services and Skills: Ofsted)에서 관리한다.

6) 보육재정

〈그림 17-3〉에서 보듯, 영국의 보육과 조기교육에 대한 공적 지출은 GDP의 1% 이상으로 프랑스, 뉴질랜드와 북유럽국가보다 높지는 않다. 그러나 0.5% 미만을 지출하는 다른 OECD 국가보다는 높은 편이다.

대부분의 OECD 국가는 3세 미만 아동을 대상으로 한 보육보다는 취학 전 아동의 교육에 더 많은 비용을 지출하는 것으로 나타났다. 영국(〈그림 17-3〉 참조)도 취학 전 아동교육에 0.7% 이상을 지출하는 나라 중 하나로

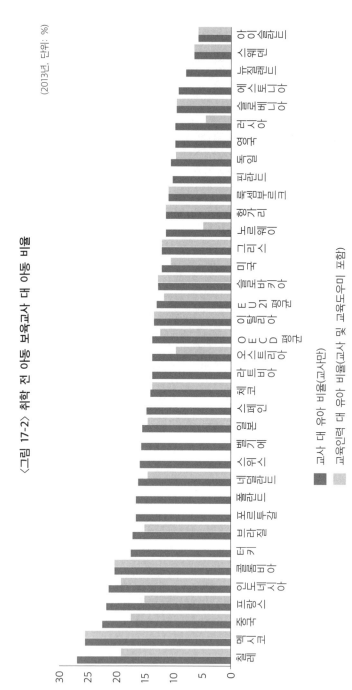

〈그림 17-2〉 취학 전 아동 보육교사 대 아동 비율

(2013년, 단위: %)

■ 교사 대 유아 비율(교사만)

□ 교육인력 대 유아 비율(교사 및 교육도우미 포함)

자료: OECD Education at a Glance, 2015.

〈그림 17-3〉 GDP 대비 아동보육과 조기교육서비스의 공적 지출 수준

(2011년, 단위: GDP 대비 %)

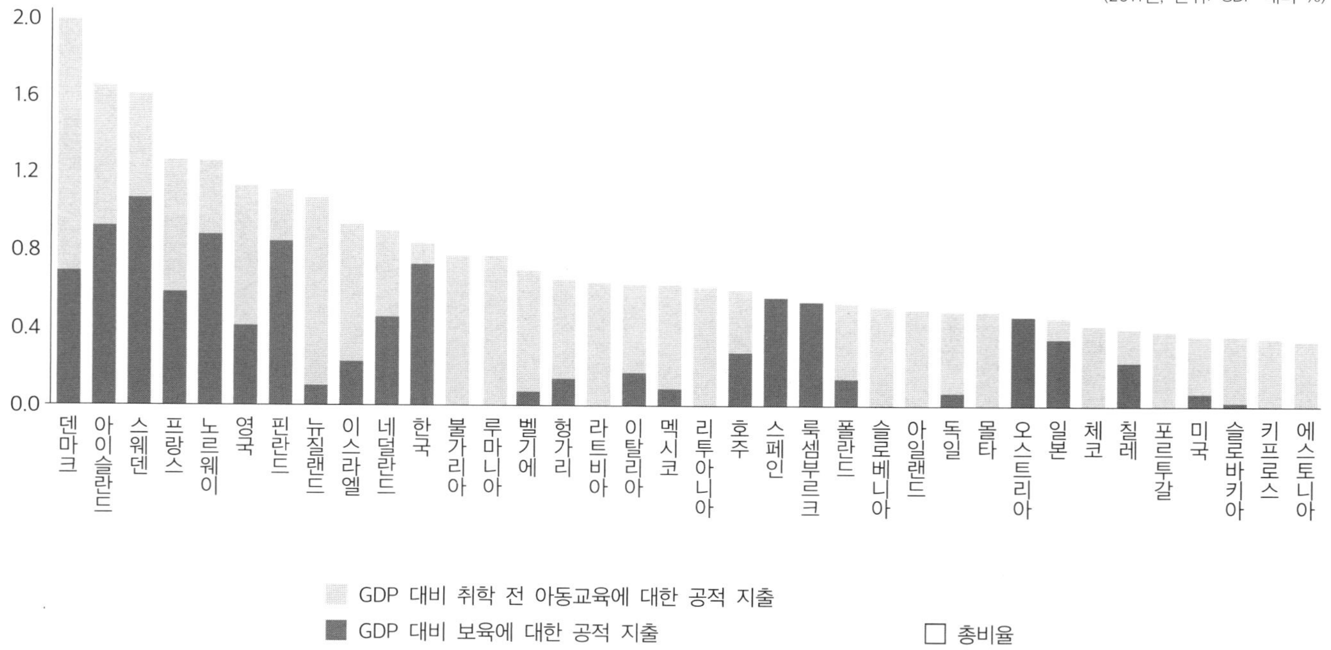

자료: OECD Education Database, 2014; Eurostat for EU-countries outside the OECD.

영아의 보육보다는 취학 전 아동의 조기교육에 더 많은 비용을 지출함이 드러났다(OECD, 2014).

6. 아동복지와 여성·가족복지의 연계성

아동을 돌보는 역할은 대부분 여성이 하므로 아동복지와 여성복지는 매우 밀접하게 연관된다. 앞에서도 언급하였듯 보육을 담당하는 교사의 대부분이 여성이며 가정에서도 보육에 어머니의 역할이 아버지보다 더 비중이 크다는 점을 고려할 때 아동과 여성 그리고 가족복지는 서로 연계된다고 볼 수 있다. 따라서 출산휴가와 육아휴직제도와 같은 일과 가정생활 양립 정책을 살펴보고 아동·여성·가족복지의 연계성에 대해서 고찰하고자 한다.

1) 출산휴가와 육아휴직 제도

출산휴가(Maternity Leave)는 출산 전과 후의 휴가를 포함한 것으로 국제노동기구(International Labour Organization)에서는 적어도 14주 이상의 휴가를 주도록 규정한다(OECD, 2016). 영국의 출산휴가는 기존 29주에서 2003년에 52주로 확대되었다(Sung & Guerreiro, 2011). 그중 39주는 출산급여가 있고 그 이후에는 급여가 지급되지 않는다. 출산급여기간 중 처음 6주는 평균 주급의 90%가 지급되며 나머지 33주 동안 21만 원(139.58파운드) 혹은 평균 주급의 90% 중 더 낮은 쪽으로 급여가 지급된다(GOV.UK, 2016e).

영국은 다른 OECD 국가보다 출산휴가가 긴 편인데 긴 휴가는 여성이 일과 가정을 양립하는 데 도움이 될 수 있으나 임금과 승진에 부정적 영향을 미칠 수 있는 것으로 나타났다(Lewis, 2009). 단기휴가가 직장복귀 확률을 높여 여성의 고용에 긍정적 영향을 주는 것으로 나타났으며 휴가기간이 길어질수록 고용에 대한 효과는 낮아졌다(OECD, 2011).

남성육아휴직(Paternity Leave)은 출산 시 고용상태에 있는 부(父)가 근로를 중단할 때, 고용을 보호받을 수 있는 휴가로 출산휴가보다 기간이 짧다. 북유럽국가는 다른 OECD 국가보다 긴 남성육아휴직기간을 제공하며 개인소득의 80% 정도를 지원한다(OECD, 2016). 영국의 경우 남성 육아휴직은 2주 동안이고 휴가 동안 급여가 지급되는데 21만 원(139.58파운드) 혹은 평균 주급의 90% 중 더 낮은 쪽으로 급여가 지급된다(GOV.UK, 2016f).

대부분의 유럽국가에서 남성의 육아휴직은 여성의 휴가보다 훨씬 짧다. 이것은 대부분의 국가가 일과 가정생활 양립정책에서 남성보다는 여성에게 더 집중했다는 증거(Lewis, 2009)로 이런 현상은 성 평등을 이루는 데 부정적 영향을 미칠 수 있다. 또한 영국의 경우 여성의 출산휴가는 다른 국가보다 길고 남성의 육아휴직은 짧아 성 역할 분담에서 성 평등을 이루기에는 아직 미흡한 부분이 있다(Sung & Guerreiro, 2011).

육아휴직(Parental Leave)은 고용상태에 있는 부모가 근로 중단 시에도 급여를 받을 수 있는 휴가를 의미한다. 모든 국가에서 육아휴직을 제공하지는 않지만 대개의 경우 출산휴가기간을 보충하는 수단으로 사용된다. 육아휴직기간 동안 소득지원에 대한 권리는 가족 단위를 기준으로 제공하므로 부모 중 한 명만 급여를 청구할 수 있다. 육아휴직 시 제공되는 급여율은 출산휴가보다 낮은 편이다(OECD, 2011).

영국은 2015년부터 공동육아휴직(Shared Parental Leave)을 시행하였는데 휴직을 원하는 여성은 휴가를 시작하기 전 출산휴가를 끝내야 하며 아버지와 어머니가 육아휴직을 번갈아 가며 공유할 수 있다. 예를 들면, 출산휴가 중인 어머니가 12주 후에 휴가를 끝내기로 결정하고 총 52주 중 남은 40주를 육아휴직으로 사용할 수 있으며 40주 중에서 27주는 육아휴직급여를 받을 수 있다. 출산휴가에서 39주만 급여를 받을 수 있으므로(12주+ 27주=39주) 같은 규칙이 육아휴직급여에도 적용되는 셈이다. 육아휴직급 여는 남성 육아휴직과 같은 21만 원(139.58파운드) 혹은 평균 주급의 90% 중 더 낮은 쪽으로 급여가 지급된다(GOV.UK, 2016g).

육아휴직은 대체적으로 어머니에 대한 보충적 권리로 도입되었는데 지 금은 점차 아버지의 권리로 확대되고 있다. 아버지는 배우자보다 소득수준 이 높은 경향이 있어 어머니가 휴가를 이용하는 것이 가구소득에 더 도움 이 되므로 어머니가 사용하는 경우가 더 많다. 또한, 자녀를 돌보는 데 어 머니의 역할에 대한 사회적 태도 역시 육아휴직 이용에 영향을 준다 (OECD, 2016). 그러므로 보육과 유급노동의 구분이 더욱 성 평등적으로 이루어져야만 기존의 정책이 더 효과를 볼 수 있고 성 평등을 위한 돌봄노 동에 대한 새로운 정책개발도 요구되는 실정이다.

2) 노동시간에 대한 융통성

노동시간에 대한 융통성(Flexible Working)은 직장인이 필요에 따라 출근 시간과 퇴근시간을 융통성 있게 조절하거나 집에서 일을 할 수 있도록 허 용하는 제도이다. 영국의 모든 직장인(자녀를 가진 부모나 돌봄노동을 하는 경우가 아니더라도)은 직장에서 지속적으로 26주 이상 일한 경우 시간 융통 성 제도를 이용하기 위해 신청서를 낼 수 있다. 단, 신청은 1년에 한 번만 허용된다(GOV.UK, 2016h).

영국의 시간 융통성 제도는 널리 보급된 제도 중 하나로 주로 여성이 일 과 가정을 양립하기 위해 시간제(part-time) 노동을 이용해왔다. 시간 융통 성 제도는 전통적으로 남성 직장생활의 표준으로 생각되었던 장시간 노동 을 변화할 수 있는 좋은 제도이지만 사용자가 주로 여성이라는 점에서 여성 의 직장생활에 부정적 영향을 미칠 수 있다는 단점이 있다(Lewis, 2009).

3) 아동복지서비스의 논점: 아동, 여성, 부모 그리고 가족?

2에서 논의하였듯 영국 아동복지정책과 서비스에 있어서 부모의 역할은 지속적으로 강조되었고 아동교육과 돌봄에 부모의 참여를 유도하려는 정부의 노력이 있었다. 예를 들어, 슈어스타트 프로그램과 아동센터 프로그램 모두 부모의 참여를 유도하고 아동보육과 건강에 대한 정보를 부모에게 제공하는 등 부모와 아동의 소통을 강조하였다.

루이스와 연구진(Lewis et al., 2011)의 영국 아동센터에 관한 연구에 따르면 센터의 관리자는 대부분 아동과 부모 모두에게 관심을 기울여야 한다. 부모가 행복한 가정에서 아이도 행복할 가능성이 높기 때문이다. 반면, 아동교육에 좀더 중점을 두어야 한다고 주장한 관리자도 있었다. 또한 지방 관청에서 일하는 사무관도 아동센터서비스의 초점을 어디에 맞출 것인지 결정하기는 쉽지 않다고 언급했다. 예를 들어, 아동 혹은 부모에게 중점을 둘 것인지 아니면 아동과 부모 모두에게 초점을 맞출 것인지 등 균형 있게 서비스를 제공하는 것은 어려운 문제라고 논의했다. 이 연구에 따르면 센터 관리자 대부분이 아동과 부모(대부분의 경우에 어머니가 참여)가 함께 참여하는 프로그램이나 서비스가 가장 성공적인 서비스였다고 주장했다.

이와 같이 아동복지에서 부모의 역할이 중요하다는 것을 고려할 때, 아동복지는 단순히 아동보육과 교육정책에만 국한하지 않으며 여성과 가족 복지와도 밀접한 연관이 있다고 할 수 있다. 가정에서나 보육기관에서나 여성이 대부분의 아동돌봄노동을 행하는 상황에서 여성과 아동복지의 연계성에 대한 논의는 중요하다. 앞에서도 언급했듯 영국정부는 아동보육정책의 개선을 언급하면서 아동조기교육뿐만 아니라 부모의 노동시장 활성화도 중요한 이유로 포함했다(Lewis, 2008; Sung & Guerrerio, 2011).

그러나 부모의 노동시장 참여가 자녀에게 미치는 영향에 관한 연구는 많지 않다. 이로 인해 최근에 어머니의 노동시장 참여가 아동이나 여성에게 어떤 영향을 미치는지를 다룬 연구가 관심을 받았다. 리지(Ridge, 2009)의 빈곤아동과 한부모가정에 관한 연구에 따르면 대부분의 아동은 어머니가 직장을 찾았을 때 가정의 소득증가로 인해 빈곤에서 벗어날 수 있는 가능성이 커진다고 생각하는 것으로 나타났다. 그러나 어머니가 찾은 직장이 불안정한 시간제나 계약직일 경우, 아동도 낮은 임금과 언제 바뀔지 모르는 고용환경 등의 문제점을 인지하고 불안해하는 경향을 보였다. 그러므로 근로유인정책에 초점을 맞춘 보육정책과 서비스는 아동과 부모 모두에게 빈곤에서 벗어날 수 있는 기회를 제공할 수도 있으나 부모가 저임금 노동이나 불안정한 계약직에 종사하는 가정의 경우에는 많은 도움이 되지 않는 것으로 나타났다.

기혼여성(특히, 어머니)의 고용촉진은 안정적 고용환경과 돌봄노동에서의 성 평등, 그리고 아동보육과 교육에 대한 더 나은 정책과 서비스가 전제되었을 때 가능하다. 또한 부모의 노동참여 활성화에 중점을 둔 보육정책은 아동복지에서 아동이 중심이 되어야 한다는 중요한 사실을 간과할 수 있다. 그러므로 아동보육정책에서 아동이 중심이라는 관점은 지속하면서 다른 한편으로는 아동복지정책과 다른 복지정책의 연계성을 살펴보는 연구가 앞으로 좀더 발전되어야 한다.

7. 맺음말

영국정부는 1990년대 후반 신노동당정부부터 본격적으로 보육정책 개선을 위하여 노력을 기울였으며 슈어스타트 프로그램, 아동센터, 국가 아동보육 전략 등 보육서비스의 질을 향상시키기 위한 정책을 입안하였다. 그러나 영국의 보육정책은 아동보육과 교육에 중점을 두면서도 한편으로는 부모(특히, 어머니)의 노동시장 참여를 확대하기 위한 근로유인정책을 중요한 부분으로 간주하였다. 또한 근로유인정책이 아동빈곤 퇴치를 위한 가장 중요한 방법으로 인식하면서 실업가구의 수를 줄이고 부모의 노동시장 참여를 촉진하는 정책을 장려하여왔다(Lewis, 2009). 그러나 부모가 직장을 가지면 소득이 증대되어 빈곤가정의 경제적 여건이 개선되지만, 부모가 저임금 직종에 종사하는 경우 여전히 아동은 빈곤을 겪는 것으로 나타났다(Main & Bradshaw, 2016).

영국정부는 신노동당정부 때부터 2020년도까지 아동빈곤 퇴치를 위한 정책을 발표했다. 실제로 신노동당정부의 이런 정책은 어느 정도 성과를 거두었다(Lewis, 2011). 그러나 연립정부와 보수정부 집권 이후 정책의 변화로 자녀가 있는 가정에서 절대 빈곤수치가 높아진 것으로 나타나면서(Main & Bradshaw, 2016) 현재 상황에서 아동빈곤의 퇴치는 2020년도까지 달성하기 힘들어 보인다. 개인적 태도와 행동양식 등을 비판하는 데 초점을 둔 연립정부와 보수당정부의 빈곤 접근방법 그리고 복지의존성을 지나치게 강조하면서 긴축재정을 통해 복지예산을 삭감하는 방안 등의 복지개혁은 아동빈곤 감소에 긍정적 영향을 줄 수 없으며 빈곤의 근본적 원인을 분석하고 해결책을 마련하는 데 도움을 주기 힘들 것으로 예상된다.

또한 최근 영국정부가 부모의 보육비용부담을 덜기 위해서 계획한 3~4세 아동을 위한 무상보육정책 연장정책(DfE, 2016a, 2016b)은 보육시설의 접근성에 대한 어려움으로 빈곤가정의 아동에게 많은 혜택을 주기 힘든 것으로 나타났다(Butler & Rutter, 2016). 그러므로 빈곤가정의 부모의 행동양식을 비판하는 데 초점을 두기보다는 좀더 근본적인 원인을 파악하고 사회구조적 접근과 시각의 변화가 요구되며, 빈곤가정과 아동에게 어떤 정책이 도움이 될 것인지에 대한 논의가 시급하다.

보육교사의 저임금과 열악한 고용환경 역시 개선해야 할 문제점이다. 최근, 보육교사의 전문성을 높이고 조기아동교육의 질을 높이기 위한 정부의 노력으로 보육교사 중 자격요건을 갖춘 인력이 증가하였으나(Simon et al., 2015) 보육교사의 저임금문제는 여전히 해결되지 않았다. 대부분의 보육교사가 젊은 여성이라는 점을 감안할 때, 저임금문제는 노동시장과 가정에서의 여성 지위개선에 그리고 남성의 보육인력 참여에도 부정적 영향을 줄 수 있다.

앞에서도 언급했듯 가정이나 보육시설에서 주로 돌봄노동에 참여하는 주체가 여성이라는 점에서 보육정책과 여성·가족복지정책은 연계성이 크다고 할 수 있다. 예를 들면, 일과 가정 양립제도 중 하나인 출산휴가와 육아휴직제도는 여성과 가족복지정책이지만 돌봄노동에 대한 부모의 책임 그리고 그로 인해 아동이 받는 혜택을 고려한다면 아동복지와도 연관된다. 아동에 중점을 둔 보육과 교육정책도 지속적 연구가 필요하지만 연계된 정책에 관한 다각적 접근도 보육정책 개선에 긍정적 영향을 줄 수 있다. 부모와 가정의 행복이 아동의 행복과 관련된다는 점을 고려하여 여성과 가족복지정책 등 아동복지와 연관된 다른 정책도 함께 논의된다면 더욱 총체적 의미에서의 아동복지와 보육정책을 입안하는 데 도움이 될 것이다.

■ 참고문헌

해외 문헌

Bradshaw, J. (2011). Child benefits in the European Union. *Poverty, 139,* 13~16. London: Child Poverty Action Group(CPAG).

Carroll, M., Smith, M., Oliver, G., & Sung, S. (2009). Recruitment and retention in front-line services: The case of Childcare. *Human Resource management Journal, 19*(1), 59~74.

Cribb, J., Hood, A., Joyce, R., & Phillips, D. (2013). *Living Standards, Poverty and Inequality in the UK.* London: Institute for Fiscal Studies.

DfEE, DSS and Ministers for women(1998). *Meeting the Childcare Challenge: A*

Framework and Consultation Document. London: The Stationery Office.

Griggs, J., & Walker, R. (2008). *The Costs of Child Poverty for Individuals and Society: A Literature review*. York: Joseph Rowntree Foundation.

Lewis, J. (2008). Childcare policies and the politics of choice. *The Political Quarterly*, *79*(4), 499~507.

_____(2009). *Work-Family Balance, Gender and Policy*. Cheltenham: Edward Elgar.

_____(2011). From sure start to children's centres: An analysis of policy change in English early years programmes. *Journal of Social Policy*, *40*(1), 71~88.

Lewis, J., Cuthbert, R., & Sarre, S. (2011). What are children's centres?: The development of CC services, 2004-2008. *Social Policy and Administration*, *45*(1), 35~53.

Main, G., & Bradshaw, J. (2016). Child poverty in the UK: Measures, prevalence and intra-household sharing. *Critical Social Policy*, *36*(1), 38~61.

Martorano, B., Natali, L., De Neubourg, C., & Bradshaw, J. (2014). Child well-being in advanced economies in the late 2000s. *Social Indicator Research*, *118*, 247~283. New York: Springer.

O'Sullivan, J., & Chambers, S. (2012). *Men Working in Childcare: Does It Matter to Children? What Do They Say?*. London: London Early Years Foundation.

Owen, C. (2003). *Men's Work?: Changing the Gender Mix of the Childcare and Early Years Workforce*. London: Daycare Trust, The National Childcare Campaign.

Piachaud, D. (2012). Poverty and social protection in Britain: Policy developments since 1997. *Journal of Policy Practice*, *11*(1), 92~105.

Ridge, T. (2007a). It's a family affair: Low-income children's perspectives on maternal work. *Journal of Social Policy*, *36*(3), 399~416.

_____(2007b). Children and poverty across Europe: The challenge of developing child centred policies. *Journal for Sociology of Education and Socialization*, *27*(1), S. 28~42.

_____(2009). It didn't always work: Low-income children's experiences of changes in mothers' working patterns in the UK. *Social Policy and Society*, *8*(4), 503~513.

Ridge, T., & Sanders, P. (2009). Themed section on children's perspectives on poverty and disadvantage in rich and developing countries. *Social Policy and Society*, *8*(4), 499~502.

Redmond, G. (2009). Children as actors: How does the child perspectives literature treat agency in the context of poverty. *Social Policy and Society*, *8*(4), 541~550.

Ruxton, S. (1992). *What Is He Doing at the Family Centre?: The Dilemmas of Men Who Care for Children*. London: National Children's Home.

Sung, S., & Guerrerio, M. D. (2011). Standardization or diversity in European welfare regime?: The case of work-family policies in the UK and portugal. In Koch, M., Pepper, B., & McMillan, L. (Eds.). *Diversity, standardization and social transformation* (77~95). Farnham: Ashgate.

기타 자료

Anning, A., Chesworth, E., & Spurling, L. (2005). The quality of early learning, play and childcare services in sure start local programmes. NESS/2005/FR/009, Nottingham: DfES.

Audit Commission Report(2010). Giving children a healthy start, February 2010.

Bate, A., & Foster, D. (2015). Sure start (England). Briefing paper, 7257. 15 July 2015, House of Commons Library.

Butler, A., & Rutter, J. (2016). Creating an anti-poverty childcare system. JRF programme paper. Joseph Rowntree Foundation.

Children's Development Council(2011). Early years workforce: A way forward. The Children's Development Council.

Department for Education(2014). Evaluation of children's centres in England (ECCE). June 2014, Department for Education.

_____(2015). Childcare bill: Policy statement. December 2015, Department for Education.

_____(2016a). Tax-free Childcare: 10 things parents should know. Department for Education.

_____(2016b). Thousands of parents benefit from 30 hours' free childcare early. Press release, Department for Education.

_____(2016c). Childcare and early years survey of parents in England, 2014 to 2015. SFR 09/2016, Department for Education.

Department for Work and Pensions(2015). Child poverty transition. government social research. Research report No. 900, Department for Work and

Pensions.

Family Resources Survey (2012). FRS survey 2010/11. Published in June 2012, Department for Work and Pension.

LSE (2015). The coalition's record on the under fives: Policy, spending and outcomes 2010-2015. Centre for Analysis of Social Exclusion.

Main, G., & Bradshaw, J. (2014). Child poverty and social exclusion: Final report of 2012 PSE study. University of York, Social Policy Research Unit, PSE UK.

OECD (2011). Doing better for families. OECD.

Simon, A., Owen, C., Hollingworth, K., & Rutter, J. (2015). Provision and use of preschool childcare in Britain. Institute of education, Thomas Coram research unit, University College London.

Smith, T., Smith, G., Coxon, K., & Sigala, M. (2007). National evaluation of the neighbourhood nurseries initiative integrated report. Nottingham: DfES.

Sung, S., Smith, M., Carroll, M., & Oliver, G. (2005). Men in the childcare sector. Gender, work and organization conference, conference paper. June 2005, The University of Keele, UK.

Sylva, K., Melhuish, E., Sammons, P., Siraj-Blatchford, I., & Taggart, B. (2004). The effective provision of pre-school education (EPPE) project: Final report. London: DfES.

The HM Treasury (1998). Modern public services for Britain: Investing in reform, comprehensive spending review: New public spending plans. 1999-2002, London: Stationery Office.

Guardian (2016. 1. 27). UK Childcare policies failing poor families, report finds. http://www. theguardian. com/money/2016/jan/27/uk-childcare-policies-failing-poor-families-report-finds. 2016. 5. 7. 인출.

GOV. UK (2016a). Child benefit, GOV. UK. https://www. gov. uk/child-benefit. 2016. 7. 1. 인출.

_____ (2016b). Child tax credits, GOV. UK. https://www. gov. uk/child-tax-credit. 2016. 7. 1. 인출.

_____ (2016c). Tax credits if you have a baby, GOV. UK. https://www. gov. uk/

tax-credits-if-you-have-baby. 2016. 7. 1. 인출.

_____(2016d). Sure start maternity grant, GOV. UK. https://www.gov.uk/sure-start-maternity-grant. 2016. 7. 1. 인출.

_____(2016e). Maternity pay and leave, GOV. UK. https://www.gov.uk/maternity-pay-leave/overview. 2016. 7. 1. 인출.

_____(2016f). Paternity pay and leave, GOV. UK. https://www.gov.uk/paternity-pay-leave. 2016. 7. 1. 인출.

_____(2016g). Shared parental leave, GOV. UK. https://www.gov.uk/shared-parental-leave-and-pay/overview. 2016. 7. 1. 인출.

_____(2016h). Flexible working, GOV. UK. https://www.gov.uk/flexible-working. 2016. 7. 1. 인출.

OECD(2015). PF4.2: Quality of childcare and early education services. OECD education at a gance. OECD. http://www.oecd.org/els/family/database.htm.

_____(2014). PF3.1: Public spending on childcare and early education. OECD education database, OECD. http://www.oecd.org/els/family/database.htm.

_____(2016). PF2.1: Key characteristics of parental leave systems. OECD family database, OECD. http://www.oecd.org/els/family/database.htm.

주택 및 주거서비스

1. 영국의 주택 및 주거서비스 현황

1) 개요

현재 영국의 주택 및 주거서비스 관련 정책은 2차 세계대전 이후 지속되었던 전형적인 유럽식 복지국가의 유산에 1979년 이후 신자유주의적 변화가 반영되어있다. 2차 세계대전 직후 영국정부는 공공영역을 적극적으로 지원했고 사회주택을 대량으로 공급하며 사회주택 영역을 점차 확대했으나 1960대와 1970년대 수차례 금융위기를 경험한 이후 신자유주의적 정책이 점차 도입되며 오늘날의 형태로 발전되었다.

영국의 신자유주의적 주택정책의 주요특징으로는 민영화를 추진하기 위한 정부의 적극적 개입 및 시장의 역할 증대, 주거복지에 있어서 개인의 책임을 강조하는 현상 등을 들 수 있다(Hodkinson, Watt, & Mooney, 2013). 이러한 기조는 '대처리즘'(Thatcherism)으로 대표되는 1979년 보수당정부의 집권 시기부터 본격적으로 시작되어 신노동당의 '제3의 길'을 거쳐 오늘까지 이어져오면서 주택정책에 많은 영향을 미쳤다.

이 장에서는 이러한 영국 주택 및 주거서비스 관련 정책을 살피고 영국 2010년 보수당 주도의 연립정부 구성 이후 캐머런 총리의 '큰 사회론'(Big Society)을 바탕으로 등장한 다양한 주택정책을 살펴봄으로써 그 시사점을 도출하고자 한다.

2) 영국의 주택 관련 현황

(1) 가구별 주택거주 형태

영국정부가 2015년 발표한 자료에 따르면 영국 전체의 가구 수는 2,699만 가구로 조사되었으며 이 중 가장 많은 유형은 2인가구로 전체 가구의 35%를 차지했고 두 번째로 많은 유형은 1인가구로 28.6%로 조사되었다 (ONS, 2015a). 가구당 평균 구성원 수는 2.37명으로 1인 및 2인가구가 지속적으로 증가한다는 특징을 보인다. 현재 6,460만 명에 달하는 영국의 인구는 향후 10년 동안 440만 명이 증가하여 2024년 중반에는 6,900만 명에 달할 것으로 예측된다(ONS, 2015b).

주택거주의 형태는 각 시기별로 뚜렷한 특징이 있다. 영국인구 구성의 84%를 차지하는 잉글랜드 지역을 중심으로 현재 주택거주 형태를 살펴보면 자가보유의 비중이 63.3%로 가장 컸으며 민간임대 19.4%, 공공임대 17.3% 순이었다(<그림 18-1> 참조). 자가보유자의 절반가량인 52.8%가 주택을 완전히 소유하는 형태였으며 나머지 47.2%는 모기지 대출 등을 통해 주택을 구입한 형태였다(DCLG, 2015a).

주택거주 형태의 주요변화를 살펴보면 공공임대 영역이 1918년부터 지속적으로 성장하여 사회주택에 거주하는 가구 수의 비중이 1981년 기준 31.7%에 달했으나 이후 지속적으로 하락세를 보여 현재는 1981년 대비 절반 가까이 줄어든 17.3% 수준에 머무른다. 자가보유의 경우 그 비중이

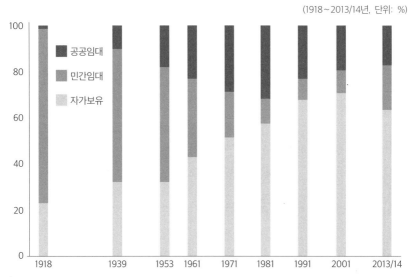

(1918~2013/14년, 단위: %)

자료: DCLG, 2015a.

꾸준히 증가하여 2003년 그 최고치인 70.9%까지 달했으나 이후 비중이 조금씩 감소하여 현재 전체 가구의 63.3%가 자가보유 주택에 거주 중인 것으로 조사되었다. 현재 지속적으로 감소 중인 자가보유 및 공공임대 영역은 민간임대 영역에 의해 채워지고 있는데, 2000년대 초까지 10% 선에 머물던 민간임대 영역은 현재 19.4%까지 확대되며 사회주택에 거주하는 가구 수를 2011년 앞질렀으며 이러한 추세는 향후 지속되어 2020년에는 민간임대 영역의 비중이 25% 수준까지 확대될 것으로 전망된다(Pattison et al., 2010).

주택 형태의 경우, 자가보유 가구의 단독주택 선호 경향이 뚜렷하게 나타나 자가보유 가구의 90% 이상이 단독주택에 거주하는 것으로 조사되었다. 공공임대의 경우 공동주택에 거주 중인 가구의 비중이 상대적으로 크게 조사되어 사회주택에 거주하는 44.3%의 가구가 공동주택에 거주 중인 것으로 나타났다(〈표 18-1〉 참조, DCLG, 2015a). 사회주택에 거주하는 가

구분	자가보유		민간임대	공공임대
	완전보유	대출보유		
단독주택	92.1%	90.7%	61.9%	55.4%
공동주택	7.2%	9.2%	35.4%	44.3%
기타	0.6%	0.0%	2.7%	0.3%

자료: DCLG, 2015a.

구의 거주지 선택 권리가 극히 제한적임을 고려해볼 때 이는 사회주택 거주자가 공동주택을 선호하는 것이 아니라 대량의 사회주택이 공동주택 형태로 건설됨에 기인한 것으로 보인다.

(2) 주택공급 형태의 변화

2차 세계대전 이후를 중심으로 잉글랜드 지역의 주택공급 양상을 살펴보면 각 시기별로 주택공급을 주도적으로 담당했던 영역이 지속적으로 변화했던 것을 알 수 있다. 주체별 주택공급 양상은 〈그림 18-2〉와 같다.

전쟁 직후에는 전쟁 중 파괴된 주택을 복구하고 전쟁을 마친 후 돌아온 군인의 거처를 제공하기 위해 지방정부의 주도 아래 적극적으로 주택이 건설되었다. 전쟁 직후 지방정부가 80% 이상의 주택을 공급했을 정도로 주택공급에 주도적 역할을 담당했으나 그 비중은 점차 감소하여 1968년에는 40.8%의 주택이 지방정부에 의해 공급되었다. 지방정부는 1979년 대처정부 집권 직전까지 40% 수준에서 꾸준히 주택을 공급했다.

한편 1968년은 영국 역사상 가장 많은 주택이 공급된 시기로 당시 한 해 동안 완공된 주택은 35만 호에 달한다. 민간영역의 경우 대처정부 집권 이후 주택공급을 주도적으로 담당하여 그 비중이 꾸준히 증가했으며 2003년에는 91%의 주택이 민간영역에 의해 공급되었을 정도로 최근 주택공급에 가장 중요한 역할을 담당한다. 이후 그 비중이 조금 감소하여 2014년에는 78.8%의 주택이 민간영역에 의해 공급되었다.

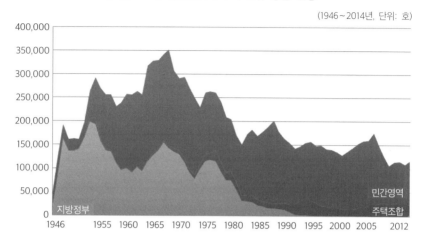

〈그림 18-2〉 잉글랜드의 주택 신규 공급 현황

(1946~2014년, 단위: 호)

그 밖에 비영리 영역의 등장 역시 영국 주택공급 형태의 큰 변화로 볼 수
있다. 주로 주택조합(Housing Association)의 형태를 띤 비영리 영역은 1990
년대부터 지방정부를 대신하여 본격적으로 사회주택을 공급하기 시작했다.
주택공급에 있어 지방정부의 비중이 점차 감소한 가운데 주택조합의 역할
은 꾸준히 유지되어 2014년 기준 20.2%의 주택이 주택조합에 의해 공급된
반면, 같은 해 지방정부가 공급한 주택은 전체 주택의 1%에 그쳤다.

3) 주거급여 관련 현황

사회주택의 공급이 공급자 중심 주거복지의 핵심이라면 주거급여는 수혜
자 중심 주거복지의 핵심으로 볼 수 있다. 영국에서는 1982년부터 기존의
주거 관련 보조금을 통합하여 단일화된 주거급여제도를 실행했으며, 이는
민간임대 및 사회주택 거주 여부에 상관없이 해당 가구에게 모두 지급된
다. 2015년 8월 기준 약 479만 명이 주거급여를 지급받으며 이 중 사회주
택에 거주하는 가구의 비중이 68.1%, 민간임대주택에 거주하는 가구

〈그림 18-3〉 영국의 주거급여 지급 현황

[1978~2020년, 단위: 백만 파운드(2015/2016 실질금액 기준 주거급여), 천 가구(수혜가구)]

주: 2015년 이후는 추정치.
자료: DWP, 2015b.

의 비중이 31.9%로 나타났다(DWP, 2015a).

　사회주택 거주 가구에 지급되는 평균 주당 임대료는 88.82파운드였으며 민간임대주택의 경우 109.09파운드로 전체 평균은 95.30파운드로 조사되었다. 영국정부는 2016년 주거급여를 위해 약 242억 파운드를 지출할 예정이다. 이는 정부가 지급하는 복지수당의 14.1%에 해당되는 금액으로 국가연금에 이어 두 번째로 큰 복지수당 지출 항목이다. 주거급여 수혜가구 수는 제도가 통합 시행된 1982년 당시 주거급여 수혜가구 수인 443만 가구와 비교했을 때 큰 차이가 없으나 총지출액의 경우 4배 이상 증가했고 20년 전과 비교해도 1.5배 이상 증가하는 등 그 지급액이 점차 증가하는 추세를 보였다(DWP, 2015b). 주거급여가 기하급수적으로 증가함에 따라 영국정부는 주거급여제도를 개편하기 위해 통합공제(Universal Credit) 제도를 포함한 각종 제도를 도입하고 있으며 이러한 노력의 결과, 주거급여 지출액은 2020년 211억 파운드 수준으로 감소할 것으로 예상된다. 영국의 주거급여 지급 상황은 〈그림 18-3〉과 같다.

2. 영국의 주택 및 주거서비스 관련 정책의 발전과 변화

영국 주택정책은 19세기 중반 주택의 위생환경을 개선하기 위한 보건정책에서 그 시작을 찾아볼 수 있다. 당시 영국은 급격한 산업화와 도시화를 경험했고 그 과정에서 형성된 빈민가의 주거환경 개선이 정부의 큰 과제로 부각되었다. 영국정부는 이러한 문제를 사회의 주요문제로 인식하고 이를 해결하기 위한 각종 정책을 도입했다. 이후 점차 변화를 거쳐 오늘날까지 발전한 주택정책은 내용 측면에서 19세기의 정책과 많은 차이가 있으나 변화하는 시대적 상황을 지속적으로 반영하며 발전했다는 점에서 〈1875년 공중보건법〉(*Public Health Act of 1875*)이나 〈1885년 노동계급 주택법〉(*Housing of the Working Classes Act of 1885*)과 같은 당시 정책에 기반을 두었다고 볼 수 있다.

이후 1차 세계대전을 경험하며 주택정책에 관한 개념이 본격적으로 정립되었고 주택물량과 주거수준, 주택가격에 대한 정책이 도입되기 시작했다. 이 시기에 지방정부가 본격적으로 사회주택공급에 참여하기 시작했으며 민간영역 주택에 대한 임대료 규제와 모기지 이자율에 대한 규제 또한 도입되었다.

이후 2차 세계대전을 경험하며 70만 호의 주택이 피해를 입는 등 신규 주택공급이 정부의 주요역할로 등장함과 더불어 복지국가로서의 정부의 역할이 부각되며 영국의 주택정책은 새로운 국면을 맞이했다(Mullins & Murie, 2006).

여기서는 2차 세계대전 이후 영국의 주택 및 주거서비스 관련 정책을 그 주요정책 방향에 따라 정부주도의 주택 대량공급 시기, 정부주도의 민영화 추진 시기, 주거복지정책의 축소 시기의 세 시기로 구분하여 살펴본다.

1) 정부주도의 주택 대량공급 시기: 1945~1978년

앞서 개략적으로 살펴보았듯 2차 세계대전이 끝난 1945년부터 보수당이 장기집권을 시작하기 직전인 1978년까지는 중앙정부주도로 사회주택이 대량으로 공급된 시기이다. 이러한 정책이 등장한 배경으로 우선 전쟁 중 파괴된 주택을 대체하기 위해 대량으로 주택을 건설해야 하는 사회적 필요가 있었다. 중앙정부는 전쟁의 여파로 민간영역의 주택공급 역량이 충분하지 않다고 판단을 내렸다(Keohane & Broughton, 2013).

전쟁 직후 집권한 노동당정부는 집권 이후 각종 산업시설의 국유화 정책을 추진하고 무상의료체계를 수립함과 더불어 사회주택을 본격적으로 공급하는 데 주력했다. 1945년부터 1951년까지 잉글랜드의 지방정부가 공급한 주택은 총 60만 호에 달하며 이는 전체 신규주택공급의 80%에 해당하는 수치였다. 이후 보수당 집권 시기에 주택공급량이 일부 감소하기도 했으나 매년 20만 호 이상의 주택이 꾸준히 공급되었다.

이 시기에는 노동당과 보수당이 번갈아 집권했음에도 불구하고 두 정당 모두 주택공급 및 이를 통한 일자리 창출의 중요성을 인식했고 주택공급을 활성화하기 위한 다양한 정책을 도입했다. 중앙정부는 지방정부를 통해 대량으로 사회주택을 건설함으로써 주거복지를 달성할 뿐만 아니라 관련 산업을 육성하여 고용을 증가시키고 실질 소득을 높이고자 했다(Malpass, 2005). 또한 금융위기 직전까지의 세계적 경기호황은 사회주택공급의 증가뿐만 아니라 주택 자가보유율이 처음으로 50%를 넘어설 수 있는 계기를 마련했다.

한편, 1967년 파운드화 위기를 경험한 이후 공공예산은 점차 감소했고 1968년 영국 역사상 가장 많은 주택이 공급된 이후 주택공급량은 점차 감소할 수밖에 없는 상황이 되었다. 특히, 노동당정부는 1970년대 초반 주택공급량의 감소와 더불어 인플레이션과 금리 상승의 압박 속에 주택공급을 늘리기 위해 주택 관련 예산을 늘리고자 했다. 그러나 1976년 통화위기를 다시 경험하며 국제통화기금(IMF)의 구제금융 지원을 받음으로써 주택 관련 예산은 다시 삭감되었으며 이로 인하여 신규주택공급은 그 동력을 잃게 되었다.

이 시기 노동당은 〈1974년 주택법〉(The Housing Act 1974)의 제정을 통해 주택공사(Housing Corporation)[1]를 재정비하며 그 역할을 확대했고 주택조합을 위한 새로운 보조금제도를 도입하여 주택조합이 발전할 수 있는 계기를 마련했다. 또한 〈1977년 노숙인 주택법〉[The Housing (Homeless Persons) Act 1977]을 제정하며 노숙인의 주거권을 새롭게 명시했다.

2) 정부주도의 민영화 추진 시기: 1979~2009년

1970년대 중반 노동당의 공공재정 축소가 금융위기에 대응하기 위한 불가피한 조치였다면 1979년 보수당 집권 이후의 공공재정 축소는 복지국가의 개념을 축소하는 데 그 목적이 있었다(Robinson, 1986). 또한 이러한 추세는 신노동당 집권 시기에도 지속적으로 이어졌다고 볼 수 있다.

이러한 흐름을 바탕으로 1979년부터 2009년까지 영국의 주택 및 주거서비스 정책의 큰 흐름은 국가개입을 축소하고 민영화를 추진함과 동시에 대물보조 중심에서 대인보조 중심으로 주거서비스 정책이 전환된 시기로 볼 수 있다(오도영·박준·김혜승, 2015). 각 정당별 집권 시기에 이루어진 주요 정책을 살펴보면 다음과 같다.

(1) 보수당정부 집권기: 1979~1996년

대처 총리가 이끌었던 당시 보수당정부의 가장 큰 특징으로는 주택의 자가보유율 확대가 주택 및 주거서비스 정책의 핵심으로 등장했다는 점과 주거

---

1) 주거 및 지역사회기구(Homes and Communities Agency: HCA)의 전신이다.

급여제도를 본격적으로 시행했다는 점을 들 수 있다(Malpass, 2005). 이러한 흐름 속에 사회주택 건설을 위한 중앙정부의 보조금이 급감하며 주택공급에서 지방정부의 역할이 점차 축소되었고 그 결과 보수당 집권 말기인 1997년 한 해 동안 지방정부가 공급한 주택은 290호에 그쳤다. 이 시기에는 매년 약 15만 호에서 20만 호 선에서 주택공급이 이루어진 시기로 1988년에는 민간영역이 86.7%가 넘는 주택을 공급하는 등 이전 시기와 비교했을 때 주택공급에 민간영역의 역할이 점차 부각되던 시기로 볼 수 있다.

보수당정부는 집권 직후 〈1980년 주택법〉(The Housing Act 1980)을 제정하며 주택의 자가보유율 확대를 위해 사회주택 매각을 위한 사회주택매입우선권(Right to Buy) 제도를 도입했다. 이를 통해 지방정부가 보유한 사회주택에 거주하는 입주자는 시세 대비 최대 33% 할인된 가격으로 사회주택을 구입할 수 있었다. 이러한 제도를 보조하기 위해 모기지 관련 세금혜택을 제공하고 금융시장 자유화를 통해 수요자에게 다양한 모기지 대출 선택권을 제공하기도 했다(박준·손정원, 2008).

또한 1988년에는 주택자산이전(Stock Transfer) 제도를 도입하여 지방정부가 보유한 사회주택을 비영리 영역으로 이전하기 위한 법적 절차를 마련하고 이를 위한 보조금을 지급했다. 보수당의 민영화 전략은 성공리에 실행되어 보수당 집권기간 동안 약 200만 호의 사회주택의 소유권이 개인에게 이전되었으며 약 100만 호의 사회주택이 비영리 영역으로 이전되었다. 보수당은 이러한 정책을 통해 자산기반 복지를 추구할 수 있는 기반을 마련했다고 볼 수 있다.

이와 더불어 보수당정부의 주요 정책변화로 주거급여제도의 본격적 도입을 들 수 있다. 다양한 형태였던 기존의 주거급여제도를 단일화하여 1982년부터 시행된 주거급여제도는 사회주택과 민간임대주택에 거주하는 저소득층에게 주거비를 지원하는 제도이다. 이 제도를 통해 수혜자는 적정규모의 주택 임대료를 정부로부터 지원받을 수 있으며 최대 수혜금액은 전기 및 난방 등을 제외한 주택 임대료의 전체에 해당한다.

주거급여제도는 25세 미만 인구를 위한 1인실 임대료 지원제도(Single Room Rent) 도입 등 여러 차례의 수정을 거쳤으며, 1982년 61억 2천만 파운드였던 지원금 규모가 1997년에는 163억 4천만 파운드[2]로 대폭 증가한 반면, 수혜자는 443만 명에서 459만 명으로 큰 변화가 없는 것이 특징이다. 한편, 주거급여제도가 통합되어 시행된 배경에 다양한 형태의 주거급여가 존재하여 수혜자에게 혼란을 가중시키는 문제가 있었다고 볼 수 있으나 다른 한편으로는 보수당정부가 완전고용의 전제를 포기했으며 주거급여 산정 업무를 지방정부로 이관하고 정부의 재정부담을 축소하기 위한 정치적 목적 또한 있었다고 볼 수 있다(Kemp, 1987).

그 밖에 보수당정부 시기의 특징으로는 임대료 규제 철폐가 있다. 민간임대 부분에 1915년부터 임대료 통제제도가 도입되어 민간임대주택의 임대료가 정부에 의해 규제되었으나 1989년 기업과 기관투자자 유치를 목적으로 폐지되었다. 이에 따라 민간임대주택 시장의 임대료는 1989년 주당 18파운드에서 1990년 주당 24파운드로 상승했으며 민간임대주택 시장이 성장하는 계기가 되었다.

마지막으로 주택 관련 중앙정부 예산감축을 들 수 있다. 해당 예산은 1983/84 회계연도 실질금액 기준 1979/80년 66억 파운드에서 1985/86년 21억 파운드로 감소했으며 전체 정부 예산 중 주택 관련 지출이 1970년대 중반 7%에서 1987/88년 2%로 감소했다(Forrest & Mullie, 2010). 그 결과 중앙정부가 지급하는 사회주택에 대한 국고 보조금이 감소되며 사회주택의 임대료가 대폭 인상되었다.

---

2) 2015/16 회계연도 실질가격을 기준으로 한다.

(2) 신노동당 집권 시기: 1997~2009년

블레어 총리가 이끄는 신노동당(New Labour)이 1997년 집권당이 된 이후 새로운 주택 및 주거서비스 관련 정책이 도입되었으나 여러 연구에서 주장한 바와 같이 민간영역 중심의 정책이 이어졌다는 점에서 이 시기를 보수당 집권 시기의 연장선에서 이해할 수 있다(Mullins & Murie, 2006; 오도영 외, 2015). 주택공급에 있어 지방정부의 역할은 지속적으로 감소했고 전체 주택공급물량 역시 전반적으로 감소했다. 2003년에는 91%의 주택이 민간에 의해 공급되었는데 이는 2차 세계대전 후 가장 높은 수치이다. 이러한 흐름의 일환으로 주택의 자가보유율 역시 지속적으로 증가했다.

이 시기의 주요특징으로는 주택자산이전 등 다양한 방식으로 사회주택의 민영화가 추진되었다는 점과 지방주택수당(Local Housing Allowance)을 도입하여 주거급여제도를 부분적으로 개편한 점을 들 수 있다.

우선 신노동당정부는 주택자산이전제도를 도시지역에서 교외지역으로 확대 실시하며 더 많은 사회주택을 민영화했다. 또한 2000년부터는 양질주택(Decent Homes) 프로그램을 도입했다. 아울러 지방정부는 산하 공기업인 ALMO(Arm's-Length Management Organization)를 설립하여 사회주택이 지방정부로부터 독립적으로 관리되도록 유도했다. 이와 더불어 PFI(Private Finance Initiative) 제도를 사회주택 운영에 도입하여 사회주택이 민관 합동 투자기관에서 관리될 수 있는 기반을 마련했다. 이러한 정책이 도입되게 된 배경에는 지방정부가 사회주택 관리 기능을 제3영역에 위탁함으로써 사회주택을 더 효율적으로 관리·운영하고 지방정부는 중앙정부의 주택정책을 실행하는 데에 초점을 맞출 수 있도록 하는 중앙정부의 의도가 있었다.

양질주택 프로그램은 중앙정부가 사회주택 거주자에게 일정 수준 이상의 주거환경을 보장하도록 낙후된 사회주택을 보수할 자금을 지원하는 제도였다. 중앙정부는 이 프로그램의 수혜대상과 제도를 ALMO와 PFI로 제한하여 사회주택 관리 기능의 이전을 촉진했다.

주거급여 부분에서는 정권 후기인 2008년 지방주택수당(Local Housing Allowance: LHA) 제도가 도입된 것을 주요특징으로 들 수 있다. 중앙정부의 주거급여 지급 부담이 점차 증가하는 가운데 이 제도를 통해 민간임대주택에 거주하는 주거급여 수혜가구의 급여 지급방법을 개편했다. 정부는 수혜가구의 가족규모 등을 고려하여 적정 임대규모를 판단하고 수혜자가 거주하는 지역의 적정 임대료를 기준으로 수혜가구의 주거급여 액수를 결정한다. 기존의 주택보조금제도에서는 해당 수혜가구가 거주하는 주택 임대료를 기준으로 금액이 정해졌으나 지방주택수당제도에서는 해당 지역 주택시장 하위 30퍼센트에 해당하는 주택의 임대료를 기준으로 주거급여가 정해지는 것이 특징이다.

그 밖에 저렴주택(Affordable Home) 개념이 도입된 것을 주요변화로 들 수 있다. 경찰, 교사, 교도관, 간호사 등 각 지역별로 필요한 핵심근로인력을 위해, 2001년 이러한 핵심근로인력을 대상으로 '새 출발을 위한 주거지원 프로그램'(Starter Homes Initiative) 정책을 시행했으며, 이는 2004년에 핵심근로인력 생활보조프로그램(Key Worker Living Programme)으로 발전되었다. 여기에는 핵심근로인력에게 대출 및 공동소유권 등을 통해 주택매입을 지원하고 임차를 원할 경우 시세의 80%의 임대료 수준으로 거주할 수 있게 하는 내용이 포함되어 있다. 중급 임대료(Intermediate Rent)는 이후 임대용 저렴주택(Affordable Rent Home) 개념으로 발전했다.

신노동당 집권 시기의 주택 및 주거서비스 정책을 요약하면 보수당정부의 신자유주의적 기조가 유지되며 민영화 전략이 지속적으로 추진된 가운데 지방정부의 역할이 지속적으로 감소하고 주택공급물량 역시 전반적으로 감소한 점을 들 수 있을 것이다.[3] 2004년 영국정부의 의뢰를 받아 작성

---

3) 2008년 세계 금융위기 이후 민간영역이 공급하는 주택 수는 급감하여 노동당 집권이 끝난

된 바커 보고서(Barker, 2004)는 주택공급 부족의 심각성을 지적하고 이에 따른 정책 시사점을 제시했다. 해당 보고서에서는 주택의 구입가능성이 점차 감소했으며 주택보유자와 미보유자 간 부의 격차가 증가했음을 지적했다. 또한 이에 따라 노동력의 이동가능성이 저하되어 국가 생산성이 감소될 수 있으며 주택공급 부족으로 복지비용은 증가했다고 언급했다. 이에 따른 해결책으로 도시계획체계를 개혁하고 지방정부에 각종 혜택을 부여함으로써 주택공급을 증가시키는 방안을 주장한 것이 특징이다.

이러한 흐름의 일환 속에서 주택부족과 지역문제를 해결하는 전통적 주택정책에서 벗어나 주택정책이 경제발전 및 도시개발정책으로 통합되는 경향이 일부 목격되기 시작했다(Malpass & Murie, 1999; Mullins & Murie, 2006). 영국정부는 이러한 흐름 아래 1993년 설립되어 잉글랜드의 도시재생 관리를 담당하던 잉글리시 파트너십(English Partnerships)과 1964년 설립되어 사회주택을 위한 금융지원과 더불어 주택조합을 관리하는 역할을 수행해왔던 주택공사(Housing Corporations)의 투자 역할을 통합하여 2008년 11월 주거 및 지역사회기구(Homes and Community Agency: HCA)을 설립했다. 주거 및 지역사회기구는 잉글랜드 지역의 주택공급 및 도시재생을 총괄했다. 이와 더불어 주택공사의 주택조합 관리기능을 이관하기 위해 임차인서비스청(Tenant Services Authority: TSA)을 별도로 설립하여 사회주택의 투자 및 관리기능을 분리했다.

2010년, 잉글랜드에서 완공된 주택 수는 약 11만 2천 호였으며 이는 2차 세계대전 이후 매년 잉글랜드에서 완공된 주택 수 중 가장 적은 수치였다.

3) 주택 및 주거서비스 정책의 축소 시기: 2010년 이후

캐머런 총리가 이끄는 보수당은 2008년 세계금융위기 이후 악화된 정부의 재정적자에 대한 정치적 공세를 바탕으로 자유민주당과 연합하여 연립정부를 수립했고 1997년 이후 13년 동안 집권했던 노동당으로부터 정권을 탈환했다. 보수당 및 신노동당 집권 시기에는 중앙정부의 적극적 개입을 바탕으로 신자유주의적 주택정책이 실시된 반면, 이 시기에는 중앙정부가 다양한 권한 및 책임을 하부조직 및 시민사회로 이전했다는 데 그 주요특징이 있다(Manzi, 2015; 오도영 외, 2015). 이를 위해 중앙정부는 주택 및 주거서비스 관련 예산을 다양한 방법으로 축소하고 지방정부 및 시민사회를 포함한 민간영역이 자금조달 및 운영을 포함하여 자체적으로 주택공급 계획을 수립하고 주거서비스를 운영할 것을 주문했다.

이러한 정책기조는 연립정부가 표방한 '큰 사회론'에 그 기반을 둔다. 큰 사회론은 기존의 노동당정부가 표방한 '제 3의 길'(Third Way)이 영국을 파손(Broken Britain)했다고 보고 이를 회복하기 위해 공동체에게 더 많은 권한을 부여하고 공공서비스를 민간에게 개방하여 사회행동을 증진하고자 했다(유범상, 2012). 큰 사회론의 이념을 주택 분야에서 정책화하기 위해 '지역중심주의'(Localism)란 개념을 재정립하여 〈2011년 지역중심주의법〉(*Localism Act 2011*)을 제정했고 공급자 중심의 복지를 재편하는 한편, 〈2012년 복지개혁법〉(*Welfare Reform Act 2012*)을 통해 주거급여와 관련된 새로운 제도를 도입함으로써 수혜자 중심으로의 복지로 재편했다. 이러한 흐름 아래에 이루어진 주요변화에는 중앙정부의 주택사업 회계보조금(Housing Revenue Account Subsidy) 제도 종료와 저렴주택 프로그램 활성화, 통합공제의 도입 등이 있다. 자세한 내용은 다음에서 살펴보도록 한다.

3. 영국의 주택 및 주거서비스 관련 정책 현황

여기서는 앞서 간략하게 살폈던 2010년 연립정부 수립 이후 오늘날까지 이어지는 주택 및 주거서비스와 관련 주요 정책변화를 첫째, 지방정부 및 시민사회의 역할증대, 둘째, 사회주택의 영역확장, 셋째, 주거급여 개편으로 나누어 살펴본다. 영국정부는 이 시기에 '큰 사회론'을 토대로 〈지역중심주의법〉과 〈복지개혁법〉을 통해 복지 공급주체로서의 국가의 역할을 축소하고 지역사회와 개인의 역할을 강조했으며 이를 통해 자산기반 복지를 확충하는 데 초점을 맞추었다. 이러한 흐름의 일환으로 주택 및 주거서비스 관련 예산이 다양한 방법으로 축소되었으며 지방정부와 지역사회는 지역 내 주택문제 해결에 대한 더 많은 책임을 부여받았다. 이러한 흐름은 다음과 같은 움직임을 통해 정책으로 전개되었다.

1) 지방정부 및 시민사회의 역할증대

〈2011년 지역중심주의법〉은 사회주택 건설 및 운영의 다양한 변화를 담았으며 앞서 언급했듯 그 핵심내용은 지방정부 및 시민사회를 포함한 민간영역에 주택 및 주거서비스의 운영권한을 이양하는 데 있다. 〈지역중심주의법〉과 관련하여 중앙정부 차원에서 이루어진 가장 큰 변화는 사회주택의 유지관리를 위해 지원되던 주택사업 회계보조금제도의 운영을 2012년 4월부터 중단한 것이다. 이 제도가 폐지됨으로써 지방정부는 2012년 4월 이후부터 지역 내 사회주택의 임대수익을 활용하여 직접 사회주택을 유지하고 관리했다. 이를 위해 〈30년 현금흐름할인법〉을 적용하여 사회주택의 가치를 금액으로 계산한 뒤, 이 금액이 지방정부가 중앙정부로부터 대출받은 주택 관련 부채보다 많은 경우 차액을 지방자치단체가 중앙정부에 납부하고, 적은 경우 중앙정부가 지방정부에 차액을 지급하도록 했다. 중앙정부는 이 제도를 통해 지방정부에게 더 많은 권한을 부여함으로써 지방자치단체가 사회주택을 장기적 계획을 바탕으로 운영하도록 돕고 이를 통해 효율을 높이고 주거의 질을 향상시키고자 했다.

이와 더불어 지방정부는 〈지역중심주의법〉을 통해 지역상황에 맞춰 사회주택 입주기준을 자체적으로 수립했고 사회주택 입주 대기자명단을 직접 관리함으로써 명단을 더 효율적으로 관리하게 되었다. 또한 종신거주권제도를 폐지하고 사회주택 입주자격을 정기적으로 심사하여 기존의 사회주택 입주 대기자 적체현상을 해소하는 데 기여했다.

이에 따라 2012년 4월 이후 사회주택에 새롭게 입주하는 가구는 최소 2년에서 최대 5년 사이의 사회주택 거주권한을 부여받았고 계약기간 종료 시점에서 입주자격을 심사하여 소득증가 등으로 인해 입주자격을 상실했을 경우 더 이상 사회주택에 거주할 수 없게 되었다. 이와 더불어 주택조합이 기존 사회주택 거주자의 권리를 보호하는 한도 안에서 좀더 자유롭게 임대유형을 결정하도록 함으로써 사회주택 건설 및 운영을 더 자유롭게 하는 기반을 마련했다.

마지막으로 중앙정부는 국가 차원의 주택공급 목표를 설정하지 않은 가운데 지방정부와 지역사회가 지역 내 수요를 바탕으로 주택공급 목표를 직접 자발적으로 설정하도록 하면서 〈지역중심주의법〉을 통한 지역계획(Neighbourhood Plan)제도를 도입했다. 지역계획제도는 지역사회가 주택, 업무시설, 상업시설 등 다양한 시설에 대한 지역 내 수요를 바탕으로 해당 시설의 위치와 규모, 내용을 지역주민이 직접 결정하는 제도로 주택문제를 포함한 지역 내 현안을 해결하기 위한 지역사회의 직접 참여를 촉진한다. 이와 연관하여 지역사회의 건설할 수 있는 권리(Community Right to Build)와 입찰할 수 있는 권리(Community Right to Bid) 등을 통해 지역 내 환경 개선을 위하여 더 많은 권한을 지역사회에 부여하며 공동체 주도 주택(Community-led Housing)과 자가건설 주택(Self-Build)의 공급을 장려하고 있다. 또한 지역사회의 토지개발권리(Community Right to Reclaim Land)를 도입하여 지역사회에게 지방정부 등 공공기관이 보유한 유휴토지를 매입할 수 있는 권리를 부여하여 지역 내 필요에 따라 더 많은 주택이 개발될 수 있는 기반을 마련했다.

2) 사회주택의 영역 확장

영국정부는 〈2011년 지역중심주의법〉의 일환으로 임대용 저렴주택 모델을 도입하여 기존의 임대용 사회주택(Social Rented Housing)으로만 정의되었던 사회주택의 영역을 확대하는 정책을 도입했다. 임대용 저렴주택은 해당 지역 시장임대료의 최대 80% 선에서 임대료를 징수할 수 있는 사회주택으로 이 제도를 통해 정부보조금과 기존의 주택재고를 최대한 활용하여 정체된 사회주택의 공급을 최대화하고자 했고 사회주택에 입주를 원하는 대상자에게 더 많은 선택권을 제공하고자 했다(DCLG, 2010). 그 밖에 시세보다 저렴한 가격으로 공급되는 분양용 저렴주택 또한 사회주택의 영역으로 분류되며 사회주택의 개념이 확대되었다.

분양용 저렴주택의 경우 주택구입 방법은 담보대출(Equity Loan)과 분할소유(Shared Ownership) 주택과 같은 지분공유방식이 대표적이다. 담보대출주택의 경우 60만 파운드 이하의 주택의 신축주택을 구입하고자 하는 생애 최초 주택구입 희망자가 주택가격 중 최소 5%의 비용을 보증금으로 부담하고 중앙정부는 최대 20%까지의 비용을 정부가 융자하며 나머지 75%의 비용은 주택구입 희망자가 모기지론을 통해 조달하는 방식으로, 정부는 융자금에 대하여 이자 및 수수료 면제혜택을 초기 5년 동안 부여한다. 분할소유주택 역시 유사한 방식이다. 이는 지방정부 또는 주택조합 소유의 부담가능주택에 거주 중인 연소득 6만 파운드 이하의 무주택자[4]에게 해당되는 제도로 거주자가 구입한 지분을 바탕으로 장기임대(Leasehold) 형태로 주택을

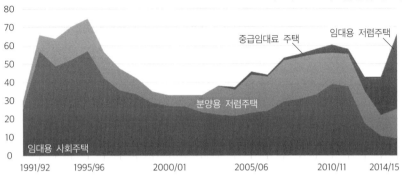

〈그림 18-4〉 신규저렴주택 공급현황

(1991/92~2014/15년, 단위: 천 호)

자료: DCLG, 2015b.

보유하게 된다. 이러한 분양용 저렴주택은 기존에 매개형 주택(Intermediate Housing) 또는 저비용 내 집 마련 정책(Low Cost Home Ownership)으로 분류되었으나 현재는 저렴주택의 한 종류로 분류된다.

중앙정부는 주거 및 지역사회기구를 통해 2011-15 저렴주택 프로그램 (Affordable Homes Programme 2011-15)을 실행하며 저렴주택을 공급하기 위한 다양한 인센티브를 부여했다. 2011년 영국정부가 발간한 보고서에 따르면 저렴주택제도를 도입함으로써 향후 4년 동안 임대용 사회주택제도만을 운영했을 때보다 두 배 이상 많은 사회주택이 공급될 것으로 보았다 (DCLG, 2011). 2015년까지 저렴주택 공급을 위해 중앙정부는 총 45억의 예산을 투입하기로 결정했으며 2011-15 저렴주택 프로그램에는 18억 파운드를 투입하여 8만 호의 주택을 공급코자 했다. 이를 통해 현재까지 공급된 저렴주택은 〈그림 18-4〉와 같다. 저렴주택 프로그램을 통해 중앙정부의 재정지원을 받을 수 있는 대상은 임대용, 분양용 저렴주택으로 제한되

---

4) 런던 내 높은 물가를 감안하여 런던에 위치한 주택구입 자격의 경우 희망자의 최대소득기준이 런던 외 지역보다 높게 책정되었다.

었으며 예외적 상황에서만 임대용 사회주택에 대한 지원이 이루어졌다.

한편 보수당정부는 저렴주택 프로그램의 1단계가 마무리된 이후 2015-18 저렴주택 프로그램을 추가적으로 발표하며 8억 9천 파운드의 재정을 투입하여 2018년 3월까지 43,821호의 저렴주택을 공급하기로 결정했다. 이 프로그램에는 앞서 언급한 주택사업 회계보조금 운영종료로 인해 지방정부 및 지방정부 산하 ALMO도 적극적으로 참여하며 저렴주택공급에 나서는 현상이 목격된다.

3) 주거급여 개편

주거급여 부분에서는 통합공제의 도입을 가장 큰 특징으로 들 수 있다. 앞서 살펴본 바와 같이 영국 내 주거급여 지급액수가 기하급수적으로 증가하여 중앙정부의 재정부담이 점차 증가한 상황에서 주거급여 외에도 다양한 주체가 소득지원급여, 구직수당, 아동세금공제 등 다양한 급여를 운영하자 수혜자는 신청에 어려움을 겪었다. 또한 이러한 복지제도가 각기 설계되고 운영됨에 따라 수혜자가 받는 급여가 일정치 않았다. 특히, 주당 16시간 미만으로 일하는 급여수혜자는 근무시간이 증가한 만큼 보조금이 감소하여 수혜자의 총소득이 증가하지 않아 근로의욕을 저하하는 문제점이 존재했다 (Kennedy, 2011).

이러한 문제를 해결하기 위해 보수당정부는 당시 분산된 제도를 통합하여 운영함으로써 급여제도 단일화를 통해 그 혼란을 줄이고 제도가 효율적으로 운영되도록 했다. 또한 급여수혜자가 근무시간을 늘릴 때 총소득도 함께 증가하도록 제도를 설계하여 미취업자의 근로행위참여를 장려하는 한편, 취업과 미취업 상태전환이 쉽도록 했다.

급여 관련 사기를 줄이고 저소득층의 빈곤 문제를 해결하고자 하는 목적을 바탕으로 〈2012년 복지개혁법〉을 통해 통합공제제도를 도입했다. 통합공제제도에 의해 통합된 6개의 급여제도는 소득기반 구직수당(Income-Based Jobseeker's Allowance), 소득연계 고용 및 지원수당(Income-Related Employment and Support Allowance), 소득지원(Income Support), 근로세금공제(Work Tax Credit), 아동세금공제(Child Tax Credit), 주거급여(Housing Benefit)이며 연금을 지급받지 않는 근로연령인구에게만 적용된다.

통합공제는 주택조합과 지방정부 등 임대인에게 주 단위로 직접 지급되었던 주거급여와 달리 수혜자에게 월급처럼 한 달에 한 번씩 직접 지급되는 것이 특징이다. 중앙정부는 이를 통해 복지급여의 수혜자가 책임감을 가지고 스스로 재정계획을 수립하고 운영하기를 기대했다. 한편, 수혜자가 여러 이유로 미리 지급받은 급여를 탕진하여 주택 임대료 등을 지급하지 못할 우려가 제기되자 수혜자가 주택 임대료를 장기 연체할 경우 임대료를 임대인에게 직접 지급하는 제도 또한 도입했다.

이 제도가 최초로 계획될 당시, 제도가 도입됨으로써 급여가 감소할 가구는 약 21.5%로 추정되었으며 나머지 가구는 급여가 증가하거나 유지될 것으로 판단했다. 특히, 저소득층에게 혜택이 집중될 것으로 판단했다. 이러한 계획을 바탕으로 2013년 4월 맨체스터 등 잉글랜드 북서부 지역을 대상으로 통합공제 시범지역이 선정되어 점차 확대되고 있다. 도입 당시에는 2013년 10월에 잉글랜드 전역에서 통합공제 신청이 가능해질 것으로 보았으나 실행과정에서 각종 문제 및 전산오류가 발생하여 그 시점이 2016년 4월까지 지속적으로 늦춰졌고 대상도 독신자 등으로 제한되는 등 그 적용시점이 점점 늦어지고 있다. 이에 따라 통합공제제도 개발 및 운영을 위한 시스템 개발비용이 지속적으로 증가하는 점에 대한 우려 역시 제기되는 상황이다. 현재 영국정부는 6백만 명의 근로연령인구가 통합공제제도를 통해 복지급여를 지급받는 시점을 2020년 이후로 예상한다.

영국정부는 통합공제와 더불어 복지급여와 관련한 개편을 지속적으로 실시하고 있다. 2013년 4월부터 한 가구가 받을 수 있는 복지급여의 상한선을 설정한 것이 그 예이다. 이를 통해 미취업 가구가 받는 복지급여가 취업 가구의 평균 임금을 넘어서지 않도록 조정했고 이에 따라 주거급여를 포함한 총복지급여가 독신가구는 주당 350파운드, 그 외의 가구 유형은 주당 500파운드를 넘을 수 없게 되었다. 2013년 4월부터 2015년 8월까지 주거급여를 지급받는 가구 중 이 제도로 인해 총급여가 제한된 가구 수는 약 66,900가구로 조사되었으며 이 중 45%가 런던에 거주 중인 것으로 조사되었다(DWP, 2015c). 한편, 영국정부는 2015년 8월 복지급여 상한선을 더 낮추기로 결정했으며 그 결과 런던 내 지역에서 독신가구 296파운드, 그 외의 가구 442파운드, 런던 외 지역에서는 독신가구 258파운드, 그 외의 가구는 385파운드로 복지급여의 상한선이 하향 조정되었다.

마지막으로 주거급여와 관련된 주요변화로는 지방주택수당 조정과 침실세 도입을 들 수 있다. 지방주택수당의 경우 복지급여 상한선과 유사하게 상한선이 마련되었으며 적정 임대료는 해당 지역 주택시장의 하위 30% 수준의 임대료를 기준으로 산출되었다. 또한 속칭 '침실세'라고 불리는 과소점유 벌금제도(Under Occupancy Penalty)를 도입하여 주거급여 수혜가구가 적정 규모 이상의 주택에 거주할 경우 주거급여를 차감하여 지급하도록 하여 주거급여 수혜가구가 필요 이상의 공간을 점유하는 것을 막도록 했다.

4. 영국의 주택 및 주거서비스 전달체계

여기서는 앞서 언급했던 다양한 정책의 전달체계를 구체적으로 살펴본다. 이를 위해 주택 및 주거서비스 전달체계를 중앙정부와 지방정부 및 산하기관, 비영리 영역으로 나누어 각 체계별 역할과 2010년 이후 변화 중인, 정책도입과 관련한 최근 변화를 구체적으로 살펴보도록 한다.

1) 중앙정부

(1) 중앙정부

현재 주거 복지정책에서 중앙정부의 역할은 정책의 방향을 설정하고 정책실행을 지원하기 위한 여러 지원체계를 기획하는 데 있다. 특히, 지역사회·지방정부부(Department for Communities and Local Government: DCLG)는 사회주택 및 저렴주택 건설을 촉진하고 이를 효율적으로 관리하기 위한 각종 제도적 지원을 하는 역할을 수행하며 산하기관인 주거 및 지역사회기구를 통하여 주택건설 및 관리업체에 대한 금융지원 및 관리감독을 수행한다. 주거보조금 집행과 관련하여서는 노동연금부(Department for Work and Pensions: DWP)가 각종 연금 관련 업무와 함께 주거보조금의 지급방침을 결정하고 지방정부가 주거보조금을 지급할 수 있도록 예산을 배분하는 역할을 수행한다.

두 부서는 다양한 수준에서 밀접한 협력을 통해 여러 정책을 만들며 앞서 언급했던 통합공제제도와 저렴주택 프로그램 역시 두 부서 간 협력을 통해 만들어진 제도이다.

(2) 주거 및 지역사회기구

중앙정부는 2008년 11월, 잉글랜드 지역의 주택공급 및 도시재생을 총괄하기 위하여 주거 및 지역사회기구(HCA)를 설립되었다. 초기에는 투자와 관리기능을 분리하려는 취지로 TSA(Tenant Services Authority)가 설립되었으나 이후 운영 효율성 및 예산 부족 등을 이유로 다시 주거 및 지역사회기구에 합병되어 현재 주택공급 및 관리에 관한 업무를 모두 수행한다.

주거 및 지역사회기구의 프로그램은 주택공급업체 등 공급자 위주로 운영되며 사회주택뿐만 아니라 주택 시장 전반에 걸친 지원을 통해 주택건설을 촉진하고 이를 통해 잉글랜드의 경제발전에 기여하는 것을 목표로 한다. 이러한 목표를 바탕으로 초창기 주거 및 지역사회기구는 주택공급뿐만 아니라 택지정리사업, 도시재생사업 등 다양한 업무를 직접 수행했으나 2008년 세계 금융위기를 경험하고 2010년 보수당이 정권을 집권한 이후에는 그 역할이 축소되었다. 이후에는 주택공급을 직접적으로 수행하는 공급자의 역할이 아닌 금융지원을 통해 민간주도의 주택공급을 촉진시키는 금융기관으로 성격이 변화한 것이 주요특징이다. 이에 따라 주거 및 지역사회기구는 기존에 재정적 손해를 감수하며 수행하던 도심재생 사업은 더 이상 수행하지 않으며 주거 및 지역사회기구가 지출하는 금액은 원칙적으로 수익금과 함께 회수되어야 한다. 현재 주거 및 지역사회기구 예산의 3분의 4는 보조금이 아닌 대출 형태로 집행된다.

2) 지방정부

(1) 지방정부

앞서 살펴보았듯이 지방정부는 보수당정부 집권 이전인 1979년까지 사회주택의 대부분을 공급했으나 대처정부의 등장 이후 그 역할이 대폭 축소되었다. 보수당정부 말기인 1997년, 잉글랜드 지역에서 지방정부가 공급한 주택 수는 290호에 머무르며 지방정부의 주택공급자로서의 역할은 소멸되고 그 역할은 주택조합과 민간으로 이관되었다. 주거보조금제도의 경우 탄생 초기부터 계산과정의 복잡성으로 인해 오늘날까지 지방자치단체 주도로 집행되었으나 통합공제제도 도입 이후부터는 중앙정부가 산출을 담당한다.

현재 중앙정부는 정부의 부채를 줄이는 것을 정책의 최우선으로 두며 이에 따라 지방정부가 각종 사업을 위해 대출을 받는 것을 금지한다. 그러나 〈지역중심주의법〉 도입과 주택사업 회계보조금제도의 폐지는 지방정부가 사회주택의 공급에 주도적 역할을 하도록 주문하여 사회주택의 공급에 있어 지방정부의 역할이 점차 증대할 것으로 예상된다. 이러한 변화의 일환으로 런던 지역을 제외하고 지방정부가 공급한 사회주택은 2009/10년 359호에 머물렀으나 〈지역중심주의법〉이 발의된 이후 점차 증가하여 2014/15년에는 4,330호의 주택을 공급하는 등 변화가 점차 감지되고 있다.

(2) ALMO

앞서 언급했듯 신노동당정부는 양질주택 프로그램을 통해 사회주택 개량을 위한 보조금을 전제로 지방정부가 ALMO를 설립하여 지방정부 소유의 사회주택을 독립적으로 관리하도록 유도하는 정책을 실시했다. 이를 통해 2002년 4월 처음으로 ALMO가 설립되었다. ALMO는 2002/03년 첫 해에 주택개량을 위해 300만 파운드의 보조금을 지원받은 것을 시작으로 총 여섯 차례에 걸쳐 보조금을 지급받았다. 이 프로그램을 통해 25만 호의 사회주택을 대상으로 주택개량 사업이 시행되어 주거환경이 정비되는 효과를 거두었다.

2010년 기준 70개의 ALMO가 66개의 지자체에 설립되어 100만 호 이상의 사회주택을 관리·운영하고 있으나 양질주택 프로그램의 종료가 예정된 시점에서 ALMO의 미래에 관해 다양한 의견이 존재한다. 주택개량의 임무를 다한 ALMO가 계속 유지되어야 한다든가 중앙정부의 지원이 점차 감소하는 상황에서 ALMO를 유지하는 것이 바람직하다는 등의 의견이다.

ALMO의 숫자는 2010년 이후로 점차 감소하여 현재 50개의 지자체에서 47개의 ALMO를 운영 중이며 ALMO가 관리하는 사회주택의 수는 65만 호로 감소했다. 청산된 ALMO가 관리하던 사회주택은 지자체로 편입되었다. 한편, 앞서 언급했던 바와 같이 주택사업 회계보조금제도가 종료되며 사회주택의 관리·운영 및 공급에 있어서의 지방정부가 담당하는 역할이 커짐에 따라 일부 지자체는 ALMO를 통해 직접 사회주택 건설에 나서는 현상 역시 2013년 이후 목격되었다.

3) 비영리 영역

영국 잉글랜드 지역에서 사회주택공급 및 운영에 큰 역할을 담당하는 주택조합은 독립적인 비영리 신탁 혹은 법인으로 사회주택을 저소득층에게 제공하는 것을 주요 목적으로 한다. 운영을 통한 이익금은 사회주택을 유지하고 신규 사회주택을 건설하는 데에만 사용되어야 한다. 현재 주택조합은 잉글랜드에서 사회주택을 공급하는 주체이며 사회주택 입주자와의 지분공유 프로그램(Shared Ownership Scheme)을 통해 주택 구입의 기회를 제공하고 있다.

본격적으로 주택조합에 의해 사회주택이 공급된 것은 〈1988년 주택법〉(The Housing Act 1998)이 실행된 이후부터다. 현재 영국 잉글랜드 전역에는 2014년 기준 약 1,560개의 주택조합이 있으며 주택조합의 운영 예산은 연간 약 100억 파운드에 달한다. 대규모 주택단지를 관리하는 곳부터 소규모의 노인주택만을 관리하는 곳까지 그 크기와 구성이 다양하다. 주택조합이 관리하는 주택은 사회주택에 국한되지 않고 가정폭력 피해 여성이나 노숙인, 마약중독자 등 특별관리가 필요한 계층을 위한 주택 또한 제공하고 있다.

주택조합은 2008년 주거 및 지역사회기구 설립 이전까지 지역사회·지방정부부 산하의 주택공사에 의해 금융지원이 이루어지고 관리되었으나 2008년 주거 및 지역사회기구와 임차인서비스청이 설립된 이후 금융지원은 주거 및 지역사회기구에 의해 이루어지고 관리감독은 임차인서비스청에 의해 이루어지게 되었다. 이후 2012년 4월 두 기관이 주거 및 지역사회기구로 다시 통합되며 주택조합의 금융지원 및 관리를 총괄했다.

현재 영국에서 주택조합은 주거 및 지역사회기구에 등록된 주택공급자(Registered Providers: RPs)뿐만 아니라 미등록 사회주택공급자 등을 포함한 다양한 사회주택 소유주를 포괄하는 용어로 사용된다. 미등록 사회주택

공급자는 고령인구, 독신자, 장애인 등을 위한 주택을 제공할 수 있으나 이러한 업체가 제공하는 주택 수는 주거 및 지역사회기구에 등록된 주택조합의 주택 수보다 상대적으로 적다. 한편, 영국정부는 2010년 4월부터 영리 목적의 주택조합 설립을 허가했다. 이후 2014년 12월 기준 29개의 영리 주택조합을 설립하여 사회주택과 일반주택의 공급을 병행하려는 시도가 일어나고 있다.

5. 맺음말

경제호황과 더불어 중앙정부의 주도로 사회주택을 대량공급할 수 있었던 1980년 이전과 달리 현재 영국은 주택공급의 부족과 구입가능성의 저하로 많은 사회적 어려움을 경험하고 있으며 주택문제가 경제에 미치는 영향 또한 크다. 따라서 현재 보수당정부의 주요 관심사는 사회주택 여부에 관계없이 주택공급량을 최대한 증가시켜 국민이 주택을 보유하도록 하여 수요자 중심의 주거복지를 달성하고 이를 바탕으로 일자리를 창출하고 경제성장을 추구하는 데 있다. 그 바탕에는 주택시장이 잘 작동함으로써 외국기업을 영국으로 유치하겠다는 계획 역시 존재한다. 특히, 중앙정부는 사회주택을 건설하기 위해 별도의 지원책을 제공하는 것보다는 모든 주택건설행위를 지원하며 민간 주택건설업자도 주택을 건설하며 일정 수준 이상의 사회주택을 공급하도록 요구하고 있다.

다른 한편으로 영국정부는 정부 부채를 줄이는 데 많은 노력을 들이고 있다. 이를 위해 도입 후 급속히 증대한 주거급여제도를 재편하기 위해 지방주택수당 제도를 도입해 임대료 상한선을 제한하고 통합공제제도를 도입하는 등 수혜자 중심의 주거복지를 재편했다. 또한 〈지역중심주의법〉을 통해 중앙정부의 역할을 지방단체와 시민사회에게 이양하는 정책을 수행했다. 사회주택공급에 있어서는 사회주택과 민간주택의 중간 개념인 임대용, 분양용 저렴주택 개념을 사회주택 개념의 일부로 도입하여 더 적은 투자로 더 많은 사회주택을 민간을 통해 공급했고 중앙정부는 사회주택 건설을 위한 보조금 및 투자를 축소하고 대출형태로 민간에게 지급하여 주택건설을 촉진시키는 실정이다. 이러한 변화 속에서 중앙정부의 역할은 정책을 직접 집행하는 기관이 아닌 금융기관의 형태에 더 가까워지고 있다고 볼 수 있다.

이러한 최근 영국정부의 주거 복지정책 흐름은 다분히 신자유주의적 성향을 보이며 향후 많은 문제점을 야기할 것으로 예상된다. 주택소유를 장려하고 주택보조금제도를 통합하여 개인 스스로 자신의 복지를 책임지는 '자산 기반형 복지'(Asset-Based Welfare) 형태의 복지를 추진하여 궁극적으로 복지의 양극화를 불러일으킬 가능성이 크다. 또한 주택공급에서의 중앙정부 기능을 민간 및 지방정부에 이양함으로써 중앙정부가 주택공급을 촉진하기 위해 사용할 수 있는 도구는 제도지원 및 금융지원으로 극히 제한된다. 특히, 정부가 많은 예산을 사용할 수 없는 상황에서 경제위기 등으로 인한 민간경기의 침체를 경험한다면 주택공급 기능에 큰 타격이 예상된다.

저렴주택제도는 단기적으로 적은 비용으로 많은 물량의 사회주택을 공급할 수 있을 것으로 예상되나 임대용 저렴주택 입주자를 위해 지급되어야 하는 주거급여의 비용은 일반 사회주택의 1.5배 이상으로 사회주택에서 임대용 저렴주택의 비중이 증가할수록 중앙정부 또는 사회주택 입주자가 부담해야 하는 임대료가 점차 증가할 것이다. 이러한 부담은 각종 주거급여제도의 재편으로 인해 결과적으로 입주자에게 돌아가게 될 가능성이 크다.

영국의 주거 복지정책은 현재 다방면에 걸쳐 다양한 변화를 경험 중이다. 따라서 향후 이러한 정책이 만들어 낼 파급효과는 일차원적으로 예측할 수 없다. 그러나 영국이 민간주도의 주택공급을 위한 다양한 정책을 펴는 중간에도 사회주택의 공급이 그 근간에 있고 사회주택 체계를 안정적으

로 유지하기 위한 다양한 장치를 끊임없이 만들어 내고 있다는 점은 우리
도 깊이 되새길 만한 내용이다.

■ 참고문헌

국내 문헌

박　준·손정원(2008). 영국 주택 시장의 구조와 주택 가격 상승에 대한 대응 정책.
　　〈공간과 사회〉, 30권, 67~110.

오도영·박　준·김혜승(2015). 영국 주거복지정책의 변화: 2010년 이후 심화된 신자
　　유주의적 변화를 중심으로. 〈공간과 사회〉, 52호, 227~266.

유범상(2012). 제3의 길과 큰 사회론의 이념과 공동체 구상: 샴쌍둥이의 차별화 전략
　　과 복지정치. 〈공간과 사회〉, 39호, 43~80.

해외 문헌

Forest, R. , & Murie, A. (2010). *Selling the Welfare State*: *The Privatisation of Public
　　Housing*. New York: Routledge.

Hodkinson, S. , Watt, P. , & Mooney, M. (2013). Introduction: Neoliberal housing
　　policy: Time for a critical re-appraisal. *Critical Social Policy*, *33*(1), 3~16.

Kemp, P. (1987). Reform of housing benefit. *Social Policy & Administration*, *21*(2),
　　171~186.

Malpass, P. (2005). *Housing & the Welfare State*: *The Development of Housing Policy in
　　Britain*. New York: Palgrave Macmillan.

Malpass, P. , & Murie, A. (1999). *Housing Policy and Practise*. London: Macmillan.

Manzi, T. (2015). The Big Society and the conjunction of crises: Justifying welfare
　　reform and undermining social housing. *Housing, Theory and Society*, *32*(1),
　　9~24.

Mullins, D. , & Murie, A. (2006). *Housing Policy in the UK*. New York: Palgrave
　　Macmillan.

Pattison, B., Diacon, D., & Vine, J. (2010). *Tenure Trends in the UK Housing System: Will the Private Rented Sector Continue to Grow?.* Coalville: Building and Social Housing Foundation.

Robinson, R. (1986). Restructuring the welfare state: An analysis of public expenditure, 1979/80-1984/85. *Journal of Social Policy, 15*(1), 1~21.

기타 자료

Barker, K. (2004). Review of housing supply.

Department for Communities and Local Government(2010). Written statement to parliament: Localism bill and social housing.

_____(2011). Impact assessment for affordable rent.

_____(2015a). English housing survey: Households 2013-14.

_____(2015b). Table 244 house building: Permanent dwellings started and completed, by tenure.

_____(2015c). Chart 1004: Additional affordable homes provided by type of scheme, England.

Department for Work and Pensions(2015a). Housing benefit caseload statistics: Data to august 2015.

_____(2015b). Summer budget 2015: Expenditure and caseload forecasts.

_____(2015c). Benefit cap quarterly statistics: GB households capped to august 2015.

Kennedy, S. (2011). Welfare reform and the Universal Credit. SN/SP/5782. House of Commons Library.

Keohane, N., & Broughton, N. (2013). The politics of housing. National Housing Federation.

Office for National Statistics(2015a). Statistical bulletin: Families and households, 2015.

_____(2015b). National population projections, 2014-based projections.

주요 용어

A

· Adoption Pay	입양지불금
· Adult Dependant	성인피부양자
· Ageing Society Strategy Group (ASSG)	고령사회전략그룹
· Annual Health Check	연간건강검사
· Annually Managed Expenditure (AME)	연간관리지출
· Attendance Allowance	간호수당
· Audit Commission	감사위원회
· Austerity	긴축
· Autumn Statement	가을성명서

B

· Basic State Pension	기초 국가연금
· Bedroom Tax	침실세

• Bereavement Benefit	유족급여
• Beveridge Report	베버리지 보고서
• Big Society	큰 사회론
• Big Society Bank	큰 사회 은행
• Block Contract	일괄 계약
• Borough	구
• British Medical Association (BMA)	영국의료협회
• British Workmen's Compensation Act	〈노동자보상법〉
• Broken Society	망가진 사회
• Budget Exchange	예산 교환
• Budget Responsibility and National Audit Act 2011	〈2011년 예산책임 및 국가감사법〉

C

• Cameron	캐머런
• Care Component	돌봄 요소
• Care Quality Commission (CQC)	의료질위원회
• Carer's Allowance	수발자수당
• Centre for Social Justice	사회정의센터
• Charter for Budget Responsibility	예산책임헌장
• Child and Working Families Tax Credit	아동 및 근로가족 세금공제
• Child Benefit	아동급여
• Child Benefit Bill	아동급여법안
• Child Poverty Act	〈아동빈곤법〉
• Child Poverty Action Group	아동빈곤행동그룹
• Child Support	아동지원

- Child Tax Allowances .... 아동세제수당
- Child Tax Credit (CTC) .... 아동세금공제
- Childcare Bill .... 보육입안
- Children's Centre .... 아동센터
- Christmas Bonus .... 크리스마스 보너스
- Clinical Commissioning Group (CCG) .... 임상위탁그룹
- Commission for .... 건강증진위원회
  Health Improvement
- Common Law .... 〈보통법〉
- Commissioning Outcomes .... 위탁성과기준
  Framework
- Community Action Programme .... 지역사회행동 프로그램
- Community Service Volunteers (CSV) .... 지역사회서비스 자원봉사자
- Compensation Recovery Unit (CRU) .... 보상회수국
- Component .... 요소
- Constant Attendance Allowance .... 상시 간호수당
- Consumer Price Index .... 소비자물가지수
- Contract-Out .... 적용 제외
- Contributory Employment and .... 기여형 고용 및 지원수당
  Support Allowance
- Co-Operation and .... 협력과 경쟁 패널
  Competition Panel
- Council Tax Benefit .... 지방세급여
- Council with Social Services .... 사회서비스 책임의회
  Responsibility (CSSR)
- County Council .... 도의회

D · E

- Daily Living Component   일상생활 요소
- Decent Homes Programme   적합주거프로그램
- Department for   노동연금부
  Work and Pension (DWP)
- Department Expenditure   부처지출한도
  Limits (DEL)
- Disability Living Allowance   장애생활수당
- Disabled People's Employment   장애인 고용공단
  Corporation
- District   군
- Education Maintenance   교육수당
  Allowances
- Employer's Liability Act   〈고용주책임법〉
- Employer's Liability Insurance   고용주책임보험
- Employment and   고용 및 지원수당
  Support Allowance (ESA)
- End-of-year flexibility   연말 융통제
- Equality and Human Rights Commission   형평성 및 인권위원회
- Essential Standard System   필수기준시스템
- Exceptionally Severe   예외적 중증장애수당
  Disablement Allowance

F · G

- Family Action in   로저필드-이스트하우스 가족행동
  Rogerfield and Easterhouse (FARE)
- Family Allowance Act   〈가족수당법〉
- Family Allowances   가족수당

• Family Allowances Bill	가족수당법안
• Family Credit	가족공제
• Family Income Supplement	가족소득보조금
• First-tier Tribunal	1심행정재판소
• Fiscal Consolidation	재정합리화
• Flexible Working	유연근무제
• General Practitioner (GP)	일반의
• Government Internal Audit Office	정부내부감사원
• Guardian's allowance	후견인수당
• Guaranteed credit	보장공제

H

• Health and Care Professional Council	보건의료 및 돌봄 전문가위원회
• Health and Wellbeing Board	보건복리위원회
• Health Authority	보건국
• Healthcare Commission	의료위원회
• Healthwatch	헬스워치
• Heath	히스
• Help To Buy	구매 지원
• High Income Child Benefit Tax Charge	고소득가정 아동급여 세금부과
• Higher Rate Taxpayer	고소득율 납세자
• HM Revenue and Customs	국세청
• HM Treasury (HMT)	재무부
• Hospital Trust	병원트러스트
• Household Benefit Cap (BC)	가구급여한도
• Housing Benefit	주거급여

I · J

• Idleness	나태
• In Work Credit	직장복지공제
• Incapacity Benefit	장애급여
• Income Drawdown	연금소득인출제
• Income Support	소득지원
• Income-Based Jobseeker's Allowance	소득기반 구직수당
• Income-Related Employment and Support Allowance	소득연계 고용 및 지원수당
• Independent Case Examiner	독립사례 심사관
• Industrial Injuries Disablement Benefit (IIDB)	산업재해 장애급여
• Industrial Injuries Advisory Council	산업재해 자문위원회
• Jobcentre Plus	고용센터플러스
• Jobseeker's allowance	구직수당
• Joint Health and Wellbeing Strategy (JHWS)	합동보건복리전략
• Joint Strategic Needs Assessment	합동전략욕구실사

L · M

• Labour Force Survey (LFS)	노동력조사
• Liberating the NHS	NHS 자유화
• Living Wage for the UK	영국의 생활임금
• Load Darzi	다지 경
• Local Housing Allowance	지방주택수당
• Localism	지역중심주의
• London Borough	런던구

• Loss of Faculty	업무능력의 손실
• Make Work Pay	근로유인정책
• Mandatory Reconsideration	의무적 재검토
• Mandatory Work Activity Programme	의무근로활동 프로그램
• Maternity Allowance	모성수당
• Maternity Leave	출산휴가
• Medical Examination	의학적 검진
• Metropolitan Borough	대도시구
• Minimum Income Guarantee	최저소득보장
• Minister of State, Minister	정책 차관
• Ministry of Defence	국방부
• Mobility Component	이동요소
• Monitor	모니터

N

• National Assistance	국가보조
• National Audit Office	국가감사원
• National Childcare Strategy	국가 아동보육 전략
• National Employment Saving Trust(NEST)	근로자저축신탁제도
• National Employment Saving Trust Corporation	근로자저축신탁기구
• National Health Insurance(NHI)	국민건강보험
• National Health Service(NHS)	국민건강서비스
• National Institute for Health and Clinical Excellence	국립임상개선위원회
• National Insurance	국민보험

• National Insurance Act	〈국민보험법〉
• National Involvement Network (LINks)	지역참여네트워크
• National Minimum Wage	최저생계임금
• National Savings and Investment (NS&I)	국가저축투자기구
• Neighbourhood Nurseries Initiative	이웃돌봄서비스
• Non-Rejection Policy	비거절 정책
• Northern Ireland Assembly	북아일랜드 의회

O

• Occupational Pensions	직역연금
• Office for Nuclear Regulation	핵규제 사무소
• Office of Budget Responsibility (OBR)	예산책임처
• One Nation	한 나라
• One Parent Benefit	한부모급여
• Outcome-Based Performance Management	성과기반 수행관리

P

• Parental Leave	육아휴직
• Parliamentary Under Secretary of State	차차관
• Paternity Leave	남성육아휴직
• Payment by Result	결과에 따른 보상
• Pension Advisory Service	연금자문서비스
• Pension Credit	연금공제

- Pension Ombudsman 연금 옴부즈맨
- Pension Protection Fund 연금보호기금
- Pension Protection Fund 연금보호기금 옴부즈맨
  Ombudsman
- Pension Regulator 연금규제기구
- Personal Advisor 개인상담사
- Personal Allowance 개인수당
- Personal Health Budget 개인건강예산
- Personal Independence Payment 개인자립지불금
- Personal Tax Credits(PTC) 개인세금공제
- Policy Exchange 정책교환소
- Pooled Budge 공유예산
- Prescribed Diseases 업무상 질병
- Primary Care 1차 의료
- Primary Care Group(PCG) 1차 의료그룹
- Primary Care Trust(PCT) 1차 의료트러스트
- Prime Provider 핵심 공급자
- Private Finance Initiative(PFI) 민간재정계획
- Public Corporation 공사
- Public Sector Current 공공부문 경상지출
  Expenditure(PSCE)

R·S

- Reduced Earnings Allowance 소득손실수당
- Rent Rebate 임대 할인
- Retirement Allowance 은퇴수당
- Retirement Pension 은퇴연금
- Return to Work Credit (산재근로자) 복직공제

• Saving Credit	저축공제
• Severe Disablement Allowance	중증장애수당
• Shared Parental Leave	공동육아휴직
• Shire Area	도 지역
• Social Care	사회적 돌봄
• Social Fund	사회기금
• Social Fund-Cold Weather Payments	사회기금-한파지불금
• Social Security (Recovery of Benefits) Act	〈사회보장(급여 회수)법〉
• Social Security Advisory Committee	사회보장 자문위원회
• Spending Review(SR)	지출검토
• Stakeholder Pension	스텍홀더연금
• State Earnings-Related Pension Scheme(SERPS)	국가소득비례연금
• State Pension	국가연금
• Statism	국가주의
• Statutory Maternity Pay	법정 모성지불금
• Statutory Sick Pay	법정 질병지불금
• Supplementary Benefit(SB)	보충급여
• Sure Start	슈어스타트
• Sure Start Maternity Grant	슈어스타트 모성보조금
• Sure Start Programme	슈어스타트 프로그램

T·U·V

• Tax Credit	세금공제
• Tax Credits if you have a baby	영아가 있는 경우의 세금공제
• Tax Free Childcare	비과세 보육료지원

- Ten Year Childcare Strategy   아동보육 10개년 전략
- The Chancellor of Exchequer   재무장관
- The House of Commons   하원 재무위원회
  Treasury Committee
- The Patient's Passport   환자여권
- Total Managed Expenditure (TME)   총관리지출
- UK Debt Management Office (UK DMO)   부채관리처
- Unitary Authority   통합정부
- Universal Benefit   통합급여
- Universal Child Benefit   보편주의적 아동급여
- Universal Credit   통합공제
- Vanguard Community   선도 지역
- Voluntarism   자원봉사주의

W

- Welfare Cap (WP)   복지지출 총량제
- Welfare Reform   복지개혁
- Welfare to Work   근로연계복지
- Welsh Assembly Government   웨일즈 의회정부
- White Paper on Social Insurance   사회보험 백서
- Winter Fuel Payments   겨울 난방비지불금
- Work Coach   근로코치
- Work Focused Interviews (WFI)   근로집중인터뷰
- Work Preparation   근로 준비
- Work Programme   근로프로그램
- Working Families Tax Credit   근로가족세금공제
- Working Tax Credit (WTC)   근로세금공제
- Workplace Pension   사업장연금